“南北极环境综合考察与评估”专项
课题（CHINARE2015-04-05-05）资助
国家领土主权与海洋权益
协同创新中心研究成果

极地国家政策研究报告

（2014—2015）

Annual Report on National Polar Policy Research

丁　煌　主编

科学出版社
北　京

内 容 简 介

《极地国家政策研究报告（2014—2015）》是“南北极环境综合考察与评估”之子专题“极地国家政策研究”和教育部哲学社会科学研究重大课题攻关项目“中国参与极地治理战略研究”2014～2015年度的主要研究成果，也是国家领土主权与海洋权益协同创新中心在极地战略与政策研究领域取得的又一重要研究成果。全书由上下两编构成，上编“中国实现极地国家利益的国际经验借鉴——北极篇”分为九个研究报告，下编“中国实现极地国家利益的国际经验借鉴——南极篇”则包括五个研究报告。

本书对于政府相关部门的政策制定者和执行者以及相关专业的研究人员、高校教师和学生具有重要的参考价值。

图书在版编目（CIP）数据

极地国家政策研究报告．2014~2015／丁煌主编．—北京：科学出版社，2015

ISBN 978-7-03-046707-2

Ⅰ.①极… Ⅱ.①丁… Ⅲ.①公共政策—研究报告—中国—2014~2015 Ⅳ.①D601

中国版本图书馆CIP数据核字（2015）第301560号

责任编辑：徐 倩 王京苏 / 责任校对：贾如想
责任印制：霍 兵 / 封面设计：无极书装

科学出版社 出版

北京东黄城根北街16号
邮政编码：100717
http://www.sciencep.com

北京通州皇家印刷厂印刷

科学出版社发行 各地新华书店经销

*

2016年1月第 一 版 开本：787×1092 1/16
2016年1月第一次印刷 印张：25
字数：592 000

定价：162.00元

（如有印装质量问题，我社负责调换）

主要撰稿人

（以姓氏笔画为序）

丁　煌　匡增军　朱宝林　阮建平　吴　军　何　柳　何光强　张庆川
周　菲　赵宁宁　秦天宝　徐光淼　葛建廷　程又中　鲍文涵

主编简介

丁煌博士，教育部“新世纪优秀人才”支持计划入选者、马克思主义理论研究和建设工程项目首席专家、哲学社会科学研究重大课题攻关项目首席专家、国家精品课程暨国家精品资源共享课程负责人，长期从事公共政策与公共管理研究，现任武汉大学“珞珈学者”特聘教授、二级教授、政治与公共管理学院院长、MPA教育中心主任、公共政策研究中心主任，湖北省改革智库——武汉大学政府治理创新研究中心主任，国家“2011 计划”——国家领土主权与海洋权益协同创新中心“中国极地政策与极地权益研究”创新团队负责人、公共管理学科行政管理专业和国际法学科跨域公共治理专业双学科博士生导师，兼任国务院学位委员会学科评议组成员、教育部高等学校公共管理类学科专业教学指导委员会委员、人力资源和社会保障部国际行政科学专家委员会委员、全国政策科学研究会副会长、中国行政管理学会理事、中国行政体制改革研究会理事、中国海洋发展研究会理事、中国海洋法学会理事、湖北省行政管理学会副会长、湖北省人民政府咨询委员会特邀专家和国家科学技术奖评审专家及国家行政学院和中国政法大学等多所高校的兼职或客座教授，以及《公共事务评论》（台湾）、中国人民大学《复印报刊资料•公共行政》、《中国公共政策评论》、《公共行政评论》、《复旦公共行政评论》、《公共政策与管理评论》、《行政论坛》等核心期刊的学术委员或编委等学术职务，先后赴中国北极黄河站和中国南极长城站进行实地科学考察，并应邀赴美国、加拿大、英国、法国、比利时、荷兰、瑞典、芬兰、挪威、智利、巴西、阿根廷等国家和中国港澳台地区的知名大学和研究机构访学，荣获多项省部级以上科研奖励。在国内外学术期刊上发表学术论文百余篇，为政府提交了多份政策研究咨询报告，出版《西方行政学说史》和《政策执行阻滞机制及其防治对策——一项基于行为和制度的分析》等个人专著 6 部，合著《公共政策分析》等 4 部，译著《议程、备选方案与公共政策》《新公共服务》《新公共行政》《公共管理的技巧》《建设更好的政府》等 7 部，主编“极地国家政策研究报告”（系列）、“公共行政与公共政策研究学术论丛”系列丛书和“公共行政与公共管理经典译丛”之学术经典系列以及教材《行政学原理》等多部；主持承担国家重大专项研究课题、国家社会科学基金重点项目、教育部哲学社会科学研究重大课题攻关项目以及国家自然科学基金项目、国家留学基金资助项目和国际合作项目等多项省部级以上研究课题。

前 言

《极地国家政策研究报告（2014—2015）》是由我主编的“极地国家政策研究报告”系列的第三卷，它是我主持并继续得到“南北极环境综合考察与评估”专项资助的专题“极地国家利益战略评估”之子专题“极地国家政策研究”（CHINARE 2015-04-05-05）和教育部哲学社会科学研究重大课题攻关项目“中国参与极地治理战略研究”（14JZD032）2014~2015 年度的主要研究成果之一，也是我所在的武汉大学公共政策研究中心和武汉大学中国边界与海洋研究院暨国家领土主权与海洋权益协同创新中心在极地战略与政策研究领域取得的又一重要研究成果。全书由上、下两编构成：上编为“中国实现极地国家利益的国际经验借鉴——北极篇”，包括《美国实现北极国家利益的经验借鉴》、《俄罗斯实现北极国家利益的经验借鉴》、《加拿大实现北极国家利益的经验借鉴》、《英国实现北极国家利益的经验借鉴》、《芬兰实现北极国家利益的经验借鉴》、《新加坡实现北极国家利益的经验借鉴》、《韩国实现北极国家利益的经验借鉴》、《日本实现北极国家利益的经验借鉴》和《欧盟的北极政策及其对中国的经验借鉴》9 个研究报告；下编为“中国实现极地国家利益的国际经验借鉴——南极篇”，包括《美国实现南极国家利益的经验借鉴》、《英国实现南极国家利益的经验借鉴》、《法国实现南极国家利益的经验借鉴》、《德国实现南极国家利益的经验借鉴》和《新西兰和澳大利亚实现南极国家利益的经验借鉴》5 个研究报告。

鉴于课题“极地国家政策研究”总体上旨在以极地资源及其可利用性评估为前提，在厘清中国在南、北极地区的国家利益的基础上，充分利用一切有利于实现中国极地国家利益的条件，正确借鉴国外极地国家政策研究的先进成果和政策实践的成功经验，科学地探讨并有针对性地提出中国实现极地国家利益的各种政策备选方案，从根本上为有效地维护和拓展我国在南北极地区的国家利益提供智力支持，所以，在中国改革开放进一步深化和全球化进程日益加快的时代背景下，尤其是在当下国外极地国家政策与战略方面的相关研究水平和研究积累明显优于我国的情况下，我们在上两个年度研究报告主题“中国极地国家利益分析”和“中国实现极地国家利益的综合环境评估”的基础上将本卷年度研究报告的主题确定为“中国实现极地国家利益的国际经验借鉴”，试图基于本课题已有的研究积累以及学界已有的相关研究成果，深入、系统地分析和比较各主要相关国家在实现其极地国家利益过程中的实践经验，以期为我们下一步有效地探索中国实现极地国家利益的政策措施寻求可资借鉴的政策启示。

众所周知，南极和北极有很多相似性，但是南极和北极在极地考察历史、地缘政治环境和现行治理机制等方面存在着明显的差异，所以本卷研究报告选取了美国、俄罗斯、加拿大、英国、法国、德国、芬兰、日本、韩国、新加坡、新西兰和澳大利亚以及欧盟等主要极地相关国家和国家联合体的极地政策实践，通过 14 个专题研究报告，分上编和下编分别对中国实现北极国家利益的国际经验和中国实现南极国家利益的国际经验进行了深入、系统的比较和析评。

作为当今世界最发达的极地强国，美国在北极地区拥有广泛的安全利益、经济利益、政治利益与环境利益，这些国家利益构成了其北极政策的根本依据。然而，美国在北极的国家利益的实现和维护不是在真空中完成的，而是受到国内外一系列因素的影响。研究报告 1《美国实现北极国家利益的经验借鉴》分别从国内和国际两个方面对美国北极政策及其实践的影响因素进行了深入分析，进而基于对美国实现北极国家利益之政策举措的系统评析，指出了美国北极政策的制定和执行对中国参与北极事务所具有的以下重要启示：明确中国在北极地区的国家利益及战略目标；寻求和加强研究中国参与北极事务的法理依据；着手研究美国参议院若批准《联合国海洋法公约》的影响；探索和深化中美北极事务多个领域的交流与合作；加强中国在北极地区的科学考察和研究等。

俄罗斯在北极拥有广阔的领土和丰富的资源，研究报告 2《俄罗斯实现北极国家利益的经验借鉴》分为四个部分：首先，从公共政策的研究视角，运用公共政策与全球治理的相关理论，根据“资源—利益—政策”的分析框架，基于俄属北极地区自然资源、制度资源、组织资源、观念资源和科研资源的介绍以及当前俄罗斯和俄属北极地区社会经济发展状况、国内外形势的分析，定位出俄罗斯在北极地区的安全利益、政治利益、经济利益和科研利益；其次，分别从地缘、资源、科技实力、军事实力方面和国际政治、国内经济、社会人口、生态问题等方面探讨了俄罗斯实现北极国家利益的优势和劣势；再次，结合两个政策文本分析了近年来俄罗斯为实现北极国家利益所采取的战略和政策及其实施效果；最后，分别从安全利益、经济利益、政治利益和科研利益四个层面系统地探讨了俄罗斯实现其北极国家利益对中国的借鉴价值。

加拿大一直视自己为北极国家，研究报告 3《加拿大实现北极国家利益的经验借鉴》认为，随着全球变暖带来的北极冰雪融化，北极的资源、航道、环境和战略等利益开始凸显，北极这个过去很少被关注到的极寒之地，日渐成为国际事务中最热点的区域之一。然而，由于北极治理机制的缺失和治理能力的不足，北极地区发展成全球性紧张局势的新前线。这一切使得加拿大政府对北方地区保持着高度的警觉。对加拿大而言，实现北极国家利益，不仅是加拿大联邦政府最为优先考虑的事务，也是其他各省、自治领、市等各级政府机构的工作重心。报告根据北极地区综合资源评估、加拿大的国家实力以及加拿大对北极问题的认知将加拿大在北极的国家利益分为安全利益、经济利益、政治利益和科研利益四大类，并且强调这些国家利益的实现会受到北极地缘政治格局、北极机制、北极环境和加拿大国内情况等利弊因素的影响，进而基于对加拿大北极政策措施的系统分析，深入探讨了加拿大实现北极国家利益的成功经验对于同为北半球大国的中国参与北极事务所具有的重要借鉴意义。

从地理上来看，英国是一个近北极国家，也是世界上最早对北极进行探险的国家之一。研究报告 4《英国实现北极国家利益的经验借鉴》借助“资源—利益—政策”分析框架，基于英国北极国家利益的定位而明确指出，一方面，英国具备近北极国家的地缘优势，是北极航道的受益国家，同时也可以同挪威、冰岛等邻近的北极国家进行北极事务合作，使得这些国家成为实现其北极国家利益的跳板和助推；另一方面，因北极地区缺乏“刚性”法律框架体系而强化的“北极争夺战”既增加了北极地区的不稳定因素，更排挤了英国等国家的获利空间。报告基于对英国北极政策的内容分析，从三个方面阐述了英国北极政策对中国实现北极国家利益的借鉴价值：第一，跳出北极国家“门罗主义”对中国参与北极治理的限制，逐步增加参与北极治理的深度和广度；第二，承认北极原住民在北极事务中的地位和作用，加强与北极原住民的合作；第三，鼓励民间力量参与北极治理，在北极商业领域里努力有所作为。

芬兰是北极八国之一，研究报告 5《芬兰实现北极国家利益的经验借鉴》指出，芬兰在实现北极国家利益方面积累了丰富经验：在制定北极战略和处理北极事务的过程中突出强调“环境保护、可持续发展、原住民权利”的观念；将国际合作置于北极战略中的突出位置；充分发挥自身在处理北极事务中的独特优势，拓展利益空间；弱化军事防务等高敏感度话题，重视对北极地区的科学研究和考察，秉持保护北极环境不受破坏和为人类共同应对环境问题做出贡献的理念，加深对北极地区的了解。报告指出，中国应当充分借鉴芬兰在实现北极国家利益方面的以下有益经验：重视对国际交往中观念资源的开发和利用，通过确立观念资源优势构筑中国与其他国家合作的共识和基础；重视国际合作，以低敏感度领域为切入点，开展广泛、深入的国际合作，拓展中国实现北极国家利益的能力和空间；充分发掘中国在参与和处理北极事务中的优势，扬长避短，实现北极国家利益的最大化；继续加强对北极地区的科学研究和考察，加大对北极相关社会科学研究的投入力度，改善科研领域重自然科学而轻社会科学的失衡现象，推动中国北极研究的合理、均衡发展。

在全球范围的“北极热”中，各种域外的利益攸关方竞相涉足北极，作为“精英小国”的新加坡也不甘落后。新加坡虽然地处赤道，远离两极，但近年来积极争取参与北极事务，已逐渐成长为北极治理中的后起之秀。在北极问题上，一方面，北极地区的环境变化进一步加剧了新加坡与生俱来的国家脆弱性；另一方面，与其他众多北极治理的参与方不同，缺乏资源意图和能力的新加坡仍然能够为北极治理做出自己的应有贡献。研究报告 6《新加坡实现北极国家利益的经验借鉴》基于对新加坡在北极的国家利益定位，深入分析了新加坡实现其北极国家利益的各种影响因素，报告认为，可观的经济科技实力、悠久的海洋传统、高效的国内政治、独具特色的文化人力资源、多重的身份和不相称的国际影响力为新加坡介入北极事务提供了优势，而远离北极的地缘区位、先天的小国身份和缺乏极地经验等劣势也严重制约了其实现北极国家利益的实际效果。尽管新加坡参与北极事务起步晚，但短短几年间其北极事务参与就已顺利展开，获得了国际认可，效果明显。同为域外利益攸关方，中国与新加坡的北极利益诉求存在诸多相似之处，新加坡北极事务参与中的利益明确、言行相顾、国内协同和以人为本等成功经验，可以为中国参与北极事务提供有益启示，进而表明了加强北极治理各方的比较研究和探索合作空间的重要意义。

作为一个北极事务的后来者，韩国虽然不是北极周边国家，却是一个临近北极的国家。韩国的国土狭小且国内资源贫乏，伴随着对外部资源、市场和航线安全依赖度的增强，韩国日益意识到北极对其众多国家利益的重要意义，于是开始逐步加强北极国家战略规划和行动能力。研究报告 7《韩国实现北极国家利益的经验借鉴》认为，随着全球气候变暖和北极冰川融化，不仅北极资源开发和航道开放给韩国提供了一个新的发展机遇，而且北极冰川融化导致的生态环境变化，尤其是海平面的上升和灾难性天气频发也可能会给韩国带来新的威胁和挑战。因此，从 20 世纪 90 年代开始，韩国逐步加大对北极的关注和投入，大力整合政府、学界和企业的力量，充分利用自身的经济技术优势，在加大北极科学研究和国际交流合作的同时，积极开展北极外交，为不断扩大和深化韩国的北极参与创造有利的国际条件。鉴于韩国在北极事务中的历史、地位和诉求上与中国有很大的相似性，因此，韩国的北极战略对中国具有重要的启示：在尊重北极国家领土主权和国际安排的前提下，中国应该积极开展北极科学研究，增强中国的话语权，并为未来的北极资源开发和航道利用提供技术支持；积极开展北极外交，充分利用北极国家之间以及北极国家与非北极国家之间的矛盾，扩大中国的战略空间；积极促进中国的北极国家战略与全球战略的良性互动，扩大与韩国、日本、印度等周边非北极国家在北极事务中的深度合作，维护自身和国际社会的共同利益。

日本是一个四面临海的岛国，深受海洋的影响，全球气候变化以及由此而导致的海平面上升和灾难性天气频发对日本构成了潜在威胁。与此同时，日本又是一个资源贫乏且国内市场狭小的发达经济体，对外部资源、市场和海上运输的依赖度很高。尽管日本在地缘上不是一个北极国家，但它是亚洲最早进行北极科学考察的国家，北极地区因其独特的地理位置、自然环境和丰富的资源对日本具有重要的价值。研究报告 8《日本实现北极国家利益的经验借鉴》认为，在全球气候变暖和北冰洋海冰融化导致北极资源开发和航道开通变为现实的时代背景下，加之中国、韩国等国积极参与的刺激，日本于 2009 年重新加大了对北极的参与并且于 2013 年成为北极理事会正式观察员国。日本在支持北极理事会活动的同时通过单边、双边和多边努力积极推进其在北极国家利益的实现。除了加强北极科学研究外，日本力图利用其经济技术优势促进与北极沿岸国家的合作，以在北极资源开发和航道利用中占据有利地位。为此，日本加大北极外交，并扩展与美国的安保合作。虽然 20 多年的经济低迷和国际社会对日本觊觎极地资源的警惕不利于日本极地国家战略的实施，但日本在国际法、经济技术和国内组织等方面仍具有很大的优势。同为非北极国家，中、日两国在北极地区处于相似的地缘政治地位，拥有许多共同的利益诉求，日本在北极的国家战略对中国最重要的启示就是，在遵守既有规则安排的前提下，加强极地科学考察，充分发挥中国在资金、技术和市场等方面的优势，积极参与国际合作，包括与日本在北极事务上的合作。

作为环北极地区最为重要的国家联合体，欧盟在北极地区具有潜在的战略利益、经济利益和环境利益。研究报告 9《欧盟的北极政策及其对中国的经验借鉴》认为，当前，欧盟实现其在北极地区的利益诉求既具有综合实力雄厚的明显优势，也面临部分北极国家奉行的“门罗主义”以及成员国之间利益分歧导致的高协调成本挑战，基于对欧盟北极政策的正确借鉴，中国在今后的北极政策制定及北极事务参与过程中，应当更加注重树立在北极事务中负责任大国的形象，从全球公共利益角度循序渐进参与北极治理，对内要努力提升北极科技水平，善于获取部分北极国家的资源支持，对外则要加强与北极治理中各利益攸关方的合作，构建有利于参与北极治理的外部环境。

如同在北极一样，美国在南极也拥有广泛的政治利益、科研利益、资源利益和环境利益，这些国家利益是探究其南极政策的根本。研究报告 10《美国实现南极国家利益的经验借鉴》认为，强大的南极科研能力、完善的南极事务主管和协调机制、国内民众对南极事务和议题的强烈认知和共识、《南极条约》原始缔约国的身份以及在其主导和引领下逐渐发展起来的南极条约体系（Antarctic Treaty System，ATS）从国内和国际两个方面为美国在南极国家利益的实现创造了有利条件，但是美国南极项目详细资金预算的缺乏，基础科学研究和基础设施、后勤支持资金比例分配的不合理，以及科考站基础设施的陈旧等不利因素也在一定程度上制约了美国南极科研的有效开展，进而影响了美国南极国家利益的实现程度。报告指出，作为首屈一指的南极事务大国，美国维护其南极国家利益的政策举措对中国参与南极事务提供了以下主要启示：维护南极条约体系的稳定性，放弃“搭便车”的行为方式，积极推动南极条约体系应对新挑战；加强在南极地区的实质性存在，包括建立科学考察站、设立南极特别保护区和特别管理区、参加南极条约体系的各种会议并提交相关工作文件或信息文件；完善国内南极事项立法工作和建立南极事务多部门协调机制。

英国对南极地区的探索活动肇始于 18 世纪 70 年代，先后经历了“帆船时代”、“英雄时代”和第一次世界大战之后的常规化阶段。20 世纪以来，英国的南极政策经历了两次转变过程，第一次以《南极条约》的签订为转折点，通过努力提升其南极科研水平和保护南极生态环境来维护自身在南极地区的永久性存在并促进南极治理机制的不断完善；2010 年之后，英国以多元化的方式宣示其在南极的主权并制定更为系统、完善的南极战略以适应不断变化的国内外政治经济局势。研究报告 11《英国实现南极国家利益的经验借鉴》基于英国在南极地区的安全利益、经济利益、政治利益、科研价值等国家利益定位和英国实现其南极国家利益的优劣势分析系统阐释了英国政府确立的南极政策总目标和分目标。报告通过对英国南极政策的正确借鉴指出，中国在参与南极相关事务、实现南极国家利益的过程中，一方面，应当把有效进行制度供给作为实现中国在南极国家利益的有效途径，敏锐把握南极治理的制度需求，从国际和国内两个层面加大对南极治理的制度供给，尽早制定形成系统的国家南极战略，完善中国参与南极治理的法律体系；另一方面，应通过充分发挥政府在南极治理中的“元治理”角色并积极培育社会力量参与南极治理，尽快形成中国南极事务参与主体的多元化格局。

法国不仅在南极具有广泛的国家利益，而且拥有实现这些国家利益的众多优势。研究报告 12《法国实现南极国家利益的经验借鉴》认为，法国在南极的国家利益大致可以分为安全利益、经济利益、政治利益和科研利益，其整体经济实力、海洋经济水平以及海洋军事力量都为实现在南极的国家利益奠定了物质基础。法国基于历史原因而拥有得天独厚的领土优势和政治优势，在南极地区建立科考基地已有 50 多年，并且在生命科学和宇宙科学研究方面成果显著。法国同时具有南极条约协商国、南极研究科学委员会成员国和国家南极局局长理事会会员国三重身份，当然，法国在南极的国家利益实现也面临行政机构之间缺乏协调以及国家投入不足的不利影响。报告指出，基于法国实现其南极国家利益的经验启示，中国在南极的国家利益实现需要着重从以下方面探寻对策：①拓展研究范围，继续加强在南极地区的实质性存在；②遵循南极条约体系，积极通过南极条约协商国会议参与南极事务；③完善国内南极立法，做好为应对潜在危机提供法律保障的准备。

作为第二次世界大战的战败国，德国尽管因为战争而参与南极事务较晚，但是，德国自 1974 年后基于南极对德国科学研究重要性的认识而开始了大规模的南极科考与研究，其考察设施和研究实力均已达到世界先进水平。研究报告 13《德国实现南极国家利益的经验借鉴》认为，与北极不同，德国政府几乎从未明确或强调自身在南极的国家利益，直到 2011 年之前也未发布过任何关于南极战略性质的官方文件。2011 年，由德国联邦外交部、环境部、教育部和科技部代表联邦政府共同发布了仅有的一份名为《德国对白色大陆的责任——南极条约协商地位 30 年》的政府报告，报告结合这份政策文本阐释了德国南极政策的基本主张和主要特点，进而指出，尽管从地理位置和南极领土争夺历史来说，中国与德国都不具备地缘优势和政治优势，但是中、德两国介入南极事务的方式具有相似性，那就是以科研为核心。作为极地科研大国，德国参与南极事务的成功经验对中国的启示是：①加大对极地科考与研究的投入，通过提高南极科研水平来增强南极事务话语权；②完善极地事务管理与协调机制，注重多元主体参与南极事务。

作为南极的“门户国家”，新西兰和澳大利亚的地理位置及其与南极悠久的历史渊源和领土主张国的身份决定了其在南极拥有至关重要的主权、环境、安全和商业利益，两国在实现其南极国家利益上有相同的优势，也有不同的劣势。研究报告 14《新西兰和澳大利亚实现南极国家利益的经验借鉴》在对两国在南极的国家利益及其实现的优劣势进行深入分析的基础上指出，尽管中国远离南极且南极科考与研究起步较晚，也不是一个领土主张国且在南极的利益诉求上也有所差异，但是新西兰和澳大利亚成为南极强国的经验依然可以为中国提供有益的启示：①加大对南极科学研究的支持与投入，提高南极科学研究质量；②明确中国的南极角色定位，并在此基础上发布全面阐述中国南极战略和政策的官方文件；③高度重视人才培养与人才储备；④加强与新西兰和澳大利亚的南极合作，扩大南极外交；⑤参考新西兰和澳大利亚的经验，形成一套权责明晰、分工明确、协调有序的南极事务管理与研究机制。

在此需要强调指出的是，本卷研究报告是我所带领的极地政策研究团队集体合作的结晶，虽然我作为本课题的负责人暨本书的主编按照课题的研究计划设计了全书的编写框架并提出了各个研究报告的基本思路，但是，书中的具体研究内容是由我与团队成员一起共同完成的，尤其是我一贯主张学术研究的“百家争鸣”，即便是在最后对书稿的整合过程中，依然尊重各位作者的真知灼见，我的博士生赵宁宁、朱宝林和博士后章成协助我为全书的统稿做了大量工作。这里，我特别要感谢国家海洋局极地考察办公室的曲探宙、秦为稼等前任和现任的各位领导以及国家海洋局海洋发展战略研究所的高之国教授，国家海洋局东海分局的潘增弟教授和武汉大学人文社会科学资深教授、中国边界与海洋研究院院长暨国家“2011计划”——国家领土主权与海洋权益协同创新中心主任胡德坤先生等专家一直以来对本课题研究给予的关心、支持和重要指导；还要感谢科学出版社的责任编辑徐倩、王京苏为本研究报告系列的编辑与出版付出的宝贵心血；更要感谢我们在写作过程中所参考和引用资料的作者和译者，因为我们只有“站在前人的肩膀上”才能看得更远。

丁　煌

2015 年 8 月于珞珈山

目录

上编 中国实现极地国家利益的国际经验借鉴——北极篇

下编　中国实现极地国家利益的国际经验借鉴——南极篇

上编

北极篇

中国实现极地国家利益的国际经验借鉴

研究报告 1

美国实现北极国家利益的经验借鉴①

【摘要】 美国在北极地区拥有广泛的安全、经济、政治与环境利益，这些国家利益是探究其北极政策的根本依据。然而，美国在北极国家利益的实现和维护不是在真空中完成的，而是受到国内外一系列因素的影响。国内因素方面：其一，美国民主政治体制有助于美国北极政策决策的民主化和科学化，但政党斗争、利益集团的利益冲突等也对北极政策的制定和执行带来消极影响；其二，美国多个联邦政府部门参与北极政策的制定与执行，致使部门缺少协作、权限重叠、各自为政；其三，美国虽然具有强大的军事和经济能力，但在北极的行动能力深受基础设施缺乏的制约。国际因素方面：其一，美国在北极事务中具有多重身份，这些参与身份在某些情况下存在竞合关系，对美国参与北极事务既带来优势条件，也在某些情境下带来制约；其二，北极地区在全球政治中的地位提升有助于提升美国精英阶层及民众的北极意识，推动美国政府在北极事务中给予更多的重视和分配更多的资源；其三，地缘政治的影响在北极事务中一直未被根除，北极地区的政治与安全环境时刻受到全球其他战略区域环境的影响；等等。

美国为实现在北极地区的国家利益，采取了一系列举措。其一，国家及国土安全领域：美国国防部、海军、海岸警卫队等具体的政府部门或作战军种通过颁布本部门北极战略等维护美国在北极地区的国家及国土安全利益。其二，科学研究领域：调整科学考察的重点方向，逐渐把北冰洋海底测绘作为优先领域来推动北极地区的国际科研合作。其三，经济发展领域：渔业捕捞方面，美国在禁止本国北极专属经济区内商业捕捞的同时，也寻求通过多边措施把这种禁令扩展到北极公海海域；能源开发领域方面，针对阿拉斯加近海海域、阿拉斯加国家原油储备区、北极国家野生动物保护区不同的地理环境等，采取了各异的勘探与开发措施。其四，国际合作领域：

① 作者简介：丁煌，男，武汉大学“珞珈学者”特聘教授、政治与公共管理学院院长、公共政策研究中心主任、公共管理与国际法双学科博士生导师；赵宁宁，男，法学博士、公共管理博士后、武汉大学中国边界与海洋研究院暨国家领土主权与海洋权益协同创新中心研究人员。

承认和推动《联合国海洋法公约》为北极治理的基础框架；转变对待北极理事会的态度，积极参与北极理事会的工作，推动理事会结构转变和功能转型等。

中国是一个正在崛起的新兴国家，有些国家的政府和学者把中国的崛起视为对现行国际体系的挑战，他们呼吁对中国在各处的行动进行防范。在这种国际环境下，美国北极政策的制定和执行，对中国参与北极事务具有多方面的重要启示，其主要包括明确中国在北极地区的国家利益及战略目标、寻求和加强研究中国参与北极事务的法理依据、着手研究美国参议院若批准《联合国海洋法公约》的影响、探索和深化中美北极事务多个领域的交流与合作、加强中国在北极地区的科学考察和研究等。

【关键词】 美国　北极政策　国家利益　北极理事会　经验借鉴

2012年8月，美国副国务卿托马斯·奈德斯宣称“北极正成为美国外交政策的新边疆”[①]。北极在美国国家安全政策中并不是一个陌生的区域，第二次世界大战以来尤其在冷战期间，北极就是美国安全政策的重要组成部分。由于冷战结束后来自北方的战略威胁明显降低，再加上美国的精力和资源受制于其他战略地区，美国没有对北极事务给予足够的重视。但是近年来，在气候变化的影响下，北极地缘政治环境发生了深刻变动，这就迫使美国重新认识北极事务，调整其北极政策，并且在多个方面加大对北极事务的投入，以维护美国在北极地区的安全、经济、政治和环境等国家利益。本研究报告将重点评述美国实现北极国家利益的经验借鉴。具体来说，本研究报告将分为四个部分：①美国在北极地区的国家利益；②美国实现北极国家利益的优劣势分析；③美国实现北极国家利益的举措；④美国北极政策对中国实现北极国家利益的经验借鉴。

一、美国在北极地区的国家利益

（一）安全利益

安全是一个国家生存和发展的基础，是最核心的利益。随着时代的发展，国家安全的内涵在不断深化，外延也在不断扩展[②]。考察不同时期美国联邦政府北极政策文件关于安全利益的阐述，我们不难发现，在过去四十余年的时间里，维护美国安全利益在美国北极政策文件中一直都被置于优先地位。

---

① Nides T R.The future of the Arctic.http://www.state.gov/s/dmr/former/nides/remarks/2012/197643.htm，2012-08-26.

② 丁煌．极地国家政策研究报告（2012—2013）．北京：科学出版社，2013：82.

首先，传统军事安全自始至终被美国政府视为北极政策的核心目标，这是由美国的国家安全战略和北极地缘战略价值所决定的。冷战期间，出于争夺全球霸权的需要，美国制定了遏制苏联的国家战略，与苏联在军事、政治、经济等领域展开全方位争夺。北极因其重要的地缘战略价值而成为美苏军事对抗的前沿阵地。早在1921~1930年，当时的美国陆军上将米契尔就以一个军事家的眼光，把北极看做未来空战的跳板，预见到北极地区在未来战略计划中的重要意义①。在冷战时期，美国在阿拉斯加—加拿大—格陵兰岛—冰岛环北极线上建立了战略轰炸机预警线和拦截线（20世纪50年代）、洲际导弹发射场（60~70年代），后又部署了战略导弹核潜艇（70~80年代），并且不时地在北极地区耀武扬威，展示本国军事实力。冷战后，对手的垮台使美国处于一种独一无二的地位。它成为第一个也是唯一的一个真正的全球性大国②。出于对“超越遏制”和“绝对安全”的追求，美国继续挤压俄罗斯的地缘政治活动范围，并且通过建设国家导弹防御系统，追求针对俄罗斯的战略核优势，而阿拉斯加和格陵兰岛是其导弹防御系统空间布局的重要地区。目前，美国在阿拉斯加格里利堡（Fort Greely）已经部署了22枚陆基拦截导弹。近年来，奥巴马政府打着应对“朝核危机”的旗号，拟把部署的陆基拦截导弹数量增加至40枚，而俄罗斯则把美国的行动看做针对自己的、试图扩大战略核优势的行为③。

其次，美国政府历来视北极海域的航行自由为美国北极地区安全利益的重要组成部分，并且把维护美国北极海域的自由通行权作为其北极政策的核心目标之一。第二次世界大战结束后，美国确立了全球海洋大国的地位，冷战后，美国更是全球唯一的全球性海洋大国。美国政府认为，航行自由是美国海洋利益的核心，深深植根于美国的理念。200多年来，美国的经济依赖海上的机动和灵活。美国立国后打的第一场海外战争就是打击活动在地中海海域的海盗，捍卫地中海的通行权。2007年，美国海军、海军陆战队和海岸警卫队在其联合公布的《面向21世纪海洋大国的合作战略》中坚定地指出“全球航行自由是美国海洋权力的根基。任何限制或者剥夺这种自由的行为都会被视为对美国安全的损害”④。对于美国而言，北极航道的航行自由，不仅事关重要的商业意义，更影响到美国海军的全球机动部署能力。美国政府认为，其对北极航道所采取的立场，不仅涉及北极航道的国际法律地位，还会对世界其他重要航道沿岸国家的态度产生影响。从纯军事角度来讲，北极航道具有非常重要的战略价值，美国一直将北冰洋视为其在大西洋和太平洋之间调动潜艇部队的备用通

---

① 徐振伟，徐园园．北极消融背后的美加俄博弈．国际关系学院学报，2010，(2)：18.

② 布热津斯基 Z. 大棋局：美国的首要地位及其地缘战略．中国国际问题研究所译．上海：上海世纪出版集团，2007：8.

③ Stephen T，Vanderzwaag D L.Polar Oceans Governance in an Era of Environmental Change.Cheltenham：Edward Elgar Publishing Limited，2014：79.

④ A cooperative strategy for 21st century sea power.http://www.navy.mil/maritime/MaritimeStrategy.pdf，2007-04-27.

道[①]。有鉴于此，在冷战期间，美国和加拿大、俄罗斯两国因北极航道的通行问题发生了激烈的冲突。20 世纪 80 年代之后，这一冲突从表象上来看逐渐平息，但是冲突各国依然坚持原先的立场，尤其是俄、加两国还都通过国家立法等形式加强了对航道的实质性控制。在北冰洋冰川融化的背景下，北极航道的商业和军事利用将逐步成为现实，其重要性也势必实现新的提升。继续强调和维护北极海洋的航行自由权也将是美国北极政策的重要目标。

再次，布什政府以来，国土安全被提升到国家安全的优先位置，美国政府提出应该防范恐怖分子从北极地区对美国本土的打击[②]。一般而言，保卫国土安全是各国国家安全战略的核心。然而，美国由于其强大的综合国力和两洋天然屏障，长期以来没有把国土防卫作为其国家安全政策的重点[③]。“9•11”事件让美国意识到保卫本国国土安全的重要性，以此为契机，2002 年 7 月 16 日，布什政府正式公布了美国历史上首份《国土安全国家战略报告》，该报告把美国国土安全的战略目标确定为：防止美国境内发生恐怖主义袭击；降低美国易受恐怖袭击的脆弱性；将可能发生的恐怖袭击的危害降到最低，并要尽快恢复到平常状态[④]。同年 11 月 25 日，美国成立国土安全部，其主要职责是保卫国土安全及相关事务，使美国能够更好地协调和有效应对恐怖主义袭击的威胁。而逐渐解冻的北极将为恐怖主义分子提供进入美国本土的渠道和机会，因此，提出防范恐怖分子从北极地区对美国造成威胁或打击，维护美国在北极地区的国土安全利益，便是顺理成章的事情。

最后，奥巴马政府在其《北极地区的国家战略》中首次指出，北极地区能源资源关乎美国国家安全的一个核心要素——能源安全，北极地区丰富的能源资源储备将会持续满足国家的能源需求[⑤]。作为世界第一大经济体，美国是当今国际社会的能源消耗大国。在过去的 40 年中，几乎所有的美国总统都为本国的能源独立而努力[⑥]。2013 年 11 月，美国能源信息署发布《2014 年度能源展望报告》，报告预测到 2040 年，美国液态能源的国内消耗量和供应量将会存在 32 百分点的缺口[⑦]。奥巴马总统任职以来，实行能源新政，把确保美国能源安全作为其执政的首要选项之一。奥巴马在 2010 年 3 月 31 日发表的演说中提到，作为长期目标，美国应该更多地依赖清洁能源，作为

① 北极问题研究编写组．北极问题研究．北京：海洋出版社，2009：293.

② 郭培清，孙兴伟．论小布什和奥巴马政府的北极“保守政策”．国际观察，2014，(2)：82.

③ 叶凡美，肖欢．试析美国国土安全政策的变化与影响．现代国际关系，2004，(2)：12.

④ Homeland Security Office.National Strategy for Homeland Security，2002：3-6.

⑤ 丁煌，赵宁宁．奥巴马政府北极政策评析．社会主义研究，2013，(5)：137.

⑥ 杨玉峰．奥巴马政府能源新政及其潜在影响．中国能源，2009，(6)：16.

⑦ U.S. Energy Information Administration. AEO 2014 Early Release Overview，2013-11-20.

近期目标，美国必须开发更多的近海油气资源[①]。美国北极地区雄厚的能源资源储量，便成为奥巴马政府开展能源新政，追求能源独立的战略支撑区域。

通过上述四个方面的分析，我们不难发现，美国在北极地区的安全利益虽然一直处于核心地位，但冷战后其北极安全利益的内涵和外延都有所变化，不仅涉及军事安全等传统安全利益，更把能源安全等非传统安全提升到国家安全的层面。正如国内有些学者所言，“自小布什政府以来，美国的北极安全观开始趋向立体化和多元化”[②]。

（二）经济利益

美国对北极地区经济利益的追求，蕴含在对北极自然资源的开发之中。其中，阿拉斯加州能源和渔业的开发和利用是美国北极经济利益的核心所在。

当前，美国北极地区的主要石油产区坐落在阿拉斯加州北坡的普罗德霍湾油田（1968 年发现）和附近的库帕鲁克地区大型油田（1985 年发现）[③]。目前，这两个油田所生产的石油日产量已经高达 400 万桶，约占美国石油产量的 26%，美国石油消耗量的 11%。这些石油通过横贯阿拉斯加的管道系统源源不断地流向美国南部市场[④]。美国北极能源开发从整体上带动了阿拉斯加州油气产业的发展。当前阿拉斯加州的经济结构主要有三大支柱——油气产业、阿拉斯加永久基金（Alaska Permanent Fund）以及渔业，阿拉斯加州超过 35% 的就业岗位与能源产业密切相关[⑤]，阿拉斯加州财政收入的一半以上来自原油和天然气产业。由于经济发展与能源收入紧密相连，阿拉斯加是美国能顺利度过经济萧条的几个州之一[⑥]。但是，阿拉斯加州原油产量在 1988 年达到顶峰以后，开始逐渐呈下滑趋势。1988 年，阿拉斯加州原油日产量达到 200 万桶，而到 2009 年的产量已经下降三分之二，每日产量仅约 645 000 桶，根据美国能源信息署的数据预测，到 2022 年，原油日产量将会降到约 350 000 桶[⑦]。逐渐下降的原油产量不但会对阿拉斯加州经济发展带来不利影响，也将会影响到阿拉斯加石油管道（trans-Alaska pipeline）的维护和使用寿命。因此，勘探与开发新的油气储备田，成为美国联邦政府与阿拉斯加州政府的重要政策事项。目前，地质勘探的结果

---

① 刘洪 . 美国扩大近海油气田开发：能源战略现重大转折 .http://world.huanqiu.com/roll/2010-04/765139_2.html，2010-04-02.

② 郭培清，孙兴伟 . 论小布什和奥巴马政府的北极“保守政策”. 国际观察，2014，（2）：83.

③ 阿拉斯加州中南部的库克湾（Cook Inlet）也是当前美国北极地区的主要油气开采区域。

④ 北极问题研究编写组 . 北极问题研究 . 北京：海洋出版社，2009：17.

⑤ U.S. Coast Guard Arctic Strategy.http://www.uscg.mil/seniorleadership/DOCS/CG_Arctic_Strategy.pdf，2013-05-17.

⑥ Amy Lauren Lovecraft.U.S. Arctic policy：context，currents and our Canadian neighbour.Research Report of the Canadian -U.S.Institute，2012，（3）：2.

⑦ Shumenko R.Arctic Oil and Gas Development and Concerns．New York：Nova Science Publishers，2011：9.

显示，美国北极地区依然存在四大能源开采区域：阿拉斯加美国北极国家野生动物保护区（Arctic National Wildlife Refuge）、波弗特海和楚科奇海的近海大陆架区域、北坡中部地区（为阿拉斯加州政府所有）以及阿拉斯加国家原油储备区（National Petroleum Reserve-Alaska，为美国联邦政府所有）都有着丰富的油气资源储备，这也是美国北极地区未来能源勘探与开发的重心所在。

渔业捕捞是美国北极地区经济发展的关键领域。阿拉斯加三面环海，其绵延34 000英里（1英里=1 609.344米）的海岸线及周围冰冷的水域是世界上最大、最富饶的渔场之一，所以渔业对阿拉斯加经济和社会构成具有举足轻重的影响。阿拉斯加每年出口的海产品占全美的56%以上，如果把阿卡斯加视为一个主权国家，可稳居全球前六位[①]。美国超过50%的海产捕捞来自阿拉斯加海域，并且从事渔业捕捞的人数占到了该州沿海社区50%以上私人产业劳动人口的数量，可以说是阿拉斯加州沿海经济发展的重要支撑。从捕捞区域看，当前阿拉斯加渔业捕捞主要集中在南部和白令海海域，阿拉斯加北部海域的（波弗特海和楚科奇海）专属经济区内尚未出现大规模的渔业商业捕捞（阿拉斯加原住民在近海区域内存在小范围的渔业捕捞作业），然而由于气候变暖和水温升高，大量海洋渔业资源在过去40年中逐渐北移，尤其是中心北冰洋地区的冰川融化，有可能出现新的海鱼集中地和商业捕捞地，这给美国北极地区渔业捕捞带来新的机遇的同时，也带来了新的挑战[②]。在新的形势下，如何实现美国北极地区渔业的可持续发展，是当前美国北极政策的主要考量因素之一，也是美国北极经济利益实现的重要组成部分。

当然，美国在北极地区的经济利益不仅仅局限于能源和渔业的开发利用，也涉及林木业、矿产业和旅游业等行业的发展。但总体上来讲，美国北极政策目前把重心置于能源开发和渔业捕捞这两个对阿拉斯加州和美国本身有切身利害关系的行业。

（三）政治利益

美国在北极地区的政治利益主要体现在寄希望通过重塑在北极治理中的主导地位，来维护自己在全球的领导地位。

冷战结束后的相当长时期内，对于美国所面临的众多挑战而言，北极事务是处于相对次要地位的，北极议题并没有成为其国内的显性议题[③]。在20世纪90年代北极事务合作进程中，美国并没有成为积极的推动方，有些时候反而成为北极事务地区合作的主要阻力来源方。在当时北极地区多边制度的构建过程中，美国发挥的作用是有限的甚至是消极的，在美国的坚决反对下，北极理事会不设立常任秘书处，

① 商务部.阿拉斯加州主要产业介绍.http://www.mofcom.gov.cn/aarticle/i/dxfw/nbgz/201208/20120808307196.html，2012-08-28.

② Conley H A.Arctic economics in the 21st century. A Report of the CSIS Europe Program，2013：40-44.

③ Bergh K.The Arctic policy of Canada and the United States：domestic motives and international context. SIPRI Insights on Peace and Security，2012，(1)：2.

也没有把军事问题和领土争端问题纳入北极理事会的议题范围。鉴于此，加拿大北极事务学者罗伯特•休伯特把美国视为“不情愿的北极大国”（the reluctant Arctic power）[①]。

然而，近年来，全球气候变化使得北极地区逐渐成为地缘政治的关注焦点。原来人们对北极的兴趣主要来自科学方面，但是现在的北极地区成了利益的大漩涡，混杂着商业、安全和环境因素等诸多利益的争夺，对当今的国际法律和政治秩序产生了深刻影响[②]。可以说，北极地区在很深的程度上融入了全球化进程，北极地区已经成为国际关系视野中的显性“政治区域”，北极议题进而成为国际社会关注的焦点问题。

在这种新的北极地缘政治环境下，美国如若继续消极对待北极事务和北极治理，那么一方面它必将成为北极治理的“麻烦制造者”，引起其他北极国家和北极事务攸关方的不满，进而影响全球大国的国家形象；另外一方面，美国在北极地区的安全、经济等利益的实现和维护也将受到制约。为此，重塑本国在北极治理中的主导地位，就深刻根植于最新的美国北极政策中，成为美国北极政策追求的重要目标。从最近三个美国联邦政府北极政策文件的表述中，我们不难发现，自小布什政府以来，美国政府已经有意在改变对北极治理的立场和态度，在关键问题（如“北极条约”的制定或者北极理事会的改革）上逐渐明确地表达自己的关切，力图增强美国在北极事务中的发言权和话语权，以逐渐确定本国在北极治理中的“领导性地位”。

（四）环境利益

美国在北极地区的环境利益主要包含三个方面：推动北极科学考察与研究，维护北极科考大国的国际地位；保护北极地区脆弱的生态环境；减轻气候变化对北极原住民生活的不利影响。而这其中，推动北极科学考察与研究是美国北极环境利益的核心，是实现其他北极政策目标的关键环节。

北极因其独特的地理位置和生态环境成为世界各国科学研究不可多得的平台。北极科学研究不仅关系到全球变化和人类的生存与未来发展，同时也是一个国家科技水平和综合国力的重要体现[③]。当前，美国在北极科学考察与研究领域具有竞争性的优势，其阿拉斯加北部地区因为独特的气候和生物资源，成为各国科学家钟爱的研究区域。1998年美国国家科学基金会下属的极地项目办公室发起的“格陵兰岛冰川项目2”，成功钻取了世界最深的冰芯，成为研究全球气候变化历史最为明确的科学证据。该项目的成功实施激起了科学界的广泛兴趣，验证了北极是研究全球气候变化、全球温度变化、海冰等项目的最为重要的区域之一[④]。同时，积极推动北极科学考

① Huebert R.United States Arctic policy：the resultant Arctic power.SPP Briefing Papers of University of Calgary，2009，(2)：1.

② Ebinger C K，Zambetakis E.The geopolitics of Arctic melt.International Affairs，2009，(85)：1215.

③ 丁煌．极地国家政策研究报告（2012—2013）．北京：科学出版社，2013：52.

④ Conley H A.A new security architecture for the Arctic.A Report of the CSIS Europe Program，2012，(4)：27-28.

察与研究的国际合作，历来受到美国政府的重视。北极区域是一个完整的生态系统，美国要在北极地区进行成功的科研活动，就必须深入到整个北冰洋海域，但这又会涉及北冰洋沿岸五国的国家利益的特殊性。因此美国一直倡导国际社会进行科研合作与信息共享。这鲜明地体现在美国政府不会毫无依据地拒绝或推迟其他国家到美国管辖海域（美国领海、专属经济区或大陆架）进行海洋科考的申请，与俄罗斯的态度形成了巨大反差①。

二、美国实现北极国家利益的优劣势分析

如前所述，美国在北极地区拥有广泛的安全、经济、政治和环境利益，但这些国家利益的实现和维护不是在真空中完成的，而是受到国内外一系列因素的影响。这些影响因素就是本研究报告所关注的优势和劣势，只有对这些优劣势有了清晰的认识，才能对美国北极政策的制定和执行有更深刻的认知。总体来讲，美国实现北极国家利益的优劣势可以被归类为国内因素和国际因素，本研究报告尝试从这两类因素出发，从中选择具体的方面探讨优势因素和劣势因素。

（一）国内因素

著名国际政治学者海伦·米尔纳曾经讲过，学者和政策制定者如果不能考虑国内情况，就忽视了解释国家行为的关键要素②。美国作为典型的分权制衡国家，其北极政策的制定与执行受到民主政治体制、政府管理部门、利益集团的影响。为此，本部分选择从美国民主政治体制、北极事务主管部门体制和北极行动能力三个国内层面探讨美国实现北极国家利益的优劣势。

1. 民主政治体制

罗伯特·达尔认为，美国是典型的多元民主政体国家，在多元民主社会中，人们生活在不同的利益集团中，民主的决策是集团之间的稳步妥协过程③。因此，美国民主政治体制的特征就在于权力分散或者说权力中心的多元化。我国有学者指出，以权力分散为主要特征的美国民主政治体制包含着很多积极因素：首先，在现代社会，民主已经成为政府统治合法性的基础；其次，广泛的政治参与在程序上有利于公共利益的界定；最后，民主政治可以使社会在稳定的基础上进行渐进的变革。但从另外一个方面来讲，美国民主政治体制也包含了权力中心的矛盾或冲突，致使决策效率或政策执行效率不高。

---

① Wasum-Rainer S. Arctic Science，International Law and Climate Change.Berlin：Springer，2011：89-90.

② Milner H V.Interests，Institutions，and Information：Domestic Politics and International Relations: Princeton Princeton University Press，1997：1.

③ 王蒲劬．政治学基础．北京：北京大学出版社，1995：414-415.

美国的民主政治体制的优劣势深刻地体现在其北极政策的制定和执行当中。当前，美国北极政策的制定和执行受多个利益主体的影响，这些利益主体有着不同的利益诉求，但又拥有同等的参与权利（参与能力各异）[①]。这些利益集团的广泛参与，有助于美国北极政策决策的民主化和科学化，有助于各利益主体在北极关键问题上凝聚共识，也为政策的未来执行提供有效政治保障。以 2009 年小布什政府《美国北极政策指令》为例，该政策文件经过 18 个月的广泛讨论，12 个美国政府部门参与到该政策文件的制定当中。在 18 个月的讨论过程中，美国联邦政府部门都希望维护本部门的核心利益，但参与部门一致同意 1982 年《联合国海洋法公约》是美国北极政策的基本出发点和其他任何新政策的管理框架[②]。

然而，在现实中，我们看到的美国民主政治体制对实现北极国家利益带来的更多的是消极影响，其主要表现在以下两个方面。

第一，美国民主政治体制制约北极政策的首要表现在于参议院拒不批准《联合国海洋法公约》。作为第三次联合国海洋法会议的主要发起者，美国在《联合国海洋法公约》的谈判和起草过程中发挥着主导性作用。但迄今为止，美国参议院一直没有批准《联合国海洋法公约》，根源上可以说受到美国政党政治和府院之争的影响。参议院拒不批准《联合国海洋法公约》，并不是出于安全和主权的考虑，而是基于意识形态的驱动，单纯地想不惜一切代价阻碍当前行政机构的工作[③]。而若美国顺利批准《联合国海洋法公约》，美国从中获取的利益将会超过其他任何一个国家，正如希拉里·克林顿在 2012 年 5 月参议院关于《联合国海洋法公约》的听证会上所言："作为全世界头号海事大国，我们将受益于公约中有关航行自由的有利条文。作为海岸线长度在全世界居第二位的国家，我们将受益于公约中有关近海自然资源的条文。作为一个海底面积极其广阔的国家，我们将受益于扩展我们的大陆架以及其中的油气权利的能力。作为一个全球贸易大国，我们将受益于公约赋予所有商用船只的通航能力。此外，作为这项公约内唯一一个在深海海床采矿决策小组中被赋予永久席位的国家，我们将处于一个增进我国利益的独特地位。"[④]

美国游离于《联合国海洋法公约》之外已经对其参与北极事务、主张北极权益产生了重大制约作用。当前，虽然美国一直在北极地区进行测绘工作，进行科学证据的收集，但却无法依据《联合国海洋法公约》第 76 条向大陆架界限委员会提交外大陆架的主张。根据美国参议院外交委员会披露的文件，当 2001 年俄罗斯提交北冰洋外大陆架划界申请之时，时任美国驻联合国大使内格罗蓬特却无法依据《联合国

---

① Westermeyer W E，Shusterich K M.United States Arctic Interests：The 1980s and 1990s.New York：Springer，1984：8-11.

② Kraska J.Arctic Security in an Age of Climate Change.Cambridge：Cambridge University Press，2011：252.

③ Bergh K.The Arctic policy of Canada and the United States：domestic motives and international context. SIPRI Insights on Peace and Security，2012，(1)：10.

④ 克林顿国务卿在联邦参议院《联合国海洋法公约》听证会上作证.http://iipdigital.usembassy.gov/st/chinese/texttrans/2012/05/201205246293.html?CP.rss=true#axzz37W79sBUC，2012-05-24.

海洋法公约》提出反对意见的外交照会，而只能对之做出评论意见[①]。另外，“当涉及为北极地区制定新规则的时候，未能批准《联合国海洋法公约》也已让美国退至后排。正当经由白令海峡的航运量不断增加之时，华盛顿却缺乏影响管理海上航线和保护渔业、敏感栖息地法规的最佳工具。《联合国海洋法公约》还把国际航行自由的法律原则奉若神明，美国的海军据此在全球范围内投放力量”[②]。

第二，美国民主政治体制制约北极政策的另外一个重要领域就是各大利益集团围绕北极石油开采所进行的博弈。美国部分环境保护组织认为油气开采会影响北极动植物的生存并且一旦发生漏油事故将会对北极生态造成致命性的打击，它们要求在开放北极近海油气开采之前，必须解决相关技术和安全问题。阿拉斯加州原住民组织担心大规模地开采油气资源会对他们的传统生活方式和传统文化带来不利影响，并且，他们担心漏油事件会危害海洋资源，工业噪声会扰乱鲸鱼和其他海洋哺乳动物的迁徙路线，因此也在一定程度上表示反对近海油气资源的开发[③]。而以壳牌公司为首的能源开采企业也试图通过多种渠道影响美国北极能源开发政策。根据《纽约时报》的报道，壳牌公司过去几年针对北极能源开发的游说活动费用高达40亿美元[④]。利益集团之间的博弈和相互制约，使得美国北极近海大陆架的石油开采难以进入实质性的勘探与开发阶段。

2. 北极事务主管部门体制

美国联邦政府多部门在其北极政策的制定和执行中发挥着作用，美国国务院、国防部、国土安全部、内务部、国家科学基金会等行政机构在北极事务中分工明确，有着清晰明确的部门职责分工（表1）。

表1　美国北极事务主管部门分工

问题领域	负责部门
国家和国土安全	国务院、国防部、国土安全部
北极事务国际合作	国务院
北极外大陆架的划定	国务院
北极科研合作	国务院、内务部、国家科学基金会
北极航道运输	国务院、国防部、交通部、商业部
北极能源勘探与开发	国务院、内务部
北极环境保护	国务院、内务部、国土安全部

资料来源：Conley H A.The new foreign policy frontier：U.S. interests and actors in the Arctic.A Report of the CSIS Europe Program，2013：5

但是，美国多个联邦政府部门参与北极政策的制定与执行，导致其北极政

① Borgerson S G.The national interest and the law of sea.Special Report of Council on Foreign Relations，2009，(46)：28.

② Borgerson S G.The coming Arctic boom：as the ice melts，the region heats up.Foreign Affairs，2013，(3)：86.

③ Mikkelsen A，Langhelle O.Arctic Oil and Gas：Sustainability at Risk?London，New York：Routledge，2008：139.

④ Cole J.Shell's $4bn lobbying campaign cleared the way for Arctic oil drilling. http://www.juancole.com/2012/05/shells-4bn-lobbying-campaign-cleared-the-way-for-arctic-oil-drilling-ross.html，2012-05-15.

策的制定与执行不具有权威性的单一组织机构，致使部门缺少协作、权限重叠、各自为政。在这种情况下，政策协调成为美国北极政策的“阿喀琉斯之踵”（Achilles’ heel），即“致命弱点”。在过去很长时期内，美国多届政府都力求解决政策协调问题，进而导致多个协调机构的成立，但最后效果却不尽如人意。以往，白宫常常充当了北极政策的协调中心，在多个联邦政府部门之间发挥着协调作用。目前，以白宫为中心，存在六个跨部门协调机构（表 2）。但是这六个协调机构都缺乏整体性的视野，都未能把北极安全、经济发展、环境保护、科学研究和国际合作等问题统筹到一个框架内进行考量，同时也都缺乏高级别的负责人来领导这些协调机构来保障充分的战略和预算投入[①]。这种“九龙治水”的管理体制无疑无法有效应对北极事务的新挑战[②]。为此，美国战略与国际问题研究中心研究员海瑟•康莉等在 2013 年 3 月发布的《美国外交政策新边疆》报告中，提议整合美国国务院的欧洲暨欧亚事务局、海洋及国际环境暨科学事务局的功能，在欧洲事务局下增设改名为北欧、波罗的海和北极事务办公室（the Office of Nordic，Baltic，and Arctic Affairs）的机构，全面负责北极各项事务，并且向其他北极国家任命大使级的北极使团[③]。

表 2　当前美国六个跨部门北极事务机构

机构名称	机构简介
北极政策小组（Arctic Policy Group）	国务院负责；在北极事务中拥有利益的政府部门都可以参加每月例会
北极跨部门政策委员会（Interagency Policy Committee on the Arctic）	国家安全委员会负责；助理部长级别的协调小组，主要协调北极政策的执行
海洋安全工作组（Maritime Security Working Group）	总统国土安全助理负责；主要关注北极海洋安全
国家海洋委员会（National Ocean Council）	由科技政策办公室和环境质量委员会共同负责；偶尔讨论北极问题
北极研究跨部门政策委员会（Interagency Arctic Research Policy Committee）	国家科学基金会负责；主要协调北极科研活动及相关政策
阿拉斯加能源开发联邦政府协调工作组（Interagency Working Group on Coordination of Domestic Energy Development and Permitting in Alaska）	内务部副部长负责；2011 年成立，协调涉及阿拉斯加能源开发的国内部门

资料来源：Conley H A.The new foreign policy frontier：U.S. interests and actors in the Arctic.A Report of the CSIS Europe Program，2013：5

3. 北极行动能力

北极地区特殊的自然环境对各国的行动能力提出了更高要求。当前，海岸警卫队是当前美国在北极海域唯一的综合执法机构，承担了北极海域的海事安全、海域治安和海上管理三大任务，但海岸警卫队目前在北极海域执行任务的行动能力深受基础设施缺乏的制约。

① Conley H A.The new foreign policy frontier：U.S. interests and actors in the Arctic.A Report of the CSIS Europe Program，2013：23.

② 李益波 . 美国北极政策的新动向及其国际影响 . 南京政治学院学报，2014，(3)：89.

③ Conley H A.The new foreign policy frontier：U.S. interests and actors in the Arctic.A Report of the CSIS Europe Program，2013：24–27.

美国北极地区缺乏极地深水港口，也不存在任何军用航空设施，并且没有综合的网络用来监测北极地区的航运。尤其是极地深水港口的缺乏，致使美国海岸警卫队的活动范围和后勤补给受到很大制约，对加强美国北极地区的存在以维护国家利益造成很大的消极影响。2013 年 5 月 21 日，美国海岸警卫队司令罗伯特•帕普（Robert Papp）在美国战略与国际研究中心发表演讲，宣布了海岸警卫队最新制定的北极政策文件《海岸警卫队的北极战略》。在演讲中，罗伯特•帕普指出，鉴于阿拉斯加地区基础设施的缺乏，美国海岸警卫队现今阶段只能依靠“移动性的离岸基础设施”来满足行动的需要①。2009 年 11 月，参议员穆考斯基向国会提请《北极深水港口法案草案》，要求联邦政府着手研究在美国北极地区建设深水港口的可行性等问题，但没有得到国会的支持。

美国破冰船数量和破冰能力的薄弱更加制约其北极行动的能力。在目前较为恶劣的北极气候和冰川条件下，破冰船是进行科学研究、地图绘制以及为商用船舶提供领航服务必不可少的设备。然而，美国在破冰船的数量和功能上与加拿大和俄罗斯存在较大差距。即便是根据 2010 年的数据，俄罗斯就拥有最强大的破冰船船队，常规动力破冰船就拥有 22 艘，另外还拥有 7 艘核动力破冰船，加拿大也拥有各种级别的常规动力破冰船 18 艘，与美国 2 艘服役的破冰船在数量和功能上形成了鲜明对比（表 3）。即使美国国会后来拨款建造破冰船，但根据 1920 年颁布的《商船法》的要求，往来于美国各个港口的船只必须在美国建造，所以按照美国海岸警卫队的预计，让美国造船厂建造一艘新的破冰船将要花费十年的时间②。

表 3　北冰洋沿岸五国破冰船数量比较（单位：艘）

国家	核动力	常规动力			总数
		重型	中型	小型	
俄罗斯	7	—	22	—	29
加拿大	—	2	4	12	18
丹麦	—	—	3	—	3
挪威	—	—	1	—	1
美国	—	2	—	—	2

资料来源：Cohen A.From Russia competition to natural resources access：recasting U.S. Arctic policy. Backgrounder of the Heritage Foundation，2010

（二）国际因素

国际环境是影响美国北极国家利益实现的重要因素。为此，本部分从全球视野选择美国参与北极事务的身份和北极地缘政治环境两个具体的方面，探讨美国实现北极国家利益面临的国际环境优劣势。

① Papp R. Coast guard Arctic strategy rollout.http://www.uscg.mil/seniorleadership/DOCS/Arctic%20Strategy%20Rollout%20FINAL%20to%20post.pdf，2013-05-21.

② Borgerson S G.The coming Arctic boom：as the ice melts，the region heats up.Foreign Affairs，2013，(3)：87.

1. 美国参与北极事务的身份

国家身份是指一个国家相对于国际社会的角色，是基于国际社会承认之上的国家形象与特征的自我设定，它是随着国家间互动样式的变化而变化的[①]。根据建构主义理论的观点，在国际体系中，国家身份是决定国家利益、立场和实现利益途径的基本因素[②]。美国在北极事务中具有多重身份，最基本的身份便是北极国家（北冰洋沿岸国家），但是美国又具备全球大国的身份，这些参与身份在某些情况下存在竞合关系，对美国参与北极事务既是优势条件，也在某些情境下带来制约。

北极国家（北冰洋沿岸国家）是美国参与北极事务的先天身份优势。从地理环境上说，北极是由欧亚大陆、北美大陆及一系列岛屿环绕北冰洋而形成的天然地理区域。其中，北极地区的主体是世界五大洋中最小的北冰洋。在这个地理区域内，陆地和岛屿的主权归属都已经确定（汉斯岛除外），分属美国等八个环北极国家。而美国、俄罗斯、加拿大、丹麦和挪威五个国家属于北冰洋沿岸国家，又构成了环北极八国中的“沿岸五国小集团”。美国同时作为北极八国之一和北冰洋五国之一，在北极地缘政治中占据特殊地位。这种身份优势尽显在北极理事会的成员构成和权限以及北冰洋五国于2008年5月发表的《伊鲁利萨特宣言》中。

近年来，成立于1991年的《北极环境保护战略》基础之上的北极理事会作为北极事务主要协商机制的地位逐步得到确立[③]，参与北极理事会的工作被域外国家视为参与北极治理和相关事务决策的唯一正式途径[④]。2011年3月，北极理事会高官会议在哥本哈根举行，在其向理事会第七次部长级会议提交的报告中，对观察员资格的标准做出了详细规定，在2011年5月召开的努克会议上，得到部长级会议的确认。2013年5月15日，北极理事会在瑞典基律纳召开的第八次部长级会议上正式接纳中国、印度、日本、韩国、新加坡和意大利六国为正式观察员国。根据北极理事会的政策文件，当前的理事会已经形成了“北极国家实质性主导、原住民组织全程参与、正式观察员无实权”的成员权限等级。在这种背景下，美国和其他北极国家一道成为理事会的“特殊实权成员”，北极理事会也成为美国等北极国家实现和保障北极国家利益的制度工具。

2008年5月《伊鲁利萨特宣言》的发表，更是强化了美国作为北冰洋五国之一的身份优势。面对北冰洋冰川的融化、2007年俄罗斯北冰洋插旗事件的发生以及国际舆论关于北极争夺战的“热炒”，2008年5月27日~29日，北冰洋沿岸五国在丹麦伊鲁利萨特召开了第一次北冰洋外长会议，并发表了《伊鲁利萨特宣言》。《伊鲁利萨特宣言》认为北冰洋是一个独特的生态环境系统，强调五国在应对北极

① 孙溯源．集体认同与国际政治：一种文化视角．现代国际关系，2003，(3)：40.

② 李少军．论中国双重身份的困境与应对．世界经济与政治，2012，(4)：4.

③ Young O R.Arctic governance-pathways to the future.Arctic Review on Law and Politics，2010，(7)：168.

④ Graczyk P，Koivurova T.A new era in the Arctic Council's external relations?Broader consequences of the Nuuk observer rules for Arctic governance.Polar Record，2012，(43)：1.

变化和挑战上处于独特的位置，认为国际海洋体系法已经为北极事务提供了坚实基础，反对重新制定一个全面的国际法条约来治理北冰洋等[①]。虽然北冰洋五国机制没有成为北极理事会之外又一治理机制，然而《伊鲁利萨特宣言》所蕴含的精神已经成为北极治理框架进一步完善的前提和基础，这又在无形之中增强了美国影响北极治理走向的能力。

但是，美国作为全球大国，是从全球战略视野看待北极问题的。其北极政策要服务于其国家大战略，在现实中，北极地区只是“美国全球战略网络上的一个连接点”[②]，而没有像亚太、中东地区一样构成美国全球战略的枢纽或者重心。这意味着，美国全球大国的身份使得美国不能把战略重心和资源转移或分配到北极事务中。小布什政府时代，美国政府把反恐作为战略重心，其外交战略把根除恐怖主义对美国国家利益的威胁作为目标，其战略资源主要分配到中东等战略区域；奥巴马上台以来，随着亚太地区在全球地缘政治中地位的提升，美国政府迅速调整国家外交战略，亚太重新成为其战略重心，其战略资源也日渐分配到中国周边地区，图谋“围堵”中国势力的增长，维护其在亚太和全球的领导地位。美国政府的大量资源消耗在应对新兴大国的崛起上，难以分配更多的资源用于北极事务[③]。虽然2013年5月奥巴马政府颁布了《北极地区的国家战略》，但我们可以清晰地看到，该报告“只是为美国的北极战略拟定了一个初步框架，象征意义大于实际意义。特别是报告中涉及的一些重要概念目前依然停留在文字阶段，对相关机构职能与角色的界定还不清晰”[④]。

美国作为北极国家（北冰洋国家），同时又作为全球大国，这两种身份的竞争关系是我们理解美国在北极事务中“低调”甚至“保守”的主要原因。有学者指出“美国的北极政策更强地受到美国全球领导地位的影响。北极地区在美国战略视野中还没有成为一个单独的区域，而仅仅作为实现更广泛战略目标的‘楔子’……北极地区更像是一个‘工具区域’，它之于美国的价值不在于其本身，而在于该地区能为美国全球战略目标的实现带来什么利益……即使美国政府在北极政策文件中着重强调的北极航行自由，也是担心加俄两国的行动会为全球其他地区制造不好的先例，妨碍美国海军的自由行动”[⑤]。

2. 北极地缘政治环境

北极地区的地缘政治环境应该是影响美国北极国家利益实现的最根本的国际因素。冷战结束之后，尤其是近年来，北极地区的地缘政治环境发生了急剧变化，在

---

① Lemmon G T.Arctic Ocean Conference：Ilulissat Declaration，2008.

② 郭培清，孙兴伟．论小布什和奥巴马政府的北极“保守政策”．国际观察，2014，(2)：89.

③ 郭培清，孙兴伟．论小布什和奥巴马政府的北极“保守政策”．国际观察，2014，(2)：90.

④ 季澄．浅析美国北极地区国家战略报告．国际研究参考，2013，(8)：45.

⑤ Powell R C，Dodds K.Polar Geopolitics?Knowledges，Resources and Legal Regimes.Chelthenham：Edward Elgar Publishing Limited，2014：113-127.

冷战结束、气候变化以及全球化的多重动力因素之下，当前的北极地缘政治环境呈现出三个特点，这三个特点对美国北极地区国家利益的实现产生了重大的影响。

第一，北极地区在全球政治中的地位提升。冷战期间，美、苏两国为争夺世界霸权，把北极地区变为相互对抗的前沿阵地和军事竞赛的主要战场。北极地缘政治格局主要表现为美苏对峙的两极格局，以政治和军事为代表的“高级政治”领域的事务支配着其他事务。冷战终结之后，北极的地缘政治格局发生了结构性变化，美苏对峙的二元格局逐步瓦解。以气候问题、环境保护问题等为主的“低级政治”领域的问题逐渐得到北极域内国家的认可和关注。冷战末期，戈尔巴乔夫在摩尔曼斯克发表演讲，提出北极合作六项计划，包括建立欧洲北部无核区、限制海军在北极地区的活动、和平开发北极资源、极地科学研究以及环境保护领域的合作。在戈尔巴乔夫讲话的鼓励下，芬兰外交部和环保部于 1989 年 1 月 12 日签署《北极环境保护战略》并发给其他七个国家，后在芬兰的召集下，北极八国于 1989 年 9 月在芬兰召开了第一次有关北极环境保护的准备会议。经过接近两年的谈判，于 1991 年 6 月签订了《北极环境保护战略》，开启了冷战后北极八国的合作日程。依据《北极环境保护战略》，八国承诺为保护北极地区的环境进行合作，并且确定了联合行动的优先领域为治理持久性有机物、石油、重金属、放射性物质以及酸化等引起的环境问题[①]。它们在北极地区环境问题上的合作，最终促成了一个重要机制的形成，使北极地区的政府之间的合作和区域化发展迈上一个新台阶[②]。为进一步应对气候和环境保护问题，1996 年 9 月北极八国在加拿大渥太华发布了《成立北极理事会宣言》，决定成立北极理事会，《北极环境保护战略》的所有工作也被纳入北极理事会的工作中。

冷战的结束为北极国家在环境保护等领域的合作提供了良好的政治氛围，也加强了北极地区的整体性，被冷战割裂的区域终于可以作为一个政治区域活跃于国际政治舞台。尤其是在全球气候变化的大背景之下，北极作为全球气候变化的一个重要“衡量区域”，是研究和应对全球气候变化的重要场所。自从 2006 年年末挪威率先发布《挪威政府的北极战略》以来，丹麦、俄罗斯和加拿大等北极国家已经相继制定了各自的北极政策，加强在北极地区的实质性存在，而日本、韩国、欧盟等域外国家和国家集团也纷纷利用各种手段强化其在北极的存在。在诸种因素的推动下，北极地区在全球国际政治中的地位得到不断提升。

北极地区在国际政治中的地位提升，有助于提升美国精英阶层及民众的北极意识（Arctic awareness），推动美国政府对北极事务给予更多的重视和分配更多的资源。2007 年以来的“北极热”引起了美国精英阶层的忧虑。美国对外关系委员会（Council on Foreign Relations）研究员斯科特·柏格森（Scott G. Borgerson）就曾多次发文指出，美国政府高层很大程度上忽视了北极事务，他明确指出，“虽然世界其他地区对该地区日益增长的重要性已经醒悟，但美国依旧似乎睡得很熟，从而使该

① 孙凯，郭培清 . 北极理事会的改革与变迁研究 . 中国海洋大学学报（社会科学版），2012，(1)：7.

② 陆俊元 . 北极地缘政治与中国应对 . 北京：时事出版社，2010：98.

竞技场向更具竞争力的对手开放”[①]。美国著名智库传统基金会（Heritage Foundation）、战略与国际问题研究中心（Center for Strategic and International Studies）、布鲁金斯学会（Brookings Institution）也相继发布了一系列北极问题研究报告，呼吁美国政府采取更多的积极措施，以避免在北极治理中进一步被边缘化。从目前的情况来看，美国精英阶层北极问题意识的觉醒，已经有力推动了美国政府的行动。2013 年 5 月，美国白宫颁布了《北极地区的国家战略》，同月海岸警卫队颁布了《海岸警卫队的北极战略》，同年 11 月国防部颁布了《国防部北极战略》，这表明美国高层已经有意赶上这轮“北极热”的末班车，把更多的精力和资源投向北极事务当中。

第二，北极区域合作取得实质性进展，北极国家的合作意向占据主导性。2007 年俄罗斯在北冰洋洋底的插旗事件，在北极国家和国际社会引起了轩然大波，众多学者和媒体纷纷用“北极争夺”（Scramble for the Arctic）和北极“新冷战”（the New Cold War）描述北极国家之间的关系。但是，随后发生的一系列事件表明，北极地区的区域合作并没有因为插旗事件而中断，北极国家在北极事务上表现出了合作性的意愿并且采取了促进合作的实质性行动。

北极区域合作取得实质性进展的主要标志是北极理事会的机制和功能得到不断强化。北极理事会自 1996 年成立以来，在对北极地区环境的监测和评估以及促进各国北极政策的协调和沟通方面取得了很大进展，但是也因为其“软法”（soft law）性质而遭到广泛的批评。2011 年 5 月，北极理事会第七次部长级会议在格陵兰岛努克召开。努克会议在以下三个方面取得了极大进展：首先，北极国家在此次会议上决定，在挪威的特姆瑟（Tromso）建立理事会的常设秘书处，加强理事会的运作和功能。常设秘书处的建立有助于提高北极理事会的工作效率，提升北极理事会在北极事务和北极治理中的国际影响力。其次，努克会议通过 2011 年 3 月北极理事会高官会议制定的《观察员国资格报告》，明确了域外国家或者其他实体申请成为北极理事会观察员的标准。最后，在努克会议上北极国家签订了北极理事会历史上第一份具有法律约束力的法律协定《北极海空搜救合作协定》，该协定划分了北极国家的搜救责任范围。2013 年 5 月，北极理事会在瑞典基律纳召开的第八次部长级会议上，通过了理事会历史上的第二份具有法律约束力的协定《北极海洋油污染预防与反应合作协定》，并且决定成立工作组，推进制定其他关于石油污染预防的协定[②]。北极理事会努克会议和基律纳会议上取得的一系列具有标志性的成就，标志着北极区域合作得到的实质性进步和发展。

北极地区稳定的政治环境和北极国家的合作意向，将有力保障美国北极地区国家利益的实现。一方面，气候变化等全球气候问题，需要包括北极国家在内的国际社会的协作，靠一国之力难以扭转；另一方面，稳定的区域环境为《联合国海洋法公约》等国际治理框架在北极的适用提供了条件。但是，我们不得不承认，虽然当前区域合作和区域治理成为国际社会处理北极事务的主要趋势，但是地缘政治的影

① Borgerson S G.The coming Arctic boom：as the ice melts，the region heats up.Foreign Affairs，2013，(3)：86.

② Arctic Council.Kiruna Declaration.http://www.arctic-council.org/index.php/en/，2013-05-15.

响一直未被根除。俄罗斯、加拿大等国就纷纷通过加强北极地区军事实力来增强自身在北极事务中的话语权。况且，北极地区的政治与安全环境时刻受到全球其他战略区域环境的影响，更具体地说，时刻受到美、俄两国外交和安全关系好坏的影响，美、俄在北极地区的安全关系是更大范围的国际安全关系的一部分[①]。2014 年 3 月以来的乌克兰危机事件，使得美俄关系降到冷战后的冰点，对北极区域合作的制约也逐渐显现出来[②]。

第三，域外国家和实体参与力度加强，域内外国家之间矛盾加剧。由于北极自然环境变化的根源和影响将会超出北极地区的地理空间范畴，为此，北极事务将不再仅仅是北极地区的事务，也不是仅仅限于北极国家参与的事务，它具有广泛的全球性因素。例如，北极地区因航道利用、资源的勘探与开采带来的影响将深刻地影响到北极地区之外的其他国家，围绕着应对气候变化等问题的谈判与合作将会牵涉到全球主要温室气体排放国的国家利益。为此，北极事务既需要北极国家内部加强合作，又需要北极国家与非北极国家之间开展有效的合作，方能达到北极的善治。如果不把域外国家尤其是中印等新兴发展中国家纳入北极治理的机制当中，达到北极的善治将十分困难，尤其是在应对气候变化和环境变化的治理当中。在这种背景之下，中国、日本、韩国、欧盟等其他域外国家和国际组织便纷纷采取制定北极政策、加大科考力度等方式来提升对北极事务的参与力度。

伴随域外国家和实体参与北极事务的强度增大，域内、外国家之间的矛盾逐渐暴露出来，尤其体现在北极国家设置的北极理事会正式观察员申请资格及其权利义务上。北极理事会通过规定北极国家以及永久成员的特殊地位，把观察员国排除在决策机制之外。通过制定项目方面的资金额度限制，限制了观察员国通过资金投入等经济方式影响北极国家决策的能力，防止了观察员国的作用和影响超过北极原住民组织，也防止了观察员国的作用和形象过于突出而影响北极国家作为北极“守护者”的形象[③]。

美国在域外国家的参与问题上，采取了相对温和的态度。对美国来说，域外国家的参与固然可能“稀释”美国等北极国家的主导性，但从另外一角度来说其可以利用域外新兴大国的参与来“中和”加拿大和俄罗斯在北极事务中的强势立场，减轻自身背负的压力。

---

① Stephen T，Vanderzwaag D L.Polar Oceans Governance in an Era of Environmental Change.Cheltenham：Edward Elgar Publishing Limited，2014：79.

② 2014 年 4 月，北极理事会加拿大轮值主席，抵制在莫斯科召开的理事会会议，作为对俄罗斯“侵占”克里米亚的报复。

③ Graczyk P，Koivurova T.A new era in the Arctic Council's external relations?Broader consequences of the Nuuk observer rules for Arctic governance.Polar Record，2012，(43)：8.

三、美国实现北极国家利益的举措

美国为实现在北极地区的国家利益，采取了一系列举措，主要涉及国家及国土安全、科学研究、资源开发、国际合作四个领域。

（一）国家及国土安全领域

该政策领域涉及美国国防部、海军、海岸警卫队等具体的政府部门或作战军种。迄今，这些部门通过颁布本部门的北极战略等方式来维护美国在北极地区的国家及国土安全利益。

1. 美国国防部

2013 年 11 月 22 日，美国国防部颁布《国防部北极战略》，明确了美国国防部在北极地区的最终目标、辅助目标、战略途径以及面临的挑战与风险（表 4）。该战略作为一项预期战略，在支持 2013 年 5 月的《北极地区的国家战略》基础上，进一步确定了国防部在该地区未来发展的方向，成为美国处理北极地区安全和利益问题的指南。

表 4　2013 年 11 月《国防部北极战略》内容

指标	具体内容
最终目标	保持北极地区安全稳定；捍卫美国在北极地区的国家利益；保护美国国土安全；通过国际合作共同应对挑战
辅助目标	确保安全利益，提供安全支持，促进防务合作；随时准备应对多种挑战和突发事件，尽可能与其他国家联合行动，并在必要时独立行动，以维持北极地区的稳定
战略途径	行使主权以及保护国土安全；与公共和私营部门的合作交流，从而提高北极全域感知能力；维护北极地区的海洋自由；根据不断变化的条件，发展北极地区的基础设施和能力建设；遵守现有的与盟国及合作伙伴的协议，同时与重要的地区合作伙伴签订新的协议，加强互信；根据指令为民事部门提供支持；与其他部门、机构以及国家合作，保护人类安全和环境的安全；支持北极理事会以及其他国际机构的发展，促进地区合作和法治
挑战与风险	有关未来进入北极和在北极开展活动的预期可能并不准确；财政紧缩可能导致推迟或取消北极能力建设所需的投资，减少北极训练与行动；有关边界争议的政治鼓动与媒体宣传，以及对资源的争夺，可能激化地区紧张局势；在处理未来的安全风险时，如果采取过于激进的举动，会造成相互猜疑和传达错误信息，并且风险就会变成现实

资料来源：Arctic Strategy of the Department of Defense.http://www.defense.gov/pubs/2013_Arctic_Strategy.pdf，2013-11-17

2. 美国海军部

美国海军较早地关注了北极气候变化对未来地缘政治途径的影响，并且率先行动，于 2009 年 10 月公布了《美国海军北极路线图》。该路线图的主要目标是更好地了解当前和未来北极地区的环境，它宣称将在 2010~2014 财年内配合海岸警卫队和其他机构，获取适合在北冰洋进行活动的舰艇、设备和人员的数据，为进军北极作准备。该路线图在内容上主要包含五个方面（表 5），它勾画了一个五年行动计划，来执行美国北极区域政策。

表 5　2009 年 10 月《美国海军北极路线图》内容

项目	具体内容
战略、政策、任务与计划	必须确定海军在北极的战略目标，并且为达成这些目标制定指导性政策，最终目的是保持北极地区的稳定与安全等
行动与训练	北极地区的军事行动得到美国海军舰队司令部和战区作战司令部的确认；海军在北极地区参加演习、作战和支援活动也已经制定
资源投入	要确保对北极行动所需的资源和能力进行评估，包括制定《项目计划备忘录》和海军预算
信息交流与宣传	海军要与其他国家进行情报交流；信息交流的对象非常广泛，包括大众媒体、智库、科研团体、国防部等
环境评估与预测	海军必须投入各种资源并采取行动，降低在预测北极环境变化以及各类时间性指标中存在的不确定性

资料来源：United States Department of the Navy.U.S. Navy Arctic Roadmap，2009：7-25

另外，《美国海军北极路线图》明确指出海军的行动分为三个阶段，要以渐进的方式进行必要的背景性研究和评估，与其他国家和机构结成合作伙伴，并且积累相应的知识和经验（表 6）[①]。

表 6　《美国海军北极路线图》的海军行动三阶段

阶段	具体内容
第一阶段（2009~2010 年）	撰写《海军舰队准备情况评估》，并评估海军在北极地区的战略目标及实现目标的需求，此外还要全面评估其他机构对北极安全问题进行的研究，并为海军在北极地区的战略实施制订计划；与 NOAA（National Oceanic and Atmospheric Administration，即美国国家海洋和大气管理局）合作，开发新一代大气、海洋与海冰集成模拟系统；与 NOAA 开展在白令海海域的调查活动等
第二阶段（2011~2012 年）	对海军在北极所需的能力进行实际评估；完成北极环境评估，为有关机构制定国家海洋政策和北极海域行动计划提供信息支持；制定 2014 年《项目计划备忘录》，与新的伙伴建立正式的、制度化的合作关系等
第三阶段（2013~2014 年）	全面审视 2014 年《项目计划备忘录》预算的执行状况，进一步扩展在北极地区展开活动的新伙伴；启用无人深潜器对北极进行调查；在 2014 年对《美国海军北极路线图》做出修订

资料来源：United States Department of the Navy.U.S. Navy Arctic Roadmap，2009

2014 年 2 月，美国海军部在对 2009 年路线图进行修订的基础上发布了《美国海军北极路线图：2014—2030 年》（表 7）。美国海军作战部长、海军上将乔纳森•格林纳特在路线图简介中表示："这个更新的北极路线图为美国海军有效应对未来突发事件做了准备，凸显出美国国防部内海军在北极事务上的主导地位，并且阐明了海军为实现美国国家战略重点所做的支持工作。"该路线图制订出三个阶段的实施计划：近期（2014~2020 年）、中期（2020~2030 年）和远期（2030 年后），包括提高美国海军极地能力的执行计划，以及支持美国国防部安全战略的方法和手段的实施计划。同时，该路线图列出了美国海军未来 15 年需要完成的数十项具体任务以及相应的截止日期，包括北冰洋海平面上升研究、对海冰融化程度的预测能力、卫星通信和监控的需求评估，以及现有港口、机场、飞机库的更新换代等[②]。

① United States Department of the Navy.U.S. Navy Arctic Roadmap，2009：26-27.

② United States Department of the Navy.U.S.Navy Arctic Roadmap：2014-2030. http://www.navy.mil/navydata/documents/USN_artic_roadmap.pdf，2014-02-23.

表 7 《美国海军北极路线图：2014—2030 年》战略目标及执行计划

指标	具体内容
美国海军北极战略目标	保障美国主权和本土防御； 在危机和紧急事件状况下，提供海军力量； 维护海洋航行自由； 推动联邦政府部门间合作与国际合作
三个执行阶段	近期（2014~2020 年）：增加可适应北极环境的人员装备；通过演习、科考和人员交流等增强北极专业知识；更新或制定必要的战略、政策或计划；寻求投资，加强在北极活动能力；更新现行装备 中期（2020~2030 年）：截至 2030 年，海军将拥有足够的人员和装备来应对影响国家安全的紧急或危机事件；与地区伙伴合作演习等，进一步增强在北极的行动能力；保障航行自由 远期（2030 年后）：2030 年具备在北极地区进行持续行动的能力

资料来源：United States Department of the Navy.U.S. Navy Arctic Roadmap：2014-2030. http://www.navy.mil/navydata/documents/USN_artic_roadmap.pdf，2014-02-23

3. 美国海岸警卫队

2011 年 4 月，美国海岸警卫队发布《北极战略路径》报告，为海岸警卫队在北极地区执行任务提供战略指导，报告指出警卫队要成为维护美国北极海上利益的领导者，进而提出加强海岸警卫队在北极地区的行动能力①。该报告主要有六部分，其中第四部分北极战略愿景（strategic vision）是报告的核心组成部分，详细探讨了北极战略路径和北极战略重点（表 8）。

表 8 美国海岸警卫队 2011 年北极战略愿景

指标	具体内容
北极战略路径	增强在北极地区的海洋领域意识，同时保持全球机动性，塑造美国在海上的主权存在；鼓励与其他国家合作，一道和平解决可能出现的问题；提高海岸警卫队的航运能力，建立抵御风险的能力及联合搜救和救援的能力
北极战略重点	确保海上安全和国家安全，加强海上监管，为此，海岸警卫队要努力健全现有的法律制度，加强与利益攸关方的合作伙伴关系，加强海洋领域意识和极地作战能力；打造任务执行力和备战意识；培养应对威胁和灾害的能力，报告认为，警卫队应该在北极拥有装备精良、训练有素的海上力量

资料来源：U.S. Coast Guard Arctic Strategy Approach.http://www.uscg.mil/directives/ci/16000-16999/CI_16003_1.pdf，2011-04-19

2013 年 5 月 21 日，美国海岸警卫队颁布《海岸警卫队的北极战略》，对未来十年海岸警卫队的北极战略进行规划，提出了海岸警卫队在北极地区的三大战略目标：①提升北极意识，为此，海岸警卫队将保障有效的部门协调和信息分享；增强海洋信息与情况的搜集、汇合以及分析；保障有效的能力存在。②治理的革新，为此，海岸警卫队将推动内部机构改革及国际治理；维护海洋环境；保护海洋生物资源；

① U.S. Coast Guard Arctic Strategy Approach.http://www.uscg.mil/directives/ci/16000-16999/CI_16003_1.pdf，2011-04-19.

维护美国主权及主权权利。③拓展伙伴关系。为确保三大战略目标的实现，该战略文件建议采取“整体性”的方式，整合或协调国内多部门，以便更加有效地应对北极机遇或挑战[①]。

（二）科学研究领域

知识是权力的重要来源。北极地区独特的自然环境，使得任何国家要想参与北极事务以及在北极治理中拥有一席话语权，就必须占有与北极自然环境相关的专业知识。美国向来重视北极地区的科学研究，早在 1984 年，美国国会就正式通过了《北极考察和政策法案》，把美国对北极的科学研究、经济利益和战略考虑三者联系在一起。根据这一法案，美国联邦政府组建了北极考察委员会和跨部门间北极考察政策委员会，负责制定和执行北极科学考察政策。

近年来，伴随北极地区自然环境和地缘政治环境的变化，美国在北极科考的领导机构、考察重心等方面做出了相应调整，以维护美国北极科考大国的国际地位。

首先，提升跨部门间北极考察政策委员会的权限，加强该部门在北极科学考察政策制定中的中心地位。2010 年 7 月 22 日，奥巴马在签署的总统备忘录中，把跨部门间北极考察政策委员会置于国家科技委员会领导之下，加强其与白宫决策层的直接联系。此次机构调整的主要目的就是提高跨部门间北极考察政策委员会的工作效率，并使北极科考政策与美国联邦政府的政策优先领域保持一致[②]。2013 年 2 月，跨部门间北极考察政策委员会向国会提交了未来五年的北极研究计划。该计划详细列举了未来五年（2013~2017 财年）美国北极研究的七个领域：海洋冰和海洋生态系统，陆地冰和生态系统，大气研究的表面热、能量和质量平衡，观察系统，区域气候模型，社区适应性工具，以及人类健康[③]。

其次，随着北冰洋外大陆架划界争端的升温，美国及时调整其科学考察的重点方向，逐渐把北冰洋海底测绘作为优先领域。过去十年间，美国外大陆架特别工作组（单独或者与加拿大合作）对波弗特海等北冰洋区域进行调查，收集相关地质证据。美国如此注重洋底测绘是为了准确测量北冰洋的大陆架边界，掌握其在北极地区的大陆架外部界限，为将来提出延伸其大陆架的主张以及进行国际边界谈判做好准备。2013 年 5 月，奥巴马政府在《北极地区的国家战略》中提出，美国将继续在洋底测绘方面加大投入，为北极航运安全和敏感区域的确定提供科学数据和参考信息。

最后，积极推动北极地区的国际科研合作。由于北极的科学研究不可能仅仅由单个国家独立完成，美国需要获得尽可能多的研究观测站点，共享研究平台、交换

① Arctic Strategy of United States Coast Guard.http://www.uscg.mil/seniorleadership/DOCS/CG_Arctic_Strategy.pdf，2013-05-12.

② Moran K，Farrell J W.U.S. Arctic research policy.Oceanography，2011，(24)：22-23.

③ Stewart J B.The United States in the Arctic：Key Areas of Study and Environmental Change Considerations. New York：Nova Science Publishers，2013：2.

数据和样本等，这些因素促使美国政府对北极地区的国际科研合作持积极态度[①]。

（三）资源开发领域

北极地区的资源开发是美国北极政策的重要内容之一，其关注重心主要在渔业资源的养护利用和油气资源的开发两个方面。

1. 渔业资源的养护利用

美国阿拉斯加北部海域的专属经济区内尚未出现大规模的渔业商业捕捞（阿拉斯加原住民在近海区域内存在小范围的渔业捕捞作业），在气候变暖和海冰融化的影响下，阿拉斯加州北海岸大规模商业捕捞可能会逐步成为现实，特别是考虑到商业捕捞唯捕捞量是图、涸泽而渔，更需要对此进行管理以维持当地的渔业资源的可持续性发展。美国北太平洋渔业管理委员会已经开始制定和实施预防措施。2009 年 2 月 6 日，该委员会通过了《北极渔业管理方案》，该方案要求在没有足够的科学数据证明北极渔业资源可以进行持续开发之前，禁止在北极专属经济区进行渔业捕捞，以避免渔业资源管理混乱的情况发生[②]。

美国在禁止本国专属经济区内商业捕捞的同时，也寻求通过多边措施把这种禁令扩展到北极公海海域。2007 年 10 月，美国参议院通过一项决议，敦促国际社会停止扩大北极公海海域的商业捕捞范围，呼吁北极国家建立北极渔业管理机制；在多边管理机制建立之前，敦促美国联邦政府与其他北极国家协商通过临时备忘录，临时管制北极渔业捕捞作业。2009 年美国国务院和北方研究所联合在阿拉斯加安克雷奇（Anchorage）召开北极渔业国际研讨会，有大约 180 名来自北极八国的代表参与此次会议，探讨北极渔业的保护与管理[③]。

2010 年以来，在美国的推动下，北冰洋沿岸五国专家代表相继召开多次会议商讨中心北冰洋地区（Central Arctic Ocean）的渔业养护问题（2010 年在挪威奥斯陆；2011 年在美国阿拉斯加安克雷奇；2013 年 4 月在美国华盛顿；2013 年 11 月在丹麦格陵兰岛努克）。在 2011 年的会议上，美国向大会提交了《中心北冰洋区域多边渔业协定草案》，其核心便是推动区域渔业管理机制的成立。在该草案中，美方提出，依照预防原则（the Precautionary Approach），在拥有涉及该区域生物水产资源足够的信息之前，各国要禁止渔业捕捞。在这个过程中，获取的研究数据和信息可以用来建立区域渔业机制。同时，美方提出，这些禁令应该主要由北冰洋五国颁布，但也应该努力获取非北极国家的参与[④]。

---

① 陆俊元 . 北极地缘政治与中国应对 . 北京：时事出版社，2010：263.

② Best A，Czarnecki R.Comparative policy analyses：U.S.，EU and transatlantic Arctic policy.Final Report of Arctic Transform Project of European Commission，2009：24.

③ Conley H A.Arctic economics in the 21st century：the benifits and costs of cold.A Report of the CSIS Europe Program，2013：43.

④ RIAC.The Arctic：proposals for the international cooperation roadmap.http://russiancouncil.ru/common/upload/Arctica_Eng_S.pdf，2012.

经过协商，北冰洋五国逐渐取得三点共识：其一，北冰洋沿岸五国当前并不追求中心北冰洋区域的生物水产资源的“不受规范”的开发利用，但尤为关注非北极国家的捕捞行为；其二，当前，通过建立区域渔业组织或签署相关渔业协议来保障中心北冰洋区域的渔业资源的时机尚不成熟；其三，鉴于第二点共识，当前北冰洋国家需要通过系统科学研究等方式继续对该区域的水产资源的未来前景进行分析和预测。但在何时采取行动、是否需允许非北极国家参与方面，五国的态度尚未达成一致。美国、丹麦和加拿大三国同意未来签订政府间协议，挪威认为该区域渔业商业捕捞的可能性很小，不赞成签署此种让渡主权权利的协议，俄罗斯认为，若目前阶段对该区域的渔业捕捞举行协商，将可能起到反作用，反而增强非北极国家的捕捞兴趣①。

2. 油气资源的开发

在本文“美国在北极地区的国家利益”部分谈及美国在北极地区的经济利益时，我们提到美国北极未来的四大油气开采区域②，这四大区域因为涉及的地理环境、资源归属等方面存在差异，美国政府采取的开发举措也有所差异。

第一，楚科奇海和波弗特海近海大陆架区域的油气资源储备十分丰富，但受制于美国国会和联邦政府禁令，这两大区域的油气资源开采在过去很长时期内一直处于政策讨论阶段。2008 年，布什总统解除禁止扩大大陆架油气勘探与开采的行政禁令，同年美国国会也没有在 2009 年预算法案中加入大陆架油气开采禁令的内容③。至此，美国大陆架油气勘探与开采的法律和政策障碍基本得到解除。2011 年 4 月 2 日，奥巴马政府公布了 2007~2012 年剩余年度的近海油气开发《初步修改项目》。该项目删除了阿拉斯加海域五个勘探项目，并且规定 2017 年 6 月 30 日之前不在阿留申群岛海盆进行油气勘探。2012~2017 年的近海油气勘探与开发项目，规定了八个进行勘探与开发的海域，包括大西洋（中部和南部海域）、墨西哥湾（东部、中部和西部部分海域）、楚科奇海、波弗特海以及阿拉斯加库克湾④。

第二，阿拉斯加国家原油储备区位于阿拉斯加北坡地区，面积多达 2 290 万英亩（1 英亩≈ 0.004 平方千米），所有权归属美国联邦政府。美国地质调查局的调查结果显示，该区域大概拥有未发现的可开采石油 8.96 亿桶，天然气 53 万亿立方英尺（1 立方英尺≈ 0.028 立方米）。1999 年以来，美国政府已经进行了 8 次租赁出售，在其中 164 万英亩的土地上出售 200 份原油和天然气租约。2012 年 8 月，美国内政部提出了新的储备区管理方案，11 月内政部土地管理局发布储备区《综合管理 / 环境影

---

① RIAC.International cooperation in the Arctic：2013 report.http://russiancouncil.ru/common/upload/Arctic_Report_Eng.pdf，2013-12-17.

② 楚科奇海和波弗特海的近海大陆架区域、阿拉斯加国家原油储备区（为联邦政府所有）、北极国家野生动物保护区、北坡中部地区（为阿拉斯加州政府所有）。

③ Humphries M.U.S. offshore oil and gas resources：prospects and processes.Congressional Research Report for the Congress，2010：1.

④ U.S. Department of Interior.Proposed outer continental shelf oil & gas leasing program 2012-2017，2011：2-3.

响最终方案》，该方案计划开放 1 180 万英亩储备区，开采原油和天然气（原油总量约 5.49 亿桶、天然气总量约 8.7 万亿立方英尺），并且允许在开放的储备区建设管道及其他基础设施。在这种背景下，2011~2012 年，内政部土地管理局出售 31 份租约，涉及储备区面积 28 万英亩，获得财政收入 450 万美元。

第三，北极国家野生动物保护区占地 1 900 万英亩，是根据 1980 年《阿拉斯加国家重要土地保护法案》设立的。该保护区沿海平原（在美国被划定为 1002 区域）蕴藏着丰富的石油资源。1977 年以来，美国国内对开放 1002 区域就存在极大的争议。但是 1002 区域对于北极国家野生动物保护区的生态完整性至关重要，它是北美豪猪、驯鹿和北极熊等物种的生存地，该区域和接壤的加拿大 Ivvavik 和 Vuntut 国家公园构成了更大范围的北极和次北极区域国际保护网①。因而有观点认为，该保护区的开发将破坏人类最后的土地……人们需要土地和海洋来保护我们的文化和生活方式②。虽然 2005 年 3 月，布什政府成功说服参议院（51 票对 49 票）正式通过《阿拉斯加国家野生动物保护区钻油法案》，但当前的奥巴马政府拒绝放任保护区进行石油勘探。2011 年 8 月，美国渔业与野生动物局提议把 1002 区域划为指定荒野保护（wilderness designation）区域，以进一步加强对 1002 区域的保护，使其避免遭石油开采的破坏③。

（四）国际合作领域

北极外交是美国北极政策的重要组成部分，推动北极事务国际合作，是美国实现其在北极地区国家利益的重要方式，也是其北极政策的重要目标。

1. 承认和推动《联合国海洋法公约》为北极治理的基础框架

近年来，在北冰洋冰川融化和经济全球化的推动下，北极正在经历一场变革。这场变革使公众的注意力聚焦于北极，作为一个整体的北极地区在国际社会中的地位得到提升，吸引了更多的国际政治行为体参与北极事务，国际社会进入“重新发现北极”时代，公共治理亦逐渐成为国际社会处理北极事务的优先选择。治理是一种重要的社会功能，它通过集体行动创造有利于社会并远离危险的结果。由于北极治理处于起步时期，国外很多学者对北极治理模式提出了不同的见解，其中最激进的当属“北极条约”模式。

所谓“北极条约”模式，就是坚持北极治理应该仿效《南极条约》模式，国际社会应该签订类似《南极条约》的北极条约，实现对北极事务的综合系统治理。其实，早在 1991 年北极环境保护战略部长会议召开之际，北极事务研究先驱、加拿大渥太华大学国际法教授法兰德就提出建立一个北极地区理事会。与后来的北极理

① Shumenko R.Arctic Oil and Gas Development and Concerns.New York：Nova Science Publishers，2011：108.

② 刘惠荣，杨凡．北极生态保护法律问题研究．北京：知识产权出版社，2010：70.

③ Conley H A.Arctic economics in the 21st century：the benefits and costs of cold，2013：12.

事会相比，法兰德设想的北极地区理事会的建立是以一个“北极条约”为基础的。该观点受到奥兰·扬等学者的批评，奥兰·扬指出，该观点看到了南北极在自然环境方面存在的共性，但忽视了南北极在地缘政治方面所存在的差异性（其中最主要的差异在于北极外围的陆地和岛屿已经有明确的主权归属，模仿《南极条约》模式冻结北极主权是不现实的，在政治上是不可逾越的），即使北极国家对此没有兴趣，为达成这一协议条款肯定需要进行长期努力，最后为了获得同意而妥协的结果可能是缺乏实质性内容。即使这样，美国也可能拒绝批准该协议，阻止其获得法律效力。

学界关于“北极条约”的争论引起了美国等北极国家的关注。美国政府在 2009 年 1 月的《北极政策指令》中坚决指出：北极地区与南极地区的地缘政治状况迥异，主张北极不应效仿《南极条约》去制定一部全面的“北极条约”。在较早的 2008 年 5 月，北冰洋沿岸五国外长会议发布《伊鲁利萨特宣言》，明确表示反对重新制定一个全面的国际法条约来治理北冰洋，认为以 1982 年《联合国海洋法公约》为核心的国际海洋法体系已经为北极治理提供了制度框架。

虽然美国承认和推动《联合国海洋法公约》为北极治理的基础框架，但依然受制于国内参议院拒绝批准《联合国海洋法公约》的困境，因此积极推动参议院批准《联合国海洋法公约》成为美国积极参与北极事务国际合作和北极治理的重要前提。根据美国法律，美国政府与外国或国际组织签署的条约需要经过参议院三分之二的多数批准方能生效。2012 年 5 月 23 日，美国国务卿克林顿、国防部长帕内塔、美军参谋长联席会议主席邓普席共同出席听证会，并且联手敦促美国国会参院尽快批准加入这一公约。国防部长帕内塔在听证会上说，“遵守国际公约只会加强美国的道义权威，让美国能够更有力地向别的国家施压，让它们也遵守国际规则”。当时身为民主党人的美国参院外交关系委员会主席克里也称，“如果不加入海洋法公约，美国就将在与军力不断增长的中国和在北极地区声称石油及其他资源权益的俄罗斯竞争中失势”。奥巴马政府以如此强大的阵容来推动国会批准《联合国海洋法公约》，旨在新的形势下在《联合国海洋法公约》这一多国框架内抢占主导权①。但是政府的行动遭到了以南卡罗来纳州共和党参议员德明特（DeMint）领导、包括新罕布什尔州共和党参议员阿约特（Kelly Ayotte）和俄亥俄州共和党参议员波特曼（Rob Portman）在内的 34 名参议员的联名反对②。

2013 年 5 月，美国政府在《北极地区的国家战略》中，第一次较为客观地分析了加入《联合国海洋法公约》的好处，主要包括：有利于保障美国的海洋权益，强化美国对西北航道和东北航道航行自由的声索；有助于美国与各国在北极事务上的国际合作；有助于确保国际社会认同美国在北极地区的外大陆架权利，使得北极大

① 温宪 . 美国政府强力推动国会批准联合国海洋法公约 .http://nb.people.com.cn/n/2012/0524/c200889-17075483.html，2012-05-24.

② 赖特 T. 美国为何不加入联合国海洋法公约 . 顾全译 .http://www.guancha.cn/strategy/2012_08_14_2012_08_14_90966.shtml，2012-08-14.

陆架的声索向外扩展600海里等。2014年1月，美国白宫发布《北极地区国家战略执行方案》，把推动参议院批准《联合国海洋法公约》作为美国北极战略执行的主要目标和优先任务，并且指定国务院带头负责，国防部、国土安全部、商业部、交通运输部和内政部等部门协助[①]。

2. 积极参与北极理事会工作

当前，北极理事会已经发展成为北极合作的主要政府间机制以及北极治理全球机制和区域机制度间互动的首要平台[②]。但是，美国对于北极理事会的态度经历了一个明显的变化，由当初的冷落到目前的积极参与，这也成为美国参与北极事务国际合作的一个重要缩影。

成立北极理事会源于加拿大的构想，也得益于加拿大的积极推动。1991年1月，加拿大北极理事会专家组出台《建立国际北极理事会框架报告》，得到加拿大政府的认可，该报告对理事会的成因和议程有了详细规划。报告认为，理事会成员应该包括北极国家、非政府组织和原住民代表，在议程设置上应该涵盖政治、经济、军事、环境等各个领域。同年5月，专家组发布《建立国际北极理事会的第二份框架报告》，该报告强烈建议北极国家对北极理事会的授权应该是开放的，以便扩大议题范围和增强共识[③]。1991年6月，在芬兰罗瓦涅米召开的首届北极环境保护战略会议上，加拿大政府代表正式提出在北极地区建立北极理事会的倡议。此后几年内，加拿大政府在双边和多边场合，积极向北极国家推销北极理事会的战略构想，并且逐渐得到俄罗斯和北欧国家的认可，但是美国的态度却成为阻滞北极理事会成立的关键因素。

若不是美国对加拿大倡议中广泛议题的反对，北极理事会应该会在更早的时间成立[④]。关于加拿大北极理事会的构想，美国最为关注的方面在于：第一，坚决反对把军事安全问题纳入北极理事会的议程设置，尤为反对加拿大提出的减少地区驻军的建议；第二，鉴于美国国内环境保护组织与原住民群体在利益上存在较大冲突，美国反对给予北极原住民群体广泛的参与权[⑤]；第三，美国反对向构想中的国家间机制让渡主权，认为会束缚自己的手脚。美国认为，北极理事会应该保持论坛性质，反对设立固定的秘书处，不强求规定资金交纳，并且原住民组织应该只享有参与权利，不能享受北极国家的权利地位。美国在磋商中的强势地位，使得加拿大政府不得不做出妥协，最终于1996年成立的北极理事会在框架结构和议题范围上已经和起初的

---

① Implementation for the national strategy for the Arctic region.http://www.whitehouse.gov/sites/default/files/docs/implementation_plan_for_the_national_strategy_for_the_arctic_region_-_fi....pdf，2014-01-23.

② Molenaar E J.The Law of the Sea and the Polar Regions：Interactions between Global and Regional Regimes. Boston：Martinus Nijhoff Publishers，2013：390.

③ 李璐璐．加拿大的北极理事会政策研究．上海外国语大学硕士学位论文，2014：32-34.

④ Stokke O S，Honneland G.International Cooperation and Arctic Governance：Regime Effectiveness and Northern Region Building.London，New York：Routledge，2007：7.

⑤ Keskitalo E C H.Negotiating the Arctic：The Construction of an International Region.New York，London：Routledge，2003：72-73.

构想相去甚远。

从 2006 年年末，在北极国家掀起一波“北极政策高潮”的背景下，美国开始积极投入北极外交事务，对北极理事会在北极治理中的作用也有了全新的认识，逐渐积极参与北极理事会的各项工作，并且推动理事会的结构和职能改革。

一方面，在处理北冰洋沿岸五国机制和北极理事会机制之间的竞争关系时，率先表明立场支持北极八国之间的合作机制。2008 年 5 月，北冰洋沿岸五国在丹麦召开第一次北冰洋外长会议，并且发布《伊鲁利萨特宣言》，该宣言强调五国在应对北极变化和挑战上处于独特的位置，认为《联合国海洋法公约》为北极事务提供了坚实基础等。《伊鲁利萨特宣言》的发布意味着北冰洋五国的概念不仅仅局限于地理范围，也具有了名副其实的政治含义。但是，在 2010 年 3 月召开的第二次五国外长会议上，美国的态度发生了转变，参加会议的美国国务卿希拉里表示，希望北极地区一如既往地展现出地区合作的能力，而不是在北极国家之间制造新的分歧，关于北极问题的讨论应该包括所有利益攸关方[①]。奥巴马政府在《北极地区的国家战略》中没有提到五国机制，反而十分强调北极国家之间的合作以及在北极理事会框架内的区域合作。奥巴马政府关于区域治理的态度，将会进一步整合在北极原住民参与之下北极八国之间的合作能力，提升北极区域治理的能力[②]。

另一方面，转变对待北极理事会改革的态度，积极推动理事会结构改革和功能转型。在美国的首肯下，北极理事会成立了常设秘书处，并且先后通过了两份具有法律约束力的协定（关于该问题的详细论述参见本报告“美国实现北极国家利益的优劣势分析”部分）。美国政府在 2014 年 1 月的《北极地区国家战略执行方案》中明确指出要通过参与北极理事会事务来维护美国在北极地区的国家利益，并且详细列举了未来几年美国的具体工作，其中包括：为 2015~2016 年担任北极理事会主席制定全面的议程；2014 年年底前确定美国担任理事会主席的优先议程；在 2016 年考虑举行北极国家首脑峰会暨北极理事会成立 20 周年纪念会议等，并且明确把“提升北极理事会作为处理北极问题的核心论坛”作为衡量战略成功执行的主要标志之一[③]。

当然，美国推动北极事务国际合作不仅局限于以上两点。目前，北极治理逐渐呈现出独特的治理模式，主要表现为在不同的问题领域存在不同的治理机制，在航运领域、渔业领域、环境领域等呈现出不同的治理主体、客体和治理机制。美国作为北极国家和北冰洋沿岸五国之一，亦积极推动北极航运治理、北极渔业治理等领域治理，成为北极领域治理机制发展和完善的主要推动力。

① Griffiths F.Canada and the Changing Arctic：Sovereignty，Security，and Stewardship.Waterloo：Wilfrid Laurier University Press，2011：242.

② 丁煌，赵宁宁 . 奥巴马政府北极政策评析 . 社会主义研究，2013，(5)：161.

③ Implementation for the national strategy for the Arctic region.http://www.whitehouse.gov/sites/default/files/docs/implementation_plan_for_the_national_strategy_for_the_arctic_region_-_fi....pdf，2104-01-23.

四、美国北极政策对中国实现北极国家利益的经验借鉴

作为一个非北极国家，中国在北极地区的一举一动都受到国际社会尤其是北极国家的关注和猜疑。尤为重要的是，中国是一个正在崛起的新兴国家，有些国家的政府和学者把中国的崛起视为对现行国际体系的挑战，呼吁对中国在各处的行动进行防范。在这种国际环境下，美国北极政策的制定和执行对中国参与北极事务具有重要的启示。

（一）明确中国在北极地区的国家利益及战略目标

国家利益是一个十分难把握的概念，但国家利益是探讨一个国家对外政策的根本依据，国家针对不同的国家利益将采取不同的对外政策。自 1971 年以来，美国联邦政府在其北极政策文件中都明确了其在北极地区的国家利益，无外乎安全、经济（能源）和环境利益。虽然在某些时期，美国在北极地区的国家利益在实现过程中出现冲突，但联邦政府通过明确其在北极地区的国家利益，给予联邦政府部门、阿拉斯加州政府以及国内相关利益集团的行动明确的指导，也向北极其他国家及国际社会明确了本国的利益边界。可以这么讲，“美国根据自己的利益需要，设置了北极治理的议题，并根据自己的实力，积极运用一切有效资源，精心策划，努力争夺，力图保障美国利益最大化”[①]。

北极地区的环境变化、未来北极航道的开通、资源的开采以及北极地区经济的发展，都与我国未来的发展息息相关。当今，北极问题仍是国际社会中的一个“显性”问题，是一个国际社会热衷讨论的问题。但由于历史和政治方面的原因，我国对北极的认知还十分浅薄，对北极与我国国家利益的认识缺乏系统层面上的考虑。2007 年以来，我国学界对美国北极政策等相关北极议题的研究有了长足进步，对我国在北极地区的国家利益也有了深刻解析，但是，从政府层面来看，我国尚未向国际社会明确表明自身所追求的国家利益及战略目标，这招致国外一些政府和智库的任意解读，甚至把我国某些学者的立场作为官方的立场进行大肆发挥，对我国参与北极事务造成极坏的影响。因此，我国相关部门必须以整体性的视角全面评估我国在北极地区的国家利益，对我国北极地区的国家利益进行分类、分层次的全面确定，只有这样才能科学地制定我国的北极政策，才能让国际社会更加清楚我国的北极政策。

（二）寻求和加强研究中国参与北极事务的法理依据

北极之于我国不仅仅是基于经济利益的“赚钱”，也决非力图插手北极事务，而是由于北极变化可能给我国所带来的潜在影响以及我国履行负责任大国的国际责任，

① 刘雨辰 . 奥巴马政府的北极战略：动因、利益与行动 . 中国海洋大学学报（社会科学版），2014，（1）：14.

我国自然要积极参与北极事务[①]。但是仅仅强调以上这些理由和依据，并不足以打消北极国家对我国参与北极事务的猜疑和排斥，为此，我国需要寻求和加强研究参与北极治理的法理依据。在这方面，1982 年的《联合国海洋法公约》和 1920 年的《斯瓦尔巴德条约》为我国参与北极事务提供了最重要的依据。

由于北极地区的主体是北冰洋，《联合国海洋法公约》作为北极治理机制发展的基础已经逐步得到国际社会尤其是北极国家的认可，因为它为解决边界划定问题、大陆架资源争夺、沿海国家管辖权重叠以及航行自由权的维护提供了一个被广泛接受的框架[②]。根据《联合国海洋法公约》，北极国家自然有权利划分北冰洋领海、专属经济区和大陆架等区域，尤其是根据《联合国海洋法公约》第 234 条的规定，北极国家在海域环境保护方面有更大的权利。但是《联合国海洋法公约》依然赋予中国等域外国家在北极地区公海航行自由、渔业捕捞、国际海底区域资源开发等多个方面的主权权利[③]。为此，我国目前应该着重加强《联合国海洋法公约》在北极地区的适用性条款的研究，为我国参与北极事务提供北极国家无可反驳的法理证据。

地处北冰洋上的斯瓦尔巴德群岛，位于巴伦支海和格陵兰海之间，面积约 6.3 万平方千米。1596 年 6 月 19 日，荷兰探险家巴伦支首先发现该岛，随后英国、法国、丹麦等国家的捕捞船队相继到达斯瓦尔巴德群岛海域。根据当时的国际法关于领土取得的规则，多个国家都可以对这些岛屿提出主权要求。第一次世界大战后，俄罗斯忙于内战与革命，无暇顾及斯瓦尔巴德群岛问题，这为解决斯瓦尔巴德群岛问题提供了有利环境。1920 年 2 月 9 日，美国、英国、丹麦、挪威等 14 国作为原始缔约国在巴黎签署了《斯瓦尔巴德条约》，并在五年内生效。该条约规定挪威拥有斯瓦尔巴德群岛和熊岛的主权并承担起维护斯瓦尔巴德群岛法律秩序的义务，各个缔约国的公民在遵守挪威法律的前提下可以自由进入该群岛，从事正当的生产和商业活动，而且《斯瓦尔巴德条约》还规定该地区“永远不得为战争目的所用”[④]。《斯瓦尔巴德条约》使群岛成为北极地区第一个也是当前唯一一个非军事区。各国在解决斯瓦尔巴德群岛主权归属及相关权利方面的智慧和方法，为后来的南极条约体系的形成和发展提供了富有建设性的经验。1925 年 7 月，当时的段祺瑞政府签署《斯瓦尔巴德条约》，我国因而成为该条约的成员国之一。因此，《斯瓦尔巴德条约》为我国开展北极活动、参与北极治理提供了一个法理依据[⑤]。

---

① 孙凯，张亮 . 北极变迁视角下中国北极利益共同体的构建 . 国际关系研究，2013，(1)：124.

② Kraska J.Arctic Security in an Age of Climate Change.Cambridge：Cambridge University Press，2011：247.

③ Gayazova O.China’s rights in the marine Arctic.The International Journal of Marine and Coastal Law，2013，(28)：61–95.

④ Young O R，Osherenko G.Polar Politics : Creating International Environmental Regimes.New York : Cornell University Press，1993：56–70.

⑤ 丁煌，赵宁宁 . 北极治理与中国参与——基于国际公共品理论的分析 . 武汉大学学报（哲学社会科学版），2014，(3)：42.

（三）着手研究美国参议院若批准《联合国海洋法公约》的影响

我国应立刻着手研究美国参议院若批准《联合国海洋法公约》的影响。美国虽然参与了《联合国海洋法公约》的制定过程，却迟迟没有批准《联合国海洋法公约》，成为徘徊于《联合国海洋法公约》之外的几个国家之一。近年来，美国国内要求批准《联合国海洋法公约》的呼声越来越高，在2004年和2007年，美国参议院对外关系委员会曾两次建议批准加入《联合国海洋法公约》，但最终都未能实现。但是，在呼声愈高的背景下，美国参议院批准《联合国海洋法公约》将有可能成为现实。一旦美国成为《联合国海洋法公约》的缔约国，将会对外大陆架制度、海洋环境保护、争端解决程序以及渔业管理等多个方面产生重大影响，如在《联合国海洋法公约》条款解释方面，美国将做出利己的条约解释。为此，我国应该着手研究美国批准《联合国海洋法公约》对我国参与北极事务的潜在影响，做到未雨绸缪。

（四）探索和深化中美北极事务多个领域的交流与合作

美国虽然是全球大国，但其战略重心一直未置于北极地区，其在北极地区的国际影响力不及俄罗斯和加拿大两国，为此，美国在北极事务中表现的相对低调和开放，这就为我国参与北极事务提供了一条双边合作路径。目前，中美两国已经在战略与经济对话中纳入极地事务的探讨，建立了“中美海洋法和极地事务对话”机制。迄今为止，中美两国已经进行了五轮中美海洋法和极地事务对话。据中国外交部简报的相关内容，在前四轮中美海洋法和极地事务对话中，中美双方就海洋法、极地等问题进行了深入交流并取得了丰富成果[①]。

在探索中美北极事务合作的路径之时，我国应该着重寻求与阿拉斯加州的谅解与支持。阿拉斯加州在美国未来北极战略的制定和执行过程中将发挥至关重要的作用。一方面，在联邦北极政策的发展方面，阿拉斯加州扮演着积极鼓动者的角色，通过定期与美国国务院举行电话会议，督促美国联邦政府尽快出台北极战略；另一方面，阿拉斯加州在与各地方政府、原住民部落的关系上，又发挥着重要的引领和支持作用[②]。因而，阿拉斯加州政府、阿拉斯加原住民及原住民组织等都应该成为我国加强对话和交流的对象。尤其是当前，中美双方已经签订了《关于建立中美省州长论坛以推进地方合作谅解备忘录》，我国应该积极利用此合作框架，探索与阿拉斯加州合作的方式和路径。

（五）加强中国在北极地区的科学考察和研究

在北极地缘政治关系中，影响参与者地位的因素，不仅是该行为体的综合实力，

① 外交部．中美成功举行第四轮中美海洋法和极地事务对话．http://www.gov.cn/gzdt/2013-04/12/content_2376004.htm，2013-04-12.

② 程保志．阿拉斯加州在美国北极战略中的作用．http://www.oceanol.com/gjhy/ptsy/yaowen/2014-07-15/35298.html，2014-07-15.

其在北极特殊自然环境中的行动能力也是十分重要的因素，关于北极地区的专门知识、技能等将有效帮助行为体提升其在北极事务中的影响力。为此，加强对北极地区的科学调查和研究，加深对北极地区的认知，这是所有国家进入和利用北极的前提。美国在其北极战略中认为科学研究活动对于推进美国在北极地区的利益来说至关重要。为此，美国赞同与其他国家分享北极研究平台，支持协作研究，在总体上提升对北极地区的基本了解，特别是北极的潜在变化。

长期以来，我国极地考察和研究的重点在南极。南极科考开展的时间相对较早，考察能力、研究力量与水平已经有较长的历史积累，我国已经成为一个世界级的南极科考大国与强国。而我国正式的北极考察起步较晚（始于 20 世纪 90 年代末期），与美国等北极科考大国存在较大差距。尤其是我国北极科学考察的范围较窄，北极科学研究活动依然集中在北极地区海冰融化对气候和环境的影响之上，而对北极航道沿岸的地质和水文条件、北极地区资源潜力和分布等重大问题的科学考察与其他国家存在很大差距。为此，我国应该提升北极地区科学考察的次数、规模、广度和深度，改变长期以来在极地考察中偏重南极的做法，同时要重视在北极科学研究过程中的国际合作，积极利用其他国家已经取得的科研成果。

参考文献

北极问题研究编写组 .2009. 北极问题研究 . 北京：海洋出版社 .

丁煌 .2013. 极地国家政策研究报告（2012—2013）. 北京：科学出版社 .

丁煌 .2014. 极地国家政策研究报告（2013—2014）. 北京：科学出版社 .

丁煌，赵宁宁 .2013. 奥巴马政府北极政策评析 . 社会主义研究，(5)：159-161.

丁煌，赵宁宁 .2014. 北极治理与中国参与——基于国际公共品理论的分析 . 武汉大学学报（哲学社会科学版），(3)：39-44.

季澄 .2013. 浅析美国北极地区国家战略报告 . 国际研究参考，(8)：45.

李少军 .2012. 论中国双重身份的困境与应对 . 世界经济与政治，(4)：4.

李益波 .2014. 美国北极政策的新动向及其国际影响 . 南极政治学院学报，(3)：89.

陆俊元 .2010. 北极地缘政治与中国应对 . 北京：时事出版社 .

王蒲劬 .1995. 政治学基础 . 北京：北京大学出版社 .

徐振伟，徐园园 .2010. 北极消融背后的美加俄博弈 . 国际关系学院学报，(2)：18.

杨玉峰 .2009. 奥巴马政府能源新政及其潜在影响 . 中国能源，(6)：16.

叶凡美，肖欢 .2004. 试析美国国土安全政策的变化与影响 . 现代国际关系，(2)：12.

Borgerson S G.2009.The national interest and the law of sea.Special Report of Council on Foreign Relations，(46)：28-39.

Borgerson S G.2013. The coming Arctic boom : as the ice melts，the region heats up.Foreign Affairs，(3)：86-87.

Gayazova O.2013.China's rights in the marine Arctic.The International Journal of Marine and Coastal Law，(28)：61-95.

Huebert R.2009.United States Arctic policy：the resultant Arctic power.SPP Briefing Papers of University of Calgary，（2）：3-11.

Kraska J.2011.Arctic Security in an Age of Climate Change.Cambridge：Cambridge University Press.

Mikkelsen A，Langhelle O.2008.Arctic Oil and Gas：Sustainability at Risk?London，New York：Routledge.

Molenaar E J.2013.The Law of the Sea and the Polar Regions：Interactions between Global and Regional Regimes.Boston：Martinus Nijhoff Publishers.

Moran K，Farrell J W.2011.U.S. Arctic research policy.Oceanography，（24）：22-23.

Powell R C，Dodds K.2014.Polar Geopolitics?Knowledges，Resources and Legal Regimes. Cheltenham：Edward Elgar Publishing Limited.

Shumenko R.2014.Arctic Oil and Gas Development and Concerns.New York：Nova Science Publishers.

Stephens T，Vanderzwaag D L.2014.Polar Oceans Governance in an Era of Environmental Change. Cheltenham：Edward Elgar Publishing Limited.

Stewart J B.2013.The United States in the Arctic：Key Areas of Study and Environmental Change Considerations.New York：Nova Science Publishers.

Stokke O S，Honneland G.2007.International Cooperation and Arctic Governance：Regime Effectiveness and Northern Region Building.London，New York：Routledge.

研究报告 2

俄罗斯实现北极国家利益的经验借鉴①

【摘要】 拥有广阔北极领土和丰富资源的俄罗斯，在审视当前社会经济发展状况和本国在北极开展竞争的优势和劣势后，确定了在北极的国家利益并制定国家政策予以实现。这样的一个过程是如何一步一步实现的，对于北极研究的“后来者”中国有何启示和借鉴，这是本研究报告将深入探讨的问题。

本研究报告分为四个部分，从公共政策的研究视角，运用公共政策与全球治理的相关理论，根据“资源—利益—政策”的分析框架，详细介绍俄属北极地区的自然资源、制度资源、组织资源、观念资源和科研资源，分析当前俄罗斯和俄属北极地区的社会经济发展状况以及国内外形势，并据此定位出俄罗斯在北极地区的安全领域、经济领域、政治领域和科研领域的国家利益；探讨俄罗斯在实现北极国家利益中地缘、资源、科技实力和军事实力方面的优势，以及国际政治、国内经济、社会人口、生态问题等方面的劣势，从而帮助分析俄罗斯在制定和实施北极国家政策上如何扬长避短，以及政策实施的效果；通过对《2020年前俄罗斯联邦在北极地区的国家政策原则及远景规划》和《2020年前俄罗斯联邦北极区域发展和国家安全保障战略》两个政策文本的概述介绍近年来俄罗斯为实现北极地区国家利益所采取的战略及政策，并着重分析政策实施的效果。从长远来看，俄属北极地区的开发和发展将成为21世纪俄罗斯国内经济发展的增长点，将推动俄罗斯国际地位和影响力的进一步提升。但俄罗斯在实现北极国家利益的过程中也面临着来自国内外的诸多挑战，这些挑战与其目前国内的经济形势、人口社会状况和国际上的孤立密不可分。最后根据上文的分析，从中国在北极包括安全、经济、政治和科研四个层面的国家利益出发，结合作者的思考得出俄罗斯实现北极利益方面对中国的启示与可借鉴之处。

① 作者简介：匡增军，男，武汉大学中国边界与海洋研究院教授，博士生导师；徐广淼，女，武汉大学中国边界与海洋研究院博士研究生。

【关键词】 俄罗斯 北极政策 国家利益 经验借鉴 中国

一、俄罗斯的北极国家利益分析

资源决定利益，利益主导政策。本部分将从综合资源的角度对俄属北极地区的资源进行分类介绍，并结合当代俄罗斯和俄属北极地区的社会经济发展情况、国内外形势等，分析出俄罗斯在北极地区的具体利益所在。

（一）俄属北极地区的资源分类

根据《极地国家政策研究报告（2012—2013）》中所采用的综合资源观，本研究报告也将俄属北极地区的资源分为五大类，分别为自然资源、制度资源、组织资源、观念资源和科研资源。

1. 自然资源

广阔的北极地区蕴藏着丰富的自然资源，单从面积来讲，俄属北极地区无论是陆地面积、海洋面积还是大陆架面积在北极五国中都占有优势，自然资源的储量更是位居前列。

1）能源矿产资源

俄属北极地区的能源资源主要包括石油天然气资源、烃资源（碳氢化合物）、可燃冰资源（天然气水合物）、煤炭资源和循环能源资源。

俄属北极地区的能源资源在北极国家中是最为丰富的。俄罗斯国内有观点认为，按照俄罗斯目前的能源消耗量，仅俄北极大陆架蕴含的油气资源就足够供国内消耗 1 000 年[①]。在俄罗斯传统油气田产区已开始出现油气产量下降的情况下，北极作为俄罗斯战略资源基地可以起到补充作用。目前俄罗斯的 GDP 和出口有 20% 要依赖北极地区。

可燃冰是储存于永久冻土层和北冰洋大陆架中的天然气水合物，作为一种新型能源，其所含的天然气资源量已经超过全球已探明的天然气储量。北极地区目前有三处具有勘探开发研究价值的可燃冰储藏地，俄罗斯西伯利亚盆地的麦索亚哈气田便是其中一个。随着气候变化与技术的提高，该地可燃冰的开发利用条件也会日趋成熟[②]。

据统计，俄属北极地区煤炭的储量为 7 800 亿吨（其中有 810 亿吨为焦煤），占

① 李建民．俄罗斯北极开发战略与中俄合作．见：李永全．俄罗斯发展报告（2014）．北京：社会科学文献出版社，2014：124-135.

② 丁煌．极地国家政策研究报告（2012—2013）．北京：科学出版社，2013：23.

俄罗斯煤炭储量的一半左右①。北极地区的煤炭资源品质极高，具有很好的蒸汽和炼焦质量，还具有低硫等特性，可直接用作能源和工业原料②。

除了高品质的煤炭以外，俄属北极地区还储藏了占俄罗斯一半以上的磷灰石精矿、镍、铜、钨、稀土、铂铜、锡、汞、金、银、金刚石、锰、铬、钛等，世界级铁矿产区科拉半岛铁矿也位于俄属北极地区。北极地区的六个成矿区带中有三个位于俄属北极地区，分别是西伯利亚西北部地区铜、镍成矿区；远东及东西伯利亚砂金矿区；乌拉尔山中部铜、铅锌、镍矿成矿区③。

2）生物及林业资源

俄属北极地区的生物资源分为海洋生物资源、陆地生物资源以及林业资源三种。

北极周边海域分布有大量的稀有鱼种，约有 150 种鱼类生长在北极和亚北极地带的水域里，其中包括了对渔业生产来说最为重要的大西洋鳕、鲱鱼、黑线鳕、鲽鱼等。巴伦支海是世界著名的鳕鱼和毛鳞鱼渔场，而白令海则是鳕鱼、鱿鱼和鲽鱼的传统渔场。俄罗斯在这些渔场的捕鱼总量和海产品生产加工量占全国总量的 15%④。与丰富的鱼类资源相比，北极各海域哺乳动物的数量和种类都在明显减少，目前主要有海象、海豹和鲸类，其中白鲸和角鲸已被列为濒危动物。俄属北极海域的虾类和甲壳海洋生物也不如北大西洋海域丰富。

俄属北极地区的陆上生物资源主要有北极熊、北极狐和驯鹿等，是俄罗斯皮毛贸易的重要资源来源。

俄属北极地区的泰加林带属于世界上最大的森林带，北极针叶林带是俄罗斯等北极国家木材、纸浆及造纸工业的主要资源来源⑤。

3）航道资源

北方海航道（即东北航道）是俄罗斯进行北极开发的重要运输干线，是指从俄罗斯西端的巴伦支海沿西伯利亚海岸向东，经过喀拉海、拉普捷夫海、新西伯利亚海和楚科奇海直到东北亚的海航道。北方海航道全长约 5 600 海里，沿线有十个主要海峡和四个重要港口（迪克森港、杜金卡港、季克西港和佩韦克港），是连接欧洲和亚太地区的最短航线。但由于常年被冰雪覆盖，港口之间的通行需要借助破冰船。目前俄罗斯的破冰船航行于摩尔曼斯克港和杜金卡港之间，为往来商船引航⑥。1958 年苏联将北方海航道部分海域纳入俄罗斯内水范围，认为北方海航道是俄罗斯的国家运输线，并通过颁布国内法律、设置专门机构实现对北方海航道的管控。由于北冰

---

① Основы государственной политики Российской Федерации в Арктике на перисд до 2020 года и дальнейшую перспективу.http://www.serf.gov.ru/doeuments/98.html.

② 北极问题研究编写组．北极问题研究．北京：海洋出版社，2011：21.

③ 北极问题研究编写组．北极问题研究．北京：海洋出版社，2011：121.

④ Кочемасов，Моркунов，Соломатин.http://www.ecoenergy.ru/Article54.html.

⑤ 北极问题研究编写组．北极问题研究．北京：海洋出版社，2011：26.

⑥ 丁煌．极地国家政策研究报告（2012—2013）．北京：科学出版社，2013：26.

洋冰盖的日渐消融，北方海航道也日益凸显出巨大的经济和战略价值，俄罗斯对北方海航道的经济利用和建设发展也逐渐增多。

4）旅游资源

随着气候变暖，北极地区的旅游资源也得到了开发。俄属北极地区的旅游资源丰富不仅在于其贯穿欧亚、幅员辽阔，还在于俄属北极地区的土著居民人数众多，并且20多个北极原住民族中俄罗斯就有18个，他们的生活方式、民族传统都是世界上独一无二的文化景观。此外，俄罗斯近年来在北极兴建了多种旅游项目：位于东西伯利亚的奥伊米亚康是北半球人类最冷的永久定居点，有著名的大牧场和不冻泉；位于新地群岛和法兰士约瑟夫地群岛的“俄罗斯北极”民族公园里面栖居着多种濒危动物。往来北极的游客一年四季都可以乘坐破冰船进行巡航旅游，自1990年8月8日“俄罗斯”号破冰船执行了首次北极游后，自此每年都会执行3~5次航行。每年有400~500人乘坐飞机参观俄罗斯地理协会的北极考察基地“巴尔涅奥”。该考察营地每年在北极地带漂移，4月初对外开放，整整一个月可作为北极地带的科研和旅游中心①。2013年北极博物馆建成于摩尔曼斯克州，用以展示俄罗斯北极地区的开发历史以及核动力破冰船队的发展历史。

2. 制度资源

俄罗斯在北极地区的制度资源指的是用以规范、约束俄罗斯以及协调其与其他国际行为主体在北极活动的各种法律规范、规则、约定或常规等，分为由俄罗斯参与制定或加入的国际条约等国际法资源，以及俄罗斯国内颁布的用以规范和调整其北极活动的法律、法规和条例等国内法资源。

1）国际法资源

从20世纪初期到现在，国际上关于北极的双边、多边条约数量众多，有解决领土权利争端的，有规范经济生产活动的，有针对生态治理与环境保护的，也有用以开展双边或多边合作的。下文将以简述或列举的方式对俄罗斯作为缔约国的关于北极或涉及北极的条约进行介绍。

1982年《联合国海洋法公约》因其普遍性而适用于北极地区。事实上，《联合国海洋法公约》中关于领土海洋划界、外大陆架的规定以及关于领土和经济纠纷的调解方式等是国际上用以规范北极活动的制度基础。俄罗斯于1997年正式成为《联合国海洋法公约》缔约国，并将其作为北极大陆及划界的基础性法律文件，放弃了其历史上的扇形区域的划界主张。

全球性的条约中涉及北极地区的多为环境保护的相关公约或协议，如1911年《保护毛皮海豹公约》，1923年《保护太平洋北部和白令海峡的鱼类的协议》，1946年《国际捕鲸管制公约》，1973年《濒危野生动植物物种国际贸易公约》，1979年《保护野生迁徙动物物种公约》，1982年《防止倾倒废弃物和其他物质污染海洋公约》和

① 专家：俄国在北极旅游业的地位恐被其他国家取代.http://www.rusnews.cn/eguoxinwen/eluosi_caijing/20140808/44134003.html，2014-08-08.

《生物多样性公约》，1985 年《保护臭氧层维也纳公约》，1992 年《联合国气候变化框架公约》《环境与发展里约宣言》《生物多样性公约》，1994 年《进一步减少硫化物排放的议定书》，1997 年《京都议定书》《持久性有机污染议定书》，2001 年《关于持久性有机污染物的斯德哥尔摩公约》等[①]。

1920 年的《斯瓦尔巴德条约》是北极地区最早的多边国际条约，最初由 14 个国家参与签订，目前已有 43 个缔约国。该条约确定挪威拥有斯瓦尔巴德群岛（斯匹茨卑尔根群岛）的主权，并规定各个缔约国的公民在遵守挪威法律的前提下可以自由地进入该群岛，从事正当的生产和商业活动。条约还规定该地区“永远不得为战争目的所用”。1924 年，苏联签署此条约，承认了挪威对斯匹茨卑尔根群岛的主权。

关于北极的国际条约中，俄罗斯作为缔约国参与的也多为环境保护领域，有 1973 年《保护北极熊协定》，1991 年《北极环境保护战略》《北极环境保护宣言》，1993 年《基尔克内斯宣言》，1996 年《北极环境保护和可持续发展宣言》，2011 年《北极海空搜救合作协定》，2013 年《北极海洋油污预防与反应合作协定》等[①]。

双边条约则多为划界条约。历史上俄罗斯就北极地区划界问题与他国签署的条约并不多，包括早年俄国与英国签订的《圣彼得堡条约》、阿拉斯加领土主权转让的条约。前者规定了阿拉斯加与加拿大间的界线，后者则使俄国失去了阿拉斯加。而 1990 年俄罗斯与美国签署的白令海与楚科奇海的划界协议一直未得到俄罗斯国家杜马的批准。只有 2010 年俄罗斯与挪威关于巴伦支海大陆架的划界协定是当代俄罗斯唯一一例成功通过谈判和签署条约解决的划界争议。已批准的《挪威王国和俄罗斯联邦关于巴伦支海和北冰洋海洋划界与合作条约》基本上平分争议海域，明确了两国的大陆架和专属经济区的边界，还一并解决了渔业和跨界油气资源问题。

2）国内法资源

俄罗斯国内与北极相关的立法也在逐年增多，这里将其分为领土海洋、航道和环境保护等方面进行简单罗列。

苏联分别于 1968 年和 1984 年颁布了大陆架主权权利法令和建立专属经济区法令。1995 年以后，为了适应《联合国海洋法公约》的规定，俄罗斯更新了关于领海、毗连区、专属经济区和大陆架的相关立法[②]，于 1998 年 7 月 31 日和 12 月 17 日分别颁布了《俄罗斯联邦内水、领海和毗连区法》以及《俄罗斯联邦专属经济区法》。

俄罗斯涉及北方航路的主要法律有《北方海航道水域航行规则》《俄罗斯联邦商船航运法》《俄罗斯联邦自然垄断法》《俄罗斯联邦内水、领海和毗连区法》《船只在海港及其附近航行和抛锚的一般规则》《航行于北方海航道的船只的设计、装备和补给要求》等。2013 年 1 月《俄罗斯联邦关于北方海航道水域商业航运的特别法修正案》生效，该项修正案对以上法律做了重要增补或修订。北方航路管理局根据《俄

① 北极问题研究编写组 . 北极问题研究 . 北京：海洋出版社，2011：80-81.

② 北极问题研究编写组 . 北极问题研究 . 北京：海洋出版社，2011：335.

罗斯联邦商船航运法》和《俄罗斯联邦运输部条例》，重新制定了《北方海航道水域航行规则》。其中最主要的变化之一是将国际社会最为不满的强制领航制度修改为许可证制度[①]。

在生态治理与环境保护方面，俄罗斯历年来制定和颁布的涉及北极地区的法律有：1991 年《环境保护法》，1995 年《生态鉴定法》《产品分成协议法》，2002 年《环境保护法修正案》等[②]。

3. 组织资源

目前北极活跃着大量的正式和非正式的国际组织，俄罗斯作为北极大国或参与其中，或主动发起，借助国际组织的力量开展多方面的“北极外交”，不断在国际组织中渗透自身的影响力。

俄罗斯参与的北极相关国际组织主要有北极理事会、北冰洋科学委员会、国际北极科学委员会、环北极健康国际联盟、北极地区议员会议、北方论坛、巴伦支欧洲—北极理事会、联合国政府间气候变化专门委员会（Intergovernmental Panel on Climate Change,IPCC）等。俄罗斯积极推动北极相关国际组织在北极事务中的决定性作用。俄罗斯为了强化北极理事会的功能，由其主导将成员国的缴款汇总为一个基金，用以支持理事会项目运转。为此，俄罗斯曾在 2011~2013 年向该基金交纳了 1 000 多万欧元[①]。

俄罗斯发起的北极相关组织中影响力最大的是“北极—对话之地”大型系列高层国际研讨会。该研讨会自 2010 年起创办，至今已经举办过 4 届，每届主题不同。俄罗斯邀请北极国家和区域外国家和组织的官员和专家与会，共同商讨北极开发和治理问题。普京出席每次会议并发表讲话，阐述俄罗斯的北极政策。普京表示北极开发应建立在保护环境基础之上，呼吁北极国家和区域外关心北极发展的国家共同努力将北极建设成为国际合作平台[③]。

4. 观念资源

从“观念构建利益”的角度来看，观念取决于利益，又形成政策。俄罗斯对于北极战略的诸多观念都与其潜在的利益相互影响。我们主要将其归纳为安全观念、领土观念、合作观念三种。

1）安全观念

对于俄罗斯来说，北极是一个重要的“刚性安全保障工具”[④]。普京在 2014 年的俄罗斯联邦安全委员会上曾讲到，“北极地区实际上集中了国家安全各个方面的问

① 钱宗旗 . 俄罗斯北极治理的政治经济诉求 . 东北亚学刊，2014，(3)：16-22.

② 北极问题研究编写组 . 北极问题研究 . 北京：海洋出版社，2011：84.

③ 资料来源于俄罗斯政府网，http://government.ru/。

④ 蓝山 . 北极地区国际角逐日趋激烈　俄罗斯领土优势明显 .http://mil.sohu.com/20130402/n371514023.shtml，2013-04-02.

题，包括军事安全、政治安全、经济安全、技术安全和生态资源安全”[①]。北极圈附近有世界主要大国和军事强国，俄罗斯许多重点国防工业也都建在北极地区[②]。假如俄罗斯从北冰洋发射洲际导弹，只需 10 分钟就可对美国腹地进行有效核打击，美国的反导系统根本来不及拦截。俄罗斯政府曾多次强调，为确保国家在北极的利益，必须持续保持本国在该地区的军事力量存在。俄罗斯在北极治理问题上的立场和态度也在发生变化。普京也曾多次公开表示，俄罗斯有责任保护北极生态安全和稳定。“保护北极大自然，保障经营活动、人类生存和环境保护之间的平衡是北极发展的主要原则和前提”[③]。

2）领土观念

历史上俄罗斯曾经历了对西伯利亚和远东的领土扩张，广阔的北方地区也是在其领土扩张时期获得的。到了 19 世纪末期俄国因长期漠视北极的作用而将阿拉斯加廉价转让给美国。进入 20 世纪后，俄国逐渐意识到北极的重要性，于 1916 年将西伯利亚北部高原的土地通过法律形式确定为国家领土。1926 年，苏联采用扇形原则划出其北部边界，将其北方领地延伸至极点。冷战时期，北极成为美苏对抗的前沿，这种局面在冷战过后的 20 多年间也没有彻底瓦解。1982 年《联合国海洋法公约》中关于海洋划界、领海和外大陆架等规定同样适用于北极地区，苏联和俄罗斯政府都曾先后对国内法律做出修改以适应《联合国海洋法公约》的一般规定，苏联解体后俄罗斯抛弃了扇形理论，采取了新的划界主张[④]。包括俄罗斯在内的北极国家纷纷为其北极领土、海上划界和大陆架的范围搜寻证据并展开论证，希望通过向大陆架界限委员会提交申请的方式获准拥有合法的外大陆架。俄罗斯在当今的领土观念中虽然还保留有“寸土不让”的强势态度，但北极资源开发的现实需要使其不得不在领土海洋争端的解决上做出必要的妥协。2010 年俄罗斯和挪威关于巴伦支海大陆架的划界案解决了近 30 年的俄挪海上界线纠纷，这便是俄罗斯近年来领土观念有所转变的最好证明。

3）合作观念

合作意愿的开放来自北极地区巨大的开发成本的需要。与此同时，俄罗斯过去 20 年间对北极的投入不足，目前在部分北极开发技术上落后于其他北极国家，资金和技术的需要迫使其敞开大门与他国谈合作，而近年来俄罗斯在北极问题上与他国合作的意愿也愈发明显。普京曾多次在公开场合强调“俄罗斯会在合作与完全尊重

---

① Выступление на заседании Совета Безопасности по вопросу реализации государственной политики в Арктики.http ://government.ru.

② Конышев В Н Сергунин А А. Зачем России нужна арктика?–Международные политические процессы. Политзкс，2011，7（2）：153-164.

③ Выступление напленарном заседании III Международного арктического форума.Арктика–территория диалога.http://www.kremlin.ru/transcripts/19281，2014–01–07.

④ Александров О Б. Многовековой путь России в арктику：Ресурсы нации. УДК：327–334.

国际法的基础上关注北极地区的持续发展”[①]。但多年来俄罗斯始终坚持认为北极是北极国家的北极，不愿与非北极国家谈经济上的合作开发，更不愿这些国家通过进入北极理事会等相关国际组织来参与北极的治理。俄罗斯曾明确反对过中国成为北极理事会的正式观察员。就目前看来，俄罗斯在北极问题上与他国的合作观念虽逐渐加强，但还有待进一步开放。

5. 科研资源

俄罗斯的北极科研资源包括其掌握的北极相关科学数据、开发技术以及北极科学研究机构。

俄罗斯在早期的北极研究中曾占据上风。20 世纪 20 年代苏联便开始系统地组织北极科学考察，获得了大量的数据。苏联还是第一个建立北极浮冰站的国家，收集了大量有关气候、洋流、海洋漂浮、水体结构、地磁和海洋生物等方面的科学数据[②]。苏联解体后俄罗斯对北极的科研投入大幅下降，自解体直到 21 世纪初期这十几年间俄罗斯管辖范围内的北极海域研究远远落后于其他国家管辖海域。进入 21 世纪以来，随着俄罗斯国力的重振，其对北极科研的投入也相应增加，目前正处于科研实力的恢复期，新时期俄罗斯在北极地区的交通和信息技术、基因和生物技术、人体工程和安全技术等方面都获得了一定建树。

俄罗斯拥有专门研究极地问题的学术机构。例如，位于圣彼得堡的国家极地研究院[③]；圣彼得堡北极社会科学院[④]成立于 2003 年，隶属于圣彼得堡市政府的海洋委员会；国家海洋科学院阿尔汉格尔斯克分院[⑤]由联邦交通部设立，旨在培养造船、运输和交通管理的专门人才；南北极科学研究院[⑥]是俄罗斯成立最早的科学研究机构之一，在海洋学、气象学等自然科学领域均有建树；北极科学研究中心[⑦]近年来对北方土著居民的研究贡献良多。俄罗斯的一些高校中也设立了北极问题研究中心，并配有相关专家。莫斯科大学、圣彼得堡大学、莫斯科国际关系学院、俄罗斯外交学院等国际知名大学中均有相关研究方向学者。此外，坐落在极圈内的高校，如北（北极）联邦大学、国立滨海大学更是利用自身独特的区位优势进行大量项目研究，成果丰富，而北（北极）联邦大学正是依据国家促进北极发展、保障国家安全的大战略而建立的。

---

① Выступление на заседании Совета Безопасности по вопросу реализации государственной политики в Арктики. http://government.ru，2013-12-29.

② 北极问题研究编写组 . 北极问题研究 . 北京：海洋出版社，2011：134.

③ Государственная полярная академия。

④ Санкт-Петербургская Арктическая общественная академия наук（АОАН）。

⑤ Архангельский филиал Государственной морской академи имени адмирала С.О. Макарова。

⑥ Арктический и антарктический научно-исследовательский институт（ААНИИ）。

⑦ НИЦ Арктика。

（二）当代俄罗斯和俄属北极地区的社会经济发展情况及国内外形势

在对俄罗斯北极的国家利益定位时，不仅需要细数俄罗斯在北极地区所拥有的资源，还需要考虑到俄罗斯及其北极地区社会经济发展的各方面情况，分析其面临的国内外形势，这是俄罗斯在对北极国家利益定位时需要考虑的大背景，也是确定其利益优先方向的根本依据。

1. 近年来俄罗斯社会经济发展概况

当代俄罗斯社会经济发展的情况会对其北极地区发展现状产生直接的影响，因此通过分析俄罗斯社会经济发展现状，可以对俄罗斯实现其北极国家利益的行动能力做出预判。

1）俄罗斯近年来经济发展现状

进入21世纪以来，俄罗斯总体经济情况明显好转，2000~2008年俄罗斯经济一直出现持续的恢复性增长，并以年均6.4%的速度成为世界上经济增长最快的国家之一。与此同时俄罗斯的人均GDP也在稳步上升，在金砖国家中始终位于领先地位[①]。2007年俄罗斯成为世界第七大经济体，依靠大量出口油气能源产品使对外贸易快速增长，财政金融状况和吸引外资的能力得到了明显的改善。然而经济危机使俄罗斯在2009年遭到重创，经济增长率为负。虽之后有所回升，但到2013年，俄罗斯经济下行压力继续增大，国内需求以及投资消费的步伐放缓，2013年1~11月俄罗斯GDP增长率与上年同期增长率相比下降了63.8%，这是15年来（除去2009年）的最低增长率，并且低于世界平均增长率[②]，2014年由于油价下调俄罗斯卢布持续贬值，并且在年底出现了大幅度缩水，俄罗斯的经济增长面临停滞。出现这类情况原因在于经济危机导致能源依赖型经济结构失去了增长的动力，经济创新能力和竞争力明显不足[③]。

2）俄罗斯近年来社会发展现状

在社会发展方面，俄罗斯走出了社会转型时期的阴霾，居民消费与社会福利保障、教育与科技发展等各领域都获得了一定的进步。2005年以后，俄罗斯的医疗改革向民生保障方面倾斜幅度加大，一系列的举措包括正式实施《国家免费医疗救助纲要》、制定和修订相关法律法规、鼓励私人医疗机构的发展、加强药品价格调控、促进医疗工业的发展等[④]。在教育投入方面，即使是经济处于转型艰难的时期，俄罗斯对高校的投入还在持续增加。2003年起大学生助学金的增幅提高，凸显了俄罗斯

---

① 苏淑民．俄罗斯政治经济与外交．北京：知识产权出版社，2013：232.

② Обо итогах социально—экономического развития Российской Федерации в январе—ноябре 2013 года.http://www.economy.gov.ru./minec/main，2013-12-28.

③ 李莉.2013年俄罗斯总统国情咨文评述．见：李永全．俄罗斯发展报告（2014）．北京：社会科学文献出版社，2014：39.

④ 高际香．俄罗斯医疗保障体系改革．见：李永全．俄罗斯发展报告（2014）．北京：社会科学文献出版社，2014：138-140.

政府对教育的重视。俄罗斯是传统科技大国，虽然苏联解体后科技事业一度遭到重创，但俄罗斯政府还是力所能及地改革科技体制，调整科技政策和保证对科技发展的拨款。2002 年至今多次出台振兴科技的国家政策，如《俄罗斯联邦今后至 2010 年科学技术发展基本政策及远景规划》《俄罗斯联邦科技投资政策的基本方向》《俄罗斯联邦 2015 年前科学与创新发展战略》等①。在科技发展方面的举措表现为组织大型国有创新企业，增强核心领域的研究力量；建立俄罗斯联邦高新技术园，促进科研向多元化模式发展；加强科研人才的培养，稳定科研队伍②。迄今为止，俄罗斯掌握了能够保证世界高科技密集产品生产的 55 项宏观技术中的 17 项，包括核技术、宇航技术、石油天然气开采和加工技术、军事武器、化学、交通执照和机床制造等，并且在宇航技术、激光技术、微生物工业、人造晶体、新材料、核电站等方面居于世界前列③。

2. 俄属北极地区社会经济发展概况及国内外形势

俄属北极地区的社会经济现状是俄罗斯整个国家现状与问题的缩影，同时又具有鲜明的特征。比较俄属北极地区与国际上北极地区的社会经济发展趋势的异同，分析世界北极政治中的主要趋势，将对俄罗斯在北极的国家利益定位以及政策的制定产生重要的影响。

1）俄属北极地区经济、人口与社会发展现状

从行政区划的角度看，俄罗斯近年来正在酝酿的《俄属北极区域法（草案）》以及刚刚颁布的《俄罗斯联邦北极地区陆地领土》总统令将俄属北极地区定义为包括八个行政区，即摩尔曼斯克州、阿尔汉格尔斯克州、科米共和国、萨哈共和国、楚科奇自治区、涅涅茨自治区、亚马尔-涅涅茨自治区和克拉斯诺亚尔斯克边疆区。其中摩尔曼斯克州、楚科奇自治区、涅涅茨自治区、亚马尔-涅涅茨自治区加起来的人口数量占了俄属北极地区总人口数量的 90%④。

俄属北极地区虽然与其他北极国家相比，在北极地区拥有的人口数量最多，但与国家人口变化趋势一致，俄罗斯北极地区人口数量呈逐年递减趋势。相关资料显示，1990~2005 年约有 50 万人迁出北极地区，占俄属北极地区人口总数的 25%⑤。2003 年与 2001 年相比就减少了 45 万人⑥。北极地区的 20 多个土著民族中，有 18 个分布在俄罗斯，人口总数达 100 万左右，占北极土著民族总人口数的一半以上。其

① 林跃勤 . 俄罗斯经济数字地图 . 北京：科学出版社，2012：111.

② 资料来源于俄罗斯政府网，http://government.ru/。

③ 林跃勤 . 俄罗斯经济数字地图 . 北京：科学出版社，2012：117.

④ Павлов К，Селин В，Селин И.Российская Арктика：современное состояние и перспективы развития. Общество и экономика，2012，(3–4)：180–192.

⑤ Основные паказатели социально-экономического положения субьектов РФ в 2007，2008，2009гг.//Российская газета от 14.03.2008，13.03.2009，12.03.2010 и 16.03.2011.

⑥ 北极问题研究编写组 . 北极问题研究 . 北京：海洋出版社，2011：41.

中科米人和雅库特人数量最多，各有 30 万左右[①]。

北方居民的生活保障近年来在联邦预算体系中有减少的趋势，工资水平也有所下降。以摩尔曼斯克州为例，1995 年该州的平均工资是俄罗斯平均指标的 1.8 倍，到了 2010 年则下降到 1.35 倍。

俄属北极地区的经济是以自然资源开采为主的类型，并以此来吸引外来资本推动地区经济发展，辅以狩猎、捕鱼和驯养为主的原住民传统农业[②]。虽然在人口和工资水平方面北极地区呈现消极趋势，但整个俄属北极地区在俄罗斯的经济体系中的地位仍不可忽视。北极地区的工业生产额逐年攀升，甚至在全国遭受经济危机重创、经济增长为-8% 的情况下，整个北极地区的平均工业生产额的减少幅度都要小于全国平均水平，甚至涅涅茨自治区和楚科奇自治区的工业生产总额较 2008 年还有所增长[③]。这表明相对于整个国内经济体系来讲，北极地区的经济体系受经济危机的影响较小，对于外界的依附性不强。

2）俄属北极地区面临的国内外形势

（1）俄属北极地区与国际上北极地区的社会经济发展趋势的异同。首先，在人口方面，俄属北极地区在近 20 年间人口明显减少，而与此同时其他北极国家的北极地区人口有所增长。例如，阿拉斯加的安克雷奇市的人口数量在 1990 年是摩尔曼斯克人口的三分之一，而现在两地人口数已经十分接近。其次，在财政方面，北极国家中，只有俄属北极地区上交联邦财政的资金少于联邦财政向北极地区的转移支付。导致北极地区的预算低于全国平均水平。再次，在基础设施方面，萨哈共和国的总面积是阿拉斯加的三倍，公路长度却比阿拉斯加少了 2 万千米。相比其他国家的基础设施建设，俄属北极地区的基础设施只能够勉强支持投资项目的进行。最后，在科技创新方面，与其他北极国家相比，俄罗斯开发北极大陆架要晚 30~40 年，在科学技术手段与创新研究上也远远落后于美国等北极国家。

（2）世界北极政治中的主要趋势。在领土主权和资源利用方面，北极国家纷纷加强对北极地区的主权声索和资源争夺，在北极相关的国际组织中争夺话语权。在科学技术方面，各国努力扩大北极科研、开发利用的空间，并不断提高对科技手段的生态标准要求。在航道利用方面，各国对航行的监管都更加严格，利用无线电技术监听航道的水面和水下情况[④]。在区域合作方面，北极各国逐渐开放合作领域，针对生态治理和环境保护以及经济开发等方面在以北极理事会为主的国际组织框架内展开合作，对区域外国家参与合作持保守态度。

（3）俄罗斯重视北极问题的国内外背景。从国内形势来看，俄罗斯经济进入发

① 北极问题研究编写组 . 北极问题研究 . 北京：海洋出版社，2011：88.

② 北极问题研究编写组 . 北极问题研究 . 北京：海洋出版社，2011：52–56.

③ Павлов К Селин В，Селин И.Российская Арктика：современное состояние и перспективы развития. Общество и экономика，2012，(3–4)：180–192.

④ Коновалов А М.Арктика: Национальные интересы в условиях глобализации. Спратегия развития экономики，2011，48（141）：330–341.

展疲软期，急需调整经济结构，增强以科技创新带动发展的能力。北极是俄罗斯能源资源的战略储备区，对北极的开发不仅需要资金投入，更需要科学技术的支持。俄罗斯只有在开发新能源的基础上才能完成经济的转型升级，而经济的创新发展也会通过对北极的开发来实现。与此同时，俄罗斯区域间社会经济发展不平衡一直是其困扰多年的问题，开发北极也是均衡其区域发展、缩小东西发展差距的需要。

从国际形势来看，全球气候变暖为北极的开发提供了可能，北极因其丰富的资源和重要的地缘位置成为各国争夺的对象，北极国家在争夺资源和航道的同时也纷纷收集法律证据来证明北极大陆架外部界限的主权归属。无论是从开发政策的制定还是从开发技术的角度来看俄罗斯都要落后于其他北极国家。与此同时，面临着北大西洋公约组织（简称北约）和欧盟“东扩”的局面，在北极国家中向来已处于孤立地位的俄罗斯的战略空间又进一步被挤压，令其感到北部的安全遭受威胁。

俄罗斯及俄属北极地区的社会经济发展情况和国内外形势都表明了俄罗斯必须重视其在北极的国家利益，并通过制定和实施国家政策来进一步实现这些利益。

（三）俄罗斯在北极地区的国家利益定位

俄罗斯在北极地区的国家利益取决于俄罗斯的综合实力和发展情况、所处的周边环境以及对北极的认识和对未来趋势的估计。根据以上几点并结合俄罗斯近年来出台的一系列北极政策中的描述，我们将俄罗斯在北极地区的国家利益分为四个大的方面，即安全利、经济利益、政治利益和科研利益。

1. 安全利益

从更广义的安全层面来讲，俄罗斯在北极的国家安全利益包括了三个层面，即领土安全利益、能源安全利益和生态环境安全利益。

1）领土安全利益

作为在北极拥有领土和海洋的国家，俄罗斯在北极的领土安全是实现其他一切国家利益的前提。然而面临美国和北约对俄罗斯战略空间的挤压，俄罗斯时常能够感受到其北方领土面临的威胁。美国为了保证其战略核潜艇能够自由出入北冰洋而一直没有签署《联合国海洋法公约》，美国的军舰、核潜艇以及挪威的科考船只都曾在白令海附近进行侦查活动，美国和北约的特工机构利用无线电技术长时间监视俄罗斯的北极地区，白令海周围经常会出现他国的侦察机。除此之外，贩毒、非法捕猎、非法移民和恐怖组织等犯罪活动也会对边界安宁造成极其恶劣的影响。因此，维护北极的军事安全和保护俄罗斯在北极的国家边界，建立北极地区统一的信息空间，保持俄罗斯在北极的军事存在便成了其北极利益的重中之重。

2）能源安全利益

在俄罗斯传统油气田产区已开始出现油气产量下降现象的情况下，北极作为俄罗斯战略资源基地的作用便凸显出来。2009 年 11 月批准的《2030 年前俄罗斯联邦能源战略》中曾明确指出，“开发俄罗斯北极海域大陆架和北方领土上的潜在油气储备，以期补偿在2015~2030年西西伯利亚油气开采区可能产生的开采水平下降”[①]。开发北极资源对于俄罗斯来说不是一个选择，而是一个战略需要。

3）生态环境安全利益

北极地区生态环境的安全不仅关系到俄罗斯北极开发能否顺利实施，还关系到北极居民的生存能否得到保障。俄罗斯在北极地区居住的人口和所占北极地区的面积都是最多的，因此俄罗斯在北极地区承担的环境保护任务也相当重。而在之前很长一段时间，俄罗斯对生态环境问题的不重视也遭到了国际上一些环境保护组织的抗议，致使其国际形象受损。俄罗斯北极地区的生态环境问题由来已久，主要包括全球气候变暖使北极生态失衡，以及开发北极所带来的环境污染。北极地区的生态失衡主要表现为生态环境的急剧变化和生物多样性遭到破坏，而环境污染主要来自于北冰洋海域倾倒核废料产生的核污染问题以及能源运输过程中产生的溢油污染。如果俄罗斯进一步加大北极地区的开发力度，必然会加重对周边环境的污染程度。与此同时，北极气候的变化直接影响到北极居民的生产和生活，他们赖以为生的驯养、捕鱼活动都遭到来自生态破坏的打击。因此，如何保护和保持北极地区的自然环境和维持生态平衡，消除在经济日益活跃和全球气候变化条件下生产经营活动所造成的生态后果是俄罗斯政府必须解决的问题。

2. 经济利益

俄属北极地区的总面积为370万平方千米，总人口数为230万人。天然气储量占全国80%，石油占70%，煤炭占50%[②]。2007年数据显示，俄罗斯北极地区国民收入占俄罗斯国民总收入的11%，而该地区的人口数量只占全国人口总数的1.4%[③]。目前，俄罗斯20%的GDP和22%的出口产品都要依靠北极地区[④]。因此，北极地区巨大的经济利益是俄罗斯关注北极问题、制定北极战略和政策推动北极开发的重要原因。俄罗斯在北极的经济利益主要包括资源开发利益和航道运输利益。

1）资源开发利益

俄罗斯的经济增长主要依赖能源出口，目前，俄罗斯石油日产量超过1 000万桶，是全球最大的石油生产国。政府52%的财政收入、70%的出口收益来自石油和天然气。随着西西伯利亚油气田开采量不断下降，俄罗斯北极地区的能源资源储备有望缓解传统油气田产能下降所带来的问题[⑤]。2014年4月17日，“米哈伊尔·乌里

① Энергетическая стратегия России на периад до 2030 года.http://minenergo.gov.ru/activity/energostrategy/full.php，2009-10-19.

② Минрегион разработал проект госпрограммы по развитию Арктики и направил его потенциальным соисполнителям.http://neftegaz.ru/news/view/114787，2012-09-27.

③ Конышев В Н，Сергунин А А. Зачем России нужна арктика? –Международные политические процессы. Политэкс，2011，7（2）：153-164.

④ 高云 . 俄罗斯海洋战略研究 . 武汉大学博士学位论文，2013：207.

⑤ 李彤 . 俄罗斯首次输出北极石油　或掀起北极石油订购热 .http://news.xinhuanet.com/energy/2014-05/01/c_126453505.html，2014-05-01.

扬诺夫”号从普里拉兹洛姆内油田运送首批7万吨北极海上石油前往欧洲。普京将其称为里程碑事件，是俄罗斯大规模开采北极石油的一个开端。“北极开采计划将进一步提升俄罗斯在全球能源市场的地位，同时繁荣俄罗斯经济和能源业”[①]。

2）航道运输利益

鉴于北极海上冰盖的日渐消融，俄罗斯对北方海航道的经济利用和发展建设活动也逐渐增多。北方海航道是连接北极地区与俄欧部分的主要航线，还是连接欧洲与亚太地区的最短航线，北方海航道的开发建设有着极其巨大的经济潜力，对于过境运输和向亚太地区输送北极能源资源都能发挥重要作用。加上俄罗斯还拥有一流的破冰船制造和破冰技术，因此，发展北方海航道对俄罗斯国内经济发展和对外贸易的发展都有益。

与此同时，对北极能源资源的开发、基础设施的重建还可以带动俄罗斯北部和东部地区的社会经济发展。

3. 政治利益

俄罗斯在北极的政治利益虽然在其出台的多项北极政策中并未过多提及，但从俄罗斯对其在北极的政治资源的利用和其面临的国内外形势上不难看出俄罗斯对在北极地区的政治利益的关注。事实上，冷战虽然早在20多年前就结束了，但北极地区仍然上演着俄罗斯与以美国为首的北约的对抗，冷战思维在两国北极政治安全观念中远远没有消除。正因如此，普京曾毫不讳言地强调：“北极是俄罗斯国家发展和未来保持大国地位的战略储备。”[②]通过利用俄罗斯在北极地区的组织资源来构建区域内负责任的大国形象是俄罗斯在国际北极政治舞台上的需求。而从国内政治上看，北极的开发会带动地方地区社会经济的发展，从而使政府获得当地居民和企业的支持。

4. 科研利益

俄罗斯对北极的经济开发是以科学研究和科学技术水平的提升为基础的。俄罗斯是最早开展北极考察的国家之一，也是第一个在北极建立浮冰站的国家。苏联时期积累下了雄厚的科技资本，然而苏联解体后政府以及社会上对科技创新的忽视导致科技发展创新能力不足和体制落后等。面对新时期开发北极的需求，俄罗斯还需要下足功夫在极端气候下保障全年航行、大陆架油气勘探和开采、海难预防和快速反应等方面进行技术提升，以应对冰情条件下的大吨位货运航行和大陆架开发的水下和冰下作业。因此，掌握这些技术并将其应用在北极开发中将是俄罗斯长时间内在北极地区追求的利益之一。

① 北极石油订购热 .http://news.xinhuanet.com/energy/2014-05/01/c_126453505.html.

② 分析称俄罗斯驻军北极欲从东西两侧威慑欧美 . 中国青年报，http://mil.news.sina.com.cn/2011-07-04/1104655213.html，2011-07-04.

二、俄罗斯实现其北极国家利益的优劣势分析

国家利益的实现需要通过政策的制定与实施来完成，而清楚了解国家在实施一项政策方面的优势和劣势则可以帮助国家在制定和实施政策时扬长避短，分清主次，抓住核心。本部分将从与其他北极国家比较的层面上，对俄罗斯在实现北极国家利益方面的优势和劣势一一做出分析，并为下文的政策介绍和实施效果作铺垫。

（一）俄罗斯实现其北极国家利益的优势

综合来看，俄罗斯实现其在北极国家利益的优势主要体现在四个方面，即地缘优势、资源优势（包括油气资源优势和航道资源优势）、科技优势以及军事实力优势。

1. 地缘优势

有学者提出，北半球的三大经济、政治和战略核心地带——北美、欧洲和东亚正是环绕在北极周围[①]，而这三大核心地带恰恰是通过俄罗斯在地理上连接起来。在以北极为中心的世界地图中，俄罗斯的地理位置至关重要。它不仅拥有广阔的北极疆土，还拥有绵长的北冰洋海岸线和北大西洋、北太平洋的出口，以及新地岛、法兰士约瑟夫地群岛等北冰洋岛屿。俄罗斯在北冰洋的海上通道北方海航道能够连接欧洲和亚太，对俄罗斯向东向西的发展都具有深远的战略意义。这些都奠定了俄罗斯在北极的大国地位。目前，俄罗斯已是北极国家中北极领土最广的国家，假如能够证明罗蒙诺索夫海脊是俄罗斯北极大陆架的延伸，那么俄罗斯不仅能够得到更丰富的油气资源，其在北极地区的战略纵深也将会进一步加大，以抵御美国和北约在地缘上的威胁。

2. 资源优势

1）油气资源优势

俄罗斯在北极的资源优势主要是指其自然资源优势，并且以能源优势为主。俄罗斯在北极的油气资源无论是在已探明的储量、开发产量还是资源潜力上都排在北极国家首位。

公开统计显示，截至2009年2月，北极地区已探明的原油储量为1 600亿桶，而俄罗斯就占了850亿桶，约占已探明石油储量的53%，而俄罗斯在北极已探明天然气的储量占北极地区天然气总储量的90%以上[②]。俄罗斯的北极大陆架上16个海洋油气田中储存有830亿~1 100亿吨烃（其中包括160吨石油和82万亿立方米天然气），这些资源的66.5%分布在白令海、伯朝拉海和喀拉海的大陆架上[③]。未来这部分

① 陆俊元．北极地缘政治与中国应对．北京：时事出版社，2010：20.

② 北极问题研究编写组．北极问题研究．北京：海洋出版社，2011：113.

③ Добровольский.http://news.km.ru/zapad_xochet_lishit_rossiyu_arkt，2011-07-29.

资源可能成为俄罗斯乃至世界石油、天然气市场的主要来源。

北极地区油气资源虽然丰富，但分布不均衡。北极地区的 11 个油气省中，俄罗斯就占了 7 个。单是西西伯利亚盆地和蒂曼-伯朝拉盆地两处已探明的原油储量加起来就占了北极地区已探明原油储量的一半以上。而西西伯利亚盆地已探明的天然气储量占北极地区已探明天然气储量的 84.46%。北极地区的油气资源开发主要以俄罗斯的西西伯利亚盆地和蒂曼-伯朝拉盆地和美国的阿拉斯加盆地为主，其中蒂曼-伯朝拉盆地已开采石油的产量占北极地区累计原油产量的 13.4%，而西西伯利亚盆地的天然气产量占北极地区天然气累计产量的 84%①。在油气资源潜力方面，北极地区待发现油气资源主要集中于北极大陆架和北冰洋海底，占全世界待发现油气资源的四分之一，而这其中将近三分之二分布在俄罗斯。格陵兰岛、挪威、瑞典、芬兰和冰岛等几个国家和地区所拥有的待发现汽油资源加起来不超过总量的 15%，美国的阿拉斯加和加拿大也只占了 30%。

俄属北极地区的非常规能源和煤炭资源的优势并不十分明显，这些资源的开发和利用还未提上日程。

可以说，资源（或者是能源）优势是俄罗斯在北极地区最大的优势，利用这一优势，打好能源这张牌是俄罗斯提升自身在区域内乃至国际上战略地位的不二选择。

2）航道资源优势

北方海航道在国际上称为东北航道，是和西北航道并称的北冰洋上两条最主要的海航线。其中，西北航道处于加拿大的实际管控制中；而东北航道，即俄罗斯所称的北方海航道，是从欧洲到亚太地区的最短航线，在目前的航行条件下，比经由苏伊士运河到达亚太地区要缩短近一个月的航程。而俄罗斯的北极能源的主要市场就是亚太地区。

彼得大帝时期俄国最早对北方海航道提出主权要求。此后俄国多次向外发布宣言，宣称对毗邻的北极海域实行独断性经营②。俄罗斯目前援引《联合国海洋法公约》的规定，宣称对东北航道拥有管辖权，所有船舶欲进入该航道，必须接受俄罗斯的领航和破冰服务并支付航道使用费。虽然俄罗斯对北方海航道的霸道管控为区域内外国家所诟病，但俄罗斯对北方海航道的实际管控地位仍然是其开发北极资源的一大重要优势。可以说，没有北方海航道，就无法解决北极开发的运输问题。随着温度的升高和海冰的融化，北方海航道可供航行的线路和天数也会增加，北方海航道的航行优势以及对北极开发的作用会进一步显现出来。

3. 科技优势

虽然苏联解体后俄罗斯低迷的国内经济在一段时间里阻碍了技术创新的发展，但苏联时期雄厚的科技积累仍为俄罗斯在北极的竞争提供了强大的基础。美国国家科学

① 北极问题研究编写组．北极问题研究．北京：海洋出版社，2011：113-114.

② 郭培清，管清蕾．探析俄罗斯对北方海航道的控制问题．中国海洋大学学报（社会科学版），2010，(2)：6-10.

院学者施韦策曾说“我们不能无视这些技术先驱：他们设计了第一座商业核电站、发射了第一颗人造卫星、发明了水翼艇、利用激光进行了眼科手术、制造了世界各国购买的机床。创造这些成就的专家把他们的杰出才能多数传给了年轻一代……”[①]从 20 世纪初苏联就开始对北极进行例行的科学考察，收集了大量有关气候、洋流、海冰漂移、水体结构、地磁和海洋生物等方面的科学资料和数据，使人类对北冰洋的认识向前迈了一大步[②]。冷战时期出于军事活动的需要，苏联还在地质学、环境预报、永久冻土工程学、极地物质系统等方面开展了大量研究，取得了丰硕的成果。目前，俄罗斯达到和已超过世界水平的技术超过 18 种，其中就包括极端恶劣条件下的生命维护和保障系统、煤悬浮体管道运输、战略性矿藏和工业原材料的快速评估和综合开采、石油和天然气的探测和钻井技术、石油天然气和凝析气的深加工技术、废弃物燃料的回收和放射性废物储藏和再利用、能源的电子传输等能够运用到北极的开发中的多项技术。可以说，这些科技上的优势为目前俄罗斯高效开展北极开发项目提供了强大的支撑。

4. 军事实力优势

俄罗斯一直有军事强国的传统观念，冷战时期，苏联还曾凭借其强大的军事实力在北极争夺中占据上风，苏军和潜艇极地航行的次数、冰下航行的水平都超过美国。苏联正是在一定程度上依靠在北极的战略优势保持了冷战时期与美国的战略平衡[③]。苏联解体后，俄罗斯迫于经济压力和战略需要在军事上一度“撤出”北极，停止了核潜艇巡航制度，还中断了服役 12 年之久的“北极 31 号”浮冰站。近年来，俄罗斯力图在北极重振国家威望，并且出于保护安全利益的考虑，俄罗斯目前在北极地区保有大量的军事存在，包括频繁在北极地区进行军事演习、恢复战略核潜艇的巡逻、加强北方舰队的建设和部署陆上军事力量等。目前俄罗斯在北极的军事实力远超过除美国以外的其他北极国家，并足以抗衡以美国为首的北约对其战略空间的挤压以及军事威慑。同时，强大的军事实力还能保障国家在北极的开发项目的顺利实施，保证北极开发基础设施和油气管道不被破坏。

（二）俄罗斯实现其北极国家利益的劣势

俄罗斯在实现北极国家利益上的劣势，或者是存在的问题比其优势更加明显。在政治上表现为受到其他北极国家的孤立、国内政治关注度不够以及制度建设跟不上开发需求；在经济上表现为国内经济发展滞后影响政策的实施，北极资源和航道开发成本高，政府资金不充足；在科技上表现为开发北极的技术水平落后，科技创新能力不足；在社会问题上表现为地区吸引力不足、人口流失严重以及严重的生态环境问题。

① 施韦策．新时期俄罗斯的科技、经济与安全．李韬，黄飞君译．北京：北京理工大学出版社，2007：251.

② 北极问题研究编写组．北极问题研究．北京：海洋出版社，2011：135.

③ 北极问题研究编写组．北极问题研究．北京：海洋出版社，2011：242.

1. 政治上被孤立，经济上遭制裁

北极五国当中，除了俄罗斯外其他四国均为北约成员国。在世界范围内，俄罗斯与北约的对抗并没有随着冷战的结束而终结，在北极，由于资源和领土主权竞争的关系，俄罗斯与以美国为首的北约更是存在尤为明显的地缘政治矛盾。俄罗斯在北极理事会中的作用因其政治上的孤立而被限制，其他北极国家还经常借由国际上的环境保护组织对俄罗斯在北极地区人为的生态破坏和环境污染提出抗议。美国、加拿大、挪威和丹麦还共同执行禁止俄罗斯从大陆架开采资源的政策①。由于乌克兰问题，美国与欧盟要求对俄发起经济制裁，虽然暂未见国际油气企业削减对俄投资②，但俄罗斯开发北极需要从国外引进技术和资金，一定程度上依靠与其他北极国家的合作。从长久眼光来看，俄罗斯在北极的政治和经济前景都将因此受到影响。

2. 国内制度和体制建设跟不上开发需求

（1）关于北极的制度建设问题。其主要表现为：法律制定效率低，过去十年俄罗斯国内一直在研究《俄属北极地区法》和《北方航路法》等专门法律的制定，但这项工作不止一次地中断，至今还没有完成；现有制度运行不高效，无法适应新的经济环境和保障国际合作与经济开发的顺利开展。

（2）关于国家体制的问题。普京上台后，为了遏制俄罗斯地方主义的分离倾向，将国家重新划分为 7 大联邦区，并确立了地方长官中央任命制度，使大部分地方权力集中到中央，但这制约了各地区间的横向协调，地方政府缺少实权和积极性，难以在发展地方社会经济和中央政策的实施上施展拳脚③。这在很大程度上降低了国家政策的实施效果。

3. 开发成本高，开发资金不充足

1）能源和航路的开发成本极高

俄罗斯北极大陆架开发项目需要大量的资金，其中一个原因是大陆架上油气资源开发的技术要求高、难度大，所以成本极其昂贵，需要政府给予特殊的税收优惠，以负担一部分成本支出。但即使是这样，北极地区勘探仍要面临极寒气候、缺乏基础设施等严峻问题，这些都极大地阻碍了俄罗斯在北极的大规模资源开采②。

另外，北方海航道的航行成本和开发成本也非常高，主要表现为：航道只能在每年的无冰期才能运行，一年仅三四个月的运行时间对开发者的利润追求不利，高成本投入与产出不成正比；航道没有足够的回程货量，空船返回无疑增加了成本；

① 丁煌. 极地国家政策研究报告（2012—2013）. 北京：科学出版社，2013：92.

② 李彤. 俄罗斯首次输出北极石油 或掀起北极石油订购热. http://news.xinhuanet.com/energy/2014-05/01/c_126453505.html，2014-05-01.

③ 高云. 俄罗斯海洋战略研究. 武汉大学博士学位论文，2013：218.

航道沿线港口设施老旧，高达 40% 的港口功能性不强[①]，降低了航道运输的能力。

北方海航道的常规运作是北极大陆架资源开发的基础条件，喀拉海和东西伯利亚海上的产区尤其依赖北方海航道，然而航道的运输能力目前仍然十分有限。运输的战略性增长必须建立在资源大规模出口的基础上，亚太市场对能源的消费量最大，竞争也最激烈，在这样的环境下俄罗斯北极海上产区的高运输成本便成为竞争中的很大的劣势[②]。

2）联邦预算制度不合理，北极开发缺少资金支持

俄罗斯现行的联邦预算制度中，中央和地方预算主体之间极为不平等。俄罗斯北极地区上交联邦财政的金额大于联邦财政向北极地区的转移支付，北极地区的预算充裕程度低于全国平均水平，这在北极国家中是唯一一例[③]，足以体现俄罗斯对北极地区的关注度还没有达到应有水平。2008 年数据显示，北极地区上交联邦财政 100 亿美元，而联邦财政向北极地区返还的资金不及上缴数量的 15%，国家的资金支持力度明显不足以保障北极开发过程中种种问题的解决[④]。

俄罗斯国内有专家指出，根据保守估计，北极大陆架开发需要耗费的资金不低于 5 000 亿美元。显然就俄罗斯目前的经济情况来看，要完成开发必须尽力吸纳社会和外国资金。

4. 经济发展滞后、卢布暴跌影响政策实施

俄罗斯国内经济增长过分依赖国际市场，长期以来，俄罗斯的经济结构中能源和原材料开采及加工业始终占有过重比例，这不仅会消耗大量的资源储量，而且会使本国经济更大程度上依靠出口贸易，就必然更容易受到国际市场行情波动的影响。这就不难理解为什么 2008 年的金融危机使俄罗斯经济遭受了巨大的打击，在 2009 年甚至出现了 8% 的经济负增长[⑤]。虽之后有所回升，但到 2013 年，俄罗斯经济下行压力继续增大，国内需求以及投资消费的步伐放缓，国家的投资吸引力下降，经济发展有滞后趋势。随着国际油价的持续走低，2014 年年末卢布的大幅贬值引起俄罗斯国内的恐慌，会在更大程度上继续影响国外投资吸引力。而俄罗斯在 2008 年制定的《2020 年前俄罗斯联邦在北极地区的国家政策原则及远景规划》是以 2000~2008 年俄罗斯经济的高速增长为背景的，政府当时对未来可能产生的经济困难估计不充分，未来全面落实该项北极政策的可能性已不容乐观。

① 刘坤喆 . 中国东北航道会成为“世界第三”？ http://military.china.com/top01/11053246/20110515/16540723.html，2011-05-15.

② Павлов К，Селин В，Селин И. Российская Арктика：современное состояние и перспективы развития. Общество и экономика，2012，(3-4)：180-192.

③ Козьменко С Ю，Селин В С，Щегольнова А А. Геоэкономические вызовы морской политики в российской Арктике，Морской сборник，2012，(6)：83-96.

④ Козьменко С Ю，Селин В С，Щегольнова А А，Геоэкономические вызовы морской политики в российской Арктике. Морской сборник，2012，(6)：83-96.

⑤ 林跃勤 . 俄罗斯经济数字地图 . 北京：科学出版社，2012：15.

5. 地区吸引力不足，人口流失严重

自苏联解体后，俄罗斯的人口增长率一直稳步递减，而俄属北极地区无论是与俄罗斯国内相比还是与其他国家北极地区相比人口流失问题都更为严重。出现人口危机的主要原因是北极地区落后的经济状况、老旧的生产生活设施不能满足现代化需求，恶劣的自然条件使这一区域失去了吸引力，导致北极开发人力资源的短缺和人才的流失。

6. 科技水平无法满足开发需要，科技创新能力不足

俄罗斯学术界许多学者认为俄罗斯在开发北极方面的技术落后于其他北极国家，主要表现在大陆架和海上资源开发及航道开发两个方面。

资源开发上，美国、加拿大和挪威等国家在大陆架开发技术上已经进行了近 50 年的研究，而俄罗斯近几年来才迈出第一步。阿拉斯加库克湾的勘探工作早在 1959 年就展开了，到 1995 年阿拉斯加已有 16 个工作站，石油开采总量累计达到了 15 000 亿吨。挪威在 1961 年对其北部边界相邻海域提出主权要求，1965 年颁发了首个北极开发许可证。而苏联在北极大陆架上的勘探工作虽然起始于 20 世纪 70 年代中期，但第一个开发方案 2001 年才开始实施，但在蒂曼–伯朝拉盆地的开采作业 2006 年突然中断，2012 年才又重新投入建设[①]。

大陆架上烃资源的开采也面临技术难题。烃在海上开发的可行性取决于两个因素，一是矿层深度，二是自然气候条件（主要是指冰情条件）。不过研究显示，如今对烃资源的勘探已经可以在非冰川期的任何气候条件下进行。而至于开采，则在一定的冰川条件下利用国内外技术可以深至水下 50 米。冰川条件恶劣、深度大的作业不能通过水上设备实现开采，因为水上设备体积庞大，吃水深，来往矿区的运输会成很大的问题。而现如今水下或冰下设备还停留在研发阶段，不具有实际操作的安全性。所以，大陆架上水下超过 50 米的烃资源产区目前在技术上还不能完成开采[①]。

北方航路的航行也存在诸多技术性问题。现有的破冰船无法完成对载重 4 万吨以上船只的引航，然而多数运输公司为了节省成本，会采用承重 7 万吨以上的油轮或液化气运输船来完成运输[①]。

俄罗斯在技术创新上的能力表现不足，大陆架上烃资源的开发已经不仅仅取决于技术条件，还取决于创新能力和将科技创新运用到开发中的能力。

7. 生态环境问题日益严重

北极地区的生态环境极其脆弱，开发的方式稍有不当便易导致生态破坏和环境污染。俄罗斯的北极地区因长期以来对环境问题治理不力，已累积了明显的生态环境问题，西方国家经常抓住这一问题，借用一些环境保护国际组织对俄罗斯在北极的开发行为和对环境的污染提出抗议，俄罗斯的国家形象也因此受损，“太阳号”事

① Павлов К, Селин В, Селин И. Российская Арктика: современное состояние и перспективы развития. Общество и экономика, 2012,（3–4）: 180–192.

件便是典型的例子。

俄属北极地区出现的生态问题主要包括工厂周围的植被退化和对自然传统利用的方式的破坏。俄罗斯北极地区通过下水道排放的污水中只有 1% 通过净化标准。俄属北极地区的山区工业具有非常大的经济价值，但在作业时也极易导致生态破坏和环境污染，包括垃圾的堆放和资源的浪费等。开发陆上资源时所使用的履带技术对植被的破坏也极为严重，现在俄罗斯北极地区已经到处可见被破坏的地貌和景观①。

大陆架上烃资源的开采与运输是人为破坏自然环境中程度最为严重的。加大海船的运油量可以节省运输成本，但却极易导致溢油事件的发生，而海上溢油极容易扩散而形成大范围的海上污染。

三、近年来俄罗斯为实现北极国家利益所采取的战略和政策

政策的制定和实施会经历从零散到规整的过程，同时也应随着国内外环境的变化以及实施的效果来不断调整政策。自 1998 年制定《俄罗斯联邦“世界海洋”目标纲要的构想》中的《开发和利用北极子纲要》起，俄罗斯政府出台的关于海洋或国家安全的政策性文件中便会提到俄罗斯在北极地区的国家利益。2001 年 7 月批准的《2020 年前俄罗斯联邦海洋学说》②中指出，俄罗斯的北极利益在于能够自由进出大西洋，开发利用大陆架和专属经济区的资源，确保北方海航道的稳定发展和北方舰队对国防领域的决定性作用。2009 年发布的《俄罗斯联邦 2020 年前国家安全战略》中指出，国际政治的长期焦点将集中于掌控能源的地区，其中就包括了北极地区③。2010 年 12 月签署的《2030 年前俄罗斯联邦海洋工作发展战略》④中指出，俄罗斯在世界海洋战略方面的发展目标之一是提高北极地区的能源保障，发展北方海航道。

俄罗斯在 2008 年将北极政策整理为系统化的专门性文件，俄罗斯总统批准了《2020 年前俄罗斯联邦在北极地区的国家政策原则及远景规划》，并于 2009 年 3 月 30 日正式予以公布。这是包括苏联时期在内的俄罗斯近百年来首部关于开发俄属北极地区的专门的政策文件。为了落实此规划，实现俄罗斯联邦在北极地区的主权和国家利益，促进解决俄罗斯联邦北极政策中的基本任务，2013 年俄罗斯又出台了《2020 年前俄罗斯联邦北极区域发展和国家安全保障战略》，宣示着俄罗斯对北极的

---

① Сиваков. Д. О. Прово и Арктика：Современные проблемы. Вестник Удмуртского университета. 2009.Вып.2. УДК 343.3. 238-243.

② Морская доктрина Российской Федерации на период до 2020 года.http://www.scrf.gov.ru/documents/34.html.

③ 邓鑫 . 俄重返北极 ：军事先行为开发开道 .http://sztqb.sznews.com/html/2014-01/04/content_2744270.html，2014-01-04.

④ Стратегия развития морской деятельности Российской Федерации до 2030 года? механизмы реализации http://government.ru/，2010-12-21.

开发已经进入开发利用的战略准备期[①]。

（一）近年出台的北极战略及相关政策概述

本部分仅对俄罗斯近年出台的两个专门性政策文件做详细介绍，即《2020年前俄罗斯联邦在北极地区的国家政策原则及远景规划》和《2020年前俄罗斯联邦北极区域发展和国家安全保障战略》。

1.《2020年前俄罗斯联邦在北极地区的国家政策原则及远景规划》的主要内容

在2009年出台的《2020年前俄罗斯联邦在北极地区的国家政策原则及远景规划》中，俄罗斯注重在更多领域实现其北极政策目标，并将解决与北极周边国家的领土主权争端、改善与周边国家关系、改善俄罗斯北极地区社会经济发展的国家管理机制、提高土著居民生活水平为战略优先方向，体现了新时期俄罗斯在北极问题上的合作姿态，也显现了俄罗斯对于北极管理机制改革、将更多力量投入到北极的综合开发的决心。

《2020年前俄罗斯联邦在北极地区的国家政策原则及远景规划》共分6章11款，对俄罗斯联邦在北极地区的国家利益、俄属北极地区国家政策的主要目标、基本任务、战略优先方向与措施等都做了明确的界定与规划。

1）主要目标

《2020年前俄罗斯联邦在北极地区的国家政策原则及远景规划》将俄罗斯北极地区的发展主要目标分为社会经济发展领域、军事安全领域、生态安全领域、信息技术和通信领域、科学和技术领域以及国际合作领域六个方面。

（1）社会经济发展领域目标：充分发挥北极作为俄罗斯“主要战略资源基地”的作用，使其最大限度地保障俄罗斯对油气资源、水产资源和其他战略原料的需求。

（2）军事安全领域目标：捍卫俄罗斯的北部边界，确保良好的作战体制，保持常规部队集群、其他部队、军事组织和机构在北极地区所必需的作战实力。

（3）生态安全领域目标：消除由于人类经济活动以及全球气候变化对北极环境所产生的负面影响，保护和维持北极的自然环境。

（4）信息技术和通信领域目标：在考虑北极自然特征的情况下，建立统一的北极区域信息空间。

（5）科学和技术领域目标：保证足够数量的基础性科学研究和应用科学研究，为实现现代化北极管理积累现代科学知识和地理信息；根据北极的自然和气候条件，研发适用于极地的国防和国家安全技术手段以及有效的极地生命保护设备（系统）及生产活动设备（系统）。

（6）国际合作领域目标：俄罗斯遵守所签署的国际公约和国际协议，努力建立与其他北极周边国家互惠互利的双边或多边合作机制。

① 李建民．俄罗斯北极开发战略与中俄合作．见：李永全．俄罗斯发展报告（2014）．北京：社会科学文献出版社，2014：124-135.

2）基本任务

（1）考察研究北极地质、地理、水文、测绘等方面的材料和确凿证据，为俄罗斯北部划界创造优势条件；加强对俄罗斯所属大陆架的研究和开发工作，在保护北极生态环境和自然气候条件的前提下，加大北极海洋矿产资源开采量和俄罗斯所属北极地区油气勘探和开采力度。

（2）在科学和技术领域，要大量研发和采用新技术。首先，清除人为污染物的环保技术和适应北极气候条件的新材料。其次，包括厚冰覆盖区域的海洋开发技术在内的用于海洋矿产资源的开采和生物资源的开发利用技术。确保实现国家北极科考计划，重点是考察北冰洋的深水海域、研究深水潜航、试验极地科考设备性能。

（3）组建专门的飞机编队和渔船编队，并为其建设必要的保障性基础设施。

（4）改善北极地区能源运输机制，减少北极对外界的能源依赖。新建和改造能源工业，在北极地区采用节能材料和技术，利用可再生能源和替代能源以及当地再生能源。

（5）支持破冰船、救援船及辅助舰艇的建造，并营建港口、导航台等岸上基础设施，确保提升北方海航道的货物运输量。

（6）建立专门监测体系，负责管理和疏导繁忙水域的船只航行，并为船只提供水文气象保障和破冰导航服务，确保北极地区的航行安全。

（7）建立完善的安全机制，保护俄罗斯联邦北极地区领土、领海、人口、重要目标和设施的安全，避免受到自然或技术性（人为）灾害威胁。

3）战略优先方向

（1）以相关国际法和双边协议为基础，以维护俄罗斯国家利益为前提，积极与其他北极周边国家开展划界谈判，以求最终划定海洋边界，解决俄罗斯北极地区疆界问题。

（2）加强与北极周边国家的合作，共同建立统一的区域救援系统，努力防止发生人为灾害，或灾害发生后，各国能共同采取措施减轻对北极自然和生态的影响，包括统一协调多国搜救力量共同执行减灾任务。

（3）发展双边关系，增强俄罗斯与北极委员会、巴伦支欧洲—北极理事会等区域性组织的联系，巩固和改善俄罗斯与北极周边国家间的睦邻友好关系，积极开展与这些国家经济、科学技术、文化等方面的交流与合作，以及跨边界合作，共同合理开发北极自然资源、保护北极生态环境。

（4）依据俄联邦有关法律和俄联邦参与签署的国际公约的有关规定，对穿越北极空中航线和北方海航道的飞机和船只实施有效的组织和管理。

（5）实施北冰洋划界行动，确保俄罗斯在斯瓦尔巴德群岛与其他国家的互利共存。

（6）改善俄罗斯北极地区社会经济发展的国家管理机制，扩大对北极地区的基础科学与应用科学的研究。

（7）使用先进科学技术，充分发挥北极地区的资源优势。

（8）发展北极地区现代化交通、港口、渔业等各项所需的基础设施。

（8）为北极地区经济发展提供必要条件，提高当地土著居民的生活水平。

4）任务实施阶段

《2020年前俄罗斯联邦在北极地区的国家政策原则及远景规划》要求，俄属北极地区的开发将分为三个阶段进行：第一阶段是2008~2010年，在这一时期要完成地质论证、落实预算和项目；第二阶段为2011~2015年，主要任务是划定俄属北极地区外部边界，并确立俄罗斯在能源资源开采和交通运输方面的竞争优势，在开发地区矿物原料和水生物资源的基础上，完成俄属北极地区经济结构的改革任务，建立并发展北方海航道基础设施及交通管理体系，完成保障欧亚运输的任务，建立俄属北极区域统一信息空间；第三阶段为2016~2020年，此阶段要求“整体提升俄属北极地区的竞争优势，将俄属北极地区变成俄联邦主要资源战略基地”。

2.《2020年前俄罗斯联邦北极区域发展和国家安全保障战略》的主要内容

《2020年前俄罗斯联邦北极区域发展和国家安全保障战略》是在《2020年前俄罗斯联邦在北极地区的国家政策原则及远景规划》的执行过程中制定的，并考虑到了国家战略的基本情况。它指出了达到战略目标、使北极地区获得稳定发展并保障国家安全的方法和途径。旨在北极地区实现国家主权，保障国家利益，促成国家在北极主要问题的解决。

1）主要风险与战略的目标

（1）影响俄罗斯北极地区经济社会发展的关键因素包括：①极端的自然气候条件，包括低温、强风和海域上的冰盖。②工业经济开发和低密度人口。③远离国内其他主要工业区，对其他地区供给的燃料、商品等保障工业发展和生活的必需品有高度的依赖性，且资源消耗量大。④生态环境不稳定并影响到整个地球的气候变化和生态平衡，而生态环境的不稳定都是看似微小的人类活动造成的。

（2）俄罗斯北极地区社会经济发展目前存在以下风险和威胁。

首先，社会领域，俄罗斯北极地区内各行政区划的不良人口走势以及劳动力（尤其是高水平专业人士）向南部或国外流失；社会服务性质网点，包括教育、医疗、文化、体育等与急速增长的居民人口不相适应；住宅及公用设施与居民饮用水缺乏；缺乏有效的人才培养体系，在地区性和专业化方面劳动力资源供需不平衡（即工人和专业工程师的缺乏，同时未就业的专业人员和非专业劳动力过剩）；俄罗斯北极地区少数民族群众生活质量低下。

其次，经济领域，缺乏国家现代技术手段以及寻找、勘测、开发北极地区海底烃产区的技术操作知识；基础设备，尤其是交通、工业及能源基础设施的损耗；海陆交通基础设施不健全，破冰船陈旧，小型航空设施缺乏；自然资源开采高耗能、低效率，生产费用高但缺少有效的补偿，劳动生产率低下；俄属北极地区各行政单位经济发展不平衡，领先地区和落后地区的经济发展差距巨大；保障正常航行的水文地理和水文气象知识不充足；缺乏在北极地区海陆宇宙检测的常设综合设备，过于依赖外国资金和北极地区各种活动的信息保障来源；缺乏现代化的情报电信设施，无法实现整个俄属北极地区的居民与经营主体的联系；动力系统不完善，发电设备结构不合理，发电和送电成本高。

再次，科技领域，缺少科技资金和研究、开发北极空间与资源的技术机遇，对北极地区开发与研究的创新转型准备不充分。

最后，自然资源利用与环境保护领域，在俄属北冰洋水域沿岸及其他北极地区，人为和技术载体在自然环境中实现其最大意义的可能性在增长，其数量也在日益增长，但这一地区是容易形成放射性污染的源头，因此对生态的破坏到了非常严重的程度。

（3）该战略的目标：在以国家安全、北极地区社会经济平稳发展为战略优先基础上解决主要任务，完成国家北极政策的主要目标，实现国家利益。

2）发展的优先方向和主要举措

北极地区发展和国家安全保护的优先方向有以下几点。

（1）北极地区社会经济的综合发展：① 完善国家对北极地区的社会和经济管理体系。推进各项开发项目，运用创新技术，发展运输、能源和通信基础设施；通过税收和关税政策对开发项目，特别是资源开发项目提供支持；推广节能材料和工艺的应用，降低生产中的能源消耗，开发循环能源和替代能源，提高能效，保障偏远地区的能源供应，推进节能领域的国际合作；建设核电站和海上漂浮站，优化电子供应商；推行环保标准，发展生态旅游项目，建立生活垃圾回收处理系统，限制不可降解产品的引入；公共基础设施建设和服务，建立安全综合防护体系，建设油气开采所需的基础设施，建立北极地区地球物理态势监测体系，减免极端自然现象对开发活动的影响。② 提高北极地区人民的生活水平。发展和改造教育、卫生、文化等社会基础设施，使用节能技术改建住房和公共设施；发展医疗卫生服务，建立急救系统，配备越野车辆和医疗急救直升机；发展远程会诊技术，提高医疗和急救质量，加强卫生保健服务，预防各种疾病；发展教育文化事业，包括海洋地质学、能源开采加工等职业教育和培训体系，发展多功能文化机构、文化体育综合设施、流动图书馆等，促进文化创新，设立地区文化基金等；保障劳动力数量，根据年龄和技术调整移民政策，力促居民就业、扶持居民创业；完善北极地区原住民的教育规划，延续原住民语言文化传统，培养其现代社会生存技能，保证原住民传统居住地开发项目的生态安全。③ 有效开发和利用北极资源。对大陆架和沿海地区进行地质勘探和综合研究；在建立矿产储备的基础上推进开发，保证 2020 年以后国家能源开采长期稳定的发展，使用现代工艺有效开采矿藏，保证俄罗斯的有色金属、稀有金属和贵金属的需求和出口，扩大采矿规模，提高采矿业竞争力，开发新矿区，运用节能工艺；实施油气资源开发区一体化建设。使用光纤和卫星通信系统、移动通信系统和无线网络技术及水文气象设施推进油气开发；在开发时保证国家利益，为俄罗斯北极大陆架外部边界的确认提供科学证据。④ 发展北极地区的交通运输系统。将北方海航道发展为俄罗斯联邦北极海上国家干线，建造具有现代工艺的核动力破冰船；发展岸上基础设施，增加北方海航道货运量，制定关于北方海航道的联邦法律、保险制度；建立航行安全保障体系、物流管理系统和紧急救援综合机构；发展北极地区的河运、铁路和航空交通线路，包括改造北极港口，建造适用于北极运输的船只，发展铁路网、公路网和北极空运体系，完善北极大陆架开发区域的运输基础设施。⑤ 保护和开发渔业资源潜力。利用新兴技术和设备，保持和发展渔业资源的潜力，发展海产品深加工和传统捕捞；发展海洋生物技术。

（2）科学与技术的发展：① 建立具有竞争力的科技工业园，研发适用于北极环境的新型材料、工艺和技术设备、仪器等，发展环保节能型技术。② 发展北极的科学考察，包括使用深水机器人技术进行深水考察；发展俄联邦科考船队，确认北极各领域活动和前景的科学性；进行法律问题、争议、海域历史和俄罗斯的权利的研究；研究环境因素对居民健康的影响，制定相应的保健措施。③ 参与国际北极科学合作，进行北极的大规模科考活动，保证俄罗斯科学界能够参与全球性或地区性北极技术研发和科学考察计划。

（3）建立现代化的信息通信系统，建立国家统一的通信网络，形成统一的信息空间：① 建立现代化的信息和远程通信技术与系统、广播电视系统、航行和飞行管理系统、地球遥感测绘系统、水文气象和水文地理保障系统。② 建立冰情通报和紧急情况处理系统，为北极活动提供必备的信息保障。③ 建立现代化信息和远程通信基础设施，铺设北方航路海底光缆，接入国际通信网络，保障地区通信需求。

（4）生态安全保护：① 保持生物的多样性，扩大北极自然保护区的数量和范围。② 消除北极地区的生态破坏，治理环境污染。③ 研究并采取有效措施降低人类活动对北极环境的消极影响，建立环境监测系统并纳入国际环境监测体系中。④ 开发能提高资源利用率的技术，特别是有效利用其衍生品的技术。

（5）北极地区的国际合作：① 开展同北极国家间的多领域、全方位的合作，提高对外经济活动的效率，发展友好关系，并通过国际合作进行大陆架资源的开发与大陆架划界等活动；建立北极地区统一的搜救系统，形成应急合作机制；加强北极地区过境运输和飞行航线的组织与利用，发展北方海航道的国际航运；加强与挪威在斯匹茨卑尔根群岛的经济与科学合作。② 发展北极地区各联邦主体同外部的交流合作。③ 加强科学领域的国际合作，国家机构和社会团体积极参与关于北极问题的国际会议，定期交换北极监测的科学数据，发展国际合作；研究北极冰情、海水污染程度，预测气候变化对北极的影响；组织国际性的北极科考，发展多种类的北极国际旅游项目。

（6）保护和保卫北极地区的国家边界，保障国家军事安全：① 增强俄罗斯在北极的军事实力，加强军事基地建设，并配备适用于北极地区的作战设备，保证其迅速展开；保持北极地区武装力量的战备程度，以应对各种现实和潜在的军事威胁，捍卫俄罗斯的北极主权。② 完善北极水陆空监视系统，促进地区社会经济的稳定。③ 进行水文工作，确定是否需要修改地理坐标点，明确测算领海、经济区和大陆架起始线的位置。

3）《2020 年前俄罗斯联邦北极区域发展和国家安全保障战略》的实施阶段

《2020 年前俄罗斯联邦北极区域发展和国家安全保障战略》分两个阶段实施。2013~2015 年为第一阶段，目标是实现北极地区的综合发展。这一阶段的主要任务为：制定北极地区的国家经济发展规划；完成水文地理测量和北极边界的确认；完成北极边防体系的建设；建立远程通信基础设施；建立综合应急救援中心；建立环境监测系统；进行北极地区的应用科学研究，提供开发北极的科学技术保障；保护北极地区的生态环境安全；提高北极居民生产生活水平。

2015~2020年为第二阶段，是北极社会和经济向稳定和创新的方向发展的阶段。这一阶段的主要任务是：保证俄罗斯在北极资源开采中的竞争优势；更新北极边防部队的技术设备；建立北极地区各部门统一的水面综合监视系统；发展能够应对北极自然灾害和人为事故的应急体系；完善“北极”多功能卫星系统，升级“РСДН-20”远程无线电导航系统；保障北极地区运输畅通，发展包括破冰船在内的保障船队，完善北方航路的基础设施建设；保护北极的生物资源，应对北极开发所可能造成的生态危机；建设现代化通信系统，将北极纳入国家统一的信息空间。

（二）政策的实施情况

1. 政策的实施

2010年9月，俄罗斯总理普京在莫斯科举行的国际北极论坛上宣布，俄政府将在未来30年投资3 500亿美元来开发北极地区[①]。加上国外资金和私人投资等多种资金来源，将用于北极开发的各个方面，以最大限度实现俄罗斯在北极的国家利益。

1）社会民生方面

为提高北极地区人民的生活水平，引进现代化的生活服务设施，俄罗斯政府计划在北极圈内修建一座超现代化城市，其设计参考了国际空间站的结构。这座城市将被命名为“乌姆卡”，最初将容纳5 000居民。作为俄罗斯的北极前哨，这座城市将极具战略意义[②]。俄联邦政府区域发展部2013年主要工作成果汇报中提到目前正在进行北方、西伯利亚和远东土著民族稳定发展构想的第二阶段，关键任务是利用当地能源和可替代能源的供应来减少传统生产生活方式对燃料工厂和能源加工业的依赖，以及通过利用远程医疗、网络和通信技术为北方少数民族建立医疗保障体系。汇报还指出，和2007年相比，俄罗斯北部地区的人口出生率有了小幅度提升，而涉及28个州和边疆区的北方少数民族经济社会发展专项补贴也已陆续到位[③]。

2）经济发展方面

为了发展北方海航道，以保证俄在对北极开发工作的稳定开展，根据《2010~2015年俄罗斯交通运输系统发展计划》，俄罗斯计划建造一艘功率为6万千

① 分析称俄罗斯驻军北极欲从东西两侧威慑欧美.http://mil.news.sina.com.cn/2011-07-04/1104655213.html，2001-07-04.

② 俄罗斯欲在北极建超现代化城市.http://www.chinadaily.com.cn/hqgj/bmoz/2011-10-25/content_4166966.html，2011-10-25.

③ Основные результаты работы Министерства энергетики РФ в 2013 году.http://government.ru/，2013-11-17.

瓦的核动力破冰船和三艘动力为 2.5 万千瓦的柴油动力破冰船[①]。2013 年 10 月，以北方舰队旗舰“彼得大帝”号核动力导弹巡洋舰为核心的舰艇编队完成了北冰洋巡航，航程 2 000 海里，经过巴伦支海、红海和拉普捷夫海的浮冰海域，抵达勒拿河三角洲地区的新西伯利亚岛，最北到达法兰士约瑟夫地群岛所属鲁多里夫岛北端并在该岛登陆，为科捷利内岛运送了技术装备、生活设施和超过 1 000 吨的物资。此次航行得到了北极地区航海和水文地理方面的大量最新数据，更新了海上航线图，建立了水文气象观测站，在岛屿上设置了大地测量单元，考察了不具备破冰能力的船舶在高纬度地区航行的可行性[②]。

为有效开发和利用北极资源，保持俄罗斯在北极能源开发的竞争力，俄罗斯正加紧对俄大陆架资源进行勘探和开采工作。2013 年 7 月 27 日，俄总统签署了由能源部和财政部共同提出的《促进开采困难的石油储备勘探》的方案，旨在促进东西伯利亚和远东发展方案的实现，并实现对发展中的亚太天然气市场的供应。俄总统还签署了于该年 9 月生效的《联邦税法第一、二部分修正案》和其他促进大陆架烃资源开发的税收与海关政策的相关法令[③]。目前，俄罗斯已经开始在北极地区实施若干大型矿产开采项目。包括计划 2016 年投产的诺瓦泰克（Novatek）公司的亚马尔液化气工厂项目。该项目投产后，每年将经北极航道运输 1 500 万吨液化气和 100 万吨凝析油[①]。2014 年 4 月 17 日，“米哈伊尔·乌里扬诺夫”号从普里拉兹洛姆内油田（Prirazlomnoye）运送首批 7 万吨北极海上石油前往欧洲。普京将其称为里程碑事件，是俄罗斯大规模开采北极石油的一个开端。“北极开采计划将进一步提升俄罗斯在全球能源市场的地位，同时繁荣俄罗斯经济和能源业”。普里拉兹洛姆内油田位于伯朝拉海，距离俄北海岸约 60 千米，深 19~20 米，可采储量 7 200 万吨。该油田于 1989 年被发现，现由俄罗斯天然气工业股份公司旗下俄罗斯天然气工业石油公司（Gazprom Neft）经营。由于开采困难和成本高昂，2013 年 12 月才进入正式开采阶段，截至目前，俄罗斯方面已为开采累计投入 900 亿卢布[④]。

3）科学技术方面

为进行极地综合科考，2009 年俄罗斯在弗兰格尔岛以北海域建立“北极 37 号”浮冰站，2010 年又在楚科奇自治区北部海域建立“北极 38 号”浮冰站。2010 年俄罗斯“费多罗夫院士”科考船开始对罗蒙诺索夫海岭和门捷列夫海岭等争议地段进行专门勘测工作，目的是进一步证明罗蒙诺索夫海岭是俄罗斯北极大

① 闫磊 . 多国加入北极航道油气博弈 .http://military.china.com/important/64/20110913/16761753_2.html，2011-09-13.

② 李大鹏 . 俄罗斯建设机场网络　加强在北极军事斗争准备 .http://www.chinanews.com/mil/2014/03-21/5979646.shtml，2014-03-21.

③ Основные результаты работы Министерства регионального развития РФ в 2013 году. 俄罗斯政府网 http://government.ru/.

④ 李彤 . 俄罗斯首次输出北极石油　或掀起北极石油订购热 .http://news.xinhuanet.com/energy/2014-05/01/c_126453505.html，2014-05-01.

陆架的延伸[①]。

4）国家安全方面

为增强俄罗斯在北极的军事实力，2012 年，俄罗斯重新实施军队在北极海域进行实战训练的相关政策，在北极附近举行大规模军演。2013 年 9 月 16 日，为强化对北方航路的监视，俄宣布重启于 1993 年关闭的新西伯利亚群岛军事基地，并派军队常驻。其主要任务是保证北方海航路的安全，同时尤其重视保护北极脆弱的环境。目前正在重建岛上的基础设施，如机场、跑道等[②]。为加强北方舰队的建设，2008 年，俄海军恢复北极巡航。北方舰队“彼得大帝”号和“纳西莫夫海军上将”号核动力巡洋舰、“拉扎列夫海军上将”号大型反潜舰和“乌沙科夫海军上将”号导弹驱逐舰曾多次组成水面舰艇编队巡航北极。另外，部署陆上力量所需的相关基础建设已全面展开。俄军还为北极驻军装备了用于高纬度地区陆上运输的越野汽车、雪地汽车、沼地汽车等交通工具，提供远程电视医疗服务和高水平生活保障等[③]。

于 2014 年年末建成的俄罗斯北极战略司令部目前已开始执行战斗任务。这个相当于俄罗斯“第五军区”的司令部主要管辖俄罗斯在北极地区部署的所有部队，涉及俄现有的各个兵种[④]。截至 2014 年年底，俄罗斯在长达 6 200 千米的全部北极圈边境部署了军事力量。单是 2014 年就在北极地区建成了 5 个雷达站，在新西伯利亚群岛上建立了应对高精确度武器的“铠甲”防空系统[⑤]。

5）环境保护方面

为完成北极战略对北极生态环境治理提出的任务，2011~2013 年，俄联邦预算共划拨了 14.20 亿卢布用于北极的清理工作。2013 年俄罗斯完成了对亚历山大岛屿上废弃燃料桶的清理工作，并着手治理周边其他几个岛屿[⑥]。2012 年 12 月 27 日，俄罗斯决定在弗兰格尔岛国家自然保护区内成立北极海岸和岛屿综合自然保护区。该保护区旨在保护北极熊及其他海洋哺乳动物的居住环境，并保障俄罗斯境内的北极部分生态旅游发展不受破坏[⑦]。除此之外，为治理工业污染问题，2015 年俄罗斯将恢复

---

① 高云 . 俄罗斯海洋战略研究 . 武汉大学博士学位论文，2013：215.

② 丰豆 . 俄重启北极军港　欲从南到北牵制中国 .http://www.s1979.com/dianshi/zhanshi/20131008/1029406.shtml，2013-10-08.

③ 李大鹏 . 俄罗斯建设机场网络　加强在北极军事斗争准备 .http://www.chinanews.com/mil/2014/03-21/5979646.shtml，2014-03-21.

④ 张继业 . 俄罗斯建成北极战略司令部 .http://news.sohu.com/20141203/n406602623.shtml，2014-12-03.

⑤ 杨春 . 美俄北极军事角力：俄加强军力突围威胁美国 .http://news.china.com.cn/live/2014-12/15/content_30367505.htm，2014-12-15.

⑥ Стратегия развития Арктической зоны Российской Федерации и обеспечения национальной безопасности На период до 2020 года. http://government.ru/news/432，2013-07-21.

⑦ Об образовании охранной зоны государственного природного заповедника “Остров Врангеля” http://government.ru，2012-12-27.

由 12 艘救助船组成的清除北方水域石油溢出物船队[①]。北极地区各联邦主体配合政府参与了对北极地区环境的改善工程，阿尔汉格尔斯克州政府与俄罗斯科学院合作于 2011 年在北方（北极）联邦大学内成立了北极科研中心，专门对北方地区的环境和生态等问题进行系统研究，以帮助解决北极的污染和原住民的生活质量问题。2013 年亚马尔-涅涅茨自治区也成立了相关研究机构，该地地方政府将对其辖内的白岛进行整治，届时将超过 500 公顷被占用的土地返还大自然。同年，摩尔曼斯克州通过《生态宣言》，以响应普京总统宣布的保护环境倡议，得到北极地区政府和大企业的支持[②]。俄罗斯还通过《北极地区环境保护战略行动纲要》，清除苏联时期遗留下来的国防、工业、生活等污染物。从目前的进展来看，俄罗斯已经在北极污染治理工作中迈出了第一步，北极“大扫除”工作已初见成效。用普京的话来说，俄罗斯是第一个开始这项工作的北极国家[③]。

6）国际合作方面

为了开展同北极国家间的多领域、全方位的合作，表明自己对北极开发和治理的开放立场和态度，俄罗斯于 2010 年起在国内举办系列大型高层国际研讨会“北极—对话之地”，邀请北极国家和域外国家和组织的官员和专家与会，共同商讨北极开发和治理问题。普京表示北极开发应建立在保护环境基础之上，呼吁北极国家和域外关心北极发展的国家共同将北极建设成国际合作平台[④]。

2. 政策所面临的前景与挑战

在国家政策的支持下，从长远上来看，俄属北极地区的开发和发展将成为 21 世纪俄罗斯国内经济发展的增长点，将推动俄罗斯国际地位和影响力的进一步提升。俄属北极地区丰富的能源资源和交通资源必然会转化为俄罗斯在北极地区的地缘优势以及在国际社会中的外交优势。而通过开发俄属北极地区来吸引外资，带动地方经济发展的同时也能提升俄罗斯的综合竞争实力。与此同时，解决与周边国家长期的海洋划界争端也能够为俄属北极地区的进一步开发解决后顾之忧。北极综合开发战略是俄罗斯海洋强国战略的一部分，北极地区港口、航线的建设能够解决俄罗斯多年来的海洋困局，使其从北方找到“突破口”，俄罗斯的海洋强国和资源强国战略将进一步实现。

然而，俄罗斯的北极新政策在付诸实施的过程中也必然面临诸多挑战。这些挑战与俄罗斯近年来在北极问题上所面临的国内外形势有关。

从国外形势来看，俄罗斯在北极问题上长期坚持的强硬作风早已招致周边国家

① Выступление путина на втором международном Арктическом форуме Арктика территория диалога http://archive.premier.gov.ru/visits/ru/16523/events/16536/，2014-11-26.

② Подписана Экологическая декларация Мурманской области.http://www.mbnews.ru/content/view/34955/100，2014-10-07.

③ 钱宗旗．俄罗斯北极治理的政治经济诉求．东北亚学刊，2014，(3)：16-22.

④ http://www.kremlin.ru/transcripts/19281.

的不满。多数北极国家对俄罗斯在北极区域的大动作也存有戒心。而以美国为首的西方国家力图挤压俄罗斯战略空间的政策不变。所以在短时期内建立起与北极周边国家的友好关系的愿望并不现实，更何况俄罗斯与北极五国中的多数国家都存在海域划界争端，而这些争端的解决并非一朝一夕就能完成，俄罗斯在维护北极地区国家利益方面还有很艰难的路要走。

而从国内形势来看，制约俄罗斯在北极地区战略目标完成的因素也有很多。

首先，正如上文提到的，俄罗斯国内的行政结构并不能满足地区发展自主性、灵活性的要求。自俄罗斯联邦独立以来，国内缺乏高效、灵活的行政架构，难以实施各行政区域间的横向协调。普京任总统后，在联邦政府与地方政府关系上实施了一系列改革，如建立联邦区、代表中央任命等。梅德韦杰夫任总统时鼓励联邦主体进行合并，进一步削弱了地方行政长官的权力。这一系列的改革强化了对各级地方行政机构的监督和控制，但高度集中的行政管理体系严重制约了区域间的横向协调。各级地方政府则因缺乏实权，难以自主灵活地实施符合本地区需要的社会经济发展规划[①]，对国家政策的实施缺乏应有的积极性，使方案的一些重要款项实施滞后。同时，地方政府没有参与政策制定也导致政策没有充分反映地方特点，北极地区跨越多个联邦主体，每个联邦主体间的社会经济情况乃至政治体制差别都很大[②]，对政策生搬硬套的实施也会效果不佳甚至又会在地区内催生一系列的社会问题。

其次，在开发俄属北极地区尤其是大陆架方面，俄罗斯国内的资金和技术都存在不足。迄今为止，俄罗斯的能源开发主要集中在陆地油气田。而俄属北极地区的石油天然气却主要分布在外大陆架地区。在这一地区，单凭俄罗斯自身的积累恐怕难以打造出高产、稳产的油气田。因此，如何吸引美国等国的技术与资金，同时提高自身开采技术将是解决这一问题的关键。

2014 年俄罗斯国内经济形势低迷，过分依赖石油天然气的经济结构导致卢布在 2014 年年末大幅度贬值，俄罗斯经济又步入异常困难的时期。西方国家此时纷纷唱衰俄罗斯经济，影响外国投资入驻。北极地区的项目预计将受到投资不足的影响。

最后，俄属北极地区还面临着人口下降、劳动力不足的问题。俄罗斯总人口数量十几年来持续下降，而北极地区又是俄罗斯人口密度最小的地区，寒冷的气候加上落后的经济使得多数人移居别处，导致该地区人口大幅度下降，能源生产领域劳动缺口达到 50%。人口问题将成为该地区经济发展最大的制约因素。如何引进外来人口促进地区生产发展也是俄罗斯政府在实现其北极政策上需要着力关注的问题之一。

进入 21 世纪以后，俄罗斯在北极问题上的应对变得更加灵活，在维护国家在北极地区的利益方面成果颇丰。在主权争端方面，不仅与挪威解决了持续几十年的划界争端，还向大陆架界限委员会多次提交了 200 海里以外大陆架外部界限划界案。在资源开发方面，俄罗斯更加注重从管理机制方面入手进行整改，提高北极开发的

① 钱宗旗 . 俄罗斯北极开发国家政策剖析 . 世界经济与政治论坛，2011，(5)：78-91.

② Дидык В В. Север и Арктика в новой парадигме мирового развития：актуальные проблемы. Экономические и социальные перемены：факты，тенденции，прогноз，2012，3（21）：37-42.

效率，并且多领域的深入开发在现阶段也取得了一定的成果。俄罗斯在北极地区取得的成果当然与其近十年来综合国力有所上升紧密相关，但也离不开俄罗斯新时期更为系统、成熟的政策的支持。在国家政策的支持下，从长远来看，俄属北极地区的开发和发展将成为21世纪俄罗斯国内经济发展的增长点，将推动俄罗斯国际地位和影响力的进一步提升。但新政策的实施也面临着诸多挑战，俄罗斯在维护北极地区国家利益方面还有很艰难的路要走。

四、俄罗斯实现其北极国家利益对中国的启示和借鉴

俄罗斯等北极国家曾多次明确反对中国等非北极国家参与北极事务，虽然随着北极问题国际化的趋势产生以及中国等国成为北极理事会的正式观察员，俄罗斯等国对非北极国家参与北极开发与治理的态度有所缓和，然而如非必要，俄罗斯仍希望北极事务在北极八国范围内解决。但这并不代表中国不能参与北极的治理和实现在北极的国家利益，相反，找准参与北极治理与国际合作的切入点，借鉴北极国家与其他北极利益相关国在实现北极国家利益上的政策与举措并研究其带给中国的启示，中国完全可以以北极利益相关国的身份在更大程度上参与北极事务。《极地国家政策研究报告（2012—2013）》中将中国在北极的国家利益界定为四个方面，即安全利益、经济利益、政治利益和科研利益。这与本报告所界定的俄罗斯在北极的国家利益在领域上是一致的，因此，本部分仅从这四个层面上分析俄罗斯在实现北极国家利益的过程中带给中国的启示和借鉴。

（一）安全利益层面的启示和借鉴

《极地国家政策研究报告（2012—2013）》中指出，中国作为非北极国家，其北极国家安全利益的界定与俄罗斯等北极国家不同，主要是指非传统安全领域，具体表现为能源安全利益和生态环境安全利益[①]。

1. 维护能源安全，寻找原油进口新途径

俄罗斯在北极地区的能源安全利益体现在俄罗斯传统油气田产区已开始出现油气产量下降的情况下，北极可以作为俄罗斯战略资源补充。而高速的经济增长使中国对世界能源和原料市场的依赖明显，从1993年开始中国就成为石油进口国，2004年进口原油突破1亿吨。预计到2020年，中国原油供应缺口将在2亿吨以上。加上中国石油储备和生产潜力不容乐观，能源的对外依赖势必逐渐加重[②]。与此同时，中国还面临着石油进口运输线和国际政治的制约和影响[③]。传统的进口来源区域中东和非洲

① 丁煌．极地国家政策研究报告（2012—2013）．北京：科学出版社，2013：41.

② 陆俊元．北极地缘政治与中国应对．北京：时事出版社，2010：308.

③ 丁煌．极地国家政策研究报告（2012—2013）．北京：科学出版社，2013：41-43.

都存在显著的运输风险与政治风险。北极的油气资源在未来将成为中国能源进口的重点方向，可减少中国对印度洋石油运输线的依赖①。俄罗斯作为北极圈内油气资源最为丰富的国家，也正着力打造在亚太市场的竞争力。中国可以抓住这一机会，凭借中俄的良好政治关系，尽早争取中国进口俄罗斯北极资源上的优惠条件，同时俄罗斯在开发能源项目上有不小的资金缺口，中国可以考虑在更大程度上对俄罗斯的北极开发提供多种形式的资金支持。

2. 加强生态环境安全保护意识，建立监测数据分享机制

中国作为北半球国家，地理位置接近北极圈，气候条件与其他环境因素均受到北极影响，因此中国在北极地区有着自身的生态环境安全利益，主要体现为对北极环境事务的参与权。而由于生态环境保护方面并没有过多的政治参与因素，俄罗斯等北极国家对这一层面的排外表现得并不明显②，俄罗斯国内一些学者还认为将北极问题，尤其是北极生态环境治理问题全球化不仅有助于问题的解决，还是未来北极政治发展的趋势③。中国需学习俄罗斯，密切观察并跟踪北极地区气候等自然环境的变化。俄罗斯的北极战略中要求建立北极环境监测系统，中国也可以借鉴其数据，或者建立与俄罗斯的北极气候变化监测数据分享机制，并与俄罗斯在国际北极环境治理中展开合作。

（二）经济利益层面的启示和借鉴

正如上文所说，俄罗斯在北极地区丰富的能源是中国未来进口的主要方向，而北方海航道的发展则能为俄罗斯北极能源输送到中国提供巨大便利。

1. 通过技术或资金投入参与俄属北极资源的勘探与开发

从国际法上讲，中国可以在北极的公海范围内单独进行资源勘探和开发，但在北极海上主权归属尚不明确、北极国家对域外国参与资源开发持强烈反对态度的情况下，中国目前开发北极资源的政治和技术上的现实条件均不成熟。中国可以从俄罗斯目前在资源开发方面开放对别国的资金和技术引进中获得启示，通过资金或技术参与的方式展开与北极国家资源开发上的合作，以期获得优惠的利益分配和能源进口政策。

2. 为航道的利用提早布局

北方海航道连接欧洲与亚太，全面开通后，北极资源通过航道运往中国将大大缩短航程，节省的海运成本据预测可达到每年近千亿美元④。目前，俄罗斯一直把北方

① 陆俊元．北极地缘政治与中国应对．北京：时事出版社，2010：311.

② 刘惠荣，董跃．海洋法视角下的北极法律问题研究．北京：中国政法大学出版社，2012：256.

③ Александров О Б. Многовековой путь России в арктику：Ресурсы нации. УДК：327-334.

④ 张侠．北极航线的海运经济潜力评估及其对我国经济发展的战略意义．见：中国极地研究中心．2009年中国极地科学学术年会论文摘要集，2009：94–95.

海航道视为国内交通运输线，并牢牢掌控着航道的管控权。虽然北方海航道是中国进口北极油气资源的重要运输保障，但在中俄加强战略协作关系的大背景下，中国官方不应该和美国一道挑战俄罗斯在航道上的主权立场，而应该从实际出发，着手研究俄罗斯相关立法文件，为中国商业船舶利用北方海航道提供相关法律信息支持。航道全面开通前，中国可在岸上基础设施建设上寻求与俄罗斯的合作机会，同时，港口和航运服务业也应当提前布局，为将来的资源运输提供便利。

（三）政治利益层面的启示和借鉴

1. 找准参与北极事务的切入点，避免建立强硬形象

俄罗斯在北极问题上的政治态度向来以强硬著称，表现在重视北极地区的军事存在和领土主权利益等，也曾经因为宣示主权的方式招致其他北极国家的不满和抗议，2007 年的洋底插旗事件便是最典型的例子。同时，其他国家还经常借由环境治理不力等问题，力图诋毁俄罗斯在北极地区的国家形象。然而近几年来，俄罗斯为重建自己在北极地区的国家形象，积极活跃在多边治理的国际组织中，对多年累积的国内北极地区环境污染和生态破坏问题进行了清理和整顿，并且已初见成效。在与挪威的海洋划界问题上，俄罗斯也抛开了 30 年来坚持的谈判立场 ，为划界的最终达成做出了必要的妥协。俄罗斯在区域中的强硬形象有所改善。

中国虽不是北极国家，但中国的非北极国家身份在一定程度上更有利于中国区域大国形象构建，并且能够避开北极地区矛盾集中的领域，如资源和领土的争夺。中国可以学习俄罗斯，积极在北极国际组织中寻求多边治理的话语权，在非核心利益的问题上避免表现出强硬的态度和过度的重视，在气候变化和环境治理的国际合作方面投入更多的精力。

2. 积极开展北极外交，加强与俄罗斯在极地问题上的多领域合作

中国是近北极国家，在北极参与尤其是资源相关的活动缺乏直接的立足点。要想参与北极事务，与北极国家合作是必不可少的途径。俄罗斯在北极国家当中与中国有最多的共同利益，对中国实现北极利益的影响也非常大，是中国在北极进行资源开发、环境检测和科学考察等方面合作的首选对象[①]。

（四）科研利益层面的启示和借鉴

在俄罗斯的北极战略中，发展北极科考和参与北极科学合作、提高北极开发的科技创新能力是战略中科学与技术发展的重要举措。中国作为域外国家，北极利益的核心应定义在气候环境与科学合作上。

① 陆俊元．北极地缘政治与中国应对．北京：时事出版社，2010：337.

1. 掌握预测北极环境变化的能力

中国可以学习俄罗斯多年来积累的关于北极的科学知识，如北极冰情、海水污染程度的研究、预测气候变化对北极的影响。可在俄属北极地区布点增加中国的观测站点和研究基地，形成气候观测网络①。

2. 借鉴先进技术，提升创新能力

借鉴俄罗斯在开发、治理北极的技术手段和提升科技创新能力方面的举措，如研发适用于北极气候条件的新材料和设备，以及清除人为污染的环保技术、节能材料与工艺、海产品深加工工艺等，并加强对俄罗斯在这些领域技术的投资。

3. 极地科研机构需强化维护国家利益的职能

中国需强化极地科研与维护国家利益间的关联性，学习俄罗斯的科研机构明确地将为国家经济、国防活动提供支持作为极地研究的主要职能。

4. 以国际合作为途径参与国际北极科学研究

中国应积极参与到国际北极科学合作中，增强自身科学考察水平，加强与其他北极利益相关国，尤其是北极国家和东北亚国家在科学领域的国际合作；积极参与关于北极问题的国际会议，定期交换北极监测的科学数据，同时可以组织国际性的北极科考，也可以投资开发北极国际旅游项目。

参考文献

北极问题研究编写组 . 2011. 北极问题研究 . 北京：海洋出版社 .

程保志 . 2011. 北极治理机制的构建与完善：法律与政策层面的思考 . 国际观察，(4)：4.

丁煌 .2013. 极地国家政策研究报告（2012—2013）. 北京：科学出版社 .

丁煌 .2014. 极地国家政策研究报告（2013—2014）. 北京：科学出版社 .

高际香 .2014. 俄罗斯医疗保障体系改革 . 见：李永全 . 俄罗斯发展报告（2014）. 北京：社会科学文献出版社：138-140.

高云 .2013. 俄罗斯海洋战略研究 . 武汉大学博士学位论文 .

郭培清，管清蕾 .2010. 探析俄罗斯对北方海航道的控制问题 . 中国海洋大学学报（社会科学版），(2)：6-10.

胡德坤，邓肖亭 . 2011. 20 世纪初期北极地区领土争端及其解决 . 武汉大学学报（人文社会科学版），(1)：87-92.

李建民 .2014. 俄罗斯北极开发战略与中俄合作 . 见：李永全 . 俄罗斯发展报告（2014）. 北京：社会科学文献出版社：124-135.

李莉 . 2014. 2013 年俄罗斯总统国情咨文评述 . 见：李永全 . 俄罗斯发展报告（2014）. 北京：社会科学文献出版社：39.

① 陆俊元 . 北极地缘政治与中国应对 . 北京：时事出版社，2010：326.

林跃勤 .2012. 俄罗斯经济数字地图 . 北京：科学出版社 .

刘惠荣，董跃 . 2012. 海洋法视角下的北极法律问题研究 . 北京：中国政法大学出版社 .

陆俊元 .2010. 北极地缘政治与中国应对 . 北京：时事出版社 .

钱宗旗 . 2011. 俄罗斯北极开发国家政策剖析 . 世界经济与政治论坛 ，（5）：78-91.

钱宗旗 .2014. 俄罗斯北极治理的政治经济诉求 . 东北亚学刊，（3）：16-22.

苏淑民 . 2013. 俄罗斯政治经济与外交 . 北京：知识产权出版社 .

Александров О Б. Многовековой путь России в арктику：Ресурсы нации：327-334.

Дидык В В.2012.Север и Арктика в новой парадигме мирового развития：актуальные проблемы. Экономические и социальные перемены：факты，тенденции，прогноз，3（21）：37-42.

Козьменко С Ю，Селино В С，Щегольнова А А. 2012. Геоэкономические вызовы морской политики в российской Арктике. Морской сборник，（6）：83-96.

Конышев В Н，Сергунин А А.2011. З ачем России нужна арктика?：Международные политические процессы. Политзкс，7（2）：153-164.

Коновалов А М.2011.Арктика：Национальные интересы в условиях глобализации. Спратегия развития экономики ，48（141）：330-341.

Павлов К，Селин В，Селин И.2012.Российская Арктика：современное состояние и перспективы развития. Общество и экономика，（3-4）：180-192.

Сиваков Д О.2009.Прово и Арктика：Современные проблемы. Вестник Удмуртского университета，2：3，238-243，343.

研究报告 3

加拿大实现北极国家利益的经验借鉴①

【摘要】 加拿大一直视自己为北极国家。在加拿大北部有 3 个行政区跨越北极圈，自西至东依次为育空地区、西北地区、努纳武特地区。这 3 个地区与努纳维克省、纽芬兰和拉布拉多省一起被加拿大政府归为北方地区，面积达 436 万平方千米，大约占加拿大领土总面积的 40%，占整个北极地区总面积的 25%。同时这些北方地区还拥有 162 000 千米的海岸线，大约占加拿大海岸线总长度的 2/3。随着全球变暖带来的北极冰雪融化，北极的资源、航道、环境和战略等利益开始凸显，北极这个过去很少被关注到的极寒之地，成为国际事务中最热点的区域之一。然而，由于北极治理机制的缺失和治理能力不足，北极地区发展成为全球性紧张局势的新前线。这一切使得加拿大政府对北方地区保持着高度的警觉。对加拿大而言，实现北极国家利益，不仅是加拿大联邦政府最为优先考虑的事务，也是其他各省、自治领、市等各级政府机构的工作重心。

根据北极地区综合资源评估、加拿大的国家实力以及加拿大对北极问题的认知，加拿大的北极国家利益主要分为安全利益、经济利益、政治利益和科研利益四大类。安全利益主要包括传统的主权、军事安全利益和非传统的环境、社会安全等利益；经济利益主要包括资源利益和航道利益；政治利益表现为加拿大在北极的国家形象利益、话语权利益和社会政治利益；科研利益主要包括事关人类生存层面的环境、气候科学研究利益和北极科考大国地位实现的利益。当然，这些利益的实现并不是在真空中完成的，而是会受到北极地缘政治格局、北极机制、北极环境和加拿大国内情况等利弊因素影响的。趋利避害，为了实现这些利益，加拿大政府出台了自己的北极政策，并采取了一系列的外交、军事、政治、经济和法律等措施。

同为北半球大国，加拿大实现北极国家利益的经验，对中国参与北极事务有很好的借鉴作用。中国首先要在对北极国家利益进行充分评估的基

---

① 作者简介：丁煌，男，武汉大学“珞珈学者”特聘教授、政治与公共管理学院院长、公共政策研究中心主任、公共管理与国际法双学科博士生导师；朱宝林，男，武汉大学中国边界与海洋研究院博士研究生。

础上制定出适合自己国情的北极政策，然后借鉴加拿大的经验，通过外交合作、法律和发展自身力量等途径来实现这些政策目标。

【关键词】 加拿大　北极政策　国家利益　经验借鉴　中国

一、加拿大的北极国家利益分析

国家利益可以界定为：影响和满足一个民族国家生存与发展的合法需要，以及为实现这种需要而对社会资源的占有、开发、利用和分配①。其中，需要是国家利益形成的基础，而社会资源则构成了国家利益的具体内容和载体。通过对加拿大对北极地区的认知需求以及北极地区资源的评估，可知加拿大在北极的国家利益主要可以分为安全利益、经济利益、政治利益和科研利益四大类。

（一）加拿大在北极的安全利益

在第二次世界大战以前的漫长历史时期里，北极恶劣的气候条件和与世隔绝的地理状况使得人们很少关注到北极的安全问题。那时的北极安全主要是指土著民在极端自然条件下的生存安全。然而，随着探险者的到来，流行病开始入侵，探险者与北极原住民也发生零星冲突，这些也对北极居民造成了安全威胁。第二次世界大战期间日本对阿留申群岛的攻击，让美国和加拿大开始重视北极地区的安全问题，在此以后的一段时期内，北极安全问题更多的是指军事安全。冷战时期，美苏对抗使得北极地区被高度军事化，北极军事安全问题进一步突出。冷战结束后，北极各国纷纷减少了在北极地区的军事部署，北极地区的军事化问题得以缓和。近年来，随着北极环境的变化、北极利益的凸显，在北极地区，不仅传统安全有回暖的趋势，而且环境安全、社会安全等一些非传统安全也登上了北极的舞台。加拿大在北极地区拥有第二大面积的领土和数量众多的居民，北极地区的安全变化对加拿大具有重要的影响。

1. 加拿大在北极的传统安全利益

从传统安全方面来看，维护领土完整和国家安全，使国土、国民不受威胁与侵犯，是国家安全的要义，也是国家追求的主要利益②。目前，加拿大在北极地区与多个国家之间存在着主权和主权权利争端，在这种情况下，加拿大对北极领土的控制与主权维护就成了加拿大首先要解决的重大安全问题。并且，近年来，随着北极国家在北极地区军事力量的增加，加拿大也面临着潜在的军事威胁，因而军事安全也成为另一个重要的安全议题。

---

① 丁煌．极地国家政策研究报告（2012—2013）．北京：科学出版社，2013：11.

② 蔡拓．国际关系学．天津：南开大学出版社，2005：43.

1）主权安全利益

加拿大的北极安全必然和北极的主权联系在一起。对于加拿大来说，北极主权问题一直是其处理国际事务的重点[①]。作为一个概念，主权虽然有很多不同的理解方式，但是其由四个核心元素构成，即领土边界、人口、政府和国际社会承认。在争取独立的过程中，加拿大也不断获得对北极领土主权的控制。通过1870年、1880年和1895年英国对北极群岛领土和控制权的转让，加拿大开启了自己的北极时代。随后加拿大又通过探险活动和把北方原住民纳入加拿大政府的统治中等方式，进一步获得和巩固了对北极群岛的主权。到1947年，除了与丹麦在汉斯岛归属问题上存在分歧外，加拿大对北极群岛和北极陆地的主权基本得到国际社会公认。但是，由于国际法对水域主权规则明确界定的滞后，以及加拿大对水域主权控制意识的缺失，加拿大对北极水域主权的获得没有像控制陆地那般顺利，加拿大与多个国家在北冰洋的海洋划界、大陆架延伸和西北航道的国际法地位等问题上存在着争议。

汉斯岛是一个位于丹麦格陵兰岛和加拿大埃尔斯米尔岛中间的一个小岛，面积仅有1.3平方千米，由于太小而在大多数地图上甚至无法标记出来。但是，由于其涉及北冰洋经济专属区和航线的划分，加拿大和丹麦都一直声称对其拥有主权，两国围绕该岛进行了长达几十年的斗争。2006年，加拿大外交部长前往汉斯岛视察，宣布汉斯岛永远属于加拿大，而这引起了丹麦政府的强烈抗议。2010年加拿大总理哈珀对北极地区进行巡视时，明确表示反对丹麦对汉斯岛的控制。随后双方一直争执不断，到目前为止，加拿大和丹麦两国始终没有找到解决争端的办法。

在海洋划界方面，加拿大与美国在波弗特海存在划界争端。波弗特海是北冰洋的边缘海，位于美国阿拉斯加州北部和加拿大西北部沿岸以北至班克斯岛之间。美、加两国在这个海域争议的焦点集中在海域分界线走向上。加拿大一贯坚持将1825年沙俄和英国签订的《圣彼得堡条约》中的西经141°子午线延伸到北极点，作为两国在波弗特海的分界线。美国则认为，海域划界应该从两国陆地边界点出发，在美、加海域之间划中间线。两国的主张之间存在着大约6 180平方海里的争议区域，而这片区域恰好是波弗特海油气资源富集区，蕴含着大约10亿立方米的石油和17亿立方米的天然气。

在北极大陆架的界线划分上，加拿大与俄罗斯、丹麦在罗蒙诺索夫海岭存在争端。罗蒙诺索夫海岭是一条位于北冰洋洋底的海底山脉，始于新西伯利亚群岛，沿东经150°至北极点附近转向，沿西经120°至埃尔斯米尔岛，绵延100多千米。早在2001年12月，俄罗斯就向联合国大陆架界限委员会提交了200海里专属经济区以外大陆架主张，其核心论点是罗蒙诺索夫海岭和门捷列夫海脊是俄罗斯大陆架的自然延伸。2004年俄罗斯率先完成了北极海域海图的绘制工作，声称罗蒙诺索夫海岭是西伯利亚大陆的自然结构延伸，从未和俄罗斯内陆隔绝。2013年12月6日，加拿大

① Kraska J.Arctic Security in an Age of Climate Change.Cambridge：Cambridge University Press，2011：193.

向联合国大陆架界限委员会提交了外大陆架声索申请，声索区域总面积达到 170 万平方千米，与俄罗斯和丹麦的声索区部分重叠。丹麦曾经声称格陵兰岛大陆架一直延伸到北极点，这就意味着罗蒙诺索夫海岭是格陵兰北部的自然延伸[①]。2007 年，丹麦研究人员花费了一个月的时间搜集罗蒙诺索夫海岭的地质数据来绘制冰层下海床的地图，以此证明罗蒙诺索夫海岭在地理上与格陵兰岛相连。2014 年 12 月 15 日，丹麦正式向联合国提出对格陵兰海岸线以外 90 万平方千米区域的主权要求。

在西北航道的法律地位问题上，加拿大与美国和欧盟之间存在严重分歧。西北航道西起白令海峡，沿美国阿拉斯加北部离岸海域，穿过加拿大北极群岛，直到戴维斯海峡，是连接太平洋和大西洋之间的最短航路。1985 年 9 月 10 日，加拿大国家外事秘书处在众议院公布了一份对西北航道及北极群岛行使主权的报告，声称可以将西北航道视为加拿大内部水域来管理，并且指出若将直线基线划在北极群岛周围便可有效地将整个水域纳入加拿大领土范围内，2009 年，加拿大在最新的北极政策文件《加拿大北方战略：我们的北方、我们的遗产、我们的未来》中，进一步强调了对西北航道的历史性权利。美国虽然是加拿大的传统盟友，但在涉及其核心利益的航行自由问题上是不可能让步的[②]。美国并不承认加拿大对西北航道的管辖权，它坚持该航道是国际水域，包括军舰在内的他国船只享有过境通行权。欧盟主张其海军和商业舰队可以自由出入西北航道。欧盟在 2008 年的一份文件中称，欧盟成员国和欧盟应当保卫航行自由原则，捍卫自由经过这些新开辟的航线和区域的能力。2012 年，欧盟在最新的北极战略文件《发展中的欧盟北极政策：2008 年以来的进展和未来的行动步骤》中进一步确定了对北极航道资源的利用权[③]。

2）军事安全利益

传统安全是保护国家免受其他国家的军事威胁[④]。首先，北极地区由于其重要的地理位置和独特的自然环境而具有重要的军事战略价值。从地理位置上看，世界上主要的强国和军事大国都分布在北半球，俄罗斯、美国和加拿大等国围绕北冰洋形成了一个环形圈，通过北冰洋到各国的距离最短[⑤]。因而，从这里发射战略导弹到北半球各个国家所用的时间也最短，这将大大缩短他国的预警时间，对他国形成致命的打击。针对北半球重要的战略地位，有俄罗斯评论家曾说："谁主导了北极，谁就主导

① Marcussen C.Exploring for extended continental shelf claims off Greenland and the Faroe Islands: geological perspectives.Review of Survey Activities，2003，(4)：61.

② Huebert R.United States Arctic policy：the reluctant Arctic power.SPP Briefing Papers Focus on the United State，2009，(2)：56.

③ European Commission and the High Representative.Developing a European Union policy towards the Arctic region：progress since 2008 and next steps.http://ec.europa.eu/maritime affairs/policy/sea_basins/arctic_ ocean/documents/join_2012.19_en.pdf，2012-05-19.

④ Kraska J.Arctic Security in an Age of Climate Change.Cambridge：Cambridge University Press，2011：200.

⑤ 刘雨辰 . 奥巴马政府的北极战略：动因、利益与行动 . 中国海洋大学学报（社会科学版），2014，(1)：12.

了世界军事舞台的制高点。”[①]在地理环境方面，北极地区常年被厚厚的冰层覆盖，这些冰层可以有效地保护核潜艇不被飞机、卫星和反潜战舰等侦察设施发现，而且不停移动中的厚厚冰层还可以对声波进行干扰，从而破坏水下声波监控系统对核潜艇的跟踪，但核潜艇本身却可以不受干扰地在冰层下自由行动。

其次，随着北极地区的资源、航道等利益的凸显，北极以及域外的一些国家和组织开始把目光聚焦在北极，并且通过加强在北极的军事力量来彰显在北极的存在。2013 年，俄罗斯开始着手重建新西伯利亚群岛上的军事基地，海军舰艇编队开始在北极海上巡逻，并且计划 2015 年实现定期海上巡逻。美国早在 2007 年就发布了一份名为《21 世纪海军合作战略》的文件，该文件把北极局势列入美国新时代需要准备应对的挑战者名单中。2011 年，美国国防部出台《北极地区行动报告》，宣布将在 2011~2015 财年配合海岸警卫队和其他机构，整理出适合在北冰洋进行军事活动的水面舰艇、设备、人员等方面的数据，同时摸清北冰洋的情况，搞好战场建设，为建造一支北冰洋舰队做好准备。丹麦也于 2009 年宣布组建北极联合指挥部，在格陵兰岛建立“图拉”空军基地，组建北极快速反应部队。挪威也紧随其后，将本国军事指挥部大本营移到北极圈中，并且从美国采购了 48 架 F-35 战机以加强在北极的军事部署。丹麦、挪威和瑞典三国还准备组建由三国海军、空军组成的联合快速反应部队，以监视和威慑他国在北极地区的活动。此外，在北约框架内，丹麦、挪威、英国等北约国家每年都举行代号为“忠实之箭”的演习，为介入北极冲突做好准备，英国甚至派出携载核武器的航母参加演习。这些军事力量在北极的增加，虽然不表明军事冲突迫在眉睫，但是当出现利益纠纷时，军事手段成为一种选择，加拿大安全将面临威胁。

2. 加拿大在北极的非传统安全利益

目前安全主体已不再局限于国家，而是扩大到个人、群体、集团、社会乃至全球，他们都已成为安全的主体[②]。这种转换在当今的北极地区也有明显的表现，尤其在气候发生重大变化的背景下，北极地区出现的一些环境问题、社会问题引起了人们的重视。加拿大在 2011 年 1 月发布了一份公众对北极安全威胁的认知报告，调查显示，在公众心目中，环境安全和社会安全等非传统安全问题俨然已经超过主权和军事等传统安全问题，成为威胁加拿大北极安全的最重要因素。

1）加拿大的环境安全利益

有学者认为，恐怖活动和气候变化是人类两大灾难性危险的来源[③]。早在 1999 年，加拿大国防部就发布报告阐述了环境安全作为国家安全组成部分的重要意义。在 2009 年加拿大发布的最新北极政策文件《加拿大北方战略：我们的北方、我们的遗

---

① 柳俊 . 俄罗斯在北极的军事部署意义深远 . 参考消息，2007-08-04.

② 蔡拓 . 国际关系学 . 天津：南开大学出版社，2005：44.

③ Sunstein C.On the divergent American reactions to terrorism and climate change.Columbia Law Review，2010，(9)：503.

产、我们的未来》中，环境问题成为最主要的四个议题之一。

气候环境的变化对北极的影响是巨大的。过去 30 年间，北极地区气温上升的速度是全球平均水平的两倍，温度上升导致了北极地区冰盖融化了 15%~20%。北极地区气温的上升和海冰的融化，严重威胁着加拿大北方居民的生存安全。温度的升高造成了北极地区永冻层的融化和海岸侵蚀。冻土层的融化又导致了加拿大北方的一些社区房屋地基下陷、倒塌，北极地区的公路、机场和石油管线等设施的毁坏。另外，随着紧靠海岸线的陆地冰块的消失，北极海岸就失去了“减震器”的作用，由暴风活动引起的海浪带来的海岸侵蚀，造成了毁灭性灾难。例如，西北领地的图克托亚图克社区建立在临近波弗特海低洼地区，每逢夏季，都要失去大约一米的海岸线[①]。

北极环境污染威胁着加拿大北极地区居民的生活安全。北极地区正成为其他地区产生并释放有害物质的汇聚地或“大水槽”[②]。这些有害物质主要包括放射性元素和汞等重金属元素。北极监测和评估项目调查显示，放射性元素主要来自法国、英国再处理工厂和过去进行的大气层核试验；有害重金属物质汞等主要来自北半球国家的煤炭发电厂和垃圾的焚烧。由于北极的气温低，漂流到北极的这些污染物既不容易被分解又不能流向其他地区，因而在北极越聚集越多，进而进入哺乳动物和海鸟的脂肪和血液中。而加拿大北极原住民正好以这些物种为主要食物，从而会造成毒素的传递和在他们体内的积累。一项研究表明，加拿大和格陵兰岛的因纽特人已经成为世界上受重金属影响最为严重的人，这些地方的胎儿以及受母乳哺育的婴儿在这些物质的侵害下显得更为脆弱。

2）社会安全利益

除了上述环境变化给加拿大北极地区的社会安全带来危害以外，这里讲的社会安全主要是指恐怖主义和犯罪活动对加拿大北极地区的危害。2001 年发生“9•11”事件以后，美国加强了对进入本国人员的安全检查级别，基本上制止了恐怖分子从北美洲南部进入美国的可能。但是，由于北极地区地广人稀、气候恶劣，不容易进行严密的入境检查。这就使得恐怖分子有可能将北极作为进入美洲大陆的途径。2010 年加拿大综合威胁评估中心发布的《加拿大北极地区：恐怖分子和极端分子的威胁》报告就指出：广袤而且事实上不设防的北极地区为恐怖分子的潜入创造了条件。“9•11”事件后，媒体甚至揭秘了一架基地组织的飞机曾经停伊魁特后飞往中东地区。恐怖分子一旦通过北极进入加拿大，将严重威胁加拿大的社会安全。另外，近年来，北极地区的犯罪率也在增加，而且呈现出有组织的犯罪特征，贩毒和贩卖人口等犯罪活动在增加，对当地居民生活安全造成了恶劣影响[③]。

① 哈里森 P. 加拿大北极地区：挑战与机遇 . 钱皓译 . 国际观察，2014，(1)：142.

② 斯托克 O S. 国际合作与北极治理：北极治理机制与北极区域建设 . 王传兴译 . 北京：海洋出版社，2014：102.

③ 元培 . 北极地区犯罪数量上升 . 国外极地考察信息汇编，2009，(16)：23.

(二)加拿大在北极的经济利益

近年来，全球变暖导致北极冰融的加快，进而导致北极潜藏的各种经济利益开始显现。这些经济利益主要包括自然资源利益和航道利益。加拿大作为北极大国对北极自然资源的占有、利用和开发不遗余力；对穿越育空地区、西北地区、努纳武特地区，蕴含着巨大经济利益的西北航线，加拿大则一直声称其为自己的历史性内水，拥有完全的主权。

1. 加拿大北极的自然资源利益

自然资源是国家实力的重要组成部分，一个国家能够掌握和控制的资源数量，往往成为其国力的衡量标准。由于资源对国家安全和建设至关重要，所以在全球范围内对资源的竞争成为当今地缘政治学的核心内容之一。加拿大的北极自然资源丰富，主要涉及能源资源、矿产资源和动植物资源。

1）能源资源利益

北极地区因其丰富的油气储量被比喻为“世界最后的能源宝库”。2008 年 7 月美国地质调查局（United States Geological Survey，USGS）发布的一份调查表明，北极圈内蕴藏有近 900 亿桶石油，1 670 兆立方英尺的天然气和 440 亿桶液化气。这些石油储量达到全球未开采石油储量的 13%，天然气储量占的比例更大，达到全球未开采储量的 30%。另外，根据地质学家估计，北极还储存有超过 1 万亿吨的煤炭。这些能源资源主要分布在美国阿拉斯加北部、俄罗斯西伯利亚、加拿大和挪威的北极地区。

过去几十年中，世界经济的发展一直建立在对能源的巨大消耗之上。据统计，已探明的世界石油的储量为 1 400 亿吨，如果按照世界每年消耗 34 亿吨石油来计算，到 2038 年全世界地下石油将被开采殆尽；全球已经探明的煤炭储量为 1 036.1 亿吨，按目前的开采水平，200 年后煤炭将被开采殆尽；已经探明的全世界天然气储量为 152 万亿立方米，按目前的世界平均消耗水平来算，65 年后将无天然气可用①。未来能源危机，必将制约社会经济发展和人类正常生活。而北极能源的开发和利用将会缓解这种危机。《联合国海洋法公约》确定了沿海国对专属经济区和大陆架界限内的资源拥有排他性的主权权利。作为在北极拥有漫长海岸线的加拿大，积极争取在北极的能源利益，既能保证国家的能源安全，又能提高在国际能源市场上的影响力。

2）矿产资源利益

北极地区除了蕴含丰富的能源外还蕴藏着金、锡、银、镍、钼等珍稀矿产以及大量的金刚石、铀等。加拿大北极巴芬岛的玛丽河铁矿，已探明可采的高品位铁矿达 4.5 万亿吨；加拿大在北部地区开发的 3 个钻石矿，让加拿大钻石产量跃居世界前三。在加拿大北方地区和省份中，矿业已经成了主要的产业，除了育空地区矿业仅

① 白少成 . 浅谈世界能源危机及中国的战略抉择 . 环境科学和技术，2006，(12)：168.

次于零售业外，其余省和地区的矿业都在GDP比重中占第一。加拿大北极地区发达的矿业不仅能带动北极地区制造业和运输业的发展，为北方原住民提供丰富就业机会，而且对把矿业作为支柱产业的加拿大的经济繁荣也具有重要意义。

3）动植物资源利益

北极地区渔业资源非常丰富。北极地区的格陵兰海、挪威海、巴伦支海和加拿大纽芬兰和拉布拉多海水域都有暖流经过，形成了世界著名的渔场，近年来其捕鱼量占全世界的8%~10%。而且，随着北极地区变暖和冰层融化，鱼类会更加向北部移动，这将给北极地区带来更加丰富的渔业资源。据统计，2007年加拿大安大略省和育空地区的水产品达到4 200吨，产值达1 700万美元[①]。北极陆地动物种类也繁多，有北极熊、驯鹿、北极狼、北极兔和北极狐等珍稀动物。而且，据估算，北极苔原带地区可驯养4 000万头驯鹿，从而可以使北极地区成为世界上出口肉和皮革产品的丰富地区[②]。北极的林业储备也非常可观。从北极地区苔原带南界的树林线开始，向南延伸长达1 000多千米宽的泰加林带，面积约为1 200多万平方千米，是世界上最大的森林带，占全球森林面积的三分之一以上。这些森林资源成为加拿大等北极国家的木材、纸浆和造纸工业的主要资源，具有相当可观的经济价值。

2. 加拿大的航道利益

西北航道是北极夏季融冰期出现的一条从大西洋到达太平洋的最短航道，从巴芬岛以北出发，由东向西穿过加拿大努纳武特、西北、育空三省北极列岛之间的诸多海峡进入北冰洋，再经过阿拉斯加以北的波弗特海，由白令海峡进入太平洋，全长约1 450千米[③]。在16世纪世界地理大发现的时代，以英国和荷兰为代表的欧洲国家就开始向北极进发，试图寻找经北冰洋到达东方的便捷之路，但是，由于自然地理和科学条件的限制，此航道一直未成型。然而，在过去的100多年中，随着全球变暖，北极的厚厚冰层开始融化，北方航道的通航成为可能而且通航时间逐渐延长。2007年夏天西北航线上的海冰完全融化，自8月起出现了5周的缺口，有近百艘船只从此通过。2008年9月加拿大有史以来第二次也是连续第二年宣布西北航道通航。有科学家预测，假如气候变暖的趋势得不到遏制，到2020年这条航线每年将会有5个月的适航期，而到2050年商船有可能一年四季畅通无阻地航行[④]。

通航后的西北航道将成为北美东部、亚洲和欧洲航运的重要捷径。据国际航运界计算，往来欧、亚和北美三大洲的商船可以取道北冰洋，比绕道巴拿马运河或苏伊士运河缩短航6 000~8 000千米，节省至少40%的航程[⑤]。北极航线将构成北半球真

① 刘洪滨，倪国江．加拿大海洋事务研究．北京：海洋出版社，2011：92.

② 史佳卉．浅析俄加美对北极地区的争夺及中国的北极战略．华中师范大学硕士学位论文，2012.

③ Byers M.Who Owns the Arctic? Understanding Sovereignty Disputes in the North. Toronto：Douglas & McIntyre Publisher，2011：38.

④ 史春林．北冰洋航线开通对中国经济发展的作用及中国利用对策．经济问题探索，2010，（8）：47.

⑤ 邹志强．北极航道对全球能源贸易格局的影响．南京政治学院学报，2014，（1）：76.

正意义上的大西洋—北冰洋—太平洋的“轴心航线”和“黄金水道”，对现有的世界经济贸易格局产生重大影响。西北航道带来世界贸易格局的变化，将会促进加拿大海洋运输业的发展，进而促进加拿大国民经济的发展。因为在加拿大国民经济体系中，海洋运输业是重要的组成部分。据统计，2008 年加拿大海洋运输业对 GDP 贡献了 30 亿美元，同时提供了 36 000 个就业岗位，与加拿大全国 GDP 和就业水平相比，分别增长 29% 和 18%[①]。

（三）加拿大在北极的政治利益

加拿大在北极的政治利益主要包括国家形象利益、话语权利益和社会政治利益三个方面。

1. 加拿大在北极的国家形象利益

国家形象在国际传播中，指的是国际社会公众对一个国家的总体认识和把握，即一个国家行为表现、性状特征、精神面貌等在国际社会公众心目中的抽象反映和对一个国家的总体评价和解读[②]。良好的国家形象有助于提升国家地位，改善外交环境，增加在国际上的话语权和影响力。北极地区存在的大量制度和组织等资源，为加拿大提升国家形象提供了强大支持。1996 年，加拿大引领建构的北极理事会在加拿大首都渥太华成立，通过北极理事会，加拿大与北极各国合作解决了许多问题，加拿大也通过北极理事会树立了其北极事务核心成员国的形象。在 2013 年基律纳部长级会议召开时，加拿大同意了中国、印度、日本、韩国、新加坡和意大利六国为北极理事会正式观察员国，为加拿大赢得了良好的国际声誉。另外，加拿大也是北极最大制度资源——《联合国海洋法公约》和其他一些条约的缔约国，它既承担了条约规定的义务和责任，也享有条约规定的权利和权益。积极利用条约所赋予的权利，并且承担所具有的责任，促进北极地区的和平与发展也是加拿大树立国家形象的一个重要途径。

2. 加拿大在北极的话语权利益

话语权，简单地说，是一个国家在世界上说话的影响力[③]。但从理论层面分析，话语权指的是以国家利益为核心，对社会发展事务和国家事务等发表意见的权利，而这些事务是与国际环境密切相连的，体现了知情、表达和参与国际事务的综合权利[④]。作为国际政治博弈的重要手段，话语权直接关系到全球治理中的议程设置和议题的解决方式，从而最终影响到各国的生存和发展利益。从在北极的领土面积和人口数量来看，加拿大是一个不折不扣的北极大国，但是，从政治、经济和军事实力

① 刘洪滨，倪国江 . 加拿大海洋事务研究 . 北京：海洋出版社，2011：99.

② 陈正良 . 增强中国的“软实力”与国家形象塑造 . 江汉论坛，2008，(2)：18.

③ 鲁炜 . 经济全球化背景下的国家话语权和信息安全 . 求是，2010，(14)：13.

④ 王婷婷 . 浅析发展中国家如何提升国际话语权 . 法商论坛，2010，(1)：44.

来看，加拿大却处于中等国家的地位。中等国家地位使得加拿大在北极的外交政策呈现出多边主义倾向，而北极理事会成了其多边外交的舞台。加拿大希望通过北极理事会，从环境保护等低政治领域着手，进而推进高政治领域的区域合作，在北极地区建立综合性国际机制。加拿大的这种努力赢得了北极区域其他国家的赞赏，也提升了自己在北极问题上的话语权。2010 年一项针对北极八个国家民众的调查显示，在被问及在处理北极事务中希望本国优先与哪个国家合作时，加拿大成为排名第一的单一国家（表 1）。这种良好的声誉，无疑会增加加拿大在北极事务中的话语权，进而把北极事务推向符合本国利益的发展轨道。

表 1　北极事务中优先选择的合作伙伴

国家	第一选择	第二选择	第三选择
加拿大	北欧五国	美国	俄罗斯
俄罗斯	北欧五国	美国	加拿大
美国	加拿大	北欧五国	其他欧洲国家
丹麦	北欧五国	加拿大	美国
芬兰	北欧五国	加拿大	美国
冰岛	北欧五国	加拿大	美国
挪威	北欧五国	加拿大	美国
瑞典	北欧五国	加拿大	其他欧洲国家

资料来源：Walter & Duncan Gordon Foundation.Rethinking the Top of the World，2010：14

3. 加拿大在北极的社会政治利益

加拿大北方地区从东到西跨度 5 000~8 000 英里，总面积近 440 万平方千米，大约占加拿大国土面积的 40%，是原住民的主要生活地。近几十年来，北极地区的原住民通过与联邦政府的协商、谈判，在政治上取得了较大的权利，甚至转变了北极地区的管理方式，但原住民的生活指标仍相对较低，而且社会问题越来越严重。以 2006 年因纽特人各项生活指标与全国比较为例，2006 年，因纽特人成人年均收入为 19 878 美元，而加拿大全国人均收入为 29 769 美元，前者是后者的 66.8%；住房方面，38% 的因纽特人家庭住房拥挤，31% 的因纽特人住房需要较大的修补，而非原住民只有 5% 家庭住房拥挤和 14% 的住房需要修葺；在平均寿命方面，因纽特人平均寿命为 66.9 岁，而加拿大人平均寿命为 79.5 岁，更为严重的是，1991 年来加拿大国民寿命在不断增长，而因纽特人的却在下降；在教育方面，加拿大全国只有 16% 的人没有读完高中，而 20~24 岁因纽特人中有 63% 高中没读完，后者是前者的近 4 倍①。

与非原住民相比，原住民的社会问题也越来越严重。2007 年北极原住民的生活条件调查组调查表明，失业、酗酒、自杀、吸毒、家庭暴力等社会问题是原住民面临的主要社会问题。这些问题给加拿大北方社会稳定和经济的发展造成了极大的障碍。加拿大在关注自己在北极的安全、经济等利益时，也需要关注困扰北方原住民的社会问题。

① Inuit Tapiriit Kanatami.Inuit Statistical Profile，2007.

（四）加拿大在北极的科研利益

从全球人类生存的层面来说，气候变暖已经成为全球范围内最紧迫和最需要优先解决的重大问题。有分析认为，气候变暖可能引发大规模的人口死亡，引起国家衰退、人口被迫迁移、食物和水资源短缺以及传染病的蔓延，从而构成重大的世界安全问题。而包括北极和南极在内的极地研究，是帮助理解气候变化的过程并预测气候变化的速率和结果的一条极其重要的途径。北极地区和南极地区是天然的实验室，其极端的、相对原始的环境和独一无二的地理位置，使人们能够研究重要的气候变化现象和过程，而其他任何地方都不可能代替。因而从人类生存这个层面来讲，考察北极气候变化过程及对环境的影响，是加拿大最重要的科研利益。

从具体利益层面来说，一个国家在北极地区的利益必须通过大量的、长期细致的科学研究才能搞清楚，一些重大的科学成果也能对本国的权益主张和内外政策提供支持。因而，加拿大的北极科研利益在微观层面表现为：通过对北极航道和大陆架的考察为北极权益主张提供依据。

1. 北极航道的科考利益

北极航道对加拿大的重要利益，上文已经讨论过。然而，由于北极天气和海况的复杂多变，目前对北极航道的测量程度，大多仅仅涉及水深等基本信息。根据这些信息绘制的航海图，根本无法满足现在和将来的海上航行需要。加拿大约有 240 张关于北极海域的海图，但其中仅有 10% 能够达到相关标准和满足航海需要[①]。因此，加拿大要加强冰区观测，绘制出详细的海图，为北极航道未来商业航行提供技术支持。另外，加拿大在北极科考过程中也需要推进一些针对北极特殊环境的技术研发，如污染物的低温降解技术、冰区油污的清理技术等，为北极航道的利用积累可能需要的环保技术。

2. 北冰洋大陆架区域的科考利益

加拿大针对北极大陆架的科考，一方面是探测油气资源，另一方面为权益主张寻求依据。2008 年 8 月，加拿大自然资源部启动了能源与矿产资源地质图计划，政府在 2008~2013 年为该计划拨款 1 亿加元，来勘测加拿大所在的北极地区资源的埋藏量，并绘出各资源埋藏位置的地图。2010 年 8 月，外交部长坎农赴北极地区，考察了科技人员使用无人驾驶潜水艇勘测大陆架在北冰洋下延伸的情况，为将来向联合国申报加拿大的海洋权利作准备。2014 年 8 月 8 日，加拿大派出一艘载有极地科考人员的破冰船，从加拿大的纽芬兰和拉布拉多省出发，前往北极地区进行为期 6 周的科学考察，旨在为加拿大提交外陆架申请提供更多的证据。

---

① Seymour J.Canadian Arctic Shipping Assessment Scoping Study.London：Jonathan Seymour Associates Press，2005：6.

二、加拿大实现北极国家利益的优劣势分析

作为国际体系和区域结构中的一员，加拿大实现北极国家利益会受到众多因素的影响。其中，现有的北极治理机制和加拿大地理位置是加拿大实现北极国家利益的优势因素；而北极地缘政治格局、北极的自然环境以及加拿大的综合国力则是加拿大实现北极国家利益的劣势因素。

（一）加拿大实现北极国家利益的优势分析

加拿大实现北极国家利益的优势因素主要包括现行的北极治理机制以及加拿大所处的有利地理位置。

1. 北极治理机制对加拿大实现北极国家利益的优势分析

政治学家詹姆斯•N. 罗西瑙指出：无论是国家间体系还是多元中心体系，“它们都维持着一种引起其成员关注并构成其权威场域（spheres of authority）边界的规则体系”[①]，换言之，这种规则体系就是机制。北极现有的治理机制主要涉及三个层面：第一个层面是国际法层面的《联合国海洋法公约》；第二个层面是主权国家之间缔结的一些双边及多边条约和协定，如 1988 年美国和加拿大签订的《北极合作协议》、1998 年挪威与俄罗斯签订的《环境合作协议》[②]、2011 年北极八国签署的《北极海空搜救合作协定》以及 2013 年北极八国通过的《北极海洋油污染预防与反应合作协定》等；第三个层面是国际组织、次区域组织、非政府组织及原住民组织等，如北极理事会、巴伦支欧洲—北极理事会和国际北极科学委员会等。其中对加拿大实现北极国家利益影响最大的是国际法层面的《联合国海洋法公约》和北极地区最重要的国际组织——北极理事会。

1）《联合国海洋法公约》

1982 年的《联合国海洋法公约》规定：临海国家拥有最多 200 海里的专属经济区，对专属经济区内的资源享有主权权利，对专属经济区的海洋研究和海洋环境保护等拥有管辖权。在大陆架制度方面，《联合国海洋法公约》第 76 条第 1 款规定：任何一个沿海国家不管其陆地领土向海洋延伸的情况怎么样都可以拥有自领海基线量起的 200 海里范围的内大陆架；《联合国海洋法公约》第 76 条第 5 款规定：沿海国除了拥有 200 海里的内大陆架以外，如果其陆地边向海洋中的延伸超过 200 海里，沿海国可以取距离领海基线 350 海里或者 2 500 米等深线外 100 海里二者中的较大值作为其大陆架宽度。其中，200 海里以外 350 海里以内的大陆架为外大陆架。沿海国获得 200 海里范围以内的内大陆架，无需向大陆架界限委员会提出申请，只需将有关已经确定的划界说明和数据、资料提交联合国秘书长处保存即可。而划定 200 海

① 麦克格鲁 A. 治理全球化：权力、权威与全球治理 . 曹湘荣译 . 北京：社会科学文献出版社，2004：75.

② 程保志 . 北极治理机制的构建与完善：法律与政策层面的思考 . 国际观察，2011，（4）：3.

里以外大陆架的外部界限，则必须将划界案提交大陆架界限委员会审议，在委员会建议的基础上划定的界限才具有确定性和约束力。加拿大在北冰洋有很长的海岸线，通过《联合国海洋法公约》赋予的权利，加拿大可以获得对领海、毗连区、经济专属区和大陆架上的众多权益。

2）北极理事会

北极理事会成立于1996年，由加拿大、俄罗斯、丹麦、美国、挪威、冰岛、瑞典和芬兰8个北极国家组成。到目前为止，它是北极地区最具影响力的区域性政府间组织和决策机构①。国家参与国际机制的目的在于通过国际机制改变国家外部环境，消除国际挑战带来的不利影响，充分利用国际机遇满足本国的利益需求。

在防止域外国家参与到对北极权益的分享上，北极理事会2011年发布的《努克宣言》规定：从2011年起，欲申请北极理事会观察员的国家必须承认北极国家在北极地区的主权、主权权利和管辖权。在处理与区域内国家的利益争端上，为了增强自身谈判能力，加拿大通过北极理事会将部分双边问题多边化，以冲抵由于同俄罗斯和美国实力差距大而在双边外交斡旋中的不利。尽管由于美国的反对，北极理事会的议题范围被大幅缩小，但加拿大还是设法将一些棘手的双边问题放到北极理事会这个多边框架中加以巧妙地解决。典型案例就是在加拿大的推动下，北极理事会签署了《北极海空搜救合作协定》。这份具有法律意义的国际条约划分了北极各国负责承担搜救任务的区域，其中加拿大的负责区域包括了美、加两国存在司法管辖权和法律地位争议的西北航道。尽管该协定的划分并不意味着对西北航道的法律地位下了定论，但无疑支持了加拿大对西北航道的管辖权，为加拿大通过行政管理加强该海域的主权实践提供了一定的基础。2013~2015年，加拿大再度担任了北极理事会的轮值主席国，这是加拿大第二次担任该职。在此期间，加拿大继续发挥了在北极理事会中的核心作用，推动北极理事会扩展北极事务对话的深度和范围，把俄、美拉回多边协商的框架内，避免单边主义对加拿大利益的伤害。同时，推动北极理事会持续关注北极环境、气候和北极居民教育等事关加拿大利益的众多议题。

2. 加拿大地理因素对实现北极国家利益的优势分析

加拿大以北纬60°为界，分为南方和北方两个部分，北方地区大约有一半处于北极圈内，被称为该国的北极地区。加拿大地处北极的这种地理优势，有利于形成先占事实。早在1907年，加拿大首先提出了扇形原则，并以此为依据提出对北极的领土主张，要求两条国界线（经度线）之间直到北极点的一切土地应该属于邻接这些土地的国家。另外，地处北极也有利于加拿大对北极事务施加影响。国家在进行交往的时候，必须考虑到距离的影响，因为不管其目的如何，这个发动国的力量将随着距离的延长而减弱②。这与声音或者波随距离的延长能量减弱的道理类似。肯尼斯•博尔丁称这种现象为力量梯度损失，这一看法表示势力在本国最为强大，它离

① 史春林．北冰洋航道开通对中国经济发展的作用及中国利用对策．经济问题探索，2010，(8)：52.

② 奥利沙文P. 地理政治论．李亦鸣译．北京：国际文化出版公司，1991：11.

国内的基地拉得越远越弱，力量越是扩张，则强度越是减弱，距离的摩擦损耗侵蚀了实力的强度[①]。根据力量梯度损失理论，由于加拿大地处北极，相对于远离北极的国家，加拿大的力量不会受损，有利于顺利实现北极国家利益。

（二）加拿大实现北极国家利益的劣势分析

加拿大北极国家利益的实现也不会一蹴而就，而是会受到北极地缘政治格局、北极自然环境和国家实力等众多因素的制约。

1. 北极地缘政治格局对加拿大实现北极国家利益的劣势分析

20 世纪 70 年代以来，北极气候的快速变化带来了北极地区自然环境和人类社会的深刻变化，进而导致北极地区国际关系的复杂变动。随着北极地区的能源利益、航道利益、战略利益的凸显，一场新的大博弈正在上演[②]。俄罗斯、美国等北极大国很早就出台了自己的北极战略，加紧对北极形成事实的占有和掠夺；诸如挪威、丹麦、芬兰等其他北极国家也纷纷对北极提出了自己的权益主张，增强在北极的军事存在；英国、法国、德国、韩国、日本、新加坡和中国等北极利益相关国，以及欧盟、北约等国家集团、国际组织也逐渐认识到了北极地区的重要性，对北极事务表现出了浓厚的兴趣，参与到北极事务之中。这些国际政治行为体之间利益交织复杂，利害关系不确定，亲疏关系不定，这些都使得北极地缘政治局势的动态增强、复杂性加大，制约了加拿大北极国家利益的实现。

加拿大要实现北极国家利益，最大的压力来自俄罗斯[③]。北极已被俄罗斯视为国家复兴的重要筹码和 21 世纪能源基地[④]。另外，在独立国家联合体（简称独联体）国家发生颜色革命，北约和欧盟东扩，俄罗斯的生存空间不断受到挤压时，争夺北冰洋、扩大战略纵深，就成了俄罗斯重要的战略。2008 年，俄罗斯制定了世界上第一份关于北极的国家战略《2020 年前俄罗斯联邦在北极地区的国家政策原则及远景规划》。2009 年，俄罗斯通过新版国家安全战略，要把北极建成俄罗斯的战略能源基地，甚至暗示在北极资源的竞争中，愿意用武力来维护其利益。此外，俄罗斯出台的《2009 年海军战略》、《2030 年前交通开发战略》和《2030 年前俄罗斯大陆架调查与开发计划》等都显示出俄罗斯对北极地区的高度重视[⑤]。考虑到俄罗斯对领土主权一贯的强硬立场以及对北极地区的重视，加拿大试图证明罗蒙诺索夫海岭是本国大陆架延伸的努力，肯定会遭到俄罗斯的强力抵制。

美国和欧盟的制约。2009 年 1 月，美国总统小布什在离职前发布了《国家安全

---

① 奥利沙文 P. 地理政治论 . 李亦鸣译 . 北京：国际文化出版公司，1991：12.

② Shoumatoff A.Arctic oil rush.Vanity Fair，2008，(5)：36.

③ 曹升生 . 加拿大的北极战略 . 国际资料信息，2010，(7)：9.

④ 顾志红 . 事实与真相：俄罗斯地缘政治与外交 . 长春：长春出版社，2010：129.

⑤ 陆俊元 . 北极地缘政治竞争的新特点 . 现代国际关系，2010，(2)：27.

总统指令与国土安全总统指令》，强调美国在北极地区拥有广泛而且根本的国家利益。这些安全利益包括导弹防御和预警，战略海上补给、战略威慑、海事活动及海事安全所需的海上部署及空中系统，确保航海及飞越领空的自由等。为了实现这些利益，美国采取了一系列的政治、经济、法律、科技和军事等手段。欧盟也积极参与到北极的竞争当中。2008 年，《欧盟与北极地区》政策文件出炉，这个文件宣布了欧盟国家在北极地区拥有渔业、油气等利益，欧盟的北极目标是维护北极与人类的和谐关系，推动资源的可持续利用，致力于提高北极多边治理①。另外，欧盟还在 2008 年的一份文件中强调了对北极航道航行自由的重视。上文提到，加拿大与美国和欧盟最大的分歧在于西北航道的法律地位。加拿大要坚持把西北航道视为内水，势必会受到美国和欧盟的反对和制约。

2. 北极自然环境对加拿大实现北极国家利益的劣势分析

北极脆弱的自然生态环境制约着加拿大北极利益的实现。北极冰天雪地的寒冷气候造成了能在北极存活的物种很少，即使这些能生存下来的物种由于恶劣环境的影响，大多生长期或者活动期短且大部分时间处在冬眠状态。这就造成了北极生态系统的自我修复能力很脆弱，生态环境一旦遭到破坏将很难恢复到原貌。北极地区的资源开采、基础设施建设等人类活动都会破坏当地的生态环境。其中，伴随着石油开采和运输过程中可能出现的石油泄漏对北极生态环境的破坏更是具有毁灭性。泄漏出的石油可以杀死大量的北极动植物和微生物，同时，由于北极地区存在厚厚的冰层和冰山，清洁工作也不好展开。北极监测和评估报告指出，北极地区对石油泄漏的适应是十分脆弱的，巴伦支海和白令海为两大脆弱地区②。2009 年 3 月，世界自然基金会发布了《未学到的教训》的研究报告，报告指出：虽然人类的开发活动历史悠久，但人类应对原油泄漏事件的能力却少有改进，北极生态已更加脆弱；北极地区国家要联手拿出行动保护北极，包括某些生态敏感或重要地区应禁止石油和天然气开发③。北极环境的这种脆弱性将制约着加拿大在北极的资源开发。

北极恶劣的气候环境会提高加拿大开发利用北极的经济成本，使加拿大在北极的投资具有风险性。大部分北极海域都被厚厚的冰层覆盖着，这无疑加大了北极海底资源的开发难度，使得北极地区每桶原油的生产成本远远高于非洲、中东和美洲。据估计，在极冷的北极施工所消耗的挖掘费用，是同样规模下开发墨西哥湾的 5 倍④。例如，开采前必须先将表面冰块彻底清理干净，而仅此一项，就是一个耗时耗资的过程。不仅如此，因为北极本地没有能源市场，恶劣条件下的长途运输费用也巨大。

① The European Union and the Arctic region.http//ec europa eu/external relations/arctic region/docs/com, 2008-11-28.

② 斯米尔诺夫 A. 给莫斯科的信号 . 祝婧译 . 新消息报，2009-06-10.

③ WWF.Lessons not Learned：20 Years after the Exxon Valdez Disaster. http://wwf.fi/mediabank/983.pdf, 2009-03-17.

④ 徐新明 . 北极能源争夺战拉开帷幕 . 科学之友，2007,（9）：55.

在利用西北航道方面，加拿大也会面临着投资的风险。首先，北极航道的开通问题。时至今日，所有有关北极航道的开通时间基本上都是根据北极冰融的速度来预测的，具体能不能完全开通、什么时候开通，尚存在一些不确定性。即使北极航道开通了，北冰洋地区的暴风雪、冰山、海雾、严寒以及极昼和极夜现象等复杂恶劣的气候环境，都不利于船舶的航行安全。其次，利用北极航道的成本问题。目前对北冰洋航线带来的经济效益评估，都建立在北极航道能够缩短航程、节省时间和保证能源安全上面，而没有充分考虑到利用北极航道所需要的其他费用，如承担北极航道沿线的码头建设和维修费；在北冰洋行驶过程中，由于长时间的严寒导致的过高的船舶折旧和维护费用；此外，环境污染责任保险费以及海冰冰情监测和预报服务费等都高于传统航线或者是其他传统航线所没有的。正如德国阿克尔北极技术部在一份研究报告中所说："所有这些因素都很不明了、不确定，很难估计，最不利的可能是航道上的使用费，从现在来说，估计每个标准集装箱要 900~1 000 美元①。这些因素都使得加拿大对北极的投资费用大大增加，而且会使得投资充满风险性。

3. 国家实力对加拿大实现北极国家利益的劣势分析

这里的国家实力主要是指加拿大实现北极国家利益的支撑因素，包括人口数量、军事、经济、北极作业能力以及政治体制等因素。

加拿大虽然国土面积辽阔，但是人口稀少。目前加拿大的人口总量刚超过 3 000 万，人口密度只有 3 人 / 平方千米，是世界上人口密度较低的国家之一。并且大多数人口都分布在加拿大南部与美国的边界线附近，而广大的北部地区人口长期稀少，目前，加拿大北极行政区人口密度只有 0.26 人 / 平方千米，人口密度最低的努纳维特地区，人口仅有 0.01 人 / 平方千米②。加拿大北极地区人口的稀缺会制约北极地区的资源探测和开采等生产活动，阻碍加拿大北极经济利益的实现；另外，人口因素也会制约加拿大的防务问题，使得加拿大漫长的北极海岸线缺少巡逻和监管，影响加拿大在北极的安全利益。

加拿大政府历来倾向于不作为和最小化北极地区的军事存在，长期以来在北极防务问题上严重依赖美国，军事力量没有显著增长。在 20 世纪 80 年代末期，加拿大政府关闭了丘吉尔军事基地后，加拿大游骑兵就成了加拿大在北极陆地上最大的武装力量，但由于是由加拿大北部土著民自愿组建的自卫队，不足百人，任务是通过他们在北极地区的生活和巡逻来保护加拿大主权，同时提供监视职能。游骑兵虽然具有娴熟的航行和生存能力，但是他们并没有重型武器等装备，巡逻范围也没有远离自己的居住地。在海军力量方面，由于破冰船属于海岸警卫队，而海军的巡防舰和驱逐舰又不具备破冰能力，因而不能常年在北冰洋执行巡逻任务。空军方面，加拿大在北极地区除了拥有建造于 20 世纪六七十年代的"双水獭"（Twin Otters）飞机外，没有其他用于永久性停驻的搜救飞机或直升机。加拿大的军事短板，难免会

① 李振华 . 洲际集装箱船航线即将进入北极航路 . 中国海事，2009，(1)：661.

② 北极问题研究编写组 . 北极问题研究 . 北京：海洋出版社，2011：41.

影响加拿大对北极主权和安全的维护。

加拿大北极地区距离本国经济中心较远，经济状况总体落后于其他人口密集的发达地区，而且，由于传统和环境的原因，当地居民的主要生活来源依然是以狩猎、捕鱼和驯养为主的传统农业。北极地区的这种经济活力无疑会制约加拿大对它的进一步开发。另外，加拿大经济的整体状况也制约着加拿大北极国家利益的实现。国际货币基金组织公布的数据显示，从 2009 年金融危机后触底反弹以来，加拿大经济增速持续放缓。这种不景气的经济状况，势必会影响加拿大政府的北极研究预算。据统计，一直到 1999 年，加拿大的北极研究预算还仅仅相当于美国的 10%~15%，虽然 2009 年达到了 8 800 万美元，但仍然与美国等北极大国差距巨大①。由于科研经费的缺乏，加拿大往往需要依赖别国甚至是争议国的研究成果来认识自己的领土，这显然不利于其北极主权的宣示和权益的实现。

在北极作业经验上，加拿大也比较缺乏。首先，北极地区恶劣的环境和陌生的地理状况以及缺少专业的技术装备，使得加拿大在北极的巡逻和资源开发等活动缺乏相应的经验和技术支持。其次，从冷战时期到现在，加拿大在北极的军事力量都很薄弱，军队缺乏在北极地区开展军事巡逻和管理的经验。这种陌生感，无论是对北极地区进行主权维护、航道管理还是突发情况的搜救活动，都会带来巨大困难。2010 年，加拿大旅游公司的一艘游轮在北极未测绘海域撞上岩石后搁浅，加拿大海岸警卫队在天气状况良好的情况下竟然花费了两天的时间才到出事地点②。

加拿大国内政治对实现北极国家利益的影响。首先，表现为党派之争、政府更迭带来的政策变化。早在 2005 年，为了提高保护北极的能力，马丁政府就制定了一个国内版北极政策。这个后来被冠名为“北部战略”的政策有七个核心组成部分，其中之一就是“加强主权，增强国家安全，促进环北极合作”，主旨是提高加拿大保卫其北极主权和安全的能力③。但马丁在 2006 年大选中败北，导致这一政策无从实施。其次，在同一届政府中，一些北极政策往往只会成为竞选的口号，而缺乏后期的执行。在 2005~2006 年的选举活动中，哈珀曾许诺，如果当选，他的政府将采取措施来加强对加拿大北极主权的维护。这些措施包括为海军建造三艘武装破冰船等。然而，自从选举以后，政府却再也没有关于此项目的声明，政府的首期预算中也没有提及④。哈珀政府早在 2007 年就许诺在努纳武特的南尼斯维克建立一个深水港，供全年的训练之需。但是到 2009 年，这个计划才刚开始。因此，加拿大的一些学者表示，“多年来，历届加拿大政府关于北极方面都会对外界许下美好的承诺，然后却简

① 朗斐德 . 加拿大的北极挑战：主权、安全与认同 . 罗史凡译 . 国际展望，2012，(2)：126.

② Walker J.Clipper Adventurer Cruise Ship runs aground in the Arctic.http: //www. Cruise law news. com/2010/08/articles/sinking/clipper-adventurer-cruise-ship-runs-aground-in-the-arctic/，2010-08-29.

③ 曹升生 . 加拿大的北极战略 . 国际资料信息，2010，(7)：7.

④ Huebert R.Canadian Arctic maritime security：the return to Canada’s third ocean. Canadian Military Journal，2007，(8)：9.

单地忽略自己的承诺”①。最后，加拿大的联邦政治体制对加拿大北极利益的实现也有一定的制约。联邦政府对北极地区加大投入就会使得对其他地方的投入减少，可能会招致其他省份的不满，从而影响联邦政府对北极地区的政策倾斜。

三、加拿大实现北极国家利益的举措

上文分析了加拿大在北极的安全、经济、政治和科研等利益，以及加拿大实现这些利益面临的有利和制约因素。趋利避害，为了实现北极国家利益，加拿大出台了国家层面的北极政策，并充分利用政治、法律、外交、军事、经济和科学等手段来加以实践。

（一）加拿大的北极政策

20 世纪 50 年代后期，加拿大就首先宣布对北极地区拥有主权，当时国际法庭判称，如果其他国家在 100 年内不对此提出异议，则北极为加拿大的领土。然而，随着北极利益的凸显，各国纷纷对北极提出权益主张，加强对北极的争夺。为了不在争夺中落入下风，加拿大不断提出和更新北极政策来指导自己的北极事务。

1. 加拿大北极政策发展过程

早在 1970 年“曼哈顿”号事件后，加拿大就颁布了《北极水域污染防治法》，在北极水域设置了 100 海里的污染防护区，在该区域内加拿大可以控制航运、规定船舶的航行标准，并在必要时禁止航道的通行。对北极地区的政治与法律产生了巨大影响。1996 年，加拿大颁布的《海洋法》作为一部海洋基本法律，明确了联邦政府和沿海省级政府的管理界线和海事权划分，明确了联邦政府各职能部门的管理职责，使得加拿大成为唯一一个准备在北极地区实施其外交政策的国家。2000 年 10 月，负责对加拿大的北极研究进行管理和协调的极光研究所，发布了《加拿大西北地区研究指南》的修订版，它是加拿大专门关于北极事务的一个规范。由于其内容局限于北极科学研究领域，制定该指南的主体又是加拿大极光研究所，因此它还不能算是一份全面的加拿大北极政策。2005 年 4 月，加拿大政府发布了《国际政策声明——做一个自豪且有影响的角色》，这份声明着重阐述了对北极地区的主权问题，而且在该声明的“总览”、“外交”和“国防”部分重点讨论了加拿大的北极政策。而负责加拿大北极事务的机构——加拿大联邦北极事务委员会在经过 2005 年和 2006 年两年的工作后，制定出了《加拿大在北极和极北地区政策纲要》，确定了四个主要方向：增进加拿大人的安全与繁荣，在北部地区全面保障加拿大的绝对主权，将北极地区确定为独特的具有脉冲能量的地缘政治体制使之与可控的全球体系一体化，在北部和北极地区稳定发

---

① Cribb C A.The new cold war：lessons for Canada in the battle for Arctic sovereignty.Security and Resources，2010，（1）：78.

展的条件下加强国家与公民的安全。2009 年 7 月 26 日，加拿大印第安与北方事务部发布了名为《加拿大北方战略：我们的北方、我们的遗产、我们的未来》的加拿大政府最新、最系统的北极政策报告。该报告明确提出加拿大北极政策四大目标，即行使国家主权，促进经济社会发展，保护环境遗产以及改善深化地区治理[①]。2010 年 8 月 20 日，加拿大政府又发布了《加拿大北极外交政策宣言》，归纳了政府的目标，并且指出了现行的政策。着重强调加拿大一贯坚持追求长期国际合作、促进共同利益，通过制度建设、外交手段和务实的态度解决问题；建立和维护国际合作平台，并且在该平台上保护国家利益；在国际合作上寻求领导权和主动权，增强其在国际合作中的桥梁作用[②]。《加拿大北极外交政策宣言》实际上是对《加拿大北方战略：我们的北方、我们的遗产、我们的未来》从国际角度的解释，不仅充实了北方战略四个方面的内容，而且赋予了北方居民更多地掌握其经济和政治命运的权利。2013 年 10 月 16 日，加拿大政府在第 41 届议会开幕的"王座演说"中不仅再次重申了加拿大对北方战略的承诺，而且给出了一个时间路线图，它包括在雷索卢特湾（Resolute Bay）建立加拿大军队训练基地，扩展加拿大骑兵巡逻队，创建加拿大北方开发署，绘制北极海底图（作为加拿大 2013 年 12 月向联合国提交关于《联合国海洋法公约》第 76 款的补充文件），医疗健康和房屋投资，拟定新协议，将联邦权力向西北领区下放，并与努纳武特领区拟定一个相同的协议[③]。

2. 加拿大北极政策的主要内容

综合来看，这些政策文件开明宗义地指出：加拿大是北方国家，北方是加拿大遗产和国家身份认同的基本内容，对加拿大的未来而言也是至关重要的。在此认识的基础上，加拿大北极政策确立了四个核心目标，即行使在北极的主权、促进社会与经济发展、保护北极环境和加强北极地区治理。

第一，行使在北极的主权是加拿大北极政策中最重要、最优先的议题。在主权方面，加拿大认为：加拿大在北极的主权是悠久的、完整的，建立在历史称呼上的，部分奠基于从人类有时间记忆以来因纽特人和其他原住民在该地区的存在基础上[④]。在《加拿大北方战略：我们的北方、我们的遗产、我们的未来》中，加拿大政府表达了坚决维持在北方本国地区的存在和确保有能力保护、管理和监视加拿大北极领土主权范围内的陆地、海洋和天空的决心，特别是一些与俄罗斯、美国、丹麦和欧盟等有争议的区域。另外，2010 年《加拿大北极外交政策宣言》，还强调解决危害公共安全、北极治理的新问题的能力[②]。这些新问题包括上文提到的恐怖主义和社会犯

① Government of Canada.Canada's Northern Strategy：Our North，Our Heritage，Our Future.http://www.northern strategy.gc.ca/cns/cns.pdf，2009-07-26.

② Cannon L.Statement on Canada's Arctic foreign policy：exercising sovereignty and promoting Canada's northern strategy abroad.http://www. international. gc.ca/arctic-arctique/ arctic_policy-canada- politique_arctique. aspx?lang=eng，2010-08-20.

③ 哈里森 P. 加拿大北极地区：挑战与机遇 . 钱皓译 . 国际观察，2014，(1)：141.

④ 陆俊元 . 北极地缘政治与中国应对 . 北京：时事出版社，2010，(12)：164.

罪等问题。

第二，《加拿大北方战略：我们的北方、我们的遗产、我们的未来》中提到：北方地区是加拿大国家认同的核心，加拿大北方地区首要的是人民。加拿大北方地区具有丰富的能源、钻石、渔业和林业等资源，这些资源给北方地区的发展带来巨大机会，有助于北方居民参与北极开发并从中受益。另外，北方居民是加拿大北极政策的客体，加拿大北极政策只有获得北方居民的认可和支持才能获得合法性、科学性和有效性。因此，促进经济和社会发展，改善北方居民生活是加拿大北极政策的重要方面。为了实现促进经济、社会发展的目标，加拿大将着力从三个关键方面入手：通过高效运作的机构、透明和可预期的规则确保北极地区可持续发展，并为国际能源、矿产开采合作和投资创造条件；寻求贸易和投资机会，使北方居民受益；深入全面了解北极居民的需求，做好基础设施建设和公共物品提供，提高其生活质量[①]。

第三，加拿大北极地区景色壮丽、动植物资源独特，然而，北极地区生态系统脆弱，自我修复和再生能力也并不强。气候环境的变化以及发生的污染事件，严重影响着北极的生态。加拿大正努力保护着这个广阔的生态区域。《加拿大北方战略：我们的北方、我们的遗产、我们的未来》指出，很少有国家比加拿大更直接受到北极气候变化的影响，加拿大期望依靠地理优势，继续发挥技术优势，增进北极科学考察，成为北极科学和技术的全球领先者，并通过建立自然保护区保护其北方的土地和水域环境[②]。《加拿大北极外交政策宣言》要求加拿大在国际上优先开展以下行动：与其他北极邻国一起改善生态系统；促进并支持国际上消除北极气候变化的因素和影响的努力；付出更大的努力处理一系列环境问题，包括提高国际标准[①]。

第四，加强北极地区治理是加拿大北极政策的一个重要领域，也是实现前三个北极政策目标的基础。《加拿大北方战略：我们的北方、我们的遗产、我们的未来》政策报告指出，北方地区的经济发展取决于高效运作的机构和透明可预期的规则。在加拿大联邦政府促进北极经济和社会发展的背景下，建立管理北方地区经济发展的重要机构，可以保障经济健康地发展。在环境保护领域，通过改进北方地区的管理制度，解决环保项目的复杂审批程序，可以有效保护北极环境。在最重要的行使北极主权方面，加拿大联邦政府认识到，北极地区的很多事务可由北方地方政府管理，这对北极地区的发展和整个加拿大是有利的。《加拿大北极外交政策宣言》更是明确地提出了增进国家认同、维护国家主权的途径，就是对加拿大的北方地区进行充分的授权和分权自治。

---

① Cannon L.Statement on Canada's Arctic foreign policy：exercising sovereignty and promoting Canada's northern strategy abroad.http://www. international. gc.ca/arctic-arctique/ arctic_policy-canada- politique_arctique. aspx?lang=eng，2010-08-20.

② Government of Canada.Canada's Northern Strategy：Our North，Our Heritage，Our Future.http:// www. northern strategy.gc.ca/cns/cns.pdf，2009-07-26.

（二）加拿大的北极政策工具

政策目标的实现需要一定的战略手段。为了实现上述重要的战略目标，加拿大采取了外交合作、军事、政治经济、机制和法律科学等一系列手段。

1. 外交合作手段

现代国际关系体系中，行为体之间的竞争关系是主要方面，但不是全部，除竞争关系之外，还有协调与合作的一面。国际关系中的协调与合作，指的是国家和国家集团间程度不等的利益一致和目标相似的默契与联合①。《加拿大北方战略：我们的北方、我们的遗产、我们的未来》中指出：加拿大政府希望通过国际层面的双边和多边合作，来宣扬自己的北极外交政策和实现北极国家利益。《加拿大外交政策宣言》也列出了实行外交合作的13个领域，主要包括边界问题、外大陆架主张、北极治理和环境保护以及北极科学研究合作等②。

在北极邻国中，加拿大最重视与美国的合作。美国是加拿大在北极地区最重要的同盟国，两国在北极地区有很久的合作历史。冷战时期，加拿大和美国通过北美防空司令部、北美航空航天防务司令部对包括北极在内的北美大陆的航空领域进行监控。1988年，加拿大和美国签署了北极合作协定，且同意重申《北美防空司令部协定》，并将这一协定扩展到北极海域。新时期，加拿大与美国在北极安全与防卫、空间监视、资源的开发利用、环境保护和搜救服务等众多领域有着共同的利益，也展开了全面的合作。目前，加拿大与美国的争端主要集中在波弗特海划界和西北航道权益上，考虑到军事、经济实力的巨大差距，外交合作手段可能是最好的选择，加拿大可以通过外交合作手段，把与美国的划界纠纷和主权争议最小化。

加拿大是北极地区唯一与俄罗斯建立战略伙伴关系的国家。作为在北极地区面积最大的两个国家，加拿大与俄罗斯的合作，源于两个国家在北方原住民事务和北方经济社会发展方面有共同的利益。1992年加拿大与俄罗斯签署的《加—俄北极及北方合作协议》，1997年两国签署的《原居民与北方开发合作谅解备忘录》，都促进了两国在北极事务上的合作。2002年加拿大印第安人事务和北方发展部与俄罗斯地区发展部签署的《关于评估原住民合作项目的谅解备忘录》，更是加拿大和俄罗斯开展双边合作的一个新突破。通过该备忘录，加拿大与俄罗斯在贸易关系、环境保护、原住民问题和航道运输等事关两个国家共同利益的众多领域展开了合作。

与挪威、丹麦、瑞典、芬兰和冰岛等五个实力稍弱的环北极国家的合作一直是加拿大的第一选择（表1）。1987年戈尔巴乔夫发表摩尔曼斯克讲话后，北极爆发了合作浪潮。1990年，加拿大联合挪威、丹麦、瑞典、芬兰和冰岛等国家成立了国际北极科学委员会。在北极理事会成立过程中，加拿大的构想得到了北欧五国的支持，

① 梁守德，洪银娴. 国际政治学理论. 北京：北京大学出版社，2000：221.

② Cannon L.Statement on Canada's Arctic foreign policy : exercising sovereignty and promoting Canada's northern strategy abroad.http://www. international. gc.ca/arctic-arctique/ arctic_policy-canada- politique_arctique.aspx?lang=eng，2010-08-20.

而且芬兰还和加拿大一起做了大量的前期准备工作。新的地缘政治形势下，加拿大也积极与这些国家通过合作来解决争端和实现共同利益。在合作解决争端方面，最突出的例子是加拿大和丹麦2012年通过合作谈判解决了林肯海的海域划界问题。在实现共同利益方面，加拿大每年同挪威举行北方对话，涉及的议题包括气候变化、石油天然气开发、科学合作和海洋管理等。在涉及北极安全的重大事务上，加拿大更是积极主动地与这些国家开展合作。2007年，俄罗斯在北极海底插旗以后，北极主权争端激烈。为了缓和北极国家之间的矛盾，协调立场，2008年5月，加拿大同丹麦、挪威等国代表在格陵兰岛的伊鲁利萨特召开会议，通过了《伊鲁利萨特宣言》，其中声明“我们（五国）认为没有必要再建立一个新的广泛性的国际法律制度来管理北冰洋”[①]，主张在《联合国海洋法公约》框架下解决争端。

加拿大还积极与非北极国家展开合作。过去加拿大对域外国家参与北极事务存在一定的抵触情绪，在2009年否决了欧盟和中国成为北极理事会正式观察员国的申请。但是，随着北极形势的变化，加拿大立场有所软化。一方面，北极的环境、气候等问题变得日益突出，治理所需成本巨大，域外国家的参与能够分担成本，有助于实现治理目标。加拿大众议院发布的《加拿大和北极理事会：区域领导议程》报告认为，域外中等国家参与北极事务，能够为北极科研带来资金和技术支持。另一方面，在北极事务上，美国和俄罗斯的单边主义倾向越来越明显。美国虽然是加拿大的传统盟友，但在涉及其核心利益的问题上是不可能让步的，加拿大对此心知肚明[②]，而俄罗斯在北极的野心也一览无余[③]。被加拿大视为核心利益的北极主权势必会受到美国和俄罗斯的挑战。但与美国和俄罗斯相比，加拿大在军事上的实力相对较弱。为了实现其北极战略目标，重新树立在北极理事会中的主导地位，加拿大采取了更为务实和灵活的态度，即适时和区域外国家合作，以平衡大国对北极事务的影响。其中，加拿大与英国签署了《极地研究合作谅解备忘录》。在与中国合作的问题上，邀请中国加入北极理事会成了加拿大的一贯主张[④]，并且在2013年基律纳部长级会议召开之际同意了中国等六个国家为北极理事会正式观察员国。

除了上述合作对象以外，加拿大还加强同其他机构和组织的合作，如同原住民组织、国际海事组织、联合国、北约、欧洲安全与合作组织、北欧理事会、欧盟、巴伦支欧洲—北极理事会等一起为诸如极地航运法规、气候变化和汞排放等问题提供全球性的解决方案[⑤]。

---

① 张胜军．中国能源安全与中国的北极战略定位．国际观察，2010，(4)：70.

② Huebert R.United States Arctic policy：the reluctant Arctic power.SPP Briefing Papers Focus on the United States，2009，(2)：78.

③ Katarcyna Z.Russia's Arctic strategy：ambitions and constrains.Joint Force Quarterly，2010，(57)：103.

④ 曹升生．加拿大的北极战略．国际资料信息，2010，(7)：10.

⑤ Cannon L.Statement on Canada's Arctic foreign policy：exercising sovereignty and promoting Canada's northern strategy abroad.http://www. international. gc.ca/arctic-arctique/ arctic_policy-canada-politique_arctique. aspx?lang=eng，2010-08-20.

2. 军事手段

加拿大的北极政策强调通过国际法和外交合作途径来解决相关问题，而不是通过军事手段来解决边界等国际纷争。但是，加拿大政府的一个明确态度是，加强在北极地区的海军力量和有关军事能力，以加强对北极地区的控制，并以此强化加拿大对北极地区的主权主张。

首先，加拿大通过军演宣示主权。2004年8月，加拿大为了宣示其在北极的主权，首次在北极地区进行了千人规模代号为“独角鲸”的海、陆、空联合军事演习。在同一年，针对丹麦在汉斯岛的动作，加拿大大幅增加了军费预算，更以反恐为名，在其北极地区的国境线上加强军事部署[①]。2005年8月，加拿大30多年来首次把两艘军舰开进哈德逊湾。2006年8月，加拿大陆海空三军在北纬70°地区举行了代号为“兰开斯特行动”的大规模联合军演。2007年4月，加拿大首次派兵对北极进行了8 000千米的巡逻，并举行了代号为“独角鲸”的军事演习。2007年8月7日，加拿大在北极东部进行了代号为“纳努克行动”的军事演习，哈珀总理亲临现场。然后从2007年起，加拿大每年都例行举行“纳努克行动”军事演习，到2014年8月23日，加拿大不间断举行了8次“纳努克行动”军事演习。

其次，加拿大不断加强在北极的海陆空军事行动能力。在陆地上，2007年8月，俄罗斯在北冰洋海底插旗后，加拿大随即宣布扩充加拿大北极巡逻队的规模，增加300名巡逻队员，使北极巡逻队人员总数达到1 900名[②]。同时，加拿大也宣布在西北航道岸边的雷索卢特湾建立一个军事训练中心，在努纳武特地区的南尼斯维克建立一个深水港。计划中的雷索卢特湾加拿大军事训练基地建成后，将作为全年多用途北极作战训练基地，每次可容纳100人的训练。而南尼斯维克深水港位于斯特拉斯科（Strathcona）海峡，能够直接通往西北航道，这将有利于在加拿大对主张为内水的西北航道实施全面彻底的巡逻，从而强化主权主张。在海军方面，2008年，加拿大政府宣布耗资7.2亿加元建造极地破冰船，可以保证全年或者在5类冰盖条件下舰队在北冰洋的巡航能力[③]。此外，加拿大还计划耗资31亿加元建造6~8艘极地/海岸巡逻船。在空军方面，加拿大已从美国购买了4架C-17“环球霸王”大型运输机。此外还计划购买先进的“全球鹰”远程无人侦察机，以便对整个北冰洋地区进行连续的全天候空中巡逻和侦察。在监控方面，2010年以来，加拿大政府计划推动RADARSAT雷达项目。该项目能为加拿大国防部提供覆盖加拿大东、北、西海岸的陆地和海洋的全天候实时监控。另外，在对外军事合作方面，2006年4月，加拿大正式批准了新修订的《北美防空司令部协定》，允许美国海军和海岸警卫队在包括北极地区的加拿大领海部署军舰，两国将防御范围扩展到水面。

① 徐军 . 各国争夺北极地区的战略意图和表现 . 外国军事学术，2008，(9)：29.

② National Security and Defence.Standing Senate Committee on National Security and Defence.Proceedings Issue，2010，(12)：2.

③ Christensen K D. Defence requirements for Canada's Arctic.CDAI Vimy Paper，2007，(13)：85.

3. 政治经济手段

加拿大实现北极利益的政治经济手段表现为：在国际上通过政治宣示，强化在北极的主权和主权权利；在国内通过一系列的政治经济措施，实现在北极的经济社会发展、环境保护和改善北极治理等政策目标。

1）在国际上通过政治宣示强化主权利益

早在 1907 年，加拿大根据“扇形原则”主张两条国界线（经度线）之间直到北极点的一切土地应该属于邻接这些土地的国家。1920 年，加拿大联邦政府首次成立北方办事处，专门管理北方地区事务。1922 年加拿大政府成立了北极东部巡逻队，由加拿大东部海岸线皇家骑警队建立了多个哨所并定期巡逻。加拿大皇家骑警的巡逻成了加拿大巩固北方主权和控制北极群岛的标志。20 世纪 50 年代后期，加拿大首先宣布对北极地区拥有主权。在 1969 年“曼哈顿”号穿越西北航道后，加拿大前总理杜鲁多在论及北极时声称：加拿大以北的区域包括岛屿和水域应视为我们自己的，这是国家的范围。2000 年，加拿大政府颁布的《加拿大外交政策的北方维度》，强调了对北极的主权控制。2005 年，加拿大政府发表了《加拿大国际政策声明》，特别强调加拿大的北极主权忧虑，强调加拿大对北方水域的排他性权利[①]。2006 年哈珀当选总理以后，更是在多个场合表达对北极事务的关切。2007 年 8 月，哈珀总理前往加拿大北极地区，亲自为加拿大争夺北极造势，声称在维护北极地区主权上，加拿大只有两个选择，要么进行开发，要么失去主权。此后，哈珀总理多次前往北极地区视察，宣示对北极陆地和水域的主权。2009 年 3 月，加拿大外长坎农在对加拿大北极理事会顾问委员会的一次讲演中宣称，加拿大是一个北极超级大国，有着对北方资源的所有权。2009 年 7 月，加拿大公布的《加拿大北方战略：我们的北方、我们的遗产、我们的未来》的北极政策报告，把维护加拿大北极主权放在最重要的位置。2010 年，加拿大外长坎农发表了《加拿大北极外交政策声明》，再次强调对北极地区拥有主权。通过这些政治宣示，加拿大向外界传递了一个明确信息：北极是我们的，我们掌控着北极地区的陆地和海洋领土，并对这些地区进行了很好的治理。

2）国内政治经济措施

长期以来，加拿大北方地区与南方地区的发展水平存在很大差距，北方居民的住房、就业、教育、医疗等条件远不如南方居民。为了积极促进北方地区经济和社会发展，加拿大试图从以下三个方面着手：透过高效运作的机构、透明和可预期的规则确保北极地区可持续发展，并为能源、矿产开采和投资创造条件；寻求贸易和投资机会，使北方居民和所有加拿大人受益；更全面地了解在北极生存的居民，做好基础设施建设和公共物品供应，提高北方居民的生活质量。具体表现为，自 2007 年来，加拿大政府为此投入了大量的资源并制定了相关的政策。加拿大政府提供了一个年度无条件地向北方地区政府财政转移方案，使这些地方政府能够向医院、学校、基础设施等社

① Government of Canada.Canada's International Policy Statement：A Role of Pride and Influence in the World.http://www. isn. Ethz. ch/isn/ Digital-Library/Publications/Detail/?ots783=0c54e3b3-1e9c-be1e-2c24-a6a8c7060233&lng=en&id=15094，2005-06-29.

会服务拨款。2011~2012年，三个地方政府获得29亿美元财政资助[①]。为了推动加拿大北方地区的经济发展，2009年8月，加拿大政府成立了加拿大北方经济发展局。该机构的北方经济发展战略投资计划的重点是加强区域经济的关键部门、经济多样化和鼓励北方居民参与经济活动。在2009~2011年的三年时间里，加拿大北方经济发展局已经投入了超过2 300万美元的资金，用来支持原住民社区的经济发展和北方地区的资源开发活动及其他商业活动。在提高加拿大原居民的社会生活水平方面，加拿大于2010年5月开展了“营养加拿大北方地区”的活动，缩减食品空运至孤立的北方部落的成本。与此同时，政府延长了2010年财政预算案的“地区内健康可持续发展倡议”，以减少北方居民对地区外医疗系统和医疗服务国际化的依赖[②]。

在实现北极环境安全利益、保护北极环境方面，加拿大政府首先通过设立保护区来保护环境和该地区独特的野生动植物。为了保护北极地区独特的生态系统，加拿大在其北极地区建立了80个保护区，面积达到40万平方千米，其中包括11个国家公园、6个野生动物保护区和16个候鸟保护区。另外，政府还耗资500万美元研究在西北航道上的兰开斯特海峡东部入口创建占地约1 800平方千米国家海洋保护区的可行性。为了减少北方居民生活垃圾对北极环境的破坏，2011年加拿大政府为北方原住民节能计划提供800万美元，用来在北方社区和原住民间推广清洁能源技术。为了保护西北航道免受船舶航行带来的污染，从2007年起，加拿大投资6 000万美元，向19个偏远社区提供海洋污染控制设备。

为了加强北方居民的社会认同感，使其参与到对加拿大的北极主权维护中，加拿大试图从三个方面加强北极地区的治理：①把治权下放，积极向原住民提供自己治理的机会和制度；②帮助北极理事会的永久参与方——北极地区的原住民组织提高参与北极理事会的能力；③为北极的加拿大青年提供参与环北极青年对话的机会[③]。其具体表现为，1999年加拿大政府从西北地区中分出努纳武特地区，由原住民担任区长。在2003年，加拿大政府把育空地区的土地和资源管理权交给了当地居民。2008年，加拿大政府与努纳武特地区政府签署协议，为开始治权移交的谈判打下了基础。2010年8月，加拿大正式向20世纪50年代被重新安置在北极高纬度地区的因纽特人家庭道歉，政府高度赞扬了他们在面对痛苦、困难时的勇气和毅力，承认他们对一个强大的加拿大在高北极地区存在所做的贡献。2011年年初，加拿大政府与西北地区政府签署了一个转让土地和资源管理责任的原则性协议。2011年2月，加拿大联邦政府与育空地区签署了一项历史性协议，自此育空自治政府将能按照自己的传统管理自己的事务。

① Government of Canada.Canada's Northern Strategy：Our North，Our Heritage，Our Future.http://www.northern strategy.gc.ca/cns/cns.pdf，2009-07-26.

② Government of Canada.Northern Strategy：Record of Achievement 2009-2010.http://www.northernstrategy.gc.ca/cns/rcns-eng.asp，2011-03-21.

③ Cannon L.Statement on Canada's arctic foreign policy：exercising sovereignty and promoting Canada's northern strategy abroad.http://www. international. gc.ca/arctic-arctique/ arctic_policy-canada- politique_arctique.aspx?lang=eng，2010-08-20.

4. 机制和法律手段

加拿大实现北极国家利益的机制、法律手段主要表现为：在国际上，利用北极理事会和国际法积极争取北极利益；在国内，通过国内立法保护在北极的利益。

加拿大一直将北极理事会作为实现北极国家利益的重要平台。加拿大推动了北极理事会的成立，并且在1996~1998年担任北极理事会首届轮值主席国时，为北极理事会的平稳顺利运行做出了不懈努力，但借此加拿大也树立了在北极理事会中强力支持者和引领者的角色，为实现其在北极的国家利益创造了有利条件。2013~2015年，加拿大再次成为北极理事会轮值主席国，加拿大通过北极理事会在区域内外实现自己的北极国家利益。在区域内，推动北极理事会扩展北极事务对话的深度和广度，以北极理事会为平台和平解决北极国家内部争端，这是符合加拿大国家利益和外交政策精神的。对区域外国家，通过北极理事会，让它们在气候、环境和生态等问题上承担共同责任；而在主权、管辖权、治理结构和资源开发利用上把它们排除在外，北极国家独享其利。

在利用国际法上，1907年加拿大提出扇形理论，并以此为根据，强调扇形区域内的岛屿和未发现的岛屿皆为加拿大所有。对北极水域的权利要求，加拿大则主要根据1982年的《联合国海洋法公约》。《联合国海洋法公约》是现代海洋法的基本框架。无论是2008年北极五国外长会议上，美国、俄罗斯、加拿大、丹麦和挪威联合发表的《伊鲁利萨特宣言》，还是在北极理事会的有关文件中，均明确了海洋法在北极的基础法律地位，也明确承认《联合国海洋法公约》等广泛的法律框架适用于北冰洋。加拿大也一直主张在《联合国海洋法公约》的框架内解决北极争端，并根据利益需求，巧妙利用公约中的有利条款，如直线基线法和外大陆架规则来扩大在北极的权益。

为了维护北极利益，加强对北极的管理，加拿大也不断加大国内立法的力度。在北极航道问题上，加拿大一直主张其为历史性内水。1969年美国“曼哈顿”号穿越西北航道，引起加拿大的高度警觉，加拿大在1970年颁布了《北极水域污染防治法》。该法在北极水域设置了100海里的污染防护区，在这个区域内加拿大可以控制航运，规定船舶的航行标准，并在必要时禁止航道的通行。并且，在加拿大的坚持下，此法最终影响了1982年的《联合国海洋法公约》第234条的内容。此条款是关于“冰封区域”的规定，可以认为这是唯一一项关于北冰洋海域管理的规定。另外，加拿大还专门针对北极事务制定了一系列法律。1978年制定了《北极水域污染防治规则》、《北极航运污染防治规则》和《航行安全控制区法令》。1985年出台了围绕整个加拿大北极群岛外缘建立直线基线的法令，而且这一法令在2012年与丹麦的林肯海划界中，得到了丹麦的承认。1995年颁布了《北极船舶建造普遍标准》。1996年出台了《北极航行污染防治规则：北极冰区航行制度标准》。1997年加拿大交通部颁布了《加拿大北极水域油轮和驳船活动指南》和《北极水域石油运输指南》。1998年出台了《基于陆地活动保护北极海洋环境的地区行动计划》和《北极冰区航行制度标准》。1999年出台了《加拿大冰区水域航行法》和《北极西北航道海洋环境手册》。

2005 年加拿大交通部出台了《加拿大北极水域游船活动指南》。2009 年加拿大政府批准了《北极水域污染防治法修正案》，使该法的适用范围从距海岸线 100 海里延伸到 200 海里，完全覆盖了《联合国海洋法公约》规定的专属经济区范围。此外，加拿大政府还准备修订 2001 年的《加拿大航运法》，要求所有船只进入加拿大北极水域时，向加拿大海岸警卫队北方交通管理系统报告。加拿大制定的这些法律为加拿大防止北极水污染，保护生态环境，加强对北极地区的管理，以及强化对北极的主权控制起到了积极的作用。

5. 科学手段

长期以来，特殊的气候和自然条件使得北极地区人迹罕至，虽然随着气温的升高人类在北极的活动增多，但是人们对北极的认知依然有限。加拿大希望通过科学考察来熟悉北极的情况，为其北极政策提供科学支持。

加拿大一直不遗余力地发展自己的北极科学考察能力。20 世纪 40 年代末，加拿大就开始对北极进行了科学考察。1947 年，加拿大向北冰洋派遣了“拉布拉多”号测量船，另外还设立了北极东部研究小组和极地海域生物研究所。1950 年，加拿大贝德福海洋研究所的调查船在北极圈北大西洋一带进行了考察，后来还成立了以贝德福命名的贝德福大学。1958 年，加拿大在新斯科舍半岛的哈利法克斯成立了海冰研究中心，对加拿大一侧的大陆架进行调查研究。1970~1976 年，加拿大多次使用国防部的“百眼巨人”型号飞机和“C-47”遥感飞机对北极进行考察。1988 年 8 月 ~1989 年 5 月，为了了解北冰洋及其邻近海域的海洋学和声学，加拿大和美国、挪威、英国等在斯瓦尔巴德群岛周围和北冰洋中央海域东部，组织实施了北极东部合作实验计划。2004 年，加拿大又投资了 7 000 万美元用于北极海底测绘，特别是对罗蒙诺索夫海岭进行了地质勘查①。在 2007~2008 国际极地年研究计划中，加拿大政府大力投入，鼓励原住民和北方居民积极参加科研活动。2009 年 1 月 27 日，加拿大政府主持的“加拿大经济行动计划”宣布，将提供专门资金用于维护和更新其重要的北极研究设施，为提升北极研究能力打下坚实基础，以支持政府的重大政策目标②。2009 年 7 月，在加拿大公布的《加拿大北方战略：我们的北方、我们的遗产、我们的未来》的北极政策报告中，加拿大联邦政府再次确认，为了确保加拿大在北极科学的全球领先者地位，加拿大政府致力于在北极高纬度地区建立一个新的世界级研究站，新的北极研究站将成为广袤而又多样化的北极地区的科学活动中心③。为了更好地收集极地气象资料和提高极地天气预报的准确性，从 2009 年开始，加拿大航天局开始实施极地通信和气象卫星计划，在大椭圆高轨道上利用两颗卫星组成星群提供北极高纬度地区的通信服务和气象遥感

① Byers M.Canada's Arctic race with Russia：securing Canada's rights in the Arctic will require a serious investment of money and personnel.Toronto Star，2007，(7)：19.

② Government of Canada.Arctic Research Infrastructure Fund.http://www.ainc-inac.gc.ca/nth/st/arf-eng.asp，2009-01-27.

③ Government of Canada.Canada's Northern Strategy：Our North，Our Heritage，Our Future.http://www.northern strategy.gc.ca/cns/cns.pdf，2009-07-26.

预测，计划2016~2023年建成卫星观测系统。2010年，加拿大政府向北方三个地区提供了超过1 070万美元的科研资助。另外，加拿大政府计划在2008~2013年投资1亿美元用于能源和矿藏的地理测绘计划。2014年8月8日，加拿大派出一艘载有极地科考人员的破冰船，从加拿大的纽芬兰和拉布拉多省出发，前往北极地区进行为期6周的科学考察，旨在为加拿大在2013年12月提交的大陆架声索申请提供更多的证据。

四、加拿大北极政策对中国实现北极国家利益的启示

中国作为紧邻北极的北半球大国，与北极事务关系密切，参与北极事务也是必然的趋势。同为北半球国家，加拿大实现北极国家利益的经验对中国有重大的借鉴意义。

（一）加强科学研究，为实现北极国家利益提供技术和智力支持

决定一个国家崛起和衰落的因素并不只是其经济总量的大小，而是这个国家的战略能力（这种能力是运用国家实力来达到政治目标的能力）。在北极事务上，中国首先应该将强大的经济、政治实力优势转化为北极科研能力。因为加拿大的经验告诉我们，一个国家在北极事务上的发言权和影响力在很大程度上取决于该国以科研为主的北极知识储备的获取和转化能力[①]。而中国对北极知识的储备应该包括自然科学和社会科学两个重要方面。

在自然科学研究方面，中国有一定的基础。到目前为止，中国已经开展了六次北极科学考察并且建立了北极黄河站，获得了大量的科学数据与成果，但是，这尚不能满足需求。中国北极科考的下一步方向应该是借鉴加拿大的经验，把科学研究同实现北极国家利益紧密结合起来。由于北极对中国具有首要的环境利益，中国应该加强对北极气候变化的研究和北极对全球大气环流及中国气候影响的研究，从而提高中国灾害性天气预报的准确性，增强中国减灾防灾能力。另外，中国的北极科考也要为实现北极资源和航道利益服务。一方面，中国要对北极冰盖下资源的储藏情况进行细致的考察。这些考察应该包括对北极海域石油能源的储藏位置、储藏量和表面冰层厚度以及冰层融化速度等的考察，为中国利用和开发这些北极资源提供详细的参考。另一方面，中国要加强对北极航道的水文、气象、海冰等情况的监测和研究，以便能够充分地了解北极航道的环境和气候变化规律，为中国的货船进入北极航道提供安全保障。

在社会科学研究方面，中国对北极的政治、法律和政策的研究刻不容缓。中国需要加强对北极地区政治、经济、机制、参与北极事务国家间的关系以及中国与它们之间关系、中国在北极事务中的地位身份和作用的研究。其中，中国尤其需要加

① 程保志．北极治理论纲：中国学者的视角．太平洋学报，2012，（10）：70.

强对《联合国海洋法公约》和《斯瓦尔巴德条约》等保障中国北极国家利益实现的国际法的研究。以《联合国海洋法公约》为核心的国际海洋法体系，对北极海域划界、海洋环境保护、航行和海洋科研都做了规定。但是，一些北冰洋沿岸国家关于环保和航道等国内的立法却同《联合国海洋法公约》的精神并不相符。对此，中国要加强这方面的研究，推动《联合国海洋法公约》在北极的适用，确立其处理北极事务的基础性法律地位。《斯瓦尔巴德条约》赋予了中国在北极活动的权利，但是1977年挪威制定的环绕斯瓦尔巴德群岛200海里范围的渔业法规，与《斯瓦尔巴德条约》的规定相违背。对此，中国需要深入研究斯瓦尔巴德群岛周边海域管辖权的历史演变和周边水域的法律地位及适用法律制度等具体问题，为中国履行这些权利做好准备。

（二）制定国家层面的北极战略，成立高级别的极地事务主管部门

加拿大为了实现北极国家利益，出台了国家层面的北极政策，成立了高级别的北极事务主管部门联邦北极事务委员会，这一点对于中国实现北极国家利益具有重要的启示。

出台国家层面的北极战略有助于从内到外地实现中国的北极国家利益。适时出台北极事务的顶层设计和系统的北极战略，对内能够为中国的北极工作指明正确方向，促使北极活动有条不紊地长期开展下去。在对外方面，现在“中国威胁论”已经成为制约中国参与北极活动的因素之一。公布中国的北极战略，阐明中国在北极事务上的利益诉求、立场和目标，积极向国际社会传递中国是北极事务的贡献者而不是掠夺者的形象，从而扭转国外对中国参与北极活动的误解，消除“中国威胁论”，为中国深入参与北极事务创造有利的国际舆论环境。

目前，中国的北极事务由国家海洋局直属的极地考察办公室管理。从极地考察办公室的机构性质、内部组织来看，其权力和职责仅仅限于极地考察范畴。然而，北极事务纷繁复杂，涉及资源、航道、环境、安全、贸易和外交等不同领域和部门。这显然已经超出了极地考察办公室的权限范围。中国可以考虑设立或委托一个国家级的职能部门对北极事务进行综合管理。这个部门要在对北极现状和中国参与北极情况进行一个综合评估后，制定出一个长期的北极战略，然后根据战略目标在各部门之间进行工作任务的职能分工。在各部门执行任务的过程中，该机构还要根据事务的发展变化情况，及时调整各部门的职责，让各部门的功能都得到最大限度的发挥，从而起到整体大于各部分之和的效果。

（三）以低敏感领域为切入点，深化同北极国家和组织的合作

外交合作是加拿大实现北极国家利益的首要手段，对中国来说也意义重大。离开了北极国家的认可和支持，北极地区之外的其他国家要介入北极事务是极其困难

的[①]。目前，北极国家在北极地缘政治格局中占据支配地位，而中国又远离北极，缺乏北极活动的立足点和支撑点，因而寻求与北极国家和组织的合作是中国参与北极事务、实现北极利益的一条重要路径。

2007年俄罗斯在北极海底插旗后，北极地区正经历着一种“态势变迁”，北极地区进入一个以管辖权冲突为特征、以自然资源开采为核心、以全球大国为主角的大竞争时代[②]。在这种形势下，北极国家对资源、航道等涉及国家主权和主权权利的领域极为敏感。中国应该以科学研究和环境保护等低政治领域为切入点，同北极国家展开合作。因为在气候变化的视野下，北极地区的问题已经不仅仅是北极国家的问题，而是具有了全球的特性，成为全球公共事务的一部分。北极国家单凭自己的能力已经不足以解决北极的科学研究、环境保护和可持续发展等问题，因而对域外国家在这些领域的参与持欢迎态度。例如，《美国的北极地区政策》对在北极地区的国际科学合作就持积极态度，承诺美国政府将积极促进北极科学合作[③]。中国应该以此为契机，把中国在北极的国家利益融入人类共同的利益中，积极与北极国家展开合作，为北极的气候、环境治理提供公共产品，树立起负责任大国形象，打消北极国家的疑虑。然后在此基础上，把同北极国家的合作向经济、政治领域深化。

此外，中国还要根据各国不同特点，有针对性地进行合作。北欧国家对中国等域外国家参与北极事务的态度更加开放，所以中国与这些国家的北极交流起步早、障碍少、进展快，很有希望形成互重、互信、互动、互利的伙伴关系[④]。在同俄罗斯的合作上，由于两国是“全面战略协作伙伴关系”，俄罗斯北极资源的开发又需要中国资金的注入，因而中俄两国在北极能源开发合作方面空间广阔。“全球航行自由是美国海洋权力的根基，任何限制或者剥夺这种自由的行为都会被视为对美国安全的损害”[⑤]，因而在北极航道的航行自由问题上，中美两国有着类似的立场。目前，中美在北极事务上的对话，也连续三年纳入中美战略与经济对话的清单中，这将促进两国在北极事务上的合作和立场协调。加拿大一直将北极理事会作为实现北极国家利益的最重要的外交平台，为了重新树立在北极理事会中的主导地位，在与区域外国家的合作上，加拿大采取了更为务实和灵活的态度。例如，在2013年基律纳部长级会议上同意了中国等六个国家为北极理事会正式观察员国。在未来北极理事会改革中，中国可以同加拿大加强合作，强化在北极事务上的话语权。

---

① 陆俊元.北极地缘政治与中国应对.北京：时事出版社，2010：335.

② Berkman P A，Young O R.Governance and environmental change in the Arctic Ocean.Science，2009，(32417)：339.

③ 陆俊元.北极国家新北极政策的共同取向及对策思考.国际关系学院学报，2011，(3)：60.

④ 杨剑.北极事务离不开中国.环球时报，2012-04-20.

⑤ The White House.A Cooperative Strategy for 21st Century Sea Power.http://www.navy.mil/ maritime/MaritimeStrategy. pdf，2011-04-18.

（四）与非北极国家合作，共建和谐北极

北极不仅是北极国家的北极，更是世界的北极。北极的环境、资源、航道和战略地位等与世界各国都利益攸关。然而，现在北极存在着北极国家的权利主张与人类共同继承财产之间的矛盾[①]。北极八国基本瓜分了北极大陆和岛屿，北冰洋沿岸五国又对北冰洋大陆架以外的公共海底区域和北极航道提出了主权权利要求，而且不断通过政治、经济甚至军事手段来强化主张和占有。这显然违背了《联合国海洋法公约》所赋予非北极国家在北极的权利。追求最低限度和最优的世界秩序，都需要基于共同利益进行创造性的思考与行动，动员所有可能解决问题的技能和资源[②]。中国与非北极国家的合作并不是要联合起来反对北极国家在北极的主权、主权权利和管辖权，而是要针对一些北极国家以外大陆架划界的形式侵占北冰洋国际公共海域，以国内立法的形式把北极航道归为内水，通过北极理事会把域外国家排除在北极事务决策外等行为，域外利益相关国家应该积极沟通、协调立场，让北极国家在决策时聆听域外国家的声音，充分考虑域外国家在北极地区的合法权益和对北极事务的参与[③]。

参考文献

奥利沙文 P.1991. 地理政治论 . 李亦鸣译 . 北京：国际文化出版公司 .

白少成 .2006. 浅谈世界能源危机及中国的战略抉择 . 环境科学和技术，（12）：168.

北极问题研究编写组 .2011. 北极问题研究 . 北京：海洋出版社 .

蔡拓 .2005. 国际关系学 . 天津：南开大学出版社 .

曹升生 .2010. 加拿大的北极战略 . 国际资料信息，（7）：7-10.

陈正良 .2008. 增强中国的“软实力”与国家形象塑造 . 江汉论坛，（2）：18.

程保志 .2011. 北极治理机制的构建与完善：法律与政策层面的思考 . 国际观察，（4）：3.

丁煌 .2013. 极地国家政策研究报告（2012—2013）. 北京：科学出版社 .

丁煌 .2014. 极地国家政策研究报告（2013—2014）. 北京：科学出版社 .

顾志红 .2010. 事实与真相：俄罗斯地缘政治与外交 . 长春：长春出版社 .

李振华 .2009. 洲际集装箱船航线即将进入北极航路 . 中国海事，（1）：661.

梁凯音 .2009. 论国际话语权与中国扩展话语权的新思路 . 当代世界与社会主义，（3）：110.

梁守德，洪银娴 .2000. 国际政治学理论 . 北京：北京大学出版社 .

刘洪滨，倪国江 .2011. 加拿大海洋事务研究 . 北京：海洋出版社 .

刘雨辰 .2014. 奥巴马的北极战略：动因、利益与行动 . 中国海洋大学学报（社会科学版），（1）：12.

① 程保志 . 北极治理论纲：中国学者的视角 . 太平洋学报，2012，（10）：65.

② Chen L C.An Introduction to Contemporary International Law：A Policy-Oriented Perspective.New Haven：Yale University Press，2000：16.

③ Young O R.Informal governance mechanisms：listening to the voice of non-Arctic states in Arctic ocean governance.*In*：Young O R，Kim J D，Kim Y H.The Arctic in World Affairs：A North Pacific Dialogue on Arctic Marine Issues，Seoul，Korea Maritime Institute，2013：275.

鲁炜 .2010. 经济全球化背景下的国家话语权和信息安全 . 求是，（14）：13.

陆俊元 .2010a. 北极地缘政治竞争的新特点 . 现代国际关系，（2）：27.

陆俊元 .2010b. 北极地缘政治与中国应对 . 北京：时事出版社 .

王婷婷 .2010. 浅析发展中国家如何提升国际话语权 . 法商论坛，（1）：44.

夏立平 .2011. 北极环境变化对全球安全和中国国家安全的影响 . 世界经济与政治，（1）：123.

徐军 .2008. 各国争夺北极地区的战略意图和表现 . 外国军事学术，（9）：29.

叶静 .2013. 加拿大的北极争端历史、现状与前景 . 武汉大学学报（人文社会科学版），（2）：116.

张胜军 .2010. 中国能源安全与中国的北极战略定位 . 国际观察，（4）：70.

邹志强 .2014. 北极航道对全球能源贸易格局的影响 . 南京政治学院学报，（1）：76.

Byers M.2011.Who Owns the Arctic? Understanding Sovereignty Disputes in the North. Toronto：Douglas & McIntyre Publisher.

Chen L C.2000.An Introduction to Contemporary International Law：A Policy-Oriented Perspective. New Haven：Yale University Press.

Huebert R.2007.Canadian Arctic maritime security：the return to Canada's third ocean.Canadian Military Journal，（8）：9.

Kraska J.2011.Arctic Security in an Age of Climate Change.Cambridge：Cambridge University Press.

Seymour J.2005.Canadian Arctic Shipping Assessment Scoping Study.London：Jonathan Seymour Associates Press.

研究报告 4

英国实现北极国家利益的经验借鉴①

【摘要】从地理上来看，英国是一个近北极国家，也是世界上最早对北极进行探险的国家之一，在此过程中，英国在北极地区的国家利益逐渐明朗化。借助“资源—利益—政策”分析框架，英国的北极国家利益包括安全利益、经济利益、政治利益和科研利益。当前，英国实现其北极国家利益的内外部形势是错综复杂的。一方面，英国具备近北极国家的地缘优势，是北极航道的受益国家，同时也可以同诸如挪威、冰岛等邻近的北极国家进行北极事务合作，使得这些国家成为实现其北极国家利益的跳板和助推。另一方面，同南极地区拥有“南极条约体系”不同，北极地区尚未形成具备普遍约束力的完整法律框架体系，现有的法律条约还远远满足不了现实需求，这在客观上强化了环北极国家对北极事务话语权的垄断；而事实上，八个环北极国家长期以来正是“北极争夺战”的主要参与方，彼此之间的非良性竞争既增加了北极地区的不稳定因素，又排挤了英国等国家的获利空间。

针对这种国内外形势，英国政府制定了相应的北极政策。本着“创造一个安全的北极，在国际法的框架下与北极原住民一道参与北极治理，通过高度发达的科学技术减少对北极环境的破坏，从而实现一个负责任的发展”的愿景，英国的北极政策遵守尊重、领导和合作三个原则，并且将雄厚的北极科研实力作为全盘政策的基石。具体而言，英国北极政策包含参与政策、北极环境政策以及北极经济政策三个维度。

借鉴英国的北极政策，我国在实现和维护北极国家安全利益的进程中应当做到以下三点：第一，跳出北极国家“门罗主义”对我国参与北极治理的限制，逐步增加参与北极治理的深度和广度；第二，承认北极原住民

① 作者简介：丁煌，男，武汉大学“珞珈学者”特聘教授、政治与公共管理学院院长、公共政策研究中心主任、公共管理与国际法双学科博士生导师；鲍文涵，男，武汉大学政治与公共管理学院博士研究生。

在北极事务中的地位和作用，加强与北极原住民的合作；第三，鼓励民间力量参与北极治理，在北极商业领域里努力有所作为。

【关键词】 英国　北极政策　国家利益　经验借鉴　中国

虽然英国不是北极国家，但是英国在地理上靠近北极，其设得兰岛（Shetland Island）的北端距离北极圈仅400千米。英国也是世界上较早对北极进行探险的国家。在历史上，英国最早的北极探险活动可以追溯到1552年，英国国王爱德华六世雇佣西班牙航海家卡巴特率3艘船奔赴北极，希望打通到中国和印度的航线，结果只有一艘船幸免于难，其余2艘船70多人均毙命于北极冰海。到后来，英国又组织了几次北极探险活动均以失败告终，且每次都付出巨大的生命代价，最远达到了新地岛东部的喀拉海。英国早期北极探险的历史中，规模和影响最大的是1845年5月，英国人富兰克林率领“埃里伯斯”号和“恐怖”号两艘船出发，探索北极地区连接大西洋和太平洋的“西北航道”，共计128名队员开始了北极探险，2个月后也都全部遇难。

从19世纪末开始，人类的北极探险活动逐渐被科学研究取代，并走向多国联合考察。到了第二次世界大战前后，北极事务逐渐被提上英国政府官方的议事日程。英国对北极航道的重视是出于对战争的考虑。1942年，英国为了支持苏联战场，决定通过北极航线来运输各种作战物质，目的地是苏联北方港口摩尔曼斯克和阿尔汉格尔斯克，当时的北极航道不仅关系着战争运输船队的物资安全，甚至事关整个反法西斯战争的成败。英国在北极的国家利益在这一阶段得到加强，进入政府视野。

进入冷战时期，苏联在北极圈内的科拉半岛驻守重兵，集中了大量核武器，这对英国等欧洲国家构成了极大的安全威胁。在当时美苏争霸的背景下，英国政府成立了专门的研究组来研究北极问题，并且在学界的呼吁下，英国政府对北极问题的重视达到了历史上的顶峰。冷战结束后，英国政府继续寻求在北极地区的低层次的实质性存在，达到这一目标主要是通过科学研究和军事训练来实现的。从1991年开始，英国在斯瓦尔巴德群岛建立一个科学考察站。这个考察站日后也被英国南极调查局接管，英国政府每年会划拨专项经费支持北极科学研究事业。此外，英国还在北极科学研究方面与挪威和加拿大两国保持密切的合作，经常派遣军队参加在北极周边地区的联合军演。通过科学研究和军事训练，英国在北极的低层次的实质性存在地位逐步得到稳固。

冷战结束前，英国政府在北极的行动一直非常低调。而随着冷战结束，世界经济一体化和政治多极化趋势逐渐加强，北极的点滴变化时刻关系着全球的气候、政治、经济动向，越来越多的国家和国际组织把目光投向北极。在这个背景下，英国政府对北极的关注也大幅度增加，开始逐步形成英国的北极政策。

一、英国在北极的国家利益分析

国家利益缘起于本国的发展需求，体现在国与国的相互关系之中。作为在人类历史上率先完成工业革命、长期处于世界各国发展前列而享有“日不落帝国”美誉的英国，经历了第二次世界大战之后的长期缓慢发展期，一直在寻求新的发展机遇，有理由和条件参与极地的开发和治理；当前，各大国纷纷踏入北极的处女地，美国、俄罗斯、加拿大等环北极国家凭借自身地理优势，试图抢夺和垄断北极地区的资源，客观上压缩了其他国家在北极地区的活动空间。以上两方面的内外部条件相互作用，加之未来国际形势变化的种种不确定因素，共同塑造着英国北极国家利益的获利空间。

（一）安全利益

1. 能源安全利益

进入 21 世纪以后，英国的能源安全面临全新的挑战。一方面，石油、煤炭等主要工业能源的需求量继续扩张，而与此同时，英国本国的能源生产量却持续萎缩。煤炭和油气等化石能源具有天然的不可再生特性，这就意味着英国本国的能源产量根本无法满足每年相当于近 2 亿吨石油的能源消费需求[①]。另一方面，尽管早在 2003 年英国政府就以能源白皮书的形式开启了低碳经济的发展道路，围绕减少经济发展过程中的碳排放量这一核心，大力倡导核能、风能、潮汐能等新型能源的试运和投产，以求扭转既往的能源结构对化石能源过度依赖的不利局面；但是，新型能源的科研成本高昂，基础设施建设周期长，相关技术尚不成熟，因此在短期内无法为英国经济提供充足的能源。两方面因素的共同作用，使得英国的能源对外依存度居高不下。

然而，在当前世界能源市场动荡不定、石油政治大行其道的背景下，英国单一化的海外能源市场又为其能源安全埋下了隐患。以石油市场为例，英国的石油进口源主要有挪威、中东地区、非洲、美洲以及俄罗斯。其中，挪威提供给英国占总进口量近 70% 的石油，是英国最主要的石油进口源国。问题在于，同英国相似，挪威的主要石油产区集中于北海海域，该地区的油气资源正面临整体性的枯竭趋势；与此同时，其他几处石油市场中，中东和非洲地区运输成本高昂，局势动荡很有可能危及当地石油输出的稳定性；北美和俄罗斯一直试图以能源输出压制其他国家的经济态势，这在客观上削弱了英国国民经济的独立性和自主性。综上所述，英国的能源安全正面临着来自国内外的双重风险。

正是出于以上两个方面的考虑，北极地区丰富的能源储备对实现和维护英国的能源安全利益有着重要意义。美国地质调查局的调查评估显示，北极地区蕴藏有 122.6 亿吨原油和 1 669 万亿立方米天然气，分别占全球未探明储量的 13% 和 30%，

① 数据显示，2000~2011 年，英国化石能源的年平均消费量为：石油 7 813 万吨、煤炭 3 583 万吨油当量、天然气 8 340 万吨油当量，折算成石油共计 19 736 万吨，约为 2 亿吨。参见王婷，任庚坡，蔡建军. 英国能源概况和推进节能减排工作的政策、措施和启示. 上海节能，2013，(7)：27–31.

并且大多数油气资源都分布于距海岸线200海里的浅海海域[①]。除此之外，北极地区还蕴藏有几十万亿甚至上百万亿立方米的可燃冰，一旦技术成熟，可燃冰将成为继煤、石油和天然气之后的第四大能源。在能源市场复杂多变的21世纪，北极将成为英国重要的能源储备区和潜在的能源市场。

2. 环境安全利益

极地国家安全中的环境安全利益，集中表现在极地是全球生态环境系统的重要一环，以及极地环境的破坏和恶化对各国乃至全球的不良影响；相反，如果世界各国能够协同合作，保护极地的生态环境，最终将会使得各国受益并且有利于人类的可持续发展。极地的全球属性以及地球生态环境系统的统一性共同塑造出各国在极地的环境安全利益，英国亦不例外。

北极地区处于地球高纬度地区，常年被冰雪覆盖，是地球重要的淡水资源宝库，同时也深刻影响着地球的洋流与气候。历史上，北极地区长期处于未开发状态，罕有人类活动对其生态环境造成明显的影响；但是，近代特别是第一次工业革命以来，随着煤、石油、天然气等化石能源的大规模开采和使用，地球大气层中的二氧化碳、甲烷等“温室气体”含量剧增，产生所谓“温室效应”，最直接的后果即引发全球性的气候变暖。尽管目前人类活动仍被质疑是否为气候变暖的“元凶”，但不可否认的是，人类正面临全球性的气温上升和气候变化，而极地地区所受的影响尤为显著。

科学研究表明，一个世纪以来，北极地区的增温速率几乎比全球平均速率快一倍。气温上升直接导致北极地区的冰盖和冰川加速融化。自1979年开启北极地区卫星观测以来，北冰洋的海冰面积以2.7‰的平均速率缩减，其中，夏季的年平均缩减速率达7.4‰。冰川融化的负面后果是多方面的。首先，融化后的淡水注入海水中，导致局部海域海水盐碱度和密度发生变化，对一些海洋生物构成威胁。其次，表面失去冰川覆盖后，北极地区的永久冻土层开始升温解冻，释放出的甲烷将加剧温室效应，形成恶性循环。最后，冰川消融将抬升全球海平面，届时将对沿海地区和海拔较低地区的居民生存构成威胁。

英国位于西欧，地理位置靠近北极，北极环境恶化将对其环境安全构成严重威胁。首先，英国是一个岛屿国家，由不列颠岛、爱尔兰岛（北部）及周围5 500个小岛组成，拥有11 450千米的海岸线。英国的重要城市大多都位于近海的平原地带，这里不仅是英国密度最大的人口聚集区，而且是英国的经济核心地带。可见，北极冰川融化导致的海平面上升不仅会威胁到英国沿海地区的居民生活，而且对英国的国民经济构成潜在的巨大威胁。

北极的环境问题还衍生出一系列恶劣气候和自然灾害，如风灾、洪水、干旱等。英国属于典型的温带海洋性气候区，气候特点是气温年、日差较小，降水分布均匀，最冷月平均气温在0℃以上。但是，受全球气候变暖和北极地区环境变化的影响，英国原先的气候特征正悄然发生改变。2010年英国经历了一个异常寒冷的冬季，局部

① 李浩武，董晓光．北极地区油气资源及勘探潜力分析．海外勘测，2010，（3）：73-83.

地区最低气温降至零下 21℃。气象学家解释，温室效应导致北冰洋地区增温幅度高于全球平均水平，进而改变了北半球的风向形成模式，将更多冷空气带入英国。根据预测，今后英国遭遇严冬天气的可能性甚至提高了 3 倍[①]。

北极是地球生态系统的重要构成，英国作为近北极国家，自然会对北极地区的环境变化保持高度警惕，并协同世界其他国家构建和完善北极地区环境保护的法律框架及制度框架，以维护本国在北极地区的环境安全利益。

（二）经济利益

经济利益是国家利益中最基本、最重要的组成部分，是一国谋求发展的基础。2013 年，英国在世界经济体排名中位列第六，经济实力在欧洲国家中十分雄厚。在 2008 年的全球次贷危机以及其后一直持续的欧洲债务危机中，英国的国民经济遭受严峻的考验与冲击，迫切需要摆脱“疲软”和“后劲不足”等尴尬境地。在此背景下，除了可以为英国经济提供可靠的后备性资源和能源保障之外，北极地区对英国经济利益的维护和实现还有着其他特殊的意义。

1. 对英国而言，北极航道的开通蕴藏着巨大的经济利益

所谓北极航道，是指穿过北冰洋、连接大西洋与太平洋的海上航道，包括已可通航的东北航道和西北航道，以及理论上穿越北极点的穿极航道。气候变暖如同一柄“双刃剑”，在造成一系列不良后果的同时也蕴藏着机遇。随着北极冰川和冰盖的消融退缩，亚欧大陆和美洲大陆近海区域的通航条件也逐渐改善，北极航道的航运价值和商业价值为各国所重视。

从地理学角度出发，英国是一个岛屿国家；从产业体系来分析，航运业、造船业是英国的传统产业；回顾历史，英国更是依靠强大的科技实力特别是航海技术一度建立起海上霸权，垄断了世界主要的海运线路，并且从中获取了巨大的经济利益。但是，随着美国和东亚地区的经济崛起以及整个欧洲经济进入长期的低迷阶段，英国的国际贸易中心地位已经动摇。在此背景下，北极航道的开通可为英国提供巨大的商业机遇和实际的经济效益。

首先，北极航道的开通为英国节约了可观的航运成本。英国同美洲和东亚地区的海上贸易往来，一般经过三条线路，分别是经巴拿马运河、苏伊士运河和非洲好望角到达太平洋，航程均超过 15 000 千米。如果依靠北极航道开展贸易往来，航程将大大缩短。以东北航道为例，原来从伦敦到上海需经过苏伊士运河，航程为 16 900 千米，采用东北航道则仅需 12 900 千米，航程缩短 4 000 千米；由伦敦到东京需经过巴拿马运河，全程需要航行 20 900 千米，走东北航线的话航程缩至 14 200 千米，缩短了超过 30% 的航程。对国际贸易绝对依赖远洋运输的英国而言，取道北冰洋不单单能缩短航程、节约运输成本，其意义还在于避免了传统航道途径巴拿马运河、苏伊士运河和

① 殷亮．全球气候变暖导致英国越来越冷．腾讯新闻网，http://news.qq.com/a/20101227/000934.htm，2010-12-27.

索马里海域等所面临的安全风险。

其次，随着北极航道的开通和环北极经济圈的出现，世界经济和贸易格局将做出重大调整，对于英国而言，这将是一次新的发展机遇。北极航道连通欧亚大陆和美洲大陆，这是北半球经济最发达的地区；北冰洋沿岸的美国、俄罗斯、加拿大和欧盟皆是当今世界最有影响力的经济实体。目前，各国在北极地区的经济项目和产业类型较为单一，多以能源开采和加工为主，尚未形成相互关联和相互依赖的经济贸易关系。但可以预测，在不久的将来，丰富的资源储量、便捷的海上交通以及相关基础设施的不断完善，将促成该地区形成一个环北极经济圈。

作为欧洲重要的贸易实体、经济强国和金融中心，英国在不久的将来同样面临北极航道的开通所带来的一系列国际贸易格局的变化。对此，英国积极反应，试图利用新航道的便捷优势，密切与其他国家和地区的贸易关系，巩固伦敦等主要港口城市的海上交通枢纽地位；同时，借助环北极地区新的产业发展带的整合优势，优化进出口结构，谋求经济的可持续发展。

2. 北极旅游正成为英国的一个新兴产业

北极地区具备了发展旅游产业的巨大潜力。北极地区高纬度的地理位置、冰雪覆盖的环境特征形成了其特有的自然景观和生物景观，北极的冰川、极光以及独有的动植物等本身就是独特的旅游资源。此外，20 多个原住民族生活在北极地区，他们在长期的自然斗争中形成了自己民族的历史和习俗，留下了具有民族特色的建筑、服饰等人文景观，这些既是人类宝贵的历史文化遗产，亦是重要的旅游“吸睛点”。

英国旅游业发达，一方面，得益于英国本国独特的旅游资源，本身就吸引了大量海外游客前来观光旅游；另一方面，英国经济发达，本国民众追求高质量和丰富多彩的生活，旅游支出占居民消费支出的比重相当高。英国政府在北极地区所进行的官方性质的能源勘探以及科学考察等活动，在民间发挥了普及和宣传效用，北极正吸引着越来越多的英国游客。目前，英国赴北极旅游主要有游艇观光和陆地探险两大类，游客人次由 2000 年的不足 1 万人增加至 2012 年的 5 万多人（图 1）。

当前，限于恶劣的环境以及搜索和救援设备的滞后性，英国的北极旅游还面临着一定的安全风险。为此，英国政府为游客制定了可靠的旅游线路和详备的极地探险指南，行程涵盖挪威、芬兰、俄罗斯、加拿大、美国等环北极国家的北极区域以及其他无人地区，并且发布在政府官网上，以备参考和查询。

3. 英国的传统渔业得益于北极独特的气候和水文特征

英国的渔业资源主要分布于北海渔场，北海渔场是世界四大渔场之一，鲜鱼产量占全世界的二分之一。北海海域渔业资源之所以如此丰富，是由于该处位于北大西洋暖流和北冰洋寒流交汇地带，冷暖洋流交汇形成涌升流，使得底层海水不断上涌，并将底层的各种贝类、浮游生物和腐解物质带至表层海水，从而水质肥沃，适合鱼类生长。英国的海上养殖基地以及捕鱼区域广泛分布于北海海域，渔业资源是居民重要的食物来源，同时也是不可或缺的产业链初始端原料。虽然海上捕捞渔业

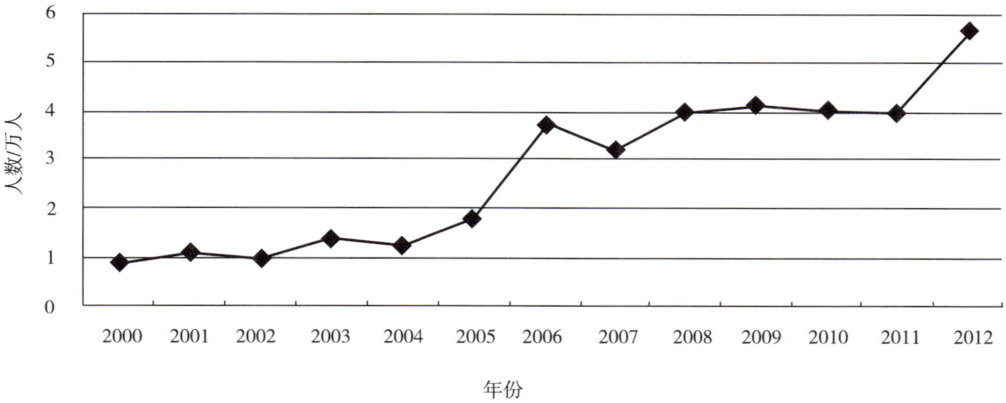

图 1　2000~2012 年英国赴北极旅游人数年增长图

资料来源：Polar Regions Department.Adapting to Change：UK Policy Towards the Arctic.https://www.gov.uk/government/publications/adapting-to-change-uk-policy-towards-the-arctic，2013-10-17

占 GDP 的比重有所下降，渔业从业人员数量也有所减少[①]，但渔业仍将是英国产业结构中的重要组成部分。

（三）政治利益

英国是世界上有影响力的大国，有权利也有义务积极参与北极治理相关的国际交流与合作，合理充分地争取和维护自身在北极地区的政治利益。总的看来，英国在北极地区的政治利益主要表现在以下三个方面。

1. 现有组织资源和制度资源赋予英国在北极地区的合法权益

组织资源和制度资源是“资源”概念新的内涵构成，前者是指行为体在互动过程中基于共同目标和行为理念而结合到一起的各种正式的和非正式的国际组织，后者则指用以规范、约束以及协调国际行为主体的各种法律规范、规则、约定或常规等[②]。北极地区对于地球生态环境的重要性不言自喻，对于未来世界政治经济格局也将发挥独特的作用，为此有必要针对北极地区的资源、环境等问题成立相关国际组织，制定相关的法律法规。

关于北极地区开发和治理的现有组织资源中，较为重要的有北极理事会、北冰洋科学委员会、国际北极科学委员会、巴伦支欧洲—北极理事会等全球性或区域性国际组织，其中，北极理事会成立于 1996 年，是目前北极地区最有影响力的区域组织，其根本目标是维护北极地区的可持续发展；北冰洋科学委员会和国际北极科学委员会是两个重要的科研学术类国际组织，分别成立于 1984 年和 1990 年，其共同目的是推动北极地区科学考察，协调各国在北极资源环境问题中的关系等。作为北

① 姚国成 . 英国渔业概况及其对广东渔业可持续发展的启示 . 中国渔业经济，2004，(2)：52-54.

② 丁煌 . 极地国家政策研究报告（2012—2013）. 北京：科学出版社，2013：7.

极理事会的正式观察员国，英国享有获邀参加理事会会议的权利，鉴于理事会成员国为所谓“北极八国”的事实，英国应当充分使用其正式观察员国的正当权利；同时，英国还是北冰洋科学委员会的成员国之一，亦是最早一批被国际北极科学委员会吸纳成为其正式成员国的国家之一，这些都是英国维护自身在北极地区国家利益的组织资源。

在与北极相关的国际性法律文件中，《联合国海洋法公约》虽然并非专门针对北极地区而制定，但是它因其体系完备（共320条，内容涵盖领海、毗邻区、专属经济区等概念界定，并对各国在国际海洋事务中的权利和义务做了规定）、地位权威（已被全世界160多个国家或实体批准）、适用性强（适用于包括北冰洋在内的所有海域的权责界定）而被视为北极地区最重要的制度资源之一。事实上，环北极国家及众多近北极国家通常首选《联合国海洋法公约》作为对北极地区行使主权、管辖权及其他权利的参考标准和佐证，并且公认将《联合国海洋法公约》作为解决北极领土和自然资源归属纠纷的权威依据[①]。英国是近北极国家，理所当然要积极争取和维护《联合国海洋法公约》所赋予的在北极地区的各项权利，如对矿产资源的开发权、使用北极航道的权利等。除此之外，尽管《斯瓦尔巴德条约》规定斯瓦尔巴德群岛为挪威领土，但是它同时赋予各缔约国自由进出、从事科学考察和商业活动的权利，英国理所当然平等地享有这些权利。

总而言之，从组织层面和制度层面来说，北极地区并非严格意义上的“无主之地”，而是国与国之间的竞技场。从自身国家利益出发，英国很重视和挖掘现有资源，力图在北极地区的国际博弈中掌握更多的话语权，维护合法权益。

2. 英国同“北极八国”的竞争、交流与合作所塑造的获利空间

所谓“北极八国”，或称环北极国家，指的是美国、俄罗斯、加拿大、丹麦和挪威这五个北冰洋的沿海国家，以及芬兰、瑞典和冰岛这三个领土和管辖海域进入北极圈的国家。由于地理位置的天然优势，较之于世界其他国家，这八个国家不论是在现有的制度框架内还是事实上都获得了对北极的一系列优先权利，主要表现为两方面，一是对北极地区的领土宣示，二是对包括矿产资源、航道资源等在内的北极自然资源的开发及使用权。英国争取自身在北极尽可能多的国家利益，必然绕不开与这些国家的竞争与合作。

北极八国对北极的主权争夺之战由来已久，最近一轮高潮则缘起于2007年俄罗斯的“插旗”事件。2007年8月2日，俄罗斯北极科考船队的深海潜水器将携带的一面钛合金制成的国旗插在了北冰洋海底，实质上是在200海里专属经济圈外争取更多的海底大陆架权利，抢夺北冰洋的海域主权。俄罗斯的举动引发了其他环北极国家的连锁反应：加拿大、丹麦、美国相继派出北极科考船队测量本国的北冰洋底大陆架，并伴随规模不一的军事演习；2009年，芬兰、瑞典、冰岛三国同丹麦、挪威召开了北冰洋军事安全合作机制会议，被认为标志着北约和欧盟加入了北极争夺

① 程保志．北极治理机制的构建与完善：法律与政策层面的思考．国际观察，2011，(4)：4.

的行列[①]。除此之外，环北极国家对北极航道究竟是各国共享还是归属于某国以及特定航段的归属问题都存在复杂的争议。

英国政府认为，对北极地区的管理领导权掌握在北极八国手中，这些国家在北极地区的利益诉求最为直接，对于北极的开发和治理拥有其他国家不可比拟的资源优势和经验优势[②]。鉴于当前北极八国在北极地区的主权和资源争夺战中扮演着主要角色，英国同这些国家在北极事务上的竞争、交流与合作（以交流与合作为主）是塑造英国在北极地区获利空间的最重要外部因素。如果说现有的组织资源和制度资源赋予英国在北极地区的合法权益，那么积极同环北极国家开展各种类型的交流与合作则具有特殊的政治价值：一方面表明了英国作为世界上有影响力的大国，同其他国家一道开发和保护北极的决心；另一方面也有利于在欧盟体制内，密切同丹麦、芬兰、瑞典等欧盟成员国的关系。

3. 英国政府低碳经济的国际影响力和政治表率作用

毫无疑问，气候和环境变化是北极面临的最严峻挑战之一。世界范围内的工业生产和居民生活等活动导致二氧化碳、甲烷等温室气体的排放量急剧增加，引发全球气温上升，极地地区生态环境脆弱，气候变暖在南北极的负面效应更为明显，并衍生出其他一系列的气候环境变化——这是目前北极气候环境变化最为公认的解释。显然，温室气体的排放是其中的关键一环。

英国政府认为，英国应当在应对北极气候变化的战役中承担领导者的责任。具体而言，“英国应在世界范围内推动减少温室气体排放量的进程，在更深层次上应对导致北极气候变化的潜在因素”[②]。为此，英国率先在世界范围内发展低碳型经济并且以立法形式不断加以巩固。2003 年，英国政府发布第一份能源白皮书 Our Energy Future—Creating a Low Carbon Economy，率先提出建设低碳经济和低碳社会的目标，其首要目标为到 2050 年将全英国的二氧化碳排放量减少 60%；2007 年，英国又发布了第二份能源白皮书 Meeting the Energy Challenge，在重申 2003 年减排目标的基础上，对减排工作做出细化规定，同时提出建立应对气候变化的国际框架；这之后，英国还颁布了《2008 气候变化法》《2008 能源法》《低碳转型计划》等专门性法律法规及政府文件。

英国所引领的低碳经济潮流具有多层次的国际积极意义。首先，由于英国原先采用的能源结构调整（即减少燃煤发电，扩大天然气发电比重）是一种“非实质性”[③]的二氧化碳减排方法，本国的温室气体排放空间已经缩小，在气候和环境问题上的话语权被美国等国压制和排挤。从这个意义上说，低碳经济对核能、风能、潮汐能

---

① 八国争夺北极全息图．新华网，http://news.xinhuanet.com/herald/2009-08/25/content _11939782.htm，2009-08-25.

② Polar Regions Department.Adapting to Change: UK Policy Towards the Arctic. https://www. gov.uk/government/publications/adapting-to-change-uk-policy-towards-the-arctic，2013-10-17.

③ 吕江．低碳转型计划与英国能源战略的转向．中国矿业大学学报（社会科学版），2010，(3)：29.

等新型能源的偏好能够发挥“实质性”的控制碳排放的功效。其次，发展低碳经济取得了实际效果。例如，英国2008年的二氧化碳排放量约为5.871亿吨[①]，较1990年减少了30.6%，超额完成了《京都议定书》以及欧盟温室气体减排负担分享协定所规定的减排任务，履行了减少碳排放量的国际义务。最后，英国的低碳经济立法具有鲜明的示范效应和政治表率作用。英国对气候变化的重视固然值得肯定，但是我们并不能忽视一个事实，即英国的温室气体排放量仅占世界的2%，快速崛起的中国、印度等发展中国家才是温室气体排放的主要“贡献者”，且不论是在认识上还是技术上都需要进一步加强本国的节能减排工作。英国不断推进低碳经济的立法进程和实施进程，对这些国家来说都值得大力学习和借鉴。

（四）科研利益

作为特殊的地理单元，北极地区独特的地理位置、气候环境、生物资源使其成为当今全球科学研究的前沿阵地。虽然目前人类在北极地区的生产生活规模十分有限，但是地球生态系统的整体性决定了我们必须重视并时刻关注北极的变化。首先，北极对于地球冰冻圈、水圈和生物圈的动态平衡具有不可替代的调节作用，既是全球气候变暖的主要受灾区域之一，又是气候环境变化的显示仪。气候变暖被认为是人类目前面临的最为严峻的环境问题，气温上升导致北极地区的浮冰加速分裂和消融。科学家指出，在北极地区借助气温观测、冰雪采样分析、地貌侦查等科学手段，人类可以对气候变暖进行动态追踪，更加深入地理解气候变暖的变化趋势，制定更为科学的应对策略。其次，北极地区的海陆环境特殊，不同于南极地区南大洋包围南极大陆的格局，北极的主体海陆构成是北冰洋及其周围的亚欧大陆和北美大陆，这正是目前地球上人口最稠密、经济最发达的区域。开展以生态评估和资源勘探为主要内容的北冰洋研究，有助于更加深刻地认识北极地区的海洋环境，确保北极生物多样性的延续以及矿产资源的可持续开发。

英国虽然不在北极圈内，但却是邻近北冰洋的近北极国家，很早便开始北极探险和科研活动。当前，在英国学术界，北极科研领域的专家学者占有相当大的比重，人数众多且成果显著，并且有趋势发展成为一个专业性的北极科研学术共同体。目前，在参与北极相关科研项目的77个机构中，高等院校占60%，其他各类型科研机构占40%。仅在2011年内，英国就贡献出500多项包括专著和期刊论文在内的科研成果，这一数量是2000年的5倍。英国在北极地质勘探、生物多样性研究、环境问题治理等众多领域所取得的科研成果，是以充足的资金支持为保障的。过去10年，英国的北极科研资金增加了5 000万英镑，用以支持138项科研项目，其中就包括最新一周期的北极科研项目（Arctic research programme）的1 500万英镑专项基金，该项目由英国自然环境研究理事会负责，预计2011~2016年完成。

英国政府将本国在北极地区的利益定位以及政策导向集中于一点，即如何认识

---

① Department of Energy and Climate Change.Annual Statement of Emissions for 2012. https://www.gov.uk/government/statistics/annual-statement-of-emissions-for-2012，2012-11-23.

以及适应北极地区的变化，主要是环境变化。不论是认识北极环境问题的现状、特点和紧迫程度，还是制定对策以遏制北极环境恶化的加剧趋势乃至修复既有的环境破坏，都建立在深入北极地区的实地科考的基础之上。同环北极国家不同的是，英国在北极地区没有领土和专属区域，这就意味着英国若希望在认识和适应北极地区变化的过程中发挥领导力（leadership），就必须在科研领域有所作为。事实上，英国政府对于北极科研的价值定位非常具有系统性和战略性，北极科研对于巩固外交关系、密切国际（特别是与环北极国家）合作、增进对北极的认识以及在此基础上准确制定北极战略和相关政策，都有着不同程度的积极意义（图 2）。

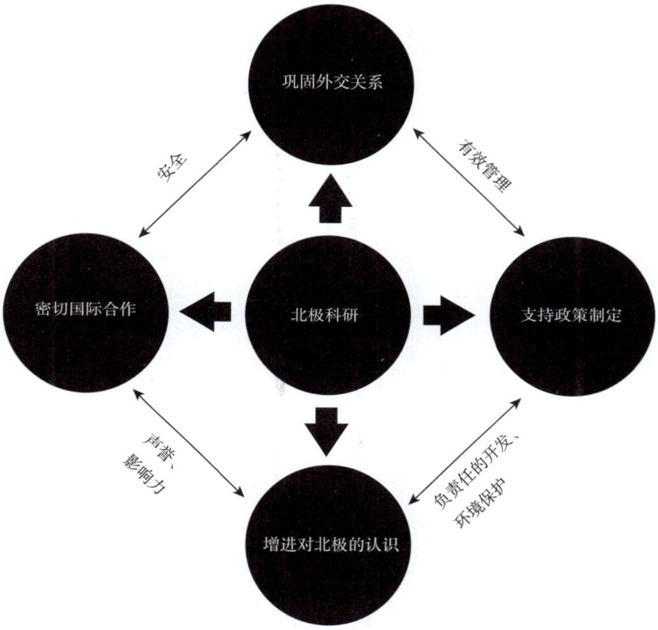

图 2　英国政府对北极科研的价值定位

资料来源：Polar Regions Department.Adapting to Change：UK Policy Towards the Arctic.https://www.gov.uk/government/publications/adapting-to-change-uk-policy-towards-the-arctic，2013-10-17

在英国政府的对外话语中，有两个词汇——“独立”和“合作”为其北极科研确定了基调。所谓独立，是指英国在北极地区的科研活动不受其他任何国家和组织的不良干扰；所谓合作，意指英国在现有北极制度框架内同其他国家广泛合作，并且寻求发挥领导作用。目前，英国的北极科研活动主要依托设在斯瓦尔巴德群岛的北极科考站。该科考站建于 1991 年，位于斯瓦尔巴德群岛的新奥尔松镇，主要承担高纬度地区的夏季科考活动，建站以来总计完成了近 70% 的北极科研项目，其中 14 项属于多国合作项目，主要合作方为加拿大、挪威等环北极国家，这也凸显了英国政府一贯强调的北极科研的“合作”性质。经过二十多年的基地建设，英国的北极科研已具备一定的国际影响力，英国在新奥尔松地区的科研实力已首屈一指，尤其是在科研现场安全维护、环境管理和污染预防等领域占据权威地位。从涵盖的学科领域来看，英国北极科研的范围亦十分广泛，主要包括冰川学、地质学、水文学、陆地和海洋生物学、大气物理学等。

总的来看，英国对于北极科研的战略定位清晰，并且众多领域取得了一定的成果，扩大了英国在北极科研领域的实际影响力，这也为其更进一步参与北极地区的综合开发和治理、更好地维护其北极国家利益争取了更多的国际话语资源。

二、英国实现北极国家利益的优劣势分析

（一）英国实现北极国家利益的有利条件

1. 英国具备近北极国家的地缘优势

根据同北极地区的地理位置关系，国际社会通常将这些国家分为三类，第一类是环北极国家，指的是美国、俄罗斯、加拿大、丹麦和挪威这五个北冰洋的沿海国家，以及芬兰、瑞典和冰岛这三个领土和管辖海域进入北极圈的国家，合称“北极八国”；第二类是近北极国家，顾名思义，是指同北极地区距离较近的国家，主要位于北半球，如包括英国在内的众多欧洲国家，中国、日本、韩国等亚洲国家；除此之外则属于第三类。这种以地理位置和领土范围为依据的划分方式尽管简单，但结合北极地区的战略价值以及在众多问题上的争议属性来思考，不难发现其背后隐含的地缘政治意义。

学界认为，北极地缘政治正逐渐表现出全球一体化的趋势，简而言之，在北极治理的宏观背景下，越来越多的国家和国际组织涌入北极地区。作为传统意义上的北极地区主权国家，北极八国理所当然享有参与北极事务的优先权，并且在关键问题上表现出同质的核心竞争力，即这八个国家在北极圈内拥有各自的领土和国际法定的管辖区域，这是其他任何国家所无法比拟的。

尽管如此，作为近北极国家之一，英国还是具备一定的北极地缘优势。首先，英国在早期的北极探险过程中发挥了重要作用，尤其在16世纪初至20世纪初的“北极航线时期”为西欧和北欧开辟通往亚洲的北极航道做出了持续性的贡献。20世纪以来，全球变暖的趋势越来越明显，在带来中诸多负面影响的同时也蕴藏着机遇，其中的重要一项，即北极航道的实用价值不断增加。随着北极冰川和冰盖的消融，北极航道的通航里程和每年的通航时段正朝着理论最大值不断逼近。借助北极航道，英国不仅可以节省可观的航运成本，而且可以借助环北极经济圈的巨大潜力实现本国经济的复兴。其次，英国毗邻挪威、冰岛等环北极国家，彼此间关系可以用“一衣带水”来形容，与美国、加拿大、俄罗斯等国也长期保持密切的贸易往来和外交关系。尽管北极八国倾向于垄断在北极地区的活动空间以及获益渠道，但是英国可以通过现有的国际条约等资源以及灵活权变的国家政策加以应对，使得环北极国家成为实现其北极国家利益的跳板和助推。

2. 英国在北极事务中掌握一定的话语权

一个国家在国际事务中的话语权是其参与事务并从中争取最大利益的重要保证。伴随着全球能源市场的波动和不断调整，北极地区丰富的资源储量将赢得不断扩大的升值空间；与此同时，北极地区脆弱的生态环境又使它成为气候变暖过程中世界各国的关注焦点。如何合理地分配北极资源的开发使用权，明确各国在应对气候变异和保护北极地区生态环境中的责任，围绕这两个中心议题，国际社会先后缔结了一系列条约和法律文件，成立了规模不等的国际组织，以便为所有在北极地区持有利益诉求、参与北极相关事务的探讨和治理的国际社会成员提供具有普遍约束力的行为准则和游戏规则。这些制度资源和组织资源正是英国在北极地区话语权的直接来源。

针对北极地区的开发和治理等问题，目前较有影响的国际组织有北极理事会、北冰洋科学委员会、国际北极科学委员会等。尽管北极理事会以其成员国“北极八国”为核心，但是英国作为为数不多的正式观察员国之一，有权出席理事会的会议并在会上发言和提交议案；同时，英国也是北冰洋科学委员会和国际北极科学委员会的成员国。

同南极类似，北极地区在很大程度上仍然是一个未知区域，现有的科技水平尚不能理想地应对人类在认识、开发和保护北极地区的过程中遭遇的诸多难题，特别是人类活动导致全球气候变暖进而引发北极地区冰雪消融的假说得到越来越多的赞同，如何利用和发展科学技术遏制这种恶化趋势成为国际社会的当务之急。从这个意义上来说，英国的低碳经济发展战略为强化本国的北极话语权提供了新的契机。英国政府认为，发展低碳经济能有效减少工业生产和日常生活中的碳排放量，从而“在更深层次上应对导致北极气候变化的潜在因素”①。英国的低碳经济以其两份能源白皮书（分别于 2003 年和 2007 年颁布）和一系列相关的能源立法为标志，提出以 2003 年为基准，在 2050 年之前将全英国的二氧化碳排放量减少 60%。低碳经济在减少碳排放量方面的确取得了实效，同时促进了英国的工业转型和产业结构调整；但尤为值得指出的是，英国在全球率先提出发展低碳经济的倡议并且公布详备的实施方案——这种国家战略具有显著的政治象征意义，间接地丰富了英国在北极地区的话语权。

3. 英国借助欧盟的实力和影响力参与北极事务

北极地区的油气资源储备和战略要冲地位吸引了国际社会的广泛关注和争相涌入，在此过程中逐渐形成了所谓八国机制或五国机制，即北极地区的关键性事务的政策拟定、相关权益的归属问题被环北极八国特别是美国、加拿大、俄罗斯、丹麦和挪威垄断，这些国家趋向于排斥其他国家在北极地区的各种实际活动和利益诉求。在这种形式下，欧盟对北极事务的深入参与对于推动北极治理的多极化和全球化就有着不同寻常的积极意义。

欧盟成员国地理位置决定了欧盟的生态环境、产业发展和航运交通等众多方面

① Polar Regions Department.Adapting to Change:UK Policy Towards the Arctic. https://www. gov.uk/government/publications/adapting-to-change-uk-policy-towards-the-arctic，2013-10-17.

都与北极密切相关：全球气候变暖越演越烈，北极气候条件恶化将直接威胁到欧盟的众多成员国的生存安全；欧盟拥有较高的工业化水平以及数亿人口的能源消耗量，北极地区丰富的能源储备能够为欧盟未来的能源安全提供有力保障；欧洲是世界范围内航运业最发达的地区之一，北极航道的通行能够为欧盟大份额的进出口贸易缩短航程和航行时间，节省相当大比重的运输成本。正是基于这一系列潜在利益的考量，欧盟加快了其北极政策进程。2007 年 10 月，欧盟委员会发布了《欧盟海洋综合政策蓝皮书》，重申欧盟对包括北冰洋在内的海洋资源的管理权利；2008 年，欧盟连续发表或拟定通过了《气候变化与国际安全》报告、《北极治理》决议和以“欧盟与北极地区”为主题的政策文件，意在强化欧盟在北极多边治理中的角色。国外有学者分析指出，在 2007 年之前，欧盟北极政策的关注焦点一直是北极气候环境变化等问题，此后则转而谋求提升自身在众多领域的实质性参与度，以及在规则制定等“软性质”事务中的话语权，成为一个“具备合法性和影响力的负责人的参与方”①。

就欧盟内部而言，绝大多数的欧盟成员国都属于近北极国家，其中就包括英国、法国、德国等极地科研强国，除此之外还包括丹麦、芬兰和瑞典三个环北极国家。随着一体化程度的提升，欧盟作为世界第一大经济实体的综合实力也不断增强，特别是在抵御全球性金融危机过程中表现出可观的复苏能力，这对冰岛和挪威的触动很大。实际上，这两个环北极国家已表露出越来越明显的加入欧盟的意愿，冰岛于 2009 年正式向欧盟委员会递交加入欧盟的申请。近年来，英国同这几个国家在北极相关事务上的交流与合作越来越频繁和深入。英国的政府网站上也为民众提供了前往挪威、冰岛、瑞典等国进行北极旅游探险的详细攻略。

（二）英国实现北极国家利益的不利因素

1. 北极地区尚未形成具备普遍约束力的完整条约体系

在当前的全球性南极治理事务中，以《南极条约》为核心的南极条约体系是国际社会普遍遵循的法律框架和活动准则。《南极条约》生效半个多世纪以来，吸纳了越来越多的国家和地区，较为成功地应对了南极地区以主权争端为核心的诸多矛盾。比较而言，北极地区尚未形成具备普遍约束力的法律条约体系，客观上造成了北极地区的话语权为环北极国家所垄断，而包括英国在内的近北极国家尽管同北极存在同样的利益关切，但却无法与环北极国家享受同等或相近的权利。

尽管国际社会呼吁缔结类似于《南极条约》的“北极条约”的声音不绝于耳，但是较之于南极，北极地区在形成普适性法律条约的进程中面临诸多阻碍②：首先，同南极地区的“无主”大陆形态不同，北极地区是在八个环北极国家在北极地区的领

① Offerdal K.The EU in the Arctic：in pursuit of legitimacy and influence.International Journal，2011，（66）：861-877.

② 刘惠荣，杨凡 . 国际法视野下的北极环境法律问题研究 . 中国海洋大学学报（社会科学版），2009，（3）：1-5.

土主权要求被公认的前提下而划分为领海、专属经济区、大陆架和公海等区域的，换言之，北极的部分地区是若干国家的专属领土，这就使得涉入国家的权责构成更为复杂；其次，国际法在应用于北极地区相关事务的过程中并非完全一致，相反一直存在互相矛盾和抵触的法律规定，即所谓国际法的“碎片化”（fragmentation of international law）或不成体系现象。

目前，北极地区最具影响力的法律条约主要有《联合国海洋法公约》和《斯瓦尔巴德条约》。虽然《联合国海洋法公约》并非北极地区的专属性条约，但是它体系完备，涵盖的有关领海、毗邻区、专属经济区的内容契合了北极地区的海陆分布特点，因此成为决断各国在该地区的权利和义务争端的主要标准；《斯瓦尔巴德条约》签订和生效于 20 世纪 20 年代，主要作用在于确认挪威对斯瓦尔巴德群岛行使主权，同时保证缔约国享有自由进出、科学考察和商业活动的合法权利。

在全球资源和环境形势急速变化的现实条件下，北极地区的国际争端主要是以领土和领海争端为核心，以各国在北极地区的势力活动范围和资源使用权的争夺为主要内容。如此看来，北极地区现有的法律条约还远远满足不了现实需求。对于现阶段“北极争夺战”中的大陆架等热门问题，《联合国海洋法公约》的相关条约多达 10 款，内容和程序复杂，客观上形成了法律漏洞并衍生出类似“2007 年俄罗斯北冰洋底插旗”的事端。显然，环北极国家是现有制度和法律体系的主要受益者，它们以各自在北极地区的领土主权为跳板，不断扩充大陆架和专属经济区的获利空间，结合环北极国家普遍国力强劲的事实，有观点甚至认为“是力量而不是国际法”[①]左右着北极争夺战的战局和战果。这种现状对于英国等众多北极八国之外的国家而言无疑是不利的。

2. 环北极国家的相互争夺以及对别国获利空间的压缩

正如前文所言，环北极国家在客观上享有参与北极事务的优先权，并且在关键问题上表现出绝对的竞争优势；而在主观上，这八个国家同样倾向于压缩北极地区的获利空间，垄断在北冰洋航运和矿产资源等领域的获利渠道，彼此之间的资源争夺战、势力范围争夺战更是此起彼伏。

一方面，环北极国家之间的矛盾和冲突构成了国际社会“北极争夺战”的主要内容。根据《联合国海洋法条约》的规定，除了内水和领海属于一国领土组成部分之外，沿海国家还享有对以下两个区域的权利：一是专属经济区，从领海基线向外 200 海里，国家在此区域内具有勘探、开发和管理自然资源的主权权利；二是大陆架，即一国陆地向海洋自然延伸的部分，国家享有勘探大陆架和开发其自然资源的主权权利。对应北冰洋地区的国家分布，可以发现这两类利益区完全被环北极国家垄断。由于国家法律体系的自身漏洞以及历史因素的作用，八国彼此之间对专属经济区和北冰洋大陆架的划归并未达成共识，相反，争夺和冲突日益激烈。历史上，北极地区的争夺经历了若干阶段，根据侧重点的差异表现为若干类型：首先是环北极国家根据“先占原则”“扇形原则”等不同标准争夺对北冰洋岛屿的主权，这种争端在第

① 吴慧．“北极争夺战”的国际法分析．国际关系学院学报，2007，(5)：36-42.

二次世界大战之前基本结束；其次是在领海、岛屿争端基础上衍生出的航路争端，这种争端一直存在，并且随着北极航道实用价值的增强而日渐明朗化；再次是北冰洋的划界争端和海底区域争端，集中表现为环北极国家对于海底大陆架的分歧和冲突。最新一轮较大规模的大陆架冲突起因于“2007 年俄罗斯北冰洋底插旗”事件，加拿大、丹麦和挪威等北冰洋沿海国家纷纷以《联合国海洋法公约》等国际法为依据，加速确认本国北冰洋大陆架的海底勘探等相关活动进程，以求最大限度地拓展本国的大陆架范围。美国尽管没有加入《联合国海洋法公约》，但鉴于其拥有绵长的北冰洋海岸线，绝对不会放弃对大陆架的争夺。

环北极国家对大陆架的争夺，实质上是对大陆架洋底以及岩层中储藏的油气和矿产资源的霸占和争抢。尽管北极地区的洋底开采技术尚未成熟，但面对全球能源枯竭的趋势，抢占北极地区的能源储备无疑是一颗诱人的定心丸。环北极国家对大陆架的争夺，伴随着各种法律和制度上的效力冲突以及传统型的军事安全威胁，这十分不利于北极地区形成权威性的规范机制，同时给该地区的长久和平稳定埋下了隐患。更为严重的是，无序的争夺战限制了诸如英国等近北极国家的合理获利途径，更无助于北冰洋大陆架乃至整个北极地区资源的可持续开发和管理。

在排挤其他国家参与北极事务这一问题上，环北极国家又显露出高度的利益一致性和“抱团”倾向，北极理事会就是有力的佐证。成立于 1996 年的北极理事会并没有所谓成员国更新机制，换言之，其成员国永远是环北冰洋的八个国家；尽管在其后的近 20 年中，理事会吸纳了其他国家和国际组织成为其观察员，但核心决策权始终握于八个成员国手中，理事会也事实上成为成员国协调内部利益冲突、限制非成员国实际利益的制度工具，甚至可以说直接塑造和强化了所谓“八国治理机制”。在 2012 年召开的努克会议上，北极理事会通过了《北极高官报告》，规定欲申请北极理事会观察员的国家或组织必须承认环北极国家在北极地区的“主权、主权权利和管辖权”，这被学界讽刺为“北极版门罗主义”①。

三、英国北极政策体系的内容

（一）英国北极政策的愿景

根据英国外交和联邦事务部 2013 年发布的《适应变化——英国的北极政策》（Adapting to change：UK policy towards the Arctic），英国的北极政策愿景是：英国致力于创造一个安全的北极，在国际法的框架下与北极原住民一道参与北极治理，通过高度发达的科学技术减少对北极环境的破坏，从而实现一个负责任的发展。英国政府在该报告中强调，英国的北极政策将围绕这一愿景展开，同时为了实现这一

① 孙凯，郭培清．北极治理机制变迁及中国的参与战略研究．世界经济与政治论坛，2012，(3)：118-128.

愿景，英国政府提出了三个基本原则。

（二）英国北极政策的三个基本原则

1. 尊重原则

英国政府充分尊重（respect）北极国家的在北极地区的领土主权，赞赏北极国家为北极的和平利用所付出的积极行动。与南极不一样，英国在北极地区不存在领土争端。由于英国在北极长期缺乏实质性的存在，且考虑到北极的历史以及国际法依据，英国政府一直没有在北极提出自己的领土主张。同时，为了畅通英国在北极实现国家利益的渠道，为英国实现北极国家利益创造一个良好的外部条件，英国政府一直承认北极国家对北极的领土主权，并且对一切北极国家出于和平和发展目的所采取的行动持欢迎态度。但是，由于北极国家内部在北极领土主权上存在争端，为了避免不必要的矛盾出现，英国政府巧妙地回避了这些矛盾，没有明确说明具体的领土归属，这就为英国参与北极治理减少了阻碍。

英国政府充分尊重北极原住民的历史文化传统，强调北极原住民作为永久参与方的作用和地位。在世界大国对北极资源的分配问题指手画脚之时，北极地区的原住民——北极地区真正的主人的声音却被湮没，对北极这种单方面和粗暴的干涉显然是不合适的。英国旗帜鲜明地指出要尊重北极原住民的历史文化传统，重视他们在北极治理中的地位，有其法理依据，因为在北极理事会框架下，依据《渥太华宣言》的规定，北极地区的原住民组织在北极理事会中被赋予了永久参与方的地位，永久参与方可以参与理事会的所有活动和讨论，理事会的任何决议应事先咨询其意见；虽然永久参与方没有正式的投票权，但是原住民的诉求在理事会的决策中会得到充分的考虑。

英国政府充分尊重脆弱的北极环境，正视北极在全球气候中的重要作用。英国政府之所以重视北极环境，是因为北极的环境系统与英国的利益密切相关。北极地区蕴含丰富的油气储量和多种矿藏资源早已成为国际社会的共识。而且，伴随着全球气候变暖，北极冰川大量融化，引发海平面上升等一系列环境问题，同时也让更多的北极区域裸露，为北极资源的开发以及北极航道的开辟提供了便利。但是，人类活动的逐渐频繁和深入，对北极环境的影响也越来越大，对北极环境造成了巨大的威胁。由于北极环境极度脆弱，人类微小活动都有可能导致“牵一发而动全身”的后果。例如，处于北极脆弱生态系的核心食物链，若链中有一环被破坏，就足以导致整个生态系统的崩溃。在北极这样极其恶劣的环境条件下，一旦发生这样的情况，原来生态系统的结构和功能就极难恢复，退化的生态系统不仅反过来导致环境的恶化，而且会造成物种的灭绝和生物多样性的减少。由于北极生态系统的生态环境十分严酷，生物资源不太丰富，在利用上又由于北极生态系统的地理位置具有环极性质，所以它的开发利用就带有全球性的影响，它的保护也属于国际性的保护问题。

2. 领导原则

英国政府在《适应变化——英国的北极政策》的报告中指出，北极治理的领导和主导权掌握在北极国家以及北极当地的原住民手中，因为他们是北极最直接的利益相关者，参与北极治理首先要明确他们的地位和作用。但是，英国政府认为这并不意味着英国在很多问题上没有发言权。英国政府认为，北极问题是全球气候变化大问题框架下的问题，尤其全球气候变化是北极面临的最大问题和挑战，而英国作为世界上降低温室气体排放的领导力量，同时也是对北极环境问题的认识最为深刻、科技力量最为强大的国家之一，可以作为重要的治理主体参与到北极治理中来。同时，英国在北极事务中的领导力（leadership）不仅仅体现在政府的层面，还体现在民间的力量上。在英国，一直具有非常活跃的非官方力量参与北极治理。例如，各个科研院所不仅在全球范围内在北极研究领域处于领军地位，而且为政府制定科学的北极政策提供了非常重要的智力支撑；民间的非政府组织拓宽了英国参与北极治理的渠道和路径，并且通过这些非政府组织的活动极大地增强了国民对于北极事务的认知程度；相关企业的参与也将北极丰富的资源及时地转化为商业价值，加大了英国对于北极资源的利用程度。

3. 合作原则

虽然北极国家在某种程度上一直排挤其他势力参与北极治理，力图把北极事务定义为“地区事务”，但是，由于北极的变化时刻关系着全球气候，和各国的利益都密切相关，因此，北极问题无法成为一个地区问题，更不可能排除其他国家的参与。英国积极寻求在国际法的框架下与北极国家进行双边或多边的合作（cooperation），确保北极治理在稳定与和平的轨道中运行。维持北极的和平稳定的局面符合各方的利益，同时为了让英国能够更好地参与到北极治理中来，通过双边和多边的机制是英国当下参与北极治理的必由之路。英国积极寻求与加拿大、挪威、芬兰等北极国家的合作，以合作的形式实现自身在北极的国家利益。这样做既可以以一种温和的态度参与北极事务，不被北极国家警觉，又可以在合作中不断增强自身在北极的实质性存在，为日后实现北极国家利益打下基础和开拓渠道。

（三）英国北极政策的“基石”

英国政府一直高度重视北极相关的科学研究，英国政府认为，全部北极政策实施的“基石”在于拥有雄厚的北极科研实力。在英国政府看来，雄厚的科研实力不仅加深了对北极的认识程度，而且直接作用于英国的外交政策，为英国与北极相关国家的合作奠定了基础。同时，强大的科研实力是英国实现北极国家利益的重要基础，决定了英国在北极各项目标的顺利实现，在英国实现北极国家利益的过程中扮演着桥梁和纽带的作用。

英国有大量活跃的北极相关科学研究机构，有46所大学和20个科研机构在从事着北极相关的科学研究，英国外交与联邦事务部2013年发布的《适应变化——英国的北极政策》的数据显示，2011年英国国内出版了超过500本北极相关的著作，这一数字是2000年出版量的4倍。同时，英国国家自然环境研究理事会（Natural

Environment Research Council，NERC）对北极科学的经费投入也逐年增多。

（四）英国北极政策的三个维度

1. 英国北极参与政策

英国北极政策的根本出发点是维持北极和平、稳定和善治的状态，因此，英国北极政策首先就是通过有效的形式和途径，加强与北极国家及原住民之间具有建设性的合作。在加强合作方面，英国政府的北极政策目标有以下三个方面。

（1）加强与北极国家的国家安全防务合作，增强英国在北极地区的军事能力。英国虽然不是北极理事会的成员国，但是北约成员国。由于北极理事会并无权正式讨论军事安全议题，因此，各成员国只能在非正式会议上进行相关讨论。鉴于各国之间很难建立起安全信任，这一协调机制能否真正维护北极的安宁也存在很大变数。因此，北约作为一个可以协调各国军事行动的国际组织，其宪章规定成员国需进行军事互助，故而英国有机会参加北极国家举行的军事演习。英国政府认为，要保持北极地区的稳定与安全就必须保证英国的军事力量能够在寒冷天气下作战的能力，因此，英国加强了与北极国家的军事合作，通过联合进行军事演习等方式提高军队在寒冷气候中作战的技巧，同时增强了英国军队的搜寻和救援能力。实际上，在北约框架内，丹麦、挪威、英国、芬兰、瑞典等国家每年都举行代号“忠实之箭”的演习，为介入北极冲突做好准备，英国甚至派出携载核武器的航母参加演习。

（2）英国反对制定一个类似《南极条约》的多边协定。北极国家一直反对像治理南极那样，通过一个普遍的国际法律来管理北极事务。其实质是最大限度地排除其他国家对北极事务的参与，使北极事务地区化。2008 年 5 月 28 日，五个北冰洋国家在丹麦格陵兰的伊鲁利萨特举行了部长级会议并且发表了《伊鲁利萨特宣言》。该宣言承认国际海洋体系为大陆架外缘的划分、海洋环境的保护、海洋科学研究、自由航行制度以及海洋的其他利用方面规定了各国的权利与义务，在国际海洋体系的框架内，五国将有序地解决相互重叠的主权权利的要求。五国同时认为，国际海洋体系为五个北冰洋的沿海国通过国内法和其他方式负责任地管理北极海域事务提供了坚实基础，因而没有必要建立一个综合性的国际法律制度来管理北冰洋。英国政府宣称支持北极国家为北极地区的发展做出的努力，并且要求在国际法的框架下推动北极地区善治的实现，它认为，在当前情况下，推动出台一个类似于《南极条约》的条约来管理北极事务是没有必要的。

这一政策背后的更深的逻辑在于，如果出台了一个多边协定，就会让更多的国家参与到北极治理中来，实现了北极地区的非军事化，英国就无法在凭借北约国家的特殊优势地位参与到北极利益的分配当中。在目前的情况下，北极理事会作为当下最权威的北极事务的协调机构，排除了中国等其他国家的最实质性参与，但是英国却可以凭借其作为北约国家参与到北极地区的军事演习中，增强其在该地区的实质性存在和话语权。一旦类似于《南极条约》的多方协议出台，那么英国就会丧失当前的优势地位，其北极的国家利益也会相应受损。

（3）充分利用北极理事会的正式观察员国地位，积极参与北极理事会的政策制定。北极理事会对接纳观察员的条件、观察员义务和权限做了相当苛刻的规定：一个国家要想成为观察员，就必须承认北极沿岸国家在北极的主权和管辖权，只有北极八国可以确定世界各国在北极的行为准则，其他国家必须遵守这些准则。作为观察员国，其首要职责是通过参与理事会特别是工作小组的项目并为其提供协助。观察员可通过任一成员国或永久参与方提出项目建议，经邀请参与理事会附属机构会议，如经主席许可，可继成员国与永久参与方后就会议议题发表口头或书面声明，提交相关文件及陈述意见，但是，在部长级会议上，观察员只能提交书面声明。

英国虽然不具投票权，也无权在年会上发言，亦不能参加部长级会议，但是在北极议题上具有合法的权利：一是知情权，即可以自动列席参加北极理事会的会议，并就某一问题与成员国或永久参与方共同发表声明、提交文件、提出观点；二是提案权，即可在北极理事会下设的各工作组享有提案权，从而更深入、更自由地参与北极理事会的事务。但是，北极理事会每四年会评估一次正式观察员资格，如果四年之中观察员没有做出贡献，就有可能被取消资格。英国通过正式观察员国所获得的权利，扩大了其参与北极治理的广度与深度。

2. 英国北极环境政策

英国认为北极科学研究的水平是支撑英国北极政策的基石。英国政府每年通过自然环境研究理事会投入大量资金用于北极环境和气候方面的科学研究。英国政府鼓励更多北极议题的科研国际合作。

（1）应对北极气候变化。气候变化是北极当前面临的最大威胁和挑战。英国与欧盟及其他国家的目标一样，都是努力减少人类活动产生的温室气体的排放量，减缓全球变暖的趋势。英国政府宣称将在这一过程中扮演领导者的角色，引领全球共同减少温室气体排放，阻止恶性的气候变化。作为《京都议定书》下削减温室气体排放义务的发达缔约国，英国多年来切实履行其承担的减排义务，并为此出台了一系列的气候变化政策和措施，旨在降低温室气体排放和提高能源利用率。英国还较早地采取了法律、税收等措施应对气候变化。早在 1998 年，英国就制订并出台了温室气体排放交易计划；2001 年英国政府率先征收气候变化税；2007 年《气候变化法草案》提交英国议会审议，在第二年的 11 月正式批准生效。英国在应对气候变化的道路上迈出了坚实有效的步伐。

（2）保护北极生物多样性。北极存在超过 2.1 万种生物，包括高度耐寒的哺乳动物、鸟类、鱼类、无脊椎动物、植物、真菌和微生物物种，其中一部分物种仅存在于北极地区。北极还是数以百万计候鸟的繁衍生息地，这些候鸟飞往世界各地，为全球生物多样性做出贡献。但是近年来，由于气候变暖导致万年冰川消融、北极迁徙物种遭受过度捕猎威胁、北极地区开发和商业捕捞影响以及人类活动带来的污染等，北极生物多样性遭受了巨大的破坏。由于地理上的原因，英国与北极国家享受相似的北极海洋渔业资源，因此英国致力于北极地区生活多样性的保护，支持建立针对海洋生物保护的北极海洋保护区，推动新的北极生态保护法律的全球性框架公约和区域性北极生态保护法律制度，同时英国还旗帜鲜明地反对商业捕鲸。

（3）减少商业活动对北极环境的影响。随着北极冰层融化，运输路途缩短，商业捕鱼水域增加，北极地区丰富的石油、天然气和矿产成为可获得的资源，这引发了全球对该地区影响力和商业机遇的竞争。人类活动的急剧增加对北极脆弱的生态环境构成了巨大的威胁。英国一方面呼吁对北极使用最为严苛的环境保护标准，另一方面号召在联合国海洋法会议的框架下，努力减少人类航运、捕鱼等活动对北极环境的影响和破坏。尤其在渔业资源的问题上，英国政府认为渔业资源应当在相关利益主体的共同协商下共同开发利用，反对单边的“涸泽而渔”的做法。

3. 英国北极经济政策

英国政府在北极经济政策的核心是“支持合法且负责任商业活动”。由于北极脆弱的生态环境，从事商业活动的前提是不损坏北极的自然环境，英国政府极度反对以环境为代价的商业活动，同时，英国政府也非常重视对北极资源的开发和利用，认为这是一项合法的权利，应当被重视和支持。英国在北极的经济政策有以下三个政策目标。

（1）保障英国的能源安全。由于英国国内大力推进低碳经济，大量炼油厂关闭，来自北海的原油产量也急剧下降，自 1984 年以来，英国在 2014 年首次成为石油产品的净进口国，英国对进口原油的依赖将会持续增加。2012 年，英国国内有 55% 的天然气进口是来源于挪威，且挪威将在未来很长的时间内成为英国的国内能源的主要供应国家。挪威在开发北极油气资源方面有着悠久的历史和极高的安全记录，挪威在北极的利益与英国的能源安全息息相关。因此，英国政府会加大从挪威进口油气资源的基础设施建设投入，并通过参与项目等方式参与到挪威开采北极油气资源中来。

（2）保障英国北极的航运利益。由于全球持续变暖，北极航道已经在夏季可以通航，这对于英国有着直接的经济利益，并且对世界的地缘政治格局有着深远的影响。首先，英国政府高度重视北极航运中的规则构建。英国政府一直强调国际海事组织应当是国际航运的最权威的规则制定方，国际海事组织在促进各国间的航运技术合作、鼓励各国在促进海上安全、提高船舶航行效率、防止和控制船舶对海洋污染采取统一标准、处理有关的法律问题等方面都发挥着积极的作用。英国认为应当在当前的制度框架下进行北极航运，反对对当前的既有规则进行大的改变。其次，英国政府高度重视航运安全。英国推动了国际海事组织在 2014 年 5 月 20 日批准了关于北极海域航行安全的一整套全新规定，使《极地水域船舶航行安全规则》具有全球约束力这一目标迈出了关键性的一步。《极地水域船舶航行安全规则》涵盖了极地区域船舶航行的所有方面，包括船舶设计和建造，船员培训和航海，提高协调搜救行动能力；它将被应用于船舶重量超过 500 总吨的所有客轮和货轮。最后，英国政府重视北极航道的水文调查。英国政府依托英国国家水文局对北极航道进行了系统的勘测和调研，掌握了翔实的水文信息，为北极航运安全提供了坚实的保障。

（3）推动北极旅游业和渔业可持续发展。旅游业和渔业是私人企业、非政府组织在北极开发和利用过程中获取经济利益的重要渠道，是开发利用北极的重要方面，对英国加强在北极的实质性存在地位也具有非常重要的意义。北极旅游方面，伴随着近年来北极议题逐步走向大众视野，北极旅游也逐年升温。但是，由于北极旅游开发程度不高，各方面安全和救援保障体系建立不完善，对于北极旅游的安全性提出了巨大的挑战。英国政府一直强调北极旅游的安全性，在专门的网站上为赴北极旅游的人群提供了专门的旅游指南，同时也加强与旅游行业的沟通和合作，不断更新旅游信息，为北极旅游创造良好的外部环境，推动北极旅游业可持续发展。在开发北极渔业资源方面，英国政府首先强调，北极的渔业资源开发应当不以破坏北极渔业生态资源为前提，北极的渔业资源开发应当有足够的科技实力作支撑，避免盲目开发和利用。英国支持区域性渔业管理组织在保护北极海域生态系统中所作的努力，并且会加强同欧盟的合作，促进北极渔业资源合理科学地得到开发利用。

四、英国北极政策对中国的借鉴价值

英国和中国在北极问题上具有诸多的相似点，一是与北极的相对地理位置相似。英国和中国同属非北极国家，地理位置上远离北极，容易受到北极国家“门罗主义”的影响；二是参与北极事务历史传统相似。英国和中国参与北极事务历史都比较短，英国虽然早在四百多年前就有探险队前往北极，但是参与缺乏连续性，两国在北极的实质性存在程度都不高；三是国家对北极事务的态度相似。与南极事务不一样，英国尚未出台有关北极的国家战略，中国也尚未形成系统的北极政策文件，北极政策依然是中国整体外交战略中的一部分。两国对北极的定位也基本一致，原则上都承认北极国家在北极地区拥有主权、主权权利和管辖权，拥有更为重大的利益，也理所当然应在北极事务中发挥更大作用。但是非北极国家在北极也应当拥有相应的航行、科研权利，有理由关注北极的自然变化和北极航道的开通。北极国家与非北极国家在跨区域问题上有共同利益，应当加强沟通和合作。基于以上三点，英国的北极政策对中国具有一定的启示和借鉴意义。

第一，跳出北极国家“门罗主义”对中国参与北极治理的限制，逐步增加参与北极治理的深度和广度。

英国和中国一样，在参与北极治理的过程中都遭受着北极国家“门罗主义”的影响和阻挠。所谓“门罗主义”，最早来源于美国总统门罗在1823年向国会提出的咨文中，其中提出“今后欧洲任何列强不得把美洲大陆已经独立自由的国家当做将来殖民的对象”，其实质是排除了欧洲列强干预美洲的事务。这项原则就是门罗主义最初的起源。在北极事务方面，门罗主义的表现是在北极国家极力把北极事务划定为地区性事务，对其他国家的参与保持警惕，企图把北极变成北极国家独享的“领地”。这主要表现在：一方面，北极理事会作为一个地区性组织，其对成为观察员国的条件和享有的权利做了严格的限制。一个国家想要成为北极理事会的观察员国，前提就是必须要承认北极国家的主权和管辖权，而且世界各国在北极的行为准则也必须由北极八国确定。然而，观察员的权益则主要集中于拨款保护北极生态、科学考察等方面，如果想在北极进行资源开发和利用，同样需要得到北极国家的集体认可和同意，这无异于向世界宣布，只有北极八国才能有权享有北极；另一方面，拒绝制定新的国际条约来管理北极事务，通过维持北极八国稳定的同盟关系来维持北极治理的现状。目前，世界上还没有专门和北极相关的国际条约，这为北极八国利用各种手段划分北极势力范围，排挤非北极国家的参与提供了便利。2008 年 5 月，北极沿岸的五国——美国、加拿大、俄罗斯、丹麦、挪威召开会议并且在会后发布了共同宣言，特别强调了没有必要制定新的国际法来约束各方的行为。在当前情况下，北极理事会作为一个国际实体，在协调北极国家共同关心的北极事务方面，促使各国采取集体行动方面发挥着不可比拟的作用，在此次会议中，北极理事会的作用被进一步强化，各国不仅认为北极理事会需要提出建议，更要制定具有法律效力的文件。这一做法的实质就是要把北极理事会变成由北极八国控制和主导下的主管北极事务的“政府”。

总之，北极八国为非北极国家利用自身的优势地位参与北极治理设置了非常高的门槛，这种北极治理中的“门罗主义”也成为中英等非北极国家参与北极治理最大的障碍。然而，英国巧妙地应用了其北约缔约国的身份，很好地化解了北极国家以“门罗主义”对其参与北极治理造成的不利影响，在参与北极治理中走在了各个非北极国家的前面。具体而言，一方面，英国政府强调自己承认北极八国对北极的主权和管辖权，同时还宣称当前的北极治理机制非常有效，没有必要去制定新的国际法来管理北极事务以及各方的参与。这就在根本问题上赢得了北极八国的认同，维护了北极国家的根本利益，为英国进一步参与北极事务赢得了重要前提。另一方面，作为北约的重要缔约国和美国的盟友，英国积极利用这一优势地位，参与到北极各国的联合军演中，谋求在北极地区的实质性存在。在当前局面下，北极理事会仅仅是一个由八个北极国家组成的政府间论坛，其宗旨是保护北极地区的环境，促进该地区在经济、社会和福利方面的持续发展。北极理事会尚无法承担协调各国军事行动的职责，而在北极八国中，只有俄罗斯、芬兰和瑞典不是北约的缔约国，且俄罗斯和美国在战略意图上存在一定差异，这样，北约就自然成为协调北极国家军事和安全防务事务的重要组织，英国利用同是北约缔约国和美国亲密盟友的关系，经常参与到北极地区的军演当中，为英国参与北极事务开辟了一条新的途径。

对于中国而言，应当具有充足的智慧和战略眼光，破解北极八国的“门罗主义”带来的参与北极治理面临的体制机制上的障碍：一方面，中国应当承认北极八国在北极享有的实质性的主权和管辖权，获取参与北极治理的“通行证”。在北极资源高度被北极国家把持的现状下，中国应当学习英国政府低调务实的态度，承认当前现状，争取与北极各国之间达成战略互信，以渐进的方式和谦虚、谨慎、务实的态度参与到北极治理中来。中国于 2013 年成为北极理事会正式观察员国，这是中国参与北极治理进程中的一件大事，为中国全方位参与北极事务开辟了渠道。中国应当充分利用观察员国的权利，在北极事务中努力发出自己的声音，为实现中国的北极国家利益铺平道路。另一方面，中国应充分利用北极八国之间的矛盾和分歧为实现中国北极国家利益服务。虽然北极国家在对待非北极国家的态度上总能够保持一致，但实际上它们之间也存在着尖锐的主权纠纷和矛盾，这一点客观上为中国参与北极事务提供了便利。具体而言，在美国、俄罗斯、加拿大、挪威和丹麦五国中，俄罗斯和加拿大、丹麦三国间存在着罗蒙诺索夫海岭的问题，加拿大和丹麦间存在汉斯岛主权争端，美国和加拿大间对西北航道的法律地位存在分歧。北极国家间为了解决彼此之间的矛盾，增加各自的胜算砝码和话语权，都不约而同地把目光投向了经济高速发展、国际地位不断提高的中国身上。中国应当充分利用这一有利条件，游刃有余地处理好与各北极国家的关系，逐步提升自身在北极事务中的话语权和影响力。

第二，承认北极原住民在北极事务中的地位和作用，加强与北极原住民的合作。

不同于荒无人烟的南极，北极这片广袤的土地虽然冰雪肆虐，却依然是上百万原住民休养生息的家园。北极地区生活着20多个原住民族，最早在北极地区居住的是因纽特人，除此之外还有萨米人、科米人、雅库特人、鄂温人、多尔干人、恩家那桑人、恩特西人、南特西人等[①]。根据《渥太华宣言》的规定，目前在北极理事会中，有六个组织有资格代表北极地区原住民，并且作为永久参与方参与理事会的各项工作。这意味着北极理事会已经正视北极原住民在北极事务中应具有的地位和作用。但从本质上说，北极理事会重视北极原住民的根本目的是想借助北极原住民的参与，增强北极的地方色彩，从而可以以此为借口制约其他非北极国家参与北极治理的活动空间，延缓北极治理的国际化进程。但是，这从另一方面也强调了北极原住民在北极经济开发活动中的地位，即任何在北极的经济开发活动都必须要得到当地人的支持，任何经济开发活动都需要吸纳当地人的参与，并且要有利于他们的福祉。

英国政府多次在政府文件中提及北极原住民的福利，强调原住民在北极治理中应具有的作用和地位，充分考虑到了北极原住民应当具有的生存权利和经济利益，承认了北极原住民参与北极事务的权利，并且号召加强与北极原住民的合作，争取他们的支持，这些举措是符合北极理事会的基本精神的，同时也可以引导北极治理朝着一个多方参与的方向发展，对于中国也具有非常强的指导意义。

中国应当旗帜鲜明地承认北极原住民的政治经济地位，尊重北极原住民的传统和文化，获得北极原住民的认可和好感。虽然2006年中国在联合国人权理事会支持通过旨在保护土著人基本权利和自由的《土著人民权利宣言》，促进和保护他们的基本人权与自由，确保他们赖以生存的自然环境和资源，承认珍惜和维护他们的传统文化是国际社会义不容辞的责任，但是在北极原住民的问题上，中国政府目前没有在合适的场合确立过北极原住民这一群体的参与权利和政治经济利益。在当前的

① 潘敏．北极原住民研究．北京：时事出版社，2012：39.

情况下，北极原住民组织虽然以永久参与方的身份可以参与北极理事会的所有事务的讨论和活动，并且北极理事会的任何决议都会先征求北极原住民组织的意见，但是，对北极事务最终具有决定权的还是北极八国，北极理事会并没有赋予北极原住民组织以投票权。作为生活在这片土地上的主人，无法作用该地区的事务，这一状况是有失公允的，北极原住民应当对自己家园的事务具有投票权。中国政府应当以高度的政治智慧，适时推动北极原住民在北极事务中话语权的提升，充分发挥自身是《联合国海洋法公约》、国际海事组织的成员的优势和作用，参与北极治理相关国际制度的供给，促进北极理事会的决策机制朝着更加民主的方向发展，与北极原住民建立起良好的互信关系，在北极事务中获取他们的支持和信任，为中国实现北极国家利益创造良好的政治环境。

此外，中国还应当积极支持北极原住民改善生活居住条件，实现原住民应当享有的环境安全、生存权利和北极资源的经济利益。目前北极有 20 多个原住民族，长久以来，北极原住民一直依循着传统生活方式。20 世纪后，加拿大政府在这些地区通过提供基本医疗设施、建立学校的方式，逐渐延展国家的“触角”。原住民也开始学习英语，自身的风俗和传统则只通过家庭与口述的方式传承。近年来，随着北极开发步伐的加快，越来越多的外来人涌入北极地区。在获得更多自主权的同时，很多原住民也放弃了渔猎，开始专门加工毛皮向外界换取工业品。相比来说，原住民人口呈现出快速增长和结构年轻化的趋势，但收入水平依然低于南部地区的非原住民。为了赢得北极原住民的支持，中国政府应当积极参与北极原住民社会的经济建设，通过创造条件参与到原住民社会的各项基础设施建设中来，帮助他们发展当地经济，投资具有前景的商业项目，同时提升原住民的文化教育水平，在充分尊重原住民传统和文化的基础上，引领北极原住民适应现代社会，推动北极原住民社会快速现代化和融入现代社会，为北极原住民各项经济利益的实现创造机会和便利条件。

第三，鼓励民间力量参与北极治理，在北极商业领域里努力有所作为。

近年来，全球气候变暖导致北极冰层融化，商业捕鱼水域增加，北极地区丰富的石油、天然气和矿产成为更易开采到的资源；同时这也使开通连接欧洲、东亚、北美的北极航线成为可能，缩短运输路途。这引发了全球对该地区影响力和商业机遇的竞争。2014 年 10 月，为期两天的首届北极商务大会在北极圈内的挪威西海岸港口城市博德开幕，大会探讨企业如何以负责任、安全和可持续的方式在北极地区从事商业活动，这也反映了当前北极的商业活动已成为各国参与北极事务的重要途径。

而北极治理作为一个容易触碰到当前敏感问题的领域，过多官方的介入易于引起北极国家的警惕和排斥。作为以经济利益为导向的民间的私人企业，在这方面具有诸多优势：一是低政治敏感度。目前，中国过于积极地瞄准北极的行动会引起北极各国的警觉，这客观上是由中国成为世界第二大经济体和作为全球新兴大国的地位决定的。而通常民间的商业活动，无论是瞄准北极丰富的自然资源开发，还是致力于北极环保行业，都能够较好地绕开北极主权、领土管辖等高政治敏感度的话题，避开北极国家高度敏感的“政治红线”，能够让北极各国易于接受。二是商业领域的介入契合了北极治理的现实需要。客观地说，北极治理需要高速发展中的中国参与。当前北极地区有 1 000 多万人口，30 多个行政区，但是经济社会的发展水平却远远落后于北极国家的其他地区。目前北极地区要得到发展，必须要大力加快基础设施的建设速度，而中国丰富的劳务资源和金融资本无疑对北极各国极具吸引力。加强与北极各国的经济交往，拓宽北极环境保护、科学研究等方面的合作正契合了当前北极地区建设和发展的需要。

英国政府在其外交与联邦事务部发布的报告中专门提出，英国目前具有一系列和北极航运、渔业、环保等领域相关的企业，可以在北极地区经济社会发展中大显身手，英国政府也非常支持相关企业在北极的业务拓展，并力争让英国的企业在北极地区发展中成为领导力量。

目前，中国在北极地区的经济参与方兴未艾，但中国在具体推进在北极地区的经济活动时会遇到包括政治、法律、社会、技术、环保在内的诸多问题和挑战。例如，有的国家会以所谓国家安全为由阻止中国公司的收购计划；在北极航道利用方面，可能会遇到复杂的法律问题；在原住民地区进行的开发项目，会遇到特殊的政策与社会问题；在北极特殊的冰区和寒区进行资源勘探和开采活动，需要特别的技术和知识；而在北极地区进行的任何人类活动，都需要遵守比其他地区更加严格的环境保护标准。

对于中国政府而言，应当积极培育一大批技术实力雄厚、富有创新精神、熟悉北极事务的企业，在北极地区经济社会建设的各行各业中力争占据一席之地，在促进北极地区经济社会发展的同时拓宽中国参与北极事务的渠道，力争让中国丰富的劳务资本和金融资本在北极地区的经济建设中发挥巨大作用，成为北极地区经济社会进步的重要推动力量。另外，对中国企业来讲，为今后更好地获得在北极地区的经济参与机会，一定要从现在开始准备，早作打算与安排。例如，需要了解北极国家与北极事务相关的政治与法律制度；需要了解原住民在北极开发中的特殊地位；需要了解和掌握在北极地区进行航行、开采以及其他产业活动相应必须具有的特殊技术与技能的支持。

参考文献

程保志 . 2011. 北极治理机制的构建与完善：法律与政策层面的思考 . 国际观察，（4）：4.

丁煌 .2013. 极地国家政策研究报告（2012—2013）. 北京：科学出版社 .

丁煌 .2014. 极地国家政策研究报告（2013—2014）. 北京：科学出版社 .

李浩武，董晓光 . 2010. 北极地区油气资源及勘探潜力分析 . 海外勘测，（3）：73-83.

潘敏 . 2012. 北极原住民研究 . 北京：时事出版社 .

孙凯，郭培清 . 2012. 北极治理机制变迁及中国的参与战略研究 . 世界经济与政治论坛，（3）：118-128.

吴慧 . 2007.“北极争夺战”的国际法分析 . 国际关系学院学报，（5）：36-42.

夏立平 . 2011. 北极环境变化对全球安全和中国国家安全的影响 . 世界经济与政治，（1）：122-133.

姚国成 . 2004. 英国渔业概况及其对广东渔业可持续发展的启示 . 中国渔业经济，（2）：52-54.

Molenaar E J.2013.The Law of the Sea and the Polar Regions：Interactions between Globla and Regional Regimes.Boston：Martinus Nijhoff Publishers.

Powell R C，Dodds K.2014.Polar Geopolitics?Knowledges，Resources and Legal Regimes. Cheltenham：Edward Elgar Publishing Limited.

Stewart J B.2013.The United States in the Arctic：Key Areas of Study and Environmental Change Considerations.New York：Nova Science Publishers.

研究报告 5

芬兰实现北极国家利益的经验借鉴[①]

【摘要】 在气候变化的影响下，北极地区开发条件的改善使其蕴藏的资源得以逐步显现，对于我国来说具有十分重要的价值。但我国北极研究起步较晚，同时科技和地缘的限制阻碍了研究的深入，束缚了我国北极国家利益的实现。芬兰作为北极八国之一，在实现北极国家利益方面积累了丰富经验。首先，芬兰在制定北极战略和处理北极事务的过程中，一直突出强调环境保护、可持续发展、原住民权利等为国际社会普遍认可的观念，不仅使其北极战略和行动更易为其他国家所接受，同时也使之掌握的观念资源得以巩固和加强。其次，结合自身国情，将国际合作置于北极战略中的突出位置，寻求与其他国家的合作、共赢，使本国北极行动的成效趋于最大化。再次，突出强调本国在处理北极事务中的独特优势，并以之作为国际合作的基础，充分发挥自身优势，拓展利益空间。最后，弱化军事防务等易与其他国家发生冲突的高敏感度话题，重视对北极地区的科学研究和考察，秉持保护北极环境不受破坏和为人类共同应对环境问题做出贡献的理念，加深对北极地区的了解。

我国在实现北极国家利益的条件、途径、方式等方面与芬兰存在诸多不同，但应当明确的是，两国在利益构成、行动意图、主导观念等实质性内容上则并无根本差异，更多地表现出一致性。我国应当充分借鉴芬兰在实现北极国家利益方面的有益经验：第一，重视对国际交往中观念资源的开发和利用，通过确立观念资源优势构筑我国与其他国家合作的共识和基础；第二，重视国际合作，以低敏感度领域为切入点，开展广泛、深入的国际合作，拓展我国实现北极国家利益的能力和空间；第三，充分发掘我国在参与和处理北极事务中的优势，扬长避短，达到北极国家利益实现的最大化；

① 作者简介：秦天宝，男，武汉大学珞珈特聘教授、法学院副院长、环境法研究所所长、博士生导师；张庆川，男，武汉大学法学院硕士研究生。

第四，继续加强对北极地区的科学研究和考察，同时，加大对北极相关社会科学研究的投入力度，改善科研领域重自然科学而轻社会科学的失衡现象，推动我国北极研究的合理、均衡发展。

【关键词】 北极　芬兰　国家利益　极地战略　经验借鉴

一、芬兰在北极的国家利益分析

学界对于“国家利益”的定义及其内涵的理解具有多元性，并未形成具有权威性的一致看法，以至于“国家利益”被看做是“一个弹性很大、易被随意解释的词语”“在任何一个特定时间内占优势的国家利益概念只不过是各种政策动机的混合物”[①]。为避免理解上的偏差和混乱，有必要对本文所言“国家利益”的概念和内涵进行简要阐释与说明。

（一）对“国家利益”的界定

本文所言“国家利益”采用《极地国家政策研究报告（2012—2013）》中对其概念的界定，即“影响和满足一个民族国家生存与发展的合法需要，以及为了实现这种需要而对社会资源的占有、开发、利用和分配”[②]。这一界定的得出源自对“利益”“国家利益”相关学说的剖析、吸收与融合。“利益”是“国家利益”的核心语素，对其概念的阐释分为主观论、客观论、关系论三大类别。持主观论的学者认为，利益是主体对客观事物的内心感受和主观需要；持客观论的学者认为，利益是主体所追求的客观事物；而持关系论的学者则认为，利益是主体与客体之间的一种关系。通过对三种学说的对比分析，我们可以发现主观论混淆了利益与需要的概念[③]。而客观论则无法区别利益与资源的差异，唯有关系论对利益的阐释是明确而合理的，因此可以说“利益”是客体对主体存在和发展的一种肯定性关系，是主体、主体需要和满足主体需要的资源在主体行为作用下的有机统一。利益主观上表现为主体需要的满足，客观上表现为主体对所需稀缺资源的占有，利益的大小取决于主体满足的程度或主体对所需稀缺资源的占有程度。以此为基础，我们可以说“国家利益”源自于国家生存和发展的需要，这种需要在国际法构建的国际秩序的约束和规制下获得合法性，而满足这种需要的客体则不仅指向国家内部，同时也指向整个国际社会。

这种关系论下的“国家利益”概念既避免了物质主义对资源追逐的无指向性，也弥补了建构主义对物质基础的过分弱化。同时，关系论也是构筑“资源—利益—政策”分析框架的基本逻辑方法。国家的生存和发展需要指向对资源的占有、开发、

① 丁煌．极地国家政策研究报告（2012—2013）．北京：科学出版社，2013：10.

② 丁煌．极地国家政策研究报告（2012—2013）．北京：科学出版社，2013：11.

③ 王伟光．利益论．北京：中国社会科学出版社，2010：78.

利用和分配，这种主观需要与资源的稀缺性相结合构成具有竞争性的国家利益，国家为获取这种利益所制定的行为规划就是政策。从这一意义上说，政策的目的在于对客观资源与主观需要之间连接能力的建构与发展，因此与“国家利益”的概念相契合，本文所指“芬兰实现极地国家利益的经验借鉴”同样是一个广义的范畴，不仅包括对芬兰具体极地政策的解读，同时也涵盖对芬兰极地战略的趋势分析。为了使对芬兰北极国家利益的描述和其后的经验分析更为明晰，我们依据传统划分方式，将芬兰的北极国家利益划分为安全、经济、政治和科研四个方面予以解读。

（二）安全利益

从传统意义上来说，安全利益仅指国家在军事上的安全需求及其相应保障，属于政治利益的范畴。随着时代的发展，安全利益的外延不断拓展，尤其是冷战结束之后，军事对抗的尖锐程度逐渐降低，经济全球化以及信息技术的飞跃式发展在进一步弱化国家之间对抗性的同时，使国家间联系的紧密程度急剧加深。这对国际体系和国际问题的处理产生了深刻影响：一方面，一国问题的形成往往与国际因素相连接，其产生的影响亦常常超出一国范围，波及特定国际区域乃至全球；另一方面，一国问题的解决也更多地依赖于国际合作，受其他国家影响的程度大大加深。经济、环境等当前国际社会普遍关注的问题，对一国的生存和发展表现出越来越重要的意义。值得关注的是，这些问题受到的全球化冲击尤为剧烈，一国的经济、环境状况不再仅由自身所决定，而与其他国家的政策、行动相连接，产生“对流式”的相对关系。这一关系的状态触及的是一国生存的根基，从而更多地表现出安全利益的性质，经济安全、环境安全等非传统安全利益成为国家安全利益中不可忽视的重要组成部分。

安全利益在芬兰的北极战略中处于基础性地位，其重要性不言而喻。同时，芬兰北极战略对安全利益的阐释又与一般的国家战略存在很大不同，体现出注重非传统安全利益而淡化传统安全利益的特点，在北极地区的现有形势下更易于为国际社会所接纳，对我国制定北极战略具有十分重要的借鉴意义。因此，本文将芬兰在北极的安全利益列出，单独予以分析。

1. 传统安全利益

传统安全利益在国家利益中一直处于极其重要的地位。尽管三大主流国际关系理论，即现实主义、自由主义、建构主义，对安全利益的阐释各有侧重，存在较大差异，但都在“国际体系处于无政府状态”的基本假设下，将安全定位为国家的首要关切利益。新现实主义的代表人物沃尔兹更将安全作为国家利益的核心①。在国际体系处于无政府状态这一假设的基础上，加之国家是当代国际社会的活动主体，因此某种意义上可以将国际社会描述成一个自然丛林，丛林中的各类“生物”——国家——遵循着弱肉强食的生存法则。由此可以推断，维护传统安全利益的最可靠手段依然是军事实力。虽然当下无论国际交往还是国际关系相关研究都有淡化军事话题的倾向，试

① 沃尔兹 K. 国际政治理论 . 信强译 . 上海：上海人民出版社，2008：127.

图通过对“国家安全”和“国际秩序”内涵的重新界定打破国家在军事实力竞争中形成的“囚徒困境”，使国际竞争与合作不只在形式上显现为更加理性的形态，同时也能够获得更为有利于各方的理性结果，但不可否认的是，在国家作为主要行为体、国际体系在可预见范围内难以达成统一意志的前提下，传统安全利益，即军事实力依旧是国家生存和发展的基础保障。基于这一考量，我们可以发现在传统安全领域，北极对于芬兰的重要性主要体现在其特殊的地缘位置上。

首先，从地理位置上看，芬兰是典型的北极国家，以拉普兰地区为代表、约四分之一的领土位于北极圈以内。众所周知，领土所构筑的空间是国家得以存在的立足之本，无领土空间则无国家实体存在的可能性；而对领土范围内事物的管辖权则是国家主权的基本内容，没有领土管辖权，主权将成为无源之水、无本之木。可以说，领土是构成国家主权的根本要素，脱离领土谈国家利益是空洞而虚妄的。因此从另一侧面讲，维护领土完整是国家传统安全利益的本质和核心，这也正是众多学者将安全利益视作国家的首要关切利益的根本原因。

芬兰地处欧洲北部，北与挪威接壤，西北与瑞典为邻，东接俄罗斯，西南濒临波罗的海，领土大致位于北纬 60°～北纬 70°，总面积 33.814 5 万平方千米，而其中约四分之一的领土处于北极圈以内。因此，北极地区的稳定对于芬兰的领土安全意义重大。在《芬兰北极地区战略 2013》（Finland's Strategy for the Arctic Region 2013）中，芬兰总理办公室（Prime Minister's Office of Finland）并未将军事国防与领土安全作为独立主题加以阐释和说明。但如上所述，传统安全利益作为当下国际秩序下国家的首要关切利益，是国家存在和发展的基础，任何一个国家在制定国家战略时都不可能将对传统安全利益的考量排除在外，这一点同样体现于《芬兰北极地区战略 2013》之中。通读该战略后不难发现，芬兰政府并未忽略北极地区对其而言的重要传统安全利益，而是将之作为基础和前提贯穿战略始终，芬兰反复论及其北极国家地位，以及由之形成的地缘优势，并多次强调安全与稳定对于北极和国际社会的重要性[①]。一方面，芬兰位于北极圈内的大片领土是其获得北极国家地位和相应地缘优势的基础；另一方面，呼吁维持北极地区的安全与稳定也是希望芬兰北极领土的安全与稳定，隐含着对北极地区传统安全利益的期许。

其次，从战略位置上来说，北极地区位于北美、欧洲、东亚世界三大战略区之间，而北极点是距离三大战略区核心国家距离之和的最小点，可以说，控制了北极点就能够对三大战略区进行有效的“瞰制”[②]，因此北极地区是这些地区主要战略力量之间相互进行战略威慑和防御的重要区域。芬兰作为与俄罗斯接壤的唯一一个非北约成员国的欧盟国家，第二次世界大战后长期奉行同苏联保持友好关系、不介入大国冲突、同各国发展友好关系的“积极的和平中立政策”。苏联解体、冷战结束后，芬兰对其外交政策进行了重大调整，将发展同欧盟的关系作为外交重点。1995 年 1

① Prime Minister's Office of Finland. Finland's Strategy for the Arctic Region 2013，2013：41.

② 吴慧 .“北极争夺战”的国际法分析 . 国际关系学院学报，2007，(5)：37.

月 1 日成为欧盟正式成员国后，芬兰仍坚持奉行军事不结盟和独立可靠的防务政策，密切与北约的合作，同时继续同俄罗斯保持睦邻关系。由此可以看出，芬兰的外交和防务政策充分体现了其自身国情，基于国土面积、军事实力等方面因素的限制，延续国家外交政策的一贯传统，力图通过保持自身中立性，独立于大国间军事斗争之外，以维护自身生存与发展的和平环境。不过，从某种意义上可以说，正是因为芬兰“积极的和平中立政策”一贯强调中立性，加之自身军事防务力量的相对薄弱，决定了芬兰在维护传统安全利益方面的脆弱性，以及发生军事冲突时的“依附性”。换言之，即芬兰的传统安全利益极易受到外部或者说军事大国的影响。

苏联解体后，美国成为全球唯一的超级大国。这一称谓的获得很大程度上取决于美国拥有其他国家难以企及的军事实力，是名副其实的军事第一强国，且与其他国家相比一直保持着巨大的相对优势。三大主流国际关系理论中，现实主义是在论及安全利益时最为注重军事实力的一个，尽管现实主义在当前国际关系学中不是主流，在学理上处于低潮，但我们绝不能因此忽视其对国际社会的重要影响，没有一个国家会轻易地放弃现实主义的实力思维。依据现实主义理论，国际体系可以通过两种方式达致和平状态：一是国家间军事实力相对均等，以此达到相互制衡的状态；二是存在一个军事利维坦，以实力上的绝对优势为基础，通过力量威慑建立相对稳定的国际秩序。目前，国际形势处于总体稳定与和平状态，基于现实主义理论对这一状态进行考察，可以说这一总体稳定与和平状态是在上述两种方式的共同作用下达成的。一方面，美国作为全球唯一的超级大国，凭借军事上的绝对优势，试图在世界范围内建立以其为主导的国际秩序，客观上减少了国际体系中不安定因素的存在；另一方面，多极化发展趋势不断凸显和强化，众多老牌强国和新兴国家军事实力的不断增强，构成了对美国“一家独大”局面的强劲挑战，各主要国家的军事实力正向多方均衡状态发展。当前国际体系中各方军事实力所呈现的这一特点，决定了北极地区由于其独特的战略位置而成为各主要军事力量的必争之地，美国希望通过“扼北极之要”继续保持其在军事上的绝对优势，而其他主要国家则希望公平分享北极战略之利。从这一角度来讲，芬兰传统安全利益的易受影响性决定了其也必然受到各主要军事力量的深刻影响，北极地区对其来说所具有的传统安全利益举足轻重。

2. 非传统安全利益

一方面，两次世界大战给人类造成了前所未有的灾难，反战思潮在全球范围内波及开来。冷战带来的国际局势紧张以及随之而来的军备竞赛对人类生存造成的巨大威胁，更使各国认识到军事对抗代价的沉重，构筑和平的发展环境成为国际社会的普遍共识。另一方面，正如上文所言，经济全球化和信息技术的飞跃式发展使国家之间的关联性大大增强，一国问题的产生与解决都受到其他国家的深刻影响，尤以经济和环境领域表现得最为明显，一国经济安全的保障开始超越国界；全球性环境问题的凸显呈加速趋势，跨界乃至全球性环境问题逐步走上国际谈判的舞台。正如国家利益领域新自由主义的代表人物基欧汉和奈所言，“以军事问题为中心的国家安全概念越来越难以准确反映现实情境，其象征性作用也在下降”，其他问题，如经济和环境的重要性日益凸显[①]。

芬兰的经济结构以出口型经济为主，经济全球化对其所具有的深刻影响当然不言而喻，同时由于芬兰经济对海运的依赖，北极航道的利用对保障其经济安全具有十分重要的意义。但基于这一方面的利益多体现为经济性内容，因此本文将在“北极对芬兰的经济利益”部分对该内容进行详细阐述，在此不再展开。而在环境安全领域，由于芬兰领土全部处于北极或近北极地区，而北极地区是受全球气候变化影响最为剧烈的地区之一，因此北极地区对芬兰的环境安全具有重要影响，具体而言主要体现在以下几个方面。

第一，北极气候变化对芬兰的生态安全构成威胁。全球气候变暖是一个已经被广泛认可的事实，“气候系统的变暖是毋庸置疑的，自 20 世纪 50 年代以来，观测到的许多变化在几十年乃至上千年时间里都是前所未有的，大气和海洋已变暖，积雪和冰量已减少，海平面已上升，温室气体浓度已增加”[②]。而极地地区是气候变暖表现最明显的区域，观测数据表明，近 100 年来，北极平均温度几乎以两倍于全球平均速率的速度升高。《气候变化 2013：自然科学基础（决策者摘要）》重申了这一点，“过去 20 年以来，格陵兰冰盖和南极冰盖的冰量一直在损失，全球范围内的冰川几乎都在继续退缩，北极海冰和北半球春季积雪范围在继续缩小”，“多重证据表明，自 20 世纪中叶以来北极出现了大幅度增暖”[③]。随之而来的则是对人类生存造成严重威胁的诸多环境问题，如海平面上升、区域气候异常[④]、极端天气多发等。这些环境问题的影响范围是全球性的，但对不同区域的影响程度存在差别。芬兰作为北极国家，将会首先受到气候变化所带来的种种环境问题的不利影响，不仅威胁到沿海地区的安全，而且往往会造成物种多样性减少、植被退化等问题，对芬兰的生态安全构成严重威胁[⑤]。

第二，北极气候变化对芬兰北部地区原住民的生产生活造成冲击[⑥]。与普遍的发展规律一致，芬兰的主要经济区也多分布在相对温暖的南部地区，与之相比，北部地区的发展水平较低。但不可忽视的是，芬兰位于北极圈内，面积约占领土总面积四分之一的国土上居住着相当数量的原住民，其中萨米人（Saami People）构成了这些原住民的主体。萨米人是“欧盟内唯一的原住民”，共计 82 000~97 000 人，主要分布在芬兰、瑞典、挪威和俄罗斯境内。芬兰约有 10 000 萨米人，其中接近 50% 居住

① 基欧汉 R O，奈 J S. 权力与相互依赖 . 门洪华译 . 北京：北京大学出版社，2002：28-29.

② IPCC. 气候变化 2013：自然科学基础（决策者摘要），2013：2.

③ IPCC. 气候变化 2013：自然科学基础（决策者摘要），2013：7.

④ “在 21 世纪，全球水循环对变暖的响应不均一，干湿地区之间和干湿季节之间的降水差异将会增大。”参见 IPCC. 气候变化 2013：自然科学基础（决策者摘要），2013：18.

⑤ Prime Minister's Office of Finland. Finland's Strategy for the Arctic Region 2013，2013：39-40.

⑥ Prime Minister's Office of Finland. Finland's Strategy for the Arctic Region 2013，2013：40.

在萨米人的故土，即埃农泰基厄自治市（Municipality of Enontekiö）、伊纳里自治市（Municipality of Inari）、乌茨约基自治市（Municipality of Utsjoki）以及索丹屈莱自治市（Municipality of Sodankylä）的北部地区[①]。以萨米人为主体的原住民不仅是芬兰人口的重要组成部分，其独特的文化习俗也是芬兰多样民族文化中的宝贵财富。上文所提及的，全球气候变暖造成的气候异常对芬兰的生态安全构成了严重威胁，而受这种威胁冲击最为强烈的就是北极圈内的原住民。之所以说这些原住民受到的冲击最为强烈，除了他们生活的区域位于北极圈内这一地理因素之外，更重要的则在于北部地区较低的经济发展水平、相对落后的生产和生活方式决定了这些原住民难以有效规避气候变化影响的冲击，一旦这种冲击超出了他们的可承受限度，而芬兰政府又未对之加以足够重视的话，势必产生诸多社会问题，对芬兰的稳定和安全造成不利影响。

（三）经济利益

经济是一个国家生存和发展的另一个重要基础，即在领土提供生存空间的前提下，开发、利用该空间内的资源，并经由分配追求资源的合理配置，以为国民、国家的生存和发展提供物质基础与动力。经济利益在国家利益中同样处于基础性地位，且在国际环境总体和平、军事对抗趋于边缘化的今天，其重要性日益凸显。芬兰是全球最发达的国家之一，长久以来一直执行高福利的国家政策，完善的社会福利、清廉透明的政府管理和优美的自然环境使其国民幸福指数一直位居世界前列，而这些优势的形成都与其坚实的经济基础密不可分。随着经济全球化的飞速发展，在世界经济联系不断加强、全球资源配置不断优化的同时，也削弱了各国经济的抗风险能力，一国经济出现问题常常会“牵一发而动全身”，迅速殃及其他国家。在全球经济危机和欧债危机的联合冲击下，加之国内产业优势的相对下降[②]，芬兰经济受到的挑战越来越强烈，寻求经济复苏和稳定成为芬兰政府的重要议题。在此背景下，资源丰富且开发障碍逐渐消除的北极地区越来越受到芬兰政府的关注，成为其寻求经济增长点和借以摆脱困境的重要区域。

1. 北极的贸易机会

可以说，芬兰今天经济成就的获得与其成功的经济结构转型密不可分。面积巨大的森林资源为芬兰早期的经济起飞奠定了基础，初创时期的诺基亚公司就是依靠木材、橡胶和造纸等发展起来的。经历冷战后20多年的发展之后，政府直接调节劳资冲突的做法使芬兰社会进入一个高度安全期，加之国民受教育水平的显著提高，芬兰结合自身国家小、人口少（截至2014年8月，约为545万人）的特点，集中力

---

① Prime Minister's Office of Finland. Finland's Strategy for the Arctic Region 2013，2013：22-23.

② 其重要表现之一是2014年4月25日芬兰通讯公司诺基亚宣布完成向微软出售设备与服务部门的业务，体现出诺基亚公司在手机制造领域的相对衰落。

量发展优势产业形态，确立了国际化的发展路线[①]。

基于自身国内市场狭小的限制，出口贸易在芬兰经济中一直居于十分重要的地位。在当前全球经济危机、世界市场整体低迷、欧债危机越演越烈的背景下，在全球范围内寻求新的增长点对于芬兰工商业来说显得尤为迫切。北极地区正为之提供了这样的机会。这种机会的获得，建立在芬兰自身优势和北极开发的新形势之上：自身优势方面，芬兰对北极地区的了解较大多数国家而言更加深入，同时其在北极地区贸易中一直处于先行者的位置，享有良好的声誉；北极开发的新形势方面，海冰的逐渐消融使得北极的开发成本越来越低，国际社会对北极地区的关注达到前所未有的高度，包括中国在内，越来越多的国家和资本加入开发北极的浪潮之中，使得这片冰封之地的热度迅速飙升。两种优势的相互作用使得芬兰能够在北极地区开发中获得诸多贸易机会，一方面，芬兰的自身优势使之成为很多国家参与北极开发的首选合作对象；另一方面，北极地区的开发热潮使得该地区的国际竞争逐步加强，对北极地区投入的增加在推动经济运行状况改善的同时，也巩固了芬兰在该地区的相对优势。目前，在北极地区的海洋工业、海运业、天气及冰雪信息提供、金属冶炼、旅游业等诸多方面，芬兰拥有非常显著的优势[②]，这些优势所带来的贸易机会对于当下的芬兰来说显得尤为珍贵。

2. 能源工业

如果只用一句话来表明能源的重要性，我们可以说能源是维持经济体正常运行的血液。正是由于能源对于经济发展具有如此重要的作用，而主要能源资源又都具有不可再生性和相对稀缺性，所以长期以来世界各国在努力维持自身传统能源供给渠道稳定的同时，也在不断寻找新的能源资源储藏地。北极地区正是这样一块未被开发的“富矿”。其油气资源储量极其丰富，2008 年美国地质调查局开展的环北极资源评估项目（Circum-Arctic Resource Appraisal）数据显示，北极地区拥有多达 900 亿桶未探明石油储量，占全球未探明储量的 13%；拥有 1 669 万亿立方英尺天然气储量，与俄罗斯全部已知储量相当，占全球未探明储量的 30%；并称北极大陆可能是一块最大的尚未勘探、可能找到剩余石油的地区[③]。但与此同时，不同于很多拥有长期的开发历史和业已成熟的开发技术的能源产区，北极地区严酷的自然条件对该地区的资源开发提出了严苛的要求，必须使用特殊的技术和设施方能进行。

芬兰依托于高寒地区开发的长期经验，在北极能源开发方面拥有诸多优势。第一，北极地区的油气资源勘探需要高效的设施，芬兰在相关领域的结构和材料工程方面拥有领先技术；第二，在北极地区的生物能和风能等可再生能源开发的新领域中，芬兰已经掌握了实质性的专业技能，并已经参与到一些相关经营活动中；第三，北极地区的电力生产需要稳定的传输线路和分散的能源供应点，芬兰在此方面

① 张军 . 历史上的制度创新：芬兰经济转型的驱动力 . 21 世纪商业评论，2005，(14)：116.

② Prime Minister's Office of Finland. Finland's Strategy for the Arctic Region 2013，2013：26-27.

③ 北极问题研究编写组 . 北极问题研究 . 北京：海洋出版社，2011：113-114.

拥有丰富的经验；第四，芬兰在利用低热流（low thermal flow）和北部基岩（the northern bedrock）来生产和储存热量领域具有专业知识，能够为北极地热开发提供技术支持；第五，芬兰在高寒地区的节能建筑建造、极端条件下的加热技术等方面积累了丰富经验，可以推动北极资源开发工作的顺利进行[①]。

3. 海运业

北极航道是穿过北冰洋，连接大西洋和太平洋的海上航道，这一概念最早在新航路开辟时代进入人类视野。然而，几百年来北冰洋复杂的自然环境和恶劣的气候条件严重制约着北极航道的利用。但随着全球气候变暖导致的海冰融化，北极航道的通航障碍正在逐步消除。根据美国国家冰雪数据中心的数据，2012 年 9 月 16 日北冰洋海冰对北冰洋洋面的覆盖率为 24%，较 2007 年的全年最低值降低了 5 百分点[②]。这使北极航道吸引了国际社会越来越多的关注。北极航道包括东北航道和西北航道，是联系亚洲、欧洲和北美洲三大洲的捷径。北极航道一旦通航，便可成为北美洲、北欧和东北亚地区之间最便捷的通道。通常情况下，从欧洲到太平洋有三条主要航线，分别是经过苏伊士运河、巴拿马运河和非洲好望角到达太平洋。整体而言，从东北亚前往欧洲或者北美东海岸，取道东北航道比经过苏伊士运河或者巴拿马运河可以减少 40% 的航程。

海运业对于芬兰的重要意义在上文已有提及，芬兰的出口主导型经济结构、国际化的经济发展思路以及绵长的海岸线，决定了芬兰对海运的重视和依赖，这从芬兰三大主要城市——首都赫尔辛基以及图尔库和科特卡——皆为其重要海运港口便可见一斑。北极航道利用的常态化将极大地改变世界海运业的运行状况，甚至可能使世界海运版图发生根本变革，势必对芬兰经济造成巨大影响。总体来说，这种影响将是积极和有利的，一是航运距离的缩短将使运输成本大幅度下降，二是芬兰在高纬度海运方面同样拥有可观的技术优势。芬兰造船业处于世界领先水平，其海运设备制造领域应用的技术标准位于全球最高技术标准之列；同时，芬兰精通高纬度地区冬季航海技术，并拥有相对成熟的物流、破冰、海运监控以及天气信息服务体系[③]。基于北极地区具有挑战性的环境，北极地区海运业的运行由于天气和结冰状况的多变而存在一系列风险，这些不同于中低纬度海运的特殊要求，使得芬兰在极地海洋环境监测和保障海洋运输安全方面的技术优势得以发挥巨大作用[④]。

4. 可再生自然资源

北极地区特殊的自然条件造就了当地丰富的可再生资源，对这些资源的合理开发有效提高了芬兰北部居民的福利水平，减缓了当地的人口流失，促进了北部经济

① Prime Minister's Office of Finland. Finland's Strategy for the Arctic Region 2013，2013：28.

② 麻晓天．无冰的北冰洋．南方人物周刊，2012，(35)：32.

③ Prime Minister's Office of Finland. Finland's Strategy for the Arctic Region 2013，2013：29.

④ Prime Minister's Office of Finland. Finland's Strategy for the Arctic Region 2013，2013：30.

的发展。以林业为例，北极高纬度地区的针叶林带分布范围十分广泛，主要是从北极地区苔原带南界的树林线开始，向南延伸长达1 000多千米宽的泰加林带；由于气候寒冷且积雪时间长，组成针叶林带的树种十分单一，它是世界上最大的森林带，面积约有1 200万平方千米。芬兰素有“森林王国”的美誉，拥有超过900万公顷的森林，覆盖率高达75%，人均森林面积达4.5公顷，是欧洲人均林地面积最多的国家。同时，林业也是芬兰的支柱产业之一，且具有农林密切结合的特点，从事农林业的劳动力为11.6万人，约占总劳力的4.7%。得益于在森林管理中坚持可持续发展理念，芬兰的森林存量在采伐量不断提高的情况下不降反升，与20世纪初相比，木材资源已经增长了约60%，且当前仍处于加速增长之中。具体到北极地区，芬兰不仅在北极圈内拥有可观的森林资源，同时也拥有高度发达的森林产业，一方面体现在该地区巨大的林业规模上，另一方面体现在对森林资源的综合开发利用之上。例如，在拉普兰地区林业已经占据该地区经济总量的8%~17%，其中大部分被采伐的木材都应用于工业深加工，2010年仅木材加工产业的产值就高达14亿欧元；与此同时，芬兰还利用自身丰富的林业资源积极发展旅游、狩猎、浆果采集等绿色产业，使之逐步形成规模。以浆果采集为例，该地区浆果年产量高达3 500万千克[①]。

5. 采矿业

基于北极环境的特殊脆弱性，在北极地区进行采矿作业的整个过程中都需要对环境保护予以特别关注。例如，在北极地区开展石油开采活动，仅就开采这一个环节对环境的可持续发展要求进行考察是不够的，还需要拓展至勘探、运输、处理、直至最终的油井关闭环节，才能够保证石油开采活动对北极环境的影响是可控的。与经济领域的其他诸多方面相同，芬兰在此方面也积累了丰富的技术和经验。这种技术和经验的积累为芬兰在北极地区的采矿业发展提供了多方面的有利条件。一方面，北极地区的周边国家都在加大在北极地区的采矿力度，芬兰也是众多积极参与者之一，这集中表现在芬兰主动加入到北欧采矿项目中，希望通过多方位的合作网络保障北欧地区矿业开采的可持续，并最大限度地降低对环境的不利影响，先进的采矿技术使芬兰在该项目中拥有较大的影响力和发言权；另一方面，由于自身经济体量的限制，芬兰在北极矿产开采中急需外部资金的支持，因此一直积极寻求与其他国家在北极采矿业上的合作，而芬兰已有的技术和经验积累为其与其他国家的投资者进行合作提供了资本。此外，芬兰在利用技术和经验优势寻求欧盟域内和域外合作的同时，也在努力保持芬兰在北极采矿业上的优势地位，芬兰国家技术创新局（the Finnish Funding Agency for Technology and Innovation）发布的《2011~2016年绿色采矿项目》（*The 2011~2016 Green Mining Programme*）计划在2020年将芬兰打造成为全球领先的生态节能采矿业的领头羊[②]。这些都意味着芬兰在北极采矿方面将拥有巨大的利润空间。

① Prime Minister's Office of Finland. Finland's Strategy for the Arctic Region 2013，2013：31.

② Prime Minister's Office of Finland. Finland's Strategy for the Arctic Region 2013，2013：32.

6. 清洁技术产业

北极地区的新发展为芬兰的清洁技术专家和公司加入北极开发创造了便利条件。随着经济活动的日趋频繁，北极地区的工业活动和人口数量都在同步增长，北极环境面临的压力也越来越大。由此，芬兰先进的清洁技术，如业已相对成熟的水净化技术迎来了难得的发展机遇。芬兰的这一技术优势不仅在本国开发北极地区的进程中发挥了积极的作用，也对其他国家开发北极过程中的环境保护工作提供了有益帮助。以俄罗斯为例，其在北极开发过程中十分注重工业和社会领域资源的高效利用，而芬兰的高技术标准在俄罗斯范围内得到了广泛认可，为俄罗斯考察自身在开发北极地区过程中的资源利用效率状况提供了有益参考。与此同时，芬兰先进的环境技术非常适于净化北极地区的环境，可以有效保障生产设施的高效性和低排放，因而能够直接提高成本效率。此外，针对在北极石油钻探和运输过程中意味着最高风险的溢油事故，芬兰掌握了在结冰情况下开展机械化石油勘探时有效避免溢油事故发生的领先技术①。这些先进技术与北极地区的开发活动密切相关，涉及资源开发、运输、利用、废物处置等诸多方面，为参与北极地区开发的各国所急需，从而使芬兰可以将已有的技术优势广泛转化为经济收益。

7. 旅游业

分明的季节、原始的荒野、独特的文化等鲜明的特征，使得芬兰北部拥有发展旅游业的巨大潜力。芬兰北部的许多度假胜地已经演变为集旅游、购物、娱乐等多种要素为一体的综合活动中心。此外，旅游业还促进了当地服务水平的广泛提高，并借由推动多种产业的发展对当地基础设施的维护起到了积极作用。拉普兰地区的基础设施建设、服务质量、国际化程度和旅游培训水平在芬兰首屈一指。芬兰北部地区旅游业的竞争力源自多种因素：对自然环境的合理和可持续利用；经营者之间的相互信任和多方位合作；责任感与对本土文化的认同；安全的社会环境；有效的风险管理；富有前瞻性和创新精神的旅游产品与服务规划。这些经验同样可以运用到北极其他地区的旅游业发展中①。以独特的自然风光和人文资源为基础，以发展极地旅游业的有益经验为指导，芬兰对北部地区旅游资源的开发力度正在逐步加强，北极旅游业对芬兰经济的重要性日益增加。

8. 交通运输系统

对于芬兰北极地区的经济发展来说，高效的运输系统起着至关重要的作用。随着巴伦支地区采矿业和油气工业规模的不断拓展，对运输系统和后勤保障系统的要求也越来越高。建设交通运输系统的花费极其巨大，芬兰难以独立承担，因此一直希望通过国际合作来对芬兰北极地区的交通运输系统进行完善。为此，芬兰交通运输中心（the Finnish Transport Agency）专门撰写了关于芬兰北部地区交通运输发展需求的报告，其中提及的远景规划包括北冰洋铁路（the Arctic Ocean railway）以

① Prime Minister's Office of Finland. Finland's Strategy for the Arctic Region 2013，2013：34.

及其他一些连接芬兰与北冰洋、瑞典、挪威和俄罗斯的铁路线。对于规划的实现，首先，芬兰认为应当寻求周边国家的共识，建立具有统一性的巴伦支地区运输战略（the Transport Strategy for the Barents Region），并认为作为协调北极地区交通运输系统建设的核心机制——北部地区交通与后勤保障合作伙伴关系（the Northern Dimension Partnership on Transport and Logistics）正在逐步形成；其次，应当注重跨境铁路线的建设，对跨境铁路建设的规划和实施给予充分的重视；最后，应当开展充分的国际合作，建立北极地区海运事故应急救援机制，完善相关基础设施，以便在出现海运事故的情况下及时开展救援工作并有效防止损害扩大①。无论是陆地还是海洋，北极交通运输系统的完善都将使北极各地区的经济连通性大大提高，有效增强该区域的经济活力，对芬兰的经济发展起到强劲的推动作用。

9. 信息交流与数据服务

除高效的运输系统之外，稳定、高质量的信息网络和数据服务对推动芬兰北极地区的经济发展、增强其国际竞争力同样起着不可忽视的作用。芬兰政府认为先进通信网络的构建及应用需要所有部门的通力合作，同时认识到信息和数据服务正处于高速发展时期。借助于不断增加的“云服务器”，先进的点对点通信和大数据应用技术正在迅速普及，相关的市场份额已达到 10 亿欧元，并仍在持续增长中。芬兰正寻求建立自己的云产业以作为新的信息产业中心，以富有活力和创新性的运作环境吸引相关领域的公司到芬兰投资，建立云服务器②。这不仅可以提高芬兰的经济活力，同时也能够有效巩固芬兰在北极信息服务领域的已有优势。

（四）政治利益

冷战结束后，世界局势走向缓和，原本作为美苏争霸前线的北极地区也逐渐硝烟散去，20 世纪 90 年代至今，政治博弈总体而言处于低对抗性状态。相对和平的国际环境以及自身国力的限制，使芬兰在处理北极事务过程中表现出以国际合作为主导的鲜明特点③。从这一角度看芬兰在北极地区的政治诉求，可以说除安全利益（包括传统安全利益和非传统安全利益）以外，其政治利益主要包括制度资源、组织资源和观念资源三个方面，而这三个方面同样以芬兰北极国家地位的认同和寻求国际合作为核心内容。

1. 制度资源

与北极地区相关的制度资源是指用以规范、约束以及协调国际行为主体在北极地区活动的各种法律规范、规则、约定或常规等。其中，国际法是在国际交往中形

① Prime Minister's Office of Finland. Finland's Strategy for the Arctic Region 2013，2013：36-37.

② Prime Minister's Office of Finland. Finland's Strategy for the Arctic Region 2013，2013：37.

③ 芬兰政府 2010 年制定的北极地区战略以“国际合作”为主要内容，其对国际合作的重视可见一斑。

成的，用以调整国际关系的，有约束力的各种原则、规则和制度的总称[①]。在北极地区，无论是从全球层面还是从地区层面，都已经存在大量的国际条约或者协议，它们力图从不同侧面对特定国家在北极相关领域的权利与义务进行界定。一方面，这些条约和协议形成了相对固定的规制或引导体系，增强了现存北极秩序的稳定性；另一方面，这些条约和协议之间又存在很多冲突和矛盾，甚至呈相互对立之势，将北极事务的参与主体分割为若干集团，一定程度上阻碍了北极事务的协商解决。

芬兰是北极地区诸多主要国际条约或协议的缔约者。如上所述，芬兰将本国在北极地区的政治利益的核心内容定位为对自身北极国家地位的认同和寻求国际合作两个方面。具体到制度资源方面，则体现为芬兰在缔结所有相关条约或协议时，皆强调以北极国家的身份进行，同时无论是全球性的《联合国海洋法公约》，还是北极八国（A8）签署的区域性协定，芬兰始终明确表达出自身寻求国际合作的意愿和态度[②]。广泛地缔结或加入与北极相关的国际条约或协议，一方面确保了芬兰在实现北极国家利益时拥有丰富的制度资源可以利用，另一方面也巩固了芬兰的北极国家地位，使"芬兰作为北极国家在北极地区拥有正当、合法权益"这一主张被更多国家认可。

2. 组织资源

组织资源，即行为体在互动过程中基于共同目标和行为理念而结合到一起的各种正式的和非正式的国际组织。大部分多边国际条约或协议都是在国际组织的主导下完成的，因此与制度资源相对应，这些国际组织对北极事务的影响也具有两面性。芬兰作为北极国家，同时也是北极开发和北极事务的积极参与者，在北极地区的组织资源也十分丰富。

北极理事会作为北极地区最具代表意义的国际组织，虽然其主要任务是重点关注北极地区所面临的一些重大挑战，满足资源综合管理需求和应对气候变化等，但其政治协调能力在北极地区相关国际组织中首屈一指，芬兰作为其成员国，具有相当的发言权和影响力；1990 年 8 月 28 日，经过四年多的艰苦谈判之后，在北极圈内有领土和领海的加拿大、丹麦、芬兰、冰岛、挪威、瑞典、苏联和美国共八个国家的代表，在加拿大的瑞萨鲁特湾市签署了国际北极科学委员会章程，成立了国际北极科学委员会，其为北极地区第一个统一的非政府国际科学组织，也就是所谓的"八国条约"；以对从事北冰洋及其附近海域研究的各国研究机构的项目和优先安排进行协调为目的的北冰洋科学委员会成立于 1984 年 5 月，芬兰是其成员国；同时芬兰还积极利用欧盟、联合国、国际海事组织的作用，保障和促进自身北极利益的发展。

3. 观念资源

如上所述，冷战结束以来，北极地区的政治博弈总体处于低对抗性状态。这使得观念资源成为北极地区政治利益的重要组成部分。在当今时代，国际社会对不断

① 梁西．国际法．武汉：武汉大学出版社，2011：3.

② Prime Minister's Office of Finland. Finland's Strategy for the Arctic Region 2013，2013：44.

涌现的各种共同挑战所形成的各种价值和观念，暗含了对所有行为体的预期，这种预期被广泛认可时即转化为观念资源。当前，“和平、非军事、科学研究、合作、环境保护、可持续发展”等已成为国际社会普遍认可和共同接受的观念资源。这些资源的创立者和先行者成为北极地区观念资源利用的优势群体，芬兰即为其中之一。

与此同时，当前的北极仍处在进入世界市场的战略准备阶段中，对建立有关规则和制度的主导权的竞争依然是政治博弈的主要焦点之一，而观念资源正是抢夺这一主导权的关键因素。某种意义上说，掌握了观念资源即掌握了规则制定和制度建立的主动权和话语权，因此观念资源同样是芬兰在北极地区政治利益的重要内容。这一点在芬兰的北极战略中体现得十分明显，纵观芬兰的北极战略，“环境保护、可持续发展、原住民权利”是战略文本中出现频次最多的主题。

（五）科研利益

极地以其独特的地理环境成为众多科学研究不可多得的实验平台，被称为全球最大的“天然实验室”。北极地区的科研资源极其丰富，这是由北极特殊的地理位置和环境要素所决定的。北极地处地球的北向极顶，与同处高纬度地区的南极一样，北极的气候表现出显著的极寒特征；与南极不同的是，北极的大部分区域为海洋所覆盖。一方面，北极地区受全球气候变暖的影响十分剧烈，另一方面，北极又具有海洋环境的显著特征，这使之成为应对全球气候变化、开展海洋环境和生态科学研究中独一无二的研究对象和载体。具体到应对气候变化的相关研究，以北极为基地开展相关科学研究对预知全球气候与环境的未来发展变化趋势至关重要①。而对海洋环境和生态的研究者来说，更为关注的则是北极地区作为一个以北冰洋为主体的区域，周围被欧亚大陆、北美洲大陆以及众多岛屿所环绕和包围，显示出高寒、独立的海洋环境特征，因此，在北极地区开展海洋环境和生态的相关研究将有助于更为深刻地认识海洋环境与生态，为未来海洋开发与管理提供科学知识和数据②。

芬兰作为北极国家，同时拥有绵长的海岸线，对北极地区在气候变化领域和海洋生态领域的相关研究自然十分关注。同时，芬兰充分利用自身地缘优势，积极开展本土研究，长期以来一直保持着在北极科研领域（尤其是北极海洋和气候监测领域）的相对优势，为其开展国际合作提供了诸多助力。需要特别指出的是，芬兰对北极科研的重视集中体现在其对北极相关研究机构的大力支持上，这使之得以拥有全面完整的北极科研体系，各方面研究相互支撑、相互推动，在充分实现芬兰北极科研利益的同时，也使芬兰发掘科研利益的能力不断增强。

① 陆俊元．北极地缘政治与中国应对．北京：时事出版社，2010：59.

② 丁煌．极地国家政策研究报告（2012—2013）．北京：科学出版社，2013：39.

二、芬兰在实现北极国家利益方面的优势和劣势

本文的目的在于通过对芬兰北极政策措施的分析，总结芬兰实现北极国家利益的经验，为我国探索实现北极国家利益的途径提供参考和借鉴。因此，有必要对芬兰在实现北极国家利益方面的优势和劣势进行分析，以便与我国的国情进行对比，发掘借鉴芬兰北极政策经验的合理内容和方式，做到有的放矢、因地制宜。

（一）优势

芬兰作为典型的北欧国家，虽然拥有极高的经济发展水平，但基于国家小、人口少的国情限制，很难说相对于其他所有国家，芬兰拥有何种绝对优势，因此，这里所说的优势是指芬兰相对于世界其他大多数国家的相对优势，主要针对的是在北极没有领土、北极八国之外的国家。

1. 地缘优势

芬兰约有四分之一的领土位于北极圈以内，是典型的北极国家。从这一角度看，地缘上的特殊位置是芬兰在参与北极事务过程中最为直观的优势。某种意义上，可以说，地缘优势是芬兰进行北极开发、开展北极研究、参与北极事务的基础性优势。北极圈内的领土使得芬兰对相应地区的资源开发拥有主权管辖权，在该地区进行资源开发和利用必须经过芬兰政府的同意；芬兰的北极研究机构多分布于北部地区，这不仅是因为北部地区与北极的联系更为密切，受北极的影响更为显著，还在于北部地区拥有与北极相似的特有的自然条件，使得相应研究更加便利、深入；此外，北极国家的地位使芬兰顺理成章地成为处理北极问题不可或缺的重要讨论者和商议者。概言之，“北极八国”的标签使芬兰获得了处理北极地区事务过程中相较于非北极国家而言巨大的地缘优势，这一优势的存在使得芬兰在参与北极问题讨论、加入北极国际组织、缔结相关国际协定等方面获得了宝贵的主动权。

2. 科研优势

芬兰在北极科研领域一直走在世界前列。正如芬兰北极地区战略中所反复强调的，芬兰作为北极国家，基于适应环境的需要而逐步发展并积累起来的开发北极的经验，以及对应条件下的科学研究成果，是芬兰参与北极事务的巨大优势。某种意义上说，这种优势是基于地缘位置而天然形成的，因而具有其他国家（准确地说，应当是非北极国家）难以企及的优势。首先，体现在芬兰北极科研体系的全面性，由于芬兰的北极科研发源于当地居民生产生活的需要，因而经过长期的发展，已经渗透到科学研究的各个门类的各个层面；其次，芬兰的北极科研体系由生产生活孕育而出，根植于生产生活的实践，并由生产生活需要推动而前进，因此其发展进程符合科学技术发展的自然规律，科研体系各门类、部分之间拥有高度的连接意识和契合程度，使得芬兰的科研优势在北极开发领域表现得尤为显著。无论是在防务、

资源开发、信息服务还是政治领域，北极严酷的自然条件都构成了北极开发的巨大障碍，而芬兰长期形成的科研优势以及已有的专家和科研积累，使其成为很多国家参与北极开发的首选合作对象，为芬兰更加全面和深入地参与到北极事务当中提供了条件。

3. 经济优势

如上文所述，经济是一国生存和发展的重要基础。没有坚实的经济基础作后盾，政治、军事、科研等领域的活动都将捉襟见肘，难以为继。从国际领域看待国家，在国际法意义上，可以将国家视为单个的行为主体，同时在国家对外行动的意义上将国家视作一个整体，可以说国家与民事法律关系中的行为主体拥有相同的性质。那么，经济就是行为主体掌握的资源，是构成和推动主体行为的基本单位和动力，没有经济的参与和推动，国家就失去了运转的载体和动力。芬兰是世界经济发展水平最高的国家之一，虽然由于国土小、人口少，经济体量在世界各国中不占优势，但芬兰的人均GDP却在全球所有国家中名列前茅，奠定了其高度发达国家的经济地位。正是在强大的经济基础的支撑下，芬兰在北极地区的开发、科研才得以全面、深入的展开，形成了显著的科研优势，而相应的，芬兰在实现北极国家利益中的优势又为芬兰的经济发展提供了支撑和推动力，两者处于良性互动状态。

4. 政治优势

与美国、俄罗斯等大国不同，芬兰秉持的“积极的和平中立政策”以及相对的“小国”地位使之在国际交往中建立起更为友善的国际形象。如本文“芬兰在北极的国家利益”部分所阐述的，国家利益并非单纯的主观需要或者客观资源，而是影响和满足一个国家生存与发展的合法需要，以及为实现这种需要对社会资源的占有、开发、利用与分配。国家对国家利益的判断和追逐从自身生存与发展的需要出发，而这一需要又会受到内部和外部环境变化的影响[①]。同时，基于资源的稀缺性前提，国家利益所指向的客观资源往往是相对短缺的，国家利益的满足具有竞争性。因此，从某种程度上讲，一个国家的国家利益势必受到与之具有相同利益指向的国家的影响。换言之，从国家利益竞争角度讲，竞争对手的实力越强，则一国实现自身国家利益的机会空间越小，同时为竞争所付出的代价也越大。如果从国际法意义上看，将国家视为单一的理性行为主体，那么在国家利益竞争中，国家会自然而然产生排斥强大对手的倾向。在实现北极国家利益的过程中，各国之间存在广泛的合作基础和巨大的合作空间，但这并不意味着国家之间的竞争是微不足道的。恰恰相反，北极地区的大部分国际合作同时存在着强烈的竞争关系。

美、俄在实现北极国家利益方面的压倒性优势极易打破国家之间竞争的平衡状态，进而对其他国家实现自身北极国家利益的能力构成威胁。其他国家势必对两国参与北极事务存在排斥倾向，并努力通过联合弥补与两国之间的实力差距。

① 丁煌. 极地国家政策研究报告（2012—2013）. 北京：科学出版社，2013：11.

而芬兰友善的国际形象使其成为很多国家处理北极事务时的联合对象，进而有机会分享相应利益。因此可以说芬兰的“小国”形象使其在参与北极事务中拥有独特的政治优势。

5. 观念优势

正如上文所提及的，“低对抗性”的竞争氛围和尚在建立中的政治经济秩序使得观念资源在北极事务处理中占据着举足轻重的位置。芬兰是“环境保护、可持续发展、原住民权利”等观念的先行者和倡导者，这体现在芬兰的经济、政治甚至军事政策当中。2000 年 6 月，芬兰国防部专门发布了国防事务对环境的影响以及如何减少国防事务对环境的不利影响的报告。在北极战略中，“环境保护、可持续发展、原住民权利”更是反复被提及，这些当下已被广为接受和追求的观念或价值体现于战略的各个方面，使得芬兰的北极战略显得十分平和且“绿色”，非常容易为其他国家所接纳。这正是观念资源发挥作用的最广泛的方式，也是芬兰的观念优势在参与和处理北极事务中发挥作用的重要体现。

（二）劣势

芬兰作为北极八国之一，在实现北极国家利益的诸多方面拥有其他国家所缺少的优势，但同时也应当指出，芬兰在参与北极事务中也存在着很多局限和劣势，制约着芬兰北极国家利益的实现。

1. 政治劣势

合作在北极事务的处理中居于主流位置，但竞争的存在也是不争的事实。2008 年 5 月，丹麦、俄罗斯、加拿大、挪威和美国等北冰洋沿岸五国在格陵兰的伊鲁利萨特达成共识，决定在现行《联合国海洋法公约》的框架内，以文明的方式与和平磋商来解决北极领土和自然资源归属的纠纷，无需构建新的综合性的治理机制[①]。这一共识的达成看似缓和了五国之间的纠纷，实质是五国意图构筑北极国家利益的联合防御体，防止其他国家染指其在北极领土和自然资源方面的利益，同时五国内部之间的竞争关系依然尖锐。

北极国家利益的实现取决于话语权和决策权，而国力和国际地位构成了这种影响力的基础。芬兰作为“小国”，在获得“亲和力”的政治优势的同时，也面临着话语权不足、影响力有限的政治劣势。这使得芬兰在国家利益争夺中处于弱势地位，难以凭借独自的力量争取到自身利益的最大化。例证之一即为在我国申请北极理事会正式观察员国资格的过程中，芬兰一直坚定地支持我国的加入，其主要动因就在于意图通过我国的加入制衡美国、俄罗斯和加拿大在北极理事会中的强势地位，以使自身国家利益得到更好的实现。

① 程保志．北极治理机制的构建与完善：法律与政策层面的思考．国际观察，2011，(4)：4.

2. 地缘劣势

芬兰在实现极地国家利益的过程中存在地缘劣势是相对其他北极国家而言的。尽管芬兰有近四分之一的领土位于北极圈以内，并因而成为“北极八国”之一、在参与北极事务中拥有“先天优势”，但芬兰相对于其他北极国家而言，在北冰洋地区并不拥有海岸线，这使得芬兰在争取北极国家利益时无法向北冰洋的纵深发展，限制了芬兰对北冰洋丰富的资源储备、便利的航道资源提出利益主张，是芬兰在实现北极国家利益中的地缘劣势。

三、芬兰实现北极国家利益采取的战略与政策

芬兰在 2010 年首次发布了国家北极战略，其重心放在了国际合作上。2013 年 8 月芬兰总理办公室发布了新的国家北极战略，表明了芬兰在参与和处理北极事务中的基本观点：“芬兰是一个活跃且有能力克服自然条件限制的北极参与者，将以可持续的方式利用北极提供的经济发展机会，同时注重促进相关方面的国际合作。”[①] 此外，在新战略中，芬兰将关注的重点扩展到了“北极国家地位、北极专家、可持续发展与环境保护、国际合作”四个方面，构成了芬兰对自身北极角色的基本定位，也体现了芬兰北极国家战略的拓展和深化。本文将依照上文对国家利益的分类，对芬兰维护和实现相应国家利益的政策措施予以解读。

（一）安全利益

芬兰在外交领域的“积极的和平中立政策”决定了其在防务工作中也倾向于保守和防御，同时军事在外交活动中一直是对抗性最强的话题，因此在 2013 年的国家北极战略中芬兰对自身在北极地区的传统安全利益进行了淡化，并未专门论述。但非传统安全利益已经渗透到经济社会的各个领域，而且是芬兰阐发自身观念资源的良好载体，因此芬兰在诸多方面对维护非传统安全利益的政策进行了说明。其中，以“环境保护、可持续发展、原住民权利”为目标、以“国际合作”为进路的实现方式被鲜明地体现出来。

此外，芬兰以国际合作为出发点，阐明了自身在北极防务中的优势，即对在北极寒冷条件下作战拥有丰富的经验和积累。因此，在与其他国家的合作中，可以向其他国家传授相关方面的经验，同时也提高芬兰军队的协调与配合能力，达成双赢的目标。

（二）经济利益

通过对芬兰 2013 年国家北极战略的解读可以发现，芬兰在维护和实现国家北极经济利益的时候，反复强调的是自身在北极经济发展领域所拥有的独特优势，包括在

① Prime Minister's Office of Finland. Finland's Strategy for the Arctic Region 2013, 2013: 7.

资源开发利用方面的基础设施、专家和经验积累等。这些都意在表明与芬兰合作开发北极是明智之举，即和芬兰合作有助于减少开发北极资源的成本，使收益最大化。芬兰则在与其他国家的合作中获得了经济收益，体现出“合作导向型”的战略思路。这一战略思路在论及芬兰的北极经济利益时得到了鲜明的体现，北极地区的贸易机会、能源产业、海运业、可再生自然资源、采矿业、清洁技术业、旅游业、交通运输系统、信息交流和数据服务九个方面，都表现出“合作导向”的基本发展思路。

（三）政治利益

与维护和实现安全利益、经济利益相同，芬兰在维护和实现自身北极政治利益的进路上依旧延续着“国际合作以达成利益共享”的战略思路。其在涉及北极政治的内容中，同样以“环境保护、可持续发展、原住民利益”为政策的出发点和落脚点，通过阐明自身在相关领域的已有优势，并通过展示“低侵略性”，说明国际合作的可能性和必要性，促成与其他国家的合作，进而在合作中获取更为广泛的发展机会，分享合作带来的利益。这一进路既延续了2010年芬兰北极战略的思路，同时也是由芬兰的具体国情决定的。其中，需要予以说明的是芬兰的原住民政策。芬兰的北极战略中明确说明芬兰的原住民（以萨米人为主）享有法律赋予的自治权利，国家有义务保障原住民传统文化的传承。之所以对原住民权利单独予以讨论，原因在于其既可以在国内法层面进行讨论，也可以在国际法层面进行讨论，萨米人的团结与和谐构成了芬兰价值利益的重要方面。

（四）科研利益

北极科研是增进人类对北极地区了解的最主要途径，也是当前大多数国家参与北极事务的主要内容。芬兰的北极国家战略虽未对北极科研的重要性予以单独强调，但北极科研作为人类认知北极的基础手段的重要性已渗透到防务、资源开发、信息提供等各个方面，对政治经济产生不可忽视的影响。正是芬兰在北极科研上的本土优势构成了芬兰在国家北极战略中反复提及的“专家和经验优势”，成为芬兰论证其他国家有与之合作开发北极之必要性的重要基础。

芬兰的北极研究机构主要包括阿尔托大学（Aalto University）、赫尔辛基大学（University of Helsinki）、拉普兰大学（University of Lapland）、欧陆大学（The University of Oulu）、芬兰气象研究所（Finnish Meteorological Institute）、芬兰地质调查所（Geological Survey of Finland）等大学和相关领域的专门研究机构[①]。从数量上看，芬兰的北极研究机构众多，可以看出芬兰对北极研究的重视程度之高；从地理分布上看，主要的研究机构多分布于北部地区，充分利用自身条件优势进行研究；从科研经费上看，经费多来自于相关政府部门的支持以及私人赞助；从科研战略来看，芬兰在北极地区的科学研究多集中于气候变化、资源开发和国际合作方面，以

① Prime Minister's Office of Finland. Finland's Strategy for the Arctic Region 2013，2013：24-25.

为政府相关部门决策提供可靠的科学和社会经济信息为目标；从研究成果上看，政府很多战略、政策、报告的撰写者中包括很多北极研究领域的专家学者，说明芬兰政府对学者建议的高度重视，科研成果向现实政策措施的转化率很高。

四、芬兰北极政策对中国的启示

本文“芬兰在北极的国家利益”部分对“国家利益”的概念进行了阐释，并以关系论为基础对“国家利益”进行了界定，主张国家的主观需要与社会资源之间的相对关系是构建“国家利益”概念的关键所在。同时，关系论的界定方法与“资源—利益—政策”分析框架的逻辑思路相一致，都以国家的主观需要为出发点，对国家利益及其满足进行分析。因此，想要得出芬兰实现北极国家利益的政策行动对我国有何启示，需要先对我国的极地国家利益予以明确，并将其与芬兰的极地国家利益进行对比。

（一）中芬极地国家利益对比

首先，从安全利益上看，我国在传统安全利益上的诉求与芬兰基本一致，北极地区对于我国来说同样具有十分重要的战略价值，不同之处在于芬兰作为北极国家，对北极地区持有领土主张；在非传统安全利益领域，我国与芬兰同属北半球国家，且我国沿海地区、粮食安全以及产业发展受全球气候变化引起的环境问题影响的剧烈程度比芬兰更高，因此我国在缓解气候变化对北极的不利影响的要求同样十分迫切。

其次，从经济利益上看，30 多年来，国民经济的飞速发展在推动我国经济总量不断攀升的同时，也导致我国对能源、资源需求的飙升。以石油为例，近年来我国石油消费量以约 6% 的速度增长，但是国内石油生产量的增速不足 2%，巨大的能源消费缺口只能依靠进口进行弥补。此外，工业化程度的快速提高也带动了我国对铁、有色金属等矿产资源的巨大需求。这两者决定了我国在资源领域的国家利益需求与芬兰的差别之处，北极丰富的资源储备对于我国来说不只意味着巨大的经济利益，同时也将是经济安全的重要保障。

再次，从政治利益看，相较于芬兰而言，我国对制度资源、组织资源、观念资源的利用上还十分落后。仅以制度资源而言，我国当前制定国际议题和国际规则的能力非常有限，多数情况下表现为对西方话语做出反应，处于结构性弱势当中①。同时，“崛起中的大国”身份也给我国参与北极事务带来不便，北极国家容易产生猜疑和抵触情绪。而我国北极利益诉求的模糊性不仅增加了一些北极国家的疑虑，同时容易使国家在全局资源配置过程中将极地置于边缘地位②。因此，在政治利益领域，我

① 丁煌．极地国家政策研究报告（2012—2013）．北京：科学出版社，2013：51.

② 丁煌．极地国家政策研究报告（2012—2013）．北京：科学出版社，2013：17.

国的利益诉求层次与芬兰存在客观差别，但从另一角度来讲，也可以说我国对北极地区政治利益的诉求比芬兰更为强烈。

最后，从科研利益看，与政治利益相似，我国的北极科研无论是在研究机构配置、研究水平、研究条件还是成果转化上都与芬兰存在较大差距，因此与其需求层次有所不同。但我们应当明确，北极地区特殊的地理位置和自然条件使其成为科学研究的“天然实验室”，即使存在诸多困难，北极地区对于我国来说依然具有不可忽视的科研价值。

（二）芬兰经验借鉴

通过上述对比可以发现，我国的北极国家利益在多数方面与芬兰是相似的，政治与科研领域的巨大差距是形成我国与芬兰北极国家利益差异性的主要因素。在此基础上，我们可以结合前文对《芬兰北极地区战略 2013》的剖析得出芬兰实现北极国家利益对我国的经验借鉴。

第一，重视对国际交往中观念资源的开发和利用，通过确立观念优势构筑我国与其他国家合作的共识和基础。“环境保护、可持续发展、原住民权利”贯穿始终是芬兰北极战略的鲜明特色之一，不仅使芬兰北极战略的整体更加平和与“绿色”，同时进一步巩固了芬兰的观念资源优势。我国在对观念资源的重视程度、发掘和利用方面与芬兰等发达国家存在较大差距，应当逐步予以弥补，发挥我国优势，在传统文化中发掘良治观念，并赋予其新的时代内涵，从而建立我国与其他国家合作的共识和基础。

第二，重视国际合作，利用国际合作拓展我国实现北极国家利益的能力和空间。对国际合作的意义和方式进行再探讨，进一步加强对国家合作的重视程度。对北极地区而言，一方面，北极地区自然环境独特、问题纷繁复杂，任何一个国家都难以单独解决北极问题，广泛的国际合作在北极事务处理中具有必要性；另一方面，充分利用时代契机，以我国成为北极理事会的正式观察员国为新起点，更加深入地参与到北极事务之中。我们应当明确表达自身在北极的利益诉求，以更加开放的姿态加入北极治理中，发出自己的声音。但需要注意的是，我们应当明确自身域外国家的定位，对北极事务的参与不可操之过急，以科学研究、环境保护等低政治敏感度领域为切入点，先参与、后发声，循序渐进，避免激进言行引起北极国家对我国的疑虑和排斥。

第三，充分发掘我国在参与和处理北极事务中的优势，扬长避短，达成国家利益的最大化实现。芬兰在国家北极战略中反复强调自身在北极科研、经济开发等领域的独特优势，并将这种优势与国际合作结合起来，使其他国家可以充分了解与之进行合作的必要性。我国在制定北极政策、表达北极利益诉求的过程中，也应关注对我国参与和处理北极事务中优势的发掘，扬长避短，使其他国家充分了解与我国合作能够达成的双赢结果，从而促成国际合作，实现我国北极国家利益实现的最大化。

第四，继续加强对北极地区的科学研究和考察，充分利用北极地区独特的自然环境，推动我国科技水平的提高；重视全球气候变化条件下北极地区的环境变化及其可能对人类社会造成的影响，为我国制定北极政策和处理北极事务提供科学依据，也为国际社会应对全球气候变化提供支持；同时注重改善我国科研领域存在的重自然科学而轻社会科学的失衡现象，加强北极社会科学研究的投入，逐步消除我国在参与和处理北极事务中存在的制度资源、观念资源利用能力薄弱等短板，进而从自然科学、社会科学两个角度全面提高我国的北极研究水平，为我国制定合理的北极政策提供科学依据和智力支持。

参考文献

北极问题研究编写组 . 2011. 北极问题研究 . 北京：海洋出版社 .

丁煌 .2013. 极地国家政策研究报告（2012—2013）. 北京：科学出版社 .

丁煌 .2014. 极地国家政策研究报告（2013—2014）. 北京：科学出版社 .

基欧汉 R O，奈 J S. 2002. 权力与相互依赖 . 门洪华译 . 北京：北京大学出版社 .

梁西 . 2011. 国际法 . 武汉：武汉大学出版社 .

陆俊元 . 2010. 北极地缘政治与中国应对 . 北京：时事出版社 .

王伟光 . 2010. 利益论 . 北京：中国社会科学出版社 .

沃尔兹 K. 2008. 国际政治理论 . 信强译 . 上海：上海人民出版社 .

张军 . 2005. 历史上的制度创新：芬兰经济转型的驱动力 . 21 世纪商业评论，(10)：144.

Griffiths F.2011.Canada and the Changing Arctic：Sovereignty，Security，and Stewardship.Waterloo：Wilfrid Laurier University Press.

IPCC.2013. 气候变化 2013：自然科学基础（决策者摘要）.

Kraska J.2011.Arctic Security in an Age of Climate Change.Cambridge：Cambridge University Press.

Shumenko R.2014.Arctic Oil and Gas Development and Concerns.New York：Nova Science Publishers.

Stokke O S，Honneland G.2007.International Cooperation and Arctic Governance：Regime Effectiveness and Northern Region Building.London，New York：Routledge.

研究报告 6

新加坡实现北极国家利益的经验借鉴①

【摘要】 在“北极热”全球化浪潮中，各种域外利益攸关方竞相涉足北极。“精英小国”新加坡地处赤道，虽远离两极，但近年来积极争取参与北极事务，已逐渐成长为北极治理中的后起之秀。在北极问题上，一方面北极地区的环境变化进一步加剧了新加坡与生俱来的国家脆弱性；另一方面，有别于其他众多北极治理参与方，缺乏资源意图和能力的新加坡仍能为北极治理做出自己的相应贡献。

正是在北极影响和新加坡自身贡献的分析视角下，新加坡确立了其北极国家利益观，主要由安全、经济、政治和文化科研四大利益构成。安全利益涉及保护北极环境，维护新加坡国家安全，最终促进全球公共安全；经济利益在于立足其海洋本位，实现新加坡经济的可持续发展；政治利益旨在通过积极参与北极事务，增强新加坡的国际影响力和极地事务话语权；此外，还包括促进人文交流，在北极地区推广分享新加坡发展经验和尖端技术的文化科研利益。新加坡在实现其北极国家利益的过程中还受到多种因素的影响。可观的经济科技实力、长期以来的海洋传统、高效的国内政治、独具特色的文化人力资源、多重身份和不相称的国际影响力为新加坡介入北极事务提供了诸多优势。同时，远离北极的地缘区位、先天的小国身份和缺乏极地经验等劣势也严重制约了其实现北极国家利益的实际效果，决定了其在北极治理中的地位。

新加坡参与北极事务起步晚，始于21世纪初。短短几年间，其北极事务参与就已顺利铺开，获得了国际认可，效果明显。其间，新加坡政府全力牵头推动，双边和多边渠道灵活结合运用，其国内各界也实现了在北极事务上的联合协同，使新加坡自身的经验技术优势与多项北极治理需求实现了有效对接。不仅强化了新加坡的北极行动能力，也在北极治理国际舞台上展现了新加坡良好的国际形象。

① 作者简介：何光强，男，华中师范大学政治学研究院国际政治专业博士研究生；程又中，男，华中师范大学政治学研究院教授，国际事务研究所所长，博士生导师。

同为域外利益攸关方，中国与新加坡的北极利益诉求存在诸多相似之处。新加坡北极事务参与中的利益明确、言行相顾、国内协同和以人为本等成功经验，为中国参与北极事务提供了诸多启示与借鉴。这也进一步表明了加强对北极治理各方的比较研究进而探索合作空间的重要意义。

【关键词】 新加坡　北极政策　国家利益　域外利益攸关方　经验借鉴

近年来，“北极热”已从北极区域扩散到全球，众多域外利益攸关方竞相涉足北极。2013 年 5 月 15 日，在瑞典基律纳召开的北极理事会第八次部长级会议中，明确声明“欢迎中国、印度、意大利、日本、韩国和新加坡成为北极理事会新的正式观察员国”[①]，这标志着六国正式为北极理事会所接纳。赤道附近新加坡的当选犹如“一件让人费解的小事”[②]，虽非外界关注重点，却格外引人注目。其实，域外低纬度热带国家参与极地事务已有先例，早在 20 世纪 80 年代，作为发展中国家和东欧国家联盟（简称东盟）的代表，马来西亚就已涉足南极事务。作为当今北极治理“新星”，新加坡到底在北极存在哪些国家利益？其北极事务参与拥有哪些优势和劣势？它又是在怎样的国内外环境下参与北极事务的？显现出哪些特点？这对于同为域外利益攸关方的中国参与北极事务无疑具有重要的启示与借鉴。本文将对这些问题详细展开论述。

一、新加坡对北极国家利益的认知

新加坡地处热带，南距赤道仅 136.8 千米[③]，位于东南亚马来半岛南端，马六甲海峡出入口。就这样一个赤道附近的城市岛国要与严寒的北极联系起来似乎“风马牛不相及”，但早在 1819 年英国东印度公司发现新加坡就与北极有关[④]。对东方的向往，促进了 15 世纪新航路的开辟，然而，南去的海上霸权已经由领先一步的西班牙、葡萄牙所控制[⑤]。在东南亚，英国为牵制荷兰，最初试图向东北航行到东方[⑥]，但受阻于北极冰封，不得不改走其他航线，其中便发现并建立了新加坡。如今的新加坡早已非

① Arctic Council Secretariat. Kiruna Declaration on the Occasion of the Eighth Ministerial Meeting of the Arctic Council.http://www.arctic-council.org/index.php/en/document-archive/category/425-main-documents-from-kiruna-ministerial-meeting, 2013-05-30.

② Naglor N. Outsiders in the Arctic: the roar of ice cracking. Economist, 2013,(2): 49-50.

③ 鲁虎 . 列国志 · 新加坡 . 北京：社会科学文献出版社，2004：3.

④ Nirmala M. Bring the Arctic close to the young. http://www.asianewsnet.net/ann_news.php?a=http://www.asianewsnet.net/Bring-the-Arctic-close-to-the-young&id=53639, 2014-01-15.

⑤ 北极问题研究编写组 . 北极问题研究 . 北京：海洋出版社，2011：28.

⑥ 具体包括 16 世纪英国探险家威洛比、钱瑟勒、斯蒂文 · 巴罗、詹金森、彼特、杰克明等探航东北航道的尝试。

当年的贸易商站，它已崛起为具有重要影响力的精英小国。在新加坡的历史上，能够成功适应环境的变迁是一个不断再现的主题，也决定了它未来的命运[①]。面对新一轮北极热，新加坡没有因为距离远而置身于北极事务之外，相反，它同欧亚许多非北极国家一样，密切关注并积极参与其中，正逐步发挥自身特殊作用，从一个北极事务的“后来者”，俨然成长为一名“新兴的北极行为体”。

全球化冲击并丰富着传统的国家利益观。它使国家利益从封闭的体系转变为开放的体系，框定国家利益的因素大大增加，从而导致国家利益的内容、结构和维护的手段上都发生了重大变化[②]。作为国际社会的精英小国，在当前“北极热”全球化的大背景下，新加坡主要是从北极影响和新加坡自身贡献角度确定了其北极国家利益观：一方面，作为一个依赖海运贸易的低地小岛国，北极区域所发生的变化能极大地影响新加坡[③]；另一方面，不同于其他域外国家的资源意图，在北极自然资源的勘探和开发上，新加坡既无利益，也没有资源和能力[②]，它更希望以一种学习、分享、合作与负责的态度为北极治理做出自己的贡献。因此，它将其北极利益聚焦在环境保护、一个安全的北极区域的发展、可持续的经济发展和人力资本的发展上[②]，其政策总目标在于通过积极参与北极事务，加强在北极治理上的国际合作，维护并拓展新加坡的北极利益，促进新加坡、北极和全球的可持续发展。具体来看，其北极利益具体构成有以下几点。

（一）安全利益

作为一个离北极 7 200 千米之遥的热带国，新加坡同样不能幸免于北极变化的影响。新加坡在北极的安全利益主要表现为环境安全利益。首先，新加坡属低地小岛国，全境大部海拔仅在 15 米内，且约有 30% 的区域海拔低于 5 米[④]。冰融导致的海平面上升使新加坡面临沿海被淹和风暴潮冲击，直接威胁其生存安全。据位于新加坡海峡的潮位仪监测显示，过去 15 年来该海域平均每年上升约 3 毫米[⑤]，新加坡气候专家也推测到 2100 年，海平面将比目前上升 0.65 米[⑥]，面临更大的水淹压力。其次，全球气候异常也影响到了新加坡本地气候，表现为气温升高和降水异常。自 20 世纪 70 年代以来，新加坡气温平均每 10 年上升 0.25℃[⑥]，到 21 世纪末，将上升 2.5℃，

---

① 藤布尔 K M. 新加坡史 . 欧阳敏译 . 上海：东方出版中心，2013：510.

② 蔡拓，唐静 . 全球化时代国家利益的定位与维护 . 南开学报，2001，(5)：10.

③ Ministry of Foreign Affairs Singapore.Singapore in the Arctic. http://www.mfa.gov.sg/content/mfa/media_centre/press_room/pr/2013/201310/press_20131014_01.printable.html?status=1，2013-10-14.

④ National Climate Change Secretariat. Impact of Climate Change on Singapore. http://app.nccs.gov.sg/（S(13wp2z2pzrdytiv2tzlwncqb)）/page.aspx?pageid=160&secid=157&AspxAutoDetectCookieSupport=1，2013-10-21.

⑤ National Climate Change Secretariat. Climate Change and Singapore. http://app.nccs.gov.sg/page.aspx?pageid=113&secid=53，2013-10-21.

⑥ International Energy Agency.CO2 emissions from fuel combustion highlights（2013 edition）.http://www.iea.org/publications/freepublications/publication/CO2EmissionsFromFuelCombustionHighlights2013.pdf，2014-02-27.

这将加剧热带传染病的流行和城市热岛效应，威胁公众健康。最后，由于新加坡 90% 的食品供应依靠进口[①]，气候变暖引起的全球各地极端天气也会影响到全球农业生产，间接影响到新的粮食安全。此外，新加坡的生物多样性也会受到北极环境变化的影响。

新加坡 50 年国家史证明"'生存'成为新加坡一切的支撑点"[②]。由于其先天禀赋严重不足，在北极环境变化的冲击下，其国家脆弱性更趋凸显。为此，新加坡国内采取了提升知识和技能、沿岸保护、水资源管理、排水和防洪等诸多适应性措施，而且，新加坡还利用自身有利条件积极参与到围绕北极的全球治理中。国际能源署最新数据显示：新加坡单位美元 GDP 二氧化碳排放处于国际社会中最低水平[③]。在经济学人智库（The Economist Intelligence Unit，EIU）最新的亚洲绿色城城市排名中，新加坡荣登亚洲最绿城市[④]。基于此成绩，新加坡在全球温室气体减排中，无条件承诺到 2020 年在现有水平基础上减 7%~11%[⑤]，同时它也承诺帮助发展中国家提高减排能力。此外，借助境内双溪布洛湿地保护区（Sungei Buloh Wetland Reserve）和南部岛屿国家公园（National Park of Southern Islands）处于北极水鸟迁徙路线的泊地条件，新加坡国家公园局（National Parks Board's，NParks）和农粮兽医局也参加到北极迁徙水鸟的跟踪保护中。这样，通过参与北极环保，新加坡在维护国家安全的同时，也促进了全球公共安全。

（二）经济利益

环境变化揭开了北极的"资源面纱"。据勘查，北极地区蕴藏约 30% 世界未探明的天然气和 13% 未探明的石油[⑥]。另据北极海运评估报告：随着温室气体继续排放，北冰洋极有可能在 2040 年前的一个短暂夏季变得完全无冰[⑦]，届时跨北极的各路航运将成现实。北极将继"空中十字路口"后成为世界重要"海上十字路口"。未来北极能源矿产和航运开发对新加坡是一把"双刃剑"，能否转危为机关乎其经济可持续发展。

北极通航将对新加坡航运地位构成潜在挑战。新加坡处于沟通欧洲与亚太传统航

---

① National Climate Change Secretariat. Impact of climate change on Singapore. http://app.nccs.gov.sg/（S(13wp2z2pzrdytiv2tzlwncqb)）/page.aspx?pageid=160&secid=157&AspxAutoDetectCookieSupport=1，2013-10-21.

② International Energy Agency.CO_2 Emissions from Fuel Combustion Highlights（2013 edition）.http://www.iea.org/publications/freepublications/publication/CO2EmissionsFromFuelCombustionHighlights2013.pdf，2014-02-27

③ 郑维川 . 新加坡治国之道 . 北京：中国社会科学出版社，1996：121.

④ Siemens Global Website.Asian green city.http://www.siemens.com/press/pool/de/events/2011/corporate/2011-02-asia/asian-gci-report-e.pdf，2011-02-09.

⑤ National Climate Change Secretariat. National Climate Change Strategy 2012. https://www.nccs.gov.sg/nccs-2012/docs/NCCS-2012-Publication.pdf，2012-09-18.

⑥ Gautier D L，Charpentier R R，Grontz A，et al. Assessment of undiscovered oil and gas in the Arctic. Science，2009,（324）：1175-1179.

⑦ Arctic Council. Arctic Marine Shipping Assessment 2009 Report.http://www.arctic-council.org/index.php/en/document-archive/category/62-pame?download=245：the-amsa-2009-report，2009-05-28.

线的咽喉，冰融加速将使东北航道的通航期从以往2~3个月有效延长到4~5个月。相比传统航线，新的海上航道的出现将缩短北大西洋和北太平洋间距离，引起未来每年几个月中航运模式的转变①（表1）。出于多种考虑，北极航道将成为传统航线外的季节性替代选择，这将使船停在东北亚新的或现有港口并利用这些港口作为转运中心到东南亚区域，而非新加坡港②。虽然目前北极航道的通行量远不及传统航线（表2），而且面临“有限的季节航运窗口、严酷和不可测的气象条件、基础设施短缺、集装箱运输规模经济限制”③等困难，再加上俄北方海航道管理局高昂的强制破冰领航费，这些都影响到北方海航道通航的实际效应。另外，至少从短期看，北极地区能源供应的增加并不能从根本上改变东北亚国家对中东原油供应的严重依赖这一事实④。但长远看，随着全球变暖加剧，一旦北极航道全面开通，位于低纬的新加坡必将受世界能源格局和航运贸易格局变化的影响。而且俄加两国各自关于北方海航道和西北航道的内水主张与新加坡对此的“国际通道”理解存在分歧，与新加坡长期秉持的“航海自由”的国家利益原则相悖。

表1　太平洋和大西洋港口间不同航道里程对比（单位：海里）

航行路线	温哥华	横滨	上海	香港	新加坡
北方海航道	6 635	6 902	7 925	8 370	9 730
苏伊士运河	15 377	11 073	10 715	9 360	8 377
好望角	18 846	14 542	14 184	13 109	11 846

资料来源：Ivanov Y，Ushakov A.The Northern Sea Route now open.International Challenges，1992，12（1）：19; 张侠，屠景芳，郭培清，等．北极航线的海运经济潜力评估及其对我国经济发展的战略意义．中国软科学，2009，（S1）：86-93

表2　近5年北方海航道与主要国际航段的通行量对比（单位：艘）

航段	2010年	2011年	2012年	2013年	2014年
北方海航道	4	41	46	71	53
马六甲海峡	74 133	73 528	75 477	77 937	72 657
苏伊士运河	17 993	17 799	17 225	16 596	17 148
巴拿马运河	12 591	12 989	12 862	12 045	11 956

资料来源：Northern Sea Route Administration Website，http://www.arctic-lio.com/nsr_transits; Marine Department Malaysia.http://www.marine.gov.my/jlmeng/index.asp，2015-03-01; Suez Canal authority.http://www.suezcanal.gov.eg/reports.aspx，2015-03-01; Panama Canal authority.http://www.pancanal.com/eng/，2015-03-01

① Teo E. Singapore has interest in the Arctic region. http://www.straitstimes.com/the-big-story/asia-report/singapore/story/spore-has-interest-the-arctic-region-20130514，2013-05-14.

② Ho J. Arctic meltdown could hurt Singapore.http://www.straitstimes. com，2009-07-07.

③ Storey L.Will Arctic Shipping Routes eat Singapore's lunch?-not anything soon，and maybe never. Institute of Southeast Asian Studies Perspective，2014-04-28.

④ 杨剑．亚洲国家与北极未来．北京：时事出版社，2015：121.

虽然这些威胁可能在新加坡这样的交通枢纽港出现，但也有可利用的机会[①]。第一，作为传统海工装备强国，北极严寒条件下的资源开发将扩大新加坡海工装备产业的国际市场，涉及极区钻井设备研制、冰区船舶的建造与维修。目前，吉宝企业（Keepel Corporation）和胜科海事公司（Sembcorp Marine Ltd.）是该国最大的两家海工装备商。20世纪70年代，吉宝就与俄有商业往来，在2006年更是承接了为俄建造两艘破冰船的合同，其旗下的吉宝岸外与海事技术中心曾与康菲石油公司联合研制全球首个适用于冰冻地区的自升式钻井平台以便在世界上恶劣海区之一——北极海运作[②]。胜科海事旗下的裕廊船厂（Jurong Shipyard Pte. Ltd.)2014年9月收购了能"定制适应恶劣环境和北极条件区域特质操作要求"[③]的美国浮式生产及钻井装置设计工程公司（SSP Offshore），预示胜科也将商业目光瞄向了北极。第二，北极能源矿产开发和航道利用将推动北冰洋沿线（尤其北方海航道）的港口建设。由于受恶劣环境、冷战和俄自身财力等因素的限制，北方海航道沿线港口年久失修，基础设施落后。作为世界第二大港口，新加坡国际港务集团经营的新加坡港连接着世界123个国家和地区的600座港口[④]。北极开发催生的港口建设需求将为新加坡港口产业的发展注入新的活力。此外，作为区域重要的石油贸易枢纽和石化产业中心，北极能源开发也为新加坡能源进口多元化和精炼油、石化行业的发展提供了新选择与机遇。

（三）政治利益

特殊地缘政治环境和小国寡民的国情共同决定了新加坡与生俱来的国家脆弱性：其安全与发展缺乏战略腹地，需借助外界力量与空间加以平衡和缓解。如果应对脆弱性的当务之急引导了新加坡外交政策的话，那达到此目标的主要指导则来自于势力均衡概念[⑤]，这反映出新加坡鲜明的现实主义外交倾向。然而，在区域和全球多边环境中，新加坡在国际关系上浓重的现实政治观一直被多边合作和机制建设的机会所缓和[⑥]。借助东盟平台，新加坡有效引入域外力量共同建构了东南亚地区的势力均衡，维护了国家安全，而且以一种"软领导"的身份促进了东盟区域整合，推动了东盟与域外的沟通与合作。在北极问题上，新加坡积极发展与北极国家、原住民和多边平台的合作关系，主张域外力量在北极已有多边机制下进行建设性参与，这是其在东南亚外实行势力均衡的表现，既扩大了新加坡的国际战略空间，增强了其国际影

① Ho J. Opening of Arctic Sea routes：turning threat into opportunity. RSIS Commentaries，2011，(101)：93.

② Yueh W C.Keppel and ConocoPhillips to design first ice-worthy jackup rig for the Arctic Offshore. http://www.kepcorp.com/en/news_item.aspx?sid=3241，2012-02-07.

③ Sembcorp marine's jurong shipyard signs sale and purchase agreement with SSP Offshore. http://www.sembcorp.com/cn/news_detail.aspx?NewsID=1081，2014-09-10.

④ PSA. Core Business.https://www.singaporepsa.com/about-us/core-business，2014-05-10.

⑤ Leifer M. Singapore's Foreign Policy：Coping with Vulnerability.New York：Routledge，2000：26.

⑥ Acharya A. Singapore's Foreign Policy：The Search for Regional Order.Singapore：World Scientific Publishing Co. Pte. Ltd.，2007：30.

响力，也在北极事务上创造了更多对话与合作的机会，有利于维护北极地区的稳定；另外，新加坡也积极参与到北极相关国际机制建设（包括国际海事组织内致力于安全北极航行的极地冰区航行规则的制定和北极理事会框架内极区突发事件的预防与应对等）。毕竟“作为一个小国，新加坡的持久生存与繁荣也依赖于他们确保那些不断演变的国际法律规范仍然有益于新加坡国家利益追求的能力”①。在当前北极地区治理机制不完善的背景下，新加坡这种国际制度供给与适应能力为维护其北极国家利益创造了条件，增强了其在北极事务上的话语权，树立了良好的国际形象，提高了其国际地位。

（四）文化科研利益

独立后的新加坡采用了一条人才立国、教育兴国和科技强国的发展道路。通过充分利用人力资源，新加坡弥补了其先天劣势，创造了巨大的发展成就。在北极变化影响北极原住民传统生活的背景下，新加坡相信人力资本的发展对于北极也很重要，因为它确保土著团体能继续他们的生活方式并且适应外界强加于他们的这些变化②，这为新加坡推广其人力资本发展经验提供了契机。为此，新加坡多次组织北极土著团体来新加坡参观访问，帮助培训北极土著人才，并正将北极原住民在内的北极相关问题纳入新加坡的第三国培训计划（Third Country Training Programmes，TCTPs）③等对外援助项目中。另外，新加坡还参与北极土著文化遗产的保护，努力推动土著遗产同现代技术的有机结合。新加坡的桑顿传媒（Thornton Media）已研发出适用于苹果和安卓系统的土著语言应用程序软件，迄今已覆盖包括因纽特埃卢克顿（Inuvialuktun）语和哥威迅（Gwich'in）语等广泛的美洲土著语言③。为更好地让新加坡人走近北极，新加坡在国内还组织了多次北极文化展，以提高国民北极意识。北极治理是一项系统工程，涉及多领域的尖端技术，新加坡在环保、资源勘探开发、港口建设和原住民权益保障等方面存在很大的技术分享空间。2011 年，新加坡海事和港务局（the Martime and Port Authority of Singapore，MPA）提出了“海洋新加坡绿色倡议”，包括“绿船计划、绿港计划和绿色技术计划”④，该倡议得到了许多企业和组织的积极响应，并在 2013 年得以强化，其中许多绿色技术正试图应用到新加坡北极事务参与中。依托生物制药上的优势，新加坡也渴望在所谓“极地药物”上

---

① Ministry of Foreign Affairs Singapore. Addendum to the President's Address 2014. http://www.mfa.gov.sg/content/mfa/media_centre/press_room/pr/2014/201405_/press_201405230.printable.html?status=1，2014-05-23.

② Ministry of Foreign Affairs Singapore. Singapore in the Arctic. http://www.mfa.gov.sg/content/mfa/media_centre/press_room/pr/2013/201310/press_20131014_01.printable.html?status=1，2013-10-14.

③ 第三国培训计划是新加坡政府针对广大发展中国家和地区设立的开放型对外援助培训项目。在这一项目框架下，其他国家与国际组织可以参与其中并与新加坡一起联合对受援方提供相关技术援助与培训。截至 2015 年 12 月，新加坡已与 44 个国家和国际组织建立了这种联合对外援助合作关系。

④ The Maritime and Port Authority of Singapore. Maritime Singapore Green Initiative. http://www.mpa.gov.sg/sites/pdf/green-brochure-july-2013.pdf，2013-10-29.

提供援助[①]，以帮助部分北极原住民因不良饮食和耐药型病株导致的结核病的困扰。

二、新加坡实现北极国家利益的优劣势分析

新加坡实现其北极国家利益不仅立足于其对自身北极利益的明确定位，而且也与其对自身参与北极治理优劣势的准确把握有着紧密的联系。针对新加坡参与北极治理的优劣势分析有利于我们更好地理解新加坡北极参与进程，以此进一步评估新加坡参与北极治理的条件与绩效。

（一）新加坡实现北极国家利益的优势分析

1. 经济科技优势

1965 年 8 月新加坡独立后，其经济属于典型的殖民地经济，工业非常薄弱，经济结构畸形发展严重。在以李光耀等为代表的人民行动党的带领下，新加坡不仅成功克服了建国初严峻的内外形势，而且通过短短半个世纪的发展，实现了经济五次重大转型。在这期间，新加坡坚持开放型市场经济的同时，积极发挥政府的宏观调控，充分利用引资和对外投资对经济的拉动作用，不断推动产业结构的转型升级，扭转了单一的转口贸易经济格局，丰富了主导产业类型，建立了外向型综合性工业经济体系，展现出与其国家规模不相称的经济活力和竞争力，一跃成为“亚洲四小龙”之一。1995 年 7 月，经济合作与发展组织宣布，从 1996 年 1 月起，新加坡从发展中国家升级为发达国家[②]。当前的新加坡已是东南亚区域乃至世界重要的航运枢纽、外贸中转中心、金融中心、炼油石化基地和电子制造业中心，经济的多样化程度高。在北极治理中，相对于其他小国，良好的经济活力和可观的经济实力为新加坡参与北极事务提供了强有力的资金支持，其主导产业下延伸的关联性产业（炼油业、石化业、船舶海工装备产业等）能与北极的资源开发与治理市场需求实现有效对接。另外，长期以来，为了弥补自身在国家自然禀赋上的脆弱性，新加坡特别注重科技研发创新与投入。在经济优势的助推下，新加坡参与北极治理中也展现出特有的科技优势，主要表现在港口岸外技术、绿色技术、软件技术和生命科学技术等方面。北极环境的脆弱性和特殊性对技术有着极为苛刻的要求，新加坡的技术优势不仅帮助其迈过了北极参与的技术门槛，同时也为新加坡在北极治理中做出自己的贡献创造了条件。

---

① Nirmala M. Bring the Arctic close to the young. http://www.asianewsnet.net/ann_news.php?a=http://www.asianewsnet.net/Bring-the-Arctic-close-to-the-young&id=53639，2011-07-13.

② 鲁虎 . 列国志 · 新加坡 . 北京：社会科学文献出版社，2004：116.

2. 海洋传统优势

自从1819年莱佛士登陆开启近代新加坡以来，新加坡从此因海而兴，地处“印—太”咽喉的新加坡逐渐从东印度公司的商站成长为英帝国的重要殖民地。独立后，新加坡充分发挥自身的海洋岛国优势，强化海洋发展意识，打造出极具特色的“海洋新加坡”。新加坡北极特使司迪齐（Kemal Siddique）曾在新加坡成为北极理事会观察员后指出：新加坡现在是一个拥有一个重要海事部门的海洋国家[①]。可见，新加坡参与北极治理是其海洋传统优势的重要拓展。它的这一优势也引起了国际社会的注意：“一些北极理事会成员国承认新加坡的海洋遗产是其申请观察员地位的合理因素。”[②]具体来说，新加坡在北极治理中的海洋传统优势主要包括海洋产业、海洋科技、海洋法和海洋管理经验。

新加坡的优势海洋产业和技术涉及海工装备、船舶修造、海洋绿色产业等领域。新加坡的海工装备研发和建造已有30多年历史，该产业在其国民经济中占有重要地位。2000~2011年，新加坡海工产业已取代美国、欧洲，占据了全球自升钻井平台和半浅式钻井市场的主导地位[③]。虽然近年来受到了来自中、韩等国的挑战，订单量有所下滑，但新加坡在海工装备的自主设计上仍优势明显。在建造能适应极地极寒恶劣条件下的特种船和海工装备上以及海洋污染防治领域，新加坡也积累了相应技术经验。新加坡历来重视海洋法等国际法规制度的制定与作用。在第三次联合国海洋法会议期间，新加坡全力支持内陆国和地理不利国家的立场[④]，并融入到自身提案，使最终制定的《联合国海洋法公约》在规定12海里领海权和200海里专属经济区的同时，也规定了“过境通行”制度，符合新加坡航海自由原则，并在捕鱼区、专属经济区和公海海床洋底矿产资源等问题上保障沿海国权利的同时考虑了非沿海国的利益，一定程度上反映了新加坡的构想[⑤]，也兼顾了各方利益。北极问题同属海洋问题，且2011年北极理事会高官会报告也明确规定“承认包括海洋法在内的广泛法律架构在北冰洋适用，并承认该法律框架为北冰洋管理提供了坚实基础”[⑥]作为申请新观察员的七大标准之一。面对这一存在大片公海、资源丰富且航运潜力大的重要区域，新加坡参与正是其海洋法主张的实践与拓展。作为国际海事组织重要理事和马六甲海峡共管方之一，新加坡的海事资历与海峡管理经验也为其参与北极事务提供了有力保障。

---

① Nirmala M. Singapore is now an ocean state. The Strait Times，http://www.straitstimes.com/the-big-story/asia-report/singapore/story/singapore-now-ocean-state-20130516，2013-05-16.

② Lassi H.Arctic Yearbook 2012.Northern Research Forum，2012：105.

③ 马延德 . 海洋工程装备 . 北京：清华大学出版社，2013：118.

④ 薛桂芳 . 联合国海洋法公约与国家实践 . 北京：海洋出版社，2011：161.

⑤ 魏炜 . 李光耀时代的新加坡外交研究 . 北京：中国社会科学出版社，2007：273.

⑥ Arctic Council. Senior Arctic Officials' Report to the Ministers. http://arctic-council.npolar.no/accms/export/sites/default/en/meetings/2011-nuuk-ministerial/docs/SAO_Report_to_Ministers_-_Nuuk_Ministerial_Meeting_May_2011.pdf，2011-11-18.

3. 国内政治优势

新加坡建国以来，虽然实行的是多党制，但是人民行动党长期一党独大，一直是作为新加坡政坛的执政党而存在。作为小国，为了保证新加坡政府大政方针尤其是对外政策的连续性、最大限度地缓解新加坡的国家脆弱性，新加坡在政治上采用的是威权统治和精英治理模式。鉴于新加坡是个多元民族基础上建立的国家，同时国家实力和资源的缺陷制约了小国的外交能力，提高了小国的外交成本。所以，具体在外交政策上，新加坡对外决策权一直由其核心权力层把控。长期以来，新加坡的国家领导人对于新加坡的未来有着深刻的危机意识，气候变暖条件下南北极冰融对新加坡的潜在影响早已引起了李光耀等新加坡历届领导人的高度注意。同时，由于新加坡拥有先进的国家治理体系，政府职能运转高效，针对社会的组织引导能力较强，这为新加坡参与北极事务提供了一个良好的国内政治基础。另外，值得一提的是，在国家主义式的威权统治影响下，新加坡的吉宝集团、新加坡国际港务集团等许多涉北极事务企业背后都有着深刻的政府背景（国营 / 国家持股），不仅在融资控股上政企关系密切，而且其领导层还深受新加坡政府的引导影响。淡马锡控股公司（Temasek Holdings）作为新加坡政府的投资公司①，掌控了新加坡国内包括涉北极事务参与企业等几乎所有重要的大型企业，政府的政策意志通过这一国有投资公司的融资和人事安排在这些企业中得到了有效贯彻。同样这种密切的政府联系在政府与学界关系中也是不争事实，新加坡政府通过科研基金投入上的政策倾斜有效引导着学界进行北极相关问题的研究。

4. 文化人力优势

在国家规模上，新加坡绝对是一个先天小国。虽然其作为国家的历史不长，但是在文化教育上，新加坡可以称得上是一个后天的文化大国、教育大国和人力资源强国。新加坡建国后，深知弹丸小国在硬实力上的局限，努力从软实力角度尤其最具可塑性、主观能动性的人的角度来建设自己的国家。在文化上，新加坡尊重民族文化的多样性，形成了基于多元种族上的多元文化，积极倡导“亚洲价值观”来培育国民的新加坡意识。在教育上，新加坡形成了一套科学合理的教育体制，注重因材施教和精英人才培养，本国人力资源质量得到显著提高，满足了新加坡各行各业发展的技术型和科研型人才需求。同时，“人才优先”战略也产生了积极的国际效应：国际文化交流互动频繁，其教育的国际化程度不断提高，吸引着世界各地的留学生和创业者，不仅实现了新加坡“从昔日的‘东南亚人才集散地’转变为‘人才集聚的全球性城市’”②的跨越，而且人才集聚助推下的教育功能、创新优势和产业潜能也为其开展对外援助和合作提供了新途径。北极地区不仅是个资源聚宝盆，而且也是人类文化“秘境”之一，原住民独具特色的文化遗产是世界文化多样性的真实

① 新加坡财政部对其拥有 100% 的股权。

② 黄荣斌 . 新加坡经济转型与人才战略 . 南洋问题研究，2012，(4)：50.

写照。在北极治理的过程中，不论是北极资源开发，还是北极自然环境和非物质文化遗产的保护与传承，都对知识、技术、观念有着强烈的需求，最终还是要落脚到具体的人才培养，这里的人才包括北极地区本地的人力资源和域外的人力资源。所以，受益于开明引导和巨大投入而形成的新加坡文化人力资本无疑是其参与北极治理的重要优势。

5. 多重身份优势

新加坡在参与北极治理上集小国、低地小岛国、多民族国家、发达国家等多重国家身份于一体，在某种程度上，这是新加坡介入北极时的独特优势。第一，新加坡是个域外小国，国家资源和实力都极为有限，这种弱国身份的国际认知为小国提供了有助于达成政策目标的战略契机①。相比于主要北极国家和域外北极事务大国，国际社会（尤其北极国家及其人民）对于新加坡北极参与的判断更多的是一种无威胁的外部认知。鉴于新加坡的北极行为能力和战略意图根本构成不了北极地区安全稳定的外部威胁，反而是一个对北极治理有益而富有建设性的参与方，这为新加坡赢得了北极治理主要参与方（尤其北极国家）的更多信任与合作机会，争取到了更大的北极活动空间。第二，作为域外低地小岛国，在北极环境变化的全球影响下，海平面上升压力给新加坡造成的潜在受害者身份使其在介入北极问题上具有一定的国际道义优势。第三，作为多民族国家，虽然华人占人口多数，但是新加坡长期实行多元族群和谐政策，尊重并照顾了少数族群的差异性。北极地区存在以原住民为代表的少数民族，原住民问题目前已成为北极治理的重要议题之一，新加坡成功的民族政策经验也为北极原住民社会的治理树立了样板。此外，新加坡在国家发展与治理上成就巨大，从一个内外交困的普通小国成长为国际社会的精英小国。在令国际社会刮目相看的同时，新加坡也乐于与国际社会（包括北极地区）分享自身成功经验，展现了良好的国际形象。多重国家身份在新加坡参与北极治理中相互补充，某种程度上形成了一种“身份合力”，不仅减少了北极参与中的阻力，也丰富了其参与途径。

6. 国际影响优势

新加坡可观的区域和全球影响力也是其参与北极事务的重要优势。新加坡不仅在“马来海洋”中求得生存，而且实现了与周边邻国和东南亚域外大国的和平共处，推动了东南亚一体化，成为东盟的窗口。它还成功应对了 1974 年石油危机、1997 年东南亚金融危机、2003 年 SARS 和 2008 年全球金融危机等多次国际重大事件。新加坡还积极融入全球化，采取“选择性全球化”政策，努力规避缓解各种风险，以打造“全球城市”为契机，加强与世界的联系，其全球化水平和竞争力均名列前茅（表 3）。同时，新加坡还主动在多个全球议题中发挥作用，成为全球治理中名副其实的“小国健将”。在 2008 年开始的全球经济危机中，为防止中小国家在全球经济治

① 韦民．小国与国际关系．北京：北京大学出版社，2014：230.

理中被边缘化，加强 20 国集团（G20）与非成员国间的沟通与协作，新加坡于 2009 年在联合国内倡议成立了非正式的“全球治理集团”（Global Governance Group，简称 3G）[①]，主张“20 国与地区集团将需要变得更加可协商、包容和透明”[②]，以扩展 G20 的代表性和合法性，推动其在全球的有效行动；在联合国安全理事会改革上，新加坡等五个小国组成了“五小”（S5）[③]，提议改革联合国安全理事会的运作方式，要求五个常任理事国行使否决权时进行原因解释或意图说明[④]，提高决策透明度；在气候变化上，新加坡加强了与多个区域小国平台（加勒比共同体、南太平洋岛国论坛等）和小岛屿国家联盟（Alliance of Small Island States，AOSIS）的合作，并在联合国内组织了小国论坛（the Forum of Small States，FOSS），努力反映小国诉求，密切了小国国际协调，扩大了小国影响力。可见，全球治理中的新加坡实现了“小”向“重要”的转化。在当前北极问题全球化的背景下，新加坡独特的国际影响力为其参与北极事务创造了条件。

表 3　近 5 年新加坡全球化指数和全球竞争力世界排名

年份	2010	2011	2012	2013	2014
全球化指数世界排名	5	5	5	5	5
全球竞争力世界排名	1	3	4	5	3

资料来源：Stucker A.KOF index of globalization.http://globalization.kof.ethz.ch/，2015-03-15

（二）新加坡实现北极国家利益的劣势分析

1. 地缘区位劣势

新加坡位于东经 103°36′～东经 104°25′、北纬 1°09′～北纬 1°29′，邻近赤道，远离地球的南北极（“两相远”），属于全年高温多雨的热带雨林气候。虽然新加坡扼守马六甲海峡的地缘位置优越性提高了新加坡的战略地位，为其经济的发展提供了良好的交通区位条件，但是在新加坡参与北极治理事务上，其自身的地缘区位更多地表现为一种劣势。相对于北极国家和其他参与北极事务的主要非北极国家，新加坡离北极地理距离最远，属于名副其实的远极地国家。它不仅具有非北极国家参与北极事务时所有的常规劣势（远离北极区域、缺乏极区自然环境条件、在北极无领土主权存在、深受北极环境变化的潜在影响等），而且其在某些劣势程度上可能更大（如新加坡连寒冷这样的基本自然条件都没有），甚至还存在一些特有的

① 全球治理集团是新加坡于 2009 年在联合国中倡议成立的小国间非正式的全球治理议事平台，包括 20 多个小国，旨在加强 G20 及其非成员国之间的合作与协调。

② General Assembly. Strengthening the framework for G-20 engagement of non-members. http://www.un.org/en/ga/search/view_doc.asp?symbol=A/64/706，2009-11-23.

③ “五小”是由新加坡、哥斯达黎加、约旦、列支敦士登和瑞士 5 国于 2012 年在联合国成立的旨在推动安全理事会改革的意见团体。

④ General Assembly. Improving the working methods of the Security Council. http://www.un.org/en/ga/search/view_doc.asp?symbol=A/66/L.42，2009-11-23.

劣势（如被穆斯林的马来国家海洋包围）。这种地缘区位上的劣势，一方面使北极环境变化对于新加坡的影响不像对北极地区那样直接而又明显，使新加坡缺乏充足的自然条件理据来参与极地事务，影响到新加坡本国（尤其国民）对北极的认知和北极国家（及其国民）对于新加坡的认知；另一方面，这种劣势也影响到新加坡的地缘政治环境，至少现阶段北极地区对于新加坡国家安全与发展的重要性程度还远不及新加坡所在的东南亚区域和亚太区域，决定了其对外关系重点仍然在以东南亚区域为首要区域的亚太区域，北极区域也只不过是新加坡外交系谱中拓展国际战略空间的外围区域之一。

2. 小国身份劣势

虽然新加坡因为“小”为其参与北极事务提供了一定的身份优势，扩大了其在北极治理中的可接受性，但是辩证地看，“小”毕竟是小，终究有其不足。新加坡在国家规模上属于典型的小岛国，虽然新加坡填海造陆的历史已经超过了一个世纪，但这仍远不能改变新加坡国土面积狭小的事实（目前为718.3平方千米）。国土面积小直接决定了其各种自然资源的拥有量，资源匮乏的现状影响到其国家的整体实力。在参与北极事务问题上，这一小国现实身份劣势给新加坡带来了很大的脆弱性和局限性。这种脆弱性主要表现为经济上和安全上的双重脆弱性，导致新加坡对于关乎其经济和安全的重点区域和领域具有很强的依赖性，即便新加坡相对于北极区域的脆弱性更多的是一种未来时和间接式的。从局限性上看，由于国家实力和国际身份的限制，相对于北极治理主要当事方的北极国家和具有强大实力并负有重大全球责任的北极域外大国，新加坡北极事务参与中的资源投入及其北极行为能力都非常有限，它可以凭借自己的诸多优势成为北极治理中的参与方之一或者北极事务某一领域的重要参与方，但很难成为能影响整个北极治理的举足轻重的参与方。

3. 极地经验劣势

相对于北极国家和域外极地事务大国，作为极地事务的“后发国家”，新加坡在参与北极事务上明显缺乏自身极地经验（尤其南极经验）和历史依据，在极地事务上基本是零基础，甚至落后于其他一些远极地热带国家（表4），需借鉴他国或从头开始。远离南北极的新加坡既无极地科考建站经历，又非1920年《斯瓦尔巴德条约》的协约国，且尚未加入南极条约体系。相反，北极国家拥地利之便，具备与南极相似的自然环境，而且其中的美、俄、挪还是南极事务强国。另外，20世纪南极问题的国际化也促使欧洲多国纷纷介入极地事务。就连与新加坡同时被北极理事会接纳的中、日、韩、印都有着长期的极地考察传统，不管是在南极，还是借助斯瓦尔巴德群岛上的考察站①。所以，缺乏极地遗产的新加坡积极参与北极治理无疑是一次重要开拓，但极地经验的缺乏仍然是横亘在新加坡北极之路上的一大困难。

① Watters S，Tonami A. Singapore：the arctic newcomer. The Circle Magazine，2013，(1)：13-15.

表 4　参与《斯瓦尔巴德条约》和南极条约体系的主要远极地热带国家统计表

相关条约	所涉极地	参与其中的主要远极地热带国家
《斯瓦尔巴德条约》	北极	多米尼加、委内瑞拉、沙特阿拉伯、澳大利亚、埃及、印度
南极条约体系	南极	哥伦比亚、印度、古巴、厄瓜多尔、危地马拉、马来西亚、巴布亚新几内亚、委内瑞拉

三、新加坡的北极事务参与

（一）新加坡北极事务参与的历程

新加坡参与北极事务起步晚，据其官方观点，新加坡的北极介入始于 2009 年[①]，当时新加坡国内进行了一场关于北极对新加坡影响的研究。此前，新加坡吉宝企业旗下的吉宝新满利（Keppel Singmarine）在 2006 年就赢得了为俄卢克石油公司建造亚洲前 2 艘北极破冰船的合同[②]，并于 2008 年交付，实现了新加坡对北极的商业性参与。2009 年后，新加坡国内关于北极问题的讨论深入，2010 年开始计划以正式观察员身份加入北极理事会[③]。2011 年 5 月北极理事会观察员新标准出台后，同年 12 月新加坡正式递交了其观察员身份申请[④]。为早日跻身其中，新加坡进行了充分准备，2012 年 1 月任命了外交经验丰富的司迪齐为该国首位北极事务特使，随后邀请了部分北极原住民团体代表来新参观访问，派员参加了挪威组织的赴斯瓦尔巴德高北极研究行和在冰岛召开的第 10 届北极地区议员会议。经过不懈努力，新加坡终于在 2013 年 5 月 15 日被批准为北极理事会正式观察员国，标志着其北极事务参与步入了新阶段。虽然观察员新标准限制多，但此身份无疑为新加坡进一步参与创造了条件。此后，新加坡加大了参与力度，已在北极理事会下属多个工作组（Working Groups）和任务组（Task Force）崭露头角。2013 年 10 月，新加坡议会高官陈振泉[⑤]参加了在冰岛召开的首届“北极圈论坛”（Arctic Circle Forum），发表了题为“新加坡在北极”（Singapore in the Arctic）的演讲，阐述了新在北极的利益存在及所能提供的贡献，这是新加坡首次明确的官方北极政策宣誓。随后新加坡首次以新身份参加了在加拿

① Ministry of Foreign Affairs Singapore. Singapore in the Arctic. http://www.mfa.gov.sg/content/mfa/media_centre/press_room/pr/2013/201310/press_20131014_01.printable.html?status=1，2013-10-14.

② Chia G.Keppel Singmarine completes Asia's first two icebreakers for the Arctic. http://www.kepcorp.com/en/news_item.aspx?sid=1903，2008-11-03.

③ Nirmala M. Fuelled by strategic interest in cold North. The Strait Times. http://www.stasiareport.com/the-big-story/asia-report/opinion/story/fuelled-strategic-interest-cold-north-20130521，2013-05-21.

④ Ministry of Foreign Affairs Singapore. Singapore Granted Observership in the Arctic Council. http://www.mfa.gov.sg/content/mfa/media_centre/press_room/pr/2013/201305/press_20130515_01.html，2013-05-15.

⑤ 陈振泉（Mr Sam Tan Chin Siong）系新加坡总理公署兼文化、社区及青年部政务部长（Minister of State，Prime Minister's Office & Ministry of Culture，Community and Youth），他同时也是新加坡议会高官。

大白马市召开的北极理事会高官会。2014 年 9 月，新加坡参加了在加拿大白马市召开的第 11 届北极地区议员会议，期间陈振泉又强调了新加坡在北极具体所能做的贡献。同年 10 月底到 11 月初，新加坡应邀参加了在冰岛举办的第 2 届北极圈论坛，陈振泉发表了“新加坡在北极：接下来的步骤”（Singapore and the Arctic—The Next Steps）的演说，具体设定了新参与北极的事务领域，包括极地航运规则制定、极地突发事件应对与预防、国际北极科考研究、密切与北极土著居民人文交流、加强与相关北极国家和国际组织的沟通合作等。并且新加坡欣然接受了冰岛总统奥拉维尔·格里姆松（Olafur R. Grimsson）的提议，决定在 2015 年世界可持续海洋新加坡峰会期间主办为期一天的北极圈论坛活动[①]。本次演说是其上次北极圈论坛演讲的落实，是新加坡第二个北极政策宣誓。随后，新加坡又邀请了 4 个北极土著团体代表访新。几年间，新加坡北极事务参与已顺利铺开，获得了国际认可，效果明显。

（二）新加坡北极事务参与实践的特点

1. 新加坡政府牵头重视北极事务参与

在北极问题上，新加坡政府表现得尤为积极主动。虽然其至今尚未出台正式的北极政策或战略文件，但通过积极参与国际北极交流合作，尤其在两届北极圈论坛中以演讲形式向国际社会的政策声明，明确了其作为北极域外利益攸关方的身份，阐释了自己的立场。新加坡成功被北极理事会接纳正是新加坡政府积极努力的结果。对于新的观察员身份，新加坡总理李显龙第一时间表态“非常感谢北极理事会成员国接纳新加坡为观察员”，“期待为北极理事会的工作做出贡献”[②]。另外，在其政府内，包括外交部、海事和港务局、总理办公室国家研究基金会等多部门（表 5）均加强了在北极事务上的联动与合作。同时，为了统筹协调国内涉北极各部门的工作，推进北极外交，新加坡任命了总理公署兼文化、社区及青年部政务部长陈振泉总体负责新加坡北极事务，并委派了具有多年驻外国和国际组织经验的司迪齐出任新加坡首任北极事务特使，新加坡也成为首个设立北极大使的北极理事会亚洲观察员国。

表 5　新加坡北极事务参与中的国内实体构成表

所属领域	具体实体构成（包括部门、机构、个人）
政府部门	外交部、海事和港务局、国立研究基金会、国家公园局、农粮兽医局、国家气候变化秘书处（National Climate Change Secretariat，NCCS）、国家环境局（National Environment Agency，NEA）、气象局等
产业界 / 商界	吉宝企业、新加坡国际港务集团、汇丰银行（The Hongkong and Shanghai Banking Corporation Limited，HSBC）等
学界	新加坡国立大学（包括岸外研究与工程中心、法学院、新加坡东南亚研究院）、南洋理工大学（Nanyang Technological University，NTU）（包括拉惹勒南国际研究院）、新加坡海事研究院（Singapore Maritime Institute，SMI）等

① Ministry of Foreign Affairs Singapore. Singapore and the Arctic—the Next Steps. http://www.mfa.gov.sg/content/mfa/media_centre/press_room/pr/2014/201410/press_20141101.printable.html?status=1，2014-11-01.

② Teo E. 5 Asian countries get permanent observer status in Arctic Council.http://www.asianewsnet.net/5-Asian-countries-get-permanent-observer-status-in-46767.html，2013-05-16.

续表

所属领域	具体实体构成（包括部门、机构、个人）
其他（传媒、公共关系机构、协会、个人等）	《海峡时报》（The Straits Times）、《联合早报》、桑顿传媒、新加坡航运协会、新加坡国家青年成就奖理事会、唐和伊卡·桑顿（Don and Kar Yee Thornton）等

2. 多边与双边渠道结合灵活参与北极事务

多边上，新加坡结合长期积累的多边经验——区域合作中的可变几何[①]（即互相交叉重叠的区域或次区域参与和议程）参与到多个北极多边平台（包括北极理事会、北极圈论坛等）。在北极理事会内，新加坡不仅成了正式观察员，而且已参与到其多个分支（北极动植物保护工作组[②]、北极海洋石油污染预防工作小组[③]）。在北极动植物保育工作组中，新加坡借助处于北极水鸟迁徙路线的泊地条件，参与到对其的跟踪与保护中。在北极海洋油污防治任务组中，新加坡提出了关于海洋油污防治的本国经验，总结出了海事—航运管理的"国家框架"和"合作框架"[④]。由于北极圈论坛旨在增加北极对话中的参与和强化对北极未来的国际关注，参与方遍及全球的各种组织、论坛、企业、智库和个人等，具有很强的开放性。通过该论坛，新加坡更好地向全世界宣传了自己的北极政策，加强了与不同北极行为体间的协商与合作。另外，在联合国、国际海事组织、世界海洋理事会、北极能源峰会和《联合国海洋法公约》等多边框架中，新加坡也通过影响议程设置、规则制定和条法解释等路径参与北极事务。

双边上，新加坡加强了与北极国家（尤其北极理事会轮值主席国）的合作。美国已参与到新加坡设立的第三国培训计划，在这一框架下，双方期待一起从事诸如可持续发展和气候变化领域的其他项目，包括在北极地区合作的可能[⑤]。2012 年 9 月，在俄—新政府间委员会第三轮高级别磋商中，俄方向新方表达了乐意在俄科学院技术能力的基础上与新开展（包括综合环境评估、船舶导航的可靠方法和安全矿产勘探开发等领域的研究）北极开发领域的合作[⑥]。新加坡和加拿大的北极合作集中在北极传统文化展示交流、原住民培训。2013 年 8 月新加坡外交部与加拿大高级专员公署在新联合举办了"可进入的北极"图片展，2014 年 9 月新加坡邀请了一对加拿大

① Teo E. 5 Asian countries get permanent observer status in Arctic Council.http://www.asianewsnet.net/5-Asian-countries-get-permanent-observer-status-in-46767.html，2013-05-16.

② 北极动植物保护工作组（Conservation of Arctic Flora and Fauna，CAFF），系北极理事会中五大工作组之一。

③ 北极海洋石油污染预防工作小组：Task Force on Arctic Marine Oil Pollution Prevention，TFOPP。

④ TFOPP_2014_01_Presentation_SINGAPORE_MPA. http://www.arctic-council.org/index.php/en/document-archive/category/520-public-documents?download=2209：tfopp-i-presentation-singapore，2014-05-22.

⑤ Ministry of Foreign Affairs Singapore.Visit by Minister for Foreign Affairs and Minister for Law K Shanmugam to the United States of America：Meetings with US Secretary of State John Kerry and Attorney-General Eric Holder and other personalities，12 to 13 March 2013. http://www.mfa.gov.sg/content/mfa/media_centre/press_room/pr/2013/201303/press_20130314.printable.html?status=1，2013-03-14.

⑥ Ministry of Foreign Affairs Singapore.Deputy Prime Minister and Minister for Finance Tharman Shanmugaratnam and Russian First Deputy Prime Minister Igor Shuvalov co-chair the Third Session of the High-Level Russia-Singapore Inter-Governmental Commission.http://www.mfa.gov.sg/content/mfa/media_centre/press_room/pr/2012/201209/press_20120925_04.printable.html?status=1，2012-09-25.

因纽特人夫妇来新进行北极土著传统文化的展示与交流。在与北欧北极国家的北极合作上，新加坡与冰岛主要借助北极圈论坛这一平台加以展开，2013 年 5 月新加坡任命了对欧外交经验丰富的 T.Jasudasen 为驻冰岛首任大使。在 2013 年 11 月的第 11 届亚欧外长会议上，新挪双方明确了在北极理事会中加强双边合作的期望，2014 年 3 月双方在新举行了“挪威—新加坡”北极研讨会。此外，新加坡分别与瑞典、丹麦（格陵兰）在多个多边场合就加强北极合作进行了磋商。

3. 国内“政、商、学、民”协同参与北极事务

新加坡国内，不仅政府，其产业界、学界和民间（表 5）也对北极产生了兴趣，纷纷参与其中。在政府的有力引导下，其国内各界在北极事务参与上联合协同，实现了“产、学、研”有机结合，首推 2013 年 11 月“吉宝—新加坡国立大学公司实验室”（Keppel NUS Corporate Laboratory）的设立。该实验室隶属新加坡国立研究基金会资助的“公司实验室加大学计划”（The Corporate Laboratory@ University Scheme）[①] 旗下的第二个实验室，共投资 7 500 万新元，它通过利用吉宝岸外与海事技术中心的实用技术与新加坡国立大学的老师、重要实验室和计算机设备来打造一个强有力的创新性伙伴关系[②]。这种协作关系旨在为在极深水域和北极环境下的油气勘探与生产提供创造性的解决方案；为新加坡和吉宝勘探利用海洋丰富的矿产资源开拓新的商业机会；通过知识发现和技术发展提高本行业活动的生产力和安全性[③]。此外，新加坡许多智库也都参与到北极问题的研究中，国内的各大媒体也加大了对北极的相关报道，更多的新加坡人开始关注北极、走近北极。

4. 以帮助“国际弱势群体”为契机发挥自身优势参与北极

全球化推动了国际社会分化与改组，此轮新变革产生了许多“被边缘化的失利者”，即国际弱势群体（international disadvantaged groups）。“弱势群体”最初用于经济学、社会学、政治学中，指社会中由于“经济资源、政治资源贫困同构而处于不利地位的一个特殊的集合群体”[④]。国际弱势群体指的是在国际体系中处于弱势地位的国际行为体的集合，它们因此被卷入一个经济和政治贫困的恶性循环，并且由于种种原因逐渐疏远于主流的国际社会[⑤]。该群体主要包括处境困难的发展中国家及其发

① 该计划发起于 2013 年 3 月，用来支持在新加坡的大学中建立行业重点实验室，寻求增强大学和产业界间的合作伙伴关系，并且能使大学老师、研究员、博士和研究生与公司一同在与产业直接相关的项目上合作。这将支持针对市场的实验室成果有效转化。

② National Research Foundation.Corporate Laboratory@University Scheme Fact Sheet. http://www.nrf.gov.sg/docs/default-source/new-nrf-factsheets/20131217_corp-lab@university-factsheet-（final）.pdf?sfvrsn=2，2013-12-17.

③ National Research Foundation.Keppel-NUS Corporate Laboratory（final）.pdf.http://www.nrf.gov.sg/Data/PressRelease/Files/201311251823075904-20131120%20Corp%20Lab%20Press%20Release%20（Final）.pdf，2013-11-25.

④ 蔡小平 . 政治学视野中的弱势群体研究 . 西北师范大学硕士学位论文，2007：8.

⑤ Zhao G C. Disadvantaged Groups and asymmetric conflicts. Contemporary International Relations，2008，（19）：71-104.

展中的地区组织[①]，还涵盖了许多少数民族和原住民群体（“第四世界”）。由于北极环境变化及资源开发直接影响到北极原住民的传统生活，同时全球变暖引起的北极冰融也威胁到许多低地小岛国的生存。所以，北极问题牵涉到的国际弱势群体主要包括北极域内的原住民和域外的低地小岛国。作为北极域外小国的新加坡深知自己无法像北极国家和域外大国那样投入巨大的外交资源全方位介入北极，但它意识到了作为北极理事会永久参与方的北极原住民的重要性。所以，新加坡采取了一种具有“选择性和专长性”的参与方式：以涉北极弱势群体为重要切入点，依托本国“民族熔炉”“低地小岛国”等身份，借助“新加坡合作项目”这一援助平台，充分发挥自身在港口建设、基础设施、教育、人力、环保、制药等领域的优势，大力开展援助外交、文化外交、公共外交、环境外交等。推动了本国优势和涉北极弱势群体需求的有效对接，密切了与两大弱势群体的人文联系，丰富了与相关北极国家和国际组织间的往来，促进了新加坡北极参与上“内线—外线”联动，实现了其北极外交与气候外交的有机结合。

四、新加坡北极事务参与对中国的启示与借鉴

新加坡北极事务参与堪称域外小国成功参与极地事务的典范。表明小国在当前国际社会中仍有值得挖掘的影响空间，鼓舞了世界上其他小国与发展中国家；另外，新、中虽差异明显，但双方同为北极域外利益攸关方，新加坡仍能为中国的北极事务参与提供重要启示与借鉴。

（一）明确自身北极利益，树立正确的利益观

虽远离北极，但危机意识与进取精神拉近了新加坡与北极的距离。借助多个国际场合，新加坡全面阐释了自身与北极的利益关系，进一步介绍了其“北极能力”——能为北极做什么。为此，新加坡还通过各种北极行动加以证明，在介入北极地区事务的同时，也为北极治理贡献了许多物质性、技术性、制度性和观念性的公共产品。言行契合消减了国际社会（尤其北极国家）对新加坡参与北极事务的疑虑，为新加坡赢得了赞誉。同样作为域外利益攸关方，中国与北极的总体利益攸关度大于新加坡，但中国尚未明确自身北极利益。在当前中国和平崛起背景下，中国利益正向全球迅速延伸，面临国内外各种猜测，在北极问题上也不例外。新加坡对自身北极利益的明确，启示我们明确中国北极利益有可能成为未来推动中国北极参与的重要选择。

（二）协调整合国内资源，增强北极行动能力

作为域外小国，先天不足严重制约了其在北极事务上的行动能力。然而，新加

① 杨洁勉．论“四势群体”和国际力量重组的时代特点．世界经济与政治，2010，(3)：6.

坡通过政府对国内各界的引导和调动有效整合了有限的国内资源，实现了北极事务参与上多部门、多领域的联合协同，增强了其整体北极行动能力。其实，关于域外国家介入北极事务，大国也同样需要协调整合国内资源。中国虽大，但中国不易，国内资源被分散到各种问题的处理中。相比北极国家，中国落实在北极问题上的国内资源不多且分散，也面临协调整合国内各界资源的任务。党和国家提出建设“海洋强国”的发展目标后，中国国内各界越来越重视极地问题，2015 年 7 月 1 日首次将极地安全列入了新出台的《中华人民共和国国家安全法》[①]，并且已开始跨部门、跨领域的协调与合作。新加坡的这一经验值得我们参考。

（三）做好“人”的工作，拉近与北极的距离

作为一个多民族国家和人力资源强国，新加坡在参与北极治理过程中始终贯彻着“以人为本”的理念，注重做“人”的工作，拉近了新加坡与北极的距离。这里“人”的工作不仅包括针对北极原住民为主体的涉北极国际弱势群体的权益保障，而且涵盖以人才培养、人力输出为特色的国际援助，还包括强化新加坡本国国民的北极意识等。原住民为代表的“第四世界”是中国参与北极事务中不容忽视的重要当事方，而且中国正处在从人力资源大国向人力资源强国的转变中，国民的海洋极地意识亟待提高。未来如何实现中国参与北极治理中经济开发与环境社会治理效益的多赢，将中国的人力优势运用到北极，推动中国北极公共外交，拉近中国与北极的心理距离，新加坡“以人为本”的参与理念无疑值得中国借鉴。

（四）加大各方比较研究，探索潜在合作空间

北极治理涉及众多参与方，按类型可分为政府（中央、地方）、国际组织、企业、智库、原住民等；按区域有域内（沿岸国、非沿岸国）和域外之分（远近或利益攸关度不同）。它们之间呈现出复杂的竞合关系，作为域外小国的新加坡只是众多参与方中的“冰山一角”，这启示中国，其他参与方也值得进行比较研究。北极域外利益攸关方主要分布在欧亚，近年来亚洲多国的北极活动较为活跃，然而这些亚洲国家间几乎没有协调它们的北极倡议，即便它们参与北极政治上拥有基本相同的强调[②]。因此，加强比较研究有利于中国探索与其他利益攸关方进行北极合作的可能性，促进相互借鉴，对于中国实现自身在北极的国家利益意义重大。

参考文献

北极问题研究编写组 .2011. 北极问题研究 . 北京：海洋出版社 .

① 2015 年 7 月 1 日新出台的《中华人民共和国国家安全法》第 32 条明确规定：“国家坚持和平探索和利用外层空间、国际海底区域和极地，增强安全进出、科学考察、开发利用的能力，加强国际合作，维护我国在外层空间、国际海底区域和极地的活动、资产和其他利益的安全。”可见，极地安全已经被纳入我国总体安全观的具体布局中。

② Solli P E, Rowe E W, Lindgren W Y. Coming into the cold：Asia's Arctic interests. Polar Geography, 2013,（36）：253–269.

丁煌 .2013. 极地国家政策研究报告（2012—2013）. 北京：科学出版社 .
丁煌 .2014. 极地国家政策研究报告（2013—2014）. 北京：科学出版社 .
鲁虎 .2004. 列国志 • 新加坡 . 北京：社会科学文献出版社 .
马延德 .2013. 海洋工程装备 . 北京：清华大学出版社 .
藤布尔 K M.2013. 新加坡史 . 欧阳敏译 . 上海：东方出版中心 .
韦民 .2014. 小国与国际关系 . 北京：北京大学出版社 .
魏炜 .2007. 李光耀时代的新加坡外交研究 . 北京：中国社会科学出版社 .
薛桂芳 .2011.《联合国海洋法公约》与国家实践 . 北京：海洋出版社 .
杨剑 .2015. 亚洲国家与北极未来 . 北京：时事出版社 .
郑维川 . 1996. 新加坡治国之道 . 北京：中国社会科学出版社 .
Acharya A.2007.Singapore's Foreign Policy：The Search for Regional Order.Singapore：World Scientific Publishing Co. Pte. Ltd.
Solli P E，Rowe E W，Lindgren W Y. 2013.Coming into the cold：Asia's Arctic interests.Polar Geography，(36)：253-270.
Zhao G C.2008.Disadvantaged groups and asymmetric conflicts.Contemporary International Relations，(19)：76.

研究报告 7

韩国实现北极国家利益的经验借鉴①

【摘要】 韩国不是北极周边国家，而是一个北极事务的后来者。但韩国日益意识到北极对其众多国家利益的重要意义，逐步加强北极国家战略规划和行动能力。经过第二次世界大战后70多年的发展，韩国取得了被称为"汉江奇迹"的发展成就，由一个落后的农业国，一跃成为世界发达经济体。但由于国土狭小，国内资源贫乏，韩国对外部资源、市场和航线安全的依赖很深。

随着全球气候变暖和北极冰川融化，北极资源开发和航道开放逐渐被提上议事日程。韩国尽管不是北极周边国家，但是一个临近北极的国家。北极资源开发和航道开放给韩国提供了一个新的发展机遇。但与此同时，北极冰川融化导致的生态环境变化，尤其是海平面的上升和灾难性天气频发，可能给韩国带来新的威胁和挑战。因此，从20世纪90年代开始，韩国逐步加强对北极的关注和投入。作为一个非北极的后来者，韩国在北极事务中没有多少先天优势。但韩国大力整合政府、学界和企业的力量，充分利用自身的经济技术优势，在加大北极科学研究和国际交流合作的同时，积极开展北极外交，为不断扩大和深化韩国的北极参与创造有利的国际条件。

韩国在北极事务中的历史、地位和诉求，与中国有很大的相似性。因此，韩国的北极战略对中国具有重要的启示。在尊重北极国家领土主权和国际安排的前提下，中国应该积极开展北极科学研究，增强中国的话语权，并为未来的北极资源开发和航道利用提供技术支持。在这一过程中，要积极开展北极外交，充分利用北极国家之间以及北极国家与非北极国家之间的矛盾，扩大中国的战略空间，并将北极国家战略与中国的全球战略结合起来，促进二者的良性互动，包括扩大与韩国、日本、印度等周边非北极国家在北极事务中的深度合作，维护自身和国际社会的共同利益。

---

① 作者简介：阮建平，男，武汉大学政治与公共管理学院教授、博士生导师；丁煌，男，武汉大学"珞珈学者"特聘教授、政治与公共管理学院院长、公共政策研究中心主任、公共管理与国际法双学科博士生导师；吴军，男，武汉大学中国边界与海洋研究院博士研究生暨国家领土主权与海洋权益协同创新中心研究人员。

【关键词】 韩国　北极政策　优势　国家利益　经验借鉴

韩国既非北极周边国家，也没有取得历史先机，但韩国认为北极攸关其众多的国家利益。随着北极环境的变化，韩国日益积极地参与到北极事务中。韩国的北极国家战略对同为非北极国家的后来者——中国具有重要的启示。

一、韩国对北极国家利益的认知

随着全球气候变暖、资源短缺、环境恶化、地区局势动荡、国际竞争白热化等全球问题的加剧，北极潜在的政治价值、经济价值和军事价值开始备受关注。相较于荒无人烟和遥远的南极大陆来说，北极给北半球国家带来的利益显得更为现实和具体。韩国海洋水产开发院国家海洋事务和领土研究中心主任朴永基（Young Kil Park）认为，韩国在北极的利益主要是科学研究、开辟新航道、把釜山打造成物流枢纽港、参与油气资源开发和利用、推进航运和海上平台产业的发展、进军北极渔业产业以及扩大北极治理参与①。概言之，韩国在北极的国家利益主要包括经济利益、政治安全利益和科研利益。

（一）经济利益

韩国虽然经济发达，但国土面积狭小，自然资源贫乏。其无论是陆地还是海洋都不产石油，诸如铁矿石等大部分矿物也是严重依赖进口①。2011 年，韩国成为世界上第二大液化天然气进口国、第三大煤炭进口国、第五大原油进口国②。随着韩国人口和经济的持续增长，巨大的资源压力也会迫使其把目光转向尚未开发的北极。参与北极资源开发，不仅可以解决其资源需求问题，也可以解决其资源进口来源和线路单一化的症结。总体来讲，韩国在北极的经济利益包括能源和矿产资源开发、航道利益、船舶尤其是特种船舶的出口、海洋渔业等利益。

2008 年美国地质调查局宣称北极拥有世界 13% 的未发现的石油（约 900 亿桶）、30% 的未发现的天然气（约 1 669 万亿立方米）以及 20% 未发现的液化天然气（约 44 万亿立方米）③。诸如铁矿石、镍、铜等北冰洋其他矿物价值预计达到 1.5 万亿 ~2 万亿美元，尚未开发各种资源价值总计达到 13.6 万亿美元①。这对于自然资源匮乏、消耗量大并且进口来源路线较为单一的韩国来说，无疑是个利好消息。

① Park Y K.Arctic prospects and challenges from a Korean perspective.http://www.cigionline.org/publications/2013/12/arctic-prospects-and-challenges-korean-perspective，2012-12-03.

② U.S. Energy Information Administration.Overview on Energy of Korea.http://www.eia.gov/countries/analysisbriefs/South_Korea/south_korea.pdf，2013-04-01.

③ U.S. Geological Survey.Circum-Arctic appraisal：estimates of undiscovered oil and gas north of Arctic circle.http://pubs.usgs.gov/fs/2008/3049/fs2008-3049.pdf，2008-12-17.

虽然韩国不是北极周边国家，对北极海底资源既无主权也无直接开发权，但是韩国可以并且的确在利用其资金技术优势间接从中渔利。2011 年，韩国天然气公司（Korea Gas Corporation，KOGAS）收购了加拿大 MGM 能源公司拥有的 Umiak 气田的 20% 的股份，约合 1 090 亿立方英尺的液化天然气。这将为韩国提供 145 万吨的液化天然气，相当于该国每年天然气进口量的 5% 。韩国是仅次于日本的世界第二大液化天然气进口国，其计划 2020 年开始开采。韩国也首次取得北极圈资源的开发权[①]。

在韩国的对外贸易运输中，海运占到了 90%[②]。马六甲—苏伊士航线是韩国对外贸易的主要航线。随着近年中东局势动荡、索马里海盗猖獗以及苏伊士运河拥堵等问题的出现，该航线的安全系数急剧降低，航运成本也就不断攀升。因此，对于包括韩国在内的远东地区来说，开发和利用北方航道就显得格外紧要了。对韩国而言，首先，通过北方航线与欧洲开展贸易，其运行距离将减少 40%（约 8 000 千米），航行时间因此缩短 10 天，燃料成本也将降低 25%，这无疑将增强韩国产品在欧洲市场的竞争力；其次，北极航道沿线能源资源的开发，还将促进韩国石油进口来源和线路的多样化，降低安全风险，有专家分析指出，如果北极石油仅仅取代中东进口量的 10%，韩国每年将节省大约 10 亿美元的运输成本[③]；最后，朝鲜半岛局势的不确定性势必影响到韩俄之间跨境朝鲜的天然气管道建设，东北及北方航道或将成为韩国进口俄罗斯东、北部能源的替代线路，虽成本增加，但安全有保证。随着全球气候变暖、北极海冰融化，北方航道很有可能成为全球具有战略意义的海上交通要道，韩国外交部副部长甚至称其为“21 世纪的丝绸之路”[④]。

韩国是世界上最大的船舶制造国，北极的变化预计将增加破冰船、石油与液化天然气船的需求[⑤]。韩国现代重工集团、三星重工集团、大宇造船公司是世界上提供这种高附加值船舶的最具竞争力的造船企业。三星重工集团于 2007 年 12 月建成了第一艘破冰油轮，并且已经向俄罗斯 Sovcomflot 国有航运公司出售了三艘[⑥]。2014 年 7 月 11 日，大宇造船公司拿到了来自加拿大、中国、日本公司的 9 艘破冰液化天然气运输船订单，订单金额高达 28 亿美元，占大宇造船海洋公司 2013 年销售总额的

① Bennett M.South Korea’s growing role in Arctic economic development.http://foreignpolicyblogs.com/2011/04/20/south-koreas-growing-role-in-arctic-economic-development/，2011-04-20.

② 杨元华 . 韩国开发北极的举措值得借鉴 . 中国远洋航务，2013，(9)：49.

③ Park Y K.South Korea’s interests in the Arctic.Asia Policy，2014，(18)：60.

④ Wilson P.Asia eyes the Arctic.http://thediplomat.com/2013/08/asia-eyes-the-arctic/，2013-08-20.

⑤ Jakobson L，Lee S H.The North East Asian States’ interests in the Arctic and possible cooperation with the Kingdom of Denmark.http://www.sipri.org/research/security/arctic/arcticpublications/-Arctic.pdf，2013-11-14.

⑥ Unicom Management Service (Cyprus) Ltd. Sovcomflot names first in a series of Arctic tankers.http://www.unicom-cy.com/news/16，2007-06-18.

18.7%。全世界能够建造该种船舶的公司也只有大宇造船公司一家[①]。由此可见，无论是在规模和技术上，还是在营销上，韩国造船工业都具有极大的比较优势，随着北方航道的进一步开放，韩国造船工业将迎来新一轮的繁荣机会，并且会成为韩国参与北极油气资源开发的一个重要筹码和手段。

来自韩国海洋水产开发院的报告（2013 年）显示，目前亚欧之间的集装箱运输已经达到 2 600 万 20 英尺标准箱，并且这一数据预计到 2030 年将增长 4~6 倍，届时预计有超过 8 500 万吨货物会通过北方航道[②]。如果该航道被积极使用，远东与欧洲间的船只往来必将经过朝鲜海峡，这意味着新加坡和中国香港港口交通量会减少，其减少的很大一部分将会转移到朝鲜海峡一线，韩国釜山、蔚山、济州等港口将因此受益。尤其是釜山港，一旦北方航道全面开通，优越的地理位置将使其成为以物流为导向的枢纽港以及东北亚的物流中心。此外，俄罗斯或因北方航道的开通而重新开发其远东港口，由于自身资金、人力以及技术资源的不足，俄罗斯必然会就近邀请韩国企业的参与，这对韩国港口产业来说，无疑是一次难得的海外拓展机遇。

另外，由于北极油气资源大多储存在海底，需要通过海上平台来开发，作为海上平台产业强国，韩国也将从中获取巨大利益。仅在 2012 年 1~8 月全球海上平台市场的 486 亿美元订单中，韩国就占到了 27%。另据韩国海洋水产开发院估计，到 2020 年，韩国将会有价值 90 亿美元的额外的海上平台订单[②]。

受特殊气候和自然条件的限制，渔业产业目前并非北冰洋的主要产业。一些地区的捕鱼期大约仅有 6 个月（4~9 月）。但是，随着全球气候变暖和北极海冰融化，北极的渔业产业预计将逐渐壮大。有人估计，到 2050 年，北极沿岸国家的专属经济区的最大捕获量中，挪威、丹麦、美国、俄罗斯、冰岛、加拿大将分别增加 45%、27%、25%、21%、20%、5%[③]。尽管开发北极有许多不确定因素，但是在不久的将来北极渔场会成为世界渔场的中心[④]。

为了满足巨大的消费需求，韩国需要稳定地供应太平洋鳕鱼和阿拉斯加鳕鱼等冷水鱼，这些鱼种主要生活在北太平洋及其以北的冰冷海洋中。近年来，由于受到 200 海里专属经济区、公海渔业管控以及动物环保组织等因素的影响，韩国能够进行捕获的渔场越来越少，急切需要开辟新的渔场。在北极的渔业潜力被勘探及其开发变得可能的条件下，北极沿岸国家及中国、日本和欧盟等其他国家或国家联合体纷纷出台了与渔业相关的北极开发政策，韩国自然也不例外。受世界贸易组织和多哈发展议程谈判、自由贸易协定的扩展、渔业资源的减少以及油价上涨等因素的影响，

---

① 商务部 . 大宇造船海洋获 9 艘 LNG 破冰运输船订单 .http://www.mofcom.gov.cn/article/i/jyjl/j/201407/20140700662607.shtml，2014-07-15.

② Park Y K.Arctic prospects and challenges from a Korean perspective. http://www.cigionline.org/publications/2013/12/arctic-prospects-and-challenges-korean-perspective，2012-12-03.

③ Cheung W.Large-scale redistribution of maximum fisheries catch potential in the global ocean climate change.Global Change Biology，2010，(16)：24-35.

④ Eom S H.The Arctic fisheries regime and its implications to Korea. International Journal of Maritime Affairs and Fisheries，2011，(3)：33.

韩国渔业政策不断改变，致使渔业产量大幅减少[①]。为了保证海产品供应及相关产业的发展，韩国已经计划在南极和北极等远洋极地地区扩大捕鱼量。

（二）政治安全利益

韩国是世界第14大经济体（2013年），也是全球第7个入围“20-50俱乐部”的成员。随着经济科技实力和中等强国意识的增强，韩国一直在努力借助各种国际场合提升国家形象和扩大国际影响力。2008年李明博政府提出“全球韩国”的外交政策，此后开展了一系列活动参与国际事务。例如，2011年的“北极科学峰会周”、2012年的“第十八届国际极地科学论坛”和“第六届世界海洋论坛”。2010年韩国还成立了“全球绿色增长研究所”，李明博在访问北极地区时也极力宣扬其绿色增长理念，并且与丹麦结成了“绿色增长联盟”。正如韩国《东亚日报》所言，韩国的北极规划更多的是为了民族自豪感而非经济收益[②]。韩国极地研究所物流部门主管Dong-Min Jin在采访中也表示，国际社会中的民族自豪感和国家特权、韩国的国家实力以及国民的意愿是推动韩国积极参加北极事务的重要因素[③]。对于韩国来说，由于难有主权领海诉求，因此参与北极治理收获的政治利益远大于经济利益。近年来，韩国也在积极利用参加北极理事会的环保组织、倡导绿色增长以及应对气候变化的机会提升国际形象和扩大影响力。

韩国是个半岛国家，不仅三面环海，而且国土平均海拔只有128米。随着全球气候变暖，全球沿海国家尤其是低海拔国家将面临生存危机。对韩国这样的经济发达国家，海平面上升带来的损失更大。

（三）科研利益

北冰洋是人类活动和研究最少的大洋，但它在表面热平衡和温盐循环中具有全球性作用[④]。韩国是近北极国家，三面环海，因此很容易受到北极气候变化和海洋变化的影响。大约2000年以来，韩国开始关注北极研究，其第一次北极航程是与俄罗斯研究机构合作开展的赴巴伦支海和喀拉海的科研活动，韩国学者的研究以大气和气象研究、环境科学、海洋学为重点[⑤]。2002年，韩国成为国际北极科学委员会的第18个成员国，并且在挪威的斯瓦尔巴德建立了第一个研究基地——茶山考察站（Dason Station），主要进行北极生物资源保护基础性调查和茶山站附近区域的环境监测。

---

① Eom S H.The Arctic fisheries regime and its implications to Korea. International Journal of Maritime Affairs and Fisheries，2011，（3）：34.

② Jakobson L，Lee S H.The North East Asian States’ interests in the Arctic and possible cooperation with the Kingdom of Denmark.http://www.sipri.org/research/security/arctic/arcticpublications/-Arctic.pdf，2013-11-14.

③ Russian International Affairs Council.South Korea is Driven to the Arctic by National Pride and Business Opportunities. http://russiancouncil.ru/en/inner/?id_4=2674#top，2013-11-13.

④ 凌晓良 . 韩国极地考察与研究活动概述 .http://softscience.chinare.org.cn/newsDetail/?id=1186，2009-02-23.

⑤ 桂静 . 韩国北极综合政策及其实施评析 . 当代韩国，2014，（2）：51-63.

2010年9月，韩国48位研究者在新奥尔松的沿海地区开展生物多样性、微尺度微生物多样性研究，以及对用于北极海洋生态系统准确监测的卫星数据进行优化[①]。

关于北极气候和海洋的研究事关韩国的切身利益，能够使韩国对未来可能的气候和环境灾难提前做好准备，当然也能够预先发觉因北极自然条件变化带来的机遇。就经济利益来说，在北极开展地球化学、地质学、生物学、碳循环、冰体物理学与遥感等研究，能够保持韩国的科技优势和竞争力。极地不同于其他地区，空有资金和人力而没有先进的科学技术作支撑，商业开发是很难进行的。因此，在北极，科研就意味着财富。就政治利益而言，面对共有的恶劣的自然条件，谁在科研上更成功，谁知道的信息就更多，在这个信息知识时代就享有更多的发言权、特权以及荣誉。

二、韩国实现北极国家利益的SWOT分析

从以上论述中我们可以看出，韩国在北极潜在的利益是非常可观的，但是能否将这些潜在的利益转化为现实利益，以及如何转化，就需要对利益主体和客体及二者互动的积极因素和消极因素进行细致周到的分析，即其优势（strength）、劣势（weakness）、机会（opportunity）和威胁（threat）。

（一）韩国实现北极国家利益的优势

1. 经济技术优势

韩国是一个发达经济体，经济规模达到世界第14位。经济实力雄厚、外汇储备充足，可以为其极地事业提供必要的资金支持。与此同时，韩国科技水平比较先进，与海洋相关的产业制造能力强大，是推进其北极利益的优势资本。

韩国拥有发达的造船、汽车、化工、电子、通信工业，网络基础设施名列世界前茅。韩国在很长一段时间里一直是世界第一大船舶制造国，其大宇造船公司、现代重工集团以及三星重工集团等都是世界著名的造船业巨头。韩国还是全球海运产业的大户，拥有韩进、现代、泛洋、HC等世界知名的海运企业，海洋运输产业占到了韩国整个进出口货物运输产业比重的99.8%[②]。2009年以来，受国际金融危机的影响，国际海运业景气急剧下降，韩国骨干造船企业迅速抓住时机，利用技术优势积极开拓海上油气生产设备市场（如海上钻井平台），成功实现了造船业产品结构升级[③]。

目前，韩国的现代重工集团、三星重工集团和大宇造船公司是世界上能提供北

---

① Stensdal I.Asian Arctic Research 2005-2012：Harder，Better，Faster.http://www.fni.no/doc&pdf/FNI-R0313.pdf，2013-05-24.

② 曹文镇，闵贞圭.韩国海洋发展战略研究.中国海洋大学学报（社会科学版），2014，(2)：4.

③ 顾金俊.韩国造船业：大造钻井平台调结构.http://intl.ce.cn/specials/zxgjzh/201204/12/t20120412_23233804.shtml，2012-04-12.

极特需的破冰船和抗冰船的最具竞争力的企业[①]。此外，韩国又是亚洲唯一能够自己建造破冰船的两个国家之一。其中，具备破冰航行能力的液化天然气船全世界只有大宇造船公司能够建造，该船舶经过防寒技术处理，可以耐住-52℃低温，最多可以打破 2.1 米厚的海冰，拥有 Arc 7 级破冰功能。另外，船舶还配备螺旋桨可以 360 度旋转的推进系统，保证船舶能够自由、平稳、安全航行[②]。韩国现役的 Araon 破冰船，拥有各种最先进的科学设备、AS350 直升机以及干湿货仓等，这是美国和加拿大的破冰船尚不具备的，被称为“极地研究的梦想之船”[③]。

2. 区位优势

韩国位于近北极的东北亚地区，对于未来通过北方航道开展对欧贸易和进口北极资源来说，其地理优势十分明显。从釜山到鹿特丹，走马六甲—苏伊士航道需要 40 天、22 000 千米，而走北方航道只需 30 天、15 000 千米，航行时间和距离均减少了约 30%；对于韩国这样一个能源消费大国来说，近北极而远中东显然更有利于长远，从加拿大和俄罗斯的北极地区进口资源，减少的不仅是距离和时间成本，更是安全风险。另外，韩国在地理上处于东亚国家的中心、日本海出口的一端、朝鲜海峡的沿岸。其最大的港口釜山港位于从东北亚地区任何一点到北美任何港口的主航线上，地理位置非常优越。从公海很容易进入全天候开放的釜山港，甚至无需领航船舶也能自主定期挂靠。更为重要的是，韩国处在中国往来北极和北美的主航线上，而中国不仅是世界上最大的能源消费国，也即将取代美国成为最大的石油进口国，这就决定了未来中国在海运上将更加依赖朝鲜海峡，韩国的沿峡港口优势也会越来越明显。

（二）韩国实现北极国家利益的机遇

1. 全球气候变暖

全球气候变暖指的是在一段时间中，地球大气和海洋温度上升的现象，主要是人为因素造成的温度上升。世界范围内认为是由于温室气体（如二氧化碳、甲烷、一氧化二氮等）排放过多造成的。自工业革命以来，大气中二氧化碳含量增加了 25%，随着全球经济和人口的持续增长，这一数据还在被不断刷新。其直接后果就是导致 20 世纪和 21 世纪全球气温呈现总的上升趋势，尤其是进入 20 世纪 80 年代后，全球气温明显上升。由于极地地处地球的两端，生态系统和自然环境的脆弱性致使两极地区对全球气候变暖更具敏感性。但是，由于南极被大洋包围，北极由大陆环绕，因此北极对气候的敏感性要远强于南极，有数据显示，21 世纪北极平均气温上

① Park Y K.South Korea's interests in the Arctic.Asia Policy，2014，(18)：60.

② 韩国中央日报中文网．大宇造船海洋接到 9 艘 LNG 破冰运输船订单 .http://chinese.joins.com/gb/article.Do? Method=detail&art_id=122114&category=001003，2014-07-14.

③ Bennett M.South Korea makes bold Arctic statement with Canadian research expeditions.http://www.adn.com/article/20130930/south-korea-makes-bold-arctic-statement-canadian-research-expedition，2013-09-30.

升了 1.6℃以上。据世界气象组织估计，北极海冰在每年 9 月平均减少 91 600 平方千米，并且在 2012 年 9 月达到了年度最低点[①]。2013 年 9 月北极海冰的最小值是 510 万平方千米，但仍然是卫星记录的第六小数据（1979~2013 年）[②]。另据加州大学洛杉矶分校的研究，2050 年以后的每年 9 月，北极船舶将可能不再需要破冰船[③]。这就意味着未来北极很有可能迎来“无冰的夏季”，届时无论是北方航道的开通、北极科学考察，还是资源开发都将变得更为便利。

2. 北极国家之间的相互竞争和制约

虽然韩国等国被排除在北极主权及管辖权争端之外，但正是北极的持续争端为韩国在北极的利益提供了机遇。

首先，在北极专属经济区尚未划定之际，部分海域仍可视作公海。按照国际公法的基本原则，特别是国际习惯法规定，公海捕鱼自由是一种普遍的权利[④]。除享有捕鱼自由之外，各国也有权在北极公共海域开展自由航行、科学考察、资源勘探、环境保护等活动。

其次，北极八国为了增强北极理事会的合法性和吸引外部力量的帮助，同意了韩国等国的正式观察员国申请。依规定，韩国自动享有参与理事会的权利，同时拥有发言权、项目提议权，此外，韩国还可以参加理事会若干工作组的活动，这就为韩国表明自身立场、落实北极政策、争取北极权益提供了合法渠道。

作为北极国家，丹麦在北极主权争议上并没有“先声夺人”，反而长期处于守势。在北极资源价值浮现后，丹麦也加快了争夺步伐，其中一个主要的战略就是借外部力量来平衡美、加、俄等国的优势。因此丹麦一直有意，事实上也正在加强与东北亚国家的合作，以此获得资金技术支持和提升国际影响力[⑤]。2011 年 5 月韩国总统李明博访问了丹麦，双方发表了韩丹战略伙伴关系联合声明以及韩丹绿色合作宣言，并结成了“绿色增长联盟”，仅一年后李明博又访问了丹麦的格陵兰岛。这反映了两国互相借重的需要。此外，挪威、加拿大、俄罗斯等国在北极问题上也更倾向于与韩国的合作，因为韩国除了有资金技术优势外，最关键的是似乎不会对八国的北极主权构成实质性威胁。

---

① Perovich D，Gerland S. Sea ice，Arctic report card：update for 2012.http://www.arctic.noaa.gov/report12/sea_ice.html，2012-12-03.

② Perovich D，Gerland S. Sea ice，Arctic report card：update for 2013.http://www.arctic.noaa.gov/reportcard/sea_ice.html，2013-12-17.

③ Park K.South Korea's bet on Arctic shipping lanes.http://www.businessweek.com/articles/2013-08-22/south-koreas-bet-on-arctic-shipping-lanes，2013-08-22.

④ 赵隆．从渔业问题看北极治理的困境与路径．国际问题研究，2013，(4)：72.

⑤ Jakobson L，Lee S H.The North East Asian States' interests in the Arctic and possible cooperation with the Kingdom of Denmark.http://www.sipri.org/research/security/arctic/arcticpublications/-Arctic.pdf，2013-11-14.

（三）韩国实现北极国家利益的劣势

韩国缺乏足够的内部整合。在韩国，参与极地事务的有七个中央部门（海洋水产部、产业通商资源部外交部等）、七个研究机构以及五所大学（韩国灵山大学、韩国海洋大学等），但是，由于没有统一的国家战略，政府间合作依然支离破碎，尤其是缺乏一个负责的核心权威机构推行极地政策①。而且，像新加坡、日本、法国、波兰、西班牙等非北极国家也都任命了北极大使，负责分析和评估“北极博弈”的环境和态势，从而服务于各国的北极开发和北方航道战略，韩国则没有②。

在北极，美国、加拿大、俄罗斯、丹麦和挪威认为《联合国海洋法公约》涵盖了北极的绝大部分，因此它们拥有“主权、主权权利和管辖权”，而英国、德国和荷兰等正式观察员国也从一开始就享受着进入理事会的始终如一的特许的权利③。韩国虽然是正式观察员国，但在北极理事会的地位并没有太大且实质性的改善，仍不拥有投票权，只具有非常有限的发言权，与过去相比，唯一重要的不同是正式观察员现在不需要正式的邀请函就能参加会议④。而仅仅就这一北极特权，韩国还要面临中国、印度、新加坡、日本以及意大利的强势竞争，与北极八国及正式观察员国的竞争，也从一开始就失去了公平性。

即使假设气候变化有利于北极通航和北极开发，韩国也会面临一系列挑战：①韩国可能面临俄罗斯昂贵的破冰、领航、护航、救助费用以及种类繁多的关税，而且俄罗斯北极沿岸的安全港口非常少，也缺乏综合运输管理系统和航道信息，安全系数非常低。②随着北极海冰的不断融化，破冰船和抗冰船的需求量也会减少，而且只有当北极开发事实上开始的时候，海上平台才会有需求。③在北极开发上，挪威和加拿大的企业已经具备了先进的技术和丰富的经验⑤，尤其就经验而言，韩国企业没有太强的竞争力。④北极开发还必须考虑到环境阻力，因为船舶运载的是石油和易燃物品，考虑到北极脆弱的生态系统，国际海事组织肯定会提高船舶及运输要求，而且还会遭到绿色和平组织的抗议和反对，这就无形中增加了开发成本。⑤受美国“页岩气革命”的影响，国际能源价格持续下跌，这也会降低韩国开发北极资源的积极性。

在地缘政治方面，北方航道的通行或导致朝鲜海峡和日本海成为另一个马六甲，朝鲜、俄罗斯、日本、韩国或因此陷入日本海主导权的争夺中，日韩之间的海峡主导权和独岛之争可能会使两国关系进一步恶化，从而引发地区危机，这对已被朝鲜

---

① Jakobson L，Lee S H.The North East Asian states’ interests in the Arctic and possible cooperation with the Kingdom of Denmark.http://www.sipri.org/research/security/arctic/arcticpublications/-Arctic.pdf，2013-11-14.

② Guschin A.Understanding China’s Arctic policies.http://thediplomat.com/2013/11/understanding-chinas-arctic-policies/，2013-11-14.

③ Wilson P.Asia eyes the Arctic.http://thediplomat.com/2013/08/asia-eyes-the-arctic/，2013-08-26.

④ Park Y K. South Korea’s interests in the Arctic.Asia Policy，2014，（18）：62.

⑤ Park Y K. South Korea’s interests in the Arctic.Asia Policy，2014，（18）：61.

半岛危机缠身的韩国来说显然更为不利。此外，作为东北亚乃至世界的重要贸易国和经济体，中国、俄罗斯、日本和韩国在北极有着诸多的共同利益和关切，但由于相互间错综复杂的历史恩怨、领土争端和战略互疑，其合作的层次和程度也会受到影响，这对各国都不利。

三、韩国北极国家战略

随着北极战略地位和战略价值的不断提升，韩国日益重视其在北极的国家利益。为了迅速改变在北极事务中的边缘地位，实现北极战略目标，韩国政府逐步增强其在北极的国家行动能力。

（一）从国家战略高度制定北极战略

根据韩国21世纪海洋强国战略、中等强国战略以及“全球韩国”政策的需要，韩国北极国家战略目标分为：从短期来看，保证在北极的科研存在，并借此开展和加强国际合作，积极融入极地国际体系，提升国家形象和国际影响力；从中期来看，其科学研究的关键目标是为了在一个新的北极治理的法律秩序中赢得一席之地[①]，增强在北极事务中包括北极规则制定中的话语权；从长期来看，无论是提升国际影响力还是参与北极治理，韩国最终都是为了获得尽可能多的实实在在的利益——航道、资源甚至领土。

在2012年9月7日的北极战略政策论坛上，韩国开始了制定北极战略的努力。韩国国土交通部海洋政策主任Young-Jin Yeon在他的“北极政策的方向”演讲中，提出了一个中长期的北极计划和商业模式，作为未来北极政策的基础。2012年11月，韩国国土交通部宣布了一项推动极地地区政策现代化的措施，它包括两极政策的探索、有关极地事务的新的政府部门的形成以及协调不同部门政策的泛政府委员会的建立等[②]。2013年2月由朴槿惠领导的新政府上台，韩国海洋水产部重新恢复，在海洋水产部的牵头下，新政府制定了北极政策的总体规划，7月25日，海洋水产部发布了《北极综合政策促进计划》，该计划确立了韩国在北极的优先项，包括开发新的北极商业模式，加强对北极的研究，加强与北极国家的合作关系[③]。12月10日，韩国成为首个出台北极政策总体规划的非北极国家，该规划由7个泛政府部门合作制定，它包含一个愿景声明、三个政策目标和四个战略挑战。一个愿景是致力于在北极拥有可持续的未来。其政策目标：一是建立北极伙伴关系，为国际社会做出贡献；

① Jakobson L, Lee S H.The North East Asian States’ interests in the Arctic and possible cooperation with the Kingdom of Denmark.http://www.sipri.org/research/security/arctic/arcticpublications/-Arctic.pdf，2013-11-14.

② Park Y K.Arctic prospects and challenges from a Korean perspective.http://www.cigionline.org/publications/2013/12/arctic-prospects-and-challenges-korean-perspective，2013-12-03.

③ 桂静．韩国北极综合政策及其实施评析．当代韩国，2014，(2)：58.

二是加大科研力度，解决人类共有的问题；三是通过参加北极经济活动开发新产业。四个战略挑战是加强国际合作、优化科学调查和研究活动、发展北极相关商业以及建立一个制度基础。其2014年的目标一是参加北极理事会工作组的活动和北极相关组织和会议，二是启动第二艘破冰船建设的可行性研究，三是落实韩俄谅解备忘录中的关于开发俄罗斯北方航道沿线的三个重要港口的协议①。

（二）整合各方力量、加大北极投入

韩国的极地事务一开始是由国土海洋部负责的，该部还负责制定与其他相关部委、韩国极地研究所的年度合作计划。2008年李明博政府撤销了海洋水产部，将其海洋产业等相关职能并入国土海洋部。2013年2月，朴槿惠政府又恢复了海洋水产部，3月22日国土海洋部更名为国土交通部，原来属于国土海洋部的海洋产业职能由新海洋水产部继承，后者继续承担极地相关事务的管理。原来的外交通商部负责制定有关韩国参与北极事务的定期政策方案，促进韩国与其他国家在极地科研和资源开发上的双边战略合作，代表韩国参加北极地区论坛以及担负北极理事会的“转正”工作等；知识经济部则承担极地资源开发和能源供应等方面的事务。改革后，知识经济部和外交通商部的通商职能合并成了产业通商资源部，后者也就继承了原来两部的职能，一部分职责则仍由外交通商部履行。新成立的未来创造科学部、改编的教育部以及环境部也参与与极地科学研究相关的科学和教育交流。

韩国的极地科学研究始于20世纪70年代末80年代初。1996年北极理事会的成立激发了韩国的北极研究兴趣。2004年4月，韩国海洋研究开发院的极地研究中心扩展到韩国极地研究所，该研究所是韩国北地事务研究机构的领头羊。2012年7月韩国海洋研究开发院改编更名为具有独立法人资格的研究机构——海洋科学技术研究所，据估计，到2020年，该院的预算将增至7 000亿韩元②。除此之外，韩国与极地相关的科研院所还有国立海洋调查院、地理科学与矿产资源研究院以及灵山大学、韩国海洋大学、釜庆国立大学、全南国立大学、首尔大学等。

为了推进极地研究，韩国专门成立了极地科学研究基金。每年投入达到5 000万美元，其中对北极投入2 000万美元。华盛顿智库北极研究所的马尔特•温博特（Malte Humpert）与安德里亚斯•拉斯波特尼克（Andreas Raspotnik）甚至指出，韩国的极地科研支出比例甚至比美国还高③。2002年韩国在挪威斯瓦尔巴德岛建立茶山考察站，正式开启北极科学研究。2009年11月，韩国自主建成了第一艘破冰

① Park Y K.South Korea's interests in the Arctic.Asia Policy，2014，(18)：63.

② 冬木.韩国成立海洋科学技术院的解读.中国海洋在线，http://www.oceanol.com/redian/shiping/20117.html，2012-07-20.

③ Alffe B.Snow dragons.http://www.economist.com/node/21561891，2012-09-01.

船——“Araon”号，该船可以搭载大约80人，持续航行37 000千米或70天[①]，船上装有包括世界上最昂贵的装备多频音波探测机在内的100余种先进实验设施[②]。在2013年12月出台的北极政策总体规划当中，韩国政府又提出了建造第二艘破冰船的建议。

（三）积极开展北极科研和国际交流合作

在各界的大力支持下，韩国不断加快北极研究的步伐，并积极参与和举办各种北极国际会议，开展国际学术交流与合作。

韩国的北极科研以大气和气象研究等基础研究为重点。其第一次北极航程是与俄罗斯研究机构合作开展的赴巴伦支海和喀拉海的科研活动；2006~2010年，韩国极地研究所进行了北极大气和气候变化成分集成研究，旨在了解极地在中纬度地区气候变化中的作用；2010年9月，韩国48位研究者在新奥尔松的沿海地区开展了生物多样性、微尺度微生物多样性研究，并且对用于北极海洋生态系统准确监测的卫星数据进行了优化[③]；2013年，韩国破冰船在加拿大专属经济区进行了海洋地质勘测的科研工作。目前，其极地研究所正在北极进行茶山站环境监测、北冰洋海洋调查等科研项目[④]。

加强国际科研合作是韩国推进北极事业的重要途径。1999年6月，两位韩国科学家同日本地质调查局联合进行了海洋研究，7月韩国派遣两名科学家搭乘中国“雪龙”号破冰船探测白令海峡和楚科奇海；2000年8月，韩国科学家同北极南极研究机构以及俄罗斯自然资源和环保部负责研究的组织进行了海洋研究；2008年5月，考虑到与西方国家在北极开发上的共同差距，韩国与中国签订了旨在加强北极科学与技术合作的备忘录[⑤]。值得一提的是，韩国科学家与来自魏格纳研究所的德国科学家一起，在西伯利亚海底发现了未曾浮现的冰盖遗迹，这一研究成果发表在了2012年8月的自然科学地理杂志上[⑥]。

2004年，韩国牵头与中国、日本、印度尼西亚和马来西亚联合组织了第二届亚洲极地科学论坛；2011年3月，首尔举办了“北极科学峰会周”；2012年5月，韩

---

① Yonhap News.S. Korean icebreaker begins first Antarctic voyage.http://www.webcitation.org/query?url=http%3A%2F%2Fenglish.yonhapnews.co.kr%2Fbusiness%2F2010%2F01%2F12%2F8%2F0502000000AEN20100112001600320F.HTML&date=2010-01-14，2010-01-14.

② 潘梦蕾.通往南极的方舟——“阿隆”号破冰船与韩国南极考察活动.现代舰船，2010,（1）：25.

③ Stensdal I.Asian Arctic research 2005-2012：harder，better，faster，stronger.http://www.fni.no/doc&pdf/FNI-R0313.pdf，2013-12-11.

④ 凌晓良.韩国极地考察与研究活动概述.http://softscience.chinare.org.cn/newsDetail/?id=1186，2009-02-23.

⑤ Jakobson L，Lee S H.The North East Asian States’ interests in the Arctic and possible cooperation with the Kingdom of Denmark.http://www.sipri.org/research/security/arctic/arcticpublications/-Arctic.pdf,2013-11-14.

⑥ Bennett M.South Korea makes bold Arctic statement with Canadian research expedition.http://www.adn.com/article/20130930/south-korea-makes-bold-arctic-statement-canadian-research-expedition，2013-09-30.

国主办“第十八届国际极地科学论坛”，6月又举办了“第六届世界海洋论坛”，主题是“蓝色边防与海洋治理”；2013年3月，韩国极地研究所和外交通商部又联合主办了以“北极开放新时代的北极研究与政策”（Arctic research and policy in the new age of an opening Arctic）为主题的论坛。该论坛为韩国成为北极理事会正式观察员国提供了国际舆论支持。

（四）积极开展北极外交

没有代表就没有发言权。要维护北极国家利益，就必须积极参与与北极相关的各种组织，成为一个有声音的战略性角色（a vocal and strategic actor）[①]。2008年，韩国成为北极理事会的临时观察员国，2013年5月晋升为正式观察员国，除自动享有定期会议参与权、项目提议权外，韩国还可以参加理事会6个工作组（北极污染对策、北极监测评价、北极动植物保护、紧急应对准备预防、北极海洋环保、可持续开发工作）的工作。另外，根据韩国海洋水产开发院高级研究员 Seon-hee Eom 的统计，在北冰洋渔业体制的12个机构中，韩国参加的有国际大西洋金枪鱼保护委员会、西北大西洋渔业组织、北太平洋溯河性鱼类委员会等6个[②]。韩国还是许多国际极地科学组织的成员，其中包括南极研究科学委员会、国家南极局局长理事会、国际北极科学委员会、北极作业者论坛、极地观测网以及环太平洋北极工作组等。

为了加快实现其在极地的国家利益，韩国近年来大力推行北极外交，加强与其他国家的合作。2010年10月，韩俄签订海上运输协定，并就2012年建造穿过朝鲜的天然气管道达成一致。2011年5月李明博访问丹麦，两国签署了在安全、经济和全球性问题上进行密切合作的战略伙伴关系协议，并且宣布结成“绿色增长联盟”；接着11月又访问了俄罗斯，其中过境朝鲜的天然气管道成了双方的关键性议题；次年9月，李明博连续出访俄罗斯、格陵兰和挪威，三国承诺就北极地区环境保护、气候变化、航道开辟、资源开发等与韩展开合作，并且签订了一系列协议，李明博还把韩挪关系提升到了“北极环境友好型发展的伙伴关系”的高度。2013年2月，韩国和美国召开了首次美韩环境合作会议；7月9日，在第十三届韩俄经济、科学与技术联席会议上，两国就港口开发签订了谅解备忘录；10月“韩国—挪威经济合作委员会”召开，双方重点探讨了北冰洋造船产业、海洋工程项目、北极海底资源开发合作等事宜；11月14日，韩国还赶在美国、中国、日本之前先与俄罗斯签订了互免签证协定，该举措极大地活跃了两国在旅游、医疗、教育、文化等多领域的活动。同时，韩国知识经济部也在2011年和2012年分别就发展绿色能源和开发页岩气资源与加拿大签署了合作协议。

---

① Tonami A.Arctic newcomers：Japan，South Korea and Singapore.http://www.eastasiaforum.org/2014/02/15/arctic-newcomers-japan-south-korea-and-singapore/，2014-02-15.

② Eom S H.The Arctic fisheries regime and its implications to Korea.International Journal of Maritime Affairs and Fisheries，2011，（3）：42.

（五）充分利用经济技术优势稳步推进北极资源利用

韩国北极战略的一个最重要目标就是充分利用自身的经济技术优势稳步推进对北极自然资源、航道资源的开发利用。

韩国政府在北极的积极活动与广泛合作为韩国企业参与北极开发创造了良好的条件和机遇。2010 年，韩国天然气公司利用与加拿大能源公司平分股份的机会，寻求在加拿大不列颠哥伦比亚的西陡岸和霍恩河开发矿业①。2011 年，韩国天然气公司收购了加拿大 MGM 能源公司拥有的 Umiak 气田 20% 的股份，约 1 090 亿立方英尺的液化天然气，这将为韩国提供 145 万吨的液化天然气，相当于韩国每年天然气进口量的 5% 。其计划于 2020 年开始开采。韩国也首次取得了北极圈资源的开发权②。需要注意的是，韩国天然气公司是一家成立于 1983 年的韩国国有企业，负责其全国的天然气能源供应。 这一次收购正是得益于先钱知识经济部与加拿大达成的燃气开发协议。2012 年 9 月，国有韩国资源公司与格陵兰签订了一份谅解备忘录，旨在共建有关稀土元素、钨、钴的合资企业。2013 年 10 月，“韩国—挪威经济合作委员会”在挪威召开，包括三星重工集团社长、挪威船级社社长在内的 50 余名两国主要经济界人士出席了会议，双方商定将在北冰洋航道探索和北极资源开发方面进一步加强合作。

为了适应未来北方航道及国际竞争的需要，韩国政府于 2008 年实施港口再开发战略，试图通过引进现代化设备，达到完善港口功能、提高港口竞争力的目标；2011 年 8 月，韩国国土海洋部公布了第三个“全国港湾基本计划”，计划将投入 41 万亿韩元用于全国港口海湾的扩建改造。与此同时，韩国政府出台多项激励政策，鼓励韩国企业推进北极航道的开发。2009 年 7 月韩国两艘货船从蔚山港出发，通过白令海和北冰洋到达荷兰鹿特丹，这是其第一次使用北方航道，而中国的第一次则是在三年后；2013 年 9 月 15 日，韩国物流企业 Hyundai Glovis 驾驶租借的瑞典破冰船“Stena Polaris”号从俄罗斯波罗的海的乌斯特卢伽港口起航，穿越北冰洋海域，于 21 日抵达韩国全罗南道的光阳港，完成了首次穿越北冰洋的商业货运航行。韩国海洋水产部官员 Sung Ho Kim 对此表示：我们积极发展这个是为了在该航道更具商业利益时赢得先机③。

四、韩国北极国家战略对中国的启示

从与北极的地缘位置、参与历史、组织地位和利益诉求等方面来看，韩国与中

① Park Y K.Arctic prospects and challenges from a Korean perspective.http://www.cigionline.Org/publications/2013/12/arctic-prospects-and-challenges-korean-perspective，2013-12-03.

② Bennett M.South Korea's growing role in Arctic economic development.http://foreignpolicyblogs.com/2011/04/20/south-koreas-growing-role-in-arctic-economic-development，2011-04-20.

③ Park K H.South Korea's bet on Arctic shipping lanes.http://www.businessweek.com/articles/2013-08-22/south-koreas-bet-on-arctic-shipping-lanes.s，2013-08-22.

国有很多相似之处。韩国的北极国家战略对中国实现北极国家利益具有重要的启示作用。

1. 突出科研环保目的，淡化政治军事因素

与南极不同，北极在地缘政治上基本成型。北极科研和环境保护成为非北极国家得以介入北极事务的最主要理由。虽然北极沿岸国家的北极利益主要是从军事和地缘政治角度定义的，但韩国更倾向于从非军事的角度看待北极事务。从政策和行动上看，韩国的北极利益仍然停留在科研、环保、商业、资源以及国家影响力上，军事考虑应该说是不现实也是不必要的，领土主权也非策略层面的利益。由于一些国家对中国的迅速崛起感到担忧，这一点是中国北极战略尤其应注意的。

2. 政府推动，企业跟进，多方协力

作为一个后发国家，韩国的许多国家事务都是在政府和企业的合作下完成的。政府提出设想和计划，制定政策，然后引导企业参与实施。这样一种独特的国家治理方式也自然延伸到北极事务上。无论是李明博时期还是朴槿惠时期，极地事务都是韩国新政府“国家议程任务”的优先项，各部门在完成的过程中都少不了企业的支持和参与，如韩国现代物流公司的北极试航和国家天然气公司在加拿大的油气开发。也正是在政府新的渔业政策支持下，韩国的公海渔业产业目前已经推进到鄂霍茨克海和白令海水域。

3. 循序渐进、稳打稳扎

为了避免引起北极国家警惕，韩国的北极活动都是以科学考察为先，然后逐步扩展到经济、政治等多个领域。在北极，韩国首先是成立北极科学委员会开启北极研究工作，然后建立了茶山科学考察站，接着开展北极外交，为北方航道和北极资源扫清政治障碍，同时也积极谋求成为北极理事会正式观察员国。这是一个典型的从科研到经济再到政治的渐进过程，随着韩国加入北极理事会及成功“转正”，其在北极事务上将赢得更多的主动权，意味着它可以充分发挥主观能动性，有目的、有计划、有意识地制定和贯彻符合本国现实及长远利益的北极政策，为公众谋取更多的福利。

4. 积极开展北极外交

作为一个域外的非北极国家，如果不能取得北极周边国家和世界非北极国家的支持，要想进入北极是非常困难的。中国应该向韩国一样，在遵守北极各国领土主权和相关法律的前提下，充分利用自身的政治、资金、技术、市场等优势积极开展合作。与此同时，中国应该与所有非北极国家，尤其是日本、韩国、印度等这样一些在北极问题上拥有更多共同利益的非北极国家加强政治、经济、法律和技术合作，维护北极的“国际公地”范围。

参考文献

北极问题研究编写组 . 2011. 北极问题研究 . 北京：海洋出版社 .

程保志．2011. 北极治理机制的构建与完善：法律与政策层面的思考．国际观察，（4）：5-9.

丁煌 .2013. 极地国家政策研究报告（2012—2013）. 北京：科学出版社．

丁煌 .2014. 极地国家政策研究报告（2013—2014）. 北京：科学出版社．

陆俊元．2010. 北极地缘政治与中国应对．北京：时事出版社．

杨元华 .2013. 韩国开发北极的举措值得借鉴．中国远洋航务，（9）：48-50.

Eom S H.2011.The Arctic fisheriesr egime and its implications to Korea.International Journal of Maritime Affairs and Fisheries，（3）：33-48.

Park Y K.2014. South Korea’s interests in the Arctic.Asia Policy，（18）：61.

研究报告 8

日本实现北极国家利益的经验借鉴①

【摘要】 日本是一个四面临海的岛国，深受海洋的影响。全球气候变化以及由此而导致的海平面上升和灾难天气频发，对日本构成了潜在威胁。与此同时，日本是一个资源贫乏、国内市场狭小的发达经济体，十分依赖外部资源、市场和海上运输。因此，尽管在地缘上日本并不是一个北极国家，但它是亚洲最早进行北极科学考察的国家。北极地区因其独特的地理位置、自然环境和丰富的资源而对日本具有重要的价值。

全球气候变暖和北冰洋海冰融化导致北极资源开发和航道开通逐步拉开序幕。在中韩等国积极参与的刺激下，日本于2009年重新加大了对北极的参与，并于2013年成为北极理事会正式观察员国。但无论是在地缘上，还是在制度安排上，日本在北极的地位都不及南极。因此，日本一方面支持北极理事会的活动，另一方面通过单边、双边和多边努力，积极推进日本的北极国家利益。除了加强北极科学研究外，日本力图利用其经济技术优势促进与北极沿岸国家的合作，以在北极资源开发和航道利用中占据有利地位。为此，日本加大北极外交，并扩展与美国的安保合作。虽然20多年的经济低迷和国际社会对日本觊觎极地资源的警惕，不利于日本极地国家战略的实施，但日本在国际法、经济技术和国内组织等方面仍具有很大的优势。正如日本重燃对北极的热情一样，其北极战略一旦启动将会得到大力推行。

同为非极地国家，中日两国在北极地区处于相似的地缘政治地位，拥有很多共同的利益诉求。日本北极国家战略对中国的启示就是，在遵守既有规则安排的前提下，加强北极科学考察，充分发挥中国在资金、技术和市场等方面的优势，积极参与国际合作，包括与日本在北极事务上的合作。

【关键词】 日本　北极政策　国家利益　中国　经验借鉴

---

① 作者简介：阮建平，男，武汉大学政治与公共管理学院教授、博士生导师；吴军，男，武汉大学中国边界与海洋研究院博士研究生暨国家领土主权与海洋权益协同创新中心研究人员；葛建廷，男，博士，武汉大学政治与公共管理学院国际关系学系讲师。

虽然日本不是北极周边国家，但很早就参与了北极事务，以维护其所认知的北极利益。日本北极国家战略对中国实现北极国家利益具有重要的启示。

一、日本对北极国家利益的认知

日本对北极的重视主要基于三个方面的原因：第一，海洋产生在日本经济中一直占有重要地位。历史上，日本很早就从事海上捕鱼，包括捕鲸活动。现代以来，包括海洋生物科技在内的海洋经济在日本经济中占有越来越重要的地位。第二，日本自 20 世纪 70 年代以来已经成为一个发达经济体，但国内市场狭小，资源贫乏，使其对外部市场和资源的依赖很深。第三，日本是一个自然灾害频发的岛国，对全球气候变化非常敏感。气候变暖导致的灾难性天气频发和海平面上升对日本经济社会发展和安全带来越来越多的威胁。因此，无论是基于历史传统，还是基于现实考虑，日本都非常重视北极。

由于全球气候变暖和北极冰雪融化，北极资源开发变得具有越来越大的可行性和现实性。与此同时，与北极资源开发相关的领土主权和海洋权益的争议也变得日益激烈，由此导致越来越多的国家开始关注在北极的利益。近年来，日本日益重视其在北极的国家利益。

（一）环境利益

作为一个岛国，日本深受海洋变化的影响。2011 年 3 月 11 日，由于地震引发大规模海啸给日本造成了巨大的人员和财产损失，至今仍未完全恢复。据预测，如果海平面继续保持目前的上升趋势，将会导致日本沿海 9 成以上的海滩消失。海水倒灌、沿海土地盐碱化又将影响到日本农业生产。气候变暖所导致的极地冰川融化是全球海平面上升的主要原因。根据 IPCC 的第四次报告，在过去一百年间，北极地区平均温度上升的幅度是同时期全世界平均温度上升幅度的两倍，冰覆面积在 20 世纪后半叶平均值（约 700 万平方千米）的基础上大幅缩减，2007 年记录的最小值是 20 万平方千米。照此速度减少下去，2030~2040 年，北极地区就将不再有冰山。导致全球冰山面积减少的主要原因是全球气候变暖。由于北冰洋本身是没有陆地的海洋，所以北极冰川融化速度更快。因为在对太阳的反射率上，冰（85%~90%）最高，陆地和海洋分别是 20% 和 10%，所以一旦冰融化成水会使得该地区温度上升，冰雪融化更快，冰将变得更少。北极与南极比较起来，南极因为是陆地上覆盖着厚冰，其对太阳光的反射率较高，所以暖化速度较慢。而日本由于地处北半球中高纬度，北极冰雪融化、环境污染等问题对日本的影响比南极对日本的影响更直接。

（二）经济利益

北冰洋海床拥有丰富的自然资源，全球气候变暖使得北冰洋冰层融化，海冰面积减少，为北极矿产资源、油气资源、渔业资源和旅游资源开发提供了新的机会。其中，尤其是油气资源开发的潜力以及北极航道的开通对日本具有重要意义。

日本虽然是世界名列前茅的经济体，但是支持其经济发展的自然资源稀缺，在很大程度上依靠进口，能源自给率只有4%。因此，保持能源供应的稳定和进口方向的多样化一直是日本政府的主要政策目标之一。2011年福岛核电站事故，导致日本国内对核电的恐惧，从而对传统能源的需求加大。2012年6月，日本政府公布了“资源确保新战略”，提出了未来四个能源开发重点区域，即北极圈内、东西伯利亚、东非和伊拉克①。日本认为，积极购买北极油气资源对其自身是非常有利的。对北极海域天然气的需求中，欧洲冬季的需求量远高于夏季，亚洲则相反，故夏季日本将积极购买北冰洋的天然气，这对其天然气来源的多样化大有利处。对于亚洲石油市场高涨的价格也有抑制的效果。

此外，日本作为一个海洋国家，其对外经济贸易关系的发展倚重海洋航道。日本政府在2010年发布的《日本与北极》文件中指出，冰川的融化，会导致无冰区域的扩大和无冰时期的延长，如果这种趋势一直延续下去的话，北极航道的开通将变成现实，这样，连通日本横滨和德国汉堡之间的航程将会缩短62%（与通过苏伊士运河比较）。而且前者与后者相比，没有海盗之患，安全性更强。更为重要的是，自从1995年阪神大地震中神户港遭受重创以来，日本就失去了东亚枢纽港的地位，而北极航道的开通无疑将有利于恢复日本的航运地位。

20世纪90年代后，日本海洋政策研究财团与俄罗斯、挪威进行了关于北极航路商业利用可能性问题，即“国际北冰洋航路计划”问题的共同研究。但是，考虑到北极严酷的自然条件以及脆弱的生态环境，对航行船只的技术要求，对航运船型、航运速度、吨位和通航时间的限制，使得北极航道在当前的经济技术条件下利用价值很低。然而，进入21世纪，由于海冰的不断融化，日本海运界又开始了北极航路商业利用的尝试。

2011年3月大地震以及由此而引发的福岛核电站事故之后，日本对液化天然气的需求骤增。北极丰富的天然气资源再次引起了日本企业的高度兴趣。2012年12月5日，装载着13.5万立方米液化天然气的俄罗斯“鄂毕河”号货轮，从挪威北部港口哈梅菲斯特经过北极航线驶抵日本北九州，为九州电力公司提供了发电燃料。此前日本的进口液化天然气主要来自印度尼西亚和马来西亚等东南亚国家，新开通的欧洲渠道无疑有利于日本实现进口的多元化，分散风险。

（三）战略安全利益

日本地处北极航线的东端，占有重要的地位。对日本而言，北极不仅具有重要的环境和经济价值，还由于独特的地理位置而具有重要的战略安全价值。随着北极地缘经济和地缘政治的不断升温，日本也日益积极地参与到北极事务中，力图获

① 商武.北极圈油气资源开发成日本新能源战略重点.http://finance.sina.com.cn/roll/20120614/145812314844.shtml，2012-06-14.

得北极治理的政治话语权，并且在未来的北极地缘竞争中占据有利的地位。根据日本国立防务研究所（National Institute of Defense Studies）桥本宁明（Hashimoto Yasuaki）的观点，“如果美国或俄罗斯向北冰洋派遣水面舰艇或潜艇，则构成了对其他国家大陆最近的军事部署”①。与此同时，随着从北极通往东亚航道的开通，越来越多的商业活动很可能导致越来越多的军事存在。届时，日本需要开发一种新的海上交通防御战略，并提高其海上自卫队应对这一方向脆弱性的能力②。近年来，日本不断加强与美国和加拿大的安全对话，并且将北极安全问题作为重要的合作内容。

（四）科研利益

同南极类似，北极独特的自然环境是进行某些科学研究不可多得的重要地区。尤其是随着全球气候变暖和北极冰川融化，加强北极科学研究不仅具有重要的科学意义，而且有助于在应对全球气候变化方面增强日本的话语权，并且有助于日本在未来的北极资源开发和航道利用中占据先机。

二、日本实现北极国家利益的优劣势分析

（一）日本实现北极国家利益的优势

1. 国际法优势

1920 年签署的《斯瓦尔巴德条约》是到目前为止在北极地区最具国际性的政府间条约，也是北极地区最早的国际条约。而日本是《斯瓦尔巴德条约》14 个创始缔约国之一。作为这一条约的创始缔约国，日本被赋予充分的国际法权益，为日本实现其北极国家利益奠定了重要基础。根据《斯瓦尔巴德条约》的规定，日本的公民无需申请和签证就可以自由进入斯瓦尔巴德群岛，在遵守挪威法律的范围内从事正当的生产和商业活动，包括捕鱼、狩猎、自由进入、建立北极国际科考基地，自由从事北极科学考察。

随着冷战后北极地缘政治的变化，北极理事会逐渐成为北极事务最重要的国际平台。从 2009 年 4 月开始，日本便向北极理事会正式提出申请成为正式观察员。由于各种原因，直到 2013 年才与中国、韩国、印度和新加坡共同成为北极理事会正式观察会员国。日本认为，其成为北极理事会正式观察员的一个意义就是“有利于收

① Yasuaki H.Maintaining the order in the Arctic Ocean：cooperation and confrontation among coastal nations. East Asia Strategic Review，2011，(7)：66.

② Jakobson L，Lee S H.The North East Asian States' interests in the Arctic and possible cooperation with the Kingdom of Denmark，http://www.sipri.org/research/security/arctic/arcticpublications/-Arctic.pdf，2013-11-14.

集各国北极开发的信息”[①]。

2. 经济技术优势

日本是一个发达经济体，尽管其总体规模在2010年被中国赶超，但日本在经济技术水平上具有明显优势。这不仅使日本能够为极地事业提供足够的资金支持，还能够提供强大的技术支持，从而使日本得以维持大规模的极地科学研究方案，包括极光、地磁、电波传送、宇宙射线、气象学、雪冰学、生物学、医学等，并取得了许多研究成果。

为了推进北极科学考察，2009年5月26日，日本海上自卫队的最新式极地考察船——新“白濑”号被交付日本防卫省，开始正式服役。新“白濑”号是继“宗谷”号、“富士”号和老“白濑”号之后的日本第四代极地考察船，总共耗资380亿日元（约3.96亿美元）。该船长138米，宽28米，标准排水量约1.25万吨，比老“白濑”号的块头稍大，最多可载3架直升机。它拥有先进的破冰能力，在冰层厚度达1.5米的海面上能以3节（约合每小时5.556千米）的航速破冰前行。新“白濑”号还采用了很多环保技术：在破冰方面，其船艏可喷出海水对冰层进行融解，从而减少直接破冰的燃油消耗；船上有污水净化系统，以保证不排出污水污染海洋；为防止发生事故时燃油泄漏，新“白濑”号的油舱采用双层结构；船上还装有先进的垃圾焚烧炉，可在焚烧垃圾时不排放有毒的二噁英。2014年，日本准备再建一艘新的具有破冰功能的极地科学考察船。

北极科学考察的一个重要目标就是为即将到来的资源开发和航道利用提供支持。日本在造船、航运、环保、能源开发、石油化工和海洋生物等领域的技术优势，将为日本实现北极国家利益提供重要保障和支持。此外，日本在全球贸易和投资中的重要地位，也将为其开展与北极其他国家的合作提供有利条件。

3. 组织机制优势

作为亚洲最早从事极地探险的国家，日本很早就建立起极地科学考察的组织机制，并不断整合学界、政府部门和企业界的力量，相互分工协作，为实现日本的北极国家利益提供了重要的组织机制保障。其中，国立极地研究所（National Institute of Polar Research，NIPR）、极地研究振兴会和海洋政策研究财团在其中发挥了重要作用。

1973年成立的国立极地研究所是日本的极地科学研究和极地观测的核心。其职能是组织日本的极地考察活动，完成极地科学研究规划，兼作国家极地资料中心，参加国际极地研究组织，管理南极基地。1987年戈尔巴乔夫的北极演讲之后，日本国立极地研究所专门增设了北极环境研究中心（Arctic Environment Research Center，AERC）。1991年与挪威合作在斯瓦尔巴德群岛建立了新奥尔松（Ny-Ålesund）北极研究站。

① 中国极地研究中心．日本寻求在北极理事会中发挥作用.http://www.pric.gov.cn/newinfo.asp?sortid=10&id =821，2013-06-17.

作为大学共同利用机关，国立极地研究所在为日本全国的研究人员提供南北极观测信息的同时，实施公开招募共同研究课题，并且提供资料信息等专门致力于极地科学的研究。

日本极地研究振兴会是推进极地研究的著名公益财团法人，资助对南极和北极的研究者，普及南、北极的科学知识，使南、北极的研究更加深化。其具体目的包括：①对从事极地的研究者或机关加以援助；②援助关于极地研究的国际交流；③资助极地观测事业和极地研究成果的普及；④对为了达成极地研究所必要的事业进行援助。

日本海洋政策研究财团是日本最著名的海洋战略智库，主要进行日本海洋政策、海上交通、安全保障的研究。包括海洋政策的综合研究、岛屿与周边海域的安全保障与管理的调查研究、对关于大陆架界限扩张的支援、海洋安全保障对话事业的援助、关于索马里海盗的对策研究。臭名昭著的日本"购岛"事件，也是由此智库推动的。其主要刊物有《海洋白书》《海洋政策研究》。2010年，海洋政策研究财团召开"日本北冰洋会议"，向全国征求北冰洋问题方面的意见。

日本极地组织机制将南北极考察作为国家整体事业来推进，整合了外务省、文部科学省、农林水产省、国土交通省、海上保安厅、防卫省、气象电波研究所和国土地理院等参与南北极科考的部门通力协作，由南北极地域观测统合推进总部统一协调管理。

4. 政治优势

第二次世界大战以来，日本在政治军事上受到国内和平宪法和国际社会的限制，但由此也减少了日本在参与北极事务中的政治干扰。同中国一样，日本也不是北极周边国家，参与北极事务不可避免地会受到北极周边国家的警惕。但日本国内的和平宪法为日本提供了独特的政治优势。虽然日本现任的安倍政府力图突破和平宪法限制，但作为美国重要的战略盟友，日本在参与北极事务中受到的政治干扰远远小于中国。毕竟，西方国家在北极事务中占有主导地位。

（二）日本实现北极国家利益的劣势

1. 长期经济低迷阻碍了日本的极地投入

自1991年以来，日本陷入第二次世界大战后最长时期的经济低迷，年均经济增长速度只有1%多一点。而为了刺激经济增长，日本政府长期维持"零利率"政策，并且大举借债，由此积累了高额的公共债务。截至目前，日本各国债务超过日本GDP的225%。虽然执政的安倍政府大力推行经济改革，但其效果难以持久。人口老龄化、外部竞争加剧，使日本经济增长面临诸多挑战，财政状况短期内难以改善。巨额的财政赤字制约了日本在极地事业上投入的增加。虽然就绝对规模而言，日本极地投入比较大，但与其他新兴经济体相比，1991年来日本极地投入的增长比较缓慢。随着北极资源开发序幕的拉开，日本长期经济低迷所导致的不利影响更加明显。例如，与同为亚洲国家的中国和韩国相比，日本提出申请成为北极理事会观察会员国稍晚。中、韩都先后拥有新建在北冰洋航行的破冰船计划，而日本直到 2014 年才提出建造一艘新的极地破冰船，用于北冰洋的科学考察任务。

2. 日本对极地资源的态度损害了其国家形象

日本是一个资源贫乏的国家，一直希望推进对极地资源的开发。这种态度在国际社会日益重视极地环境保护的情况下，损害了其国家形象，并且对其参与北极事务产生了不利影响。

日本是一个海洋生物资源消费大国，人均消费量居世界前列。从历史上来看，海洋捕捞在日本经济中一直占有重要地位，但由此也引起了越来越多的争议。2014 年 3 月 31 日，国际法院就澳大利亚起诉日本捕鲸一案做出裁决，认为日本目前的捕鲸活动“并非科学研究活动”，而是以所谓“科研目的”进行的商业捕鲸行为，并且要求日本在修正其捕鲸方案之前，停止颁发捕鲸执照。在这种情况下，日本不得不取消 2014~2015 年度的捕鲸活动，但仍打算在 2015~2016 年度恢复捕鲸活动。面对国际社会的批评，日本驻国际捕鲸委员会委员森下丈二称，批评日本在南极捕鲸的人是有“生态帝国主义”，企图将自己的思想强加在日本等捕鲸国身上。在可预见的一段时间里，随着北极渔业等海洋生物资源的开发，日本与国际社会的矛盾将继续存在。

3. 地缘政治制约

在北极地缘政治中，美国和俄罗斯是两个最主要的国家，相互之间存在较大的地缘政治竞争。北极油气资源和东北航道大部分在俄罗斯的影响范围之内。作为美国的盟友，日本不断强化与美国的战略安保合作，不能不引起俄罗斯的警惕。而日本从资源开发和航道利用的角度深化与俄罗斯的合作，又可能引起美国的不满。这种地缘政治困境制约了日本在北极事务上的空间。

此外，日本在与美国强化安保合作的过程中，将想象中的中国北极活动作为一个防范对象，不能不削弱与中国的互信。而日本与中国在北极事务上有很大的共同利益和诉求。日本在亚洲和北极地缘政治中对中国的防范不能不影响到其北极战略的效果。

三、日本实现北极国家利益的战略

日本是亚洲最早从事北极研究的国家，但由于北极地区严酷的自然环境和特殊的地缘政治环境，日本在相当长一段时间内并不是很积极。随着冷战结束后国际社会对北极关注的迅速上升，以及中、韩等国的积极参与，日本担心自己成为北极事务的“后来者”。从 2009 年开始，日本对北极的关注逐渐强化起来。越来越多的日本人意识到，随着全球气候变暖和北极冰海融化，北极航路、矿产和能源资源、渔业海洋生物资源、生态环境变化以及由此而导致的地缘政治变化攸关日本的国家利益，应该尽早确立自己的北极战略。从目前日本国内的讨论来看，其北极战略具有以下主要特点。

（一）整合各方力量，建立和强化日本北极研究、决策和行动体制

在过去一段时间里，日本虽然高度关注北极地区，但尚未形成明晰的国家战略，产业界和政府各部门根据各自所需采取相应的举措。

早在20世纪90年代，日本海洋政策研究财团跟俄罗斯和挪威联合开展了国际北方航道计划，共同研究北方航道商业利用的可行性。当时得出的结论是，气候条件恶劣，需要投入特殊船舶和破冰船，无论从技术上还是经济上，北方航道都不可行。因此，尽管政府希望加强对北极的关注，但日本企业界在一段时间内并不是很积极。对油气资源的商业运输，相关产业专家估计，大概需要10年的时间[①]。私营部门对北极资源和航道开发的怀疑态度构成了日本政府北极雄心的一个挑战，后者不仅需要向国内公众解释，更需要说服犹豫的私营部门向该地区投入时间和资金。

在政府内部，外务省、文部科学省、国土交通省、防卫省也存在各自的讨论会，但没有超越省厅的合作组织。为了更好地整合国内力量，有效实现其在北极的国家利益，日本政府逐步加强内部协作。2010年9月，海洋政策研究财团召开日本北冰洋会议，这次会议以日本内阁综合海洋政策本部为中心，向全国征求意见。其中一项重要建议就是，根据国家北极战略的需要建立一个统一的、跨部门的任务小组。据此，日本外务省成立跨部门的综合机构ATF（Arctic Task Force，即北极事务工作组），以增强各个部门之间的合作，应对北极事务，在必要时，日本外务省将通过该机构出台合适的北极政策[②]。具体做法是在内阁官房设置指挥中心，联合外务省、经济产业省、国土交通省、防卫省、环境省、文部科学省等相关部门，对北极资源、海运、安全保障、环境保护等诸多问题进行综合研判，做出整体统一安排。

自2009年日本正式申请成为北极理事会正式观察员开始，日本国内对北极的热情逐渐被激发出来。在各界共同努力下，日本于2013年5月被接纳为北极理事会正式观察员国。因此，2013年被称为日本在北极事务上重新启动追赶的一年，这使日本看到整合的效果。

（二）充分利用日本的技术和经济优势实现北极国家利益

北极地缘政治环境不同于南极的一个重要特点是，北极被相关国家环绕，有常住人口。日本不是北极国家，难以在与主权相关的资源开发方面发挥实质性影响。2013年，日本虽然被接纳为北极理事会的正式观察员，但并没有投票权，不能参与北极理事会的政策制定。有鉴于此，日本认为，加强北极科学研究，发挥技术和经

① Koranyi B.Russia Arctic natural gas shipping route to Asia 10 years away.http://www.insurancejournal.com/news/international/2013/01/28/279017.htm>，2013-01-28.

② Launching of the Arctic Task Force（ATF），Ministry of Foreign Affairs of Japan.http://www.mofa.go.jp/announce/announce/2010/9/0902_01.html，2010-09-02.

济上的优势，是实现日本北极国家利益的根本途径。

一方面，这样做有助于更好地理解北极环境变化及其与全球气候变化的关系，并且通过对北极科学调查和环保的贡献，增强日本的话语权，使未来北极治理的规则安排符合日本的国家利益。2011 年，日本明确了其北极科学研究的两大目标：①理解北极气候变化对北极冰雪的影响，以及对日本海洋生态环境和海洋生物资源的影响；②建立一套准确的冰雪预测系统来预测北极冰海分布变化[①]。2014 年日本文部科学省宣布计划在北极地区提取具有 100 万年历史的冰芯样本，通过对冰芯中部分物质的分析，判断不同时期环境的变迁，帮助预测未来气候的变化。

另一方面，这样做可以为未来北极资源开发过程中的各种细节问题提供必要的环境信息和技术储备。例如，日本计划要加强对北冰洋气象、海象的观测，以便在未来的北极航行中更加准确地预测北冰洋的气象、海象变动。在油气资源开发方面，由于该海域温度低，原油在外溢的情况下分解慢，所以产生恶劣影响的时间长。为应对这种潜在的事故，日本已经着手进行相关的应对技术和环保技术研发。

为推进北极科学考察，日本提出建造能够在北冰洋航行的有破冰功能的观察船，发射极地观测卫星。2014 年 1 月 25 日，日本政府计划建造一艘新的极地破冰船，用于北冰洋的科学考察任务。日本国土交通省、文部科学省都将参与这艘破冰船的建造工程。这艘新的破冰船完工后将可以在北冰洋地区观测气候和冰层的状况，同时对北冰洋的海床进行勘探研究。日本政府和研究机构在 2014 年年底前完成了破冰船的设计方案，工程耗资数十亿日元。

北极严酷的自然环境使得其资源开发面临很大的技术风险和经济风险，周边国家也需要外来的合作。日本认为，在尊重北极周边国家主权的前提下，可以利用日本在资源勘探开发方面的经验、资金和技术进行合作，实现互利双赢。例如，预计 2017 年在亚马尔半岛生产的液化天然气项目就与东北航线的利用相关联，而东北航线需要在濒海海域航行，因此从安全航运和环境保护的观点出发，就需要对船舶和相关设备进行特殊设计，但其成本将上升，这就需要日本国际合作银行（Japan Bank for International Co-operation，JBIC）、“日本政策发展银行”（Development Bank of Japan，DBJ）和日本石油天然气金属矿产资源机构（Japan Oil，Gas and Metals National Corporation，JOGMEC）等方面进行积极融资。

（三）积极开展北极外交营造有利的参与环境

以“海洋立国”为国策的日本认为，自己虽然不是北冰洋的沿岸国，但北极攸关其未来的生存和繁荣。面对地缘政治局限和各方日益积极的姿态，日本必须尽快参与到北极资源开发、环境保护、航道利用、安全保障、紧急救援及其相关规则的制定中。为此，必须积极开展北极外交，为实现日本的北极国家利益营造良好的外部环境。

① Ocean Policy Research Foundation.Japan's Arctic Ocean conference report，2012.

2013年3月，日本任命了首位北极常驻大使，成为继丹麦之后第二位设立北极大使的国家。日本政府称，北极大使通过积极参加由北欧诸国、加拿大和俄罗斯、美国等八个环北冰洋国家组成的“北极评议会”，“将会提高日本在北极问题上的存在感”。同年5月，日本被正式接纳为北极理事会正式观察员国。但是，日本也很清楚，北极理事会并不能完全应对当前北极地区面临的各种挑战，也不能充分体现日本的权益——日本在其中没有投票权。因此，日本虽然承认北极理事会是处理北极问题的高层次政府间论坛，积极支持北极理事会为达成各项目标所采取的活动，但认为“北极理事会不是处理非北极国家关切和议题的恰当机制”，参加北极理事会只是其北极外交手段的选项之一[①]，除此之外，日本还应与其他国际机构，如国际海事组织、八国集团（G8）、北极沿岸国家和周边相关国家积极进行双边或多边合作，最大限度地确保日本的利益。

与北极沿岸国家构筑友好关系是日本北极外交的核心。日本将与俄罗斯进行能源开发合作，并且在航道限制问题上进行法律和技术方面的对话。此外，日本还将加强与美国以及其他环北冰洋国家的外交。2013年11月11日，日本外相岸田文雄在印度参加亚欧外长会议期间，举行了首次日本与北欧的挪威、瑞典、芬兰、冰岛与丹麦以及波罗的海三国（立陶宛、爱沙尼亚与拉脱维亚）外长会议。

日本认为，与南极不同，北极应被看做全人类共同的遗产，国际社会应该合作保护这片区域，并且用于和平目的。当航道利用、资源开采等成为现实时，不同国家的参与应该符合国际法的要求，不仅仅北极国家，其他国际社会作为一个整体，也要有权利受益于北极提供的这种发展机遇。面对日益复杂的北极政治环境，日本坚持认为，在北冰洋沿岸国家划出外大陆架的界限之外存在着北冰洋公海部分，这部分公海区域应该被视为“人类共同遗产”。因此，日本也重视与非北极国家的合作。日本虽然与中韩之间存在竞争，但在北极问题上存在着广泛的共同利益，与中韩合作进行科学观测有着广阔的空间。因而，应该与中韩开展经常性的互动，这是日本的上策。

（四）加强与相关国家的战略安全合作

日本认为，北极冰雪融化并不仅仅代表了一种重要的经济机遇，也带来了潜在的战略安全挑战。以前，能够在北冰洋航行的船只仅限于大型破冰船等特殊船只。随着海冰融化，更多的船只可以在该海域航行，海盗、海上竞争和海上军事冲突的可能性将增加。为了维护日本东北方向的战略安全以及北极航线的安全，日本需要将与相关国家构筑海洋安全保障联盟作为其北极战略的重要内容。

根据日本国际事务研究所（the Japan Institute of International Affairs，JIIA）专家小谷博士（Dr. Kotani）的观点，俄罗斯是日本在北极地区最直接的安全关切对象，

① Takei Y.Who governs the Arctic Ocean?Ocean Policy Studies，2011，(9)：75.

“如果北极冰雪融化鼓励俄罗斯舰队在北太平洋积极活动，白令海峡的防御将成为新的日美海上战略的一项重要内容”[①]。

与此同时，日本对中韩两国在北极事务上日益积极的态度十分警惕。近年来，中韩两国对北极兴趣逐步上升，不断加大对北极科学研究、能源开发和航道开发的资源投入，引起了日本的不安。日本对中国的北极战略尤其敏感，它认为，随着中国新一代战略核潜艇的下水，以及射程更远、精度更高的“巨浪-2”（JL-2）潜射弹道导弹的部署，中国的战略核反击能力及适应能力将进一步增强。一旦这些潜艇被派遣到北冰洋活动，将进一步增强中国的战略核反击能力。

因此，越来越多的日本军事人员建议，需要关注北冰洋战略环境变化带来的安全影响，并且在防卫政策上给予明确地位，加强北海道周边海域、北冰洋等地区的行动能力。日本现任安倍政府正在重新评估《日美防卫合作指针》、《防卫计划大纲》和《中期防卫力量整备计划》，修改后的文件可能会对北冰洋问题有所涉及。日本认为，如果能够从多个方面帮助强化包含美国核防御力的北极安全保障体系，不仅将进一步深化日本同盟，还将有助于改善本土和北冰洋方向的安全态势。

总体来讲，日本认为，其应对北极的国家战略明显滞后了。考虑到历史上地缘政治的每一次变化，如大西洋航道和印度洋航道的发现等，都曾对国际政治产生几十年甚至几百年的影响，日本政府非常重视北极战略。为此，日本不断强化北极政策的体制，举全国之力研究北极问题，并且借助日本最为擅长的科研和环保以及国际合作领域，增强日本的北极存在感；根据北极地缘政治长期演变的趋势，制定日本的北极战略。参与北极理事会只是其多种外交手段中的一个选项，日本将通过与其他国际组织（如国际海事组织）、双边（日美安保合作）或多边（如G8或日美俄、中日韩）合作，确保日本的国家利益。

四、日本北极国家战略对中国的启示

中、日两国在北极地区都有着广泛的国家利益，同为非北极国家，面临相似的地缘政治局限。日本的北极国家战略对中国具有重要的启示。

（一）加强极地科学考察是参与北极事务的必要基础

作为非北极国家，中日都不具有地缘上的优势。但是，在国际社会日益重视环境保护的趋势下，加强极地科学考察是实现极地国家利益的必要基础。

加强极地科学考察，深入认识极地生态环境及其与全球气候变化的关系，既是促进极地生态环境保护的必要条件，更是提升中国在未来极地治理安排及其制度设

① Kotani T.High Seas and Rising tides U.S.-Japan Maritime Cooperation.Pacific Forum CSIS：Young Leaders，Washington DC，2009：21.

计中话语权的必要措施。

与此同时，针对极地各种资源的开发前景，中国也应该进行相应的科学考察。在北极地区，大多数油气和矿产资源主要分布在沿岸国家的大陆架或专属经济区，但面对即将到来的北极航线开通和利用，中国需要加强对北冰洋海冰、水文、气象、海象、地质构造的全面调查研究，为未来北极航道的通行积累充分的数据资料。

为此，中国需要进一步加大北极科学考察的投入，包括加强与相关各国的科研合作、研制适合在北极航行的综合破冰船等。

（二）经济技术优势是非极地国家实现极地国家利益的重要条件

严酷的自然环境和相对封闭的地缘政治环境，使得非北极国家的参与面临更大挑战。但无论是北极生态环境的充分保护，还是资源利益的最大化，绝非北极周边国家凭一己之力可以胜任的。这就给具有经济技术优势的中日等国提供了重要的机会。

北极严酷的自然环境和脆弱的生态系统，使得其资源开发面临众多的技术风险和经济风险。要在确保生态环境的前提下进行资源开发，并且对各种可能出现的事故风险进行预防，需要适合北极自然环境和环保标准的开采技术、机械设备和操作技术，由此必然导致成本的大幅上升。此外，资源一旦开采出来还需要一个强劲稳定的需求市场，才能最终实现其价值。对于北极国家而言，中日两国雄厚的资本和市场优势，是在开发北极资源以及实现资源利用最大化方面不得忽视的重要伙伴。

（三）从战略高度处理好与日本的关系

近年来，日本加大了对中国的防范。中日竞争甚至蔓延至北极事务。在一定程度上可以说，正是中国在北极事务上的积极姿态刺激了日本加速北极战略的制定。随着日本对北极问题的进一步研究，日本一方面对中国可能扩大在北冰洋的军事活动感到担忧，另一方面也越来越多地感到与中国合作的必要性。

一些日本专家认为，目前的北极理事会不足以解决非北极国家的关切和议题。虽然日本政府尽量不公开对北极理事会提出质疑，但同中国等其他非北极国家一样，日本政府希望北极理事会意识到非北极国家的利益，并且将北极作为全人类共同遗产的一部分①。日本海洋政策研究财团的主任研究员秋元一峰认为，作为非北极国家，日本与中国和韩国在北极参与上是同舟共济，因为所有这些国家均可通过参与北极事务在航运和资源领域获益。如果中国与日本在北极参与上携手合作，则显然可形成双赢”②。2012 年 3 月推出的“日本北极海会议报告”明确提出，中国在日本的非北极沿岸国的合作对象中位居首位。与日本政府相对滞后的态度相比，日本科学界和商业界早已达成共识。它们认为，鉴于日本仅靠自身所面临的局限，加强与中国

① Takei Y.Who governs the Arctic Ocean?Ocean Policy Studies，2011，（9）：75.

② 陈鸿斌 . 日本的北极参与战略 . 日本研究，2014，（3）：6.

的合作非常重要。两国科学家之间的互动以及在南极探险中的合作已经产生了重要影响。两国航运业合作非常有必要[①]。

尽管中日之间面临各种问题，但是作为两个重要邻国，终究要实现和平相处。从有共同利益的领域扩大合作，逐步积累战略互信，对两国和地区的和平发展具有重要意义。在北极事务上，中国在对日美安全合作保持警惕的同时，可以积极推进相互合作。对此，日本也有人建议，应该关注东北亚与北极关系的联系[②]。

参考文献

北极问题研究编写组 . 2011. 北极问题研究 . 北京：海洋出版社 .

丁煌 .2013. 极地国家政策研究报告（2012—2013）. 北京：科学出版社 .

丁煌 .2014. 极地国家政策研究报告（2013—2014）. 北京：科学出版社 .

陆俊元 . 2010. 北极地缘政治与中国应对 . 北京：时事出版社 .

路易斯 B.2014. 海洋法精要 . 宋恩，傅崐成译 . 上海：上海交通大学出版社 .

沙普利 D. 1990. 第七大陆——资源时代的南极洲 . 张辉旭译 . 北京：中国环境科学出版社 .

邹克渊 .1997. 南极矿物资源与国际法 . 北京：现代出版社 .

① Tonami A.Future-proofing Japan's interests in the Arctic：scientific collaboration and a search for balance. Asia Policy，2014，(18)：55-56.

② Ohnishi F.The process of formulating Japan's Arctic policy：from involvement to engagement.East Asia-Arctic Relations：Boundary，Security and International Politics，2013，(1)：5.

研究报告 9

欧盟的北极政策及其对中国的经验借鉴①

【摘要】 作为环北极地区最为重要的国家联合体，欧盟在北极地区具有潜在的战略、经济和环境利益。当前，欧盟具备实现和维护其在北极地区利益诉求的相关优势，但也面临一系列挑战和威胁。一方面，欧盟综合实力雄厚，是当今国际政治经济舞台上重要的一员，在北极事务中能够最大限度地统筹协调各成员国的一致行动，有能力在北极事务上划定各成员国行动的底线准则，欧盟拥有雄厚的制度供给能力和北极科技实力，为欧盟走进北极搭建了坚固和便捷的桥梁。另一方面，部分北极国家奉行“门罗主义”，在部分北极事务上排斥欧盟的参与，这一直是欧盟参与北极事务最大的根源性障碍；同时，成员国之间的利益分歧，欧盟内部众多的北极利益相关者客观上为欧盟的政策制定过程带来高额的协调成本，这就对欧盟参与北极事务和实现北极利益构成了巨大的阻碍。

为了最大限度地实现自身在北极地区的潜在利益，欧盟制定了专门的北极政策。欧盟的北极政策遵循三个原则：一是积极提供北极治理需要的国际公共产品，即全球性的治理制度框架；二是积极促进多边合作治理北极，为参与北极治理创造条件；三是充分尊重和保障北极原住民和当地居民的权利。

中国在今后的北极政策制定及北极事务参与过程中，应当更加注重树立在北极事务中负责任大国的形象，从全球公共利益角度循序渐进地参与北极治理，对内要努力提升北极科技水平，善于获取部分北极国家的资源支持，对外则要加强与北极治理中各利益相关方的合作，构建有利于参与北极治理的外部环境。

【关键词】 欧盟　北极政策　利益　多边治理　中国

① 作者简介：丁煌，男，武汉大学“珞珈学者”特聘教授、政治与公共管理学院院长、公共政策研究中心主任、公共管理与国际法双学科博士生导师；鲍文涵，男，武汉大学政治与公共管理学院博士研究生。

作为当今世界上经济实力最强、一体化程度最高的国家联合体，欧盟与北极有着紧密的联系，在北极地区具有潜在的战略、经济和环境利益。欧盟成员国中，芬兰、瑞典和丹麦是北极理事会的正式成员国，英国、西班牙、荷兰、法国和德国是北极理事会的正式观察员国。挪威和冰岛虽然只是北极理事会的成员国而非欧盟成员国，但是两国都是欧洲经济区成员国家。根据欧洲经济区的规定，经济区内的商品、人员、劳务和资本应当自由流动，以促进经济区内成员间的经济发展与融合，因此，挪威和冰岛已经大规模融入欧洲统一市场。

近年来，伴随着北极地区环境的迅速变化，欧盟应对全球气候变化尤其是北极气候变化所带来的挑战也显得更加紧迫。北极航道在当前的全球变暖趋势下即将通航，对欧盟的地缘政治关系会产生非常大的影响，北极地区丰富的油气资源对欧盟具有重要的战略意义，而且北极冰川融化带来的生态危机与欧盟各国也息息相关。因此，欧盟积极出台北极政策的相关文件，用以具体指导本地区参与北极治理的相关实践，维护和实现欧盟在北极的利益。在北极问题上，虽然欧盟是一个国家的联合体，但是中国与欧盟之间有着相近的利益诉求、相似的政策立场和类似的身份定位，因此，研究欧盟的北极政策及其实践，对于中国今后更为积极而有效地参与北极事务有着重要的借鉴和启示意义。

一、欧盟在北极地区的利益分析

在欧盟的权力框架中，通过制定宪法，成员国将一部分国家主权进一步让渡给统一的欧盟共同对外行使，让欧盟有能力协调各成员国的对外政策，这也决定了欧盟各国在北极问题上有很大程度的相同利益。欧盟不同于某一主权国家，而且其内部存在着北极国家和非北极国家之间观点、利益和行动的纷争，其在北极的利益只能是各成员国在北极利益的“最大公约数”。

由于欧盟成员国内部在北极的主权以及管辖权方面存在着一定争议，而且目前尚未形成一个各方公认的国际条约对北极地区的归属进行界定，在北极八国把持北极地区实际管辖权的现状下，欧盟缺乏讨论政治及军事利益的土壤和空间。因此全球变暖带来的对北极地区资源的利用和开发的机遇便成为世界各国参与北极治理的首要动力。笔者认为，欧盟在北极地区的利益有以下几个方面。

（一）北极航道利益

随着全球变暖，北极航道的战略位置日益凸显。一般来说，北极航道包含绕过西伯利亚北部的东北航道和绕过加拿大北部的西北航道，这两个航道一旦在北半球夏季可以通航，将成为太平洋北部到大西洋北部最短的航线，北美洲、欧洲北部以及亚洲北部各国之间的航线距离将大大缩减，世界各国间商业贸易将因运输成本大大节省而受益。一旦时机成熟，北极航道有望成为商业利益非常可观的“黄金水道”。这对于位于大西洋北部的欧洲的地缘政治、经贸关系以及大国关系具有非常大的影响。

早在资本主义发展早期的 15、16 世纪，欧洲最初的资本主义经济的发展与海上贸易有着密切的联系，正是因为新航道的开辟，促成了欧洲的资本原始积累，为欧洲带来了源源不断的财富，资本主义世界市场也开始形成。荷兰在 17 世纪成为航海和贸易强国之后，对外贸易的发展以及海外市场的开拓对欧洲经济社会的繁荣发挥着至关重要的作用，而航道的开辟则是海上贸易的前提和基础。后来的英国成为世界头号资本主义国家，海上贸易也发挥了不可替代的作用。因此，欧洲经济社会在任何阶段的发展都离不开繁荣的海上贸易，离不开安全、便捷、经济的国际航道。

此外，对欧盟来说，北极航道的开辟还蕴藏着巨大的商业机会、就业岗位和社会福利。首先，北极航道的开辟可以刺激欧洲企业研发更为高、精、尖的抗冰船舶，带动造船工业的提质升级。目前北冰洋地区大部分时间、大部分地区仍然被浮冰覆盖，西北航道也只是夏季很短的时间可以通航。在洋面上有少量浮冰的时间或是夏季浮冰没有完全融化的年份，虽然只有少量浮冰，但普通船舶依然无法通过。因此一旦北极航道开通，破冰船舶的建设将成为一项十分紧迫的任务，这为欧洲的各大造船企业带来了巨大的商机。其次，航运业的发展将会创造出一大批新的就业岗位。北极航道的开通将对欧盟内部多个相关产业和行业产生巨大影响。直接受到影响的产业和部门包括航运业、港口业、物流业，细分下来还有造船业、航运金融服务业、航运研发业、技术监测业和海上通信业等①。以航运业为例，北极航道的开通会给航运业带来新一轮的发展机遇。航运业不仅是资金、技术、信息密集型产业，同时也是劳动密集型产业。伴随着航运业的蓬勃发展，该行业对劳动力需求增加，就业岗位增多，这对于缓解欧盟各成员国的就业压力、促进资源的跨行业有效配置都将起到非常重要的作用。再次，北极航道的开辟还将进一步带动北极旅游业的发展。当前，传统的北极旅游线路是经由赫尔辛基至俄罗斯摩尔曼斯克，登船穿过巴伦支海驶向北极点。而这条路线旅途较长，游客体验不佳，未来北极航道的通航，将大大有助于缩短传统旅游路线的航程，降低旅游成本，让更多人实现登陆北纬 90° 的梦想。而欧洲靠近北极地区，北极旅游市场潜力巨大，北极航线的开通会进一步刺激欧洲北极旅游的市场，为北极旅游业的发展带来新机遇。

综上所述，对欧盟来说，所谓的北极航道利益，不仅指运输距离的缩减带来的运输成本的降低，与东亚经贸往来更加密切，而且指欧洲社会相关产业的蓬勃发展、就业岗位和社会福利的不断增加，因此，北极航道承载着欧洲各成员国巨大的经济社会利益和价值。

（二）能源安全利益

能源是国家发展的血液。在全球能源供求状况日益紧张的背景下，能源已经超越了经济层面，而成为涉及国家安全、国家外交等多层次的战略问题，而能源安全更是关系着各国发展的命脉，是各国各项战略成败与否的关键。欧洲能源市场是世

① 杨剑 . 北极航道：欧盟的政策目标和外交实践 . 太平洋学报，2013，(3)：41-50.

界上最大的区域能源市场（拥有超过5亿的消费者）和最大的能源进口方。欧盟与亚太、北美一起并列为世界三大能源消费地区，在全球能源消费中占到1/5。据欧盟委员会的警告，俄盟能源净进口依赖度2005年为50.5%，到2030年将提高到占欧盟全部能源需求的70%。更准确地说，欧盟目前40%的石油从中东进口，到2030年，这个数字将增加到90%。欧盟对天然气的外部需求也大致相似，目前欧盟40%的天然气从俄罗斯进口，30%来自阿尔及利亚，25%来自挪威。到2030年，欧盟所需天然气的60%将来自俄罗斯，其对外部天然气的总进口依赖度将达到80%[①]。

能源安全问题现已成为欧盟各国的共性问题。中东和俄罗斯是欧盟能源依赖的重点区域，中东地区的持续动荡、俄罗斯和乌克兰的争端使欧盟在能源安全方面感到不安。加上经济与社会发展对能源需求的持续上升，欧盟深感改善自身能源供应的必要。事实上，欧盟共同的能源战略已经形成，根据欧盟最新发布的《欧盟能源2020：竞争、可持续和安全的能源战略》，其共同目标是确保能源市场上的产品供应和服务提供不受中断，价格对于所有消费者来说是可以承受的，同时有助于实现欧盟更广泛的社会和气候目标。能源政策的中心目标（供应安全、竞争和可持续）已经被写入《里斯本条约》[②]。

北极的能源资源十分丰富，北极地区的自然资源也极为丰富，包括不可再生的矿产资源与化学能源，可再生的生物资源，以及水力、风力等恒定资源。美国地质勘探局2008年的报告称，北极地区潜在可开采的石油储量和天然气储量分别占世界潜在储量的13%和30%，且80%多位于近海。据统计，目前北极油、气产量分别占全球产量的10%和25%，其中，俄罗斯油、气产量占北极地区产量的80%和99%。北极地区的矿藏包括金、铜、铁、铅、铂、镍、锌和钻石等。煤炭储量占世界储量的9%[③]。

由于多方面因素，欧盟和北极地区一直有着十分紧密的联系，仅从地理位置来看，在环北极八国中，有三个国家——丹麦（格陵兰）、芬兰和瑞典属于欧盟成员国。而且北极丰富的能源资源更是推动着欧盟战略的不断升级。2008年11月，欧盟委员会出台《欧盟与北极地区》政策文件，坚持“北极多边治理”，以确保区域的安全稳定、环境保护以及资源的可持续利用。同时欧盟还发表声明强调“欧盟尤其应当加强和俄罗斯、挪威两国对北极能源友好性开发的合作，以便进一步推动保护北极环境的工作，北极蕴含着巨大的未使用的碳氢化合物能源，北极碳氢化合物的储量是相当惊人的，北极所富含的资源将为欧盟的能源和原材料的供给提供强有力的保障。欧盟必须保持其在北极可持续能源开发上的优势地位，考虑到北极残酷的气候条件和更深的海域条件，欧盟将鼓励和推动在北极石油和天然气勘探方面的创新

① 房乐宪．欧盟能源新战略的核心内涵及其启示意义．当代世界，2010，(7)：47-49.

② 中国能源法研究会．欧盟能源2020：竞争、可持续和安全的能源战略．http://www.lnic.cn/xyjyc/wxk/gjjjztyjbg/qqjr/2012/07/10131.shtml，2012-07-13.

③ 唐国强．北极问题与中国的政策．国际问题研究，2013，(1)：15-25.

性研究，同时欧盟将坚持对北极环境的充分尊重”。欧盟还倡议，欧盟各国应当尽快制定一项协调一致的关于北极能源利用的方案，以确保欧盟在利用北极能源和海洋资源中占据有利的位置，同时帮助全世界尽量减少人类活动对北极的破坏①。2009 年 12 月，欧洲理事会通过《北极问题决议》，重点是北极能源开发和航道利用，强调保护北极脆弱环境和可持续利用资源，并积极推动北极多边治理。2012 年 7 月欧盟委员会正式发表《发展中的欧盟北极政策：2008 年以来的进展和未来的行动步骤》这一最新战略文件，强调要加大欧盟在知识领域对北极的投入，并以负责任和可持续的方式开发北极，同时要与北极国家及原住民社群开展定期对话与协商②。

综上所述，欧洲能源供应的脆弱性、北极潜在能源的丰富性都促使欧盟在北极能源开发中保持着积极参与的态度，其积极的北极战略目标在很大程度上是为了确保欧盟在利用北极能源和海洋资源中占据有利位置，从而促进欧盟能源供应的安全性和稳定性。

（三）生态安全利益

生态安全是地球生命系统赖以生存的环境（空气、土壤、海洋、森林、水等）不被破坏与威胁的动态过程。所谓欧盟的生态安全，就是指欧洲的经济社会发展赖以存在的生态环境保持不被破坏和威胁的状态。欧洲北部在地理上与北冰洋相邻，芬兰、瑞典和丹麦都有领土在北极圈内，北极发生的丝毫变化都会对欧洲的生态环境产生直接且深刻的影响。

北极在全球气候变化中扮演着关键的角色。随着全球变暖，北极的冰川不断融化，其后果对欧洲的生态系统，以及欧盟各成员国的生态安全构成了非常大的威胁，具体而言，随着冰川持续融化，大量北极冰川融水注入大西洋，海平面将会不断上升，大西洋沿岸的欧洲国家的沿海地区会被上涨的海水淹没。北极冰川的融化将会带来海平面的长期上升，威胁到数百万生灵。自 1900 年以来，海平面大约上升了 18 厘米。全球急剧变暖将加速这一上升趋势，这不仅会威胁到海岸线，还将迫使低海拔城市建造海岸沿线的防御设施。科学界预测，到 2100 年，海平面可能将上升多达 2 米，如果北极冰川持续融化，将会给欧洲沿海地区带来灭顶之灾。另一项研究表明，到 2100 年，随着海平面的持续上升，从伦敦到雅典将有 400 多万欧洲人面临着被海水吞噬的危险，损失将达到 2 万亿欧元（约合 2.9 万亿美元）③。

同时，北极冰川融化带来的另一个严重后果就是潜藏在北极冰川和大范围冻土中的甲烷气体会随着气候变暖而泄露，这对于全球变暖无疑更是雪上加霜。甲烷是

① 罗园 . 欧盟称全球变暖让北极出现更多能源 . 网易新闻网，http://discovery.163.com/08/1121/13/4R9D7FQC000125LI.html，2008-11-21.

② 胥苗苗 . 欧盟北极战略升级 . 中国船检网，http://www.cssponline.com/Magazine/ShowInfo.asp?InfoID=49304，2014-09-09.

③ The High Representative and the European Commission to the European Council. Climate Change and International Security.http://www.consilium.europa.eu/uedocs/cms_data/docs/pressdata/en/ reports/99387.pdf，2013-06-14.

全球变暖的主要元凶之一，其温室效应超过二氧化碳的25倍。早在2010年，美国科学家就曾表示，北极海底正在释放大量甲烷气体，海底永久冻土是一个庞大的温室气体来源。西伯利亚北极大陆架遍布永久冻土层，其中富含甲烷，且大陆架表面的多处海域深度只有约50米。在这样的浅海海域，冻土融化所释放的甲烷未经氧化便直接逃逸至大气层中，带来更为严重的温室效应。如果北极圈永久冻土融化并释放出大量甲烷，截至2200年，全球变暖趋势将加剧，并将会导致全世界60万亿美元的经济损失。虽然北极冰川融化会给北极自然资源的开采带来一定便利，但是全球变暖的危害远远超过开采资源等所获得的短期利益。

此外，北极作为曾经世界大国的“军事训练场”，许多国家在北极地区大规模开疆拓土和进行军事训练，对北极的生态环境造成了不可估量的破坏。1986年发生在乌克兰的切尔诺贝利核电站爆炸事故在北极地区释放出了800万~1 400万伦琴的核污染量；现代核潜艇的出现打破了北冰洋昔日的宁静，核潜艇事故也成为北冰洋核废料的来源之一。以苏联的核潜艇沉没事故为例，世界上总共沉没的17艘核潜艇中，苏联就有13艘，核潜艇的沉没事故给北极的生态环境带来了致命的威胁，如果出现了核泄漏，那对北极的生态将是毁灭性的打击。残留在北极的核废料除了人工的清除以外，主要依靠自然扩散，即洋流和冰川运动的形式，放射性物质很可能沉积于海滩，或者随风传播。人类食用的海洋产品，事实上已成为人类接触放射性物质的最可能途径。虽然目前科学界中，确定核污染物质的具体污染路径依旧是一个难题，但是无论通过什么途径，欧洲遭受北极核污染的影响都是首当其冲的。具体来说，污染物质可以通过洋流和风向直接影响到欧洲沿海地区，进而通过污染海洋产品而影响到欧洲人的身体健康和相关产业的发展。

欧盟作为涵盖430多万平方千米和5亿多人口的地区性国际组织，北极的气候变化对欧洲的经济社会等各领域都有着直接的影响，海平面的上升威胁着欧洲国家沿海地区居民的生命财产安全，对沿海地区的经济社会有毁灭性的破坏；甲烷气体的释放会进一步加速全球变暖，对北极的生态会产生颠覆性的破坏，这反过来会对欧洲的气候以及生态环境产生深刻的影响，加之北极地区现存的核污染和潜在的战争威胁，都与欧洲经济社会密切相关。因此，北极与欧盟的生态安全有着千丝万缕的联系，对于欧洲的生态安全具有重大意义。

二、欧盟实现北极利益的优劣势分析

基于欧盟在北极地区的诸多利益，北极利益的实现对于欧盟经济社会的持续发展具有重要且关键的作用。但是，欧盟不同于一般主权国家，而是一个一体化程度非常高的地区性国际组织，实现其北极利益既具有一般主权国家不具备的优势，同时也面临着主权国家所没有遇到的重重困难。下面，笔者对于欧盟实现其北极利益的优劣势做如下分析。

(一)欧盟实现北极利益的优势

作为当今国际社会中一体化程度最高的一个地区性国际组织，欧盟在维护自身在北极的利益方面具有特殊的优势，为其实现自己在北极的各项利益奠定了非常坚实的基础。

1. 欧盟综合实力雄厚，是当今国际政治经济舞台上重要的一员

欧盟目前的疆域西起大西洋、东临独联体、南到地中海、北跨波罗的海。欧盟经过多次扩大，发展至今，其面积约 438 万平方千米（2013 年），人口 5.057 亿人，现有 28 个成员国（2013 年 7 月 1 日，克罗地亚入盟，成为欧盟的第 28 个成员国），为目前世界上经济发展程度最高的区域经济政治联盟，综合实力强大，是当今国际政治经济舞台上的重要组成部分。

历史上，欧盟是两次工业革命的发祥地，也是资本主义的发源地。经过多年的经济一体化发展，欧盟现已成为世界上经济最发达的地区之一。2013 年，欧盟 28 个成员国 GDP 达到 12 万亿欧元，人均 GDP 为 23 100 欧元。同时，欧盟为世界货物贸易和服务贸易的最大进出口方。欧盟的对外贸易中，美国、中国、俄罗斯、瑞士为其主要贸易伙伴。欧盟也是全球最不发达国家的最大出口市场和最大援助者，多边贸易体系的倡导者和主要领导力量[①]。欧盟在国际贸易中的重要地位决定了欧盟不得不关注北极航道的开发和利用问题，其在国际贸易举足轻重的地位也是欧盟介入北极问题的最大筹码。

在对外关系上，欧盟在国际舞台上发挥着积极作用。欧盟一直推行积极外交政策，与世界上近 200 个国家和国际组织建立了外交关系，并且缔结了各种经贸合作协定。目前有 160 多个国家向欧盟派驻了外交使团，欧盟也已经在 120 多个国家及国际组织所在地派驻了代表团。在一些国际机构（如世界贸易组织）中，欧盟代表成员国发出声音并行使权利。欧盟还参与经济合作与发展组织工作，并且在联合国及一些专业机构中派有观察员[①]。而且欧盟非常注重大国关系的建设。例如，欧盟和俄罗斯的关系方面，2013 年 3 月，欧盟委员会主席巴罗佐访问俄罗斯，与俄总理梅德韦杰夫共同主持欧俄政府间磋商，双方签署了 2050 年前的能源合作路线图、有关民事保护合作的联合声明，以及确定消费者权益保护领域原则、目标和对话机制的谅解备忘录等多项文件，双方还共同出席在莫斯科举行的“俄罗斯—欧盟伙伴关系机遇”论坛。欧盟还密切关注西巴尔干国家局势，积极推动西巴尔干各国为融入欧盟进行的各项改革。欧盟启动了针对亚美尼亚、阿塞拜疆、白俄罗斯、格鲁吉亚、摩尔多瓦和乌克兰 6 国的“东部伙伴关系”计划。2013 年，欧盟积极介入叙利亚、伊朗等问题，与美国就叙利亚化学武器问题进行密切沟通。欧盟还积极关注中东和平进程，主张通过政治谈判和平解决阿以冲突[②]。同时，欧盟重视发展与中国、印度、

① 商务部 . 欧盟简介 .http://eu.mofcom.gov.cn/article/ddgk/zwjingji/201407/20140700680468.shtml，2014-07-26.

② 外交部 . 欧盟概况 .http://www.fmprc.gov.cn/mfa_chn/gjhdq_603914/gj_603916/oz_606480/1206_607640/，2013-12-29.

巴西等新兴大国关系，谋求建立欧亚全面伙伴关系和欧非、欧拉战略伙伴关系。这些积极的外交政策和良好的对外关系，为欧盟在实现北极利益的过程中营造了良好的国际环境，为欧盟积极参与北极治理奠定了良好的外交基础。

总的来看，虽然近些年欧盟在各方面都面临着困难，但它仍然是世界上经济发展程度最高的区域经济政治联盟，综合实力雄厚，是当今国际政治经济舞台上的重要一员。无论是其雄厚的经济实力，还是高明的外交策略，都是欧盟实现其北极利益的坚强后盾，为其参与北极治理和实现北极利益奠定了良好的基础。

2. 欧盟在北极事务中能够最大限度地统筹协调各成员国的一致行动

自 1992 年欧盟各成员国正式签署《欧洲经济货币联盟和政治联盟条约》（又称《马斯特里赫特条约》）之后，1993 年 1 月 1 日各成员国完成条约批准手续，该条约正式生效，《马斯特里赫特条约》规定，欧盟主要目标是通过实施共同外交与安全政策，加强在国际事务中的地位。为此，欧盟应该特别在对外关系、安全、经济和发展政策领域保证对外交往的连贯性和一致性。《马斯特里赫特条约》标志着欧洲一体化已从一个主要是经济和贸易的集团，开始朝涉及外交和安全、司法与内务等事务的经济政治集团方向发展。经过 1997 年《阿姆斯特丹条约》的修订后，欧盟对其共同外交与安全政策的目标做了如下界定：①依照《联合国宪章》的原则，维护欧盟的共同价值观、根本利益和独立；②全面加强欧盟及其成员国的安全；③按照《联合国宪章》的原则与《赫尔辛基最后文件》的原则以及《巴黎宪章》的目标，维护和平与加强国际安全；④促进国际合作；⑤发展和巩固民主与法治、尊重人权和基本自由。据此，欧盟将通过建立成员国之间的系统合作及成员国具有共同重要利益的领域逐渐执行联合行动来实现上述目标。

在欧盟的权力框架中，欧洲理事会是由欧盟 28 个成员国的国家元首或政府首脑与欧盟委员会主席共同参加的首脑会议，是负责欧盟共同外交与安全政策的最高机构。根据《阿姆斯特丹条约》的规定，欧洲理事会确定共同外交与安全政策，包括具有防务意涵事务的原则和总指导方针，决定联盟在成员国具有重要共同利益的领域要进行的共同战略。欧盟部长理事会通过制定共同外交和安全政策的原则及基本指导方针，决定共同战略，采取共同行动，制定共同立场，强化各成员国间在执行政策方面的制度化合作。这样就保证了欧盟是当今国际社会中一体化程度最高的地区性国际组织，欧盟在外交上通常可以协调各成员国的步调，一旦新的规则被制定，那么欧盟可以对成员国施加压力，迫使其做出反应，实现某一政策领域的欧洲趋同化，对各国共同关心的问题采取共同行动，维护欧盟的利益。

2009 年 12 月 1 日，被称为简版《欧盟宪法条约》的《里斯本条约》正式生效，欧盟的决策方式和机构设置都进行了大刀阔斧的革新，提升了其行政效率，并提高了其在世界舞台的影响力，强化欧洲议会的角色，减少成员国就欧盟政策运用否决权的次数，化解了欧盟 10 年来权力真空的窘境，为欧盟开辟了一个“新时代”，欧盟因为该项条约能够在国际舞台上发出“更强大的声音”。这对于欧盟统筹各方在北极事务中的集体行动具有重要意义，欧盟协调各国北极政策的能力也将大大提高。

基于欧盟以上权力和制度的安排，欧盟有义务并且有能力在北极事务上划定各国行动的底线准则，提出基于欧盟整体利益的行动建议，规范各国在北极的行动，使各国在北极的行为最大限度地符合欧盟的整体利益。为了达成这一目标，欧盟先后出台了多部指导性文件来协调各国在北极的行动。例如，欧盟委员会在 2008 年发表了《欧盟与北极地区》政策文件，旗帜鲜明地指出了欧盟成员国在北极航道的多项重要利益，并且提出了欧盟要在北极航道问题上达成的五项具体目标。该文件建议欧盟成员国和机构在北极地区活动时应当围绕三个政策目标，即保障和维护北极原住民的权利、促进资源的可持续开发利用以及致力于加强北极多边治理。这份文件实质上就是欧盟协调各方行动，力争各成员国在北极问题上共同发声的指导性意见，标志着欧盟初步形成了自己的北极政策。2009 年 12 月，欧洲理事会又发布了一份《北极问题决议》，决议提出了欧盟的北极政策应基于五大基础，标志着欧盟北极政策基本形成。2012 年 7 月，欧盟委员会、欧盟外交和安全政策高级代表向欧洲议会和欧洲理事会提交了《发展中的欧盟北极政策：2008 年以来的进展和未来的行动步骤》的纲领性文件，强调了欧盟需要介入北极事务来维护欧盟在北极地区的切身利益，并且在北极的环境保护方面强调了各国的共同责任和义务。

综上所述，欧盟在协调各国集体行动，保持一致的北极政策方面具有法理优势。一方面，欧盟可以依据自身的组织架构和《里斯本条约》，利用欧盟“超主权国家”的特殊地位，在北极事务中协调各国行动；另一方面，以欧盟委员会、欧洲理事会以及欧洲议会为代表的欧盟三大权力机构连续推出有关北极政策的官方文件，宣示欧盟在北极地区的利益关切，为各国的北极行动提供原则性和纲领性的指导意见，最终实现欧洲在北极地区的利益最大化。

3. 欧盟有雄厚的制度供给能力和科技实力

制度供给能力和科技实力是欧盟走向北极的“桥梁”，一方面，制度供给能力可以为欧盟创设一个良好的有利于自身参与北极治理的外部环境；另一方面，雄厚的科技实力为欧盟科学有序地参与北极治理奠定了技术基础。雄厚的制度供给能力和科技实力为欧盟有序参与北极治理开辟了便捷的道路。

1）制度供给能力

所谓“制度供给”，就是为了避免国家、社会组织、个人的机会主义行为而制定的政治、法律或经济的具有普遍约束力的规制或准则。在全球治理的语境下，这种被供给的制度具有“公共物品”的属性，即非排他性和非竞争性。笔者认为，管理北极事务的过程是一个“治理”的过程，北极治理是全球治理的一个方面，其核心就是为北极提供一套合理的具有普遍约束力的制度安排。对欧盟来说，欧洲大部分国家都不是北极国家，而且欧盟在参与北极治理的过程中经常由于不是“主权国家”而受到身份的限制，在“先天不足”不能改变的情况下，欧盟要想在北极政治舞台上占据一席之地，并且享有一定的话语权，就只能通过后天的制度供给来实现，制度供给有利于营造利于欧盟参与北极治理的制度环境，有效降低欧盟参与北极治理的交易成本以及获取国际制度红利，因此，欧盟具有制度供给的动力。

除了进行北极治理制度供给的强烈意愿，更为重要的是，欧盟还具有进行制度供给的能力。在欧盟成员国层面，芬兰、瑞典和丹麦是北极理事会的正式成员国，在北极理事会中具有非常大的发言权；英国、西班牙、荷兰、法国和德国是北极理事会的正式观察员国家，而且英国、法国和德国还是传统的极地大国，不仅有着参与极地事务的悠久历史，而且在北极地缘政治舞台上占据一席之地，对极地治理格局的塑造发挥着重要作用。欧盟成员国众多的极地大国在北极事务中的实践为欧盟制定北极政策、参与北极制度供给提供了丰富的经验借鉴。在欧盟机构设置的层面，欧盟的政治权力架构赋予欧盟进行制度设计的能力，欧盟三大权力机构——欧盟委员会、欧洲理事会以及欧洲议会能够站在欧盟全局利益的高度进行顶层设计，积极在国际社会中发声，参与到北极治理的各项制度设计中去，努力维护欧盟在北极地区的最大利益。

在已有的实践中，欧盟参与制度供给的例子也可圈可点。欧盟支持国际海事组织制定强制性的《极地水域船舶航行安全规则》，从而为北极航道的安全航行奠定了制度性的基础。欧盟相关机构和工作人员积极参与到北极理事会下属的专门工作组（如北极海洋环境保护工作组）的工作。欧盟委员会在欧洲海事安全署的协助下，支持北极理事会采取海上应急和相应措施。欧盟还利用其主导的各种区域组织架构开展与北极国家的合作与交流。欧盟通过巴伦支欧洲—北极理事会与俄罗斯、挪威、冰岛、芬兰、瑞典等国进行政策协调和领域合作，在航运、渔业、环境、能源等领域进行综合治理。利用冰岛、挪威的欧洲经济区成员的身份，欧盟还试图将与冰岛和挪威有关的北极事务纳入其欧洲事务的范畴。总之，欧盟利用其在全球及区域治理机制建设上的优势，积极参与北极治理的制度供给，为自身在北极的利益实现创设了良好的制度环境，为实现自身的北极利益铺平了道路。

2）科技实力

科技是进入北极的敲门砖。北极作为地球上一块神秘的区域，目前人类对其的认识还十分有限。北极在全球气候变化的研究中具有极为重要的作用。北极地区的气候特征与全球气候环境变化关系密切，是全球大气研究计划、世界气候研究计划及全球变化研究等国际气候环境研究计划的重要研究内容。北极地区也是全球大气环境监测的重要区域，对研究人类活动与全球气候环境变化的关系有重要意义。对北极各利益相关团体而言，加快北极科学研究的发展不仅是各个国家和组织进入北极、参与北极治理最好的途径，更是各利益相关团体加深对北极认识，掌握北极各方面规律的必然举措。

欧盟认为，随着全球环境变化速度的加快，对科学技术的依赖程度越发加大。早在2007~2009年，国际极地年在第五和第六个研究框架下，欧盟投入2亿欧元进行与北极相关的科学研究，由此成为国际极地年最大的贡献方，也表明欧盟要致力于北极气候的研究，保护北极环境，通过这项战略的实施体现欧盟在应对全球气候变化上的领导者地位。欧盟在2012年发布的《发展中的欧盟北极政策：2008年以来的进展和未来的行动步骤》文件中强调，要通过加大科学研究和国际合作来进一步扩大人类对北极的知识储量，更好地保护和利用北极。因此，欧盟将其目标锁定在对知识的探求上，将通过资助北极研究、发展北极空间监控、支持信息和观察网络建设等渠道来进一步深化对北极的认知，同时加强对专门技术和科学技能的发展。正因为如此，在科学研究方面，一批重大的北极科研成果在近年问世。例如，在气候改变和环境领域，欧盟的关键使能技术（key enabling technologies），特别是清洁能源生产的高科技得到了重大发展，将会对减少北极环境污染和气候变化产生重大影响。

（二）欧盟实现北极利益的劣势

虽然欧盟在参与北极治理上具有诸多优势，不仅具有雄厚的经济实力和科技实力等硬实力，还具有参与北极治理制度设计、协调欧盟各成员国北极政策的软实力，但是，这并不意味着欧盟参与北极治理、实现北极利益的道路就一帆风顺。事实上，欧盟在实现北极利益的过程中依然困难重重，面临着诸多政治和法律上的障碍，影响了欧盟在北极的利益实现。

1. 部分北极国家在部分北极事务上排斥欧盟的参与

伴随着北极地区的资源和战略利益日益凸显，北极国家普遍奉行“门罗主义”，企图排斥其他国家对北极事务的参与。2008年，美国、俄罗斯、加拿大、挪威和丹麦等北极五国通过了《伊鲁利萨特宣言》，提出了以下主张和意见：北冰洋的沿岸五国要主导未来北极事务的处理方式，包括矿产资源的利用、新航道的开通、生态系统的保护等；除美国以外的北冰洋沿岸国有意借助《联合国海洋法公约》，通过大陆架的延伸来“拓展”各自的海洋权益；北极五国拒绝仿照《南极条约》去创制一个多边参与的北极条约。该宣言实质上是把北极变成了北极国家内部的“俱乐部资源”，在很大程度上减少了欧盟及其他主权国家参与北极的机会和渠道。此外，北极理事会长期搁置欧盟成为正式观察员的申请，加拿大等国对于欧盟的申请一直持反对态度。

部分北极国家反对欧盟参与部分北极事务除了“门罗主义”的因素之外，还具有一定的历史和现实因素。历史上，欧盟与北极有过一段“若即若离”的历史。在1995年在北极圈拥有领土的芬兰、瑞典加入欧盟之前，欧盟很少涉足北极，因为欧盟并没有与北极直接接壤，虽然欧盟的成员国丹麦拥有处于北极圈内的格陵兰岛，但是1985年格陵兰岛放弃了欧洲共同体的身份，并且日益走向独立和自治。对欧盟来说，涉足北极事务是在芬兰和瑞典加入欧盟之后，不得不与北极国家发生联系，尤其是近几年来北极和全球气候变化密切相关，北极气候的变化直接关乎全球的气候变化，它直接导致北极国家以及北极利益攸关方为争夺北极的能源、渔业、航运、军事资源等开展地缘政治的大博弈，欧盟的各大机构呼吁并且相继出台北极政策的文件。对欧盟来说，在参与北极治理方面是一个后来者，因此在涉足北极事务方面还缺乏经验，在大国博弈过程中缺乏足够的实践，《伊鲁利萨特宣言》也只有五国参与，排除了欧盟成员国瑞典和芬兰，以及欧盟经济体成员的冰岛，这表明北极理事会一直在拒绝欧盟的力量参与到北极治理中。另外，北极国家排斥欧盟参与北极治理还有一定现实方面的原因，主要在于欧盟的部分北极政策与北极原住民的历史传统存在冲突，导致北极国家以此为借口长期拒绝欧盟成为北极理事会的常任理事国。具体来看，欧盟一直宣称把维护北极地区原住民和居民的权利作为欧盟北极政策的核心之一，并且提出要通过环境保护来落实和促进北极地区原住民和当地居民的权利，在这样的方针指导下，欧盟在 2009 年批准通过了禁止海豹产品进口的法案，该法案从 2010 年起禁止相关海豹产品在欧盟国家生产和销售。虽然之后欧盟方面又补充到，北极地区的因纽特人由于非经济利益因素捕杀和生产销售海豹产品的行为将得以“豁免”，但是欧盟这样“双面”的北极政策似乎只是欧盟方面的一厢情愿，并不能获取原住民及居民的好感和认同。这是由北极原住民的生活习惯和历史传统决定的，正如一个代表阿拉斯加、加拿大和格陵兰地区 15 万因纽特人原住民的非政府组织“因纽特北极圈会议”的负责人在抗议欧盟这项政策时所言，捕杀海豹不仅是北极地区居民日常生活中十分重要的一部分，而且北极地区居民需要出口海豹产品以获取经济利益。由于加拿大和格陵兰地区每年出口的海豹产品占据世界市场一半以上份额，此项政策对北极地区原住民及当地居民的收入影响非常大，因此，加拿大等国之所以一直反对欧盟成为北极理事会的正式观察员，根本上是由于欧盟的北极政策没有考虑到北极地区历史传统造成的。

综上所述，北极国家在北极问题上普遍奉行的“门罗主义”，企图把北极变成几国独享的“俱乐部资源”，一直是欧盟参与北极事务最大的根源性障碍。此外，由于欧盟成员国芬兰和瑞典在签订《伊鲁利萨特宣言》时被排除在外，欧盟与北极的联系进一步减弱，也限制了欧盟参与北极治理。加之欧盟自身的政策没有重视北极原住民及其当地居民的利益，损害了其历史文化传统和经济利益，导致北极国家对欧盟参与北极治理持反对态度。

2. 欧盟内部众多的北极利益相关者客观上为欧盟的政策制定过程带来高额的协调成本

公共政策的制定过程相当复杂，一般只有充分体现各方面的愿望和利益要求的公共政策，才能得到广泛的认同和支持。所以，政策制定的主体包含了数量众多的直接或者间接参与政策制定的个人、团体和组织。在欧盟，政策制定者通常分为官方的和非官方的，官方的政策制定者通常是那些具有合法权威的立法者、行政官员和行政管理人员等；非官方的政策制定主体包括利益集团、研究机构、传播媒介和作为个人的公民等。在欧盟，一项政策的制定不仅要受到政府内部因素，如政府部门、公务人员和决策体制等的影响，而且要受到政府外部的利益集团、研究机构和大众民意等因素的制约。因此，从理论上来说，虽然在政策制定过程中从问题的形成到合法化这一连续性历程常常被视为线性的、理性的和可控的，但是实际上在欧盟这样一个利益集团众多的政策制定环境中，制定政策的过程都不可避免地成为一种政治活动，在所有阶段都会有不同主体的价值和利益涉入。因此，政策过程通常很难是一个理想化的理性决策过程，而是一种协商的过程，是一个各方面利益平衡与讨价还价的过程，是一个权力角逐的过程，本质上是一个政治博弈的过程。

北极事务牵涉面广，涉及需要协调的部门众多，不论是欧盟内部的官方机构还是众多与北极事务相关的非政府组织都对北极事务牵涉到自己的利益十分敏感，只要政策导向的丝毫变化都能形成政策的“蝴蝶效应”，引起各方面利益相关者的反应，因此欧盟北极政策的协调成本相对高昂。一方面，欧盟成员国之间存在着北极国家和非北极国家在北极地区的利益和立场差异的问题，欧盟为了达成统一的北极政策，就必须首先要协调北极国家和非北极国家之前的利益诉求，而目前欧盟有28个成员国，要想取得这28个国家在北极事务中的政治共识，又谈何容易！一旦利益不能够达成妥协或让步，那欧盟就很难形成得到认可的北极政策。同时，欧盟的北极战略涉及八个领域，即环境、气候变化、原住民、科学研究、能源政策、可持续开发、运输与旅游，这些领域在欧盟的权力分配体制上分属不同的欧盟机构管理，这样的多头分工管理也对协调各方面政策造成了困难。另一方面，北极地区最强大的三个国家——美国、俄罗斯、加拿大都不是欧盟成员国，但是目前的现状却是北极最重要的航道和渔业区都在这三个国家的实际控制之下，因此欧盟的北极政策中关于北极航道开发以及渔业资源利用的内容不得不积极与这三个大国沟通，不断表明航道利用自由以及下一步禁止高纬度海域渔业开发的立场。在与这些大国沟通和博弈的过程中，丝毫的疏忽都会产生连环效应而使欧盟的北极政策失效。

此外，由于利益相关方众多，政策价值观的差异同样会带来对政策问题认知的差异。所谓公共政策价值观，就是指在公共政策过程中影响政策行动者进行集体选择和行动的态度、偏好、取向和准则。政策价值观也是多元性的、多层次性的，甚至是相互冲突的。例如，一味注重实利的公共政策有时会与人类社会其他的伦理价值准则发生严重的冲突。政策价值观的冲突在欧盟的北极政策中表现得非常明显。欧盟历来对环境变化保持着高度的警觉，在环境保护政策中一直保持着开拓者的姿态，仅以法律制度而言，都长期走在其他国家的前列，早在2009年就出台了禁止进口海豹产品的相关法案，虽然这一法案仅从环境保护角度来看毫无争议，但是这一方案与欧盟的原住民政策产生了冲突，与北极原住民及当地居民的历史文化传统相违背，损害了北极国家的经济利益，使得该政策一出台就使欧盟遭到北极国家的反对。这一例子十分生动地说明了欧盟在各种价值导向的取舍中面临着一些不可逾越的矛盾，很多时候面临着“鱼和熊掌不可兼得”的困境。

由于欧盟的北极政策有如此之多的利益相关者，一方面，决定了欧盟在制定北极政策过程中需要深思熟虑，花费大量的时间去协调利益相关者的诉求，这样必然会降低北极政策出台的效率，大量的时间花费在争论、博弈和妥协上。同时各个利益相关者的价值观差异，也影响了欧盟把何种价值导向作为制定政策的主要指导思想。另一方面，政策进入执行阶段后，由于政策是对利益的分配方案，那么一个政策不可能满足众多利益相关者的全部诉求，就会导致利益没有得到满足的一方在执行过程中动力不足，有可能形成欧盟北极政策执行阻滞的局面。因此，欧盟众多的北极利益相关者决定了欧盟在制定北极政策和执行北极政策的过程中都会遇到重重阻力，进而影响欧盟在北极的利益实现。

3. 欧盟实现北极利益会遇到北极国家国内法的阻碍和限制

在“门罗主义”的导向影响下，北极国家一直把北极视为地区和国家事务，企图把北极资源变成由几国独占独享的“俱乐部资源”，极力阻止其他国家插手北极事务。为了实现这一目标，北极国家纷纷制定国内法，来宣示在北极的主权，以此加大在北极地区的实质性存在，加大对北极地区资源的实际控制能力。北极国家的国内法对欧盟参与北极事务和实现北极利益构成了巨大的阻碍。

以北极航道问题为例，北极航道一般分为东北航道和西北航道，分别由俄罗斯和加拿大两国把持。俄罗斯和加拿大把北极航道一直视为自己国家的内水，为了把持北极航道的实际控制权，先后出台了多部国内法律宣示主权。东北航道也称为“北方海航道”，大部分航段位于俄罗斯北部沿海的北冰洋离岸海域。从北欧出发，向东穿过北冰洋巴伦支海、喀拉海、拉普捷夫海、新西伯利亚海和楚科奇海五大海域直到白令海峡。在东北航道上，连接五大海域的海峡多达58个，其中最主要的有10个。从太平洋到欧洲，穿过这条东北航道比航行通过苏伊士运河能减少将近5 000千米的航程，因此它极具经济前景。

鉴于东北航道的重大战略意义，俄罗斯早在1991年颁布的《北方海航道海上航行规则》中，将该航道正式定义为位于俄罗斯内海、领海或者毗连俄罗斯北方沿海的专属经济区内的基本海运线。1996年俄罗斯连续发布了《北方海航道航行指南》《北方海航道破冰和领航指南规则》等文件。1998年又颁布了《俄罗斯联邦内海、领海和所属海域法》。同时，俄罗斯援引《联合国海洋法公约》第234条冰封区域的规定，宣称对东北航道拥有管辖权。该条款赋予沿海国单方面制定和执行非歧视性的法律，以及在其专属经济区内执行环保法规的权利。俄罗斯法律规定，所有船舶欲进入东北航道（包括俄罗斯200海里专属经济区内的所有区域）应提前提出申请，必须接受俄罗斯的领航和破冰服务，支付固定的航道使用费——常被称为“破冰费”。俄罗斯破冰船服务费很高，并且这些费用与实际提供的服务有时没有直接联系。例如，在夏季冰情较轻时，抗冰船可以不需护航而通过航道，但仍需支付全额费用。该收费体制是过境运输业务的一个主要障碍。俄罗斯还声称，位于俄罗斯北极群岛和大陆之间的这些海峡是俄罗斯内水。美、日、欧盟方面一直反对俄罗斯单方面控制这些水域，坚持这些海峡应被视为国际海峡，应开放过境通行。

地理位置优越、军事意义重大且蕴藏着丰富资源的西北航道，也一直都是各国争夺北极时志在必得的战略要地。长期以来，加拿大一直声称对这条航道拥有主权，认为该航道的一部分为加拿大内水，并不适用“无害通过”原则。加拿大在其北极战略文件中宣称：“正在坚定维持在北方地区的存在，有效保护和检测北极领土主权范围内的陆地、海洋和天空”。加拿大还制定了国内法规，要求所有船只只要进入加拿大北极水域时，均须向加拿大海岸警卫队北方交通管理部门报告。

在北极航道的利用问题上，欧盟与美国、中国、日本等贸易大国的利益是一致的，强调北极航道应当用于国际航行的海峡，应适用过境通行制度，反对沿岸国单方面控制航道水域。但是在这方面，目前俄罗斯和加拿大两国的国内法对北极航道的利用构成了巨大的威胁，为欧盟成员国利用航道发展国际贸易，实现其在北极的利益设置了障碍。

三、欧盟北极政策的原则和内容

最近几年的北极和全球气候变化是促使欧盟关注北极最直接的动因，而北极气候的变化直接关乎全球的气候变化，直接导致北极国家以及北极利益攸关方为争夺北极的能源、渔业、航运、军事资源等开展地缘政治的大博弈。从欧盟开始关注北极事务到出台相关文件，欧盟的北极政策形成经历了一段过程：2008 年 11 月，欧盟委员会通过了《欧盟与北极地区》政策文件，2009 年 12 月，欧洲理事会通过《北极问题决议》，2012 年 7 月，欧盟委员会、欧盟外交和安全政策高级代表向欧洲议会和欧洲理事会提交了《发展中的欧盟北极政策：2008 年以来的进展和未来的行动步骤》的纲领性文件，这三个文件基本上勾勒出欧盟北极政策的基本框架。

（一）欧盟北极政策的基本原则

欧盟虽然在北极问题上连续几年发布官方文件，但是它在北极问题上要达成的基本目标保持相对稳定。欧盟北极政策上的三个目标是欧盟实现其北极利益的基本前提，欧盟的北极政策体系都是围绕着基本目标来安排的。

1. 积极提供北极治理需要的国际公共产品

从欧盟 2012 年发布的北极战略文件可以看出，欧盟政治机构更为强调从“知识、责任与参与”三个层面进行政策阐释。具体来看，“知识”是指欧盟必须对北极加深认识和了解，增强北极方面的科学技术积累；“责任”则强调了欧盟为北极治理提供公共产品的定位，二者合起来的目的就是“参与”，即打通欧盟参与北极治理、进而实现北极利益的通道。因此，无论是北极方面的知识增长还是北极治理的制度性建设，都是北极治理中不可或缺的“全球公共产品”，作为北极治理所需的公共产品提供者，是欧盟对自身的一个定位，是欧盟北极战略文件提出的“知识”与“参与”维度的要求。

全球公共产品可以带来排他性和非竞争性的收益，一旦提供，所有国家都有机会享有全球公共产品；而且任何国家都不可以影响其他国家享用机会。因此，各国普遍对全球公共产品抱有期待。作为全球治理一部分的北极治理，在本质上是为北极提供一种合理的制度安排。一种良性的制度安排是北极实现“善治”的关键所在。

由于国际制度是一种公共产品，在“集体行动的逻辑”的支配下，在国家政治经济舞台上活动的主权国家具有与日常经济人相同的行为动机，会产生“搭便车”的行为。如果所有国家都试图采取“搭便车”的行为，那么具备国际公共产品属性的国际制度将无法得到及时有效的供给。激励欧盟给自己定位为国际公共物品提供者的原因主要有以下两个方面。

第一，从新制度主义的视角来看，新的制度安排能够有效降低国家间的交易成本。我们认为，在全球治理的语境中，国家间的交易成本指为了防止国家间的机会主义行为而发生的成本。试想在一个没有任何制度规范的国际环境中，各个国家为了争夺各自的国家利益可以根据当时复杂多变的国际环境采取任何投机取巧的行动，这种行动就是新制度经济学中的“机会主义行为”。一国在对另一国的行为缺乏准确预期的情况下，为了防止他国的机会主义行为，该国就需要进行一定的投入，包括说服、诱导和强制，这些投入产生的成本就是全球治理中的国家交易成本。而在国际事务中，如果这些国家“交易”缺乏一定具有普遍约束力的制度，那么国家间的交易成本就会因机会主义行为而大大增加。在这种情况下，一国为了降低高昂的交易成本，就产生了创设一个双边或多边的约束性安排来降低交易费用的动力，而且交易成本越高，国家选择一种更加有约束性的安排的可能性就越大。当一国创设一项新的制度带来的收益超过新制度产生的成本，或者旧制度安排的成本高于新制度安排的成本时，制度供给就会发生[①]。

第二，从现实主义的角度来看，一国主动进行制度供给有机会获得国际制度溢价。所谓国际制度溢价，是指主权国家通过创设出更有利于自身利益的国际制度而获取的额外的制度红利。例如，在20世纪，发达资本主义国家凭借自身的殖民者地位与殖民地国家签署的各种不平等条约，由此攫取了殖民地大量的资源而获得的利益，就可以看成获取制度溢价的现实表现。由于国际制度是一种对当下利益的分配机制，而这种分配中的公平往往是相对的而非绝对的。在全球治理中，一些综合国力更强的国家，通常也具备更强的制度供给能力，可以凭借其自身政治经济的优势地位，在参与制度供给的过程中掌握话语主导权，使新的制度朝着更有利于自身的方向发展。而这种“不平等”的国际制度一旦产生，将会在一段时期内对制度供给方产生持续的制度溢价。这种额外的制度红利是促成主权国家进行制度供给的重要动力来源。

综上所述，管理北极事务的过程是一个“治理”的过程，北极治理是全球治理的一个方面，其核心就是为北极提供一套合理的具有普遍约束力的制度安排。由于进行制度供给具有降低国家间交易成本和获取国际制度溢价的激励，欧盟具有足够的动力成为北极治理中公共产品的提供者。

2. 积极促进多边合作治理北极，为参与北极治理创造条件

根据以上分析，欧盟具有为北极治理提供国际公共产品的动力意愿和角色定位，但是这一目标的实现需要一定的外部条件支撑。在当前北极治理的环境下，“门罗主义”盛行，北极国家极力排斥其他利益相关者参与北极事务，阻碍北极多边治理局面的形成，维护自身独霸北极的局面。在这样的局面下，欧盟要想积极供给北极治

① 科斯 R H，浩思 D C. 财产权利与制度变迁：产权学派与新制度学派译文集 . 陈昕，刘守英译 . 上海：上海三联书店，1994：43.

理相关的公共产品，自然是困难重重。因此，为了让欧盟实现为北极供给国际公共产品的目标和定位，努力松动当前北极国家独霸北极的局面，促进北极多边合作治理是欧盟北极政策目标中的应有之义。

从本质上来说，对北极事务的管理是一个“治理”的过程，而且北极治理应当是全球治理不可或缺的一部分。全球治理指的是通过具有约束力的国际规制和有效的国际合作，解决全球性的政治、经济、生态和安全问题，以维持正常的国际政治经济秩序[①]。北极蕴藏丰富的自然资源，具有潜在的政治、经济、社会等各方面价值，而且北极作为全球气候变暖的“晴雨表”还与全人类的共同命运息息相关，因此北极问题不仅是地区问题，而且涉及诸多全球公共利益的问题。对北极进行有效治理，不仅要有各国政府和国际组织的参与，而且还需要私人公司、公司联合体和非政府组织的有效合作，同时还要借助具有普遍约束力的国际制度来规范各个主体的行为。因此，对北极事务的管理过程是一个“治理”的过程，北极治理已经成为全球治理体系中的一个不可或缺的组成部分。

欧盟为了重建北极治理秩序，主张在国际法框架下对北极进行治理，而非依据俄罗斯、加拿大等北极国家的国内法对北极航道、渔业、油气等资源进行管理。同时，欧盟害怕北极国家内部对于北极资源的争夺会带来地区不稳定。因此，欧盟以《联合国海洋法公约》为基础，确保北极的安全稳定和可持续发展并承认北极理事会是当下对北极进行有效治理的首选机构。当前，欧盟为获得北极理事会正式观察员资格所做出不懈努力，意味着它迫切希望进一步强化与北极理事会以及北极国家的合作，希望在北极理事会限定的框架下清晰地了解美国、加拿大、俄罗斯等北极国家的具体关切以及当前北极治理存在的困境。尽管北极理事会的正式观察员资格并没有实质性的决策投票权，但是它为欧盟提供了一个有效参与北极治理、加深多边双边合作的机会，同时欧盟可以利用自身在全球及区域治理机制制度建设上的优势，推动北极治理朝着多边治理的局面发展。

3. 尊重和保障北极原住民及当地居民的权利

不同于荒无人烟的南极，北极这片广袤的土地虽然冰雪肆虐，却依然是上百万原住民休养生息的家园。北极地区生活着 20 多个原住民族，最早在北极地区居住的是因纽特人，除此之外还有萨米人、科米人、雅库特人、鄂温人、多尔干人、恩加纳桑人、恩特西人、南特西人等[②]。长久以来，北极原住民一直依循着传统生活方式。20 世纪后，加拿大政府在这些地区通过提供基本医疗设施、建立学校的方式，逐渐延展国家的触角。原住民也开始学习英语，自身的风俗和传统则只通过家庭与口述的方式传承。近年来，随着北极开发步伐的加快，越来越多的外来人涌入北部地区。在获得更多自主权的同时，很多原住民也放弃了渔猎，专门加工毛皮向外界换取工业品。相比来说，原住民人口呈现出快速增长和结构年轻化的趋势，但收入水平依

① 俞可平 . 全球治理的趋势及我国的战略选择 . 国外理论动态 .2012，(10)：7–10.

② 潘敏 . 北极原住民研究 . 北京：时事出版社，2012：39.

然低于南部地区的非原住民。

根据《渥太华宣言》的规定，目前在北极理事会中，有六个组织有资格代表北极地区原住民，并作为永久参与方参与理事会的各项工作。这意味着北极原住民在北极经济开发活动中具有非常重要的地位，即任何在北极的经济开发活动都必须经过当地人的支持，任何经济开发活动都需要吸收当地人的参与，并且有利于他们的福祉。

欧盟早在2008年发布的《欧盟与北极地区》政策文件中就指出，居住在北极地区的400万人口中约有1/3是原住民，他们在气候变化和全球化压力不断上升的情况下特别脆弱。但是，在原住民问题上，欧盟的政策似乎受到一定的质疑。欧盟一直把环境保护当做对原住民以及当地居民的支持方式，在此基础上来谈保护人权。如前所述，欧盟一直宣称把维护北极地区原住民和居民的权利作为欧盟北极政策的核心之一，因此，欧盟原住民政策的基本逻辑是，由于当下全球气候异常，北极气候也发生着急剧变化，在北极原住民的传统生活中占据重要地位的鲸和海豹在气候变化的影响下生存受到威胁，由此影响到了在北极地区生活了千百年的原住民的生活方式和文化传统。因此，欧盟提出对鲸和海豹等的捕杀要实现严格的管理，在不影响原住民基本经济和社会利益的条件下，禁止海豹产品在欧盟市场销售、进口、过境和出口，并且在2009批准通过了禁止海豹产品进口的法案。但是欧盟这一政策没有充分考虑到北极原住民的文化传统和生活方式，离开北极原住民生活的现代化而空谈保护环境，脱离了最基本的物质基础。欧盟还强调为了实现北极地区和原住民的和谐，应当加强对北极环境和气候变化的研究、监测和评估，并让北极原住民加入各种致力于环境保护的组织中，为北极环境保护作贡献。这样一来，原本是北极气候变化受害者的北极原住民不仅其原本的生活方式受到了欧盟政策影响，而且还要承担更多的环境保护的责任，无疑是不合理的。

（二）欧盟北极政策的具体内容

2008年11月20日，欧盟委员会出台《欧盟与北极地区》，第一次全面阐述了欧盟地区的北极政策。该文件系统论述了欧盟北极政策设想的三个目标：保护北极地区及其居民利益、北极资源的可持续开发利用、增强北极多边治理。这也成为欧盟北极政策的基本原则。而且，针对这三方面的政策目标，欧盟分别就其中的关键因素以列举的方式提出了47项行动建议。这47项行动建议主要集中在应对气候变化、北极环境的保护、北极科研的投入以及地区经济发展四个方面。

目前，欧盟参与北极地区的47项行动建议都取得了积极进展。应欧盟理事会的要求，欧盟委员会在2012年全面检讨了2008年以来的北极政策以及各项具体行动进展，在此基础之上推出了《发展中的欧盟北极政策：2008年以来的进展和未来的行动步骤》，更加详细地规划了欧盟未来的北极行动来推动欧盟更深程度地参与北极事务。

《发展中的欧盟北极政策：2008年以来的进展和未来的行动步骤》的核心集中在

文件的第二部分。相对于 2008 年 11 月出台的《欧盟与北极地区》政策文件，该文件采取更加广泛的视角，更加详细具体地提出了未来的北极行动建议。文件用“知识”、“责任”和“参与”三个词语全面概括了三个重要方向的行动计划。

1. 知识

欧盟认为，面对全球气候变暖，需要全面科学的知识体系来预测北极环境变化的广度和深度。同时，实现北极地区可持续发展的目标，也要求持续不断地对人类的活动如何影响北极脆弱生态环境进行监测和评估。因此，欧盟提出利用知识来加深对北极的了解的目标。为此，提出了三个方面的动议。

（1）提升专业知识，推动环境对话，增强北极环境保护的力度。文件提出，欧盟将与其他伙伴一起应对气候变化、保护北极环境以及改善科学知识体系来应对出现的挑战，并且承诺致力于达成建立一个具有法律约束力的全球体制来监控汞的循环利用（汞的循环利用对北极环境具有至关重要的影响）。

（2）通过科学研究应对未来的挑战。文件提出，根据欧盟最新的科研创新战略“创新联盟”和“2020 地平线”，欧盟委员会把科研精力集中在应对欧盟所面临的挑战上，包括气候变化、能源短缺等。这些科研所取得的成果将指导未来的政策制定。其中，“2020 地平线”战略提议资助 800 亿欧元来加深科研的力度，为欧盟未来的经济政治决策提供科学的研究成果支持。为了更好地开展科学研究，欧盟将会与活跃在北极舞台上的国家积极合作，展开多方面的北极跨学科研究，合作建设北极研究基础设施，等等。文件指出，这样的合作会使得北极研究效率更高，成果更加广泛。在科学研究的同时，还应对北极挑战带来的经济与社会影响给予应有的重视。例如，气候和环境变化以及这些变化对当地居民和经济活动的影响。

（3）掌控信息。掌控现存的信息，使得政治决策者全面了解北极动态，这样，相关的北极政策将更加具有合理性，北极地区的发展将会更具有可持续性，欧盟的北极政策将会更加富有责任性。为此，文件提出以下具体的行动建议：① 欧盟委员会将继续致力于促进与北极国家和对北极感兴趣的国家之间的信息共享，以支持北极政策的选择。这些信息包括地面监测和观察、科学研究数据、卫星遥感信息等；② 欧盟委员会将进行一项前期性的科学行动（已经获得 100 万欧元的预算支持），对经济发展对北极地区的影响进行战略评估；③ 欧盟继续与北极国家合作提高监测和观察能力，主要包括卫星技术的应用，这将会得益于 Galileo 卫星导航系统的支持与帮助，同时，欧盟将会与其成员国一道在 2020 年之前完成环欧洲海洋海底的测绘，以方便北极航道的探索；④ 欧盟将参与“环境保护信息共享倡议”行动，提升国际社会参与北极环境保护的协调能力。

2. 责任

文件指出，不论是从地缘和经济方面来看，还是从其他方面观之，欧盟与北极都具有十分密切的联系，欧盟还是北极地区货物的主要出口地。面临环境变化，北极地区给欧盟既提供了机会，也提出了挑战，紧跟机会的是欧盟的责任。欧盟认为，应该在未来的各项行动中采取更加负责任的态度，为北极的发展和环境的保护做出自己的贡献。为此，文件提出以下行动计划。

（1）承诺资助北极的可持续发展。欧盟在2008年的《欧盟与北极地区》的文件中提出，北极资源的可持续开发利用是其三大目标之一。总体上，最近几年，欧盟此类资助项目有了相当数量的增加，并且资助范围不仅仅涵盖欧盟成员国，而且也扩大到挪威、冰岛以及俄罗斯等国。文件提出了三项具体建议：①加强各种资助项目，加深这些项目之间的彼此联系，这其中包括欧洲地区发展基金会、欧洲社会发展基金会、欧洲农业基金会等，欧盟将会对北极可持续发展做出积极的影响，以利于维护地方社区和土著居民的利益。② 作为“北部地区环保伙伴基金会”的最大资助方，欧盟承诺继续支持该基金会，以推动巴伦支海地区的环境保护和核废料清理工作。③ 未来合作与资助方向应该有所扩大，应该允许更多的北极利益相关方参与，以使得欧盟的资助效果最大化。

（2）推动北极资源的可持续利用和管理。文件指出，保证北极的资源必须以可持续的方式进行开采和利用，保证不能以牺牲北极环境为代价来促进发展，这是欧盟和北极国家共同的目标。为了推动北极资源的可持续利用和管理，文件列举和提议了多种行动计划，包括：① 考虑到北极地区能源勘探与开采活动的增加，欧盟将会与北极国家、其他私人部门一道推动开发环境友好型、风险较低型的技术来开采北极的资源。② 欧盟将与格陵兰岛加深合作关系，在保护格陵兰岛环境的同时，推动该地区经济发展的可持续性以及多样性。③ 鉴于北极航道的开通，欧盟将与其他伙伴一起推动国际海事组织制定北极航道规则（polar code）。④ 北极航道的开通，可能导致更多的海上船舶事故，船舶事故又会对北极会产生重要影响，为此，欧盟将与欧洲海事安全局一道支持北极理事会在事故应急、预防和反应方面的工作。⑤ 作为主要的能源消费集团，欧盟对北极国家的能源政策十分关注。欧盟将继续与能源供应国加拿大、挪威、俄罗斯、美国和其他相关方建设和保持长期稳定的合作关系。⑥ 文件指出，北极地区所捕捞的三分之一的鱼类都售往欧盟市场，这个数字还有可能继续提升。为此，为保证欧盟鱼类资源的供应以及北极渔业生态系统的可持续性，欧盟在尊重沿海相关利益方的利益同时，支持利用新的超声波技术探索新的渔场资源。⑦ 欧盟继续探索具有创新性的经济活动，如进一步发展具有可持续性的生态旅游业。

3. 参与

北极事务既具有地区性事务，又具有全球性事务。欧盟认为，不论从哪个方面来看，北极事务的治理将不能缺少欧盟或者其成员国的参与，它将与其成员国、其他五个非欧盟北极国家和北极土著居民展开密切合作。

欧盟认为，目前已经存在一系列的国际条约或者协议适用于北极地区，包括1982年的《联合国海洋法公约》。其中，它坚持1982年的《联合国海洋法公约》是未来北极事务治理的核心法律制度。文件提出，推动北极地区的国际合作和维护北极地区的和平稳定符合欧盟的核心利益。

文件指出，北极理事会是北极地区最主要的国际合作论坛。当今，欧盟是其特别观察员，并且已经申请希望成为其正式观察员。欧盟坚持认为，正式观察员将会使得欧盟更加深刻地理解北极八国的关切，深化欧盟对北极事务的参与。为此，文件提出一系列“参与”行动计划。

（1）在双边层次上，欧盟将会提升与加拿大、挪威、俄罗斯和美国的合作水平。

（2）加快冰岛加入欧盟的谈判进程。冰岛加入欧盟，将会为欧盟参与北极事务提供进一步的方便，有助于解决共同关切的问题。

（3）充分考虑北极地区土著居民的观点和要求。欧盟保证未来政策的制定将充分咨询北极地区土著居民的意见，给予他们充分的机会来表达其关切。为此，欧盟承诺将与土著居民建立定期性的对话机制。

（4）欧盟将继续在北极问题的相关国际合作协商框架内发挥作用，同时坚持认为这样的工作必须在国际组织的规定之内，如联合国、北极理事会和国际海事组织等。

（5）欧盟将与其他伙伴一起继续评估海洋环境状态。

（6）欧盟将会与相关非政府组织加强合作关系。

（三）对欧盟北极政策的简评

第一，欧盟北极政策表现出连续性。欧盟新北极政策是在全面审查《欧盟与北极地区》以及各项具体行动的基础之上出台的新纲领。与 2008 年的首个北极战略一样，其最终目标都是为了维护欧盟在北极地区的战略利益、经济利益与环境利益。新文件所提出的行动建议更加具体，更具有针对性，它是在 2008 年文件中的 47 项建议审查的基础上提出的。

第二，欧盟新北极政策的重心更加突出，那就是北极环境保护及可持续发展。在国际社会中，欧盟一直是国际环境保护的积极推动者和切身实践者。环境保护和可持续发展可以被视为一枚硬币的两面。欧盟认为，其北极利益主要表现为战略利益、经济利益与环境利益。在整个文件中的言辞间所关注的重心就是北极环境保护及可持续发展，它所强调的“知识”、“责任”以及所提出的行动建议，都在紧紧地围绕着环境保护及可持续发展这两个重心。

第三，欧盟北极政策着重强调了欧盟的“责任”。欧盟强调，北极环境变化为欧盟带来了发展机遇，但紧跟机遇的是欧盟的责任。 对“责任”的强调是该文件的一个亮点。欧盟提出资助环境保护的科研项目，资助北极地区的经济可持续发展，提出各种具体的行动建议，一方面可以被视为符合欧盟地区的环境利益，另一方面也切实地表现出欧盟在面对全球气候变化以及未来北极经济发展前景时所采取的负责任态度。

第四，欧盟关于北极多边治理的态度明确。欧盟认为，保持北极地区的国际合作与地区稳定符合欧盟的核心利益。文件提出，目前，虽然已经有一系列国际多边条约或者协议适用于北极地区，但 1982 年的《联合国海洋法公约》应该是未来北冰洋国际管理的核心基础（a key basis for the management of the Arctic ocean）。同时，欧盟承认北极理事会是北极地区国际合作的主要论坛（the primary forum），目前，欧盟对北极理事会正式观察员身份的积极争取，也从另一个侧面反映了欧盟希望有更多的机会直接了解北极理事会成员国的关切，进一步完善欧盟参与北极事务的渠道。

四、欧盟的北极政策对中国的启示和借鉴价值

欧盟的北极政策由一系列的连续政策构成，2008 年和 2012 年出台的文件是欧盟北极政策的两个主要的总结性政策文本，尽管它们不是最终的政策性文本，却是整个欧盟北极政策的核心组成部分。欧盟的北极政策特色鲜明、重点突出，虽然历经的时间跨度长，但具有较强的连贯性和执行力，对中国北极政策的制定具有重要的启发作用和借鉴价值。

第一，树立大国在北极事务中负责任的形象，从全球公共利益角度循序渐进地参与北极治理。中国在北极问题上不能只谈中国对北极的需要，而要学会转换角度，重点强调北极治理对中国的需要。正如上文所分析的，欧盟参与北极治理存在劣势，也遇到了明显的阻力。然而，欧盟在北极议题上一直凸显自身人道主义和环保主义的国际形象，将自身准确定位为环境保护者、经费支持者、多边合作倡导者、经济活动主体等公益性角色，对其有效参与北极事务起到了重要的帮助作用。回顾欧盟出台北极政策的历程，欧盟在正式出台政策前首先发表了《关于气候变化和国际安全的报告》，以环境问题为切入点，为后续参与北极事务奠定了合理性基础。欧盟在 2012 年政策中的关键词“责任”就是在谈北极问题对欧盟的依赖，树立欧盟勇于承担责任的良好形象，占据道德的制高点。中国可以借鉴这一做法，在正式出台北极政策之前，可以先以气候变暖、海平面上升为切入点出台相关研究报告，以科学调研所获的事实依据为支撑，争取在北极问题上的话语权，塑造负责任的大国形象。中国不仅在北极地区的科研与经济发展上可以大有作为，也应该积极寻求向国际社会公开中国北极立场的机会，避免国际社会对中国的不良揣度和消极言论，为其制定正式的北极政策埋下合理性伏笔。此外，相较于欧盟，中国与北极的联系要薄弱一些，环境保护者、多边合作倡导者等角色定位可以帮助中国塑造良好的国际形象，减少环北极国家的排斥感。

第二，努力提升北极科技水平，善于获取部分北极国家的支持。欧盟北极政策一个明显的核心领域就是科研，欧盟在北极的科研活动有大量的资金支撑，不仅有专门的极地卫星监控北极环境变化，更在航道运输、渔业等领域进行了大量的实用性科学技术研发。中国对北极关注起步较晚，2004 年才成立第一个北极考察站，因此，不论是在北极科研现有的知识和技术储备方面，还是在争取国际合作项目上，中国都处于劣势。中国国家海洋局极地考察办公室前主任曲探宙曾说过：“参与北极事务要选准切入点，不能纸上谈兵，当务之急就是北极科考，获取北极的一手资料”。由此可见，中国首先可以进行的就是加强北极基础研究，同时也要注意围绕北

极航道开通带来的机遇开展相关研发。中国幅员辽阔，在青藏高原等冻土地带可以找到与北极资源开发所面临的近似环境，这不仅可以为中国进行北极相关应用技术的研发提供有利条件，也意味着中国在北极的相关科技成果具有运用于青藏高原等极端环境地带的可能性。欧盟 2012 年的政策用“知识”这一关键词来展示欧盟将通过各种具体的行动获取北极的知识，加深对北极的认知。欧盟在推行环境保护上一直走在世界前沿，如果欧盟推行的环境保护成为一种国际标准，那么中国这样的发展中国家也将被置于被动的地位。因此，中国必须在科研、环保、气候变化等领域积极作为，提早准备，通过多领域、多渠道推动环境保护进程。中国可以充分利用现有的科技平台，如北斗导航系统，加强对北极地区的环境监测。

目前，在环北极国家中，俄罗斯和加拿大等大国对中国态度较为保守，而诸如挪威、冰岛等小国却持有相对积极的态度。欧盟为了获得这些国家的支持，对它们提供了大量援助项目，不仅包括直接设立项目，也包括间接的资金和技术支撑。中国可以效仿这一做法，在可以承受的范围内提供相应的科研、经济或原住民人道主义援助项目支持，一方面可以争取更多国家的支持，另一方面也可以为中国后续进一步深入北极议题积蓄知识储备。中国要在国际社会中积极寻找朋友，而非人为地制造对手，要更多地去发现和利用机遇，积极寻求与其他国家的相似立场，维护自身利益，实现互利共赢。

第三，加强与北极治理中各利益相关方的合作，构建有利于参与北极治理的外部环境。中国或许无法拥有环北极国家的地缘优势，但可以通过经济杠杆发挥作用，加强与环北极国家的贸易合作，从间接渠道获取北极活动的影响力。中国可以充分发挥与俄罗斯的邻国优势，与俄罗斯就石油和天然气领域开展更深层次的合作，在北极油气资源部署上先设一“子”，为今后北极国际博弈“棋局”取得优势地位先发制人。此外，北极地区原住民具有重要的影响力，欧盟 2008 年政策的首要目标就是以保护原住民和社区为出发点，中国也应当重视原住民的影响力，加强与原住民的沟通，以人权保护和援助项目为切入点，获取多方支持。

参考文献

丁煌 .2013. 极地国家政策研究报告（2012—2013）. 北京：科学出版社 .

丁煌 .2014. 极地国家政策研究报告（2013—2014）. 北京：科学出版社 .

房乐宪 .2010. 欧盟能源新战略的核心内涵及其启示意义 . 当代世界，（7）：47-49.

科斯 R H，浩思 D C.1994. 财产权利与制度变迁：产权学派与新制度学派译文集 . 陈昕，刘守英译 . 上海：上海三联书店 .

潘敏 .2012. 北极原住民研究 . 北京：时事出版社 .

唐国强 .2013. 北极问题与中国的政策 . 国际问题研究，（1）：15-25.

杨剑 .2013. 北极航道：欧盟的政策目标和外交实践 . 太平洋学报，（3）：41-50.

俞可平 .2013. 全球治理的趋势及我国的战略选择 . 国外理论动态 .（10）：7-10.

下 编

南 极 篇

中国实现极地国家利益的国际经验借鉴

研究报告 10

美国实现南极国家利益的经验借鉴①

【摘要】 美国在南极拥有广泛的政治利益、科研利益、经济利益和环境利益，这些国家利益是探究其南极政策的根本。具体来说：政治利益主要体现在确保以《南极条约》为核心的南极条约体系在南极治理中的权威性，并主导南极条约体系的发展方向，以维护南极地区的和平与稳定，避免使之成为国际纷争的对象，进而维护美国在全球事务中的领导地位；科研利益在于通过科学研究，单独或者国际合作，增强对南极自然生态系统和全球其他物理或环境系统的认知，进而服务于美国在南极地区的其他国家利益；经济利益主要体现在南极地区丰富的能源矿产资源、渔业资源和旅游资源等对美国所蕴含的经济价值；环境利益体现在维护南极地区较为原始的自然生态环境，避免使之受到各类资源开发和其他人类活动的破坏。

美国在南极的国家利益不是在真空中实现的，而是受到国内外一系列因素的影响，这些影响因素即是本研究报告关注的优势和劣势。国内因素方面：其一，美国强大的南极科研能力是实现美国南极国家利益的重要保障，但是美国南极项目缺乏详细的资金预算，基础科学研究和基础设施、后勤支持的资金比例分配不合理，较为陈旧的科考站基础设施将对美国南极科研带来制约。其二，美国已经建立了分工较为清晰、职能较为明确的南极事务主管和协调机制，成为实现其南极国家利益的重要制度保障。简单地说，美国南极事务管理机制以美国国家科学基金会为核心，国防部、国土安全部、国务院、内政部等参与其中或提供支持。其三，与北极事务相比，南极事务和议题已经在美国国内获得了较强的认知和共识，使得南极事务议题在诸多国内外事务议题中受到关注和重视，有助于获取充足的财政预算等资源。国际因素方面：其一，美国作为《南极条约》的原始缔

① 作者简介：丁煌，男，武汉大学“珞珈学者”特聘教授、政治与公共管理学院院长、公共政策研究中心主任、公共管理与国际法双学科博士生导师；赵宁宁，男，法学博士、公共管理博士后、武汉大学中国边界与海洋研究院暨国家领土主权与海洋权益协同创新中心研究人员。吴军，男，武汉大学中国边界与海洋研究院博士研究生暨国家领土主权与海洋权益协同创新中心研究人员。

约国，虽然在表面上与其他协商国拥有相同的表决权，但五十多年来美国积累了处理南极事务的丰富经验，拥有了处理南极事务的强大能力；其二，南极条约体系是在美国主导和引领下逐渐发展起来的，已经成为美国实现南极国家利益的重要制度工具，而当前国际社会对南极条约体系的认可程度已经根深蒂固，其合法性在很大程度上已经得到国际社会的认可。

美国为实现在南极地区的国家利益采取了一系列举措。其一，在国内积极完善南极事项的立法工作，相继通过了《南极保存法》（1978 年）、《南极海洋生物资源养护法》（1984 年）和《南极科学、旅游及保护法》（1996 年）；其二，加强在南极地区的实质性存在，主要包括建立南极特别保护区和特别管理区；其三，推动南极条约体系积极面对新的挑战，主要包括应对南极地区大陆架划界和南极旅游管理问题。

中国是南极事务的后来者，但中国在南极地区依然拥有重要的政治利益、经济利益、科研利益和环境利益。南极地区的国家利益已经成为中国总体国家利益的重要组成部分，南极政策也逐渐受到中国领导人的关注和重视。作为首屈一指的南极事务大国，美国维护其南极国家利益的举措对中国参与南极事务提供了有益借鉴，主要包括：维护南极条约体系的稳定性，放弃“搭便车”的行为方式，积极推动南极条约体系应对新挑战；加强在南极地区的实质性存在，包括建立科学考察站、设立南极特别保护区和特别管理区、参加南极条约体系的各种会议并提交相关工作文件或信息文件；完善国内南极事项立法工作和建立南极事务多部门协调机制。

【关键词】 美国　南极政策　国家利益　南极条约体系　经验借鉴

南极处于地球最南端，由陆地和周围海域两部分组成。地理意义上的南极是指南极圈（南纬 66.5°）以南的区域；而国际法意义上的南极，主要是指《南极条约》的法律适用范围，也就是指南纬 60° 以南的区域，包括南极大陆、岛屿以及周围海域，总面积约为 5 200 万平方千米。南极因其特殊的地理位置、独特的生态环境和丰富的生物和矿产资源，较早地受到国际社会的关注。美国是较早开展南极科学考察的国家，其在南极的探险活动几乎与美国建国同步，活动范围也最为广泛[①]，因而成为当前在南极事务中最有影响力的国家之一，被称为“国际南极政策的建筑师”。本研究报告将重点评述美国实现南极国家利益的经验借鉴。具体来说，本研究报告将分为四个部分：①美国在南极地区的国家利益；②美国实现南极国家利益的优劣势分析；③美国为实现南极国家利益的举措；④美国南极政策对中国实现南极国家利益的经验借鉴。

① 陈力．美国的南极政策与法律．美国研究，2013，（1）：67.

一、美国在南极地区的国家利益

美国在南极地区拥有广泛的国家利益，这些利益是其整体国家利益的重要组成部分，美国政府也曾多次通过发布声明或南极政策文件等方式表明其在南极地区的国家利益及政策目标。《南极条约》签订前，美国在南极的利益及其政策目标主要集中在两点：拒绝承认其他国家对南极大陆的主权要求；公开或私下地坚持美国在南极地区的某些权利，包括对南极大陆声索主权的权利。《南极条约》签订后，美国南极政策的目标有所调整并且表现出极大的连续性和一致性。当然，由于每届政府面临的政治和经济环境不同，其南极政策的重心因而也有调整。例如，1965 年约翰逊政府强调“在保护南极独特的动植物资源之时，希望南极的和平利用能带来每个国家所需求和能利用的资源”。在 1973~1974 年石油危机的促动下，美国官方开始强调“美国公司拥有勘探与开采南极任何区域（特别保护区以外）资源的‘非歧视性机会’的重要性”[①]。

当前，以《南极条约》为核心的南极条约体系已经成为美国在南极活动所必须遵守、依赖或者利用的制度框架。为此，本研究报告紧密结合南极条约体系，重点探究《南极条约》签订后美国在南极地区的利益追求。根据美国政府相关文件，本研究报告把美国在南极地区的国家利益分为政治利益、科研利益、经济利益和环境利益。

（一）政治利益

美国在南极的政治利益主要体现在：确保以《南极条约》为核心的南极条约体系在南极治理中的权威性，并且主导南极条约体系的发展方向，以维护南极地区的和平与稳定，避免使之成为国际纷争的对象，进而维护美国在全球事务中的领导地位。

美国是《南极条约》签订的主导力量，而维护南极地区的和平与稳定是其主导签署条约的根本原因。18 世纪，英国库克船长完成环南极航行后，国际社会对南极的关注日益增强。英国、法国、挪威等国家通过探险活动等方式，利用国际法上的先占原则或扇形原则等理论，纷纷对南极大陆提出了主权要求。1908 年，英国率先对南极大陆提出主权要求，随后法国、新西兰、澳大利亚、阿根廷、智利、挪威六国也提出各自的主权要求。这七个国家提出的主权要求面积占据南极大陆的 83%，其中英国、阿根廷和智利三国的诉求存在重叠之处（表 1）。

表 1　七国南极主权领土要求

国家	提出年份	要求范围	提出形式
英国	1908、1917	东经 20°～东经 80°	皇家专利证
新西兰	1923	西经 150°～东经 169°	英国转让
澳大利亚	1933	东经 45°～东经 136° 及东经 142°～东经 160°	英国转让

① Klotz F G.America on the Ice：Antarctic Policy Issues.Washington D.C.：National Defense University Press，1990：130-132.

续表

国家	提出年份	要求范围	提出形式
法国	1924、1938	东经 136°~ 东经 142°	总统颁布法令
挪威	1928、1931、1939	西经 20°~ 东经 45°	国王声明
智利	1940	西经 53°~ 西经 90°	总统签署法令
阿根廷	1925、1927、1937、1941、1946	西经 25°~ 西经 74°	政府法令

资料来源：李升贵，潘敏．南极政策单极化趋势——以美国南极政策为中心的考察．海洋开发与管理，2009，(1)：76

尽管在此期间，美国探险家也在南极地区进行了卓有成效的探险活动，但是美国政府却一直没有发表或者提出相关主权声明，并且始终坚持认为英国等七国对南极大陆的主权要求是无效的。进入冷战期间，在美苏全球冷战和对抗的背景下，围绕南极主权归属的国际纷争更趋复杂，有迹象表明，南极极有可能成为苏联等国的核武器试验场及核垃圾的倾倒场，进而有可能导致军事人员的卷入，使得南极地区成为各国纷争的场所（object of discord）[①]。因此，各国认识到订立一个南极国际协定的需求已经迫在眉睫，而第三次国际地球物理年（International Geophysical Year，IGY）活动为此提供了谈判条件。1957~1958 年国际地球物理年期间，来自 12 个国家的科学家进行了有效的科研合作，营造了良好的国际和平利用南极大陆的气氛，为《南极条约》的协商谈判提供了良好的环境[②]。以此为契机，美国向其他 11 个国家发出照会，建议举行国际会议，缔结一项关于南极的国际协议。美国的照会很快得到其他国家的回应，这 12 个国家于 1959 年 10 月 15 日在华盛顿正式召开会议，签订了影响深远的《南极条约》。

美国在《南极条约》各条款的谈判中发挥着关键作用。美国不仅是条约文本的支持者，更是条约条款的主要起草者（the principal architect）。为维护该地区的非军事化和无核化，美国需要《南极条约》，或者至少需要一个具有条约核心条款的强有力的国际协定。条约对美国利益的重要性可以通过如果条约失败将会发生的事件而得到了解。如果美国把其地位恢复到 20 世纪 40 年代和 50 年代的水平，在维护其利益上就必须解决巨大的领土主权和大量的外交问题[③]。美国总统艾森豪威尔及其政府认为，该条约文本能有效维护美国在南极地区的国家利益，因而推动美国在条约起草和谈判过程中承担领导角色[④]。在《南极条约》的框架下，美国非常审慎地确保不会丧失对南极大陆的伸张领域的权利[⑤]。条约中的主权冻结条款、和平利用条款以及科学合作条款，构成了南极条约体系形成和发展的基础。此后以《南极条约》为基础，南极条约协商国会议相继通过《保护南极动植物养护议定措施》（1964 年）、《南极海

① Berkman P A.Science into Policy：Global Lessons from Antarctic.New York：Academic Press，2002：63.

② Vicuno F O.Antarctic Resources Policy：Scientific，Legal and Political Issues.Cambridge：Cambridge Univers-ity Press，1983：18.

③ 沙普利 D. 第七大陆——资源时代的南极洲．张辉旭译．北京：中国环境科学出版社，1990：215-216.

④ Joyner C C.United States foreign policy interests in the Antarctic.The Polar Journal，2011，(1)：20.

⑤ 陈力．美国的南极政策与法律．美国研究，2013，(1)：68.

豹保护公约》（1972 年）、《南极海洋生物资源养护公约》（1980 年）、《关于环境保护的南极条约议定书》（1991 年）等，构成了南极条约体系。

当前，不断发展演变的南极条约体系成为美国维护和拓展其在南极地区其他类别国家利益的重要工具。因此，维护南极条约体系的权威性本身既是美国南极政策的首要目标，又是实现其他利益的重要基础。

（二）科研利益

南极地区是世界上少有的科学活动占主导的地区，并且其科研结果能与各国的政策制定和政治倡议相关联[①]。美国是南极科学考察与研究大国，无论是科学考察站、大型固定翼飞机和破冰船等硬实力，还是研究成果、人员素质、话语权等软实力，美国都处于世界领先地位。当前，美国在南极地区的科研利益在于：通过科学研究，单独或者通过国际合作，增强对南极自然生态系统和全球其他物理或环境系统的认知，进而服务于美国在南极地区的其他国家利益。

南极以其独特的地理位置、自然环境和生物资源成为众多科学研究不可多得的平台。以南极为平台开展的相关研究包括动植物研究、地壳变动、气候变化和宇宙观察研究等。这些研究对于探索地球的过去、现在和未来，帮助我们理解和应对当前所面临的各种全球性挑战具有重要意义[②]。尤其是，南极冰盖是过去全球气候环境变化最好的记录载体。南极大陆 95% 以上的陆地都被冰雪覆盖，东南极冰盖表面总体高于西南极冰盖，西南极冰盖表面起伏较大。东南极冰盖在近海岸数百千米宽度范围内表面高度迅速上升到海拔 2 500~3 000 米[③]。南极冰盖因其沉积连续、单位时间内沉淀量大、受到的干扰较少，保存了过去气候、环境变化高分辨率、连续的记录[④]。为此，从科学研究角度，美国在南极进行研究的目的有三：一是了解南极大陆基本情况以及南极生态系统；二是研究南极对全球气候变化的影响以及反应；三是以南极为平台，研究地球大气层以及太空环境。具体到学科来看，美国在南极涉及的学科领域共有天文学、大气科学、生物学、地球科学、环境科学、地质学、冰川学、海洋生物学、海洋学和地球物理学[⑤]。

以南极为载体进行科学考察和研究，更是美国实现其他国家利益的基础。美国在南极地区的科学研究具有更加深远的地缘政治影响。其一，美国通过科学考察，在南极点建立了阿蒙森-斯科特站，该站的选址极具政治内涵，因为南极点是其他主

---

① Dudeney J R, Walton D W H.Leadership in politics and science within the Antarctic Treaty.Polar Research, 2012,（31）: 1.

② 丁煌 . 极地国家政策研究报告（2012—2013）. 北京：科学出版社，2013：77.

③ 李文 . 南极冰盖与人类的关系 . 中国水产网，http://www.shuichan.com/news/200502/02/87324.html, 2005-02-02.

④ 康建成 . 南极冰雪圈与全球气候变化研究——冰盖与全球气候环境记录 . 自然杂志，2005,（6）：352.

⑤ 张忠霞 . 综述：美国南极考察走过半个世纪 .http://news.xinhuanet.com/world/2008-12/18/content_10525397.htm，2008-12-18.

权声索国家经线的交汇点，在该点建立考察站，便对七国的主权诉求产生无形的制约作用。其二，美国依靠强大的南极科学考察与研究实力，逐步挖掘南极的军事价值。虽然《南极条约》第1条第1款规定，“南极洲应仅适用于和平目的，在南极洲，应该特别禁止任何军事性措施，如建立军事基地和设防工事、举行军事演习以及实验任何类型的武器”，但是该条第2款又指出“本条约不阻止为科学研究或其他和平目的而使用军事人员或设备”，美国空军利用该条款的漏洞自1955年开始，利用大型空军运输机向南极洲的科考队伍提供后勤支持。但有资料显示，美国军方的这种做法，除支持国家科考活动外，更重要的是对部队进行恶劣气象条件下的训练，特别是随着美空军提出“全球到达、全球打击”的战略之后，这种飞越南极的活动就具有特别的意义[①]。其三，1988年的《南极矿产资源活动管理公约》遭到法国和澳大利亚的拒绝签署后，南极条约协商国会议于1991年通过《关于环境保护的南极条约议定书》，规定在未来50年内，禁止任何形式的南极矿产资源开发。该议定书的签署通过，只是缓解了20世纪八九十年代对南极资源开发的争论，而没有从根本上解决资源开发问题。为此，美国投入高强度的科学考察在该问题领域，将有助于更加精确地确定南极资源类别、分布和储量等。

科学考察与研究是美国在南极“积极而有影响存在的主要表现形式”，而基于此的科研利益是美国南极国家利益的重要组成部分。继续推动南极科学考察与研究，维护南极科考第一强国的地位，依然是未来美国南极政策的重要目标和实现美国其他类别国家利益的重要手段。

（三）经济利益

南极地区蕴藏着丰富的生物、旅游、油气和矿产资源，这些资源构成了美国在南极地区经济利益的基础。无论在《南极条约》签署之前还是之后，美国政府都在持续关注悬而未决的南极资源问题[②]。从本质上看，美国在南极的经济利益主要体现在南极地区丰富的资源，如生物资源、旅游资源、油气和矿产资源等对美国所蕴含的经济价值。

第一，在生物资源方面，南极海域生活着丰富的海洋生物资源，鲸鱼、海豹、磷虾以及南极鱼类等十分丰富。其中磷虾是南极海域数量最多的生物资源，也是南大洋中的特殊水产资源。其蕴藏量为4亿~6亿吨，从生态平衡的观点来看，可以每年捕获5 000万吨，相当于当今世界总渔获量的一半。南极磷虾是高蛋白质的食物，含人体需的全部氨基酸，尤其是代表营养学特征的赖氨酸的含量非常可观[③]，人体必需的8种氨基酸，磷虾中均有，而且合起来占蛋白质含量的41.04%，如果加上精氨

① 曾阳．美国开发南极军事价值．http://gb.cri.cn/12764/2007/11/23/2945@1852180.htm，2007-11-23.

② 沈鹏．美国的极地资源开发政策考察．国际政治研究，2012，(1)：103.

③ 刘惠荣．南极生物遗传资源利用与保护的国际法研究．北京：中国政法大学出版社，2013：15.

酸和组氨酸 2 种人体所必需的氨基酸，则占蛋白质含量的一半以上（53%）[①]。为此，磷虾被誉为人类未来的蛋白质资源仓库[②]。

第二，南极独特的自然环境已经成为当今世界著名的旅游目的地之一，旅游业已经成为当前南极大陆最富商业性的行业，其中，南极半岛（Antarctic Peninsula）和周围岛屿，如南设得兰群岛（South Shetland Islands）成为游客的首选地[③]。自 20 世纪 50 年代末美国人首次进行南极商业旅游以来，目前，除了美国、俄罗斯、新西兰及澳大利亚等南极旅游大国，南美的智利、阿根廷以及亚洲的日本等国家也在南极开展了南极旅游项目[④]，前往南极地区旅游的人数也逐渐呈上升趋势。国际南极旅游业者行业协会的数据显示，2004~2013 年，美国前往南极地区旅游的人数在世界各国中一直保持首位，成为名副其实的南极旅游大国（表 2）。可以预料，南极的遥远、神奇与神秘极具旅游吸引力，南极旅游市场会快速增长，旅游企业在丰厚利润的驱动下将会以更大的力度开拓这个市场[⑤]。因此，拓展南极旅游市场、保障本国公民的安全以及维护南极环境，便成为新形势下美国南极经济利益的重要组成部分。

表 2　美国近十年前往南极地区旅游人数及在全球总量中的比例

年份	2004	2005	2006	2007	2008	2009	2010	2011	2012	2013
人数 / 人	11 382	11 587	13 319	16 533	12 951	11 953	12 629	8 991	10 677	12 403
占比 /%	40.7	38.9	35.5	35.9	34.2	32.4	37.3	33.9	31.1	33.2

资料来源：根据国际南极旅游业者行业协会网站数据汇总，详见 http://iaato.org/tourism-statistics

第三，在油气和矿产资源方面，南极油气资源主要分布在南极大陆架和西南极大陆。据调查，南极地区的石油储量为 500 亿 ~1 000 亿桶，天然气储量为 3 万亿 ~5 万亿立方米。罗斯海、威德尔海、别林斯高晋陆架区、阿蒙森海陆架、普里兹湾海区和西南极大陆是油气资源潜力最大的勘探区和主要远景区[⑥]。在南极矿产资源方面，根据已经查明的资源分布来看，南极地区煤、铁的储藏量为世界第一。南极的煤炭资源主要储藏在南极横断山脉中，其蕴藏量约为 5 000 亿吨，而铁矿资源是南极大陆发现的储量最大的矿产，主要分布在东南极洲，最负盛名的便是查尔斯王子山（Prince Charles Mountains）铁矿，这些铁矿的平均品味达 32%~58%，是具有工业开采价值的富铁矿床，初步估算，其蕴藏量可供世界开采 200 年，是世界上最大的铁矿之一。另外，南极也蕴藏着丰富的有色金属矿产。南极洲的有色金属矿产主要分布在西南极洲的安第斯成矿区，含南极半岛、埃尔斯沃思地、玛丽伯德地。该矿区北部可能与南美

① 南极科考知识：南极生物资源 . 中央人民政府网，http://www.gov.cn/fwxx/kp/2005-11/09/content_94379.htm，2005-11-09.

② Shepherd R.The United States' actions in the Antarctic. George Mason Law Review，1991，(14)：377.

③ Dodds K.Governing Antarctic：contemporary challenges and the enduring legacy of the 1959 Antarctic Treaty.Global Policy，2010，(1)：113.

④ 周超 . 南极旅游去还是不去 . 中国海洋报，2014-01-29.

⑤ 王兴斌 . 从严管理南极旅游并非因噎废食 . 中国青年报，2014-02-14.

⑥ 丁煌 . 极地国家政策研究报告（2012—2013）. 北京：科学出版社，2013：56.

的安第斯山脉相连，南部与新西兰为邻[①]。

当然，南极地区丰富的油气、矿产资源等只是一种潜在的经济价值，而美国能否把这种潜在的经济价值转化为现实的经济利益，受到国内外各种因素的制约，这也是本研究报告“美国实现南极国家利益的优劣势分析”部分所要阐述的，在此不予赘述。

（四）环境利益

美国在南极地区的环境利益主要在于：维护南极地区较为原始的自然生态环境，避免使之受到各类资源开发和其他人类活动的破坏。南极“不像其他边远地区，如美国西部或阿拉斯加，那里是先发展起来而环境法则是后来才形成的……但是，南极环境法则已经完善地建立起来……美国不能不顾它原来承担的保护南极环境的责任，来避免其坚持南极条约的主要目标受到损害”[②]。从这个意义上讲，美国在南极地区的经济利益和环境利益是很难共同实现的。美国在南极地区的环境利益得到明确认可应该是在 1991 年南极条约协商国会议通过了《关于环境保护南极条约议定书》。该议定书的通过，意味着美国在南极资源开发和南极环境保护这两个方面采取了偏向环境保护的政策措施。

20 世纪七八十年代，南极地区的资源潜力逐渐得到国际社会的关注，签订条约或达成相关协议以管理南极资源开发活动，成为南极事务相关方的共识。南极条约协商国通过多次协商、讨论和彼此妥协，最终于 1988 年 6 月达成了《南极矿产资源活动管理公约》。该公约虽然把环境保护作为一项原则贯穿其中，但并没有完全禁止南极资源的开发，因此，其核心要义在于南极资源在一定条件下可以进行开发，只要开发方能保障相关资源开发活动不会对南极环境带来重大危害。《南极矿产资源活动管理公约》在谈判过程中引起了很大的争议，一些环境保护组织认为该条约将会促进而不是阻碍南极资源开发，而资源开发又将会对南极生态环境带来不可接受的破坏[③]。虽然美国政府依然在 1988 年 12 月 2 日签署了《南极矿产资源活动管理公约》，但美国非政府组织、环保组织以及美国国会都表示了强有力反对，所幸的是法、澳拒绝签署该公约，使该公约没能产生法律约束力。面对强有力的国内压力，美国政府推动南极条约协商国会议于 1991 年通过《关于环境保护的南极条约议定书》（表 3），明确使美国南极经济利益的实现让位于环境利益的保障。

---

① 南极科考知识：南极矿产资源 . 中央人民政府网，http://www.gov.cn/fwxx/kp/2005-11/09/content_94386_2.htm，2005-11-09.

② 沙普利 D. 第七大陆——资源时代的南极洲 . 张辉旭译 . 北京：中国环境科学出版社，1990：217.

③ Joyner C C.United States legislation and the Polar Oceans. Ocean Development and International Law，1998，（29）：271.

表 3 《关于环境保护的南极条约议定书》核心条款

条款	具体内容
序言	各缔约国深信有必要加强对南极环境及依附于它的和与其相关的生态系统的保护……忆及为了保护南极环境及依附于它和与其相关的生态系统，将南极确定为特别保护区以及根据南极条约体系所采取的其他措施……深信制定一个保护南极环境及依附于它的和与其相关的生态系统的综合制度是符合全人类利益的……希望为此目的补充南极条约
第 2 条	各缔约国承诺全面保护南极环境及依附于它的和与其相关的生态系统，特兹将南极指定为自然保护区，仅用于和平与科学
第 3 条第 1 款	对南极环境及依附于它的和与其相关的生态系统的保护以及南极的内在价值，包括其荒野形态的价值、美学价值和南极作为从事科学研究，特别是从事认识全球环境所必需的研究的一个地区的价值应成为规划和从事南极条约区一切活动时基本的考虑因素
第 7 条	任何有关矿产资源的活动都应予以禁止，但与科学研究有关的活动不在此限
第 25 条第 2 款	如从本议定书生效之日起满 50 年后，任何一个南极条约协商国用书面通知保存国的方式提出请求，则应尽快举行一次会议，以便审查本议定书的实施情况

资料来源：关于环境保护的南极条约议定书 .http://www.china.com.cn/law/flfg/txt/2006-08/08/content_7057470.htm，2006-08-08

《关于环境保护的南极条约议定书》的通过，使得南极矿产资源开发和环境保护的争论告一段落，但是对美国南极环境利益的实现和维护产生影响的人类活动不仅仅在于矿产资源的开发，当前南极旅游业的发展、南极渔业非法捕捞等都可能会破坏南极较为脆弱的生态环境。在南极环境面临的新的挑战下，如何在经济利益和环境利益之间做出选择，如何应对新的挑战，以保障南极国家利益的实现，是美国南极政策制定和执行的重要参考因素。

二、美国实现南极国家利益的优劣势分析

如同北极方面一样，美国在南极的国家利益不是在真空中实现的，而是受到国内外一系列因素的影响，这些影响因素即本研究报告所关注的优势和劣势。但是和北极不一样的是，美国是当今南极事务最具影响力的国家，其主导国际社会签订了《南极条约》，并且引领南极条约体系的发展，是当前南极治理体系的受益者。因而，如同本部分所探究的结果一样，美国在南极地区国家利益的实现具备明显的优势条件，而一些日渐呈现的劣势的影响还是微不足道的。本部分从框架上把美国实现南极国家利益的优劣势分为国内因素和国际因素，从中选择具体的方面探究优劣势。

（一）国内因素

美国南极国家利益的实现涉及南极科研能力、南极事务管理和协调机制以及南极事务意识和共识等三个国内因素。

1. 南极科研能力

南极科学考察与研究是美国实现在南极地区实质性存在的主要标准，南极科研能力是维护其南极国家利益的重要基础。各国南极科研能力又以各国在南极设置的

科学考察站的数量和规模、国家南极科考经费投入等为主要支撑。

南极科学考察站的数量和规模是衡量一国南极科考能力的主要标准。南极科考站一般分为常年站、夏季站和营地三种。常年站可在全年进行科学考察，常年站的数量从一定程度上反映了一个国家的南极科研水平和实力；夏季站是一般在南极夏季才能开展科研工作的考察站，这种站规模相对较小，大多数是常年站的卫星站；营地经常用于短期的科研考察，一般数量不太稳定，新增或废弃营地也相对频繁[①]。

目前，美国在南极设有三个常年站，这些常年站的规模和设施是其他国家常年站所不能比的（表 4）。其一，麦克默多站（McMurdo Station）始建于 1955 年，根据不同季节和科研活动，该站容纳人员在 130~1 100 人浮动，是南极洲最大的科学研究中心，被誉为“南极第一城”，主要承担气象学、生物学、地球科学等领域的研究；其二，阿蒙森-斯科特站（Amundsen-Scot Station）又称南极点站，1957 年建成，1975 年和 2007 年又分别扩建，当前站区面积相较于 1957 年刚成立之时有了很大扩展，基础设施也更加完善。该站在夏季能容纳 250 人左右，冬季可以容纳 50 人，主要承担超高层气流物理学、气象学、地球科学、生物医学等领域的研究；其三，帕默站（Palmer Station）始建于 1965 年，1968 年投入使用，是美国三大常年站中规模最小的科考站，容纳人数在 20~45 人，主要承担生态学、冰河学等领域研究，目前，该站尚未开通空中补给航线，只能依靠一个破旧的港口进行海上补给。虽然美国常年站在数量上不是最多的（智利和俄罗斯各有五个常年站），但科考站人员容纳量是各国最高的。例如，俄罗斯常年科考站夏季最多容纳人员 417 人，冬季平均为 162 人，与美国的差距一目了然，并且两国硬件设备、物质供应等方面均有天壤之别[②]。另外，美国在南极夏季建立了 50 多个营地，在各国中也是数量最多的。美国营地较为集中在麦克默多站附近的干燥谷（Dry Valleys）。该地区被称为世界上最干燥、风力最大的地区。美国科研人员往往借助直升机、固定翼飞机、LC-130 和 C-130 运输机等前往这些营地进行实地科考[③]。

表 4　美国南极三大常年站基本概况

科考站	麦克默多站	阿蒙森-斯科特站	帕默站
始建年份	1955~1956	1957	1965
具体位置	罗斯岛	南极点	昂韦尔岛
容纳人数 / 人	130~1 100	50~250	20~45
研究领域	天体物理学、地球科学、冰川学、冰川地质学、海洋与大气学	宇宙观测、地震研究和大气研究、宇宙微波辐射背景的观测	生态学、气象学、超高层气流物理学

资料来源：美国国家南极项目网，http://www.usap.gov/usapgov/，2014-12-26

南极科考站的几乎全部所需物质需要从其他大陆进行补给，因而后勤保障能力是南极科考站所有工作中的重中之重。美国除具备世界首屈一指的南极科学考察站

① 华薇娜，张侠．南极条约协商国南极活动能力调研统计报告．北京：海洋出版社，2012：33-37.

② 李升贵，潘敏．南极政治单极化趋势——以美国南极政策为中心的考察．海洋开发与管理，2008，(10)：79.

③ NSF.More and better science in Antarctic through increased logistical effectiveness.Report of the USAP Blue Ribbon Panel，2012：9-11.

外，还具有强大的南极科考后勤保障能力。例如，麦克默多站是美国南极科研规划的管理中心，也是美国其他南极科考站的后勤支援基地，建有一座大型机场，可以起降大型客机，有飞往新西兰的定期航班，医院、邮局等也一应俱全。该站作为中转中心，需要之时美国破冰船会在冻结的麦克默默多湾开辟一条航路，方便补给船的进入，而相关人员和其他一些物资亦可从新西兰基督城空运到该站的机场，而空运或海运到麦克默多站的物资或人员可乘 LC-130 飞机前往南极点站。但是两站之间距离长达 1 340 千米，会限制空运物资的数量和重量等，为此，美国提出修筑连接麦克默多站和南极点站的公路。

另外，南极科考国家经费投入也是反映和影响一国南极科考能力的重要标志。根据目前可以查到经费的国家中，美国作为经济大国和科技强国，在南极经费的投入方面是所有国家中最多的，远远高于其他国家对南极的投入（表 5）。

表 5　美国等七国南极经费投入情况

年份	美国 / 百万美元	英国 / 百万英镑	澳大利亚 / 百万美元	日本 / 百万美元	新西兰 / 百万美元	法国 / 百万美元	瑞典 / 百万美元
2010	348.71	—	—	—	—	—	—
2009	454.98	46.749	—	3.446	—	35.82	10.47
2008	355.94	55.356	—	—	12.77	23.00	9.83
2007	349.16	55.301	107.563	—	9.88	—	10.94
2006	316.33	54.732	127.366	—	11.62	—	2.52
2005	272.43	48.736	95.482	—	9.60	—	5.14
2004	264.74	40.212	88.04	—	8.71	—	5.27
2003	255.03	38.066	84.801	—	8.75	—	1.76
2002	—	36.765	102.317	3.65	7.93	—	—

资料来源：华薇娜，张侠 . 南极条约协商国南极活动能力调研统计报告 . 北京：海洋出版社，2012：29

但是，美国强大的南极科研能力目前也存在隐忧。2011 年，美国白宫科学与技术办公室（Science and Technology Office of the White House）和美国国家科学基金会一道成立了蓝丝带专家组（Blue Ribbon Panel），对未来美国南极科考所需要的后勤资助进行评估，并且查明当前工作中的不足。该专家组于 2012 年 6 月发表了名为《提升后勤工作效率、实现更多更好的科研》调研报告。报告指出，当前美国南极科考管理中的问题包括美国南极项目缺乏详细的资金预算、科学研究和基础设施、后勤支持的资金比例分配不合理（图 1）、较为陈旧的科考站基础设施等。报告指出，政府目前若不正视这些问题，未来的维护或重建费用将会进一步挤压科研经费，若在后勤支出上增加 10%，那么将占用剩余科研经费的 40% 。

2. 南极事务管理和协调机制

南极事务涉及外交、科考及后勤保障等多个领域，在美国国内关涉国务院、国防部等多个部门，在这种情况下，各部门之间的协调便成为南极事务管理的重中之重。目前，美国已经建立了分工较为清晰、职能较为明确的南极事务主管和协调机制，成为实现南极国家利益的重要制度保障。简单地说，美国南极事务管理机制以国家科学基金会为核心，国防部、国土安全部、国务院、内政部等参与其中或提供支持。

图 1 美国南极科研经费内部比例

资料来源：NSF.More and better science in Antarctic through increased logistical effectiveness.Report of the USAP Blue Ribbon Panel，20 12

1971 年，美国联邦政府授权美国国家科学基金会全面负责和管理南极科学考察活动，其具体的工作职责包括：制订年度计划和预算，提交国会审议；向科学界咨询南极科研的建议；负责各高校及研究机构关于南极科研和教育项目的申请，从中择优资助；制订详细清晰的后勤保障计划；负责与商业公司签订合同；负责与其他国家在南极科考领域开展合作；负责指派高级代表管理南极考察计划；负责政府机构之间及与非政府组织之间信息交换等。国防部下辖的空军和海军主要在南极科考后勤保障上提供协助，包括向麦克默多站运输物资和燃料等、在新西兰和麦克默多站之间空运科考人员等、在南极内陆科考站之间提供空中运输服务等；国土安全部主要提供南极海域破冰服务，并且在海上科考项目需要之时提供支持，目前也承担了旅游船只深陷困境之时提供破冰服务等；国务院主要负责南极外交事务，维护南极条约体系的稳定性和权威性，对南极条约体系中的相关条约条款的适用给予解释等（表 6）。

表 6 美国南极事务主管和协调机制

核心：国家科学基金会

辅助↑支持

国务院	国防部	国土安全部	内政部	地质调查局
↓	↓	↓	↓	↓
负责南极外交事务，同时负责南极条约体系相关条文的适用与解释以及带队参加南极条约协商国会议	负责南极的后勤保障，包括：负责麦克默多站的运作，向该站运送物资和燃料等；使用 C-130 运输机等在南极与新西兰之间以及南极科考站之间提供运送服务等	提供麦克默多湾的破冰服务，为进出麦克默多湾提供船只；提供船上科考项目的支持等	提供采购协助、合同管理以及与美国南极项目订立的商业飞行器服务合同的检查工作等	提供南极的地图监控，编辑出版地质地形测量图，并负责南极地区的命名工作等

资料来源：USAP.2014-2016 USAP participant guide.http://www.usap.gov/USAPgov/travelAndDeployment/documents/ParticipantGuide_2014-16.pdf，2014-08-23

从上述情况可以看出，与美国刚刚起步的北极事务管理和协调机制相比，美国的南极事务管理和协调机制一方面明确各部门的各自权限范围，有助于相关部门各司其职；另一方面，以美国国家科学基金会为核心形成了较为完善的协调机制，有助于各部门凝聚共识。这无疑成为美国实现其南极国家利益的一大优势条件，该优势是我国参与南极事务值得借鉴的地方，也是我国亟须改善的一点。

3. 南极事务意识和共识

南极地区远离美国本土，若想有效实现和维护其在南极地区的国家利益，需要政府和国内精英及民众阶层具备足够的南极事务意识并达成一定程度的共识，这样才能使得南极事务议题在诸多国内外事务议题中受到关注和重视，才能获取充足的财政预算等资源。总体来讲，尤其是与北极事务相比，南极事务和议题已经在美国国内获得了较强的认知和共识。

美国国内较强的南极事务意识可以从美国多届政府的政府文件或总统声明中体现出来。虽然进入 21 世纪以来，从表面上看，南极事务似乎不如北极议题在美国国内“炒得热”，但从根本上讲，这种“冷淡”是因为南极议题已经成为较为固定的议题，无须媒体、学者等媒介的关注和炒作，自然具备获取预算等资源的能力。

同时，美国国内在南极事务的优先方向上也达成了一定程度的共识，那就是在维护南极条约体系的基础上，积极开展科学研究和推动南极环境保护。南极科学考察是美国“积极而又有影响的存在”的主要表现形式，是实现其他国家利益的重要方式，其重要性不言而喻，早在《南极条约》签订之前，积极开展南极科考就已经在美国国内取得共识。而推动南极环境保护则是在与南极矿物资源的开发争论中逐渐达成共识的。

20 世纪 70 年代，国际社会在南极的活动逐渐从纯科学的研究向资源开发和利用的研究过渡，美国也不例外，正如美国国家科学基金会主席斯科特在 1978 年的美国国会听证会上所言：我们最感兴趣的方面是海洋资源和矿物资源，我们的科学计划在很大程度上是针对这些问题的[①]。但是在美国国内，南极矿物资源开发问题却引起了很大的争论。受非政府组织、环境保护组织游说的影响，美国国会在 20 世纪 80 年代末、90 年代初提出了多个议案，将南极环境保护放在首要位置，与美国行政部门的立场相左。国会倾向于认为，美国行政部门支持 1988 年的《南极矿产资源活动管理公约》的真实目的就是启动南极矿物资源的开发。在这期间，美国第 101 届国会提出了多个与南极事务有关的议案，并且召开多次听证会，向美国行政部门传达了国会对南极政策的不满[②]。随着《南极矿产资源活动管理公约》的流产和 1991 年《关于环境保护的南极条约议定书》的签署，美国国会、非政府组织等与政府之间的争论也逐渐结束，推动环境保护逐渐成为美国政府和国会之间的共识。

① 邹克渊．南极矿物资源与国际法．北京：现代出版社，1997：6.

② 沈鹏．美国的极地资源开发政策考察．国际政治研究，2012，(1)：107.

（二）国际因素

当前，南极事务的核心在于南极条约体系能否在不断变化的南极地缘政治环境中保持合法性和权威性。作为引领南极条约体系发展的大国，美国实现其南极利益的国际因素也和南极条约体系密切相关。

1. 美国的原始缔约国身份

南极条约的参与国家具有不同的身份，从各国参与南极事务的历史和能力来看，这些国家是存在等级的。这些国家从权限上可以分为缔约国和协商国，目前《南极条约》共有 46 个缔约国，但只有 28 国是协商国，这 28 国当中又包含 12 个原始缔约国（表 7）。根据《南极条约》的相关规定[①]，所谓协商国是在南极开展了实质性科研活动（如建立科考站或者派遣科学考察队），有权派代表参与南极条约协商国会议的缔约国。因而，协商国与非协商国在南极事务中的权限是有等级的，主要差别是：协商国可以委派代表参加南极条约协商国会议，并且拥有表决权；南极条约协商国会议通过的一切决议、措施等需要协商国的一致同意，方能生效；协商国拥有条约规定的视察权[②]。由此可见，具有不同身份的国家，在南极事务中的参与权是不同的，这就决定了这些国家在南极事务中话语权和影响力的大小。

表 7 《南极条约》28 个协商国

28 个协商国	原始缔约国 12 个	美国、俄罗斯、英国、法国、日本、挪威、比利时、澳大利亚、新西兰、阿根廷、智利、南非
	新入协商国 16 个	中国（1985 年）、德国（1981 年）、巴西（1983 年）、印度（1983 年）、波兰（1977 年）、厄瓜多尔（1990 年）、芬兰（1989 年）、韩国（1989 年）、荷兰（1990 年）、乌克兰（2004 年）、西班牙（1988 年）、秘鲁（1989 年）、乌拉圭（1985 年）、保加利亚（1998 年）、意大利（1987 年）、瑞典（1988 年）

从历史上看，南极条约体系在发展过程中，12 个原始缔约国掌控着主要的话语权，而其中又以 7 个主权诉求国和美俄两国为核心，这 9 个国家构成了南极条约体系中的“核心权力集团”，它们决定了体系内部的政策制定和制度发展。虽然《南极条约》签署后，相继有 16 个国家成为协商国，但在现实中美国等核心权力集团依然主导着南极条约体系，而新入的协商国更像是南极条约体系内部的“政治观察员”（political observer）[③]。

由此可知，美国虽然在表面上与其他协商国拥有相同的表决权，但作为《南极条约》的原始缔约国，美国 50 多年来积累了处理南极事务的丰富经验，拥有处理南

① 《南极条约》第 9 条第 2 款规定：按照第 13 条加入本条约的各个缔约国，在其在南极洲进行实际的科学研究，如建立一个科学工作站或派遣一支科学探险队，从而表示其对南极洲的兴趣期间，有权指派代表参加本条第 1 款所提及的会议。

② 《南极条约》第 7 条第 1 款规定：为了促进本条约的目标并保证本条约的条款得到遵守，各个其代表有权参加本条约第 9 条所提及的会议的缔约国有权指派观察员，进行本条所规定的任何视察。

③ Stephens T，Vanderzwaag D L.Polar Oceans Governance in an Era of Environmental Change.Cheltenham：Edward Elgar Publishing Limited，2014：89-95.

极事务的强大能力。《南极条约》原始缔约国的身份，已经成为当前美国实现和维护其南极国家利益的重要优势。

2. 南极条约体系的合法性

如前所述，南极条约体系是在美国主导和引领下逐渐发展起来的，已经成为美国实现南极国家利益的重要制度工具，因而美国南极国家利益的实现已经与南极条约体系在南极治理中的合法性问题紧密联系。概括地说，南极条约体系的合法性若得到国际社会的认可，将是美国实现南极国家利益的主要优势；反之，若不能有效应对当前面临的挑战，将是美国实现南极国家利益的主要制约因素。

在社会科学领域，马克斯•韦伯是研究合法性（legitimacy）问题的先驱。韦伯在其著作中认为，合法统治有三种纯粹的类型，其适用可能首先具有下列性质：合理的或法理的性质，传统的性质，魅力的性质。韦伯进而指出，现代社会主要以合理的性质为特点，具有法理型权威特征，即“在依照章程进行统治的情况下，服从有合法章程的、事务的、非个人的制度和由它所确定的上司——根据他的指令的正式合法性和他的指令的范围内服从他”[①]。基于韦伯的分析，西方学者进一步指出现代社会中非个人的制度的合法性基础在于该制度供给公共物品的能力以及社会成员对该制度的认可程度。这就意味着，在当今的国际关系中，“现实的国际制度的合法性基础也在于向国际社会（国际体系）提供公共物品的能力以及国际社会（国际体系）各个行为者对之的赞同或同意”[②]。因此，南极条约体系的合法性基础在于其在南极治理中提供公共物品的能力以及国际社会成员对它的认可程度。

南极条约体系是一个涉及国际南极事务众多方面的系统，是根据不同目标而产生的既有联系又相对独立的关于南极事务的各种组织和管理形式的结合[③]。在五十多年的发展历程中，南极条约体系有力保障了南极治理中的公共物品需求，包括保障南极地区的和平与稳定、推动南极地区科学研究与国际合作、维护南极地区独特的自然生态环境等。因而，国际社会成员对南极条约体系的认可程度便成为我们衡量其合法性的主要标准。

国际社会对南极条约体系的认可程度经历了一个由弱到强的过程。《南极条约》是冷战期间的产物，它是特殊情势下各方的妥协方案，因其原始缔约国只有 12 个，故而被不结盟运动和 77 国集团诟病为“富人俱乐部”。从 20 世纪 80 年代开始，南极条约体系遭到以马来西亚为旗手的众多非缔约国的挑战和非议。在 1981 年的联合国大会上，马来西亚领导人马哈蒂尔认为，《南极条约》是一个由少数国家主导的、有时代局限性的协议，是殖民时代的产物。他主张将南极作为无人居住的地区，像深海海床一样作为“人类共同继承财产”由联合国来管辖。在 1983 年的第 38 届联合国大会之前，马来西亚劝说不结盟运动、伊斯兰会议组织和东盟支持东盟的立场，

① 韦伯 M. 经济与社会 . 林荣远译 . 北京：商务印书馆，2004：241.

② 叶江 . 全球治理与中国的大国战略转型 . 北京：时事出版社，2010：82.

③ 张林 . 南极条约体系与我国南极区域海洋权益的维护 . 海洋开发与管理，2008，(2)：69.

通过将南极设计成人类共同继承财产的方式，来保护发展中国家的利益。在这些国际组织以及巴基斯坦、新加坡等国的支持下，由马来西亚提议的“南极问题”于1983年8月11日第一次被列入联合国大会的议程，由此开始了联合国大会对“南极问题”长达20多年的讨论[①]。在联合国的辩论中，对南极条约持异议的国家的观点主要有两点：其一，要求让南极洲像国际海底资源一样，宣布为人类共同继承财产，由现存的南极条约缔约国或者联合国创设新制度加以管理，从而让所有国家在平等基础上充分享受产生于南极地区的经济利益或其他利益；其二，这些国家抨击了《南极条约》的决策机制，认为是不民主的和排他性的。这种机制不仅将体系之外的国家排斥于南极事务之外，而且即使是加入《南极条约》的非协商国也无决策权，从而成为该体系的“二等公民”[②]。

但是在辩论的过程中，南极条约体系却得到越来越多国家的认可。联合国大会在其通过的38/77号文件中指出，南极洲继续专用于和平目的，且不应该成为国际纠纷的场所或对象，是符合全人类利益的。尤其是1991年《关于环境保护的南极条约议定书》的签署，南极治理及未来的全球政策讨论实际上已经结束[③]。截至目前，联合国安全理事会五大常任理事国都成了南极条约协商国，目前已经有50个缔约国（内含28个协商国），虽然与联合国成员国在数量上有巨大差距，但这50个国家在经济实力、国际地位等方面具有很大的代表性，可以说国际社会对南极条约体系的认可程度已经根深蒂固，其合法性在很大程度上已经得到国际社会成员的认可。

南极条约体系的合法性得到国际社会的认可有助于美国利用“国际社会利益代言人”的身份主导南极事务，进而维护美国在南极地区的国家利益。

三、美国实现南极国家利益的举措

美国为实现在南极地区的国家利益，采取了一系列举措，主要包括国内积极完善南极事项的立法、加强在南极地区的实质性存在、推动南极条约体系积极应对新的挑战等。

（一）积极完善南极事项的立法

美国在国内积极完善南极事项的立法工作，自1978年以来，美国国会相继通过了《南极保存法》（Antarctic Conservation Act，1978年）、《南极海洋生物资源养护法》（Antarctic Marine Living Resources Act，1984年）和《南极科学、旅游及保护

① 郭培清．马来西亚南极政策的演变（1982—2008年）．中国海洋大学学报（社会科学版），2009，（3）：14.

② 郭培清．南极洲与联合国关系探析．太平洋学报，2006，（5）：20.

③ Powell R C，Dodds K.Polar Geopolitics?Knowledges，Resources and Legal Regimes.Cheltenham：Edward Elgar Publishing Limited，2014：56.

法》（The Antarctic Science，Tourism and Conservation Act，1996 年）。

1. 1978 年《南极保存法》

美国国会制定《南极保存法》的主要目的是保护南极洲的本土哺乳动物、鸟类和植物及其所构成的生态系统。该法案的引言明确指出该法案适用于：在南极洲的美国公民、在南极洲参与美国政府行动的人员、组织对南极洲进行探险的美国公司或其他法律实体、从事南极动植物研究的世界任何地方的美国人或在美国从事上述活动的外国人。

法案规定，在非经许可证授权的情况下，以下各项是非法的：捕猎本土哺乳动物或鸟类、进入特别指定的地区、向南极地区输入非本土物种、使用或泄露指定的污染物质、丢弃废弃物、将某些南极物品输入到美国。法案规定，如果出现上述违法行为，行为者将面临 10 000 美元的罚款和一年的监禁。

法案授权美国国家科学基金会作为执法机构负责实施该法案。法案规定，在南极工作的美国国家科学基金会的部分工作人员被任命为执行官员，这些执行官员要确保该法案的议事准则和许可证制度得到遵守，还需要向公众宣称他们所承担的义务和责任。需要审查许可证以确保各项条款得以执行；授权发行许可证；对不具备许可证的财产进行搜查和扣押；提取口供并在经批准或未经批准的情况下进行逮捕等[①]。

2. 1984 年《南极海洋生物资源养护法》

为执行南极条约协商国会议制定的《南极海洋生物资源养护公约》，美国国会 1984 年通过了《南极海洋生物资源养护法》。该法案包括立法宗旨、定义、代表、保护措施、守法体系与检查、非法行为、具体规制、民事制裁、刑事犯罪、执行、法院管辖权、联邦机构分工与合作、与现行条约的关系、适当授权及可分割性 14 节内容。其核心内容是授权美国国务院会同美国国家科学基金会任命美国驻南极海洋生物资源养护委员会代表，决定该委员会做出的相关保护措施是否可以接受以及建立必要的执行与检查机制等[②]。

该法案禁止美国公民或处于美国司法管辖之下的实体从事违反《南极海洋生物资源养护公约》的行为。为此，任何装载、运输、售卖、进口或出口任何违反《南极海洋生物资源养护公约》所获取的南极海洋生物资源的行为都是非法的，同时拒绝美国执法官员登船检查等行为也是非法的[③]。

3. 1996 年《南极科学、旅游及保护法》

南极条约协商国会议于 1991 年通过的《关于环境保护的南极条约议定书》在内容上有很大扩展，为此美国国会对 1978 年的《南极保存法》做了较大幅度的修改，

① 1978 Antarctic Conservation Act. http://www.nsf.gov/pubs/1995/nsf95154/nsf95154.Pdf，2010-07-26.

② 陈力 . 美国的南极政策与法律 . 美国研究，2013，(1)：77.

③ Joyner C C.United States legislation and the Polar Oceans.Ocean Development and International Law，1998，(29)：277.

主要体现在：①对 1978 年《南极保存法》第 4 节进行修订，扩大了非法行为的范围。在其中原有非法行为的基础上，细化为两大类非法行为，一类是一般非法行为，另一类是未经许可的违法行为。此外，第 4 节 c 还补充了紧急情况下的例外豁免原则；增加了对违法行为的处罚力度，罚金增加到 2.5 万美元。②在原法案第 4 节的基础上，根据《关于环境保护的南极条约议定书》的要求补充增加了环境影响评估部分。③补充增加原法案第 5 节关于许可的相关规定。④补充增加原法案第 6 节关于授权美国国家科学基金会总裁制定执行议定书附件 2、附件 5 以及本法案的实施细则。⑤修改原法案第 14 节有关保留条款，主要涉及新法案的溯及范围与效力问题。另外，该法案重申无限期禁止美国公民和公司在南极进行矿产资源开发活动[①]。

（二）加强在南极地区的实质性存在

加强在南极地区积极而又有影响的存在是美国南极政策的重要手段和目标。《南极条约》冻结了英法等七国对南极地区的主权要求，也禁止其他国家在条约有限期内提出新的主权要求，因此利用建设科考站等方式加强在南极地区的存在是各国的重要手段。除此之外，目前较为流行的方式便是建立南极特别保护区和南极特别管理区。

根据《关于环境保护的南极条约议定书》的规定，各缔约方可以申请在南极特定区域建立南极特别保护区和南极特别管理区。南极特别保护区和南极特别管理区是指在科学研究上具有突出重要性的区域，在这种特别保护区和特别管理区内，管理和科学研究活动主要以申请建立保护区和管理区的国家为主，因而，在《南极条约》禁止提出新的领土要求的情况下，在具有战略意义的南极区域建立特别保护区无疑是各国有效“划分势力范围”的最佳选择[②]。

从表 8 中，我们可以看出，美国是当今在南极地区建立特别保护区数量最多的国家，这无疑进一步强化了美国在南极事务中的主导地位，并且推动了美国南极科学考察与研究的进一步发展。

表 8　设立特别保护区的国家和数目（单位：个）

国家	单独设立	合作设立
美国	15	中国与澳大利亚：1 中国与澳大利亚、印度、俄罗斯：1 阿根廷与智利：1 美国与意大利：1 英国与智利：1
新西兰	12	
英国	13	
澳大利亚	10	
智利	6	
阿根廷	2	
法国	2	
意大利	2	
波兰	2	
俄罗斯	1	

① 陈力 . 美国的南极政策与法律 . 美国研究，2013，（1）：78.

② 郭培清 . 南极条约 50 周年：挑战与未来走向 . 中国海洋大学学报（社会科学版），2010，（1）：12.

续表

国家	单独设立	合作设立
中国	1	
日本	1	
挪威	1	
印度	1	
韩国	1	
合计	70	5
总数	75	

资料来源：根据南极条约秘书处网站最新数据统计 .http://www.ats.aq/devPH/apa/ep_protected.aspx?lang=e,2014-12-03

（三）推动南极条约体系积极应对新的挑战

1991 年《关于环境保护的南极条约议定书》签署后，南极条约体系步入了较为稳定的发展时期，但是，多国南极大陆架划界提案和南极旅游业的发展给南极条约体系带来新的挑战。这两大挑战与美国南极地区国家利益的实现密切相关，因此美国近年来积极推动南极条约体系来应对这些新挑战。

1. 南极大陆架划界问题

随着 1982 年《联合国海洋法公约》的签署，沉寂已久的南极主权问题被重新激活。已被冻结的南极主权要求开始由南极大陆转向南极大陆的附属海域[①]。1982 年《联合国海洋法公约》作为全球海洋大宪章，适用于全球海域，理所当然包括南极海域。《联合国海洋法公约》以沿海国为基础建立了领海、基线、大陆架、专属经济区等法律制度，同时《联合国海洋法公约》确立了一套管理国家管辖范围外的海床与底土中矿产资源的法律制度。《联合国海洋法公约》对于各种海域区域发展出许多新规则，比过去更精确地来管制航海、捕鱼和对其他海洋资源的开发，保护海洋环境免受污染[②]。而若将这些海域制度生搬硬套至南极海域，无疑会对南极条约体系既存的法律构成挑战[③]。目前，两大法律体系最为冲突的地方在于《联合国海洋法公约》中的大陆架制度催生了沿海国大陆架划界的高潮，对南极条约体系中的“领土冻结”原则产生巨大冲突，对南极条约体系的合法性和权威性构成严重威胁，被视为自 20 世纪 90 年代以来对南极条约体系的最大挑战。

《联合国海洋法公约》第 76 条规定，“沿海国的大陆架包括其领海以外依其陆地领土的全部自然延伸，扩展到大陆边外缘的海底区域的海床和底土，如果从测算领海宽度的基线量起到大陆边的外缘的距离不到 200 海里，即扩展到 200 海里”。根据该款规定，沿海国可以根据不同的地质条件，把大陆架的外部界限最远划到距离领海基线以外的 350 海里之处。目前，对南极地区提出主权要求的七国中，澳大利亚、阿根廷、挪威和英国均已向大陆架界限委员会正式提交划界案或部分划界案，新西

① 陈力 . 南极治理机制的挑战与变革 . 国际观察，2014，(2)：103.

② 路易斯 B. 海洋法精要 . 宋恩，傅崐成译 . 上海：上海交通大学出版社，2014：3.

③ 朱瑛 . 大陆架划界对南极条约体系的挑战 . 中国海洋大学学报（社会科学版），2012，(1)：10.

兰、法国和智利也宣称保留提出大陆架划界的权利（表9）。从七国提交的相关信息文件来看，有关南极地区的大陆架主张可以分为两类：一是主张南极大陆向南大洋自然延伸的大陆架，二是主张南极地区以外的岛屿或地区的大陆架向南延伸越过南纬60°进入南极地区[①]。

表9　七国关于南极地区大陆架的声索主张

国家	提交时间	声索要求	其他各方反应
澳大利亚	2004-11-15	不仅对其主张的南极领土的大陆架提出了声索要求，还主张赫德岛和麦克唐纳群岛、麦夸里岛的扩展大陆架向南延伸至南纬60°以南地区，但澳大利亚请求大陆架界限委员会暂不审议其主张的南极领土的大陆架主张	美国、俄罗斯、日本、荷兰、德国和印度就此提交反应照会，均对澳大利亚所提出的主张表示高度关注，不承认任何国家在南极地区的领土主张具有合法性，也反对任何国家通过对南极领土的主权要求进而对南极洲大陆附近海域海底及底土提出主权要求
阿根廷	2009-04-21	不仅对其主张的南极领土的大陆架提出了声索要求，还包括乔治亚群岛和桑威奇群岛越过南纬60°的扩展大陆架	英国、美国、俄罗斯、印度、荷兰和日本六国的反应照会，六国不承认阿根廷对南极大陆的领土主权，同时也反对其通过对南极领土的主权要求进而对南极洲大陆附近海域海底及底土提出主权要求
挪威	2009-05-04	Dronning Maud Land 地区部分划界案，同时请求大陆架界限委员会不审议大陆架划界案有关 Dronning Maud Land 部分	美国、俄罗斯、印度、荷兰和日本均明确表示不承认挪威在南极大陆领土主权及对南极大陆周边海域海床及底土的主权权利
英国	2009-05-11	马尔维纳斯群岛及南乔治亚和南桑威奇群岛大陆架划界案中，其主张的南乔治亚和南桑威奇群岛的大陆架延伸至南纬60°以南地区	
新西兰	2006-09-13	其提交的划界案未越过南纬60°且不涉及罗斯属地，但新西兰政府宣称它将保留在未来对罗斯属地大陆架提出主张的权利	
法国		尚未对南极大陆架提出任何主张，但宣称在今后划界案中将对南极大陆架提出主张	
智利	2009-05-27	向大陆架界限委员会提交初步信息，对南极大陆西经90°~西经53°的扇形地区提出主权要求，尚未对南极大陆架提出任何主张，但保留提交有关南极大陆周边大陆架划界主张，同时请求大陆架界限委员会暂不审议的权利	

南极大陆架划界案的提交强烈冲击着南极条约体系，也对美国南极地区国家利益的维护构成挑战。在美国政府看来，七国关于南极大陆架的主张将会冲击南极条约体系下良好的多边合作气氛。为此，针对各国提案，美国相应提出反对照会，重申不承认各国对南极大陆的领土主权，同时也反对其通过对南极领土的主权要求进而对南极洲大陆附近海域海底及底土提出主权要求。同时在2009年4月召开的纪念《南极条约》签署50周年会议后的宣言中，美国起草和强烈支持以下两句话：南极条约协商国重申南极条约贡献的重要性尤其是条约第4条，确保南极地区国际和谐的持续性；南极条约协商国重申将继续遵守《关于环境保护的南极条约议定书》第7条规定，严禁从事科学研究除外的南极矿产资源开发活动。在各国提交南极大陆架

① 朱瑛．南极地区大陆架划界引发的法律制度碰撞．极地研究，2011，(12)：319.

划界的背景下，美国特别重视这两点，就在于它们之于南极条约机制的持续合法性至关重要[①]。

2. 南极旅游管理问题

在南极领土争端被冻结、矿产资源开发遭禁之后，南极旅游成为继科学研究之后人类最现实的和平利用活动[②]。南极旅游早在20世纪五六十年代就已经起步。据国际南极旅游业者行业协会提供的数据显示，当时全球每年能登上南极大陆的游客只有几百人。至80年代，南极旅游开始悄然盛行，登上南极大陆的人数也增加到每年2 000人。2007~2008年，全球一度有超过4.6万人登上南极大陆。近些年虽受到金融危机、次贷危机等影响，南极旅游发展有所放缓，但2011~2012年也有2.7万人登上南极，2012~2013年更是达到3.5万人。现在，除了每年各国政府组织的三四十支科学考察队，越来越多的非政府团体，甚至私人也在组队赴南极地区进行各类探险活动，尤其是商业旅游开发日趋活跃。据国际南极旅游业者行业协会的数据统计，截至目前，人类去过南极的总人数累计30多万人次，除各国组织的科学考察人员外，南极旅游人数达到近20万人次[③]。迅速发展的南极旅游业给南极生态环境带来严峻挑战，南极旅游管理问题已成为南极治理中富有时代挑战性的新问题。

美国是南极旅游大国，前往南极旅游的美国公民数量近年一直占据总量的三分之一左右。保障本国公民安全的同时，维护南极脆弱的生态环境，是美国南极政策的重要目标。2007年，第30届南极条约协商国会议在印度新德里召开，美国在此次会议上提出议案，要求各国拒绝授权本国旅游公司使用超过承载500人以上的游船在南极大陆停靠，并且限制在同一时间停靠南极大陆游船的数量。美国的该提案最终在大会上以决议的形式获得通过。2009年4月，南极条约协商国会议在美国巴尔的摩召开，美国在此次会议上提出对前往南极的游船大小以及游客数量设置限制的提议，以减少人类活动对南极的影响。与会的28个协商国一致通过了美国的提议，这些规定包括：禁止载有500名以上游客的游船在南极靠岸；南极每个地点每次只能有一艘游船靠岸；每次上岸的游客不得超过100人；上岸的游客每20人必须至少配备一名导游。这些限制获得各协商国立法机关通过之后，将具有法律约束力[④]。

四、美国南极政策对中国实现南极国家利益的经验借鉴

我国是南极事务的后来者，但我国在南极地区依然拥有重要的政治利益、经济利益、科研利益和环境利益。南极地区的国家利益已经成为我国总体国家利益的重要组成

① Joyner C C.United States foreign policy interests in the Antarctic.The Polar Journal，2011，(1)：24.

② 王自磐．关注南极旅游．http://www.oceanol.com/keji/jddy/2014-03-11/32443.html，2014-03-11.

③ 周超．南极旅游去还是不去．中国海洋报，2014-01-29.

④ Joyner C C.United States foreign policy interests in the Antarctic.The Polar Journal，2011，(1)：20-29.

部分，南极政策也逐渐受到我国领导人的关注和重视。作为首屈一指的南极事务大国，美国维护其南极地区国家利益的举措等对我国参与南极事务提供了有益借鉴。

（一）维护南极条约体系的稳定性

南极条约体系是当前南极治理的核心机制。虽然该体系没有从根本上消除相关国家对南极领土主权的要求，但是其领土冻结方案在历史长河中已经被证明是解决南极主权争端的最为有效的方式。不然，南极地区将面临激烈的外交甚至军事冲突，尤其是南极地区主权争端已经涉及世界主要经济和军事强国，一旦南极条约体系的稳定性受到挑战，南极地区将成为世界新的不稳定和高风险地区。另外，虽然南极地区蕴藏着丰富的自然资源，但是目前除渔业和旅游资源得到一定程度的开发外，其他矿产资源、能源资源的开发都被推迟到 2018 年以后。虽然有媒体和学者指出，在世界面临的资源紧缺压力情况下，2018 年之后，南极地区的资源开发将会逐渐成为现实。但是从另一个角度讲，伴随各国科学技术的发展以及新生能源的开发利用，南极地区资源开发的可能性和概率依然很小。

自《南极条约》生效后，美国就把维护南极条约体系的稳定性视为其南极政策的主要目标。南极条约体系的稳定性和合法性已经成为美国实现其南极国家利益的主要依托工具。1983 年 6 月 8 日，我国正式签署《南极条约》，并且于 1985 年 10 月 7 日被接纳为南极条约协商国，真正享有南极事务的决策权。与美国一样，我国也是非主权声索国，南极领土主权冻结带来的益处远远高于其不利影响。因而，维护南极条约体系的稳定性亦应该成为我国南极政策的重要目标和实现其他南极国家利益的重要手段。

如前所言，当前七国关于南极大陆架的划界提案是对南极条约体系的最大挑战。针对澳大利亚等国的大陆架提案，美国都相应地提出了反对照会，不承认各国对南极大陆的领土主权要求，同时也反对其通过对南极领土的主权要求进而对南极洲大陆附近海域海底及底土提出主权要求。而我国在该关键问题上目前依然保持沉默态度，采取“搭便车”的方式。从长期来看，我国采取的这种不作为的方式将会有害于我国负责任国家形象的构建，因而，我国应该在该问题未来的发展过程中，选择合适时机，明确表明我国的态度，放弃“搭便车”的做法，切实维护南极条约体系的稳定性，进而从长远时期保障我国南极地区的国家利益。

（二）加强在南极地区的实质性存在

目前，各国在南极地区的实质性存在主要包括三种形式：建立科学考察站、设立南极特别保护区和特别管理区、参加南极条约体系的各种会议并提交相关工作文件或信息文件。

国际社会南极科学考察奉行的“潜规则”是，谁首先对一个区域进行考察，谁就拥有在这个区域建站的优先权；相应的国际惯例是，哪国在某地建站，周围的科研活动就以哪国为主①。迄今为止，我国已经在南极地区设立了四个科学考察站，在数

① 郭培清 . 冷战南北极 .http://news.xinhuanet.com/newscenter/2007-08/01/content_6460682.htm，2007-08-01.

量上已经处于世界领先水平。尤其是我国在南极冰盖最高点冰穹 A 地区，建立了我国第一个南极内陆科学考察站——中国南极昆仑站，实现了我国南极考察从南极大陆边缘向腹地延伸的历史性跨越。冰穹 A 地区具有重要的科研价值，被认为是战略要地和科研热点，是世界公认的开展冰川研究、气象研究、地质调查、环境监测等综合考察与研究的理想场所。在那里建设内陆站，必将极大地提升我国南极科研的显示度和贡献率[①]。但是，我国科考站的容纳人数、基础设施建设等方面与美国存在较大差距（表 10），这也是我国南极科考站未来扩建或者修建的重要潜力方向。

表 10　我国四大南极科考站

名称	建立时间及位置	容纳人数 / 人	研究领域
长城站	1985-02-20，乔治王岛	夏季 60、冬季 20	气象、电离层观测等
中山站	1989-02-26，拉斯曼丘陵	夏季 60、冬季 25	气象、电离层观测等
昆仑站	2009-01-27，南极内陆冰盖最高点	夏季 24	深冰芯钻探等
泰山站	2014-02-08，伊丽莎白公主地	夏季 20	地球物理等

设立南极特别保护区和特别管理区是当前各国采用的较为流行的加强南极地区实质性存在的形式。南极特别保护区的建设在一定程度上反映了一个国家的南极科学研究水平。截至 2015 年 11 月，南极条约协商国共在南极地区设立了 75 个南极特别保护区和 7 个南极特别管理区，总面积分别超过 3 000 平方千米和 5 平方千米。其中，大部分的保护区主要以南极动植物、动植物栖息生长地或者生态系统作为保护内容，以保护南极显著的环境价值和科学价值，小部分保护区则以保护重大的历史价值、美学价值或者荒野价值为主[②]。我国目前已经单独或者与其他国家一道设立了三个特别保护区和特别管理区，分别是：2007 年我国与澳大利亚、印度、罗马尼亚和俄罗斯联合设立的东南极拉斯曼丘陵南极特别管理区；2008 年我国单独提出的格罗夫山哈丁山南极特别保护区；2008 年我国与澳大利亚联合设立的东南极拉斯曼丘陵南极特别管理区。选择适当时机和地点，设立更多的南极特别保护区和特别管理区也将是我国加强南极地区实质性存在的主要手段。

参加南极条约体系的各种会议并提交相关工作文件或信息文件是各国加强南极地区实质性存在的“软”方式。根据南极条约协商国会议的相关规则，协商国可以根据自己关心的南极事项问题单独或者联合向会议提交工作文件（working paper）和信息文件（information paper）供会议讨论和审议。如果协商国认为需要南极条约协商国会议就某个问题通过一项会议实质性决定，该国可在其提交的工作文件中向会议提出实质性决定的草案内容和所属类别，而信息文件只是提供南极事务方面的情况，不提出议案[③]。各国在南极条约体系内提交工作文件和信息文件的数量从一个角

① 郑杨．“十二五”：我国极地考察进入新的发展时期．http://www.zx017.com/Html/Finance/2011/8/5，31，53698_2.shtml，2011-08-05.

② 张建松．我国在南极设立 3 个特别保护区和特别管理区．新华网，http://news.xinhuanet.com/tech/2009-11/20/content_12507063.htm，2009-11-20.

③ 徐世杰．浅析南极条约协商国会议工作机制及影响．海洋开发与管理，2004，(3)：43.

度反映了该国的南极科研实力以及国际影响力。1992~2010年，英国、新西兰、澳大利亚、智利和美国是提交工作文件数量最多的国家，这从一个侧面反映了五国是当前控制南极事务的核心力量。它们对南极事务的关注度最高，最为活跃并且具有强大的影响力，进一步确保和强化了它们在南极事务中的领导地位与作用[①]。与这五个国家相比，我国提交工作文件的数量较少，排名较为靠后，这也将是我国将来参与南极事务需要特别注意的事项。

（三）完善国内南极事项立法工作和建立南极事务跨部门管理与协调机制

《南极条约》及其附属条约对各缔约国的国民并没有强制约束力。各国政府需要通过制定国内法来执行条约的具体条款及其他补充协定。为规范美国公民和法人实体在南极的活动，美国国内已经针对南极事项通过了多部法案，有效地保障了《南极条约》的精神在美国得到有效遵守和执行。除美国之外，澳大利亚、新西兰、智利等国都通过国内立法的形式，来规范本国公民和法人实体在南极的活动。

以前我国在南极的活动范围较为局限、人员数量较少，较之其他国家，我国的南极立法工作起步较晚，进展也相对缓慢，因而经常受到其他南极条约协商国的指责和批评。但是，当前我国参与南极考察活动的人员数量逐渐增多，前往南极旅游、探险的中国公民数量也有大幅度增加，这对我国的南极事项管理活动提出了新的要求，也为我国国内南极事项立法工作提供了新的机遇。2014年6月4日，我国国家海洋局印发《南极考察活动行政许可管理规定》，对南极考察活动从申请、受理、审查、批准和监督管理方面进行规范，这是我国首次出台相关行政法规。《南极考察活动行政许可管理规定》建立了三大制度：①许可制度，即在南极开展采集动植物样品、陨石，进入南极保护区等南极考察活动应进行审批，合格者颁发许可证。②环境影响评估制度，即在南极开展活动需要进行环境影响评估。③监督制度，即对已经许可的行为进行内部或者现场监督。

《南极考察活动行政许可管理规定》的颁布和实施，将会进一步规范我国南极科学考察活动，有助于保障南极考察活动的有序开展，并维护我国国家形象和南极考察活动秩序[②]。《南极考察活动行政许可管理规定》的颁布是我国南极事项国内立法的重大突破，但需要特别指出的是，该规定适用对象是前往南极进行考察活动的中国公民，却不能适用于近年来前往南极旅游的中国游客，游客不会从事该规定列举的六项活动[③]，不以科学考察为目的，因而很难成为该规定的适用对象。因此，我国南极事项国内立法工作依然有很多需要继续完善的地方。

---

① 凌晓良．透过南极条约协商会议文件和议案看南极事务．中国软科学，2009，(10)：297.

② 南极考察活动行政许可规定．国家海洋局极地考察办公室网，http://www.chinare.gov.cn/caa/gb_news.php?id=1453&modid=01005，2014-06-04.

③ 进入南极时携带非南极本土的动物、植物和微生物等有机生物（食物除外）；猎捕哺乳动物、鸟类及无脊椎动物，采摘和采集植物以及其他可能干扰动植物的活动；采集南极陨石；进入南极特别保护区的活动；在南极建立人工建造物的活动；其他可能损伤南极环境和生态系统的活动。

南极事项涉及外交、科研、后勤等多个部门的工作，因此需要一个强有力的南极事务跨部门管理与协调机制，用以保障南极政策的科学制定和有效实施。与美国运转有效的南极事务管理与协调机制相比，我国尚未建立起分工明确、职能清晰、协同合作、运转高效的南极事务跨部门管理与协调机制。当前，我国外交部、国家发展和改革委员会、财政部、科技部、交通运输部、国家海洋局及其所属的极地考察办公室和中国极地研究中心等政府职能部门或事业单位都参与到南极事务中，虽然这些部门和单位有自己相对固定的职能，但是部门之间尚没有形成像前述美国那样有效的南极事务跨部门管理与协调机制。为此，打破部门之间的利益阻隔，建立有效的南极事务跨部门管理与协调机制，是我国有效参与南极事务的重要组织保障，也是我国在南极实现国家利益所必须开展的国内制度建设的重要内容。

参考文献

丁煌 .2013. 极地国家政策研究报告（2012—2013）. 北京：科学出版社 .

丁煌 .2014. 极地国家政策研究报告（2013—2014）. 北京：科学出版社 .

郭培清 .2006. 南极洲与联合国关系探析 . 太平洋学报，（5）：20.

郭培清 .2010. 南极条约 50 周年：挑战与未来走向 . 中国海洋大学学报（社会科学版），（1）：12.

华薇娜，张侠 .2012. 南极条约协商国南极活动能力调研统计报告 . 北京：海洋出版社 .

康建成 .2005. 南极冰雪圈与全球气候变化研究——冰盖与全球气候环境记录 . 自然杂志，（6）：352.

李升贵，潘敏 .2009. 南极政策单极化趋势——以美国南极政策为中心的考察 . 海洋开发与管理，（1）：79.

凌晓良 .2009. 透过南极条约协商会议文件和议案看南极事务 . 中国软科学增刊，（10）：297.

刘惠荣 .2013. 南极生物遗传资源利用与保护的国际法研究 . 北京：中国政法大学出版社 .

路易斯 B.2014. 海洋法精要 . 宋恩，傅崐成译 . 上海：上海交通大学出版社 .

沙普利 D. 1990. 第七大陆——资源时代的南极洲 . 张辉旭译 . 北京：中国环境科学出版社 .

沈鹏 .2012. 美国的极地资源开发政策考察 . 国际政治研究，（1）：103.

韦伯 M.2004. 经济与社会 . 林荣远译 . 北京：商务印书馆 .

徐世杰 .2004. 浅析南极条约协商国会议工作机制及影响 . 海洋开发与管理，（3）：43.

叶江 .2010. 全球治理与中国的大国战略转型 . 北京：时事出版社 .

张林 .2008. 南极条约体系与我国南极区域海洋权益的维护 . 海洋开发与管理，（2）.

朱瑛 .2011. 南极地区大陆架划界引发的法律制度碰撞 . 极地研究，（12）：319.

朱瑛 .2012. 大陆架划界对南极条约体系的挑战 . 中国海洋大学学报（社会科学版），（1）：10.

邹克渊 .1997. 南极矿物资源与国际法 . 北京：现代出版社 .

Berkman P A.2002.Science into Policy：Global Lessons from Antarctic.New York：Academic Press.

Dodds K.2010.Governing Antarctic：contemporary challenges and the enduring legacy of the 1959 Antarctic Treaty.Global Policy，（1）：113.

Dudeney J R，Walton D W H.2012.Leadership in politics and science within the Antarctic Treaty.Polar

Research，（31）：1.

Joyner C C.1998.United States legislation and the Polar Oceans.Ocean Development and International Law，29（3）：265-290.

Klotz F G.1990.America on the Ice：Antarctic Policy Issues.Washington D.C.：National Defense University Press.

Powell R C，Dodds K.2014.Polar Geopolitics?Knowledges，Resources and Legal Regimes. Cheltenham：Edward Elgar Publishing Limited.

Shepherd R.1991.The United States’ actions in the Antarctic.George Mason Law Review，（14）：377.

Stephens T，Vanderzwaag D L.2014.Polar Oceans Governance in an Era of Environmental Change. Cheltenham：Edward Elgar Publishing Limited.

Vicuno F O.1983.Antarctic Resources Policy：Scientific，Legal and Political Issues.Cambridge：Cambridge University Press.

研究报告 11

英国实现南极国家利益的经验借鉴①

【摘要】 英国对南极地区的探索活动肇始于18世纪70年代，先后经历了三个阶段："帆船时代"、"英雄时代"和第一次世界大战之后的常规化阶段。20世纪以来，英国的南极政策经历了两次转变过程，第一次以《南极条约》的签订为转折点，这之后英国政府开始由上一阶段以宣示主权为重心转向了努力提升其南极科研水平和保护南极生态环境来维护自身在南极地区的永久性存在并促进南极治理机制的不断完善；2010年后，英国以多元化的方式宣示其在南极的主权，制定了更为系统完善的南极战略以适应不断变化的国内外政治经济局势。

根据"资源—利益—政策"的分析框架，英国在南极的国家利益包括安全利益、经济利益、政治利益、科研利益等。当前，英国具有实现其南极国家利益的有利条件，但也面临一些不利因素。一方面，英国是历史上最早开始南极探险并提出对南极主权要求的国家之一，在以南极条约体系为主的现有框架内具备一定的话语权，较强的南极科研实力也有利于英国参与国际性的南极治理并占据了一定主动地位；另一方面，国际社会对南极的重视和争夺日益明显，英国以各种形式宣示其"南极领土"和主权均遭到别国的抵制和反对。对此，英国政府确立了其南极政策的总目标和若干分目标，并通过科技支撑战略、南极遗产保护战略和环境保护战略不断强化在南极的实质存在，同时对内不断健全和完善应对南极事务的管理机构和法律体系。

借鉴英国的南极政策，我国在参与南极相关事务、实现南极国家利益的过程中，一方面应当把有效进行制度供给作为实现我国在南极国家利益的有效途径，敏锐地把握南极治理的制度需求，从国际和国内两个层面加大对南极治理的制度供给，尽早制定形成系统的国家南极战略，完善我国参与南极治理的法律体系；另一方面，应尽快形成我国南极事务参与主体的

① 作者简介：丁煌，男，武汉大学"珞珈学者"特聘教授、政治与公共管理学院院长、公共政策研究中心主任、公共管理与国际法双学科博士生导师；鲍文涵，男，武汉大学政治与公共管理学院博士研究生。

“多元化”格局，具体要做到两点：一是正确定位政府在南极治理中的职能，充分发挥政府的“元治理”角色，二是积极培育社会力量参与南极治理。

【关键词】 英国 南极政策 《南极条约》 制度供给 经验借鉴

在众多老牌资本主义国家中，英国是与南极地区发生联系较早的国家，英国在1772年就进行了南极探险，无论在其后发展的哪一个时期，南极战略都是英国国家战略中的一部分，且发展迅速，近年来英国多次以官方名义出台与南极政策相关的纲领性文件，形成了较为科学完备的南极政策体系，对我国实现在南极的国家利益具有重要的借鉴意义。

一、英国南极政策的历史变迁

（一）英国南极探险的历史变迁

英国在南极的活动历史悠久，最早可以追溯至1772年，根据南极探险的规模和目标的不同，英国在南极的活动通常可以划分为三个阶段。

1. 第一阶段：英国南极探险的“帆船时代”

英国南极探险最早可以追溯至1772年，当时的英国正处于第一次工业革命的起步阶段，资本主义的发展需要进行资本的原始积累。作为海权强国，英国的海外贸易和奴隶贸易在英国资本积累中占有重要的位置[①]。为了寻找廉价的原材料和劳动力，开拓海外市场，英国开始大规模的航海行动，英国的南极探险就在这样的大背景下展开的。

当时的英国海军中校詹姆斯·库克是英国南极探险的先驱，他抱着探寻“未知的南方大陆”的心态开始远航南极。库克船长指挥HMS决心号（HMS Resolution）在1772年7月13日，从英国西南部的港口城市普利茅斯出发经由好望角前往太平洋，以求发现“南方大陆”，船队在1773年1月17日创下横跨南极圈的创举。之后，在1773年12月和1774年1月，库克船长指挥HMS决心号两度进入南极圈[②]，并且在1774年1月30日成功驶至南纬71°10′离南极洲不远的海域，成为整个18世纪中航海家所到过最南的地方。库克的努力并没有找寻到任何南极岛屿和陆地，但是他的壮举揭开了英国探索南极的序幕。

在库克的基础上，英国的海豹猎捕者、“威廉斯”号船长威廉·史密斯第一次触碰到南极的土地，即现在的南设得兰群岛。1819年2月19日史密斯到达利文斯顿

① 高岱.英国通史纲要.合肥：安徽人民出版社，2002：258.

② The Government of the UK.Conserving and Managing British Heritage in the British Antarctic Territory. https://www.gov.uk/governmentpriority/conserving-and-managing-british-heritage-in-the-british-antarctic-territory，2013-03-24.

岛北端威廉斯角，同年 10 月 16 日，史密斯登陆乔治王岛，随即宣布该岛为英国所有，并且用苏格兰以北的设得兰群岛的名字给这个新发现的群岛命名为“南设得兰群岛”。

在接下来的 1820 年，英国海军司令部派遣爱德华•布兰斯菲尔德继续找寻新的南极陆地，1821 年 1 月 30 日，爱德华•布兰斯菲尔德和威廉•史密斯登上了克拉伦斯岛和乔治王岛[①]，并且宣布这两个岛为英国所有。接下来的几十年里，英国的南极探险进入频繁期，英国的詹姆斯•威德尔在 1823 年 2 月 20 日率船到达南纬 75° 15′ 的海域[①]，创造了南行的新纪录；苏格兰海军军官詹姆斯•克拉克•罗斯爵士在 1839~1843 年的南极探险中，先后命名了罗斯冰架、罗斯海、埃里斯伯火山、特罗尔山、维多利亚地等南极地标，并且率船驶抵南纬 78° 11′ 的海域，创造了向南航行的最高纪录。

这一阶段的南极探险活动是自发和零星的，整体规模不大，且目标多元，但均没有上升到国家利益层面。一部分探险者是出于科考的目的进行南极探险。例如，詹姆斯•库克就是受英国皇家学会之托，带领考察船前往太平洋协助观测金星凌日的天文现象，以求计算出地球与太阳之间的距离，科考任务完成后，库克接到英国海军部的“密函”，要求其去探索“未知的南方大陆”，从而开始了南极探险。另一部分的探险是出于商业利益的驱使。例如，威廉•史密斯本来就是一个商船的船长，其南极探险的本质就是商业冒险，为了开拓海外市场和寻找廉价原材料。詹姆斯•威德尔也是在南设得兰群岛被发现的消息传播开来后，建议前往寻找发财的机会，得到当时利斯造船厂的詹姆斯•斯特拉坎与保险经理人詹姆斯•米歇尔的资助后得以成行。总之，该阶段的南极探险不是国家意志的表达，对南极的认识还没有上升到国家战略的层面，但是，这一阶段的南极活动开始让英国人接触到“未知的南方大陆”，为今后在国家层面对南极的探索和开发奠定了坚实的基础。

2. 第二阶段：英国南极探险的“英雄时代”

20 世纪初到第一次世界大战前这段时间被称为南极探险的“英雄时代”[②]。这一时期，尽管时间短暂，但人类先后征服了南磁极和南极点，涌现了不少可歌可泣的探险英雄。在这个大背景下，英国的南极探险在沉寂了 50 年左右之后也进入一个新的历史阶段，该阶段南极探险的规模不断扩大，随着科学技术的进步和人们对南极的认识不断加深，南极探险所取得的成就也越来越多。

1898~1900 年的“南十字号”南极探险是“英雄时代”里英国的首次南极远征，并且第一次在南半球的严冬季节在南极大陆过冬。接下来，伟大的英国探险家罗伯特•福尔肯•斯科特仅仅依靠雪橇带领“发现”号探险队到达南纬 82° 17′ 附近，

① The Government of the UK.Conserving and Managing British Heritage in the British Antarctic Territory. https://www.gov.uk/government/priority/conserving-and-managing-british-heritage-in-the-british-antarctic-territory，2013-03-24.

② 刘阳 . 人类南极洲探险史：英雄时代 .http://news.dili360.com/dlsk/dlzh/2009/01127121.shtml，2009-01-12.

并且完成了一系列科学观测工作，再一次创下了南极探险的记录。1902~1904 年，苏格兰博物学家、海洋学家、极地探险家威廉•斯皮尔斯•布鲁斯领导了苏格兰国家南极远征，在南奥克尼群岛上建立了第一座永久性的南极气象站，他原本还计划征服南极点，但终因缺乏公众关注和财政支持而作罢。1907~1909 年，欧内斯特•沙克尔顿带领“猎人”号进行南极远征，其目标是达到南极点，这次行动第一次受到英国皇室的注意，国王和王后接见了沙克尔顿，王后赠予他一面英国国旗，让他插在南极，最后他把王后赠予的国旗插在了南纬 88° 23′，并且第一次宣称英国对南极领土拥有主权，他自己也因此被封为爵士，英国在南极的国家意图开始显现。虽然这次远征没有完成预期的到达南极点的任务，但值得一提的是，团队成员埃奇沃思•大卫教授于 1909 年 1 月 16 日到达南磁极。1910 年 6 月，罗伯特•福尔肯•斯科特再次启程，乘坐“特拉诺瓦”号前往南极，旨在完成征服南极点的宏伟目标。但是，当斯科特于 1912 年 1 月 17 日到达南极点时，却发现挪威的探险家阿蒙森已经率先到达并且已经将挪威国旗插在了南极点，这让他大失所望，于是开始返程。整个团队在返程过程中遇到了极端天气，最终包括斯科特在内的全部团队成员壮烈牺牲，长眠在南极的千里冰原之中。

南极探险“英雄时代”最后一次主要的探险由欧内斯特•沙克尔顿领导。在英国富商、英国皇家地理协会、英国贵族的资助下，欧内斯特•沙克尔顿带领“坚韧”号于 1914 年 8 月 8 日从普利茅斯起航向南极洲进发。这次探险的主要目标是穿越南极大陆。但是，“坚韧”号在行进的过程中遇到了极端恶劣天气，整支队伍在海上与恶劣天气顽强搏斗了 500 多天后得到了南乔治亚岛上的捕鲸站的救助，最终 27 名成员全部获救，虽然没有实现横穿南极大陆的目标，但是谱写了一首南极探险的壮丽史诗。

在南极探险的“英雄时代”，英国的南极探险活动的驱动力依然在民间，主要是依靠几个著名的南极探险家，在民间力量的支持下进行南极探险活动。在这一阶段，英国的南极探险活动较以前更加频繁，在短短 20 余年的时间里，英国的探险家组织了 8 次南极探险，超过了过去 100 多年间南极探险数量的总和，并且在探险规模和参与人员方面都有大幅度增加。更为重要的是，此阶段英国成为第一个提出南极领土要求的国家，奠定了英国在南极地缘政治中的地位，相比其他发达资本主义国家，英国在南极活动的时间早、次数多，为日后英国在南极提出领土要求提供了历史依据，对之后英国南极政策的制定具有深远的影响。

3. 第三阶段：英国南极活动的常规化阶段

从 1929 年开始，资本主义世界爆发经济大危机，但是英国南极考察的脚步仍然没有停止，1929~1931 年，英国当时的殖民地澳大利亚和新西兰进行了南极科考，1934~1937 年，英国登上了格拉汉姆地。这些行动都为后来“英国南极领地”的形成提供了历史依据。

在第二次世界大战期间，英国在南极的行动是服务于战争的。1938 年德国纳粹在南极的行动，引起了英国的高度警觉。英国开始秘密实施“塔伯伦计划”（Operation Tabarin），其目的在于监视德军在南极的行动，同时获取南大西洋的气象和侦察情报。"塔伯伦计划"是一个战时项目，后演变为英国南极调查局，这一项目在迪塞普申岛（Deception Island）和洛克雷港（Port Lockroy）建立了科考站，这一地区科考站的建立奠定了英国在南极大陆永久存在的基础。第二次世界大战结束后，由挪威、瑞典、英国组成的探险队于1949~1952年在南极进行科学研究，1956~1958年，英国探险家维维安•福克斯领导的英联邦横贯南极探险，第一次通过南极点横穿了南极大陆。这一阶段，英国南极活动开始朝常规化的科考转化。

（二）英国南极政策的三阶段

根据英国在南极的活动，我们可以发现，在1914年之前的南极探险活动，其经费来源主要是私人财团的资助，只有很少部分的资助来源于政府①，且早期英国在南极的活动都是民间的自发行为，是许多探险家基于自己对大自然的征服欲望和冒险精神进行的，对南极半岛最早宣示主权的是探险家约翰•毕斯可②，但这仅仅是没有上升到国家意志的个人行为，因而也就谈不上英国的"南极政策"。根据对英国在南极活动的历史考察，笔者将1907年欧内斯特•沙克尔顿带领"猎人"号进行南极远征作为考察英国南极政策的起点。之所以如此，是因为欧内斯特•沙克尔顿的这次南极远征受到了英国皇室的关注并且得到了资助。他到达南极后将英国的国旗插在了南纬88° 23′附近的南极大陆上。更为重要的是，在1908年，英国通过第一次以"皇家专利证"的形式提出对马尔维纳斯群岛的主权要求，因此这预示着英国政府在南极的行动开始清晰化，对南极的领土主权的要求开始进入政府议程。

1. 第一阶段（1908~1962年）：宣示主权阶段

19世纪末20世纪初，在第二次工业革命的影响下，自由资本主义开始向垄断资本主义阶段过渡，其直接表现就是各个资本主义国家开始大规模对外扩张，争夺廉价原材料、市场和殖民地，掀起了瓜分世界的狂潮。在这个背景下，南极作为世界上最后一块没有主权归属的大陆，自然也备受觊觎，这一阶段南极的领土争端直接且混乱。

英国是第一个在南极宣示主权的国家，从1908年英国官方第一次提出对南极领土的主权以来，其南极政策的核心就是利用其在南极的先发优势，保持英国在南极大陆的永久存在，稳固其在南极的领土和主权要求。这一阶段，英国在南极的政策目标有以下三个方面。

（1）领土要求。20世纪初，帝国主义进入垄断阶段，世界已经被欧洲列强瓜分完毕，南极洲是世界上唯一一块没有被占领的大陆。早在1904年，英国著名地理学

① Beck P J.British Antarctic policy in the early 20th century.Polar Record，1983，(21)：475.

② Conserving and managing British heritage in the British Antarctic Territory. https://www.gov.uk/government/priority/conserving-and-managing-british-heritage-in-the-british-antarctic-territory，2014-12-06.

家、英国牛津大学地理系教授麦金德就给英国政府建议去南极洲“分一杯羹”①。同时，伴随着亚非拉等帝国主义殖民地民族民主意识的觉醒，英国控制的大部分殖民地掀起了大规模的反殖民的民族独立运动。英国在非洲、印度和中东的殖民地相继出现大规模的反殖民斗争，英国政府开始把眼光投向了还未进入世人视野的南极大陆。根据当时英国政府制订的计划，其最终目标是逐步控制整个南极大陆①，但是当时世界的几个主要国家的势力都已经逐步进入南极大陆，迫于其他国家的压力，英国决定采取“蚕食策略”，1908年，英国率先对南极部分地区提出领土主权要求，主要包括马尔维纳斯群岛（Falkland Island）、南乔治亚群岛（South Georgia Island）、南奥克尼群岛（South Orkney Island）、南设得兰群岛、南桑威奇群岛（South Sandwich Island）和位于南极半岛上的格拉汉姆地（Graham Land）。英国政府把这些群岛统一作为“马尔维纳斯群岛属地”来视为英国的领土。到了20世纪30年代，英国曾一度宣称控制了南极及其周边海域2/3以上范围的土地①。

英国对南极提出领土要求有一定的历史依据：早在18世纪库克船长进行南极探险的时候，就已经在南乔治亚岛与南桑威奇群岛留下了英国人的足迹；英国的海豹猎捕者、“威廉斯”号船长威廉·史密斯则第一次到达了南设得兰群岛；南奥克尼群岛在1821年被英国人鲍威尔发现。基于英国早期在这些岛屿的活动，以及当时世界局势的客观要求，英国政府提出了主权要求。

1947~1954年，英国先后四次向国际法院提出对南极部分地区的主权要求，但遭到了智利、阿根廷的反对。1955年，英国单方面向国际法院提出仲裁申请，国际法院没有做出判决②。英国政府的主权要求受到了广泛的挑战和质疑。自英国提出了南极领土要求之后，1908~1941年，先后有澳大利亚、新西兰、法国、挪威、智利和阿根廷六个国家根据先占原则和扇形原则对南极洲提出了领土主权要求，打破了英国独占南极洲的美梦。在这场“圈地运动”中，英国在南极洲宣示主权的地区与阿根廷和智利在南极洲声称拥有的领土存在重叠，英国和阿根廷在西经53°~西经25°的领土主张存在重叠，英国、阿根廷和智利在西经74°~西经53°的领土主张存在重叠。这为之后英国与阿根廷的冲突埋下了伏笔，1952年，英国与阿根廷为争夺南极的霍普湾（Hope Bay）基地发生了激烈的军事冲突。

（2）保持英国在南极的永久性存在地位。英国人自从踏上南极洲土地开始，就一直在寻求和稳固其在南极洲的永久性存在地位，早在1903年，博物学家威廉·斯皮尔斯·布鲁斯领导了苏格兰国家南极远征，在南奥克尼群岛上建立了第一座永久性南极科考站，但是，由于当时英国政府不重视和缺乏战略眼光，这座科考站缺乏资金和物资支持。为了得到阿根廷方面为其下一步远征提供的18个月的食物资助，布鲁斯写信给当时的阿根廷长驻公使，将这座科考站于1904年2月22日移交阿根廷政府。科考站的移交不仅使英国丧失了一次永久性进入南极洲的绝佳机会，而且成

① Dodds K.The great game in Antarctica：Britain and the 1959 Antarctic Treaty.Contemporary British History，2008，（22）：43-66.

② 郭培清．美国政府的南极洲政策与《南极条约》的形成．世界历史，2006，（1）：84-91.

为阿根廷挑战英国在南奥克尼群岛主权的“楔子”，也为英国和阿根廷旷日持久的领土纷争埋下了伏笔。之后，阿根廷长驻公使提出英国应当放弃南奥克尼群岛的主权，把南奥克尼群岛作为阿根廷建国一百周年庆典的“礼物”送给阿根廷政府。不仅如此，阿根廷政府还以“租赁”的方式，派遣一个捕鲸公司进入南乔治亚岛，甚至到了 1930 年，阿根廷通过非官方的渠道宣传需要实质性占领和开发，而非“率先发现”才能作为拥有主权的充分理由。这些措施都对英国在南极的地位产生了威胁。

面对在南极的主权一直受到阿根廷和智利两国的质疑和挑战，英国在南极洲的永久性存在地位进一步受到了影响，1926 年，英国议会批准成立南极事务委员会，以此推动英国在南极的主导地位和实质性存在。英国计划通过“三步走”来增强其在南极的地位。第一步是在帝国会议上确认英国在南极的利益；第二步是获取南极各相关岛屿的实质所有权；第三步是为建立政府做准备。这三条政策直接导致了 1929~1931 年英国联合当时的殖民地澳大利亚和新西兰进行了南极科考，并且控制了东经 45°～东经 160° 除阿德利地的南极地区，增强了英国在南极的实质性存在。

另外，英国政府认为，面对阿根廷、智利等国的挑衅，增强英国在南极的影响力不能单靠官方文件的谴责和抗议，而应当对宣示主权的岛屿采取实实在在的占领和利用措施。因此，经过战时内阁的激烈讨论，英国政府决定让海军部大规模进入南极洲诸岛宣示主权，并且计划在南奥克尼群岛或者南设得兰群岛上建立一个永久性或半永久性的设施，作为对阿根廷政府“侵略”行为的抗议。接下来，英国海军分别在锡格兰尼岛、迪塞普逊岛、劳里岛等岛屿登陆，并且在这些岛屿上插上英国国旗宣誓主权，同时拆下阿根廷政府在当地留下的各种标志，与阿根廷进行了一场“标志物破袭拉锯战”。同时，他们还实施了一个名为“塔伯伦计划”的“秘密”项目。这个计划不仅仅是一个在南极实施的涵盖多学科的科学研究项目，而且还是具有政治目的和军事目的的战时计划，旨在防止阿根廷、智利等国在南极洲诸岛的势力渗透，同时加强英国对南极洲诸岛的实际管制能力。此外，英国的捕鲸公司大规模进入南极海域作业，还与南乔治亚岛海域的挪威捕鲸公司建立了良好的合作关系，英国政府通过发放捕鲸许可证的方式进一步宣示了主权，增强了其在南极的实质性存在地位。

（3）通过科学研究来促进各国在南极的合作，寻求南极领土争端的政治和法律的解决途径。英国在 1925~1938 年，在南乔治亚群岛、南奥克尼群岛、南设得兰岛以及南极半岛的西部沿海地区建立了一大批科考站。除此之外，英国剑桥大学著名的斯考特极地研究中心也是在 1920 年建立的，为英国的南极活动提供了强有力的智力支持。值得一提的是，“塔伯伦计划”这项“秘密”的战时项目在 1945 年更名为马尔维纳斯群岛属地调查局，在 1961 年演变为现在的英国南极调查局，成为英国自然环境研究委员会（Nutural Environment Research Council，NERC）的一个组成部分，该局负责大部分英国在南极洲的科学研究，奠定了英国在极地科学研究的领先地位。

英国政府越发意识到，日趋混乱和紧张的南极局势，以及在南极范围内发生的军事摩擦，不仅不利于南极的和平与稳定，也不利于英国实现其在该地区的国家利益。为了保持本国在南极的地位，英国政府意识到国际合作和科学研究是有效解决各国南极冲突的“润滑剂”，因而积极寻求一个统一的法律框架来规范南极的领土争端。1957~1958 年的地球物理年期间，英国就曾经提议建立一个包括苏联在内的南极共同体来对南极进行共同管理，但是因遭到了阿根廷和智利的反对而搁浅。作为当时美国的盟国，英国为了避免和美国在南极领土问题上发生冲突，委婉地表达了对美国提出南极领土要求的反对；后来当美国提出由各个利益相关国家主体直接进行对南极局势和未来发展进行磋商时，英国积极响应美国号召，支持美国提出的冻结南极领土要求的建议，努力把南极变为一个国家间合作进行科学研究的平台，在与其他 11 个国家经过激烈的讨价还价之后，推动了《南极条约》的出台，为南极治理的制度创新做出重要贡献。

这一阶段英国政府南极政策的核心是宣示英国在南极的主权，通过实质占领、设立科考站、进行商业活动、实施军事行动等途径不断加强英国在南极的有效占领。英国不仅在国内逐步形成了相对完善的南极事务的管理体制，而且还积极追求和探索南极新的国家间治理机制，推动《南极条约》的出台，以制度来固化前期在南极取得的国家利益。这一阶段英国政府的南极政策塑造了英国日后南极政策的基本雏形，奠定了英国政府在南极问题上的基调，具有重要的意义。

2. 第二阶段（1962~2010年）：加强科考阶段

自《南极条约》生效之后，英国政府南极政策的侧重点发生了较大变化，这是因为《南极条约》颁布之后，各国的南极主权和领土要求问题都暂时被搁置起来，英国将其军事力量撤离到南纬 60° 以外的英属南极领地，但是英国仍然没有放弃在南极的领土要求。这一阶段，英国政府开始由上一阶段宣示主权为重心转向了努力提升其南极科学研究水平，维持其在南极的永久性存在地位，关注南极环境保护，并且在此基础上促进南极治理机制的不断完善和发展。这一阶段英国南极的政策目标有以下四个方面。

（1）提升南极科研实力。在《南极条约》冻结了各个国家的领土主权要求之后，低政治敏感度的科学研究依然是参与南极事务最好的“楔子”，加之英国历来在极地科学研究方面一直保持着较大的优势，因此，在英国南极政策中，首要的就是继续提升英国对南极的各项研究水平和实力。英国政府在 1962 年把马尔维纳斯群岛属地调查局更名为英国南极调查局，成为英国自然环境研究委员会的一个组成部分，继续统筹负责英国政府在南极的国家科学研究工作。英国在南极建立了 5 个考察站，主要进行大气科学、地球科学和生物学的研究，其中，大气科学共分三个专题项目，即气象学（包括气候、臭氧、太阳辐射、污染）、磁学（包括绝对磁场、磁脉动）、电离层（包括太阳与地球的关系、磁大气层科学）。英国在南极的考察站处于有利的地理位置，对理论研究可以提供有价值的资料。因此，英国在地球科学和生物学的研究上也都取得了相当可观的成果，丰富了整个南极研究的理论宝库。英国对南极的科研经费的投入也在逐年增加，不完全资料显示，英国政府 2009 年的南极科研投入超过 27 万英镑，在南极大国中仅次于美国，2011 年这项投入则上升至 100 万英镑。

（2）维持英国在南极的实质性存在地位。在《南极条约》颁布之前，英国已经是举足轻重的南极大国，在南极拥有众多领土，建立了很多科研、军事和商业设施，保持了较高的实质性存在地位。虽然《南极条约》冻结了各国的领土主权争端，但是实际上它并没有否定最初七国对南极提出的领土主权要求。英国也一直没有放弃对南极领土的主权要求，并且在 1962 年 3 月 3 日正式建制，把南极洲上从南极点到南纬 60°、西经 20°～西经 80°之间的范围命名为“英属南极领地”。1994 年英国颁布的《南极法案》也规定，一旦英国人在位于南纬 60° 以南以及西经 150°～西经 90° 之间的区域的行为违反了英国的法律，那么将被认定为有罪，并且有可能被起诉和受到相应的处罚。由此可以看出，英国在对该区域是持有主权立场的。与之前进行军事占领不一样，《南极条约》颁布之后，英国维持其在南极的实质性存在，所采取的主要措施是通过国内立法的形式来确立英国在南极的国家利益。

另外，为了加强对英属南极领地及其周边海洋权益的维护和管理，英国政府利用《南极条约》和《联合国海洋法公约》之间的矛盾，提出英国在南极的大陆架权利。英国政府分别在 2008 年和 2009 年向联合国大陆架界限委员会提交了两个声明。2008 年 5 月，英国驻联合国常驻代表团向联合国大陆架界限委员会提交了与阿森松岛大陆架有关的意见书，英国政府在该文件中再次声明将遵守《南极条约》所规定的原则，确保南极地区的和平与安全。考虑到南极地区独特的法律状况，英国政府向大陆架界限委员会提交的进入南极区域的大陆架的意见书中将不包含进入南极区域的大陆架，但是该意见书将会在以后提出。同时，英国政府还提出目前还没有充分的数据来界定“英属南极领地”200 海里之外大陆架的请求，但是英国保留将来这样做的权利。2009 年 5 月 14 日，英国向联合国大陆架界限委员会提交了《大不列颠和北爱尔兰联合王国根据 1982 年〈联合国海洋法公约〉第七十六条第 8 款向大陆架界限委员会提交的与马尔维纳斯群岛、南乔治亚岛和南桑威奇群岛有关的意见书》，在这份文件里，英国提交了马尔维纳斯群岛、南乔治亚岛和南桑威奇群岛大陆架划界的数据。这两份文件不仅说明了英国政府并没有放弃对南极领土的主权要求，而且还证明了英国政府通过此举在维持英国在南极的权益，为今后《南极条约》解冻之后的局面做了未雨绸缪的铺垫工作，维持了英国在南极的实质性存在地位。

（3）致力于南极环境保护。随着各国在南极大陆的活动日益频繁，南极的环境保护问题逐渐凸显出来。特别是《南极条约》签订后，南极只作为国际合作和科研之用，南极的环境保护作为关系着全球各国共同命运的事业，自然成为共同合作和科学研究中不可回避的话题。因此，致力于环境保护也成为英国这一阶段南极政策中很重要的一个方面。在这一阶段，一方面，英国积极加入南极条约体系，英国政府于 1964 年加入《保护南极动植物议定措施》，1972 年加入《南极海豹保护公约》，1980 年加入《南极海洋生物资源养护公约》，1998 年加入《关于环境保护的南极条约议定书》。这些条约的签订，表明了英国在南极环境保护方面的坚定立场。另一方面，在国内立法上，1994 年，英国颁布了《南极法案》，对南极的矿产资源和动植物保护都进行了专门的规定。以南极矿产资源保护为例，英国的《南极法案》规定了一系列禁止性条款。例如，禁止任何英国公民在南极钻探、挖掘、开凿矿产资源；禁止收集任何矿产资源样本；禁止从事任何以确认专门的矿产资源沉积地点以及以发现这些矿产资源的区域为目的的行为。英国并采用了刑事手段保障这些禁止性条款的实施，规定任何违反本规定的行为都属于犯罪行为。

（4）完善南极现有的治理机制。如同积极推动《南极条约》出台一样，在南极治理机制上进行有效的制度供给一直是英国维持其南极国家利益的重要手段和措施。英国政府完善南极治理机制主要从两个方面着手。在国内立法方面，英国1989年出台了《南乔治亚岛和南桑威奇群岛命令》，规定南乔治亚岛和南桑威奇群岛的领海范围为从领海基线量起的12海里；1990年颁布了《司法管理条例》，对英属南极领地的司法实践中的相关问题进行了规定；1994年颁布的《南极法案》，对涉及英国南极事务的方方面面，如南极的定义、南极环境保护、南极矿产资源、南极特别区域、南极犯罪行为等，进行了详细的规定，且在2009年开始对《南极法案》进行修订，并在2010年发布了《南极法草案》；1997年颁布了《环境保护条例》，对南极环境及其矿产和动植物资源的保护进行了规定。另外，英国政府积极推动南极条约体系的完善，促成了1972年《南极海豹保护公约》、1980年《南极海洋生物资源养护公约》、1988年《南极矿产资源活动管理公约》、1991年《关于环境保护的南极条约议定书》等国际协议和由南极协商国会议通过的大量措施或建议、决定以及决议等法律文件在内的庞大的南极条约体系的形成。

这一阶段中，英国政府积极贯彻《南极条约》的基本精神，在没有放弃领土主权要求的前提下，在南极条约体系的框架下努力实现英国在南极的国家利益，从提升南极科研实力、稳固在南极的实质性存在地位、保护南极生态环境、完善南极治理体系等各方面做出了探索和努力，有效地捍卫了英国在南极的国家利益，同时也为推动南极治理实现法制化和规范化做出了突出的贡献。

3. 第三阶段（2010年至今）：主权再宣示阶段

进入21世纪以来，英国南极政策在上一阶段的基础上整体变化不大，但继续保持着微小的调整，主要集中在通过各种方式进一步宣示英国在南极的主权，并且利用《南极条约》与《联合国海洋法公约》存在的内在矛盾，争夺南极洲附近海域的石油、天然气等自然资源的开采权。这些举动遭到了南美洲国家的强烈反对，引发了新一轮的“南极争夺战”。这一阶段英国的南极政策尽管在以往的基础上变动不大，但出现了两个新的政策目标。

（1）通过各种方式进一步宣示主权。进入21世纪以来，政治多极化和经济全球化的趋势深入发展，世界各国竞争不断加大，尤其是经济社会发展对能源矿产资源的需求不断增加，而南极地区富含煤、铁、金、银、铜、铂、铬、锡、铅和石油、天然气等220多种矿产资源和能源，有世界上最大的铁山、煤田和南大洋富裕的海洋生物资源，堪称是地球尚未开发的“聚宝盆”。如此丰富的资源对各国来说都是不小的诱惑。同时，《南极条约》在2048年面临着被调整的可能，各国在南极的利益既有可能强化，也有可能面临利益重新分配。为了在 2048 年《南极条约》的调整中掌握先机，取得主动权，英国政府开始未雨绸缪，在南极主权问题上做起了文章。南极主权问题在沉寂了几十年之后，再一次被隐晦地提上了议事日程，吸引了公众的眼球。早在 2007 年，英国外交部就在进行资料和数据的搜集整理，准备向联合国大陆架界限委员会提交英属南极领地 200 海里的大陆架请求。更具有标志性意义的事件是，在 2012 年 12 月 18 日，英国政府宣布将英属南极领地的部分地区命名为“伊丽莎白女王领地”，用来纪念英国女王即位 60 周年。这块领地的范围是北面以罗尼与菲尔切纳冰架为界，东北邻接克斯特地，向东邻接卓宁莫德地，并且向西延伸至位于星座水道东面，南极点与劳斯特福德冰川之间的地区①。由于英属南极领地与阿根廷主张拥有的阿根廷属南极地区存有领土争端，因此，阿根廷当局批评命名行动是“有组织的攻击”，并且指这是英阿两国不久以前就英国海外领土马尔维纳斯群岛纠缠于主权争议后，英方的再一次“挑衅”②。英国此举无疑在挑战《南极条约》搁置领土争议的精神，尽管英国的这一举动还未引起别国的效仿，但是这种强化领土主权宣示的做法象征意义巨大，处理不好会重新点燃已经被成功冻结半个多世纪的南极领土主权争议③。

（2）制定更为系统完善的南极战略。从 1908 年开始算起，英国官方涉足南极事务已达一个世纪之久，英国的南极政策始终在不断调整以适应不断变化的国内外政治经济局势。进入 21 世纪以来，英国政府开始思考和构建一个更加系统和完善的南极战略，用以指导和统筹英国在南极的国家行动。2009 年，英国公布了《英属南极领地战略文件：2009—2013》，提出了实现英属南极领地安全和“善治”的总体目标以及四个分目标，即在南极条约体系框架内实现英国的南极领土安全、保持主权完整和提高国民极地利益意识、保护极地原生态环境、建立一个高效的法律和管理结构、保持南极领土政府的财政收支平衡。此项战略文件的发布，标志着英国政府对南极事务的认识更加清晰和深入，为英国下一步在南极的行动规划了蓝图。

在这一阶段中，英国政府立足于长期以来形成的基本立场，在继续保持南极政策连续性的同时，已经开始未雨绸缪，为即将可能发生的南极变局做积极的准备，其基本特点就是重新在领土主权问题上做文章，通过一些与《南极条约》精神相违背的宣示主权的国家行为，力图稳固并扩大在南极的实质性存在地位，为今后《南极条约》修订带来的不确定性作准备。同时，英国政府也对以往的南极政策进行反思，出台新的国家战略文件，对英国的南极政策进行系统的完善，以之适应不断变化的南极地缘政治环境，指导英国未来在南极的各方面行动。

从以上英国南极政策的三阶段可以看出，从开始参与南极事务到成长为举足轻重的南极大国，英国始终在南极事务的全球治理中占据一席之地。在这个过程中，

① British Antarctic Territory.http://en.wikipedia.org/wiki/British_Antarctic_Territory，2013-11-29.

② Freeman J.Argentina fury as Britain names disputed Antarctic territory “Queen Elizabeth Land” .http://www.thetimes.co.uk/tto/news/uk/article3636121.ece，2012-12-20.

③ 陈玉刚 . 试析南极地缘政治的再安全化 . 国际观察，2013，(3)：56-62.

英国在南极的国家利益是促进英国南极政策变迁的“指挥棒”。自1819年英国踏上南极土地到1908年在南极宣示主权，奠定了英国未来100多年的南极政策的基础，虽然英国的南极政策在各个不同历史阶段有不同的重心，但是无论在什么时候，英国始终没有放弃对南极的领土主权要求。可以说，捍卫英国在南极的领土主权是100多年来英国南极政策的一根主线。在此基础上，英国积极参与南极事务治理，在科学研究、环境保护以及制度供给等各方面都表现出一个南极大国应有的风范。

二、英国的南极国家利益分析

根据以上分析，英国虽然是北半球国家，但是在南极地区存在着鲜明的利益诉求。历史上，早在殖民扩张时期，富有探险精神的英国人就踏上了这块冰雪大陆。近当代，在全球气候变化、国际能源市场结构调整等国际背景下，南极对于维护英国国家利益的战略价值越发凸显。结合当前英国的国内外环境以及南极地区的资源环境状况，英国在南极的国家利益包括以下几方面。

（一）安全利益

安全利益是国家利益的基本范畴，在任何历史时期、任何意识形态下都具有极其重要的地位，因而成为探讨极地国家利益的首要内容。结合南北极地区的特殊性以及新的历史时期国家安全观念的不断更新，本研究报告中所讨论的极地国家安全利益将重点包含军事安全、能源安全、环境安全等新的类型，同时也会兼顾传统安全观下国家安全的基本内容。

1. 军事安全利益

军事安全是传统安全观的基本一环，在和平与发展的时代主题下仍然具有不容忽视的意义。南极地区的军事安全，其背后往往牵连着主权领土以及资源的争夺，虽然《南极条约》暂时冻结了各国对南极领土的主权要求，但是，随着各国能源需求的持续扩张以及能源短缺问题的加剧，各国都希望强化在该地区的实质性存在。

早在第二次世界大战时期，希特勒就命令德国海军在南极半岛附近建立军事基地，意在控制南大洋、印度洋和德雷克海峡。美苏对抗时期，两个超级大国将南极纳入争夺世界霸权的范围，一方面，美国试图通过联合英国、法国、挪威、阿根廷、智利、澳大利亚、新西兰七个南极主权要求国达成所谓“八国共管”方案，以此抵制苏联在南极地区的扩张，但遭到法、挪、阿、智、澳五国的反对；另一方面，苏联通过加速建立科考站等实际行动表示抗议，并且以射程覆盖整个南半球的洲际导弹进行武力威胁①。从某种角度来看，南极大陆一度存在着军事化的潜在威胁，这也

① 胡德坤，唐静瑶．南极领土争端与《南极条约》的缔结．武汉大学学报（人文社会科学版），2010，(1)：64-69.

迫使国际社会急于寻求应急性的妥协方案，而非根本性的南极争端解决之道，于是《南极条约》应运而生。

在为数不多的南极主权要求国中，阿根廷同英国的争端最为激烈。早在 1952 年，两国就在南极霍普湾产生正面冲突，一度存在爆发军事冲突的危险，史称霍普湾事件[①]。1982 年，英国同阿根廷因为南大西洋的马尔维纳斯群岛（英国称福克兰群岛，位于南美洲最南端东北方 480 千米处，临近麦哲伦海峡，属亚南极地区）的领土归属问题而爆发战争，即英阿马岛之战。尽管有观点认为马岛之战的起因是阿根廷军政府为转移国内矛盾而采取的军事行动，但不能忽视的是，马尔维纳斯岛是太平洋和大西洋的航道要冲，是前往南极大陆理想的中转站，同时附近海域还蕴藏着丰富的石油资源。尽管英国最终取得了战争胜利并且占领群岛，但是付出了 1 000 多人伤亡和 27 亿美元间接经济损失的惨重代价[②]。更为严重的是，战争恶化了英国同阿根廷乃至其他拉美国家的关系。

事实上，涉入南极地区主权争端的国家远不止英国和阿根廷。自 1908 年英国率先对南极地区提出领土主张后，新西兰、法国、澳大利亚等国纷纷介入，第二次世界大战后南极的领土争夺战越演越烈。在此背景下诞生的《南极条约》虽然做出禁止在南极建立军事基地、保证南极大陆非军事化的规定，但却存在两个缺陷，一是对缔约国的约束力明显不足，二是到 2048 年即将期满，届时《南极条约》是否顺延还是个未知数。在缺失稳定有效规范机制的情况下，各国争夺南极主权和资源的利益诉求以及付诸的实际行动必然会产生矛盾和冲突。

维护南极地区的和平与稳定意义重大。一方面，南极所涉及的利益主体众多，在全球化趋势日益加深、国与国之间关系微妙而复杂的大环境下，倘若各国因南极主权和资源归属问题发生冲突，几乎没有国家能够置身事外，更不必说对南极提出明确主权诉求的英国；另一方面，稳定和开放的环境可以为南极地区的科学考察、矿产勘探等活动提供基本的安全保障，也是构建更加公平合理、稳定有效的制度规范的必要前提。

2. 能源安全利益

所谓能源安全，通俗地讲，就是一个国家拥有充足的能源储备或可靠的能源市场以满足当前和未来可预见时期内的能源需求。以此为逻辑出发点并结合当前英国的能源供求状况，能源储量丰富的南极地区对于维护和实现英国的能源安全利益显得尤为重要。

石油被称为“工业的血液”。历史上，英国通过海外殖民扩张而控制了大量石油资源，在世界石油市场中的地位仅次于美国。20 世纪 70 年代，英国开始大规模勘探和开

---

① 霍普湾位于南极半岛的特里尼蒂半岛。1952 年，英国派遣一支科考队前往霍普湾，修复在 1948 年火灾中损毁的考察站，抵达后遭到阿根廷驻军的阻拦和威胁。两国政府进行紧急交涉，均表示希望和平解决争端。与此同时，英国驻马尔维纳斯岛总督克利福德率海军陆战队登陆霍普湾，阿根廷驻军后撤，事件得以最终平息。

② 孙国军．试析英阿马岛之战．内蒙古民族大学学报（社会科学版），2010，(1)：67-69.

采位于其西部海域的北海油田，使得本国经济迅速摆脱疲软状态，并且在“油荒”年代保持了较为稳定的经济增速。

但是，自 1999 年创下原油日产量的最高纪录后，英国的原油产量开始几乎逐年递减，进口依赖程度不断提高。英国政府也承认，“1999 年的石油产量是英国的历史最高峰，此后的石油产量出现下降趋势是必然的”[①]。英国在 2000~2011 年的石油消费总量基本在 8 000 万吨的水平上下浮动，而本国石油产量却持续下滑（2006~2007 年除外），随之而产生的对外依存度的涨幅十分明显。这种持续性的石油产量下降并非短期政策调整或偶然因素的结果，而是由英国本国的石油储量决定的[②]。换言之，英国 20 世纪中后期依靠北海油田所形成的重要能源输出国的优势地位已经逐渐丧失，而在国民生产和生活对石油资源及其产品的依赖性仍然很高的前提下，英国不得不增加石油的进口量。

英国 1999 年原油产量峰值过后，石油进口的市场结构基本保持稳定的状态，主要石油进口源包括挪威、中东地区、非洲、美洲以及俄罗斯等其他国家和地区，其中，环北极国家挪威是英国最大的石油进口国，进口份额占英国进口量的近 70%。20 世纪 70 年代，随着北海石油资源的大规模开采，挪威一跃成为除沙特阿拉伯和俄罗斯之外的第三大非欧佩克[③]石油出口国。由于同挪威隔海相望，海运便利，将其作为主要石油进口源，英国相对可以节省很大一笔运输成本，并且较少受制于地缘政治的不利影响。但是，北海区域油气资源的枯竭趋势是整体性的，挪威未来的石油开采阵地必然由北海油田向北极地区转移，这也间接反映了北极石油储备对英国的重要价值。其他几个油气进口源中，中东和非洲地区运输成本高昂，且石油价格和供应量容易受到当地动荡的政治局势的影响；北美和俄罗斯的石油出口一直是“石油政治”的重要手段，况且英国在这两处的进口份额还不到 20%，远不能保证英国的石油安全。因此，同许多其他国家一样，石油市场的单一化为英国的能源安全埋下了隐患。

与石油资源形势相类似，英国煤炭和天然气的对外依存度同样很高，同样以 2000~2011 年为例。在此期间，英国的煤炭平均年产量约为 1 400 万吨油当量，远低于平均年消费的 3 580 万吨油当量，事实上，当前英国可开采的煤矿已基本枯竭，因而对外依存度基本维持在 50% 以上；天然气的平均年产量和消费量分别约为 7 420 万吨油当量和 8 340 万吨油当量，年产量逐年降低，资源对外依存度却增加了 50% 以上。在英国的一次性能源结构中，石油、煤炭和天然气一直占主导地位，而诸如核能、潮汐能等新型能源的比重则只有 3.7%（2011 年）。可以断言，在短期内相关技术无法实现重大突破的前提下，化石能源仍将是英国能源消费的主体。为了保障

① 鲍健强，朱逢佳．从创建低碳经济到应对能源挑战——解读英国能源政策的变化与特点．浙江工业大学学报（社会科学版），2009，(6)：148-154.

② 王婷，任庚坡，蔡建军．英国能源概况和推进节能减排工作的政策、措施和启示．上海节能，2013，(7)：27-31.

③ 石油输出国组织，Organization of Petroeum Exporting Countries，OPEC，中文音译为欧佩克．

本国的能源安全利益，英国一方面需要提高自身能源产量，另一方面还要寻求新的稳定的能源市场。

现有地质调查表明，南极地区蕴藏丰富的化石能源。南极大陆煤田众多，主要分布于南极洲横断山脉沿以及西南极洲的埃尔斯沃思山区，储量约为 5 000 亿吨，居世界第一，且煤层较浅，部分煤田甚至直接裸露地表，便于开采。南极地区的石油储存量为 500 亿 ~1 000 亿桶，天然气储量为 30 000 亿 ~50 000 亿立方米，现有的海洋地质和地球物理资料表明，这些油气资源主要分布于南极大陆周围海域的罗斯海盆、威德尔海盆和别林斯高晋海盆等七个海盆①。此外，南极冰盖之下及周围浅层海床中还蕴藏大量可燃冰（即甲烷水合物，被认为是未来世界的清洁能源），其储量超过全球的石油和煤炭总量。

同许多国家一样，能源短缺正成为制约英国经济可持续发展的重要障碍。英国本土的煤炭和油气供应逐渐萎缩，能源进口需求量大，对外依存度呈逐渐上升趋势。对此，尽管英国大力发展低碳型经济，逐步扩大核能、风能等新能源在能源总量中的比例，但毋庸置疑的是，在未来可预见的时期内，化石能源仍将为英国的经济生产和居民生活提供主要动力。从这个意义上说，南极是英国的重要能源后备区，对于维护英国的能源安全利益具有持续性的战略意义。

3. 环境安全利益

南极被称为地球上的“最后一片净土”，该地区生态环境特征明显，恶劣的极寒、大风天气阻碍了人类涉足南极的脚步，因而到目前为止，人类对南极的认识仅仅来源于有限的探险与科考活动。但是，这种生态环境的独特性中同样包含着脆弱性和不可逆性，即对于人类活动所造成的破坏，南极生态环境的抵抗力和自我修复能力都是十分有限的。

南极是地球生态环境的重要组成部分。首先，南极是地球上最大的淡水资源库，以冰雪的形式储存着近 70% 的淡水资源，这些水资源既是人类重要的战略性储备，又是地球水循环的重要环节。其次，南极地区拥有数百种特有的动植物，是地球生物多样性的有机构成，也是研究生命起源、物种演化的理想资料源。最后，南极的海洋生物链虽然相对简单、易受到外界破坏，但却参与着全球的生物循环——南极大陆与周围水域为全球大洋的其他区域提供基本的营养物质，供给数千千米以外的生物系统②。保护南极的生态环境，不仅是未来人类科学合理地开发南极资源的先决条件，亦关系到当下各国的切身利益和长远发展。

不幸的是，人类活动仍旧直接或间接地波及南极，并且对南极的生态环境造成一定的破坏。一方面，在人类发现和探索南极的 100 多年历史中，早期大规模的商业捕鲸、海洋捕捞以及第二次世界大战后逐渐兴起的科学考察及旅游活动都不同程度地破坏了南极原生态的地质地貌以及生物群落，部分特有物种已濒临灭绝。虽然

① 钟科．罕见的资源宝库——南极和北极．水利天地，2011，(8)：24-25.

② 凌晓良，温家洪，陈丹洪，等．南极环境与环境保护问题研究．海洋开发与管理，2005，(5)：3-15.

人类逐渐意识到南极生态环境的重要性并且有意识地控制污染物数量，但在长期的低温环境中，污染物很难自然降解，这就使得南极污染的集聚效应更加显著。另一方面，地球生态是一个连贯互动的整体，其他六大洲的人类活动同样会对南极生态环境造成破坏，主要表现为南极冰川消融和臭氧层空洞。冰川消融的根源是化石能源消耗和碳排放激增，导致温室效应加剧，进而引发全球性的气候变暖；而对于南极上空出现的臭氧层空洞，科学家给出的解释是人类活动化学假说，通俗地讲，就是人类大量使用的氯氟烷烃化学物质（如制冷剂、发泡剂、清洗剂等）在大气层经过一系列化学反应，降低了臭氧层浓度，形成臭氧稀薄区域甚至空洞。失去臭氧层的保护，农产品将减产，渔、林资源将遭到破坏，同时人类患皮肤癌、白内障等疾病的风险会相应增加。

任何国家都无法逃避南极环境污染的后果，英国同样如此。历史上，工业革命在提升国家实力和国际地位的同时，也使英国饱尝环境污染的种种苦果，如果南极生态环境遭到破坏甚至崩溃，将会是一场波及世界各国的全球性灾难。为了不重蹈覆辙，维护在南极的环境安全利益，英国必须在保护南极生态环境问题上有所作为，携手国际社会达成更多的共识，并且做出持续的努力。

（二）经济利益

（1）南极丰富的资源和能源储备是英国经济可持续发展的重要战略保障。南极地区除了如前文所述具有丰富的煤炭和油气储量之外，还有铁、锰、铜等种类繁多的金属矿产资源，其中，铁矿储量居世界第一。南极最大的铁矿富集区位于南查尔斯王子山，含铁品位为32.1%，部分地区高达58%，分布于厚100米绵延120千米的矿床之上，初步估计可以支持人类开发使用200年。南极的有色金属矿产主要分布于西南极洲的安第斯成矿区，除此之外，科学家还在南大洋海底勘探到储量惊人的锰矿资源以及稀有金属资源。

如果说南极大陆是“从头到脚”的矿产资源宝地，那么南大洋则蕴藏有丰富的生物资源，如南极磷虾。磷虾是南极海域数量最多的生物资源，总量估计值说法不一，但至少是数亿吨级别，是世界上最大的“蛋白质库”[①]。科学家模拟计算得出，1亿~1.5亿吨的磷虾年捕捞量是南极海洋生态平衡所允许的，而这一数量相当于当前世界渔产年捕获总量的2倍。

20世纪20年代英国率先对南极大陆提出主权要求，在很大程度上是出于南极资源能够长期满足本国工业发展需求的考虑。尽管《南极条约》“冻结”了各国对南极的主权纷争，但是，随着全球性能源短缺形势的加剧，南极丰富的资源和能源将不可避免地为人类所利用。当前，为了遏制全球性的气候变暖，英国率先提出发展低碳型经济，有计划地削减煤、石油等高碳型能源。若技术成熟，南极永久冻土层和洋底海床的可燃冰，凭借其丰富的储量和燃烧后较少的碳排放量，将成为优质的替

① 郭培清．南极的资源与资源政治．海洋世界，2007，（3）：68-73.

代性能源，这对于英国经济的可持续发展具有重要的战略意义。

（2）南极旅游蕴藏着巨大的市场潜力。发展旅游业必须建立在有价值的旅游资源基础之上。本着“人无我有，人有我优，人优我特”的原则，南极地区拥有三方面的旅游资源：一是南极特殊的地质地貌景观，如冰山、冰原等；二是南极地区独特的动植物资源：如“南极的主人”——企鹅等；三是人类活动在南极形成的人文景观，如早期的捕鲸站、科学考察站等。这些资源兼备观赏性、独特性和极高的科普教育价值，是南极旅游业得以成型的物质基础。

南极旅游始于 20 世纪 50 年代末，严格意义上的南极旅游产业则成型于 70 年代。其后的 50 年里，南极旅游在游客数量、交通方式、旅游线路方面都得到发展。从游客数量来看，除科考人员、政府官员和国际组织成员外，赴南极旅游的普通民众数量基本上呈逐年上升趋势，在 1980 年尚不足百人，而到了 2008 年则上升至 4.6 万多人[①]，之后，受全球次贷危机的影响，南极旅游热度有所回落，但仍维持在每年 3 万人以上。尽管南极地区的自然环境恶劣、可游览的时段短暂及游资成本高昂，但是南极旅游业的增长势头总体上是强劲的，并且随着居民生活水平的提高和生活方式的优化而蕴藏有巨大的市场潜力。

英国是最早开拓赴南极旅游线路的国家之一，也是南极游客的主要来源国之一，年游客数量一度仅次于美国居世界第二，成为英国本国经济的一个明星式增长点。2008 年金融危机爆发后，英国国民消费需求有所减小，在很大程度上导致英国的南极旅游业发展滞缓。但是，随着金融危机后续影响的逐渐消退，赴南极的旅游热潮又在英国国内回升。

目前，英国主要依托 1991 年成立的国际南极旅游业者行业协会来发展国际合作性质的南极旅游业，合作的内容包括船舶、飞机等交通工具的共享、南极导游等管理人员的合作培训、游客行为和活动的协作监管等。

（三）政治利益

总的来看，英国在南极地区的政治利益主要体现在两个方面：一是作为少数对南极存在主权要求的国家之一，英国这种主权要求的合法性；二是作为国际社会的一员，英国在南极保护与治理等国际事务中的参与权和话语权。

1. 英国对南极主权要求的合法性

所谓“南极是一块无主之地”，实际上是一种模糊性的提法，历史上曾有若干国家，如英国、新西兰、德国、南非、澳大利亚、法国、挪威、智利、阿根廷、巴西等对其提出过主权要求。关于南极的主权归属问题，各国在经历各种场合、各种形式的分歧、争夺和冲突甚至诉诸武力后，最终以 1959 年签署的《南极条约》将各国的主权之争暂时搁置（该条约至 2048 年 6 月 22 日将有效期满，届时是否续约或另立新约不得而知）。

---

① 陈丹红 . 南极旅游业的发展与中国应采取的对策的思考 . 极地研究，2012，(3)：70-76.

在上述国家中，英国是最早对南极提出领土主张的国家。在英国政府的官方文件中，“英国的南极领土”包含南纬 60°以南、西经 20°~西经 80°的扇形区域，总面积约为 43.7 万平方千米[①]。英国将该区域视作其海外领土，属外交与联邦事务部管辖。2012 年，英国政府宣布将该地区命名为“伊丽莎白女王领地”，一度成为国际焦点。

对于英国在南极的领土和主权，英国政府的态度有两点：一是英国最早对该地区提出主权要求；二是承认 1959 年《南极条约》第 4 条暂时搁置了对南极提出的任何领土主张。之所以坚持这两点态度，是因为英国政府的话语逻辑是为了增强其南极领土主张的合法性。

首先，根据国际社会普遍遵从的“先占”原则，英国在宣布对南极部分地区享有主权之前，该地区一直是“无主之地”，没有原始居民，亦无其他国家的常住人口、科研人员等。尽管以马来西亚为代表的发展中国家主张南极是人类的“共有物”和“人类共同继承遗产”[②]，但是这两种提法均存在很大的模糊性，缺乏有效的法理依据；至于“先占”原则的另一项适用条件——有效控制，尽管英国在该地区的实质性活动仅限于科学考察等有限活动，但是南极恶劣的自然环境降低了“有效控制”的衡量标准[③]。也就是说，尽管将“英国的南极领土”所包含的区域视为英国有效控制的无主之地尚存在争议，但同样存在一定的合理与合法空间。

其次，英国政府承认的所谓《南极条约》第 4 条，核心是“冻结”各国的主权主张，但是并未对各国的主权纷争做出明确的归属判定或者有效终止。原文如下：

> 1. 本条约中的任何规定不得解释为：
>
> a. 任何缔约国放弃它前已提出过的对在南极洲的领土主权的权利或要求；
>
> b. 任何缔约国放弃或缩小它可能得到的对在南极洲的领土主权的要求的任何根据，不论该缔约国提出这种要求是由于它本身或它的国民在南极洲活动的结果，或是由于其他原因；
>
> c. 损害任何缔约国关于承认或不承认任何其他国家对在南极洲的领土主权的权利、要求或要求根据的立场。
>
> 2. 在本条约有效期间发生的任何行动或活动不得成为提出、支持或否认对在南极洲的领土主权的要求的根据，或创立在南极洲的任何主权权利。在本条约有效期间，不得提出对在南极洲的领土主权的任何新要求或扩大现有的要求。

显然，根据《南极条约》第 4 条第 2 款，英国政府于 2012 年宣布将其“南极领

① Foreign and Commonwealth Office.British Antarctic Territory Strategy Paper 2011-2013.https://www.gov.uk/government/publications/british-antarctic-territory-strategy-paper-2011-2013，2013-03-24.

② 甘露．南极主权问题及其国际法依据探析．复旦学报（社会科学版），2011，(4)：119-125.

③ 根据克利伯顿岛等若干国际领土仲裁案的经验，对“先占”原则采用较低的“有效控制”标准一般出于三层考虑，一是自然环境不适于人类居住，二是人类到达并占有领土的能力有欠缺，三是面积狭小。对应“英国的南极领土”进行分析，可知英国宣布其“先占”的“无主之地”基本满足前两个条件。李任远．英国南极“伊丽莎白女王领地”主权合法性研究．国际论坛，2013，(3)：26-31，79-80.

土”命名为“伊丽莎白女王领地”的行为并不具有实际的法律效力，或者说并不能作为支持其南极领土主张的根据——事实上，在英国政府做出命名决定之初，阿根廷政府就通过正式的外交途径提出抗议。但是，根据《南极条约》第 4 条第 1 款，英国目前所主张的南极领土主权并没有遭到国际社会的直接否决，因为作为缔约国之一，英国并未主动放弃本国在《南极条约》生效之前所主张的南极主权，因而其他国家不能仅以《南极条约》为根据质疑和否定英国于 1959 年之前就提出的“南极领土”的合法性。

《南极条约》及其他 200 多项相关建议或协定合称为南极条约体系，是目前适用于南极地区事务的主要法律。《南极条约》虽然作为纲领性法律文件对南极的地理范围、和平利用、科研合作等做了基本规定，并且“冻结”了已有的对南极的领土主张。但是，《南极条约》只是一个妥协性产物，对于核心问题——各国的领土主权之争所持态度更是模棱两可。一方面，《南极条约》没有明确“否定”或者“承认”各国的南极主权要求，“说明了它不意味着什么，但却没有说明它意味着什么”[①]，客观上形成了一定的制度漏洞；另一方面，《南极条约》只是在其有效期内维持现状，不具有长久的约束力，更无法从根本上解决各国之间的南极领土矛盾。

综上所述，根据国际法的“先占”原则和《南极条约》第 4 条的规定，英国对其“南极领土”保持坚定的维护态度。英国政府每年从越冬科考、邮政服务以及资本公积的收入中提取税收，作为南极领土的治理费用，并借助国民教育强化对“英国的南极领土”的领土主权意识。

2. 英国在南极相关事务中的参与权和话语权

从某种意义上说，南极在全球资源格局和生态环境系统中所占据的战略性地位，促使我们将该地区的开发和治理等相关事务视为一场全球性的博弈游戏。英国是国际社会的重要成员，亦是历史上同南极地区具有特殊关系的国家，理应积极参与其中并掌握一定的话语权，这亦是英国在南极地区政治利益的重要体现。

游戏规则对于一场博弈的参与者而言至关重要。在这场围绕南极展开的博弈中，以南极条约体系为核心的组织资源和制度资源，赋予英国基本的参与权。南极是目前全球范围内少有的“共治”型地区，只有借助不断拓展和完善的制度框架和组织框架，才能参与南极的共同治理并为他国所认可。目前，在国际社会管理南极事务的三大组织——南极条约协商国会议、南极研究科学委员会和国家南极局局长理事会中，英国都占据着重要的席位。其中，作为 1959 年签署《南极条约》的 12 个国家之一，英国政府根据该条约的相关条款，始终坚持本国在南极的领土要求和主权主张，同时开展南极资源勘探、科学考察、旅游开发等领域的探索及国际合作。可以说，在承认《南极条约》“冻结”各国对南极主权要求的前提下，英国政府的一贯立场是坚决维护英国在南极的主权和领土完整，这是英国参与南极相关事务的核心关切。

所谓话语权，通俗地说，即表达观点和影响舆论的权利，体现了知情权、表达

① 甘露．南极主权问题及其国际法依据探析．复旦学报（社会科学版），2011，（4）：119-125，

权和参与权的综合。如果说行使参与权需要以规则的约束为前提，那么在南极事务中掌握话语权则意味着有能力去影响和改变规则。提升话语权固然重要，但是如何在存在众多国家参与、多重利益纠葛的南极事务中赢得话语优势，需要英国政府和全体国民审慎思考。

首先，国家实力是话语权的根本保障。在以“和平与发展”为主题的时代，尽管“由权力界定利益”的国际关系逻辑在一定程度上失去其合理性，但不可否认的是，一国的综合实力对于其在国际社会的地位和话语权依然发挥着决定性的作用。英国之所以于1959年签署《南极条约》，同意“冻结”其在南极的领土主张，一方面，由于本国的领土要求同阿根廷、智利等国家所主张的南极领土存在部分重叠的情况，直接导致英国同这些国家的外交关系趋向紧张，迫切需要在一份国际性条约的基础上达成共识，缓解矛盾；另一方面，英国所主张的南极领土主权并未得到国际社会的普遍认可，特别是当时美国和苏联宣称保留对南极提出主权要求的权利。可见，英国在南极事务中的话语权，历史上曾受制于美、苏等大国的意见和主张。

其次，以2048年《南极条约》期满为标志，英国南极主权的“冻结”状态仍将维持三十多年。现在，南极地区的战略意义和全球性价值愈加明显，可以预测在这三十多年中，将有越来越多的国家参与到研究、开发和治理南极的国际事务中来。对于英国来说，如何充分利用这一特殊时期，在深度和广度上加强对其南极领土的开发和管理，并且在有关南极的国际性事务中发挥更大的作用，直接关系到英国能否在未来赢取更大、更为优质的南极事务话语权。事实证明，只有不断巩固在南极地区的实际“存在”，才能够真正参与并影响南极相关事务的发展进程。当前，区别于以往提出主权要求的“硬性控制”，各国纷纷采用建立南极特别保护区和特别管理区的方式加强对南极的实际控制。截至2010年，英国在南极地区共设立13个特别保护区，有效地巩固了其在南极的既有优势地位，为拓展南极话语权提供了有力的保障。

（四）科研利益

南极洲是人类最后发现的一块大陆，具有巨大的科研价值。由于其相对隔绝的地理位置、严寒低温的气候特征以及常年冰雪覆盖的地貌特征，较少受到人类活动的实际影响，南极被视为“科学研究的圣地”和“最自然的研究室”。总的来看，南极的科研价值体现在三大领域：其一，南极是地球生态系统的独特组成部分，不仅与当前的气候变化密切相关，而且可以提供不同历史时期地球生态环境的演变过程记录；其二，南极大陆上及南大洋中独特而多样化的物种资源，有助于人类探究生命起源和演化过程，以及生物与环境的多样化互动机制；其三，南极独特的地理位置和大气环境，为空间观测、通信试验、太阳活动及其规律研究等空间项目提供了绝佳的科研条件。

南极科研所呈现的如火如荼之势，一方面是由于南极地区本身所具备的科研价值，另一方面亦是根植于各国对于南极的重视和争夺。自从《南极条约》“冻结”了所有在南极地区的领土主张后，国际社会的南极争端由传统的直接主权纠纷转为间接的资源争夺；与此同时，科学考察作为《南极条约》极力倡导的南极大陆“实质性”活动，就成为维护南极国家利益的主要手段，既强化了各国对南极大陆的实际控制，又是展示一国科研实力和综合国力的重要方式。

目前，英国在南极设有多个常年考察站和夏季考察站，其中不乏在国际南极科考界有名的考察站所，如哈雷站（Halley）、罗瑟拉站（Rothera）、爱德华王角站（King Edward Point Station）、鸟岛站（Bird Island）和西格尼站（Signy）等，全部由目前全球领先的南极科研机构——英国南极调查局直接管理[①]。英国南极调查局聚集了大批科研专家和工作人员。统计数据表明，以国际权威学术网站 Web of Science 为检索工具，英国南极调查局所发表的南极研究相关论文占全球总数的 9%，被引用次数也遥遥领先[②]。总的来看，英国的南极科研战略可归纳为 4 个方面 9 项计划[③]，内容涵盖当前南极科研最热门、成果最显著的若干领域，并以五年为一周期，不断更新科研重心和主题。

在南极科研领域，英国拥有众多首创性的成果和举措。例如，20 世纪 70 年代，英国科学家首先观测到南极上空臭氧含量逐渐减少，并且于 1985 年在南纬 60° 地区侦测到臭氧层空洞。在 2005 年斯德哥尔摩第 28 届南极条约协商国会议上，针对各国的南极科考成果参差不齐的状况，英国联合澳大利亚、秘鲁两国向南极研究科学委员会提议，建议对各国的南极科研进行现场评估。这一倡议充分体现了英国对于南极地区科学考察和研究的重视与自信，客观上也加速了南极科研规范化和国际合作化的进程。

三、英国实现南极国家利益的优劣势分析

（一）英国实现南极国家利益的有利条件

1. 英国是最早并持续进行南极探索的国家之一

英国是岛屿型国家，这种地理特征驱使其很早便开启了海外探险和殖民扩张的历程，对于“南方大陆”的探索历史同样十分悠久。英国是人类历史上最早开辟南极航线以及发现南极大陆的国家之一，早在 18 世纪 70 年代，英国人库克的船队就

① 宋国明．英国自然环境研究委员会的管理特点与启示．国土资源情报，2009，(9)：7-10.

② 常李艳，华薇娜，李煜．通过国际南极论文分析南极研究现状．极地研究，2010，(6)：174-189.

③ 英国南极科研战略具体分为 4 个方面，即气候变化、生物多样性的演变和生态系、南大洋生物资源的可持续性、地质学。9 项计划是：①南极气候与地球系统；②从分子到生态系生物多样性的功能、局限和适应性；③气候与化学，地球系统的动力、反馈与渐进；④自然界的复杂性研究；⑤地球系统中南大洋生态系的综合研究；⑥南极冷圈与古环境的温室与冰室的演变；⑦南极冰融与地球系统的冰川融化；⑧太阳与地球的相关性；⑨南极长期监测。吴依林．南极研究及其趋势展望．中国科学技术大学学报，2009，(1)：11-14.

率先完成了环南极航行，几次进入南极圈，开启了人类探索南极大陆的所谓“帆船时代”[①]；此后，威德尔、罗斯、沙克尔顿等前赴后继，不断推动英国南极探险的进程；1910~1912 年，英国海军上校斯科特率领的探险队与挪威人阿蒙森的队伍展开了一场以南极点为终点的角逐，上演了一场冰雪荒原上的“伟大的悲剧”。可以说，在人类探索南极的各个时期，英国都书写了浓墨重彩的一笔。

在早期探索南极大陆的进程中，英国积累了有关南极地理、气候、生物、水文等多方面的丰富资料，在对南极地区感性认识的基础上形成了富于理性且可操作性强的南极综合观念，这种观念最初的表现形式是占领南极大陆并且以英国海外领土的性质对其实行管辖。随着涉足南极的国家越来越多，南极的实际价值尤其是在全球视野下南极对于英国可持续发展的战略意义日渐凸显，这种观念又逐渐集中于两大领域，即对南极资源的占有欲望和对南极生态的保护意识。

在很大程度上，英国的南极国家利益正是建立在这种长期的对南极的实际探索、研究、开发、保护等各种形式的实践基础之上。试想，如果英国从未将南极纳入其视野范围之内，并且没有持续性地投入大量的人力、物力和财力资源，那么英国在南极地区的利益诉求就不会如此明确和强烈，其正当性也会大打折扣，进而英国所依赖的南极科研实力以及长期累积的南极知识和资料库也无从谈起。总而言之，英国实现和维护其南极国家利益，具备很多国家所不具备的历史优势。

2. 英国掌握了一定的南极政治话语权

在国际关系的语境下，以国家为尺度讨论政治优势，这种优势通常是指一国所具有并且能调配的政治资源，包括政治话语权等。因此，本研究报告认为，英国实现其南极国家利益的政治优势主要包括两方面，一是英国在现有南极法律框架内的一席之地，二是英国的“南极领土”。

当前，国际社会普遍承认并遵循的南极法律框架指的是以《南极条约》为核心的南极条约体系，以及在此基础之上成立的众多国际会议和组织。《南极条约》签署于 1959 年 12 月 1 日，1961 年 6 月 23 日起正式生效，其核心要旨是约束各国在南极地区的活动，禁止南极地区的非军事化，以及促进南极科学考察的发展与相互合作。英国是该条约的 12 个起草国之一，拥有超过半个世纪的协商缔约国身份，享有条约赋予的正当权利。相对于 20 多个非协商缔约国，英国有权委派代表参加南极条约协商国会议，参与表决，并且对会议的各项措施和决议享有一票否决权。此外，作为协商国，英国有权指派观察员开展南极条约所规定的任何视察，正是基于此项权利，英国于 2005 年联合澳大利亚和秘鲁在第 28 届南极条约协商国会议上提出倡议，建议南极研究科学委员会对所有在南极洲开展的科学研究进行现场评估。尽管这一倡议遭到众多国家的抵制和反对，但却显露出英国在《南极条约》等法律框架下的优势地位。

① 通常，学界将人类对南极的探索和认识历程分为四个历史时期，依次为“帆船时代”（1772 年至 19 世纪末）、“英雄时代”（20 世纪初至第一次世界大战前）、“机械化时代”（第一次世界大战后至 20 世纪 50 年代）、“科考时代”（1957~1958 年国际地球物理年至今）。

从某种意义上说，《南极条约》的制定肩负着特殊时期的历史使命，即限制第二次世界大战后以英国为代表的十多个国家对南极的主权要求。之所以将英国列为这些国家的代表，是因为英国早在 1907 年便以正式纳入“皇家专利证”的形式对南极宣誓主权，而其在《南极条约》制定前夕的正式“南极领土”面积广阔，并且同多国的南极领土主张存在重叠和冲突。一方面，尽管《南极条约》暂时将英国等国的南极主权要求“搁置”和“冻结”起来，但是并没有明确否定英国政府在外交辞令中高频率提及的“英国南极领土”或“伊丽莎白女王领地”的合法性；另一方面，英国利用《南极条约》的妥协、模糊性质以及对其缔约国有限的约束能力等致命缺陷，以科考、旅游、邮政等方式强化对“南极领土”的实际控制。换言之，即便所谓的“英国南极领土”缺乏权威性的国际法令赋予法理上的合法属性，英国却依靠对其“南极领土”的实际控制，使得该地区获得了一种现实意义上的有效属性，客观上限制了其他国际力量在南极地区的实际利益。

3. 英国具备较强的南极科研实力

本研究报告认为，英国实现其南极国家利益所具备的科研优势主要包含三个层面的内涵，依次为：第一，英国所具备的南极科研的技术水平、先进成果等综合性实力；第二，南极科研成果对于英国自身的实际应用价值；第三，英国在南极科研事务中的重要地位强化了英国在南极综合事务中的话语权。

首先，英国拥有较为雄厚的南极科研实力。早在 20 世纪 40 年代，英国就在南极建立了常年科学考察站，并且一直沿用至今。作为目前世界范围内著名的南极问题研究机构，英国南极调查局汇聚了大批极地问题专家和南极科研人员，每年平均贡献了占全世界近十分之一的南极科研成果。除了负责执行对南极地区的长期实地观测以及对本国南极科研学术成果的定期审查和评估，英国南极调查局还承担了英国同其他国家在南极地质及生物研究、资源评估与开发、污染问题合作性治理等众多南极科研及学术领域的交流与合作，并且逐渐成为欧洲乃至全球范围内的南极问题研究中心之一。

其次，科研是人类在南极活动的“先行军”，是有效开发和保护南极的基础。英国在南极地区的国家利益，是以对南极资源的有效占有和开发为核心、以南极生态环境的保护和维持为保障的。目前，人类对南极地区的有限认识，绝大部分依靠的是不断提升的科研水平及科研成果质量，这就意味着英国较为雄厚的南极科研实力能够支持本国对南极资源的勘探和开采，同时保证在此过程中最大限度地确保南极生态环境不受破坏，最终发挥实际的应用价值。

最后，在当前至《南极条约》期满的三十多年时间内，或者说在“维持南极地区领土主权现状”的理念为多数国家所认同的情况下，实地的南极科研活动是英国强化其在南极地区“实际存在”的主要方式。将科研活动集中在“英国南极领土”内开展，客观上不断地强化了英国对该区域的实际控制，为本国在越演越烈的南极资源争夺战中添加了盈利的砝码，为其实现和维护南极国家利益形成了融科研、经济、政治等多方面于一体的综合竞争优势。

（二）英国实现南极国家利益的不利因素

1. 南极地区的国际竞争日趋激烈

南极虽然是人类共有的财富，但是某些国家在全球性的南极开发和治理中处于优势地位，这样就排挤和压缩了其他国家在南极地区的获利空间，并且有可能在特定问题上产生直接的利益冲突。从目前来看，南极地区的国际竞争主要集中于科学考察及研究领域，英国在此中的主要竞争对手，即美国、德国、澳大利亚等南极科研强国。

美国对南极地区的规模性活动实际上比英国要晚，却后来居上，甚至有观点认为美国主导了南极政治“单极化”趋势[①]。美国在南极地区的优势地位和重要影响力，首先体现其在南极条约体系的诞生和演变过程中的主导作用。美国直接促成了1959年《南极条约》的签订，并且基于争取本国在南极地区最大利益的考虑，提出并实现了“冻结”南极主权要求和南极地区非军事化的核心主张。在此基础上，美国不断强化其在南极地区的实质性存在，并且表现出强大的科研实力。美国国家科学基金会每年用于南极科研的资金投入逐年增长，2013年南极科研及基础设施建设预算资金达3.34亿美元，占美国国家科学基金会全年预算的4.5%[②]。充足的资金投入，确保了美国3个永久性考察站、6个半永久性考察站的正常运转和各类南极科考活动的开展，同时也资助了居世界第一的南极科研成果（论文）。

除美国外，德国、澳大利亚、法国等国对南极地区的探索和考察同样积累了丰富的历史经验和科学数据，科研实力不容小觑；而中国、印度等发展中国家虽然起步较晚，但能够积极利用南极条约体系以及国际极地年的科研合作及共享机制，迅速提升本国的南极科研实力，对南极事务施加本国的作用力。世界各国对于南极的价值定位越来越清晰，英国能否及时认清这一事实并且制定有效的战略加以应对，直接关系到它能否保持在南极事务特别是国际南极科研领域内的相对优势地位。

2. 国际社会对于英国南极政治的指责

众所周知，英国早在20世纪初就正式对南极部分地区提出主权要求，此后不断扩大其“南极领土”的版图面积。这一时期，由于缺乏《南极条约》等类似的用以规范各国在南极地区的活动范围和权利责任的国际性法律文件，英国的这种主权要求并没有遭到国际社会的一致性反对，但是，美、苏两个超级大国并不承认英国“南极领土”的合法性，日本、南非等国也做出类似的表态。可以说，除了其他几个同样提出南极领土主张的国家，国际舆论基本上对于英国的这种有着深刻的政治和外交暗示的行为持否定态度。

在被《南极条约》“冻结”南极主权要求的国家中，阿根廷和智利这两个南美洲

① 李升贵，潘敏，刘玉新.南极政治“单极化”趋势——以美国南极政策为中心的考察.海洋开发与管理，2008，(10)：75-82.

② 数据来源：美国国家科学基金会官网，http://www.nsf.gov/about/budget/fy2013/toc.jsp，2014-02-16.

国家同英国存在直接的矛盾和冲突。历史上，英国的“南极领土”范围发生过若干次变化，总体上稳定在目前南纬 60° 以南、西经 20° ~ 西经 80° 的范围。智利于 1940 年提出的领土主张的区域位于西经 53°~ 西经 90°，1942 年阿根廷则宣称西经 25°~ 西经 74° 的南极地区为其主权范围[①]。可见，英国的南极领土主张同这两个国家存在相当大面积的重叠，围绕该问题英国曾与两国发生了多次正面交锋。例如，1947~1954 年英国 4 次就其“南极领土”问题向国际法庭提出申诉和仲裁的要求，均遭到阿根廷的反对，1955 年智利也加入正式反对英国南极主权要求的阵营中。除此之外，英国和阿根廷之间还发生过霍普斯湾冲突、马岛之战以及 1982 年的军事冲突等，这些都与两国在南极领土问题上的矛盾有着直接或间接的关联。

国际舆论一直将南极地区描述为“人类的共同财富”，同时美国等主要国家则认为维持南极地区的非军事化和非主权性是在该地区实现利益最大化的最佳方式，在这种国际舆论和政治氛围下，英国一再重申其“南极领土”的政治选择实际上存在着很大风险，很有可能将其带入被孤立和被攻讦的不利境地——这也是为事实所证明的。英国政府最近一次正式的南极政治表态是在 2012 年，英国政府宣布将英国约 43.7 万平方千米的“南极领地”命名为“伊丽莎白女王领地”，庆祝英女王登基 60 周年。这一举动随即引起阿根廷政府和民众的激烈抗议。2014 年 10 月刚刚发生的“车牌事件”[②]更加微妙地折射了英、阿两国在南极主权和领土问题上的夙怨，对英国而言是一个新的警示。

四、英国南极政策体系的主要内容

英国的南极政策经过 100 多年的发展演变，到目前已经发展成为一个内容丰富、体系完整，具有战略性和指导性的南极政策体系。这个政策体系在南极条约体系的框架下，通过一套完善的南极事务管理机构予以实施，保障了英国在南极的国家利益的获取和实现。

（一）英国南极政策的总目标和分目标

1. 英国南极政策的总目标

根据英国外交部发布的《英属南极领地战略文件 2009—2013》所阐释的内容，英国南极政策的总目标是实现英属南极领地的安全和善治。这一政策总目标有以下两层含义。

---

① 李任远．英国南极“伊丽莎白女王领地”主权合法性研究．国际论坛，2013，(5)：26-31.

② 据央视 2014 年 10 月 3 日报道，英国广播公司（BBC）在阿根廷录制节目时，摄制组的一辆工作用车的车牌“H982FKL”被认为是影射 1982 年的英阿马岛之战，结果节目组遭当地人围攻，汽车被砸毁。见网址 http://tv.people.com.cn/n/2014/1004/c25060-25777529.html，2014-10-09.

第一，保障英属南极领地的安全。所谓实现领地的安全，就是保障英属南极领地处于没有危险的状态，即既没有外部的威胁和侵害也没有内部的混乱的客观状态。这一总目标的制定具有三方面的原因。一是由英国参与南极事务的历史决定的。英国政府无论在哪一个历史阶段，始终都把对南极的领土主权要求摆在南极国家政策的首位，在这份战略文件中提出实现领地的安全，具有历史的一贯性。二是符合《南极条约》的基本要求。英国政府历来强调在南极条约的框架内制定南极政策，而《南极条约》的基本精神之一就是要实现南极的非军事化，保障领地的安全显然是遵守《南极条约》的必然举措。三是由英国在南极的国家利益决定的。对英国政府而言，在南极实现国家利益的前提是享有对英属南极领地的主权，提出实现领地的安全显然既可以保障主权，还可以保障英属南极领地处于一个和平利用开发的环境当中。综上所述，保障英属南极领地的安全是符合英国国家利益的必然选择。

第二，实现英属南极领地的善治。治理是各种公共的或私人的个人和机构管理其共同事务的诸多方式的总和。它是使相互冲突的或不同的利益得以调和并且采取联合行动的持续的过程，而所谓“善治”就是使公共利益最大化的社会管理过程[①]。英国政府提出实现英属南极领地的善治，是由特定的国内外政治环境所决定的。一方面，英国政府早已不是那个统一的、高度中央集权的、以威斯敏斯特和白厅为中枢的国家，而是一个已经逐渐变革，以适应现代性和民主政治发展要求的国家。正如考克瑟在《当代英国政治》这本书中谈到的，尽管影响英国公民的大多数决策仍然出自于白厅和威斯敏斯特为中心的中央政府之手，但还有一些决策出自别处：有的出自英国国家层次之上，如由联合国、国际货币基金组织、世界贸易组织、北约或是欧盟做出的决策；有的则是处在英国国家层次之下由地方政府、地方议会、制定机构或是诸如医院联合体（hospital trust）、中小学以及高校做出的决策[②]。由此可以看出，英国国家的治理方式是多层次治理，需要各个治理主体的共同参与。而南极政策作为英国国家政策的一部分，自然是多层次治理下的产物，需要政府、非政府组织、公民的志愿性社团、协会、社区组织、利益团体等主体在相互沟通和妥协的基础上再输出最终的政策。另一方面，在经济全球化的今天，要实现南极领地的和平、稳定和非军事化，单靠英国一个国家显然远远不够。当全球化成为我们这个时代的最主要特征，跨国组织（transnational organizations）和超国组织（supranational organizations）的影响日益增大，善治的作用与日俱增。在这样的环境下，南极作为国际公共空间在全球化时代同样需要公共权威和公共秩序，但这是一种新的公共权威和公共秩序，它不可能由传统的国家政府来创立，只能通过善治来实现。因此，实现英属南极领地的善治是英国政府在南极事务中的次优选择。

正是基于以上原因，英国政府提出了实现英属南极领地的安全和善治的总目标。应当说，这个总目标既顾及了英国当下和将来的国家利益，也考虑了南极地区的客

① 俞可平．治理与善治．北京：社会科学文献出版社，2000：14.

② 考克瑟 B，罗宾斯 L，里奇 R. 当代英国政治．第四版．孔新峰译．北京：北京大学出版社，2009：17.

观现实，容易操作且易于被国际社会接受。

2. 英国南极政策的分目标

实现英属南极领地的安全和善治是英国南极政策体系中旗帜鲜明的总目标，而要实现这一总目标，就必须构建起一个完善的政策体系，从各个方面支撑来保障总目标的实现。根据英国外交部发布的《英属南极领地战略文件 2009—2013》，英国政府确定了以下五个政策分目标。

（1）在《南极条约》的框架下通过保持英国在南极鲜明的实质性存在地位来保障英属南极领地的安全。可以说，自从英国政府开始涉足南极事务开始，保持在南极的实质性存在地位这一目标就贯穿始终。这一目标在英国整个南极政策体系中处于承上启下的地位，因为对实现英属南极领地安全这一总目标来说，保持在南极的实质性存在地位是“手段”，是为保持领地安全这一目标服务的；而就保持英属南极领地在南极的实质性存在地位的具体措施来看，这一分目标又是“目的”。也就是说，这一分目标地位重要，是英国整个南极政策体系中一个举足轻重的子系统。

英国政府始终强调保持在南极的实质性存在地位，主要原因在于保持在南极的实质性存在地位与取得和保持英属南极领地的主权密切相关。一般来说，一个国家取得领土的方式通常有五种，即先占（occupation）、时效（prescription）、征服（conquest）、添附（accretion）和割让（cession）[①]。由于南极大陆在法律上是一块无主地，一直没有常住人口，更没有建立国家，因此一个国家要取得南极的领土，添附、割让、征服都因缺乏现实基础而无法实现，而“时效”是指一国长期而安稳地占有他国部分领土，他国并不对此提出抗议和反对，或曾经提出而早已停止，从而使该国的占有行为不再受到干扰，以至于事物的现状被认为是符合国际秩序的，该国就取得所涉土地的领土主权[②]。而对英国来说，自 1908 年在南极宣布主权以来，就一直受到阿根廷、智利等国的不断抗议，因此靠“时效”这一方式也无法取得对南极领土的主权。综上所述，对英国来说，要实现英国对南极的领土主权要求，其主要依据只能是先占原则。

所谓“先占”就是指一国有意识地占有无主地并取得对它的主权的行为。按照传统国际法，先占必须具备两个条件：一是先占的客体是无主地，即不属于任何国家的土地，或完全无人居住的土地，或虽有土著部落居住但尚未形成国家的土地。二是实行有效的占领，即国家必须将无主地置于其占有之下并实行某种行政管理[③]。对英国政府而言，南极洲在其进入南极的时候是一块无主地这一事实早已无可辩驳，故其想占有南极洲的土地，就必须在南极洲实行有效的占领。

而所谓有效占领，是区别于“发现”而言的。根据国际法规定，发现只是先占的前提，而仅仅发现是无法产生权利的。也就是说，一国纵然是率先发现，但若另

① Shaw M N.International Law.Sixth edition.Cambridge：Cambridge University Press，2008：495.

② 曾令良 . 国际法学 . 北京：中国社会科学出版社，2003：161.

③ 杨泽伟 . 主权论：国家法上的主权问题及其发展趋势研究 . 北京：北京大学出版社，2006：86.

一国有持续的、和平的主权展示，该国也无法与其主权要求进行对抗。例如，在国际法著名的“帕尔马斯岛仲裁案”中，虽然西班牙人于16世纪最早发现了该岛，但是没有对它实行有效统治，也没有行使主权的表现。而荷兰的东印度公司从17世纪就开始与该岛的人往来，并且从1700年开始将该岛变成它的殖民地——东印度群岛的一部分，而且一直对它实行有效控制[①]。因而常设仲裁法院裁决荷兰享有对帕尔马斯岛的主权。因此，对英国来说，率先发现南极大陆并不构成其可以宣示南极主权的充分条件，还需要进行实质性占领来宣示主权，而保持英国在南极的实质性存在地位就是实行有效占领的手段和措施。

（2）通过有效的教育来强化公民的南极主权意识。由于英国地理位置远离南极，普通公民对于南极的认识还比较模糊，对英国在南极的国家利益认识程度参差不齐。而英国是一个民主国家，公众情绪能够对政治议程产生重大影响，政策输出是社会各个阶层和各个利益集团博弈后的结果。如果民众对一项政策的认识程度不够，那么该项政策也无法得到长期的贯彻落实。我们知道，就一项公共政策的执行而言，政策对象只有知晓了政策，才能理解政策；只有理解并认同了政策，才能自觉地接受和服从政策。因此，英国政府要想持续地坚持对英属南极领地的主权，就离不开广大公众的支持和理解。加强对民众关于英国在南极国家利益的教育对于公众理解英国南极政策目标，认知、理解和认同南极利益价值，形成正确的政治态度具有非常重要的意义。

（3）保护南极的生态环境。英国政府是通过“两步走”来促进南极环境保护的：一是通过一系列措施来减少人类活动对南极的影响；二是增强英国在解决南极环境问题上的领导力和影响力。英国已经意识到南极的生态环境与全球各个国家命运息息相关，尤其是当前全球变暖的大环境下，英国作为大西洋上最大的岛国，是两极冰川融化的直接受害国，因此，英国高度重视南极的环境保护；另外，英国在南极科学研究上具有先发优势，长期的科研积淀在南极环境保护方面可以发挥积极作用。

（4）保障英属南极领地具有高效的法律和行政管理结构来支持英国政府在南极的各项行动。一方面，对英属南极领地的管理必须有国际法和国内法依据。在部分英属南极领地的主权还存在争议的前提下，英国政府的各项行动都必须在南极条约体系和国际法的框架下进行，同时，英属南极领地作为英国的一块海外领地，英国政府也要不断完善现有的国内南极法律体系，保障在对其进行管理时有国内法的依据，这样英属南极领地的管理才具有合法性。另一方面，建立高效的管理结构是落实英国南极政策的必然选择。英属南极领地无原住民或常住人口，因此无民选政府。而英国政府要落实好各项南极政策，就不能缺少一个健全的法律和管理结构来负责政策的执行。如果没有一个好的政策执行机制，再好的政策也无法产生作用，因此，保障英属南极领地具有高效的法律和行政管理结构是英国政府落实好各项南极政策的前提。

① 朱文奇．国际法学原理与案例教程．北京：中国人民大学出版社，2006：177.

目前，英属南极领地政府由外交与联邦事务部的极地部（Polar Region Department）管辖。外交与联邦事务部的海外领地部门的领导人被任命为其总督。由于缺乏常住人口，领地政府除了有一个以地名命名的顾问团和四个邮政局以外，没有其他职能部门。领地范围内的科考站由英国南极调查局负责管理，而英国南极遗产托管机构主要负责管理历史上英国在南极遗留的历史遗迹和人工设施。

英国南极调查局是英国南极科考的主管机构，是英国自然环境研究委员会直属的四个研究中心之一。英国南极调查局已有 60 余年历史，总部位于剑桥，是英国从事南极科学研究工作的主要力量。在南极洲的罗瑟拉、哈雷和西格尼有三个野外台站，在南乔治亚的爱德华王角点和鸟岛有两个野外台站。南极科研工作的运行与项目管理依托于剑桥的总部和专业技术团队。拥有一艘装备先进的海洋科考船与一艘后勤补给船，拥有五架各种型号的飞机，保证野外的科研工作以及台站间的交通联系①。其主要职能包括：为南极科学研究与后勤提供全方位的支持；开展有特色的科学研究，长周期观测与调查南极地区相关科学数据；为国际项目合作开展协调工作；聚焦南极环境保护和英国自然环境研究委员会科学政策等重大问题。英国南极调查局共设五个部门和一个由局长和副局长组成的小型董事会，包括行政与后勤管理处、环境与信息管理处两个管理部门，以及生物科学研究室、地球科学研究室和物理学研究室三个研究部门。

（5）保持英属南极领地良好的财政状况。目前，英属南极领地可以通过邮票销售和所得税收入实现财政自给。同时在需要的时候，英国中央政府还可以通过金融援助、针对性基金的形式对英属南极领地进行财政上的支持。由于英属南极领地目前没有常住人口，缺乏商业活动，因此领地政府没有充裕的财政来源，若没有良好的收支状况，则极易导致财政赤字。更为重要的是，领地财政支持在有限的状况下，更需要把财政支出花在“刀刃”上，让每一笔支持都能够服务于英国在南极的整体战略。因此，保持英属南极领地良好的财政状况也被纳入英国南极政策的五个分目标。

英国政府提出的南极政策的五个分目标体系分明，环环相扣。五个分目标在整个南极政策体系中处于中介性环节，起着承上启下的作用。以政策执行的视角来看，这五个分目标承担了贯彻执行南极政策总目标过程中政策宣传、政策分解、物质准备、组织准备等任务，为英国南极政策的全面铺开奠定了坚实的基础。

（二）英国实现南极国家利益的战略

1. 科技支撑战略

1959 年签订的《南极条约》，明确提出了南极洲仅用于和平目的，促进科学研究的国际合作。英国政府也一再强调英国会在南极条约体系的框架下开展行动，因此，进行南极科学研究是英国进入南极、实现英国南极国家利益的必然举措。

① 王辉 . 英国研究理事会制度及其管理机制研究——以自然环境研究理事会为例 . http://www.syb.ac.cn/zt/2012ldxxlw/201301/t20130122_3755283.html，2013-01-22.

1）英国南极科研的愿景

2014 年 7 月 16 日英国政府发布了《英国南极科学发展战略 2014—2020》，这份文件详细规划了英国在 2014~2020 年南极科学发展的方向，规定了政府重点投入的研究领域，阐述了目前英国在南极所处的地缘政治和经济环境以及国际合作秉承的价值取向。该文件在开篇就开宗明义地提出了英国南极科技发展战略的愿景（vision），即将南极环境科学置于对地球进行有责任管理的核心地位[①]。英国南极科研的志向（ambition）是增进对地球运行规律的理解，预测未来可能发生的变化以及定位对南极肩负的责任。

2）英国南极科研团队

英国南极科研历史悠久，其跨学科的研究项目涵盖了极地科研的各方面重要议题，在调查和监控极地环境变化方面处于全球的领先地位。英国每年有超过 200 个科学家在大学或研究所从事着极地科学的研究，并且有 50 个年轻的研究生加入研究团队。

3）英国南极科研的经费来源

英国南极科研的经费来源通常分为四个部分，主要来源于英国自然环境研究委员会的拨款。英国自然环境研究委员会是英国环境科学最大的公共投资人（public funder），同时英国自然环境研究委员会也是英国南极科研和项目基础设施的主要资助方。英国自然环境研究委员会是英国商业创新与技能部下属的七个研究委员会之一，英国政府的公共科研资助体系被称作“双重资助体系”，英国商业创新与技能部并不直接管理科研经费的分配，而是通过研究委员会和高等教育基金委员会这两个序列的机构来支持大学与研究机构的科研活动。英国科学界一直遵循“霍尔丹原则”，即资助研究项目的决定权最好由研究者掌握。作为英国政府的“延伸”，各个研究委员会实质上是“非政府部门的公共机构”，研究理事会拥有独立的政策制定、经费使用和管理权，而英国政府只负责为研究理事会制定宏观发展战略[②]。除此之外，英国外交与联邦事务部也会对英属南极领地的收入税进行再分配，用以支持一些能够为当地带来实际效用的科研项目和计划；欧盟也会对一些泛欧洲的合作项目进行资助，还有少量的经费来源于其他科研机构和私人商业部门。

4）英国南极科研面临的挑战

第一，理解全球气候变化。南极及其周围的海域在控制全球海平面上升、大气中二氧化碳浓度等方面都扮演着非常关键的角色。科学研究已经证明全球气候正在发生变化，两极部分地区正在加速变暖。英国政府认为，更新我们对全球气候系统的运行的认识，研究全球气候将在一个世纪内如何变化迫在眉睫。理解全球气候变化包括：①海平面上升问题。南极半岛和南极西部地区的冰盖在逐渐变薄，卫星数

① The Government of the UK.UK Science in Antarctica 2014-2020.https://www.gov.uk/government/publications/uk-science-in-antarctica-2014-to-2020，2014-03-07.

② 王辉 . 英国研究理事会制度及其管理机制研究——以自然环境研究理事会为例 . http://www.syb.ac.cn/zt/2012ldxxlw/201301/t20130122_3755283.html，2013-01-22.

据显示其变薄速度在逐渐加快。在南极西部，在冰架之下温暖的海洋气流正在融化大量冰川，这些融化后的冰川水大量流入海里，在部分地区的融化速度已经达到让科学家吃惊的程度。南极科学研究的任务之一就是对冰川融化进行定量分析，以此来准确预测出未来海平面上升的准确数据。②全球海洋环流问题。大洋环流是联系两极地区与地球其他地区的桥梁，正是有了大洋环流，南北极才能在全球气候系统中处于重要地位。英国南极科研计划要精确地测量南极的变化对全球气候变化的影响。③南极气候问题。南极气候是由南极吸收的太阳辐射、大气、海洋和冰川等因素相互作用而决定的，而这种相互作用的复杂性和海冰对气候变化的极端敏感性是研究南极气候问题面临的困难。英国计划开发持续的观测系统以确定南极气候变化的趋势和提供一手数据来支持科学研究。

第二，对南极环境过去、现在和未来变化的认识。政府的南极政策和一些重要的商业决策都需要一手的数据和科学分析结果支持。南极地区有独一无二的自然"档案"记录了过去地球演变的情况。对于未来地球的变化也可以根据对过去情况的精细考察来进行预测。南极的冰川和地质情况都是研究地球运动、全球气候演进和南极动植物的重要依据。

第三，探究南极生物多样性。目前，已知的南极陆地植物有 850 多种、动物 150 多种。微生物广泛分布于南极的湖泊。更为重要的是，南极尚有许多新物种有待我们去发现。南极的极端寒冷环境使南极生物及其多样性与全球其他地区具有显著性差异，特别是南极生物的耐寒性以及因此而产生的具有奇特结构或特殊生理活性的天然物质，使南极成为全球最重要的极端耐寒生物基因资源库。

第四，探究其他科学前沿问题。纵观现代环境科学的发展历史，人类对未知的好奇一直是推动科学向前发展的动力。南极地区有很多颇具理论价值和实践价值的重要问题有待研究和解决，这些问题对于未来人类的各方面都具有非常重大的意义。目前，英国的环境科学界已经具有世界顶级的研究技术，未来将会在很多尚无人问津的领域做出开拓性的工作。

5）南极科学发展的后勤保障

第一，英国在南极具有布局合理、分工科学的考察站。目前，英国南极调查局管理了五个南极科考站，其中三个在南极地区，两个在亚南极地区：①罗瑟拉站位于阿德莱德岛。它建于 1975 年，设有生物实验室和一个研究中心，是南极生物学研究的中心，也是英国在南极最大的科考站。附近建有飞机场，提供物质需求。该站是全年性的，夏季可容纳 130 人，冬季可容纳 22 人。②哈雷站，位于南极半岛东南、维德尔海面上的一个冰盖（Brunt Ice Shelf）上，该科考站主要致力于大气科学、气象学和化学的研究。③鸟岛站，位于南乔治亚群岛，该站主要从事鸟类、海豹等南极生物的研究。④爱德华王角站，位于南乔治亚岛的格瑞特威肯港湾，该站主要进行渔业资源开发方面的研究。⑤西格尼站，位于南奥克尼岛，是一个夏季站，该站主要研究南极陆地、淡水资源和生物学。

第二，英国还具备世界顶级的南极科考船。"詹姆斯·克拉克·罗斯"号是目前世界上最尖端的破冰船，同时也是一个“浮动的实验室”（floating laboratories），船上拥有一系列先进实验室，用来进行生物学、海洋学和地球物理学方面的研究。英国“沙克尔顿”号海洋研究船除了承担一些科研任务以外，主要进行后勤服务的支持，为各个科考站补给日常物资需求，在夏季，该船还从事部分商业运营。除了这两艘由英国南极调查局管理的科考船外，英国皇家海军还拥有最新型的“保护者”号南极冰区巡逻船在南极地区作业。这艘巡逻船支持英国南极科考，同时也服务于国际水文地理调查，并且通过组织跨国观察团的形式来协助英国完成《南极条约》规定的责任。同时，英国正在计划制造一个新的极地海洋舰艇，预计在2019年投入使用，该舰艇具有一流的实验室和更强的环境监控能力，预计能够承担世界顶级的跨学科极地科考任务。除此之外，它也能够为南极科考站提供后勤装备的支持，并且可以降低废气的排放量，尽量降低对极地环境的破坏程度。

第三，英国还具有五架飞机用于南极科考。加拿大德哈维兰德飞机公司生产的四引擎飞机主要承担从南美洲到马尔维纳斯群岛之间的运输任务，“罗瑟拉”号飞机承担载人和货运双重任务，其他飞机分别承担航拍、遥感、气象学、地球物流学的研究任务。

6）英国南极科研的国际合作

英国南极科研取得如此的成就离不开国内科研团队间和国际间的合作。英国政府在《英国南极科学发展战略 2014—2020》中提出三个方面的合作计划。一是将继续推动各个研究机构之间的科研合作，鼓励跨学科的研究项目。2013 年 3 月，英国大学与科学部还宣布在英国南极调查局新建一个创新中心，这个项目受到英国自然科学研究委员会的资助，拥有 380 万英镑的资金支持，计划在 2015 年开始投入运行。该项计划旨在促进英国南极理事会与英国剑桥大学之间的学术合作，提升英国南极科研对英国社会的效益。二是作为《南极条约》的缔约国，英国还将加强与其他缔约国之间的合作，签署双边的合作协议。例如，2012 年与智利签署了谅解备忘录，加强了两国在极地研究各领域的合作。同时英国还提出为了减轻部分国家的财政压力，将与部分国家共同利用英国现有的南极基础设施和后勤物资。三是英国加强与极地科研相关的企业合作，促进极地科研成果尽快转化为现实生产力，为英国社会和民众带来实际利益。

2. 英国南极遗产保护战略

作为一个南极大国，英国具有悠久的南极探险和科考历史。自 1772 年库克船长开始南极探险算起，英国进入南极的历史经历了“帆船时代”、“英雄时代”和“科技时代”，在长期的南极探险和科考过程中，英国在南极大陆上留下了很多足迹，已经积累了大量的南极遗产，根据英国政府网站上的统计数据，目前英属南极领地的范围内已经有 80 处官方认定的南极历史遗迹①，这些遗产不仅是英国征服南极精神的

① The Government of the UK.Conserving and Managing British Heritage in the British Antarctic territory. https://www.gov.uk/government/priority/conserving-and-managing-british-heritage-in-the-british-antarctic-territory，2013-03-24.

写照，也是英国当今宣示主权、参与南极事务的重要依据。

1）保护英国南极遗产的组织机构

英国政府并没有设立政府部门直接来进行南极遗产的管理，而是委托一个慈善机构——英国南极遗产托管机构来管理英国的南极遗产及其相关事务。

英国南极遗产托管机构建立于 1993 年，旨在保护英国在南极留下的建筑和人工制品，挖掘英国南极遗产的公共利益和价值。该机构目前一共保护了六处英国南极遗迹，其中一处位于拉克罗港，另外五处位于南极半岛。英国南极遗产托管机构的主要经费来源于在拉克罗港的商业活动收入，其管理团队由一些南极方面的专家和一些对南极充满热情的志愿者组成。

英国南极遗产托管机构在伦敦有一个常任团队负责机构的日常工作，同时也会每年派遣志愿者前往南极负责管理在拉克罗港的遗址博物馆以及其他南极遗产的维护工作。

2）保护英国南极遗产的目标

第一，保护英国早期在南极半岛和南乔治亚岛上的科研基地，尤其要特别保护的是建立于 1941 年拉克罗港，其历史可以追溯到第二次世界大战期间英国“塔伯伦计划”中修建的一个基地。1996 年，南极洲遗产基金会将其改建成为一座博物馆。

第二，支持新西兰南极遗产托管机构保护在罗斯海区域的历史遗迹。这些历史遗迹大部分都是由英国探险家斯科特、沙克尔顿等在南极探险的“英雄时代”时期留下的。

第三，支持一些教育项目，通过对英国南极遗产的观察和体验，以激发青年对南极科学、全球环境和南极研究的兴趣。

第四，获取和保护南极历史探险遗留的人工制品（artefacts）。

3）保护南极遗产的具体措施

首先，吸收各方力量，形成保护英国南极遗产的“多中心”治理局面。英国南极遗产托管机构采取会员制，在过去的 20 年间，其会员由 50 个增加到现在的超过 700 个，并且每两年举行一次年会来加强交流与沟通。同时，英国南极遗产托管机构还努力争取南极旅游的游客以及众多关键的利益相关者（key stakeholder），如国际南极旅游业者行业协会的成员、英国外交与联邦事务部以及英国南极调查局的支持和帮助。除此之外，英国南极遗产托管机构还积极与“南极一百”（Antarctic 100）组织合作，这是一个由近 50 个南极遗产相关机构组成的联合体，旨在共享信息和资源，促进南极遗产的保护，提升公众对南极遗产的重视。

其次，引入市场化运作模式，利用与保护并重。英国南极遗产托管机构努力发掘现有南极遗产中的旅游价值，积极把部分南极遗产打造为南极旅游的卖点，不仅商业旅游的收入可以支持该机构的日常运转，而且还提升了南极遗产在公众心目中的知名度，在利用中加强保护，扩大了英国在南极的实质性存在地位。例如，英国南极遗产托管机构到目前为止已经花费了 270 000 英镑主要用于保护四个英国南极历史遗迹，尤其是努力提升位于拉克罗港的遗址博物馆的建设质量，把它打造为南极旅游必去的景点之一。英国南极遗产托管机构还成功经营了一家位于拉克罗港的礼品店，当前的年营业额达 500 000 英镑，已经成为该机构进行南极遗产维护和修缮的主要经费来源。此外，英国南极遗产托管机构还为英属南极领地政府管理了一家最成功的邮局，其邮政业务的收入也为英国南极遗产托管机构提供了部分资金来源。

再次，推行“罗斯海遗产恢复工程”（Ross Sea Heritage Restoration Project）。早在南极探险的“英雄时代”，英国的探险家就在罗斯海附近留下了南极探险的脚印。目前，由新西兰南极遗产托管机构管辖的有四个遗址，其中，在 1907 年由沙克尔顿在罗伊兹岬（Cape Royds）和 1911 年由斯科特在伊凡斯岬（Cape Evans）建立的遗址在世界遗产基金会的“世界上一百个最危险的遗址”名录中榜上有名，另外两个是 1901 年斯科特在发现岬（Discovery Point）和 1898 年卡斯滕•博克格雷温克在阿黛尔岬（Cape Adare）留下的遗迹。这些遗迹包含了大量当时南极探险留下的人工制品，这些不仅是最初英国进行南极探险的有力证据，同时也是人类征服自然、挑战极限精神的生动再现。考虑到其重要的价值，英国南极遗产托管机构已经直接给予新西兰南极遗产托管机构 3 500 000 英镑的资金支持，用以对这些英国人留下的南极遗产进行保护。

最后，推动“英国南极口述史工程”（British Antarctic Oral History Project）。所谓口述史，就是通过传统的笔录、录音、录影等现代技术手段，记录历史事件当事人或者目击者的回忆而保存的口述凭证，即通过调查访问，用录音设备收集当事人或知情者的口头资料，然后与文字档案核实，整理成文字稿。虽然英国政府的档案中有很多关于英国南极探险及科考的记录，但这些档案文件都是“冰冷”的客观描述，缺乏对探索南极的探险家和科学家的个人故事和经历的记录。为了记录下个人在南极探险和科考过程中的故事和经历，英国南极遗产托管机构与英国南极调查局以及剑桥大学斯科特极地研究中心合作，在英国外交与联邦事务部的支持下，进行了英国南极口述史的整理工作。到目前已经形成了超过 200 份的音频和视频资料，这些英国南极口述史的材料对于我们了解南极探险家和科学家的南极经历以及从微观角度研究探索南极的历史都具有非常重要的意义。

3. 南极环境保护战略

南极环境保护一直是英国在南极战略中不可或缺的一环，一是因为作为南极大国的英国对南极环境负有必要且不可推卸的责任，它有责任和义务在南极环境保护的问题上做出自己的贡献；二是因为推动南极环保事业符合英国自身的国家利益。虽然南极环境保护问题日益凸显，作为西太平洋的岛国，英国与南极环境的细微变化息息相关；三是南极环保问题具有低政治敏感度和公益性的特性，以环境保护为突破口进入南极，可以减少国际社会的关注度和舆论的压力。

1）英国制定南极环境保护政策的制度框架

作为《南极条约》的缔约国，英国的南极环境保护政策必须在南极条约体系的框架下进行。由于南极条约只涉及对南极生物资源的保护，而没有对更多问题进行规定，因而英国在实施环境保护战略的过程中所依据的只能是 1991 年签订的《关于环境保护的南极条约议定书》，这份议定书既是对 1959 年《南极条约》在环境保护方面条款缺失的有益补充，也是当前南极环境保护法律体系的核心。作为南极条约体系中的一员，《关于环境保护的南极条约议定书》已经将南极条约的和平与科学两项目标扩展为和平、科学和环境保护三个目标①。该议定书旨在保护南极的生态环境，严格禁止对南极生态环境的破坏。1991 年 10 月还通过了《关于环境保护的南极条约议定书》的五个附件，分别是“南极环境评估”、“南极动植物保护”、“南极废物处理与管理”、“防止海洋污染”和“南极特别保护区”，从不同的角度细化了对南极的环境保护规定。

除了《关于环境保护的南极条约议定书》之外，还有一些与《南极条约》相联系但又独立的法律文件，其中包括 1964 年的《保护南极动植物议定措施》、1972 年的《南极海豹保护公约》、1980 年的《南极海洋生物资源养护公约》以及 1988 年的《南极矿产资源活动管理公约》，它们联合以上提及的《关于环境保护的南极条约议定书》一起构成了南极环境保护法律体系。该体系内容完整、层次清晰，覆盖了南极环境保护的各个方面，是英国制定和实施南极环境保护政策和从事南极活动需要遵守的法律依据和制度框架。

2）英国南极环境保护政策的具体内容

首先，提升南极环境保护的科技实力。科技实力是英国实施南极环境保护战略的基础和前提，缺乏一定的科技实力作保障，环境保护将成为空谈。目前英国政府南极科技研究的重心集中于对南极环境相关课题的研究。英国南极调查局和剑桥大学斯科特极地研究中心是从事南极环境问题研究的主要科研机构，承担了大量的研究课题，对南极的气候、海洋、冰盖、生态系统以及环境演化等问题都做了深入系统的研究。

在这一方面，英国南极调查局所进行的最值得一提的项目就是 2009 年 4 月启动的“地球极地科学”（Polar Science for Planet Earth）的科研项目，该项目针对极地科学中最前沿、最紧迫、最重大的问题进行研究，它包含了六个子项目，分别涉及极地化学、大气科学、生态系统、南极冰盖、南极海洋、气候变化领域，该项目集中体现了英国南极环境保护科技实力的最高水平。

其次，制定南极环境保护的国内法。在南极条约体系的框架下，早在 1994 年，英国就制定了《南极法案》。南极保护在该部法律中占据了重要地位。《南极法案》分为三个部分，其中第二部分的全部内容都是围绕“环境保护”展开，分别规定了“进入南极和在南极停留的许可证”“矿产资源”“特别区域”“犯罪行为”等内容。1997 年，英国还颁布了《环境保护条例》。该条例更为详细地规定了南极环境及其资源的保护，以及涵盖了进入英属南极领地、矿产资源和动植物的保护等方面的内容。

1994 年《南极法案》中的许可证制度比较具有英国特色。其第二部分规定了进入南极和在南极停留的许可证制度，该法第 3 条规定了除非是在南极之外穿过、通

① 王曦，陈维春 . 南极环境保护法律制度之浅见 . 武大国际法评论，2005，(1)：108-127.

过公海或者从公海上直接到达目的地的人和进入南极单纯是为了经济利益而捕鱼的人，其他英国探险队的任何人除非获得通过授予的许可证，否则不得进入南极或者停留。关于许可证的申请，申请者被要求在七天内在伦敦的政府公报上公开其申请通知，并且要使每一个感兴趣的人都能得到一份申请书的副本。《1995 年南极规定》着重细化了许可证制度的相关内容，强调了环境影响评估制度在南极资源勘探、开发过程中的重要作用，该环境影响评估制度分为环境影响初步评价和环境影响综合评价两个部分。两者都是在申请对象的活动可能会给南极环境造成影响时适用，环境影响初步评价只是用于申请阶段，而环境影响综合评价适用于任何阶段且评价程序较前者更为复杂，包括了从提出申请到申请通过以及许可证发放之后相关人员活动情况的跟踪观测。同时，《1995 年南极规定》还规定，如果有理由认为一个人已经进行（或正在进行，或将要进行）需要许可证的活动，一位被授权的人员可以要求此人在提出要求后的 5 日内出示或让别人出示依据该法授权给该项活动颁发的许可证，并且进一步规定了该“被授权的人”的范围。

在 2009 年，英国开始对《南极法案》进行修改，并且于次年发布了新的《南极法案》。该法案提议对于从南极获取矿产资源的许可证的主体范围进行了修改。在 1994 年的《南极法案》中，许可证只能颁发给英国公民，不能颁发给非英国公民，也不能向在英国科研机构中工作的非英国公民颁发许可证。新的《南极法案》提出，允许外交与联邦事务部向在英国探险队中进行科考活动的非英国公民颁发许可证。

1994 年的《南极法案》还对南极动植物勘探过程中的保护问题进行了规定。任何英国公民在南极都不能故意杀害、捕捉、买卖、干扰当地的哺乳动物和鸟类，同时也不能在活动过程中故意打扰处于繁育期的鸟类和处于聚集中的哺乳动物。除此之外，该法案还禁止使用车辆、船舶或航空器干涉当地哺乳动物和鸟类的聚集；禁止在南极地区使用爆炸物或者枪炮；禁止损害当地的植被，影响其在当地的分布和丰富程度；禁止任何可能对当地哺乳动物、鸟类、植物、无脊椎动物的栖息地产生不良影响的行为。该法案第 8 条也规定了将非本土的动物、植物引进南极的许可证。

英国关于南极环境保护的国内法的制定是在南极环境保护法律体系的框架下进行的，很好地贯彻了《关于环境保护的南极条约议定书》的基本精神，并且结合了英国的实际，丰富和充实了南极环境保护法律体系的内容，对各国南极保护事业具有很好的示范性和指导性作用。同时，该法以国家立法的形式规范了英国在南极的活动，最大限度地降低了英国南极活动对于南极环境的破坏，彰显了一个南极大国的良好形象，对于英国在南极的科考活动开展和更加合理地实现其在南极的国家利益具有非常重大的意义。

再次，加大对南极环境保护的宣传力度。英国非常重视对国民进行南极环境保护相关知识的宣传普及，努力提升国民对于南极环保事业的重视程度。具体来说，一是网络层面的宣传，英属南极领地政府和英国南极调查局的官方网站都设立了专门的板块来宣传南极环境保护的相关知识，用通俗易懂的话语普及了南极环境保护的重要性以及具体措施；二是在公民层面的教育，英国政府每年会投入专项资金拍摄一些南极方面的视频、编纂一些南极方面的普及读物，并且为在校的学生提供一些南极宣传材料，用以普及南极环保知识；三是在南极游客层面的教育，随着南极旅游的规模逐年增大，进入南极旅游的游客成为南极环境的最大威胁，英国努力在游客中普及南极旅游中的环保知识，力图尽量减少人类旅游对南极环境可能会带来的破坏。

最后，设立南极环境特别保护区。1964 年，在第 3 届南极条约协商国会议上，南极条约协商国通过了《保护南极动植物议定措施》，首次提出在南极设立特别保护区的概念[①]。设立南极特别保护区的目的是保护该区域重大的环境价值、科学价值、历史价值、美学价值和荒野价值等。一旦某区域被某国设立为特别保护区，那么该国将采取更为严格的准入制度，运用更加严格的保护措施对该区域进行管理。除非符合南极特别保护区管理计划的要求并取得进入许可证，否则禁止进入南极特别保护区。南极特别保护区建设工作是凸显一个国家南极科学考察活动与成就的重要窗口，同时是履行南极环境管理与保护义务的重要举措之一[①]。

目前，世界各国单独或者联合在南极地区设立了 75 个特别保护区，用以对南极生态环境脆弱的地区进行特别的保护，其中，英国单独设立了 13 个特别保护区，还与智利联合设立了 1 个特别保护区。《英属南极领地战略文件 2009—2013》专门提出对特别保护区实行前瞻性管理（proactive management）。英国建立南极特别保护区，可以利用其更加严格的准入制度和管理制度为英国的南极国家行动提供方便，这一区域的设立具有“环境保护”和“攫取利益”的双重性质。

4. 简评

英国的南极政策是一个内容完整、层次清晰、逻辑分明的政策系统。可以看出，维护英属南极领地的安全和实现英属南极领地的善治是整个政策系统的基石。为了达到这一总目标，并且鉴于在南极条约体系的框架下宣示在南极的主权不能采取军事手段，英国只能采用“曲线救国”的方案，对外从科学研究、环境保护、南极遗产保护等角度不断深化对南极的认识，积极参与南极治理；对内则不断健全和完善应对南极事务的管理机构和法律体系，加大对南极事务的经费支持，提升国民对南极事务的认知程度等。

英国的南极政策不仅鲜明宣示了英国在南极地区的核心利益，同时也承担了作为一个南极大国对南极事业应该肩负的环保、科技、制度供给等方面的责任。但是，英国现阶段的南极政策是为了实现对南极领土的“有效控制”，其背后隐藏的逻辑是南极被视为国际法中的“无主地”，其政策的最终目标依旧是保持英国对英属南极领地的领土主权。这就与马来西亚为代表的一些发展中国家主张“南极及其资源是全人类的共同继承财产，应由世界各国和全人类在平等的基础上分享”这一主张存在学理上的矛盾，其南极政策对中国等发展中国家参与南极事务，实现在南极的国家利益构成潜在性的威胁，这一点也值得我们警惕。

① 凌晓良，陈丹红，张侠，等 . 南极特别保护区的现状与展望 . 极地研究，2008，(3)：48-63.

五、英国的南极政策对于中国的借鉴价值

英国自1908年在南极宣示领土主权，经历了南极领土主权的争夺战，见证并推动了《南极条约》的出台过程，最终在南极条约体系的框架下与世界各国和各国际组织共同进行南极治理，其涉入南极事务历史悠久且成果丰硕，不仅是目前南极治理现状的“塑造者”，也是当前南极治理秩序的“受益者”。

中国参与南极治理的时间较短，要想在未来的南极治理中占据一席之地，实现中国在南极的国家利益，就必须站在“巨人的肩膀”，吸取其可借鉴的有益经验，指导中国未来的南极治理实践。作为老牌的南极大国，英国的南极政策对中国制定未来的南极战略具有非常重要的借鉴意义。

（一）积极参与南极治理的制度供给

所谓“制度供给”，就是为了规范人们的行为而提供法律、伦理或经济的准则或规则[①]。根据科斯“交易成本”的分析范式，只有当新的制度安排带来的收益超过新制度产生的成本或者旧制度安排的成本高于新制度安排的成本时，制度供给才可能发生[②]。另一位制度供给理论的集大成者诺思把国家纳入制度供给的范式中，将其视为制度供给的“第一行动集团”，认为国家出于自身的利益追求，会通过手中的行政力量来促进部分或根本的制度创新[①]。由此可以看出，制度供给的诱因是制度变迁带来的制度红利。现实中国家进行制度供给的动力是在进行制度创新的过程中可以获得比在原制度框架下更多的国家利益。在南极治理的实践中，英国一直是积极进行南极治理制度供给的一方，其通过塑造和完善治理南极的相关法律、规则和国际惯例，增强了其在处理南极事务的话语权和影响力，增强了其面对南极复杂局势时的主动性和能动性，最终为其实现在南极的国家利益奠定了制度基础。

1. 英国制度供给的实践

（1）国际层面。早在1908年，英国率先对南极提出领土要求时就提出用“扇形原则”来为当时各国争夺南极领土提供一个划界依据，即以南极点为心顶，以径线为腰并且以纬线为底所形成的扇形范围内的区域，归主张该扇形空间的国家所有。这是英国在早期争夺南极领土的过程中第一次进行制度供给的实践。1908年英国依据“扇形原则”提出在南极的领土要求之后，新西兰、澳大利亚、法国、挪威、智利、阿根廷六国相继依据该原则对南极洲83%的领土提出了自己的主权要求。虽然国际法从未承认“扇形原则”为获得领土主权的合法途径，但是这开启了英国在南极治理制度供给的先河。更为重要的是，此次由“扇形原则”确定的英国南极领土

① 姚作为，王国庆.制度供给理论述评——经典理论演变与国内研究进展.财经理论与实践（双月刊），2005，(1)：3-8.

② 科斯 R H，浩思 D C.财产权利与制度变迁：产权学派与新制度学派译文集.陈昕，刘守英译.上海：上海三联书店，1994：43.

让英国成为南极事务的重要的利益相关方，确立了英国日后南极大国的地位，奠定了英国百年来南极政策的基调。

英国对南极治理机制的第二次制度供给是在冷战时期，那时英国对南极治理的制度供给主要是依靠着其亲密盟国美国来进行的。一方面，虽然当时各国都对南极领土宣布持有主权，但是这些国家的主权要求或保留态度彼此之间不能平衡，英国、阿根廷和智利三国在南极领土还存在着重叠，各国在南极洲的关系变得越来越紧张；另一方面，在经历两次世界大战之后，随着美国、苏联的势力不断进入南极洲，两国不断升级在南极地区的对抗性竞争行为，对南极领导权的争夺逐步成为美苏争夺世界霸权的一个方面，南极洲逐步成为一个新的国际竞争的新舞台，加之当时世界笼罩在核武器的阴影之下，如果任其发展下去，将不符合英国等各方在南极的利益。在这种情况下，作为美国战后的盟国，英国积极与当时的超级大国美国磋商，提出了由美国出台南极八方共管的方案，即美国同其他七个主权要求国成立一个超国家的管理机构，共同管理南极，避免苏联的进入①。虽然此次英国和美国共同提出的解决南极危机的“八方共管”方案遭到了其他五国的共同反对，但是该事件确实成为《南极条约》出台的一个关键环节。该方案被否定促使美国寻找新的解决南极争端的途径，加速了《南极条约》的出台。最终，美国决定放弃过去建立由西方国家主导的领导集团的解决方式，提出了一项多边国家条约来共同限制和规范各国的行为，即推动《南极条约》的出台。

英国在《南极条约》的出台过程中也发挥了积极的作用。在美国的号召下，1958年11月18日到12月底，美国、阿根廷、澳大利亚、比利时、智利、法国、日本、新西兰、挪威、苏联、南非、英国共举行了24次会议在冻结南极法律现状、条约是否应该包括公海、非军事化条款、非条约国的接纳等问题上进行磋商。其中，就非条约国的接纳问题，英国提出扩大南极条约参加者的范围但限制参加管理的国家数目的建议。该建议后被各国接受，《南极条约》之后规定“对于联合国任何会员国，或经其代表有权参加本条约第九条规定的会议的所有缔约国同意而邀请加入本条约的任何其他国家，本条约应予开放，任其加入”。英国的这一建议将《南极条约》变成了一个开放的条约，客观上防止了美国等超级大国操纵《南极条约》，有利于之后南极多元共治局面的形成。

英国这一系列对南极治理的制度供给努力对日后英国南极利益的实现起到了非常关键的作用。例如，“扇形原则”在南极瓜分领地时的运用确立了日后英属南极领地的主要范围，这些以“先占原则”占有的领土范围成为日后英国坚持和重申南极领土主权的主要依据；《南极条约》的出台虽然冻结了各国领土主权的要求，但是并没有否定英国在南极的领土要求，这就保留了英国在南极的核心利益，同时促使《南极条约》向所有国家开放，也在一定程度上遏制了美国在南极的霸权，有利于扩展英国在南极的“实质性存在”地位。

① 胡德坤，唐静瑶．南极领土争端与《南极条约》的缔结．武汉大学学报（人文社会科学版），2010，(1)：64-69.

（2）在国内层面，英国也积极地出台新的法律和制度，用以规范国家和公民在南极的行为，为英国科学合理地进行南极开发，保持南极大国的良好形象起到了非常重要的作用。英国政府先后出台了一系列有关南极的法律法规，1989 年的《南乔治亚岛和南桑威奇群岛命令》规定了南乔治亚岛和南桑威奇群岛的领海范围从领海基线量起 12 海里；1990 年的《司法管理条例》规定，只要当地条件允许，英国的法律就将适用于英属南极领地，英属南极领地拥有同在英国其他法院相同的权力；1994 年的《南极法案》分为四个部分，一个附件，包括对南极的定义、环境保护、矿产资源活动、南极动物和植物保护、相关活动的许可证、适用于英国人的法律等规定，该法还在 2009 年进行了修订，在 2010 年出台了《南极法案》；1997 年的《环境保护条例》规定了南极环境及其资源的保护，包含进入英属南极领地、南极矿产资源和动植物保护等方面的规定；2013 年英国外交与联邦事务部还出台了《英属南极领地战略文件 2009—2013》，从宏观上阐述了英国在南极的目标以及实现这些目标的战略路径。这些国内的法律制度在很大程度上形成了支持英国参与南极治理的丰富的制度资源，使英国在采取南极行动的过程中有法可依，英国在南极的国家利益得到了国家法律和政策战略的确认，保障了国家南极行动的一贯性和持续性。同时，这些国家出台的正式制度可以有效提升国民对南极国家利益的意识，促进国民形成积极参与全球南极治理的共识，逐渐塑造出有利于实现英国南极利益的非正式制度环境。在正式制度和非正式制度的相互作用下，英国在参与南极治理方面丰富的国内制度资源已成为其南极国家利益实现的重要支撑和保障。

总之，英国在国际层面上对南极治理的制度供给为英国实现其在南极的国家利益提供了便利条件，营造了良好的外部环境；在国内层面上对南极治理的制度供给促使英国形成了支撑其实现南极国家利益的制度资源，为英国“走出去”参与南极政治舞台的角逐奠定了良好的国内制度基础。二者相互支持、互相促进，使英国无论在过去的“南极领土争夺战”中，还是在当下的南极环境问题全球共同治理大局中都能够游刃有余地应对各种国际风险，始终占据优势地位，有效地维护了英国在南极的国家利益。

2. 对中国的启示

相比之下，中国应当积极吸取英国在南极治理制度供给方面的有益经验，把有效进行制度供给作为实现中国南极国家利益的有效途径。这就要求中国要能够敏锐地把握南极治理的制度需求，从国际和国内两个层面加大对南极治理的制度供给。

在国际层面上，中国应当利用当前南极治理机制的不足之处，增强制度供给的能力，积极寻找并准确把握制度供给的时机。一般而言，制度的重新安排是在单个行为主体为谋求在现存制度下得不到的利益而产生制度变迁的需求所引发的[①]。中国作为参与南极治理的“后起之秀”，当前的南极治理机制下虽然能够保障我国实现一部分南极利益，但是，从长远来看，在该治理机制下我国在南极的国家利益的实现仍然会受

① 杨瑞龙．论制度供给．经济研究，1993，（8）：45-52.

到一定制约。这是因为在南极国际政治舞台的角逐中，美国、英国、澳大利亚等少数南极大国一直主宰南极事务，它们力图依据国际法中“先占原则”维持其在南极的绝对优势地位。这种局面从长远来看不利于保持当前南极稳定的多治理主体共治的局面，在一定程度上存在着南极变为少数国家“俱乐部资源”的危险。如果按这样的态势继续发展下去，在未来的几十年内，南极政治很有可能会被美国、英国等少数传统南极大国主宰，其他国家将不得不按照这些所谓的少数极地大国所制定和创设的规范和制度行事，国际南极政治舞台单极化的趋势将会更加明显[①]。如此一来，中国等发展中国家在南极的利益将得不到保障，进而会进一步增加中国等发展中国家对新的更加合理的南极治理秩序的需求。在全球政治多极化趋势日益增强的今天，国际社会也不会允许南极政治呈单极化发展。这种需求将成为未来南极治理制度发生变迁的最大推动力。中国要在未来的南极治理中占据举足轻重的地位，维护中国在南极的国家利益，就需要敏锐地发现现阶段南极治理机制中的不合理之处，找寻到当前南极治理机制中制约中国实现南极国家利益的不利因素，充分发挥国家智库的作用，积极进行学理上的探讨和研究，不断加强中国进行南极治理制度供给的能力，以便在未来南极治理制度变迁的“政策之窗”打开之时，把握时机助推南极治理机制的更新，参与新一轮南极治理机制的塑造，维护中国在南极的国家利益。

在国内层面上，加大对支撑中国参与南极治理的制度资源的供给程度，尽快形成符合中国实际的国家南极战略，应该成为中国南极政策创新的重要内容。与英国相比，中国参与南极治理的时间较短，国内的南极治理相关制度资源明显存在短缺。到目前为止，中国尚未从国家层面出台系统的南极战略和政策，也没有进行南极立法，在行政法规中，直到 2014 年 6 月，国家海洋局根据国务院 2004 年的第 412 号令才制定出台了《南极考察活动行政许可管理规定》，对当下日益增多的南极考察活动进行规范，而英国早在 1994 年的《南极法案》中就已经确立了南极许可证制度，中国这一措施足足落后了英国 20 年。

中国在南极治理方面的制度资源稀缺的同时，对参与南极治理的制度需求却在与日俱增。多年来，中国南极考察活动主要以由国家海洋局组织的科学考察活动为主，考察队人员主要由相关科研机构的科研人员组成，人员结构相对简单。但是近年来，随着南极活动日趋多样化，参与南极考察活动的人员数量不断增多，组成和考察活动方式更加社会化，人员构成也日趋多样，尤其是社会团体组织的南极旅游、探险和科普考察等活动呈上升趋势，这对南极考察活动的管理提出了新的要求[②]。以南极旅游为例，根据国际南极旅游业者行业协会的最新统计，2013~2014 年，中国登陆

① 李升贵，潘敏，刘玉新．南极政治“单极化”趋势——以美国南极政策为中心的考察．海洋开发与管理，2008，(10)：75–82.

② 李昕．国家海洋局极地考察办公室主任曲探宙谈《南极考察活动行政许可管理规定》.http://www.chinare.gov.cn/caa/gb_news.php?modid=01001&id=1454，2014–06–05.

南极的游客人数已达 3 367 人，仅次于美国和澳大利亚[①]，已成为世界第三大南极旅游国，同时也是南极旅游人数增长最快的国家。但与南极旅游持续增温不太协调的情况是，中国在南极旅游方面的制度方面长期处于空白状态。到目前为止，南极洲并未被中国政府列为中国公民的旅游目的地，对南极旅游的相关管理制度法规至今也没有出台，政府在对南极旅游市场管理过程中处于无法可依的窘境，而相关企业在从事南极旅游的市场活动时也无章可循。

以上情况表明，中国对参与南极治理的制度需求和现阶段的制度供给存在着巨大的缺口，在国内层面支撑中国参与南极治理的制度稀缺引发的不利因素正在逐步显现，中国应当未雨绸缪，加快对参与南极治理的制度供给的步伐，尽早制定并形成系统的国家南极战略，完善中国参与南极治理的法律体系，为中国在南极国家利益的实现奠定坚实的制度基础。

（二）尽快形成中国南极事务“多元共治”的局面

在 100 多年参与南极治理的实践中，英国政府的南极事务管理逐步形成了多方参与、合作治理的格局。所谓南极事务的多元治理，就是指各个政府部门、社会组织以及私人团体等多元主体共同管理南极事务，它是使相互冲突的或不同的利益得以调和并且采取联合行动的持续的过程。在南极事务多元共治的框架下，国家正在把原来独自承担的责任逐步转移给公民社会中的各种私人部门和公民自愿性团体，让它们承担越来越多的原先由国家独自承担的责任。

1. 英国南极事务的管理机制

在英国的政府系统中，外交与联邦事务部是主管南极事务的主要负责部门，其下设的极地部主要负责英属南极领地的日常管理工作。外交与联邦事务部的海外领地部门的领导人通常担任英属南极领地的总督。但是外交与联邦事务部通常只负责英国在南极的主权维护和外交事务等政府事务，其他诸如南极遗产保护、科学研究等事务则由其他非政府组织承担。英国南极遗产托管机构、自然环境研究委员会及其下属的南极调查局都是积极参与南极治理的非政府组织的代表。其中，自然环境研究委员会是英国政府（具体说是 2009 年组建的商业创新和技能部）的“延伸”，实质上是“非政府部门的公共机构”，理事会拥有独立的政策制定权、经费使用权和管理权，而英国政府只负责为各个研究委员会制定宏观发展战略。英国南极调查局就是英国自然环境研究委员会下属的机构，负责统筹英国的南极科学研究工作。英国南极遗产托管机构建立于 1993 年，旨在保护英国在南极留下的建筑和人工制品，挖掘英国南极遗产的公共利益和价值，同时是连接南极公众参与和支持的机构，该托管机构已经支持多个英国极地机构投入约 41 万英镑用于宣传和教育项目。在南极拉克罗港的英国站就由英国南极遗产托管机构管理，这里接待过成百上千的各国游

① 张建松. 中国成为世界第三大南极旅游国，我们准备好了吗？ http://news.xinhuanet.com/overseas/2014-06/11/c_1111085240.htm，2014-06-11.

客，是一个名副其实的促进公众参与的宣传和教育基地，英国政府也给予了财政援助。此外，英国众多科研机构也是英国参与南极治理的重要支撑力量。例如，以英国剑桥大学的斯科特极地研究中心为代表的科研院所为英国实现南极国家利益提供了非常重要的智力支持。

总之，在南极事务的管理中，英国政府并不是唯一的权力中心，而是充分发挥了“元治理”的角色，为英国的南极事务进行宏观指导和制定相关规则，各个公共和私人的机构在各自的负责层面内形成了权力中心，对本部门负责的南极事务的管理行使着权力，拥有足够的权威。参与南极事务的各方已经形成了一个自主的网络，与政府在南极事务的管理中进行合作，分担部分政府的管理职能，“多元共治”的图景清晰可见。这种南极事务的多方合作、共同治理的格局为英国实现在南极的国家利益奠定了非常重要的制度基础。

2. 中国南极管理体制的现状

而在目前，我国南极事务管理体制的政府主导色彩还比较明显，无论是南极事务的行政管理、科学研究，还是资源分配都是由政府主导。在政府部门中，国家海洋局极地考察办公室是国家海洋局直属参照国家公务员法管理的财政补助事业单位，其主要职能是代表国家海洋局履行南北极科学考察、管理相关极地事务的职责，设有综合处、政策与规划处、业务考察处（财务处）、科技发展处、国际处和人事处，还负责管理驻智利代表处和亚布力训练基地。根据国家海洋局官方网站上的信息，极地考察办公室主要肩负以下职能：组织拟订我国极地工作的发展战略、方针、政策和我国极地考察工作规划、计划，组织研究极地重大问题；组织拟订极地事务法律与法规及相关标准和规范，依法管理相关极地事务；负责极地考察的组织、协调、指导、监督，组织开展极地领域的科学研究工作；负责极地考察的基本建设、能力建设项目的组织、协调和监督；负责组织、协调极地考察队组队工作，承担极地考察训练基地、驻外机构的管理；负责组织、协调极地领域的国际事务及相关国际组织活动，组织极地领域对外及对港澳台地区的交流与合作；承担极地科学普及、公众宣传等工作。由此可以看出，一方面，国家海洋局极地考察办公室是我国南极事务管理的核心部门，不仅肩负制定极地发展的战略、管理南极科考，而且还负责组织开展极地领域的科学研究，以及极地科学普及、公众宣传等工作。虽然现行的这种行政管理体制是我国参与极地治理的政治优势之一，但是这种行政化的管理体制只有与社会各方利益相关者的积极性有机结合，才能形成参与南极治理的合力；另一方面，我国南极事务相关的社会组织发育不健全，缺乏承接政府部分权力的能力。相较于英国，我国的公民社会发育不健全，各种非政府组织数量少且治理能力相对滞后，缺乏参与南极事务的积极性和主动性，严重制约着我国南极管理体制的创新。同时，我国南极事务起步晚，从一开始就是由政府主导，缺乏公民参与的传统，因此参与机制有待完善，参与渠道也有待疏通。

3. 对中国的启示

在未来的南极事务管理中，我国应当从以下两个方面着手，实现我国南极治理体系和治理能力的现代化。一方面，理顺政府在南极治理中的职能，充分发挥政府“元治理”的角色。在未来的南极治理中，我国应当逐步在南极事务的管理中贯彻“简政放权”的原则，将一部分社会组织可以承担的南极治理的相关职责重新分配，极地考察办公室应当集中运用国家权力去引导、控制和规范公民的各种参与南极治理活动，为各方参与南极治理提供有据可依的规范和制度，以最大限度地增进公共利益。另一方面，积极培育社会力量参与南极治理。由于我国涉足南极事务的历史较短，目前尚未出现专门的从事南极相关事务的非政府组织，这在很大程度上制约了我国对南极治理的参与深度和广度。我国应当积极鼓励和培育大批从事极地科学研究、环境保护以及极地战略与政策研究的非政府组织，用以承接政府的职能转移，培育新的南极治理的参与主体，尽早形成我国南极事务参与的“多元共治”局面。

参考文献

鲍健强，朱逢佳 .2009. 从创建低碳经济到应对能源挑战——解读英国能源政策的变化与特点 . 浙江工业大学学报（社会科学版），（6）：148-154.

常李艳，华薇娜，李煜 .2010. 通过国际南极论文分析南极研究现状 . 极地研究，（6）：174-189.

陈丹红 .2012. 南极旅游业的发展与中国应采取的对策的思考 . 极地研究，（3）：70-76.

陈玉刚 .2013. 试析南极地缘政治的再安全化 . 国际观察，（3）：56-62.

陈振明 .2003. 公共政策分析 . 北京：中国人民大学出版社 .

丁煌 .2013. 极地国家政策研究报告（2012—2013）. 北京：科学出版社 .

丁煌 .2014. 极地国家政策研究报告（2013—2014）. 北京：科学出版社 .

甘露 .2011. 南极主权问题及其国际法依据探析 . 复旦学报（社会科学版），（4）：119-125.

高岱 .2002. 英国通史纲要 . 合肥：安徽人民出版社 .

郭培清 .2006. 美国政府的南极洲政策与《南极条约》的形成 . 世界历史，（1）：84-91

郭培清 .2007. 南极的资源与资源政治 . 海洋世界，（3）：68-73.

胡德坤，唐静瑶 .2010. 南极领土争端与《南极条约》的缔结 . 武汉大学学报（人文社会科学版），（1）：64-69.

考克瑟 B，罗宾斯 L，里奇 R. 2009. 当代英国政治 . 第四版 . 孔新峰译 . 北京：北京大学出版社 .

科斯 R H，诺思 D C.1994. 财产权利与制度变迁：产权学派与新制度学派译文集 . 陈昕，刘守英译 . 上海：上海三联书店 .

李任远 .2013. 英国南极“伊丽莎白女王领地”主权合法性研究 . 国际论坛，（3）：26-31.

李升贵，潘敏，刘玉新 .2008. 南极政治“单极化”趋势——以美国南极政策为中心的考察 . 海洋开发与管理，（10）：75-82.

凌晓良，陈丹红，张侠，等 .2008. 南极特别保护区的现状与展望 . 极地研究，（3）：48-63.

凌晓良，温家洪，陈丹红，等 .2005. 南极环境与环境保护问题研究 . 海洋开发与管理，（5）：3-15.

宋国明 .2009. 英国自然环境研究委员会的管理特点与启示 . 国土资源情报，（9）：7-10.

王婷，任庚坡，蔡建军 .2013. 英国能源概况和推进节能减排工作的政策、举措和启示 . 上海节能，（7）：27-31.

王曦，陈维春 .2005. 南极环境保护法律制度之浅见 . 武大国际法评论，（1）：108-127.

吴依林 .2009. 南极研究及其趋势展望 . 中国科学技术大学学报，（1）：63.

杨瑞龙 .1993. 论制度供给 . 经济研究，（8）：45-52.

杨泽伟 .2006. 主权论：国家法上的主权问题及其发展趋势研究 . 北京：北京大学出版社 .

姚作为，王国庆 .2005. 制度供给理论述评——经典理论演变与国内研究进展 . 财经理论与实践（双月刊），（1）：19-24.

俞可平 . 2000. 治理与善治 . 北京：社会科学文献出版社 .

曾令良 .2003. 国际法学 . 北京：中国社会科学出版社 .

钟科 .2011. 罕见的资源宝库——南极和北极 . 水利天地，（8）：24-25.

朱文奇 .2006. 国际法学原理与案例教程 . 北京：中国人民大学出版社 .

Beck P J.1983.British Antarctic policy in the early 20th century.Polar Record，（21）：475-483.

Dodds K.2008.The great game in Antarctica：Britain and the 1959 Antarctic Treaty.Contemporary British History，（22）：43-66.

研究报告 12

法国实现南极国家利益的经验借鉴①

【摘要】 根据南极的资源价值、法国的国情以及国际环境，法国在南极的国家利益大致可以分为安全利益、经济利益、政治利益和科研利益。法国的整体经济实力、海洋经济水平以及海洋军事力量都为其实现在南极的国家利益奠定了物质基础。基于历史的原因，法国先占了南大洋诸岛，又对南极大陆上的阿德利领地提出领土要求，法国拥有得天独厚的领土优势和政治优势。法国在以上地区建立科考基地已有50多年，在生命科学和宇宙科学研究方面成果显著。除了南极条约协商国会议之外，法国同时也是南极研究科学委员会以及国家南极局局长理事会会员国之一。法国实现南极国家利益除了以上众多优势以外，从自身出发，行政机构之间的协调以及国家对于南极研究的投入方面仍具有不足之处，对于实现其在南极的国家利益呈现不利影响。

法国和中国在南极地区都存在广泛的利益，两国都是《南极条约》缔约国以及南极条约协商国，因此，两国对于南极地区都十分重视。由于地缘和历史的原因，中、法两国与南极大陆联系的紧密程度仍有差别。中国要实现其在南极的国家利益，需要着重从以下几方面探寻对策：①拓展研究范围，继续加强在南极地区的实质性存在。中国应在已启动的南极特别保护区和特别管理区基础上，拓展在南极的考察空间和研究范围，为以后继续申报有价值的特别保护区和管理区域积极作准备，也为中国在南极事务中提高话语权和决策权起到积极的作用。②遵循南极条约秩序，积极通过南极条约协商国会议参与南极事务。中国在加强南极自然科学研究的同时，还应当深入研究南极政治和南极条约体系，积极参与南极政治的进程和南极国际法律的制定和修订。通过协商会议，提交有建议性的工作报告以争取更多的话语权并扩大在南极条约体系内的影响力。③完善国内南极立法，做好为应对潜在危机提供法律保障的准备。中国除了应当适时地在协商会

① 作者简介：丁煌，男，武汉大学“珞珈学者”特聘教授、政治与公共管理学院院长、公共政策研究中心主任、公共管理与国际法双学科博士生导师；周菲，女，武汉大学中国边界与海洋研究院博士研究生。

议上提出主张以外，还应当在国内抓紧着手在这些方面开展法律起草工作，以规范、保障、引导中国南极区域内的科学研究、渔业资源开发等活动有序进行为目的，推动中国南极事业的发展，使中国可以化被动为主动，更加积极地投入南极事务中。

【关键词】 法国　南极政策　国家利益　南极条约体系　经验借鉴

本研究报告依然运用本课题前一阶段研究成果之一的“资源—利益—政策”分析框架进行分析，研究法国的南极政策以及对于中国实现南极国家利益的经验借鉴，首先，我们明确法国在南极的利益诉求，结合法国国家实力，极地地区的自然、安全和政治环境，并依据本课题的已有成果，即南极地区的资源类型分析，将法国在南极地区的国家利益分为安全利益、经济利益、政治利益和科研利益四大类，全面阐述法国在南极的国家利益定位，为研究法国实现其南极国家利益的政策方案奠定基础；其次，本研究报告通过对法国目前已明确的南极政策目标以及业已实施的南极政策的梳理和分析，并结合法国在南极地区的利益需求，指出法国在实现南极国家利益方面的优势和劣势；最后，本研究报告通过对法国实现南极国家利益的政策研究，探寻其对中国实现其南极国家利益的借鉴价值。

一、法国在南极地区的国家利益

根据《南极条约》的规定，南极或南极地区，特指地球上南纬 60° 以南的海洋、冰架和陆地，包括南极洲和南大洋（南纬 60° 以南的太平洋、印度洋和大西洋海域），总面积 5 200 多万平方千米[①]。南极是地球上迄今为止唯一没有被大规模开发的地区，其生态系统极其脆弱，对地球和整个人类具有极其重要的价值。根据南极的资源价值、法国的国情以及国际环境，法国在南极的国家利益大致可以分为安全利益、经济利益、政治利益和科研利益。

（一）安全利益

安全是一个国家生存和发展的基础，是最为根本的核心利益[②]。对于法国这个在南大洋拥有众多岛屿的国家来说，南极地区不仅涉及其领土安全，还关系到其环境安全。

1. 领土安全

法国自 1924 年以最先发现阿德利领地为由，对南纬 60° 以南、东经 142° 02′ ~ 东经 136° 11′ 的地域提出了领土主权的要求，1938 年又以探险家迪蒙 • 迪维尔的发现为依据，将南极领土主权要求扩展至东经 142° 02′ ~东经 136° 11′ 的所有陆地和

① 丁煌 . 极地国家政策研究报告（2012—2013）. 北京：科学出版社，2013：54.

② 丁煌 . 极地国家政策研究报告（2012—2013）. 北京：科学出版社，2013：82.

岛屿。1938 年，法国与澳大利亚、新西兰、英国、挪威相互承认了各自在南极洲的领土主权，法国是最早对南极洲提出领土主权的 7 个国家之一。第二次世界大战之后，上述各国的南极领土之争加剧，引发了越来越多其他国家的加入。为了避免冲突，加上保护南极生态环境的目的，在美国的倡导下，12 个当时参与南极科学研究活动的国家签订了《南极条约》，使南极只能用于和平目的。

法国的南极“领土主张国”地位对于法国意义重大，因为现行的南极条约体系虽然没有承认其南极“版图”的法律有效性，但也没有否认其合法性。《南极条约》只是暂时冻结了各国对南极领土的主张，2048 年有效期满后是否继续冻结还不得而知。随着经济技术的发展，法国也将面临常规资源匮乏的问题，“领土主张国”这一有利地位在未来南极资源处置时的作用不可低估。有些国家虽然也在 20 世纪 40 年代之前对南极洲提出过领土要求，但诸如德国和日本就没有得到国际社会的承认。而比利时、日本、南非、俄罗斯和美国 5 个《南极条约》的原始缔约国也保留将来提出领土主张的权利，因此，一旦《南极条约》解冻，主权之争在所难免。

2. 环境安全

全球变暖已经成为全球广泛认可的事实，南极冰川也正以超乎想象的速度融化，而南极冰川的融化对世界海平面上升的作用明显。法国三面临海，国家本土加上海外领土拥有漫长的海岸线，这种地理形势天然地就使法国赋有一种不可推卸的海洋使命。法国悠久的滨海文明，为法兰西民族的形成与发展做出了重要贡献。法国的沿海地区是人们繁衍子孙、积累财富和发展文化的重要地方。因此，海平面上升对法国沿海地区安全潜在的不利影响是法国应对的重大问题。加强极地生态环境的研究、维护南极地区的生态平衡和环境稳定事关全人类未来的生存和发展，也关系到法国的国家安全。因此，作为在南极有领土要求的国家，法国必然会重视南极环境变化及其对全人类共同利益和法国国家安全的影响，并采取适当的对策。

（二）经济利益

根据目前的科学考察，南极地区存在丰富的渔业资源、能源矿产资源和淡水资源，这些资源在未来可以为人类的发展带来巨大的经济效益。

目前，法国在南极洲及其周边的经济活动仅限于捕鱼、旅游以及在法属南方和南极领地（Terres Australes et Antarctiques Françaises，TAAF）所从事的商业活动。其中，捕鱼所获收入占法国在该地区年营业额的大部分，旅游次之，TAAF 地区商业活动占一小部分。

1. 捕鱼

法属印度洋诸岛、阿姆斯特丹岛和圣保罗岛、凯尔盖朗群岛、克罗泽群岛等分布在太平洋和南印度洋，使法国专属经济区占据了大约 1 700 万平方千米的捕鱼区。如果不算磷虾，法国是南印度洋捕鱼第一大国，捕鱼区主要位于凯尔盖朗群岛和克罗泽群岛的专属经济区域，占据全球捕鱼量的 35%（如果包括磷虾，法国是南印度洋第七捕鱼大国)。法国在南印度洋的捕鱼业每年为法国带来约 9 千万欧元的产值,并提供几百个与渔业相关的工作岗位①。

2. 旅游

法国企业很早就开始在南极从事商业活动,法国最大的南极旅游公司目前拥有两艘可各容纳旅客 200 人的邮轮,每艘邮轮每年可完成 14 次南极航行,输送旅客约 2 500 人。其他旅游公司基本上也拥有规模比较小的旅游轮船(容纳量小于 10 人),每年可以完成 3 次南极航行,输送旅客约 50 人。南极旅游业每年为法国带来约 1 300 万欧元的产值,以及 300 多个工作岗位。TAAF 地区每年通过法国科考船“马里恩”号(Marion-Dufresne)可接待 80 名旅客①。

3. TAAF地区的商业活动

在 TAAF 地区的商业活动主要涉及旅游纪念品、船只停泊、乘客登船以及一些旅游项目费用。这部分活动每年也为法国带来约 650 万欧元的收入①。

除了珍贵的旅游资源和丰富的海洋生物资源以外,南极地区还蕴藏着丰富的矿产资源和油气资源,对于确保法国现在和未来经济的发展都具有重要意义。

(三)政治利益

法国在南极的政治利益主要体现在南极事务以及相应的全球治理方面的参与权和话语权。参与权的获得解决了政治资格的问题,而话语权决定了政治利益的实现程度。1955 年 8 月 6 日根据法国第 55-1052 号法令,TAAF 地区成为法国海外领地,拥有行政管理和财政自治权,法国任命专门行政长官对其进行管理,行政长官驻地为法国海外省留尼汪的圣皮埃尔(Saint-Pierre de la Réunion)。TAAF 包括五个地区,即法属印度洋诸岛(les îlesEparses de l’Océan indien)、阿姆斯特丹岛和圣保罗岛(les îles Saint-Paul et Amsterdam)、凯尔盖朗群岛(les îles Kerguelen)、克罗泽群岛(les îles Crozet)以及位于南极洲的阿德利领地(la Terre Adélie)。

目前,法国宣称拥有主权的南极阿德利地区受南极条约体系管理。1959 年 12 月所签订的《南极条约》第 4 条是整个条约的核心条款,即冻结了各国的领土主权要求,并且在条约有效期内不得提出新的要求或扩大现有的要求。而在 1991 年 10 月签订的《关于环境保护的南极条约议定书》(亦称《马德里议定书》)将南极大陆定义为“专门用于和平和科研的自然保护区”。在《南极条约》的框架下,南极条约协商国先后制定了《保护南极动植物议定措施》(1964 年)、《南极海豹保护公约》(1972 年)、《南极海洋生物资源养护公约》(1980 年)、《南极矿产资源活动管理公约》(1988 年)以及《关于环境保护的南极条约议定书》(1991 年)等近 200 项具有法律效力的决议和措施,共同构成了南极条约体系。以该体系为核心的相关制度和组织对南极当前的治理和未来南极的发展具有至关重要的影响。在全球 200

① Les activités économiques françaises en Antarctique.http://www.diplomatie. gouv.fr/fr/dossiers-pays/antarctique-22653/la-france-et-l-antarctique/, 2011-07-19.

多个国家和地区中，《南极条约》的缔约国只有 50 个，仅占约 20%，南极条约协商国和南极领土要求国的数量就更少了。可以说，法国拥有南极事务的全程参与权利和政治资格。因此，南极的发展和法国国家利益的实现是相互影响、互相制约的，法国有权参与南极治理，南极是法国维护自身合法权益和实现国家利益的重要战略舞台。

（四）科研利益

南极以其独特的地理环境和丰富的自然资源成为众多学科研究的圣地，早在 20 世纪初，就已开始以南大洋海洋生物资源和地理发现为目标的南极科学考察活动。而从 20 世纪 50 年代末期的国际地球物理年[①] 开始，随着科学技术的发展，人类开始大规模对南极开展研究活动。截至 2014 年 2 月，共有 30 个国家先后在南极地区建立了 80 多个科学考察站，其中有 40 多个为常年站。包括法国在内，这些国家对南极从冰川学、气象学、海洋学、生态学、生物学、大气物理学、地球物理学等多个学科方面进行考察和研究，并取得了可观的成果。

法国在南极地区的科研利益与其北极科研利益有相似之处，但也有其特殊之处。具体表现为：第一，在当前全球气候变暖的严峻环境形势下，通过对南极地区动植物的研究、气候变化的研究、生物与环境之间关系的研究、地壳变化的研究、天文观测的研究等，对于探索气候变化问题的解决方案有极其重大的意义。第二，包括法国在内的许多国家开始在南极从事应用性质的商业开发研究。例如，对南极低温微生物的研究，揭示其在极端气候条件下的分子生物学机制和生理生化特性，除了对基础研究以及生物工程应用方面具有重要研究价值以外，还在环境保护、食品、化工、医药等多个领域具有商业开发的价值。第三，有利于加强与其他极地国家以及国际组织在研究领域的国际合作，共享极地观测资料和研究成果，共同攻克极地地球科学和生命科学等方面的难题，为国家利益服务，也促进了南极地区的和平利用。第四，南极条约体系冻结了各国对南极领土的要求，限制了对南极地区自然资源的开发，因此，南极科学考察成为维护南极国家利益的基础，也是目前各个国家在南极开展的主要活动，只有通过科学考察和研究，才能使国家利益具体化和现实化。

二、法国实现南极国家利益的优劣势分析

法国在南极地区国家利益的实现，既有优势，也有劣势，对其所处的优劣势进行全面分析，是我们深入探讨法国南极政策之借鉴价值的基本前提。

① 国际地球物理年，1957 年 7 月 1 日到 1958 年 12 月 31 日（为期 18 个月）世界各国共同对南北两极、高纬度地区、赤道地带和中纬度地区，进行全球性的联合观测活动。

（一）法国实现南极国家利益的优势分析

除了作为《南极条约》原始缔约国、最早的南极领土主张国和南极条约体系协商国的身份为其带来的独特政治优势之外，法国还具备强大的经济实力、雄厚的南极科研实力和参与南极事务的国内法律法规保障。

1. 参与南极事务的身份优势

以和平、合作、科研、环保为原则的南极条约体系为南极提供了一种治理框架，这个治理框架有助于平衡人类对于利益的追逐和环境保护、可持续发展观念之间的关系，从《南极条约》的签订至今 50 多年以来，南极条约体系对于维护南极地区的和平、保护南极的资源环境和促进南极科学研究一直发挥着不可替代的作用。虽然围绕南极领土争端和矿产资源开发的争论并未消除，但是国际社会对于南极条约体系的认可程度越来越高，目前《南极条约》已有 50 个缔约国（包括 28 个协商国），这 50 个国家在经济实力、科技能力以及国际地位等方面都已具有国际代表性，保护南极生态环境已基本成为国际社会的普遍共识。因此，总的来说，南极目前相对稳定的国际政治环境对于维护法国的生态环境安全以及促进法国在南极研究方面的国际合作是有益的。

从国际上参与南极事务国家的权限大小、历史主张和综合国力来看，我们可以将它们分为南极条约缔约国和非缔约国、南极条约协商国和非协商国、领土主张国和非领土主张国以及发达国家和发展中国家。前者在处理南极事务中的话语权和影响力明显比后者占有优势。法国作为南极条约原始缔约国、协商国，同时又是对南极阿德利地区有领土主张的发达国家，因此，法国在国际南极事务中拥有更多的参与权乃至决策权。由于发达国家在经济技术上的优势，因而能够对南极开展实质性的研究，为未来的资源开发和领土主张奠定基础。这些都为法国实现南极国家利益提供了参与平台和发展机遇。

2. 强大的经济和军事实力

法国是主要发达资本主义国家也是最富裕的工业国之一，是欧洲经济共同体主要发起国和成员国。作为现代工业化国家，法国拥有大规模且多样化的工业基础。法国的主要工业为电信（包括通信卫星）、造船（军舰及特殊船只）、制药、建筑及土木工程、化学以及汽车生产。

法国依据其得天独厚的地理位置和先进的海洋开发技术，众多的工业、农业、运输业和旅游业都分布于其海岸线上。法国依靠其先进的海洋勘探技术，通过双边或多边合作，与其他国家共同开发和管理位于他国海域范围之内的油气资源，海洋为法国带来巨大的财富和众多的就业机会。

法国还是一个拥有核武器的国家[①]，特别是海上军事力量强大。从水面舰艇到核

① 根据《不扩散核武器条约》的内容，联合国安全理事会的 5 个常任理事国为“拥有核武器的国家”，其中各国成功获得核武器的先后次序分别为美国、俄罗斯（苏联的继承国）、英国、法国和中国。

潜艇、从舰载飞行器到舰载导弹，法国目前拥有一支种类齐全的海上力量。保卫法国的海洋权益和在海外的政治、经济、军事利益，法国海军将在其中扮演重要角色。因此，虽然法国大规模裁减国防预算，但仍在大力发展核动力航母和战略核潜艇[①]。法国是世界第三大武器供应国。法国武器工业建造领域包括舰艇、枪炮、核能武器及装备，其主要客户为法国政府。法国国防部 2013 年也宣布法国政府将 364 亿欧元用于 2014~2025 年每年的国防支出，其中 179 亿欧元为 2014~2019 年每年的国防经费，这个庞大的数字说明了法国政府对于国家防卫与安全的重视，而且也促成法国武器工业的成功。

法国的整体经济实力、海洋经济水平以及海上军事力量都为其实现南极国家利益奠定了物质基础：①为法国在南极科学研究和考察方面提供物质支持和防护支持；②具备成为极地资源开发的投资者或是合作伙伴的前提条件，使法国获得更大的利益；③海洋经济的发展水平与国家沿岸海洋环境保护活动相辅相成。海洋经济发展水平越高，海洋生态保护的文明程度就越高，与海洋环境保护活动相关的投入就越多，不仅有利于法国本国领土的环境安全，也为极地环境安全做出了贡献；④法国海上防卫力量是其综合国力的重要组成部分，常言道，“海军是一个国家商业的先锋”，加强海军建设是为维护法国在极地地区的安全利益提供坚强后盾。

3. 雄厚的南极科研实力

法国在南极建立科考基地进行观测研究已有 50 多年历史，在生命科学和宇宙科学研究方面成果显著。

1）法属亚南极地区的科考站[②]

法国在凯尔盖朗群岛、阿姆斯特丹群岛和克罗泽群岛上均设有气象站和地理研究所。在克罗泽群岛、凯尔盖朗群岛上进行海洋微生物研究和原子能研究，并且在这两个岛上设立核试监测站。在阿姆斯特丹群岛上进行大气污染研究。在凯尔盖朗群岛上建有卫星跟踪站。

1950 年法国在凯尔盖朗群岛主岛的法兰西港（Port-aux-Français）建立永久性科研基地，设有生物学实验室和地球科学实验室，以及气象设备和电信设备，另外也有必要的仓储空间和一个小型医疗中心。克罗泽群岛由 5 个火山岛组成，气候严寒，有强大的风暴，植物群与动物群属南极区系。1964 年法国首次在阿尔弗雷德港建设科研站。阿姆斯特丹群岛的科研中心位于其中心城市马丁德维维埃（Martin-de-Viviès），建于 1950 年。

2）位于南极地区的法国科考站

目前法国在南极设有 2 个常年考察站。其中规模最大的是位于阿德利领地的迪

---

① 法国国防部网站，Équipements/Moyens/Matériel militaire.http://www.defense.gouv.fr/marine/decouverte/equipements-moyens-materiel-militaire，2014-12-15.

② 在南极辐合带外围地区分布着许多小岛或群岛。虽然它们与南极环境有着密切关系，但本身又具有独特的气候、生物和海洋特征，形成一个独立的生态系统，这些地区被称作亚南极地区，如其中在印度洋一侧有爱德华王子群岛、克罗泽群岛、凯尔盖朗群岛、阿姆斯特丹岛、圣保罗岛、麦克唐纳群岛及赫德群岛。

蒙·迪维尔站（Dumont d' Urville），该站建于 1956 年，建筑面积达 5 000 余平方米，冬季可容纳 30 多人，夏季可容纳 120 多人，同时也是向位于冰穹 C（Dome C）的考察站运输补给的后勤基地。

另一个康科迪亚站（Concordia Station）是法国保尔-埃米尔-维克多极地研究所（Institut Polaire Français Paul-Émile Victor，IPEV）和意大利国家南极研究项目（Programme National de Recherche en Antarctique，PNRA）于 1993 年合作建成的内陆考察站，位于冰穹 C①。

3）南极地区科考船

Marion Dufresne 号轮船是法国在亚南极地区执行科考任务的最主要船只，是一艘集科学考察和后勤运输功能于一体的多功能考察船，1995 年 5 月开始下水运营。Marion Dufresne 号长 120.5 米，宽 20.6 米，拥有一个 650 平方米的实验室空间，排水量为 10 380 吨，载重量为 4 900 吨，载货量为 2 500 吨，一般情况下载客量为 110 人，外加船员 50 人。它主要由 IPEV 和 TAAF 使用，可分别作为海洋考察船、邮轮、货轮、油轮和直升机升降平台等来使用。因此，Marion Dufresne 号目前是法国在法属南方地区考察的主要依靠。

Astrolabe 号轮船主要服务于阿德利领地的迪蒙·迪尔维尔站，一般从澳大利亚塔斯马尼亚岛的霍巴特港（Hobart）出发，为该内陆考察站做后勤补给。该补给船长约 65 米，可运送 49 名乘客以及一些补给物资，平均每年要在霍巴特港与南极大陆之间往返 5 次，主要为 IPEV 所用。

4）位于亚南极地区的自然保护区

2006 年 10 月 3 日由法国总理多米尼克·德维尔潘（Dominique de Villepin）、生态部部长纳莉·奥林（Nelly Olin）、法国海外领地部长弗朗索瓦·巴鲁安（François Baroin）共同签署的 2006-1211 号法令② 授权在位于阿姆斯特丹岛和圣保罗群岛、凯尔盖朗群岛、克罗泽群岛建立 7 000 平方千米的陆地自然保护区以及 15 700 平方千米的海洋自然保护区。

法国在 TAAF 建立自然保护区是为了通过加强对自然区域的保护和管理从而促进维护整个亚南方地区的生物多样性，受保护对象主要为该地区受到威胁的自然资源，如动物、植物、水资源等。为此，法国海外领地部在 2010 年 11 月出台了名为《挑战与展望、目标与行动，法属南方领地保护区 2011—2015 行动计划》的文件③。该文件主要对该地区保护自然资源的行为进行规范和管理，制定了长期目标以及 2011~2015 年的五年计划，并且分类对各类保护措施进行详细规定，每年对措施的执行与效果进

① 冰穹 C，是南极洲的一个冰穹，位于南极高原，海拔 3 233 米。距离法国的迪蒙·迪尔维尔站约 1 100 千米，距南极点约 1670 千米。

② Décret n° 2006-1211 du 3 octobre 2006 portant création de la réserve naturelle des Terres australes française. http://www.legifrance.gouv.fr/affichTexte.do?cidTexte=JORFTEXT000000609736&fastPos=1&fastReqId=1931506861&categorieLien=id&oldAction=rechTexte，2006-10-03.

③ Synthèse du plan de gestion 2011/2015 de la RNN des Terres australes françaises.http://www.taaf.fr/Pourquoi-une-reserve-naturelle-dans-les-Terres-australes-francaises-417，2010-11-20.

行跟踪评估。

5）科研机构

法国专门从事极地研究最主要的科学研究机构是IPEV，该研究所实质上是由法国高等教育与研究部、外交部、国家科学研究中心、原子能与可替代能源总署、国家海洋开发研究院、法国气象局、TAAF[①]、国家空间研究中心（Centre National d'Études Spatiales，CNES）和极地考察机构（Les Expéditions Polaires Françaises，EPF）[②]共同参与的公共利益集团，其主要任务就是为法国极地研究事业的发展提供法律支撑、技术以及财政支持，同时还负责实施国家或国际科研项目、组织科学考察、修建和维护科研基础设施与设备。法国与南极相关的，特别是迪蒙•迪尔维尔站的科考项目一般都是由IPEV来协助完成。

IPEV在南极地区开展与宇宙科学相关的研究项目包括地震与地磁观测研究、南极平流层臭氧损坏研究、南极冰盖与气候变化研究、南极中高层大气物理研究等；与生命科学相关的研究项目包括环境变化与捕食性海洋生物的活力以及繁殖能力之间的关系研究、南极及亚南极地区动物适应严寒的生物机制研究、捕食性海洋生物与南大洋营养和生物变化的能量战略研究、阿德利领地沿岸的鱼类研究等。

4. 较为完善的国内南极事务法律法规

自加入南极条约体系以来，法国国内一直致力于制定和完善与南极地区相关的一系列法律法规，主要涉及南极环境的保护、TAAF的行政和管理、南极地区的科学合作等。

1）与南极环境保护相关的法律法规

（1）《2003-347号法规》[③]。该法规2003年4月3日被法国国会批准通过，4月15日由时任总统希拉克最后签署，是法国在南极环境保护方面最主要也是最重要的法律。该项法规当时被并入法国《环境法典》第七编，标题为“1991年10月4日马德里《关于环境保护的南极条约议定书》的实施”，主要分为总则、申报和批准、审查和处罚三个部分。

（2）《2005-403号政令》[④]。该政令是2005年4月28日由总统签发，主要是对《2003-347号法规》以及《环境法典》第七编的一次修订，特别还依据《关于环境保护的南极条约议定书》增添了有关对南极特别保护区和特别管理区的规定。

① TAAF共7 781平方千米（不包括法国宣称拥有主权的阿德利地432 000平方千米）。无常住居民，只有随季节变化调节人数的科学考察人员。1955年8月6日根据法令，TAAF成为法国的海外领地，法国对其拥有行政管理和财政自治权。

② 极地考察机构是法国1947~1992年组织极地科学考察的机构。1992年之后由Paul Emile Victor极地研究所主持工作并分配考察任务。

③ Loi n° 2003-347 du 15 avril 2003relative à la protection de l' environnement en Antarctique.http://droit.antarc tique.free.fr/TexteLoi2003.htm，2003-04-15.

④ Décret n° 2005-403 du 28 avril 2005 relatif à la protection de l' environnement en Antarctique et modifiant le co- de de l' environnement.http://droit.antarctique.free.fr/TexteCodeEnvironnement.htm，2005-04-28.

（3）《2005-501 号法规》[①]。该法规 2005 年 5 月 12 日被法国国会批准通过，5 月 19 日由总统签署，仅有一项条款，即批准《马德里议定书》附件 V 在法国国内的适用，该议定书附件 V[②] 1991 年 10 月 18 日在德国波恩通过，主要内容是关于区域保护及其管理，该附件主要目的是使在任何指定为南极特别保护区或南极特别管理区的海洋区域内的活动都按照该附件规定所通过的管理计划予以禁止、限制或管理。

（4）《2005-1075 号政令》[③]。该政令 2005 年 8 月 23 日由总统签发，主要对《马德里议定书》附件 V 的公布做出规定，要求其内容在法国官方公报（Journal Officiel）上予以公布，并且由法国外交部监督实施该项法令。

（5）《2005-1277 号法规》[④]。该法规 2005 年 10 月 13 日由总统签署，仅有一项条款，即批准 2003 年 6 月 16 日在西班牙马德里第 26 届南极条约协商国会议期间通过的"在阿根廷首都布宜诺斯艾利斯设立南极条约常务秘书处的措施"。

（6）《2006 年 5 月 23 日行政决议》[⑤]。该决议由法国生态与可持续发展部、高等教育与研究部、海外部的部级领导共同签署，主要根据《环境法典》第 L.712-1 条和第 R.712-3 条的规定做出的具体决定。也就是依据《马德里议定书》第 8 条"环境影响评价"的规定，对那些除了对南极环境具有小于轻微或短暂影响的活动以外的活动进行具体界定和分类，而这些活动要求事先进行申报，获得有关部门批准后方能继续进行。

2）与 TAAF 行政和管理相关的法律法规

与 TAAF 相关的法律法规主要涉及 TAAF 的法律地位、对该地区行政官员的任命以及驻地、法属亚南极地区自然保护区的建立、TAAF 海域的捕鱼和开发等。例如，1955 年 8 月 6 日通过的《关于法属南方和南极领地以及克利珀顿海外岛的地位第 55-1052 号法规》（2007 年经过修订）[⑥]、1966 年 6 月 18 日签署的《关于在法属南方和南极领地实施捕鱼及开发的第 66-400 号法规》（2006 年经过修订）[⑦]、1997 年 2

① Loin° 2005-501 du 19 mai 2005autorisant l'approbation de l'annexe V au protocole au traité sur l'Antarctique, relatif à la protection de l'environnement, protection et gestion des zones.http://droit.antarctique.free.fr, 2005-05-19.

② Annexe V.PROTECTION ET GESTION DES ZONES.http://droit.antarctique.free.fr/TexteProtocoleMadrid.htm# Annexe_V, 2002-05-24.

③ Décret n° 2005-1075 du 23 août 2005portant publication de lànnexe V au protocole au traité sur lÀntarctique relatif à la protection de l'environnement, protection et gestion des zones, adoptée à Bonn le 18 octobre 1991. http://droit.antarctique.free.fr/TexteDecret2005Annexe5.htm, 2005-08-23.

④ Loin° 2005-1277 du 13 octobre 2005 auto sant L'approbation de la Mesure relative à l' institution du secrétariat du Traité sur L'Antarctique.http://legifrance.gouv.frl affich Texte.do?cidTexte=JORF TEXT000000811674.

⑤ Arrêté du 23 mai 2006définissant la liste des activités relevant de l'article R. 712-3 du code de l'environnement.http://droit.antarctique.free.fr/TexteArrete2006.htm, 2006-05-23.

⑥ Loi n° 55-1052 du 6 août 1955. Loi portant statut des Terres australes et antarctiques françaises et de l'île de Cli- pperton, version consolidée au 22 février 2007.http://droit.antarctique.free.fr/Texteslo i1955modif.html, 1955-08-06.

⑦ Loi n° 66-400 du 18 juin 1966 relativeà l'exercice de la pêche maritimeetà l'exploitation des produits de la mer dans les Terres australes et Antarctiques françaises. version consolidée au 31 décembre 2006.http://droit.antarctique.free.fr/TexteLoi66Modif.html, 1966-06-18.

月 27 日由法国总理和法国海外部部长共同签署的《关于实施 1996 年 3 月 14 日〈第 96-200 号政令〉第 2 条在法属南方和南极领地设立行政驻地的行政决议》[①]、2007 年 3 月 8 日由总统签署的《任命 Eric Pilloton 为法属南方和南极领地的最高行政长官》的政令[②]、2006 年 10 月 3 日由总理签署的《在法属亚南极地区建立自然保护区第 2006-1211 号政令》（2006 年 10 月 4 日经过修订）[③]等。

3）其他领域的法律法规

除了以上所提到的领域，法国还在其他某些与极地有紧密关系的领域制定了相应的法律法规。例如，法国在 1992 年批准了《马德里议定书》之后，紧接着在 1993 年 3 月 29 日由总理签发了《设立极地委员会第 93-740 号政令》（2002 年和 2005 年又分别颁发政令对其进行了修订）[④]，法国设立极地委员会的目的就是审查和监督由法国授权在极地地区或亚南极地区的人类活动是否对极地环境造成不和谐的影响。又如，2007 年 3 月 12 日总统签署了《关于公布法国政府与意大利政府 2005 年 10 月 4 日在巴黎共同签订的〈南极科考合作协定〉第 2007-332 号政令》[⑤]。

从以上法国立法的实践来看，法国对于南极法律制度已经做了大量研究。鉴于南极条约原始协商国的有利地位，法国积极参与南极法律制度的制定以及南极事务的决策，充分体现了法国对于南极事务，特别是环境方面的影响力，进而为自身争取到了在南极地区的国家权利和利益。

（二）法国实现南极国家利益的劣势分析

客观地讲，法国在南极地区国家利益的实现除了具有以上优势以外，在以下诸方面也存在着对于实现其南极国家利益的不利影响。

1. 行政机构之间缺乏协调

作为法国最重要的极地研究机构，IPEV 被视作“为极地研究提供手段和服务的国家机构”[⑥]，如前所述，IPEV 是由法国九大机构共同参与的一个公共利益集团，在某种意义上，它并不是一个独立的研究机构，其职责主要是负责协调、协助、实施

---

① Arrêté du 27 février 1997 pris pour l'application de l'article 2 du décret n° 96-200 du 14 mars 1996 etfixant le siè ge de l'administration du territoiredes Terres australes et Antarctiques françaises.http://droit.antarctique.free.fr/ loisiege.html，1997-02-27.

② Décret du 8 mars 2007 portant nomination du préfet，administrateur supérieur des Terres australes et antarctiques françaises-M. Pilloton（Eric）.http://droit.antarctique.free.fr/TextePilloton.html，2007-03-08.

③ Décret n° 2006-1211 du 3 octobre 2006 portant création de la réserve naturelle des Terres australes françaises.http://www.legifrance.gouv.fr/affichTexte.do?cidTexte=LEGITEXT000006054496，2006-10-03.

④ Décret n° 93-740 du 29 mars 1993 portant création d'un comité de l'environnement polaire.http://www.legifrance.gouv.fr/affichTexte.do?cidTexte=JORFTEXT000000727758，1993-03-29.

⑤ Décret n° 2007-332 du 12 mars 2007 portant publication de l'accord de coopération scientifique en Antarctique entre le Gouvernement de la République française et le Gouvernement de la République italienne，signé à Paris le 4 octobre 2005.http://droit.antarctique.free.fr/Textesitalie.html，2007-03-12.

⑥ L'institut.http://www.institut-polaire.fr/ipev/l_institut，2009-10-29.

国际或国内的极地研究项目以及组织极地科学考察。从实践来看，其任务主要是建造、维护和管理极地地区的科考接待基础设施（房屋、设备等）。IPEV 的财政收入来源于九个机构的分摊费，法国高等教育与研究部占 49%，国家科学研究中心占 36%，原子能与可替代能源总署和国家海洋开发研究院各占 5%，其他机构各占 1%，包括 TAAF 领地在内的其余部门或各机构各占 1%①。IPEV 由各个机构代表组成行政理事会（Conseil d' Administration）以及极地科学与技术项目委员会（Conseil des Programmes Scientifiques et Technologiques Polaires），为 IPEV 的行动做出建议和指示。如此看来，IPEV 并不具有独立的行政权和财政权，而相当于一个牵扯到众多单位各自利益的代理协调机构。例如，行政理事会成员还包括法国财政部、环境部以及海外部的代表，因此 IPEV 的行动还需要考虑它们的利益，最后协调统一，而这势必影响极地研究的效率和质量。

虽然 IPEV 为法国极地事业已经做了很大贡献，然而，作为一个“极地研究所”来说，其更应该担负起极地研究的任务，并且能够为法国极地研究引领方向、制定政策，凸显极地研究在法国众多研究领域中的地位。而其现在的职能配置和组织体制使其难以担负起协调相关行政机构的重任。

2. 极地研究资金投入不足

法国实现南极国家利益的劣势不仅显现在缺乏一个整体的极地研究战略以及复杂繁冗的行政机构关系，更体现在国家对极地研究的投入与支持不够。投入缺乏主要导致了以下两个方面的问题。

1）极地科考的后勤保障能力不足

一个国家的考察船体现了该国极地科考的后勤保障能力，也直接影响着国家极地研究的水平。相较于国际上的其他极地大国，法国是唯一一个没有专门用于科考的极地破冰船和极地运输直升机的国家，仅有的大型极地运输工具为 Marion Dufresne 号以及 Astrolabe 号轮船，需要花费高昂的租赁费用，使用时间还要受到 TAAF 的影响（Marion Dufresne 号通常由 IPEV 和 TAAF 共同使用，分别向法国达飞海运集团②缴纳租赁费用）。在紧急情况下，法国需要依靠新西兰、澳大利亚或意大利的运输飞机与南极地区进行联络。

其他国家的极地研究机构对于极地科考运输工具拥有使用的优先权或者承担独立租赁的能力，然而，由于法国国内对于极地事业投入的不足以及 IPEV 公共利益集团的性质造成后勤保障无法跟上，导致极地研究机构无法自主地管理科研项目、自由地与其他国家进行极地科研方面的合作，甚至由于缺乏快捷的急救运输工具会直接威胁到科考人员的人身安全。

① M. Christian GAUDIN，RAPPORT sur la place de la France dans les enjeux internationaux de la recherche en milieu polaire : le cas de l' Antarctique，OFFICE PARLEMENTAIRE D' ÉVALUATIONDES CHOIX SCIENTIFIQUES ET TECH NOLOGIQUES，2007-02-14：109.

② 法国达飞海运集团始建于 1978 年，总部设在法国马赛，是法国第一、世界第三的船运公司。

另外，位于亚南极地区特别是凯尔盖朗群岛的极地考察站远离 Marion Dufresne 号的航行线路，因此，考察队员要在这些群岛之间自由往返十分困难，而 Curieuse 号轮船（主要用于执行凯尔盖朗群岛地区的科考后勤补给任务的小型渔船）也因为 IPEV 的财政困境常年无法正常投入使用①。

2）迪蒙·迪维尔考察站的现状不良

阿德利领地是法国在南极地区的领土主张区域，而迪蒙·迪维尔考察站则成为法国在南极洲实质性存在的象征，考察站的配备和形象在很大程度上代表了一个国家对于极地事业的重视程度和科考实力。

由于迪蒙·迪维尔考察站特殊的地理位置（位于离南极大陆 5 千米的 Pétrels 岛上）、后勤保障能力的不足以及垃圾处理设施的不完善，位于法国阿德利领地的常年考察站迪蒙·迪维尔站目前面临着严重的卫生问题和耗损问题。该站建于 1956 年，目的是迎接 1957~1958 年国际地球物理年，而时间已经过去了近 60 年，当时的建筑没有经过任何的翻修，内部设施也没有经过更新，目前仍在使用，因此卫生和安全隐患十分严重。为此，法国国会科学技术评估办公室对此问题也曾多次向国会提出意见报告。

3. 南极条约体系面临现实的挑战

由于《南极条约》本身存在的矛盾以及随着气候变化的加剧和国际形势的发展，目前以南极条约体系为核心的南极政治环境对法国实现南极国家利益既是机遇同时又使其面临来自多方面的挑战和威胁。

1）南极条约体系的临时性和软法性

1908~1941 年的近 40 年内，英国、新西兰、法国、挪威、澳大利亚、阿根廷和智利分别通过官方声明对南极洲提出了各自的领土要求。然而，它们所主张的领土范围存在相互重叠区域，如英国与阿根廷、阿根廷与智利、英国与智利、法国与澳大利亚和新西兰、挪威与澳大利亚和英国等都存在领土争议。有些国家虽然也在 20 世纪 40 年代之前对南极洲提出过领土要求，如德国和日本，但没有得到国际社会的承认。而比利时、日本、南非、俄罗斯和美国五个《南极条约》原始缔约国也保留将来会提出领土主张的权利。然而，1961 年生效的《南极条约》根据其核心条款——第 4 条第 2 款的规定仅是一种对领土冻结、搁置争议的临时方式，并没有从根本上解决领土主张国之间的矛盾，因此，一旦《南极条约》到期，主权之争在所难免。

另外，《南极条约》没有制定强制性约束的条款，仅有第 7 条“检查条款”规定了范围广泛的检查权和视察权，其目的是对条约的执行情况进行调查和监督。然而，《南极条约》对于违反条约的行为也没有制定明确的处罚措施，导致该条款形同虚设。因此，各国在南极地区的活动，特别是环境保护方面，主要依靠所达成的共识和自身的道德来约束。

① M. Christian GAUDIN：RAPPORT sur la place de la France dans les enjeux internationaux de larechercheen milieu polaire : le cas de l’ Antarctique，OFFICE PARLEMENTAIRE D’ ÉVALUATIONDES CHOIXSCIENTIF-IQUES ET TECH NOLOGIQUES，2007-02-14：122.

由于南极条约体系的临时性和软法性，随着国际地缘政治的演变、全球气候变化的加剧以及人类对于能源和资源需求的增加，南极目前和平稳定的政治环境随时面临崩塌，对法国实现其在南极的国家利益将构成重大的威胁。

2）《联合国海洋法公约》与南极条约体系的冲突

1982 年签署的《联合国海洋法公约》建立了大陆架制度，要求沿海国划定 200 海里以外的大陆架外部界限。1994 年《联合国海洋法公约》生效后，对南极地区提出主权要求的七个国家中，澳大利亚、阿根廷、挪威、英国四国已向大陆架界限委员会正式提交划界案或部分划界案，新西兰、法国和智利也宣称保留提出大陆架划界的权利。《联合国海洋法公约》赋予沿海国有关大陆架的专属权利，与南极条约体系暂时冻结领土主权及主权权利的要求相冲突，各南极领土主张国为了自身的利益纷纷将突破口转向对南极外大陆架的申请，除了试图谋求南极外大陆架的资源以外，同时也重申了自己的领土主张，使自身在南极事务中占据主动权。南极大陆架划界案的提交强烈冲击着南极条约体系，对南极地区稳定、和平、合作的政治环境构成威胁，无疑也对法国实现其南极利益形成挑战（鉴于两个法律体系冲突的相关内容在本书前面的相关报告中已有详细介绍，在此恕不赘述）。

3）来自南极事务大国——美国的制约

美国是第二次世界大战后崛起的超级大国，也是较早开展南极科学考察的国家，是南极政治中最有影响力的国家之一，被称为《南极条约》的“倡导者”和“建筑师”。随着南极新秩序的建立，一个国家在南极的实质性存在是该国对于南极事务重视程度和投入多少的表现，而一个国家在南极强大的实质性存在也决定了它对于南极事务的话语权和影响力。从国际法的角度，《南极条约》属于开放性国际公约，所有缔约国具有平等的权利和义务，都可以参与南极事务的谈判。但是实际上，与经济实力、科技能力紧密相关的南极实质性存在才是决定南极事务话语权的根本所在。

目前，美国在南极有 3 个永久性考察站、6 个半永久性考察站，共有 10 艘船用于南极活动（包括运输船和科考船），并且美国考察站的规模和设施是其他国家无法相比的。美国考察站的硬件设备、物资供应、安全保障都是世界一流水平，用于南极考察的经费投入也遥遥领先于其他国家。另外，在《南极条约》冻结领土要求的情况下，在南极建立特别保护区或特别管理区无疑是对南极重要区域实行具有战略意义的“有效控制”。美国是在南极地区申请设立特别保护区数量最多的国家，多达 15 个（另外还与意大利合作设立 1 个），而且 2007 年还单独承担了管理历史上最广泛面积的特别管理区。而法国申请建立的特别保护区仅有 2 个①，至今还未承担特别管理区的任务。鉴于《南极条约》“禁止任何军事性措施，如建立军事基地和设防工事、举行军事演习以及试验任何类型的武器”②，所以驻南极的美军打着“国民警卫队

① 法国在南极阿德利地区的特别保护区分别为 2005 年建立的 Pointe-Geologie Archipelago 特别保护区和 2006 年建立的 Port-Martin 特别保护区。详见 Antarctic Protected Areas Database. 南极条约秘书处网，http://www.ats.aq/devPH/apa/ep_protected_search.aspx?type=3&num=&name=&prop=16&lang=e.

② 参见《南极条约》第 1 条。

提供后勤保障”的旗号，实际上是加强在南极地区的军事存在，为其利益诉求提供支持。美国在南极大陆的军事力量十分强大，部队包括纽约州空中国民警卫队第 109 空运联队和太平洋空军第 13 航空队南极支援特遣队[①]，负责空军战机在南极地区的军事行动，曾派遣 C-17“环球霸王Ⅲ”战略运输机完成了飞往南极的“深冻 -2007”飞行任务[②]。

美国作为首屈一指的南极事务大国，其实力和影响力很有可能使其主宰南极政治，其他国家则不得不在美国所制定的规则框架下行事，国际南极政治将呈现单极化发展。这样的局面不仅对法国，对世界各国以及人类的利益都是一种挑战。

三、法国南极政策的特点

由于南极地区的特殊地理位置以及其丰富的自然资源，法国非常重视南极研究的地位。虽然与其在北极的情况一样，法国政府同样还未制定出系统的南极政策或南极战略等指导性纲领，但是它在其公布的多份政府报告（包括法国国民议会报告、参议院报告）中都明确表示了法国在该区域拥有广泛的利益，南极作为法国重要的战略区域，法国特别从科学研究和区域合作（加强与欧盟国家的联系）方面强化法国在南极地区的存在[③]，法国外交部官方文件也详细阐述了法国与南极之间的经济、政治、科考、法律等方面的联系[④]。TAAF 作为法国的海外领地，其中阿德利是其 1924 年和 1938 年在南极洲的领土主张地区，虽然 1959 年《南极条约》使法国在南极的活动重点转移到科学考察和环境保护中来，但“原始领土主张国”仍是法国重要的历史和政治筹码。

鉴于本研究报告在分析“法国实现南极国家利益的优势”时已经从完善国内有关的南极立法和南极科学考察与研究等方面对法国实现其南极国家利益的政策举措有过论及，在此我们只是根据法国公布的资料以及实际举措将其南极政策的特点归纳如下。

① 郭培清，石伟华．南极政治问题的多角度探讨．北京：海洋出版社，2012：87.

② 李升贵，潘敏，刘玉新．南极政治“单极化”趋势——以美国南极政策为中心的考察．海洋开发与管理，2008，(10)：82.

③ Christian GAUDIN，RAPPORT sur la place de la France dans les enjeux internationaux de la recherche en milieu polaire : le cas de l' Antarctique. Office parlementaire d'évaluation des choix scientifiques et technologiques;FRANCE. Sénat;FRANCE.Assemblée nationale，2007;Christian COINTAT，Rapport d'information n° 132 (2007-2008))，Arctique，Antarctique，Terres australes : Un enjeu pour la planète，une responsabilité pour la France.FRANCE.Sénat，2007—2008.

④ L' Antarctique.http://www.diplomatie.gouv.fr/fr/dossiers-pays/antarctique-22653/l-antarctique/；La France et l' Antarctique.http://www.diplomatie.gouv.fr/fr/dossiers-pays/antarctique-22653/la-france-et-l-antarctique/.

（一）积极推动南极环境保护的国际合作

自 20 世纪 80 年代起，由于南极经济开发问题引起的矛盾日益尖锐，特别是在矿产资源开发方面。当时由于一些科学家的勘探报告以及对大陆漂移的认知，让人们不禁认定在南极大陆必定蕴藏着大量的矿藏。为了能够进一步开发南极的矿产，南极条约缔约国之间经过整整 6 年的谈判和协商，于 1988 年 6 月 2 日在第 2 届南极条约特别协商会议上签署了《南极矿产资源活动管理公约》（亦称《惠灵顿公约》）[①]，由于该公约对于矿产的开发与开采活动规定十分严苛，因此部分国家拒绝批准，该公约最后未能生效。

这里不得不提到一个人物——雅克-伊夫•库斯托[②]，他是法国著名的海军军官、探险家和生态学家。20 世纪 80 年代中期，库斯托曾到南极洲探险，这片纯洁的大陆使他萌发了保卫"白色大陆"的想法。为此，库斯托多次走上联合国讲坛，极力游说各国保护南极。1991 年南极条约协商国做出的关于今后 50 年内禁止在南极洲地区进行一切商业性矿产资源开发活动的决定，与库斯托的努力不无关系。

在法国政府方面，1989 年 6 月法国科学技术评估办公室[③]根据法国国会办公室的指示，对矿产勘探和开发活动给经济、生态带来的影响进行了评估。同时，时任法国总统的弗朗索瓦•密特朗（François Mitterrand）在库斯托的建议下，决定在南极地区建立自然保护区，并且禁止在自然保护区从事任何矿产开发活动。之后，时任法国总理米歇尔•罗卡尔（Michel Rocard）宣布法国国会没有批准《惠灵顿公约》。1989 年 8 月，法国与澳大利亚一起共同抵制《惠灵顿公约》的生效，直到 1990 年，意大利和比利时也加入它们的队列，这 4 个国家共同为制定另外一个更为合适的协定而努力。1991 年 10 月 4 日，《马德里议定书》在马德里签订，该议定书在 1998 年生效，是保护南极环境方面的一部综合性法规。

通过该议定书的规定，南极指定为自然保护区，仅用于和平与科学；还有任何有关矿产资源的活动都应予以禁止（50 年内），但与科学研究有关的活动除外。依据科学研究计划在南极条约地区所从事的任何活动（在南极条约地区的旅游及一切其他政府性和非政府性活动，包括与此相关的后勤支援活动）需事先通知有关机构（如环境保护委员会），各缔约国应通过在规划阶段的环境影响预先评价程序。《马德里议定书》缔约国都有权成为环境保护委员会成员并任命 1 名代表，该代表可辅以若干专家和顾问。该委员会在 2010~2014 年 5 月由法国 IPEV 所长担任轮值主席。

对法国而言，其所宣称的南极洲领地——阿德利领地就在此规定的管辖范围之

---

① Wellington Convention.Convention on the regulation of Antarctic mineral resource activities.http://se dac.ciesin.org/entri/texts/acrc/cramra.txt.html.

② Jacques-Yves Cousteau（1910~1997 年），法国海军军官、探险家、生态学家、电影制片人、摄影家、作家、海洋及海洋生物研究者，法兰西学院院士。在半个多世纪的海上生涯中，他先后推动了海洋探险、海洋电影、海洋保护等多项事业的发展，取得举世公认的成就，成为深受公众爱戴的人物。

③ Office Parlementaire d' é Valuation des Choix Scientifiques et Technologiques，该机构是法国国民议会和参议院两院中负责研究方面工作的机构。详见 http://www.assemblee-nationale.fr/12/rap-off/i2159.asp.

下，法国还据此成立了法国极地环境委员会[①]，以便监督在 TAAF 上的人类活动是否与国际公约中的环保条款相符，该委员会职能以及组织构成在法国《环境法典》[②]中有所规定。另外，为了使《马德里议定书》在法国国内有效地加以适用，法国国会 2003 年 4 月 15 日通过的第 2003-347 号南极环境保护法[③]以及 2005 年 4 月 28 日颁布的第 2005-403 号法令[④]特将议定书的内容转化为国内法，并入了法国《环境法典》第七编[⑤]。法国可以说是活跃于南极事务的重要一员，它致力于发展南极科研、加强国际合作、促进信息交流，还为南极地区环境保护所制定的一系列法律规则贡献了自身的力量。

（二）积极开展南极科学考察及研究

TAAF 为法属凯尔盖朗群岛、阿姆斯特丹群岛和克罗泽群岛的三个亚南极科考基地提供物资的补给，在南极地区，TAAF 委托 IPEV 对阿德利领地的迪蒙•迪维尔考察站以及法国、意大利的康科迪亚考察站进行物资补给。为了完成这些补给任务，TAAF 与 IPEV 利用 Astrolabe 号轮船往返于南极地区和 Marion-Dufresne 号轮船往返于亚南极地区，并且完成一些海洋观测任务。在南极地区，法国科考运输方式还包括冰上运输车等短途运输工具。

法国特别重视在南极地区的科学研究，每年都有将近 60 个科研项目（针对亚南极地区 15 个左右，南极地区 35 个左右，还有 10 个左右同时针对两个区域）由 IPEV 启动，独自或与其他国家合作完成。这些项目涉及多方面领域，覆盖了大部分代表南极特有的研究领域，包括地震学、地质学、地磁学、气象学、天文学、气候学、冰川学、海洋学、化学、鸟类学、生物学、病毒学、心理学、社会学等，其中比较著名的研究项目 Super DARN（Super Dual Auroral Radar Network，即超级双重极光雷达网络）。它是一个国际性雷达网络，用于研究大气层的高层及电离层，法国的雷达装置建于凯尔盖朗群岛，由法国国家科学研究中心和法国国立奥尔良大学共同进行研究，该项目目前在持续进行当中[⑥]。为了保证地磁观测和地震观测数据的质量和连续性，法国还在南极康科迪亚考察基地建立永久地磁和地震观测网络，由法国

---

① Comité de l' environnement polaire.http://www.taaf.fr/Le-comite-de-l-environnement-polaire.

② Code de l' environnement.Partie réglementaire/Livre Ier：Dispositions communes/Titre Ⅲ：Institutions/Chapitre Ⅲ：Organes consultatifs/Section 3：Comité de l' environnement polaire.http://www.legifrance.gouv.fr.

③ Loi n° 2003-347 du 15 avril 2003relative à la protection de l' environnement en Antarctique.http://droit.antarct- ique.free.fr/TexteLoi2003.htm.

④ Décret n° 2005-403 du 28 avril 2005 relatif à la protection de l' environnement en Antarctique et modifiant le code de l' environnement.http://www.legifrance.gouv.fr.

⑤ Code de l' environnement.http://www.legifrance.gouv.fr.

⑥ Radar Super DARN Kerguelen.http://www.institut-polaire.fr/ipev/programmes_de_recherche/en_cours/312_radar_superdarn_kerguelen.

国家科学研究中心和法国斯特拉斯堡大学共同进行研究①。

（三）强化自身在南极事务中的国际话语权

法国自 1961 年加入南极条约协商国会议②，是南极条约协商国会议的原始成员国，已经成功举办两届会议（1968 年第 5 届和 1989 年第 15 届）以及一些与南极问题相关的特别会议。与会议相关的最终报告以及各国所提交的文件和建议均被翻译为包括法语在内的 4 种语言（英语、法语、西班牙语和俄语）。

最近的第 37 届南极条约协商国会议于 2014 年 4 月 27 日 ~5 月 7 日在巴西首都巴西利亚举行，与会期间，法国极地大使米歇尔•罗卡尔强调，为了减少人类活动对南极环境的影响，应加强科学以及后勤方面的合作③。法国坚持倡导南极环境的保护并付诸行动，特别是在有关旅游和非政府活动的议题方面，法国单独或与其他南极条约协商国会议成员一起先后向南极条约协商国会议提交过 20 多次建议限制南极旅游和非政府活动的文件报告。而在此次巴西协商国会议之前，法国又与英国、智利、芬兰、荷兰、新西兰、南非 6 个协商国成员共同提交报告呼吁 28 个协商国都批准 2004 年在第 27 届协商会议上通过的“措施 4”——《在南极条约区域内旅游和非政府活动的保险和应急计划》，这样才能使该措施真正生效，具有强制性效力④。法国认为，从法国的实践经验和过程来看，该措施对于提高南极探险活动的安全程度是明显有益的，而且，如果有更多的国家批准实施该措施，那么该项南极旅游和非政府活动计划在对环境的潜在影响、保险和应急安排方面是否合适或足够就有更大交换意见的空间。因此，法国和其他几个成员国建议此次南极条约协商国会议对该议题进行讨论，并且敦促各方尚未批准“措施 4”的协商国尽快完成国内批准程序使其生效，另外，对于已经批准该措施的协商国也应逐步将措施纳入国内法律体系，使其在国内具有法律效力⑤。

---

① Observatoire magnétique permanent à Concordia.http://www.institut-polaire.fr/ipev/programmes_de_recherche/en_cours/905_observatoire_magnetique_permanent_a_concordia ; Sismologie à Concordia.http://www. institut-polaire.fr/ipev/programmes_de_recherche/en_cours/906_sismologie_a_concordia.

② 南极条约协商国会议是根据《南极条约》第 9 条第 1 款的规定，由南极条约协商国派代表参加的国家论坛，是南极条约体系的决策机构，其主要任务是协商、协调、讨论和解决与南极相关的问题和事务。目前每年举行，截至 2014 年 5 月 7 日，会议已举办了 37 届。50 个缔约国中，只有 28 个协商国有权表决和通过决议，而其他 22 个非协商国则只能列席会议，不能参与表决。协商国包括 12 个起草国及 16 个在南极开展实质性科学考察活动的国家。

③ XXXVI è me réunion consultative du Traité sur l' Antarctique（23 mai 2014）. 法国外交部网，http://www. diplomatie.gouv.fr/fr/dossiers-pays/antarctique-22653/la-france-et-l-antarctique/article/xxxviieme-reunion-consult-ative-du.

④ “措施 4”（2004 年）其实是根据 1994 年第 18 届南极条约协商国会议上通过的“建议 XVIII -1”（《旅游和非政府活动》）修订而成。该建议的主旨是为旅游活动提供指南（tourism guidelines），该指南指导在南极地区开展的旅游和非政府活动，但不具备强制执行的效力。该建议主要从旅游和非政府活动的组织者方面来进行规制。

⑤ Entry into force of Measure 4（2004）.Working Paper submitted by France，the United Kingdom，Chile，Finland，the Netherlands，New Zealand and South Africa，2004-09-21.

法国极力控制旅游活动以及某些探险活动对南极环境带来的影响和危害，对于本国公民在南极地区违背相关法律法规的行为也积极做了相应的处罚。例如，首例由于未获批准而私自组织旅游活动的法籍公民，因违反了《马德里议定书》以及法国《环境法典》中的某些条款（涉及第七编“保护南极环境”）从而受到处罚的“Wordie House 案”[①]，于 2014 年 2 月 6 日在巴黎地方法院进行审理，审理结果对法籍公民进行了罚款处罚，并且在 2014 年第 37 届南极条约协商国会议上通知各协商国，该案可谓是“有关南极审理第一案”，不仅对法国国民，而且对世界各国国民都起到了警告和示范作用[②]。

四、法国对于中国实现南极国家利益的经验借鉴

由于中国与法国在南极事务上拥有类似的战略利益和外交立场，基于以上对法国实现南极国家利益的相关研究，本研究报告拟从以下几个方面探寻法国参与南极事务对中国实现南极国家利益的借鉴价值。

（一）法国与中国在南极地区的国家利益需求对比

利益是推动国家开展南极活动的根本动力，是国家制定和执行南极政策的出发点和最终归属。随着气候变化的加剧，整个国际社会都开始认识到南极与全球生态环境之间的重要联系，这关系到全人类未来的生存和发展。南极丰富的矿产资源和生物资源也是世界各国争相谋求的潜在重大利益。法国和中国在南极地区在安全、经济、政治、科研等方面都存在有广泛的利益，两国都是南极条约缔约国以及南极条约协商国，因此，两国对于南极地区都十分重视，在努力从事南极科学研究的同时也积极参与南极事务。

然而，由于地缘和历史的原因，中、法两国与南极大陆联系的紧密程度仍有差别。法国于 1924 年和 1938 年就对南极大陆宣布过领土主权，是 7 个南极领土原始主张国之一，其 TAAF 在地理位置上靠近南极洲，属于法国的海外领地，不仅具有经济价值，更具有战略性地位。法国是《南极条约》12 个原始缔约国之一，较早就开始了对南极的研究工作，十分重视自己在南极的国家利益以及实际存在，因此，在南极科考、法律、政治等方面都有较多的资源积累，使得在法国在国际南极事务

① 2010 年 1 月，两名乘坐“L’Espritd’Equipe”号游船的游客对名为“Wordie House”的房屋建筑进行了一定程度的损坏，该建筑建于英国第一次进行南极远征时期，已经被列为《马德里议定书》中所规定的“具有公认的历史价值的遗址和纪念物”。而“L’Espritd’Equipe”号的船主为法籍公民，其并未获得 TAAF 的行政许可而私自在南极地区组织旅游活动，该行为也未通过环境影响评估，从而违反了与《马德里议定书》相一致的法国《环境法典》中某些条款。因此该法籍船主被巴黎地方法院判处 10 000 欧元的罚款以及在 2015 年 12 月 31 日之前，禁止其在南极的一切活动。详见 Criminal Judgment of 06/02/2014. Case number：10260090130，http://www.taaf.fr/IMG/pdf/wordie_house_criminal_judgment_6_feb_2014 _biffe.pdf.

② Infraction en Antarctique：l’affaire“Wordie House”. 法属南方和南极领地网，http://www.taaf.fr/Infraction-en-Antarctique-l-affaire-Wordie-House，2014-02-13.

中具有一定的话语权和影响力，其许多提议和行动都获得了南极条约体系的肯定。

相比法国，中国参与南极事务较晚，直到 20 世纪 80 年代初，才正式开展南极科学考察，并相继取得南极条约缔约国、南极条约协商国、南极研究科学委员会、国家南极局局长理事会、南极海洋生物养护委员会等成员资格。不过，30 多年来，中国在南极科学研究方面所取得的成就可谓举世瞩目。迄今为止，中国不仅在南极建立了长城站、中山站、昆仑站和泰山站四个南极科考基础平台，拥有"雪龙"号极地考察破冰船，而且成功地组织了 31 次南极科学考察活动，取得了许多具有重大科学意义的突破性研究成果，为人类科学认知与和平利用极地做出了积极贡献，为实现中国在南极地区的国家利益奠定了坚实的基础。中国在南极地区拥有的国家利益主要表现为：在经济利益方面，对于中国来说，除旅游资源和生物资源以外，南极矿产资源和石油资源主要着眼于未来；体现南极国家政治利益的话语权，主要依靠加强在南极地区的实质性存在；安全利益方面，维持南极地区的和平和稳定就是为中国创建一个有利的国际发展环境，保护南极地区的自然生态环境，就是维护中国的环境安全和未来的经济安全。因此，就目前形势而言，科研利益是中国在南极地区最重要的利益，它是确保经济利益、政治利益和安全利益的前提条件和物质基础。

（二）法国的南极政策对于中国实现南极国家利益的有益启示

通过前述对法国南极政策的相关研究，我们不难发现，法国的南极政策在以下几个方面对于中国实现其南极国家利益具有重要的启示。

1. 拓展科考范围，继续加强在南极地区的实质性存在

加强实质性存在除了建设基础设施和考察站之外，建立南极特别保护区也特别能够体现一个国家的南极科学研究水平、南极环保义务的履行程度以及在南极事务中的国际地位。根据 1998 年生效的《马德里议定书》附件五"区域保护及其管理"中第 3 条的规定，"为保护显著的环境、科学、历史、美学或者荒野形态价值，或任何此类价值的结合，或正在进行的或已规划的科学研究，南极任何区域（包括任何南极海洋区域），均可被指定为南极特别保护区"。2002 年，第 25 届南极条约协商国会议通过了决定 1（2002）"南极特别保护区的命名与编号系统"（Adoption of naming and numbering system for ASPAs）。该决定将以往设立的各类保护区重新划分为南极特别保护区与南极特别管理区（Antarctic Specially Managed Areas，ASMAs）[①]。各国均采用更为严格的发放许可证的规定来对特别保护区进行管理。法国就是较早地善于利用南极条约体系的相关条款在南极地区特别是在法属领地建立旨在为维护和实现法国在南极现实和潜在国家利益奠定基础的特别保护区的国家之一。据统计，南极条约协商国共在南极地区设立了 75 个南极特别保护区和 7 个南极特别管理区，总面积分别超

① Antarctic Treaty Secretariat，Decision 1 (2002) - ATCM XXV - CEP V，Warsaw.http://www.ats.aq/devAS/ats_meetings_meeting_measure.aspx?lang=e.

过 3 000 平方千米和 5 万平方千米[①]。我国目前只单独或者与其他国家共同建立了 3 个特别保护区和 1 个特别管理区[②]。随着我国综合国力的增强，我国应当在业已启动的南极特别保护区和特别管理区基础上，不断拓展我国在南极的考察空间和研究范围，做好调查工作和积累相关资料，为以后继续申报有价值的特别保护区和管理区域积极做准备，也为我国在南极事务中提高话语权和决策权进而实现我国在南极的国家利益夯实基础。

2. 遵循《南极条约》秩序，积极通过南极条约协商国会议等国际机制参与南极事务

虽然我国于 1985 年已经取得南极条约协商国的成员资格，在南极自然科学研究领域也取得了丰硕成果，但是在南极条约协商国会议和其他会议中，我国较少提出具有建设性的议案[③]。

法国积极倡导南极环境保护并且体现在具体行动上，法国单独或与其他南极条约协商国会议成员国一起就旅游和非政府活动方面的议题先后 20 多次向南极条约协南极条约商国会议提交报告建议限制南极旅游和非政府活动。在 2014 年召开的第 37 届巴西协商国会议上，法国又与英国、智利、芬兰、荷兰、新西兰、南非等协商国共同呼吁所有南极条约协商国尽快批准十年前在第 27 届南极条约协商国会议上通过的《在南极条约区域内旅游和非政府活动的保险和应急计划》。在此方面，法国政府身体力行，不仅对各种旅游及探险活动给南极环境造成的不良影响乃至危害实施严格控制，而且对本国公民在南极地区的违规行为同样施以相应的处罚。如前所述，著名的“Wordie House 案”就是首例因公民违反《马德里议定书》和法国《环境法典》而受到处罚的示范性案例。

我国在加强南极自然科学研究的同时，也应该认真细致地研究南极政治和南极条约体系，尤其应该通过南极条约协商国会议这样的国际机制，关注南极热点议题以及与国家利益紧密相关的议题，勇于发表自己的意见和建议供会议讨论和协商，通过提交有建议性的工作报告争取更多的话语权并扩大在南极条约体系内的影响力，实质性地参与到南极政治的进程和南极国际法律的制定和修订等南极制度供给活动之中。

3. 完善国内南极立法，树立国家在南极事务中的良好形象

《南极条约》以及与其相关的一系列条约对各国在南极的行为和活动都不具有强制约束力，因而，只有将国际法转化为国内法，才能够真正产生法律效应，使本国

① 南极条约秘书处网，Antarctic Protected Areas Database.http://www.ats.aq/devPH/apa/ep_protected_search.aspx?type=0&num=&name=&prop=0&lang=e.

② 我国建立的特别保护区有 Mount Harding, Grove Mountains, East Antarctica（2008 年由中国单独建立），Amanda Bay, Ingrid Christensen Coast, Princess Elizabeth Land, East Antarctica（2008 年由中国和澳大利亚共同建立），Stornes, Larsemann Hills, Princess Elizabeth Land（2014 年由中国、澳大利亚、印度和俄罗斯共同建立）；我国负责的特别管理区有 Larsemann Hills, East Antarctica（2007 年通过，由中国、澳大利亚、印度、罗马尼亚和俄罗斯共同负责）。

③ 李升贵，潘敏．中国南极软科学研究的意义、现状与展望．极地研究，2005，17（3）：224-231.

的各种南极活动有法可依，进而树立本国在南极事务方面良好的国际形象，增强本国在国际南极事务决策中的影响力。

自加入南极条约体系以来，法国国内一直致力于制定和完善与南极地区相关的一系列法律法规，内容主要涉及南极环境的保护以及南极地区的科学合作等领域，其中，在与南极环境保护相关的法律方面，比较重要的有对《关于环境保护的南极条约议定书》的实施做出具体规定并被并入法国《环境法典》的《2003-347 号法规》、依据《关于环境保护的南极条约议定书》第 8 条“环境影响评价”的规定而颁行的《2006 年 5 月 23 日行政决议》、1993 年颁行的《设立极地委员会第 93-740 号政令》以及 2007 年 3 月 12 日总统签署的《关于公布法国政府与意大利政府 2005 年 10 月 4 日在巴黎共同签订的〈南极科考合作协定〉第 2007-332 号政令》。法国在国内南极立法方面卓有成效的工作较好地展示了法国的国际形象，增强了法国在国际南极事务决策中的影响力，进而为法国实现其在南极的国家利益创造了有利条件。

我国的南极立法工作起步晚，进展慢。在处理南极问题时，过分依赖于《南极条约》等国际法规范，使我国在南极事务上显得十分被动。随着我国在南极地区的活动越来越频繁，参与南极考察的人员和前往南极旅游的游客日益增多，对于规范南极活动要求的呼声也越来越高。2014 年 6 月 4 日，我国国家海洋局终于颁布了《南极考察活动行政许可管理规定》[①]，这是我国首部有关规范南极考察活动的行政法规。该规定对公民、法人或者其他组织开展南极考察活动从申请、受理、审查、批准到监督管理都做了规定。《南极考察活动行政许可管理规定》虽然规范的范围只涉及在南极的考察活动，未涉及旅游和其他非政府活动，但它毕竟是我国在南极立法方面的一项重大突破。随着各国对南极的关注度越来越高，特别是随着南极条约体系与国际海洋法冲突局面的愈演愈烈，南极条约体系本身内容的缺失面对日益增多的南极活动逐渐显现出来，如科学考察、南极旅游以及非法捕鱼等活动亟待规范。因此，我们应该借鉴法国在此方面的成功经验，除了应充分利用南极条约协商国会议等国际机制适时地发出我国声音和展示我国形象之外，还应在国内抓紧南极立法方面的研究和法律起草工作，以规范、保障、引导我国南极区域内的科学研究、渔业资源开发等活动有序进行为目的，以环境保护为切入点，积极推动我国南极事业的发展，更加有效地投入南极事务之中，进而通过向国际社会展现我国对南极问题的重视和负责任大国的态度，增强我国在南极事务中的国际影响力和话语权。

参考文献

丁煌 .2013. 极地国家政策研究报告（2012—2013）. 北京：科学出版社 .

丁煌 .2014. 极地国家政策研究报告（2013—2014）. 北京：科学出版社 .

刘明，刘容子 .2005. 法国海洋经济和海洋劳动就业分析 . 海洋开发与管理：22（1）：61.

张天舒 .2012. 奥朗德带领法国能源战略走向何方 . 新产经，（6）：54.

① 南极考察活动行政许可管理规定 . 国家海洋局极地考察办公室网，http://www.chinare.gov.cn/caa /gb_article. 2014-06-04 php?modid=07004，2014-06-04.

Blanc L.2013.Défense et Sécurité National：13.

Christian COINTAT.2007.Rapport d' Information sur la présence française en Arctique，en Antarctique et dans les Terres australes.N° 132，SéNAT：10-31.

Christian GAUDIN.2007.Rapport sur la place de la France dans les enjeux internationaux de la recherche en milieu polaire：le cas de l' Antarctique.OFFICE PARLEMENTAIRE D' éVALUATION DES CHOIX SCIENTIFIQUES ET TECHNOLOGIQUES：11-144.

Discours de Michel Rocard.2010-11-09.ambassadeur de France chargédes négociations internationales relatives aux pôles Arctique et Antarctique.La France en Russie.http://www.ambafrance-ru.org/spip.php?article8747.

Enjeux et perspectives，Objectifs et actions.2010.Plan de gestion 2011-2015.Document synthétique. Réserve naturelle des Terres australes françaises：7-29.

L' Antarctique. http://www.diplomatie.gouv.fr/fr/dossiers-pays/antarctique-22653/l-antarctique/，2014-05-22.

La France et l' Antarctique.http://www.diplomatie.gouv.fr/fr/dossiers-pays/antarctique-22653/la-france-et-l-antarctique/，2014-05-23.

La première loi du Grenelle. 2009.ÉCOLOGIE，ÉNERGIE，DÉVELOPPEMENT DURABLE & MER.LE JOURNAL DU MINISTÉRE：5.

Loi Grenelle 2.2010.Grenelle Environnement. ÉCOLOGIE，DÉVELOPPEMENT DURABLE，Transports & Logement：5.

Loi n° 2009-967 du 3 août 2009 de programmation relative à la mise en œuvre du Grenelle de l' environnement.

Viellard L，Anquez M，Histrimont J P.2012.Vulnérabilité de la France face aux flux maritines. Compagnie Européenne d' Intellience Stratégique：116-121.

研究报告 13

德国实现南极国家利益的经验借鉴[①]

【摘要】 根据南极的资源价值、德国的国情以及国际环境，德国在南极的国家利益大致可以分为环境利益、经济利益、政治利益和科研利益。由于第二次世界大战，德国参与南极事务较晚。1974 年之后德国认识到南极对于德国在科学研究方面的重要性，开始大规模开展南极研究，其考察设施以及研究实力都已达到世界先进水平。与北极不同，德国政府几乎未明确或强调过自身在南极的国家利益，而且直到 2011 年之前也从未发布过任何关于南极战略性质的官方文件。2011 年，由德国联邦外交部、环境部、教育部和科技部代表联邦政府共同发布了仅有的一份名为《德国对白色大陆的责任——南极条约协商地位 30 年》的政府报告。该报告阐述了德国开展南极研究的支持平台、南极科研成果及贡献以及南极事务所有参与机构及其管理体制，宣示了自身在南极研究方面强大的实力，并承诺发挥科研贡献在南极环境保护方面的积极作用。德国强调南极地区仅用于科考与和平，是人类共同的遗产，保护南极的生态环境是德国的义不容辞的责任和义务。

德国为了实现其南极国家利益，在南极事务的参与方面有自身的特点，如积极利用南极条约体系维护国家权益、充分发挥科研优势强化实质性存在以及国内多元参与主体协调机制明确等。从地理位置来说，中国与德国都不属于南极门户国家，不具备地缘优势；从南极领土争夺历史来说，中国与德国都不属于国际社会所承认的“领土要求国”，不具备政治优势。但是中、德两国介入南极事务的方式具有相似性，那就是以科研为核心。作为极地科研大国，德国参与南极事务的成功经验对中国具有重要启示：①加大对极地科考与研究的投入，通过提高南极科研水平来增强南极事务话语权；②完善极地事务管理与协调机制，注重多元主体参与南极事务。

【关键词】 德国　南极政策　国家利益　科技贡献　经验借鉴

---

① 作者简介：丁煌，男，武汉大学“珞珈学者”特聘教授、政治与公共管理学院院长、公共政策研究中心主任、公共管理与国际法双学科博士生导师；周菲，女，武汉大学中国边界与海洋研究院博士研究生。

本研究报告根据“资源—利益—政策”分析框架，研究德国的南极政策以及对于我国实现南极利益的经验借鉴，并结合德国的国家实力与南极地区的自然、安全和政治环境。首先，明确德国在南极的利益诉求，将德国在南极地区的国家利益分为环境利益、经济利益、政治利益和科研利益四大类。其次，通过对德国参与南极事务的历程以及南极政策特点的总结，指出德国在实现南极国家利益方面的优劣势。最后，通过中德两国在南极地区的国家利益需求对比，为中国实现其南极国家利益寻求经验借鉴。

一、德国在南极地区的国家利益

南极地区位于地球最南端，总面积约5 200多万平方千米，因其地域辽阔、资源丰富以及对全球气候变化具有独特影响作用，一直是国际社会争夺的对象和讨论的焦点。历史上，无论是联邦德国还是民主德国都曾获得南极条约协商国成员资格，而统一后的德国在南极考察实力和科考水平方面更是一直保持世界优势地位。根据德国的国情以及它与南极之间的联系，德国在南极的国家利益可以分为环境利益、经济利益、政治利益和科研利益。

（一）环境利益

南极大陆是地球上最后一块未被人类大规模开发的地区，基本保持着原生状态，包括其原始的自然环境、极端的气候以及丰富的自然资源，可以说是全人类共同的遗产。随着人类对南极生态环境的日益重视，各国也做出保护南极自然环境的承诺。1991年10月，在第11届南极条约协商国特别会议第4次会议上各国签署了《关于环境保护的南极条约议定书》[①]及其6个附件，将南极大陆定义为“专门用于和平和科研的自然保护区”。《关于环境保护的南极条约议定书》经各国批准后，于1998年正式生效。它不仅将南极指定为自然保护区，而且还规定在50年有效期之内，除了与科研有关的活动之外，任何在南极有关矿产资源的活动都予以禁止，这项规定可以说是其核心内容所在。

南极环境问题不仅与全球气候变暖有关，更与人类活动息息相关。众所周知，全球气候变暖将改变南极生态系统，而类似南极旅游或科考活动等人类活动给南极生态环境带来的负面影响也许更加严重。反过来，南极的环境遭到破坏、生态失去平衡也会影响全人类未来的生存和发展，关系到地球上每一个国家的国家安全和国民安全。

因此，1998年德国联邦政府将《关于环境保护的南极条约议定书》的内容转化

① 1991年10月4日在西班牙马德里签订，于1998年生效。该议定书是南极条约体系在保护南极环境方面的一部综合性法规。

为德国国内法，并予以实施[①]。从德国前往南极进行的任何旅游或研究活动一律需要申请许可证，为避免这些活动对南极生态系统平衡造成干扰，由德国环境部下设的审批机构联邦环境署进行评估后，方能进行。多年来，德国环境部与其下设机构（联邦环境署、联邦自然保护署等）为南极环境的保护事业一直发挥着积极作用，投入大量资源开展环保领域的研究项目，在保护南极生物、防止外来物种、建立自然保护区等方面成就突出。

（二）经济利益

德国是高度发达的工业国，作为世界第五大能源消费国和欧盟最大的经济体，其自然资源较为贫乏，除硬煤、褐煤和盐的储量丰富之外，在原料供应和能源方面很大程度上依赖进口，约 2/3 的初级能源需进口。天然气储量约 3 820 亿立方米，能满足国内需求量的 1/4 左右。硬煤探明储量约 2 300 亿吨，褐煤约 800 亿吨；其他矿藏的探明储量为钾盐约 130 亿吨、铁矿石 16 亿吨、石油 5 000 万吨。东南部有少量铀矿。森林覆盖面积 1 076.6 万公顷，约占全国面积的 30%。水域面积 86 万公顷，占全国面积的 2.4%。

目前的科学考察发现，南极地区存在丰富的渔业资源、油气资源、矿产资源和淡水资源，这些资源在未来可以为人类的发展带来巨大的经济效益，因此，对于确保德国经济未来的发展都具有重要意义。

南极地区除了以上所提到的丰富资源以外，不得不提到它珍贵的旅游资源。南极旅游起步于 20 世纪 50 年代，由于利润丰厚，美国、俄罗斯、加拿大、新西兰、澳大利亚、智利、阿根廷以及欧洲等国家和地区的旅游公司纷纷开始启动南极旅游项目。根据国际南极旅游业者行业协会[②]统计的数据，到目前为止，前往南极旅游的人数呈逐年递增趋势，其中德国游客所占比例较大（表 1）。

表 1　2013~2014 年各国赴南极旅游游客分布

排名	国家	人数 / 人	所占比例 /%
1	美国	12 403	33.2
2	澳大利亚	4 123	11.0
3	中国	3 328	8.9
4	英国	3 028	8.1
5	德国	2 870	7.7
6	加拿大	2 034	5.4
7	法国	1 014	2.7
8	瑞士	862	2.3
9	其他	7 743	20.7
总计		37 405	100.0

资料来源：根据国际南极旅游业者行业协会网站资料绘制

① The Federal Government.Germany's Commitment to the White Continent，Antarctic Treaty—30 Years of Consultative Status，2011：5.

② 1991 年成立，旨在“提倡、推动、实施安全的和对南极环境负责的南极旅游”的一个带有管理性质的国际旅游行业协会，其成员有来自世界不同国家的 100 多个旅游公司和组织。国际南极旅游业者行业协会网，http://iaato.org.

（三）政治利益

德国曾在第二次世界大战之前纳粹时期组织过大规模的南极探险，不过，德国第二次世界大战战败后，失去了“主权要求国”资格。第二次世界大战后德国对南极事务的参与较其他发达国家要晚，至今只有40余年。德国在南极的政治利益主要体现在南极事务以及相应的全球治理方面的参与权和话语权。进入20世纪80年代的德国可以说是不断通过大量财力、物力、人力资源推动南极考察活动，大力发展南极基础设施建设，以科研力量来强化自身在南极地区的实际存在，并且维护其在南极事务中的话语权，有后来者居上的势头。

（四）科研利益

由于南极是地球上最后被发现的大陆，以其独特的地理环境和丰富的自然资源被誉为科学研究最理想的圣地。从18世纪开始，一些传统海洋大国就对南极地区展开了一次次探险。20世纪之后，人类逐渐认识和了解南极大陆以及附近海域，随着科学技术的发展，各国科学家开始在南极开展大规模的科学考察，这些国家对南极从多个学科领域进行考察和研究，在其所探索的领域为人类的进步和发展做了巨大贡献。尽管在1957~1958年举办的国际地球物理年活动中，德国没有提出任何南极计划，但是，自1974年之后，德国认识到南极对于德国在科学研究和资源开发方面的重要性，开始致力于大规模开展南极研究。目前，德国在南极拥有两个考察站［科赫恩站（Kohnen Station）和诺伊迈尔三号站（Neumayer Station Ⅲ）］以及一个实验室（Dallmann Laboratory，即达曼实验室，与阿根廷、荷兰共同使用），其极地科研水平和科技成就处于国际领先地位。南极为德国开展极地科学研究提供了不可多得的平台，作为一个国家科技发展水平和综合国力的体现，南极科学考察也是一个国家在南极事务中话语权的物质基础①。因此，德国在南极的科研利益是其总体国家利益的重要组成部分。

二、德国的南极政策实践

（一）德国参与南极事务的历程

1. 第二次世界大战以前以探险活动为中心

1865年，德国著名极地探险家和自然科学家，也是向国际气象组织提出开

① 丁煌．极地国家政策研究报告（2012—2013）．北京：科学出版社，2013：67.

展“国际极地年”计划[①]的倡导者之一——格奥尔格·冯·诺伊迈尔（Georg von Neumayer）教授开始号召德国科学家进行南极探险，19 世纪 80 年代德国在南极地区就已经开始开展接近于科学性质的探险活动。1873~1883 年的 10 年间，多艘德国探险船南行，对南极大陆沿岸的水域、岛屿和海豹群体进行了考察，并且还在有限的范围内进行了天文观测和地理观测。1895 年，德国成立了南极考察委员会，之后德国的南极考察进入一个高潮期。由德国探险家和地质学家埃里希·冯·德里加尔斯基（Erich von Drygalski）带队乘“高斯”号于 1901~1903 年前往南极远征，并且发现了凯撒·威廉二世地（Kaiser Wilhelm Ⅱ Land）和高斯堡火山（Gaussberg）。1911~1913 年，德国探险家和地理学家威廉·菲尔希纳（Wilhelm Filchner）率领“德国”号进行第二次南极远征，此次探险进入威德尔海，并且发现了卢依波德海岸（Luitpold Coast）、龙尼-菲尔希纳冰架（Filchner Ronne Ice Shelf）以及瓦瑟尔湾（Vahsel Bay）[②]。这两次德国南极探险对南极地区的地质、植物、动物进行了全面的考察，并且出版了相关图册和书籍。

德国在第二次世界大战之前的纳粹时期同样组织过大规模的南极探险，其目的是在南极建立捕鲸站以提高德国的鲸油产量，打破过度依赖从挪威进口鲸油，从而对德国外汇构成压力的局面。1938 年一支德国捕鲸舰队从南极顺利返回后，1939 年 1 月希特勒派纳粹德国远征队前往南极考察，希望将南极作为自己的战略基地。因此，远征队到达了挪威宣称拥有主权的南极毛德皇后地（Queen Maud Land）[③]，宣布吞并东经 20°～西经 10° 的南极毛德皇后地，并且将该地重新命名为“新斯瓦比亚”。不过，德国第二次世界大战战败后，随即失去了“主权要求国”的资格。

2. 第二次世界大战之后以科研考察为中心

第二次世界大战后德国对南极事务的参与较之其他发达国家要晚。民主德国于 1974 年才加入《南极条约》，1976 年德国第一个常年考察站——乔治·福尔斯特站（Georg Forster Station）在席尔马赫绿洲（Schirmacher Oasis）建成。1979 年联邦德国正式加入《南极条约》。1980 年，阿尔弗雷德-魏格纳研究所（Alfred Wegener Institute）及其 Helmholtz 极地与海洋研究中心（Helmholtz Centre for Polar and Marine Research）成立，并于次年建立了格奥尔格·冯·诺伊迈尔考察站，同年联邦德国正式成为南极条约协商国。随后，民主德国于 1987 年也获得协商国成员资格。

① 国际极地年是一项国际南北极科学考察的重要活动，由国际科学理事会和世界气象组织主办，约 50 年举办一次。第一次举办于 1882 年，最近一次举办于 2007 年，总共举办了 4 次。其活动目的是将科学家在极地上各时间、地点的研究整合，并界定重要的项目分工，借以研究冰床消融、气候变迁及极地环境变化等议题，并向普通大众介绍极地是如何影响人类的生活的。

② The Federal Government.Germany’s Commitment to the White Continent，Antarctic Treaty—30 Years of Consultative Status，2011：10.

③ 毛德皇后地是南极洲大陆东部一区域，位于西经 20° ～东经 45° ，面积约 250 万平方千米，挪威于 1938 年 1 月 14 日对其提出主权要求，但根据《南极条约》被冻结。挪威探险家阿蒙森以挪威王后毛德王后为其命名。

进入20世纪80年代的德国以科研力量来强化自身在南极地区的实际存在。自1980年至2014年11月，德国联邦地球科学和自然资源研究所领导和参与了24次南极地质科学考察①。

1991年10月4日，《关于环境保护的南极条约议定书》在马德里签订，该议定书于1998年生效，是保护南极环境方面的一部综合性法规。德国关于实施该议定书的法案也于1998年通过并生效，顺利地将《关于环境保护的南极条约议定书》的内容转化为国内法②。

1991年，德国航空航天中心（German Aerospace Center）联合联邦制图及大地测量局（Federal Agency for Cartography and Geodesy）在南极奥伊金斯（O'Higgins）地区建立了德国南极接收站（German Antarctic Receiving Station，GARS）。1994年1月，阿尔弗雷德-魏格纳研究所与阿根廷南极研究所（Instituto Antártico Argentino）在位于阿根廷南极乔治王岛（King George Island）的卡列尼（Carlini）考察站共同建立了达曼实验室。应欧洲南极冰芯计划（European Project for the Coringn Antarctic，EPICA）的需要，2001年，阿尔弗雷德-魏格纳研究所在毛德皇后地海拔约2 900米的区域建造了科赫恩科考站，作为德国在南极大陆钻取冰芯的后勤补给基地。2002年起，德国联邦地球科学和自然资源研究所与阿尔弗雷德-魏格纳研究所开始共同运作安装于毛德皇后地的次声波监测设施（I 27 DE Infrasound Station）。2009年2月，德国位于南极毛德皇后地的埃克斯特罗姆冰架（Ekström Ice Shelf）上的诺伊迈尔三号科考站建成，距离原来的诺伊迈尔二号科考站（1992年建立，代替原1981年设立的诺伊迈尔考察站）约6.5千米。

从与南极大陆之间的联系历史来看，德国真正意义上参与南极事务仅40余年，但对于这个有着特殊地理位置的区域十分重视并且在科学研究领域做了突出的贡献，特别在生命科学、地球科学等领域，为全球的气候变化与生态环境研究提供了可靠的数据。

（二）德国参与南极事务的特点

1. 利用《南极条约》赋予的权利，强调德国为南极所作的贡献

在《南极条约》的框架之下，德国不仅是《南极条约》50个缔约国之一，而且还是南极条约体系中28个协商缔约国之一。因此，德国已经拥有南极事务的全部参与权利和政治资格。无论从德国联邦外交部还是其他政府部门的态度来看，德国都坚定不移地认为自身不仅有权利而且有责任充分参与南极治理。

2011年5月由德国联邦外交部、环境部、教育与研究部代表联邦政府共同发布

① Antarctic expeditions，Geoscientific land expeditions under BGR leadership or with participation，BGR网，http://www.bgr.bund.de/EN/Themen/Polarforschung/Antarktis/Expeditionen/expeditionen_node_en.html，2014-12-27.

② Federal Foreign Office.The Antarctic Treaty System.http://www.auswaertiges-amt.de/EN/Aussenpolitik/InternatRecht/Einzelfragen/Antarktis/Antarktis_node.html，1998-11-06.

了一份名为《德国对白色大陆的责任——南极条约协商地位 30 年》的报告，该报告全面梳理了德国与南极之间的关系，详细介绍了德国加入《南极条约》之后对南极地区所作的贡献。从报告的内容以及篇幅可以看出，德国政府对于南极大陆重视程度极高，报告强调了南极地区仅用于科考与和平，是人类共同的遗产，保护南极的生态环境是德国的义不容辞的责任和义务。正是因为其联邦外交部、环境部、教育与研究部等各个相关部门对于国内研究机构以及南极研究项目都鼎力支持，因此全方位地推动了德国的南极研究进程，从而在科研方面获得了国际领先地位。正如在报告序言部分德国联邦外交部部长所言："面对全球气候和环境的变化，国际社会必须设法保护南极这块人类共同遗产地。作为南极条约协商国，德国政府 30 年来一直致力于保护南极，并承诺将继续坚持不懈地以保护南极为自身的责任。"德国政府不仅宣示了自身在南极科研方面的强大实力，并且承诺发挥科研贡献在南极环境保护方面的积极作用。

2. 以经济和科技优势介入南极事务，不断加强其实质性存在

德国十分关注海洋与极地科学的研究。目前，作为德国"可持续发展"战略的重要组成部分，"可持续发展研究"框架计划是德国联邦教育与研究部在环境方面针对气候变暖、能源短缺、资源锐减、环境污染等全球问题自 2009 年所开展的研究计划，到 2015 年打算对该计划提供资助 20 亿欧元①。海洋、极地以及地球科学属于该计划中的重要研究内容，主要研究海洋、极地与气候变化、生态系统、自然资源还有人类活动之间的关系，如洋流、冰盖、大气系统对于全球气候的影响、通过海洋以及海床沉积过程的生物地球化学循环判断极地大陆或海域的历史等，极地海洋研究具体集中在南极的威德尔海域②以及北半球从东西伯利亚一直到靠近斯匹茨卑尔根岛广阔的北大西洋海域③。联邦教育与研究部每年针对南极的研究项目资助超过 5 000 万欧元④。德国政府大力发展极地与海洋科技、强化自身在南极地区的实质性存在，实际上也是希望将自己的科技优势转化为话语优势，扩大自身在南极事务中的参与权，从而实现德国在南极的国家利益。

3. 国内极地研究氛围浓厚，形成多学科、多领域合作研究网络

德国拥有高度发达的极地科研资源以及先进的科研理念，为南极研究奠定了坚实的基础。特别是阿尔弗雷德-魏格纳研究所与联邦地球科学和自然资源研究所是世界著名的极地研究机构，在多个领域成果颇丰。

阿尔弗雷德-魏格纳研究所是引领德国极地研究最主要的研究机构，它为德国的

---

① Federal Ministry of Education and Research.Research for sustainable development（FONA）framework programme of the German Federal Ministry of Education and Research（BMBF），2009.

② 威德尔海是南极洲的陆缘海之一，位于大西洋的极南部，是南冰洋的一部分。

③ Marine Research，Polar Research，Geosciences.http://www.bmbf.de/en/7605.php.

④ Polar Research：Tracking Climate Processes.http://www.bmbf.de/en/2647.php.

极地考察提供技术支持和后勤服务；联邦地球科学和自然资源研究所隶属于德国联邦经济和能源部，主要负责为联邦政府各部就各种地球科学和自然资源问题提供咨询；另外，德国研究基金会是德国的一个独立科学资助机构，自1981年开始负责协调资助极地考察的事务。德国几乎每个州都有得到德国研究基金会资助的研究机构；德国极地研究会作为极地研究的公共参与者，其成员包括专业研究人员以及来自各行各业的极地爱好者，他们鼓励年轻一代科研人员去发现极地、研究极地，共同为南极研究做出贡献。

4. 国内南极事务参与主体多元化，管理和协调机制分工明确

在德国国内，参与南极事务的主体除了政府部门以外，德国众多的研究机构、组织协会或民间团体等多个对南极问题感兴趣的实体（表2），都得到德国政府的引导和支持，共同对南极问题展开研究或提供资助。

表2　德国国内南极事务参与的主体构成

不同主体	具体实体构成
研究机构	阿尔弗雷德-魏格纳研究所、联邦地球科学和自然资源研究所、莱布尼兹天体物理研究所、德国航空航天中心、基尔大学极地生态研究所、莱布尼兹海洋科学研究所、马克斯-普朗克国际法研究所、格尔利茨自然历史博物馆、弗赖堡大学、汉堡大学动物学博物馆、汉堡大学物理和冰川研究所、耶拿大学生态研究所、特里尔大学环境气象研究所等
组织协会	德国研究基金会、德国南极研究科学委员会、德国极地研究会、德国绿色和平组织等

而且，德国在南极事务方面已经建立了职责明确的管理和协调机制，使多个部门和机构能够有效地发挥各自的作用，为德国参与南极事务提供了强有力的组织保障（图1）。德国参与南极事务的部级单位主要涉及五个，其中，联邦外交部负责南极外交事务；联邦环境、自然保护与核安全部负责监督《关于环境保护的南极条约议定书》的执行；联邦教育与研究部负责制定极地研究项目并提供资助；联邦经济与能源部负责监督联邦地球科学和自然资源研究所的研究工作；联邦交通、建设与城市发展部负责监督联邦海事与水文署的工作。在以上部门的指导和监督下，真正实施和落实南极工作的是下属的各署。例如，联邦环境署负责监督德国环保法的实施；联邦自然保护署负责评估人类活动对南极动植物的影响以及管理《南极海豹保护公约》的国内实施；联邦地球科学和自然资源研究所负责规划、组织和实施针对地球科学研究的南极考察活动等工作；联邦海事与水文署与联邦环境署共同负责船舶航行的审批以及威德尔海地区地图的绘制和更新①。

作为世界科技强国，德国拥有强大的科技实力和长期的极地考察经验，这一点无疑是德国实现其南极国家利益的明显优势，但与此同时，我们也不能否认，德国在南极国家利益的实现也面临着挑战。

① The Federal Government.Germany's Commitment to the White Continent, Antarctic Treaty—30 Years of Consultative Status, 2011: 33-39.

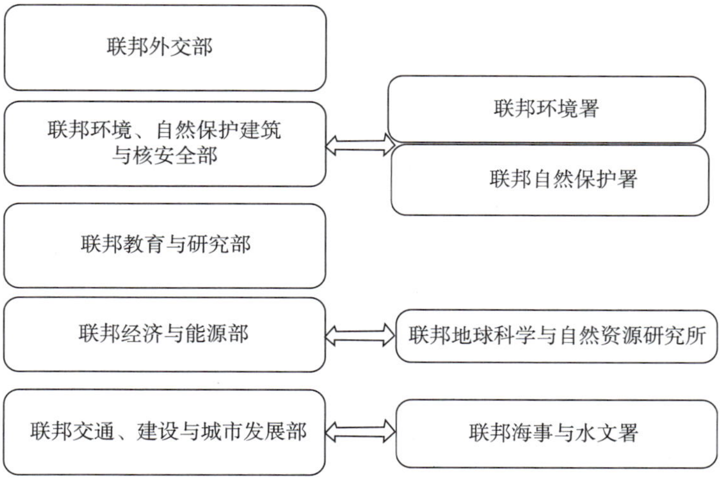

图 1　德国参与南极事务的政府部门和机构

三、德国实现南极国家利益的优劣势分析

（一）德国实现南极国家利益的优势

1. 强大的经济实力以及高额的科研投入

德国是主要发达资本主义国家也是最富裕的工业国家之一。德国是欧盟和欧元区的创始成员之一，凭借其 2012 年 1.516 万亿美元的出口额，成为世界第三大出口国。2013 年，德国在全球取得 2 700 亿美元的贸易顺差，成为全球最大的资本输出国。德国的多数产业在工业领域，特别是在汽车、机械、金属和化工品等制造业领域。德国不仅是欧洲的造船强国，也是世界的造船强国。德国造船与其国内工业基础紧密相关，技术先进的机械制造业为德国船舶工业的发展创造了条件。德国的造船技术先进而全面，可以建造各种舰艇、潜艇及商船，建造质量也属世界一流水平①。

德国政府高额、稳定的研发投入对推动德国科技创新起了重要作用。

2. 完备和专业的极地考察设施

1）Polarstern 号极地考察船

德国拥有专门为极地海洋研究所设计的 Polarstern 号极地考察船，该考察船是世界上第一艘依靠常规动力到达极地的破冰船，也是世界上最先进的极地考察船舶之一。该考察船自 1982 年首航之后，一年几乎有将近 310 日都往返于极地海域，每

① 牛序谋. 德造船业靠技术优势参与竞争. 中国船舶报，http://www.cssc.net.cn/component_news/news_detail.php?id =1083，2002-11-22.

年 11 月至次年 3 月在南极海域，其余月份在北极海域，共完成了 50 多次航行任务。Polarstern 号归德国国家所有，由联邦教育与研究部授权为德国阿尔弗雷德-魏格纳研究所 Helmholtz 极地与海洋研究中心使用，由 Laeisz 船舶公司负责维护和管理。Polarstern 号长 118 米，宽 25 米，自重 11 904 吨，排水量 17 300 吨，可运载 4 000 吨供给物资，容纳 40 名船员以及 50 名科考人员。该船舶配有生物、地质、地球物理、化学、冰川、海洋和气象等学科研究设备，拥有 9 个实验室，船舶甲板上还可以组建盒装移动实验室。甲板下面的冷藏室和水族馆可作为海洋生物或生物样本的运输设备。船上电脑设备可连续捕获和存储气象、海洋以及其他数据[①]。

2）极地运输机

自 1983 年以来，有两架配有滑雪装备的极地飞机——POLAR 5 号和 POLAR 6 号——供阿尔弗雷德-魏格纳研究所使用，这两架飞机均可以在机舱内或机翼上安装一些特殊的探测设备，如研究大气层、岩石圈或冰冻圈所需的研究设备。飞机往返于北极和南极，除了其探测考察功能，更重要的是其运输补给功能，对于位置偏远的南极考察站来说，这一点尤其重要。

3）诺伊迈尔三号科考站

2009 年 2 月建成的德国诺伊迈尔三号科考站建立在远离地面的支架上，以免被积雪掩埋，总重 2300 吨的诺伊迈尔三号科考站由 16 个支架支撑，每个支架内都安装有电脑系统控制的液压千斤顶，可以根据地面冰层的移动不断调节，防止结构变形。这个新科考站由阿尔弗雷德-魏格纳研究所建造并运营，这种新型设计可以说是工程学上的巨大成就。诺伊迈尔三号科考站还拥有四个长期收集气象、大气化学、地球物理以及水下声音方面数据的观测站，其数据有助于对全球的气候变化、空气质量、地壳运动以及生态环境进行研究。它不仅是德国南极科学观测的基地，还是南极内陆探险及考察基地的后勤保障中心。该科考站可同时容纳 40 名科考人员，每年大约有 9 人越冬，在此期间与外界联系的唯一方式就是通过卫星。

4）科赫恩科考站

科赫恩科考站作为德国在南极大陆钻取冰芯的后勤补给基地，夏季可容纳 20 名科考人员。该站 2001 年由阿尔弗雷德-魏格纳研究所在毛德皇后地建造，其位置在海拔约 2 900 米的高度，距诺伊迈尔三号科考站东南方向约 750 千米。科赫恩站是应欧洲南极冰芯计划的需要所建，是冰川、大气化学研究的研究基地；同时也是德国科考人员前往南极内陆进行考察的交通出发站。

5）达曼实验室

1994 年 1 月建立的达曼实验室由阿尔弗雷德-魏格纳研究所与阿根廷南极研究所共同建造。该实验室位于阿根廷南极乔治王岛的卡列尼考察站（1953 年建立，原名 Jubany 考察站）。达曼实验室仅南半球夏季（10 月至次年 3 月）开放，可容纳 14 名研究人员生活和工作。由于南极大陆沿岸水域基本处于巨大冰架之下，而该实验

① Polarstern.http://www.awi.de/en/infrastructure/ships/polarstern/，2007-11-06.

室所在位置靠近无冰区域或浅海水域，因此对于研究南极海洋生物的科学家们来说，这里是绝佳的研究场所。

6）I 27 DE 次声波站

实际上，它是一个次声波监测设施，安装于诺伊迈尔三号科考站附近，由德国联邦地球科学和自然资源研究所与阿尔弗雷德-魏格纳研究所共同管理。I 27 DE 次声波站是依据《全面禁止核试验条约》（Comprehensive Nuclear-Test-Ban Treaty，CNTBT）[①] 所设全球监测网络中的 60 个次声波接收站之一，主要用于监测放射性核元素。该站所监测的数据可以连续不断地传送至全面禁止核试验条约组织（Comprehensive Nuclear-Test-Ban Treaty Organization，CNTBTO）的国际数据中心（位于维也纳）以及联邦地球科学和自然资源研究所德国国家数据中心（位于汉诺威）。

7）德国南极接收站

1991 年，德国航空航天中心联合联邦制图及大地测量局在南极 O'Higgins 地区建立的德国南极接收站靠近智利位于南极半岛的 Bernardo O'Higgins 考察站，德国与智利共同利用德国南极接收站专门为南极极端气候环境设计的天线接收大地卫星所发回的测量数据，该天线系统同时也为欧盟服务。20 多年来，德国南极接收站所提供的卫星数据对于洞察南极洲的变化具有重要价值。德国南极接收站最多可容纳 10 名研究人员，2010 年起成为常年站，全年服务运行。

3. 丰富和发达的极地科研资源

1）德国南极研究科学委员会

1957~1958 年国际地球物理年期间成立了隶属于国际科学理事会的南极研究科学委员会，它负责管理南极科学事务。

1978 年，德国研究基金会执行委员会（Executive Committee of the German Research Foundation）成立了南极研究科学委员会德国国家委员会并且将研究领域于 1992 年延伸至北极。该委员会的主要职责是协调德国大学和阿尔弗雷德-魏格纳极地研究所以及政府机构在极地研究领域合作并提供必要的后勤支持，其秘书处就设在阿尔弗雷德-魏格纳极地研究所。

正是由于德国这种有效的合作研究机制使德国在诸如极区气候变化、极区的大陆漂移和演化进程、极地自主测量平台的创新技术使用等领域为 2007~2008 国际极地年做出了突出贡献。德国的极地研究机构在这期间也出色地完成了许多重要的研究项目。

2）阿尔弗雷德-魏格纳研究所 Helmholtz 极地与海洋研究中心

阿尔弗雷德-魏格纳研究所是引领德国极地研究最主要的研究机构，它为德国的极地考察提供技术支持和后勤服务。其科研工作以强大的国际网络和广泛的研究基础为特色，研究成果处于世界领先水平。研究所里的生物、地质和气象专家们密切

① 《全面禁止核试验条约》是一项由全面禁止核试验条约组织领导的，旨在促进全面防止核武器扩散与促进核裁军进程，从而增进国际和平与安全的条约。

合作，他们的研究范围包括气候变化、冰川变化、生物多样性等与极地密切相关的问题，并且为国际北极海域海洋生物监测、海洋污染以及海洋技术等研究方面做出了重要贡献。

阿尔弗雷德-魏格纳研究所作为国家公共机构自1980年成立，其成员结构包括位于不莱梅港的阿尔弗雷德-魏格纳研究所、位于波茨坦的阿尔弗雷德-魏格纳研究所（1992年成立）、位于黑尔戈兰岛的Biologische Anstalt研究所以及位于叙尔特岛的阿尔弗雷德-魏格纳研究所。研究所的财政收入90%来自德国联邦教育与研究部，8%来自不莱梅州，勃兰登堡和荷尔斯泰因州政府各提供1%资助。研究所共有工作人员900名左右，2012年财政预算超过1亿欧元①。

阿尔弗雷德-魏格纳研究所下设的地球系统科学研究学院（Earth System Science Research School）以及Helmholtz极地与海洋研究生院（Helmholtz Graduate School for Polar and Marine Research）还专门开设研究高纬度地区气候变化的课程，培养具有这方面国际竞争力的人才，并授予硕士或博士学位。

3）德国联邦地球科学和自然资源研究所

德国联邦地球科学和自然资源研究所位于汉诺威，隶属于德国联邦经济事务和能源部（Federal Ministry for Economic Affairs and Energy）。主要负责为联邦政府各部就各种地球科学和自然资源问题提供咨询，也是世界著名的科研机构之一。该研究所从事极地研究已有30多年，截至2014年11月，已参与24次北极地质科学考察（表5），考察和研究经费由德国研究基金会（German Research Foundation）资助。

表5　联邦地球科学和自然资源研究所领导和参与的南极考察

年份	考察队名称	区域	考察人员数量/人	考察船名称
2012/2013	德国南极探险队第三次考察	毛德皇后属地	1	
2011/2012	德国南极探险队第二次考察	毛德皇后属地	6	“玛莉北极”号（丹麦）
2010/2011	德国南极探险队第一次考察	毛德皇后属地	2	
2009/2010	德国北维多利亚地探险队第十次考察	北维多利亚地	21	“意大利卡”号（意大利）
2008/2009	南极洲甘布尔泽夫山脉省计划	甘布尔泽夫山脉省		
2007/2008	毛德皇后地陨石考察	毛德皇后属地	3	
2006/2007	南极地质钻探计划	罗斯冰架	1	
2005/2006	德国北维多利亚地探险队第九次考察	北维多利亚地	8	“星盘”号（法国）
2003/2004	南极岩石圈远程视图和勘探/中央横断山脉计划	中央横断山脉	10	
2002/2003	澳-德查尔斯王子山脉考察	查尔斯王子山脉，兰伯特裂痕	19	“极光”号（澳大利亚）
1999/2000	德国北维多利亚地探险队第八次考察	维多利亚地，欧茨海岸，乔治五世地	24	“极地杜克”号（挪威）

① Alfred Wegener Institute.Helmholtz Centre for Polar and Marine Research.http://www.awi.de/en/institute/, 2013-03-17.

续表

年份	考察队名称	区域	考察人员数量 / 人	考察船名称
1997/1998	横断山脉航空器研究活动	干谷	5	
1995/1996	国际毛德皇后地考察	中央毛德皇后地	30	“极地皇后”号（挪威）
1994/1995	沙克尔顿山脉考察	欧茨地，沙克尔顿山脉	14	“北极星”号（德国）
1992/1993	德国北维多利亚地探险队第七次考察	维多利亚地，玛丽•伯德土地，欧茨海岸	33	“极地皇后”号（挪威）
1990/1991	德国北维多利亚地探险队第六次考察	北维多利亚地	19	“极地皇后”号（挪威）
1988/1989	德国北维多利亚地探险队第五次考察	北维多利亚地，欧茨海岸	33	“极地皇后”号（挪威）
1986/1987	沙克尔顿山脉考察	欧茨地，沙克尔顿山脉	9	“北极星”号（德国）
1984/1985	德国北维多利亚地探险队第四次考察	北维多利亚地	30	
1982/1983	德国北维多利亚地探险队第三次考察	北维多利亚地	15	“极地皇后”号（挪威）
1981/1982	德国北维多利亚地探险队第二次考察	北维多利亚地	12	“哥特兰岛Ⅱ”号（瑞典）
1979/1980	德国北维多利亚地探险队第一次考察	北维多利亚地	9	“Schepelsturm”（德国）

注：无标注考察船名称表格栏为科考队员乘坐飞机前往

资料来源：Antarctic expeditions，Geoscientific land expeditions under BGR leadership or with participation. http://www.bgr.bund.de/EN/Themen/Polarforschung/Antarktis/Expeditionen/expeditionen_node_en.html，2014-12-16

德国联邦地球科学和自然资源研究所的研究领域包括对极地地壳结构和地球动力的研究。鉴于人类对极地冰层覆盖区域的认识有限，要完成对极地资源的开发必须了解地球、海洋、冰川、大气、生物圈之间的相互作用，德国联邦地球科学和自然资源研究所的地质学家们通过地球物理学方法可以探测出人类尚未到达的极地地区具体的地质构造，并且对极地能源资源和矿物资源做出勘探和供求方面的分析。

为了能够对南极大陆所有领域进行研究，包括那些深藏在巨大冰盖之下的区域，通常所用的地球物理研究方法必须得以发展和优化。运用航空测量冰下成像的方式获取数据一直是德国极地研究的重点和优势所在，第四届国际极地年期间，德国联邦地球科学和自然资源研究所就代表德国作为技术引领者与美国、英国、澳大利亚、中国和日本共同参与了国际 AGAP 计划（Antarctica's Gamburtsev Province Project），进入南极未知区域开展研究工作。

通过在罗伯特角（Cape Roberts）以及维多利亚地附近的地质钻探研究，德国科学家为气候变化提供了重要数据。该数据使从 3 400 万年前到今天极地地区的气候变化曲线得以延续展示在人类面前，同时还揭示了南极冰架的演变过程。另外，德国科学家对于南极湖泊沉积物以及南极冰架海洋沉积物研究所取得的数据同样也是作为研究气候变化的有力依据。

4）德国研究基金会

德国研究基金会自 1981 年开始负责协调资助极地考察的事务，1997 年之后，其职责范围扩大至北极考察。目前，德国研究基金会的资助优先计划（priority programme）针对物理 / 化学、生命科学以及地球科学三大领域跨学科项目。该计划主要使大学里从事极地研究的人员受益，因为他们可以充分使用阿尔弗雷德-魏格纳极地研究所以及德国联邦地球科学和自然资源研究所里任何研究资源。反过来，该计划也对德国大学里的学生起到了熏陶作用，使德国大学的学生更加贴近和了解极地研究，为培养德国下一代极地研究人才创造了良好的环境。

目前，德国研究基金会每年约有 3 300 万欧元的资助额度投入优先计划。2007~2010 年德国研究基金会资助了 167 个相关领域的研究项目，还将来自 37 所大学的 162 名申请者以及 14 所非大学研究机构的 159 名申请者纳入优先计划共同参与南极研究①。共有 70 个研究机构申请南极研究项目并受到德国研究基金会的资助，德国几乎每个州（包括柏林、汉堡、不莱梅等城市州）都有被德国研究基金会资助的研究机构，特别是北莱茵-威斯特法伦州，当地受资助的研究机构多达 10 个以上，在下萨克森以及巴伐利亚等州，当地受资助的研究机构也有 10 个左右②。

5）德国极地研究会

作为极地研究的公共参与者，德国极地研究会成立已有 50 多年（1959~2014 年），其开展的活动极大地补充和强化了德国的极地研究。德国极地研究会致力于鼓励年轻一代科研人员去发现极地、研究极地并且对国家甚至国际上的极地研究机构提供建议，它还与阿尔弗雷德-魏格纳研究所共同创办了著名的国际性极地刊物 *Polarforschung*。德国极地研究会目前设有 5 个主题兴趣工作组，工作组成员分别对地质 / 地球物理、冰川学、大地测量学、极地研究史以及极地冻土等领域展开研究工作，另外还有第 6 个工作组专门对最新的研究进展和研究发现进行讨论并提出建议。

为德国极地研究会工作的不仅有专业研究人员，还包括来自各行各业的极地爱好者。研究会目前有成员 500 多名，他们会在德国极地研究会举办每两年一届的国际极地会议上聚集并且分享研究成果，其中为研究会做出杰出贡献的成员可获得由德国极地研究会颁发的 Weyprech 奖章或获得研究会“荣誉会员”称号。自 2010 年开始，德国极地研究会还与澳大利亚极地研究会建立了合作伙伴关系，共同为增进对极地这块敏感区域的了解做出有价值的贡献。

（二）德国实现南极国家利益的劣势

1. 处于劣势的身份和地位

目前以南极条约体系为核心的南极政治环境对德国实现南极国家利益构成了多方面的挑战和威胁。虽然联邦德国已经在 1979 年就加入了《南极条约》，并且在 1981 年获得了南极条约协商国身份，但是德国并不属于南极条约 28 个协商国中的原始缔约国。而且，纵观南极条约体系发展的历程，12 个原始缔约国，特别是 7 个“领

① The Federal Government.Germany’s Commitment to the White Continent，Antarctic Treaty—30 Years of Consultative Status，2011：33.

② The Federal Government.Germany’s Commitment to the White Continent，Antarctic Treaty—30 Years of Consultative Status，2011：42.

土要求国”（英国、法国、挪威、澳大利亚、新西兰、阿根廷、智利）以及美国和俄罗斯这两个超级大国，从历史、地缘以及政治影响力的角度来看，较之身份和地位均处于劣势的德国，前述国家与南极之间的关系更为紧密，在处理南极事务时的话语权更强，它们基本决定了南极条约体系的制度发展。特别是美国，它是《南极条约》当之无愧的倡导者和构建者，在国际南极政治舞台上一直主宰着南极事务的发展，使国际南极政治单极化趋势的特点越来越明显。

2. 南极条约体系的不确定性

国家领土主权是一个国家在其领土范围内行使的最高的、排他的权利。对于20世纪初期到中期的南极领土主权争端问题，《南极条约》的相关条款暂时“冻结”了各国对南极的领土主权要求，在《南极条约》中，涉及领土主权的有第1、4、6条，其中第4条为核心条款，即“冻结”主权条款。第4条第1款针对该条约缔结前的主权要求国：不得解释为任何一方放弃在南极洲原来所主张的领土主权权利或领土的要求。第4条第2款针对该条约缔结后的国家：在该条约有效期间所发生的一切行为或活动，不得构成对南极洲领土主权要求的基础；在该条约有效期间，对在南极洲的领土主权也不得提出新的要求或扩大现有的要求。对于《南极条约》第4条进行分析之后，我们不难发现，该条款其实规定得十分模糊，并没有真正明确南极领土主权的状态和解决南极领土主权的问题。从本质上看，《南极条约》只是缓解了各国尖锐的矛盾，随着国际形势的变化，其规定内容的模糊性很可能会为将来的领土争端埋下隐患。

另外，为了保护南极环境所制定的《关于环境保护的南极条约议定书》以及其六个附件虽然说是富有历史性意义的综合性法规，而且确立了南极“环境影响评估机制”以及“动植物保护”、“废弃物处理和管理”、“防止海洋污染”、“特别保护区和管理区”、“环境事故责任”等一系列环境保护制度，但是，国内外有许多专家都指出《关于环境保护的南极条约议定书》大多是宣示了抽象的环保理念，而具体操作性不强，缺乏详细的处罚规则。南极条约体系仅对南极条约缔约国具有法律效应，对于非缔约国并没有任何约束力，而且，《南极条约》及其相关的制度和措施需要缔约国通过转化为其国内法律才能得以实施。由于南极条约体系的不确定性，南极目前和平、稳定的环境日后也许随时会受到威胁，进而无疑会对德国实现其在南极的国家利益形成挑战。

3. 南极地区各方的大陆架纷争

2004年11月澳大利亚向联合国大陆架界限委员会提交了第一个涉及南极大陆的大陆架划界案，随即阿根廷、挪威、英国均向大陆架界限委员会提交涉及南纬60°以南地区的大陆架划界案或有关大陆架外部界限的初步信息，智利和新西兰也提出保留提交有关南极大陆架划界主张的权利。虽然法国对于南极洲大陆架的主张还未明确，但是对于本国的领土主权要求以及主权权利仍然持保留态度。另外，阿根廷、英国、智利在南极领土主权主张上就有重叠区域，这意味着它们对于南极大陆架主张依旧存在重叠和争议。

而以上这些国家的行为依据则是1982年《联合国海洋法公约》中有关大陆架以及专属经济区的法律制度规定。正是由于《联合国海洋法公约》大陆架制度的建立，使得同是《联合国海洋法公约》缔约国的南极领土主张国开始试探是否可以依据非区域性的国际法来提出主权权利。新一轮大陆架之争问题的实质是南极条约体系和国际海洋法之间的矛盾，南极地区的大陆架主张对南极条约体系构成了实质性挑战，而对大陆架主权权利的主张其实也是对领土主权的主张。实际情况表明，《南极条约》依然没有解决条约缔约国之间的争端，南极领土主权问题由原来单纯的领土之争演变为领土主权与大陆架权利的双重之争，南极地区表面和平之下的这种愈加复杂的局面对于德国这样一个需要在和平的环境下开展极地考察与研究的国家将构成重大威胁。

四、德国的南极政策对于中国实现南极国家利益的经验借鉴

从地理位置来说，中国与德国都不属于南极门户国家，不具备地缘优势；从南极领土争夺历史来说，中国与德国都不属于国际社会所承认的“领土要求国”，不具备政治优势。但是中德两国介入南极事务的方式具有相似性，那就是以科学考察与研究为核心。中国在南极的科考活动起步较晚，直到20世纪80年代初才逐步开始，30多年来，中国相继在南极建成了长城站、中山站、昆仑站和泰山站等科考基础平台，成功组织了31次南极科学考察活动，取得了许多具有重大科学意义的突破性研究成果，为人类科学认知与和平利用南极做出了积极贡献。就目前形势而言，科研利益仍然是中国在南极地区最重要的国家利益。作为极地科研大国，德国参与南极事务的成功经验对于中国实现在南极的国家利益具有重要启示。

（一）加大对极地科考与研究的投入，通过提高南极科研水平来增强南极事务话语权

如前所述，南极科学考察不仅是一个国家科技发展水平和综合国力的体现，也是一个国家在南极事务中话语权的物质基础。从某种意义上来说，极地科技活动本身就是国家战略意图和利益追求的体现，是国家用于实现极地国家利益的工具和手段。尽管中国自1983年中国加入《南极条约》以来在极地科考方面已经实现了跨越式发展，形成了“一船、五站、一基地”的战略布局并且在极地地质、冰川、生物、生态、海洋、大气、空间物理、天文等领域取得了重要研究进展，一批具有国际先进水平的研究成果相继在国际自然科学刊物上发表，但是，较之极地大国特别是极地强国，我国在极地科技能力尤其是极地科技投入方面尚存在不小的差距。目前在南极考察的国家大致可以被划分为三类集团，美国是第一集团；英国、德国、澳大利亚、俄罗斯、法国、意大利、日本等为第二集团；包括中国在内的广大发展中国

家及其余一些国家则属于第三集团①。

尽管德国在南极地缘政治环境上不具有明显的优势，但是德国拥有高度发达的极地科研资源以及先进的极地科研理念，政府特别注意通过采取将极地科学研究纳入国家“可持续发展”战略框架的国家宏观引导，以及加大对极地科学考察与研究的稳定投入等政策措施大力发展极地科技来强化自身在南极地区的实质性存在，进而为其实现在南极的国家利益奠定了坚实的基础。对于中国实现在南极的国家利益而言，大力发展极地科考与研究同样扮演着至关重要的角色。虽然如前所述中国在极地科考与研究方面已经取得了显著成就，但是，客观地讲，中国极地科考与研究的水平与中国的国际地位是很不相称的，无论是极地科考与研究的硬件还是软件在很大程度上都因极地科技投入的明显不足而亟待改进。首先，中国应进一步加强考察站等硬件建设，如雪地车、破冰船、直升机，特别是固定翼飞机等仍显劣势的后勤装备。其次，除了基础设施等硬件之外，还要通过提高相关极地科研项目资助、开设相关极地专业课程、改善极地科考与研究人员的工作条件和生活待遇等政策措施大力加强极地科考队伍等软件建设，培养多学科、多领域、专业化的极地科考与研究人才。极地科考与研究活动耗资巨大，需要持续的资金投入。据统计，中国 2013 年由国家海洋局极地考察办公室提供的考察经费为 6 081 万元（约 789 万欧元），其中还包含了极地考察办公室各个处级机构的管理和运行费用，相比之下，中国在极地科技活动的资金投入明显处于劣势地位，在很大程度上影响和制约了中国极地科考与研究水平的提升。为此，中国应该像德国那样，拓宽极地科考与研究的资金投入渠道，构建包括政府财政支持、企业投资、社会捐助、国内基金以及国外资助在内的多元化投入平台，为中国极地科考与研究事业的可持续发展提供稳定的财力保障，进而为中国通过提高南极科研水平来增强中国在南极事务中的话语权、实现中国在南极的国家利益奠定坚实的物质基础。

（二）完善极地事务管理与协调机制，注重多元主体参与南极事务

虽然中国与德国开始参与南极事务的时间相近，但是，中国对南极事务的参与水平无论在深度和广度上都不及德国，究其原因，除了前述德国在极地科技发展方面所具有的明显优势之外，德国的极地事务管理与协调机制也颇值得我们学习。德国联邦政府在南极事务管理方面涉及多个部门和机构的合理分工与协同合作，所涉及的各相关部门各自发挥着应有的作用，为实现德国在南极的国家利益提供了重要的组织保障。例如，联邦外交部负责南极外交事务；联邦环境、自然保护与核安全部以及下设联邦环境署和联邦自然保护署负责监督《关于环境保护的南极条约议定书》的实施工作；联邦教育与研究部为国家制订总体极地研究计划并提供资助；联邦经济与科技部监督联邦地球科学和自然资源研究所针对地球科学以及资源发现开展研究；联邦交通、建设与城市发展部与下设联邦海事与水文署共同负责船舶航行

① 国家海洋局极地考察办公室介绍各国南极考察活动进展 . 新华网，http://news.xinhuanet.com/tech/2009-10/14/con tent_12232450.htm，2009-10-14.

的日常审批工作。相比之下，中国的南极事务管理机制似嫌单一，特别是在各相关政府部门之间既缺乏科学合理的职能分工，又没有建立起行之有效的协调机制。目前，中国南极事务的行政管理、资源分配以及科学研究方面主要由政府主导。根据中国政府的职能分工，尽管国家海洋局极地考察办公室是负责代行政府管理极地事务的主要机构，但是外交部、科技部、国家发展和改革委员会、财政部等政府部门以及国家自然科学基金委员会和国家海洋局所属的极地研究中心等事业单位均从不同的角度和层面对中国极地事务的管理有参与职责，长期以来，参与极地事务管理的上述相关部门和机构之间客观地存在着职能分工不尽明晰，特别是有效协调机制缺失的问题，这在很大程度上影响乃至制约了中国极地事业的健康发展，进而不利于中国极地国家利益的有效实现。在此方面，中国有必要而且可以借鉴德国的成功经验来完善极地事务的管理与协调机制。

另外，中国也应该像德国那样积极培育社会力量参与南极治理。德国政府部门对于南极科考与研究起到的更多的是监督以及提供资金支持作用，而南极科学研究以及南极事务参与的工作更多的是由诸如阿尔弗雷德-魏格纳极地与海洋研究所、德国研究基金会、德国南极研究科学委员会、德国极地研究会、德国绿色和平组织以及众多大学研究所等非政府机构完成的，它们很好地补充和完善了德国南极事务的全方位参与，并且为鼓励德国新一代科研人员加入南极研究队伍起到了宣传作用。由于中国的公共事务管理长期实行的是基于计划经济体制的集权型行政管理体制，市场经济体制建立的时间不长且不够健全，加之公民社会先天发育不良，包括南极事务在内的极地事务的管理一直都是由政府主导，在此方面鲜有非政府组织和社会力量乃至市场力量的参与，这在很大程度上制约了中国对南极治理体系创新的有效参与。借鉴德国的成功经验，中国也应当积极鼓励和大力培育更多从事极地科学研究、环境保护乃至极地产业开发的非政府组织和社会力量乃至市场主体参与极地治理，为中国更加广泛、更加深入地参与极地治理进而更加有效地实现中国在极地的国家利益贡献力量。

参考文献

丁煌 .2013. 极地国家政策研究报告（2012—2013）. 北京：科学出版社 .

丁煌 .2014. 极地国家政策研究报告（2013—2014）. 北京：科学出版社 .

胡小桃 .2014. 德国科技创新的政策体制分析 . 湖湘论坛（管理科学），(3)：97.

徐庭娅 .2014. 德国能源转型的进展、挑战及前景 . 宏观管理经济（环球经济），(3)：85.

Federal Ministry of Education and Research（BMBF）.2010.Ideas，Innovation，Prosperity，High-Tech Strategy 2020 for Germany：5.

Federal Ministry of Education and Research（BMBF）.2013.Education and Research in Figures 2013：14.

Madrid Protocol.1991.Protocol on environmental protection to the Antarctic Treaty.

The Federal Government.2011.Germany’s Commitment to the White Continent，Antarctic Treaty—30 Years of Consultative Status.

UNCLOS.1982.United Nations Convention on the Law of the Sea.

研究报告 14

新西兰和澳大利亚实现南极国家利益的经验借鉴①

【摘要】“门户国家”的地理位置、与南极悠久的历史渊源、领土主张国的身份决定了新西兰和澳大利亚在南极拥有至关重要的主权、环境、安全和商业利益。两国在实现南极国家利益的优势方面有一些相同之处：一是邻近南极的地理之便以及都较早参与了南极科考和探险；二是两国都形成了一套权责明晰、分工明确、协调有序的南极事务管理和研究机制。劣势方面，新西兰南极罗斯属地创建的法律基础较不充分；此外，新西兰的国力有限，在科研和后勤方面相当依赖国际合作。相比之下，澳大利亚南极领地在创建时运用了新的法律程序：英国颁布枢密令，再由联邦议会通过了《澳大利亚南极领地领受法令》正式授予澳大利亚政府对澳大利亚南极领土的控制权。因此，澳大利亚南极领土比新西兰罗斯属地的法律基础更为牢靠。澳大利亚也是七个主权要求国中在维护南极主权方面最为强势的国家。但近年来，财政赤字成为澳大利亚南极科研和考察的最大掣肘，是其维护国家利益的主要劣势。由于现行的南极条约体系能够有效保障两国南极国家利益的实现，所以支持条约体系是实现国家利益的最有效途径。因此，澳新两国都积极维护条约体系的稳定，并致力于争取在体系内部担当领导地位，提升自身影响力。此外，在实现南极国家利益的途径方面，两国都凭借领先的南极科学研究和科学考察实力保证本国在条约体系内部的话语权和影响力。两国还分别通过南极立法、发布战略利益声明、扩大南极宣传教育等方式实现和维护本国南极国家利益。

中国远离南极，南极科考与研究起步较晚，南极活动的规模和对南极事务的参与还不够；在南极主权问题上，中国不是一个领土主张国，中国的南极国家利益也有所不同，但澳新成为南极强国的经验依然可以为中国提供一些有益的启示：①加大对南极科学研究的支持与投入，提高南极科学研究质量；②明确中国的南极角色定位，并在此基础上发布全面阐述中国

① 作者简介：何柳，女，博士，武汉大学中国边界与海洋研究院讲师，国家领土主权与海洋权益协同创新中心研究人员。

南极战略和政策的官方文件；③高度重视人才培养与人才储备；④加强与新西兰和澳大利亚的南极合作，扩大南极外交；⑤参考澳、新的经验，形成一套权责明晰、分工明确、协调有序的南极事务管理与研究机制。

【关键词】 新西兰 澳大利亚 南极政策 国家利益 经验借鉴

新西兰和澳大利亚同为南太平洋的领军国家，也是南极“标杆”国家。2014 年 11 月，习近平主席访问澳大利亚、新西兰之际，先后与两国政府发表联合声明，决定将中澳和中新关系提升为“全面战略伙伴关系”；同时分别与澳、新签署了海洋极地合作协议和南极合作协议。在中国与澳大利亚、新西兰关系新定位的形势下，研究两国实现南极国家利益的经验既是我国制定长远战略和具体政策的参考蓝本，同时也是进一步加强与澳、新南极合作的重要前提。本研究报告将重点评述新西兰和澳大利亚实现南极国家利益的经验借鉴。具体来说，本研究报告将分为：①新西兰的南极国家利益及其实现途径；②澳大利亚的南极国家利益及其实现途径；③新、澳实现南极国家利益的经验借鉴。

一、新西兰的南极国家利益及其实现途径

新西兰地处南大洋边缘，是南美大陆最南端接近南极半岛的部分以外距离南极大陆最近的地方，也是进出罗斯海地区的“门户”，而从罗斯海出发则是从南大洋到达南极大陆和南极点最近便的航行路线。因此，新西兰在南极探险和科考史上扮演了名副其实的“门户”角色。早期各国的探险家们都是从新西兰出发经由罗斯海前往南极大陆。地理的邻近和历史的渊源塑造了新西兰人强烈的南极意识，即南极是新西兰历史与遗产的内在组成部分。新西兰政府分别于 1995 年和 2002 年发布了两份南极战略，对本国的南极国家利益及目标做出了明确的阐述。在此基础上，新西兰制定并采取了一系列实现和维护其南极国家利益的政策实践。

（一）新西兰在南极的国家利益

1995 年国家党（National Party）政府发布了《战略目标声明》，其五点内容集中陈述了新西兰在南极的国家利益及目标①；2002 年工党政府修订并发布了新的《新西兰南极战略利益》（New Zealand's strategic interests in Antarctica）②。这份沿用至今的纲领性文件声明了新西兰在南极拥有的战略利益及实现途径。综合两份战略利益声明来看，新西兰官方对其南极利益的表述为：维护其在罗斯属地的长期利益以及对罗斯属地的承诺和可靠的存在；保持南极的和平与无核化状态；依照《南极海洋生物资源养护公约》

① Ministry of Foreign Affairs and Trade.New Zealand and Antarctica，1996：12.

② Antarctica New Zealand. New Zealand's strategic interests in Antarctica. http://www.mfat.govt.nz/Foreign-Relations/Antarctica/1-New-Zealand-and-Antarctica/1-NZ-Strategy-in-Antarctic.php.

的规定，养护并可持续地管理南大洋，尤其是罗斯海的海洋生物资源，在此基础上提高可持续的经济效益；保护南极与南大洋的固有价值（intrinsic values）和荒野价值（wilderness values）。简而言之，新西兰在南极和南大洋的国家利益体现在主权、环境、安全和经济等几大方面。

1. 主权权益

1）南极大陆领土主权要求

1923 年 7 月 30 日，殖民地部颁布枢密令，宣布罗斯海海岸和南纬 60°以南，东经 160°到西经 150°毗连的岛屿和领土作为英国的领地，由新西兰总督代为行使管辖权。至此，罗斯属地正式形成。

罗斯属地创建后至第二次世界大战前，新西兰只是英国南极政策的执行者，仅仅发挥“橡皮图章”的作用。1926 年的帝国会议上，英国授意新西兰总理戈登•考斯特（Gordon Coates）采取措施向罗斯属地以东地区扩张。然而，1927 年以后，南极国际政治日益复杂，美国和挪威对南极地区的不断介入导致英国主宰南极计划受挫，更使得新西兰在罗斯属地的地位复杂化。1928 年 11 月，理查德•伯德带领一支美国私人探险队驾驶飞机飞越了罗斯属地东部。1929 年，伯德命名、考察并声索了罗斯属地以东的大片领土，称其为玛丽伯德地（Marie Byrd Land）。这次探险直接挑战了英国主权向罗斯属地以外地区延伸，并被认为是美国领土声索的前奏。此后，美国对南极主权声索举棋不定的态度逐渐发生了逆转。1926~1930 年，挪威政府鼓励克里斯滕森捕鲸公司在罗斯属地和马尔维纳斯群岛属地之间作业，同时从事一系列兼具商业、科学调查和领土兼并性质的探险，更进一步授权其吞并包括有争议的布韦岛（Island of Bouvet）在内的罗斯属地东面领土。

1930 年至第二次世界大战爆发前夕，南极领土声索冲突逐渐升级，阿根廷、法国、挪威、澳大利亚等国在南极的竞争进一步加剧。自 1904 年起，阿根廷就在南奥克尼群岛建有一个气象站，并在 1927 年知会国际邮政局其在马尔维纳斯群岛的权利，挑战英国在该地区的领土要求。澳大利亚于 1933 年对除法国属地之外的罗斯属地与东经 45° 之间领土正式提出声索。这其中也包括了挪威感兴趣的地区，由此引起挪威的不满。法国对阿德利地的声索从之前的限定其沿岸转变为对东经 136°～东经 142°扇形的声索①。

第二次世界大战爆发前夕，各国在南极的争夺又出现新的情况。1938 年，法国和英联邦国家签订飞行权利互惠条约，承认现存声索的合法性，并分配了南极领空的法律权利。德国和日本在南极水域增加了捕鲸舰队的数量，并且不愿遵守 1931 年《国际捕鲸公约》中对减少捕获量的规定。1938 年 11 月，希特勒决定派遣“士瓦本”号舰船在澳大利亚南极属地和马尔维纳斯群岛属地之间的地区活动。其舰载机执行了航空测绘，并在挪威船“挪威”号此前探测过的地区投下了地标。针对德国的探

① Dodds K.Geopolitics in Antarctica：Views from the Southern Oceanic Rim.Chichester：John Wiley & Sons Ltd.，1997：162-163.

险活动，挪威于1939年1月颁布公告，宣布挪威的领土扇形位于东经45°~东经20°（澳大利亚南极领土和马尔维纳斯群岛属地之间的空地），但未明确其扇形的南北界限。此后，英国、挪威和澳大利亚相互承认了各自的南极边界①。美国也对南极地区的关注度日益提高。1938年，罗斯福总统命令重新审视美国的南极政策，并授意林肯•埃尔斯沃斯等探险家：个人代表美国提出声索比较合适。新西兰政府对这些罗斯属地之外的国际纷争持缄默的态度。所以，这一阶段官方对罗斯属地的关注不多，甚至在正常的管理方面都很少有行动。

第二次世界大战的爆发影响了南极的国际政治与新西兰在南大洋的活动。战时多数声索国和美国正忙于欧洲和远东的战争，无暇顾及南极地区。而德国海军在南极和南大洋动作频频，击沉盟军的船舶、在澳大利亚和新西兰的港口布雷、捕获挪威的捕鲸船队、将凯尔盖朗岛作为其在南大洋的行动基地②等。此前，新西兰主要强调南极和南大洋的资源管理，在领土问题上持中立的态度。但德国海军的一系列活动促使新西兰对南大洋海上航线的地缘政治价值进行更加明确的评估，并转而强调资源权利和领土占领。1941年，新西兰在奥克兰和坎贝尔岛群上建立了观察哨，以防其被德国军队占领。

第二次世界大战结束后，世界非殖民化进程迅猛发展，民族独立运动高涨。在此背景下，新西兰的独立意识增强，开始奉行独立自主的政策，并开始关注本国在南极的利益。战后一段时期，罗斯属地对新西兰而言只是一个无足轻重的议题，同时又受限于科学投入的巨大成本，新西兰政府在罗斯属地问题上没有明确的立场和态度。一方面，1955~1958年新西兰参与了英联邦横越南极远征活动。英联邦的这一远征行动借“科学考察”之名，在南美和其他国家领土竞争的情况下，旨在促进英联邦国家的领土主权要求，提高国际政治、科学合作和国家声望。另一方面，彼得•弗雷泽和沃特•纳什等新西兰的政治领袖则认为南极应远离领土主权纷争，并交由联合国管理。1956年，纳什总理提出南极应成为一个在联合国管理下的“世界领土”。1957年，新西兰政府再度建议南极应成为“世界公园”。这种主张南极“国际化”的观点也是南极国际政治大环境的反映。冷战开始之后，英国、阿根廷、智利对南极半岛及周围岛屿归属权的纷争不断加剧。美国对南极的态度被两组关系左右：其一是与英国的“特殊盟国关系”；其二是以《泛美互助条约》为纽带的与拉美国家之间的军事同盟关系。所以，美国从积极推动自身领土主张转向考虑构建一种新的国际体系来管理南极事务，英国倾向于以现存声索国为基础由多国共同管理。新西兰政府受英国的影响，在赞成国际化的同时，也反对交由联合国来解决③。

---

① Dodds K.Geopolitics in Antarctica：Views from the Southern Oceanic Rim.Chichester：John Wiley & Sons Ltd.，1997：163.

② Templeton M.A Wise Adventure：New Zealand in Antarctica，1920-60.Wellington：Victoria University Press in Association with the New Zealand Institute of International Affairs，2000：76.

③ Dodds K.Geopolitics in Antarctica：Views from the Southern Oceanic Rim.Chichester：John Wiley & Sons Ltd.，1997：165.

1957 年 7 月 ~1958 年 12 月的国际地球物理年，67 个国家的 1 万多名科学家在两极地区进行了地球物理、大气物理、地质、矿产、地理、生物等多学科的科学考察和国际合作。12 个国家在南极大陆建立了 40 多个常年考察站，在南极大陆周边岛屿建立了 20 个常年站，此外还建有仅供夏季考察的度夏站。新西兰也于 1957 年参与英国横越南极远征时在罗斯属地建立一个接待站点，后于 1959 年成为永久科研基地斯考特站。第二次世界大战以后各殖民地掀起民族独立运动浪潮，英国急于处理与主权相关的法律纰漏，这其中就包括《1887 年英国殖民地法案》。在这一法案基础上颁布的创建罗斯属地的枢密令因为规避了第 3 款，所以在法律基础上存在漏洞，并且引起了广泛的争议。因此，1945 年 9 月，英国殖民地部向新西兰政府问及是否需要颁布新的枢密令，由此引发了对罗斯属地法律地位的重新审视①。新西兰政府认为采取措施加强声索的有效途径是在罗斯属地建立至少一个永久站点。因此，建立斯考特站固然有科学研究的目的，但更重要的是为了弥补新西兰对罗斯属地法律所有权的不充分，加强新西兰对罗斯属地的领土主权要求。

1959 年 10 月 15 日 ~12 月 1 日，美国、阿根廷、澳大利亚、比利时、智利、法国、日本、挪威、新西兰、南非、苏联、英国 12 国在华盛顿举行会议协商解决南极问题。华盛顿会议上，新西兰是唯一一个愿意考虑放弃领土主权要求的国家，其官方对于南极大陆领土主权纷争以及罗斯属地的主张有以下几点。

第一，解决领土争端的唯一方案是一个放弃国家权利和领土主张的协议。具体而言是：声索国放弃本国的领土主张，然后在此基础上建立一个南极国际管理体系。只有各方放弃声索，该体系才能实现完全有效的协调和管理各国的南极活动，确保南极地区的永久中立，有序、合理、公平地解决南极资源的最终利用问题②。但在现阶段暂时无法实现上述目标，因此为了确保各国在南极的和平合作不受纠纷的影响，新西兰将接受一个“冻结”现存法律现状的较为简单的体系③。

第二，如果各方就建立一个更广泛的南极国际体系达成一致的话，新西兰就会考虑放弃本国在南极的权利和对南极的领土主权要求；但放弃领土主张并不意味新西兰在任何方面质疑自身对罗斯属地所有权的有效性，也不意味新西兰不愿继续承担其对罗斯属地管理的责任④。但如果美国提出领土主张或建立一个国际体系的提议失败，新西兰将保留对罗斯属地的领土主张。

1959 年 12 月 1 日，12 国最终签订了《南极条约》，确立了南极地区的法律地位，即暂时“冻结”各国的领土主张、用于自由科考与国际合作、非军事化。条约用冻

① Logan H.Cold Commitment：the development of New Zealand's territorial role in Antarctica，1920–1960.A Thesis Presented for the Degree of Master in the University of Canterbury，1979：94.

② Historical Office.Bureau of Public Affairs.The Conference on Antarctica.Washington D.C.：U.S. Government Printing Office，1960：11.

③ Historical Office.Bureau of Public Affairs.The Conference on Antarctica.Washington D.C.：U.S.Government Printing Office，1960：12.

④ Historical Office.Bureau of Public Affairs.The Conference on Antarctica.Washington D.C.：U.S.Government Printing Office，1960：10.

结各国利益诉求，搁置政治争议的方式暂时性地解决了南极领土纷争的问题，缓和了南极地区的国家冲突，保证了科学考察和国际合作的永续开展。从政治层面看，《南极条约》的签订对新西兰是有利的。条约对南极法律地位的“冻结”使新西兰既保留了对罗斯属地的领土主权要求，同时又无须论证其正当性，也不必将巨额经费开支投资在南极项目上，并可以此来保护其在罗斯属地的权利。

2）南极海域海洋主权要求

自《南极条约》“冻结”南极大陆领土主权要求于1961年生效之后，各国对主权权益的争夺就逐渐转向并延伸到更具战略和资源价值的南大洋。

20世纪70年代中期以后，世界范围内的人口膨胀与能源危机、资源短缺之间的矛盾日渐凸显，蕴藏着极其丰富的能源和矿产资源的南极地区重新成为多国争夺的焦点；与此同时，随着全球气候不断变暖，南极地区冰层融化，开发和利用南极大陆及南极海域自然资源的问题已经具有技术层面的可行性。因此，自20世纪70年代之后，七个主权要求国在巨大经济利益的驱动下，利用《南极条约》的相关法律漏洞，即只“暂时冻结”各国对南极大陆领土主权要求，并没有就诸如南极大陆架、南极海域划分等权利予以界定，也没有就南极海域法律地位给予明确规定，以及《联合国海洋法公约》赋予沿海国更宽泛海洋主权权利的契机，开始通过国内立法、政府声明等形式主张依据其“南极领土”而延伸的南极海域的主权要求。在此形势下，《南极条约》搁置的主权争议问题从南极大陆转向了南大洋。

2006年，新西兰向联合国大陆架界限委员会申请接管位于新西兰领土附近大陆架上、其专属经济区以外的170万平方千米的海床。虽然该申请不包括罗斯属地的数据，但新西兰政府声明保留其在未来也对罗斯属地附属南极海域海床提出主权要求的权利[①]。目前，新西兰基于其南极大陆“领土”罗斯属地，已陆续对于“南极条约区域”内海域明确提出了“领海”、“毗连区”、200海里外大陆架的主权要求[②]。除新西兰，其他六个声索国对南极海域提出主权要求的现状是：提出“领海”声明的国家包括澳大利亚、法国、英国、阿根廷、智利，挪威保留做出声明的权利；提出“毗连区”声明的有澳大利亚、法国、阿根廷、智利；提出专属经济区声明的有澳大利亚、法国、阿根廷、智利；提出200海里外大陆架划界案的有澳大利亚、英国、挪威。上述声索国提出南极海域主权要求的实际意图是显示和重申主权要求国的有利地位。

各国对于“南极条约区域”内海域所提出的主权要求在合法性方面存在以下问题[③]：第一，南极大陆不存在领土主权，因此也就不存在主张和行使南极海域主权的“沿海国”；第二，确定沿海国领海、毗连区、大陆架和专属经济区划界的基点与前提是基线，而在南极大陆及其附属海域常年冰封的特殊地理状况下，确定基线存在

① Brady A M.The Emerging Politics of Antarctica.Oxon：Routledge，2013：150.

② 陈力 . 南极海域的法律地位 . 极地战略，2013，（9）：11.

③ 陈力 . 南极海域的法律地位 . 极地战略，2013，（9）：12-15.

若干现实与法律的困境；第三，专属经济区声明违反了《南极条约》第 4 条第 2 款，即在条约有效期内，禁止缔约国对南极的领土主权提出新的要求或扩大现有的要求的规定。基于上述原因，“南极条约区域”内的海域主权要求是非法和无效的。

2. 环境利益

南极地区作为全球气候系统的冷源，通过与赤道地区热气流的相互交替，调节和影响着全球气候变化。与北极地区相比，南极对全球气候变化的影响最为显著。全球气候变化，尤其是温室效应所导致的气候变暖也对南极环境与气候变化产生着巨大的影响。南极冰层、冰架和冰川的面积为 1 400 万平方千米，一旦因气候变暖而断裂融化，那么全世界的海平面将会上升 60 米[①]，众多城市将被淹没。环绕南极大陆周围的南大洋通过冷热洋流交换，在维护和平衡全球海洋生态系统和气候变化方面发挥着重要作用。

新西兰是距离南极最近的国家之一，地理位置的邻近决定了南极的环境与气候变化对新西兰本土影响甚剧：南极的臭氧空洞有可能在未来从南极大陆向外扩展，进而覆盖整个新西兰；加速的全球气候变暖会导致南极冰层断裂融化，从而引起海平面上升，那么新西兰将会首先受到影响；南极气候与环境变化也会对南大洋的生态系统产生直接、迅速的影响，从而影响新西兰在南大洋的渔业等经济利益。因此，新西兰从战略和安全的高度上关注和重视南极环境及保护问题。

20 世纪 70 年代以前，南极问题的核心是领土主权争议，《南极条约》签订以后，科学考察成为南极活动的主要内容。南极科学研究的不断进步加深了人们对南极独特而脆弱的环境与生态的认识，同时，随着 70 年代以后国际环境保护运动的兴起、环保意识与呼声的日渐高涨，环境保护演变为南极问题的核心内容。

在此背景下，新西兰逐渐开始重视南极环境保护与治理。新西兰在南极条约体系内部一贯提倡保护环境应是各国南极活动优先考虑的议题。在 20 世纪 70 年代中期开始热议的《南极矿产资源活动管理公约》谈判过程中，新西兰政府的态度几经变化，从开始推动促成该公约的签署，再到 80 年代末赞成磋商一个更加全面广泛的南极环境保护体系来替代未曾生效的《南极矿产资源活动管理公约》；然而作为一个能源依赖国，新西兰所持立场始终一致：在构建该法律框架时，各协商国考虑的首要问题应是南极环境保护，而非涉及矿物开采的狭隘的主权利益和南极条约体系自身的权利问题。

20 世纪 70 年代，人口日渐膨胀与资源日渐短缺之间的潜在冲突上升，由此引发了国际社会对资源问题的普遍讨论。在此背景下，南极资源是否开发的问题也在南极条约协商国会议上被提上议事日程。有些国家赞成禁止任何形式的商业勘探或开发；有些国家则认为在能源资源日益减少的情况下，有限的开发是不可避免的。在 1975 年的挪威奥斯陆南极条约协商国会议上，新西兰政府提出南极应成为禁止开采

① Peat N.Antarctic partners：50 years of New Zealand and United States cooperation in Antarctica，1957–2007. Ministry of Foreign Affairs and Trade in Association with Phantom House Books，2007：22.

资源的“世界公园”，以避免因开发带来的环境问题。1979 年华盛顿南极条约协商国会议上，新西兰代表提交的工作报告和 1981 年布宜诺斯艾利斯南极条约协商国会议上克里斯托夫 • 毕比（Christopher Beeby）[①] 的开幕式演讲都再度强调其立场：南极的任何矿物体系都务必实现三个主要目标，即保护南极环境、协调领土主张国和非主张国之间的利益、顾及更广泛的国家的利益。在随后的南极条约协商国会议上，新西兰代表一贯地强调环境保护、南极废弃物管理、环境影响评估等议题。1988 年 11 月，新西兰联合挪威、南非签署了《南极矿产资源活动管理公约》，然而，1989 年 5 月，澳大利亚和法国的抵制终结了该公约。1989 年 8 月，新西兰政府发布《南极环境白皮书》，支持南极条约体系协商出一个更加整合并且有约束力的环境保护体系，并确定其关键的条款应包括管理旅游业、控制海洋污染、建立保护区、评估环境影响等，声明只有更广泛和综合的、禁止开采的南极环境保护措施才能确保新西兰的环境安全。1991 年 6 月马德里南极条约协商国会议中，新西兰强烈支持《关于环境保护的南极条约议定书》，此后，新西兰政府批准并签署了该议定书，于 1994 年 12 月由国内立法的形式确立通过，并建立了贯彻执行议定书的管理架构。例如，1991 年，国际南极信息与研究中心在基督城成立，该中心致力于收集、评估南极和南大洋的科学与环境信息。

目前，新西兰在南极环境保护方面处于领先地位，也是南极条约成员国中第一个在《关于环境保护的南极条约议定书》要求下开展综合环境评估的国家，也是唯一一个政府会派专人随团监督指导南极旅行团活动的国家。官方对其南极活动均实行环保高标准，使其严格遵守该议定书的要求，保护南极脆弱的生态环境免受影响。

3. 安全利益

南极大陆远离世界其他地区，地理位置易守难攻，其周围的冰层可以隐蔽大量潜艇活动，军事安全系数极大；此外，南极大陆位于地球轴心的顶端，是地球上有效观测及控制卫星活动的最佳位置。就军事价值而言，占领南极就具备了从陆地和太空威慑并控制全球的有利条件。因此，尽管距离遥远，早在 20 世纪 20 年代，北半球国家的潜艇和飞机就已开始在南极附近从事具有军事性质的活动。1923 年英国对南极领土提出声索、建立罗斯属地并将其管辖权交给新西兰的部分原因就是出于安全与战略的考量。此后，远程船只和潜艇，尤其是核动力船的发展更加使得南极海域不再是一个远离冲突的遥远地带，在南极大陆布置战略导弹或在南大洋部署潜艇将会严重威胁南半球国家的安全。

新西兰是南大洋边缘国家，邻近南极的地理位置决定了其在南极大陆和南大洋拥有重要的军事安全利益。有鉴于此，新西兰需要采取措施巩固南极非军事化，确保南极不会成为矛盾或冲突的根源，从而维护地区的和平稳定。

新西兰的外交和国防政策在战后相当长的时间里紧跟传统盟国美国。1951 年 9 月，澳、新、美三国代表在旧金山签署了《澳新美安全条约》，成立三国军事联盟组

① 1982~1988 年担任新西兰《南极矿物资源活动管理公约》谈判主席。

织。该条约规定，在太平洋地区对任何一个缔约国的武装进攻都将危及成员国的和平与安全，三国将按照各国宪法程序采取共同行动。但在 20 世纪 80 年代，新西兰与美国在核政策上的分歧直接导致了澳新美联盟名存实亡。一方面，新西兰国内的反核呼声日渐高涨。1984 年大选前的民意调查显示，有 58% 的民众明确反对美国军舰访问新西兰；1986 年国防委员会民意调查表示，92% 的新西兰居民反对核武器，73% 的居民支持无核化的新西兰，80% 的居民希望新西兰继续保留与美澳的军事同盟关系，但更喜欢无核化的新西兰[①]。另一方面，冷战开始后，美、英、法三国都将太平洋视为“核试验场”，陆续在南太平洋进行核弹和氢弹试验。美国自里根总统上台后开始执行“新遏制”战略，大力发展军备，并强力扩充核军备，与苏联争夺全面的军事优势，美苏核军备竞赛不断加剧。此外，1985 年 7 月，法国海外安全总局在新西兰奥克兰港口炸沉了拟前往南太平洋穆鲁罗瓦岛抗议法国在该区域进行核武器实验的“绿色和平”抗议船。此事激发了新西兰国内更高的反核武器情绪。1984 年，工党执政后采取反核立场，认为美国等西方国家的核政策危及南大洋和南太平洋的安全。因此，1985 年，新西兰总理戴维 • 朗伊下令颁布关于禁止在新西兰领土内使用核武器和核能战舰的规定，并禁止核动力的或携带核武器的船只进入新西兰港口和海域。由于美国海军拒绝确认舰艇上是否载有核武器，所有的美国海军船只实际上都被拒绝进入新西兰领海。1987 年，新西兰议会通过《无核区、裁军和军控法案》(Nuclear-Free Zone，Disarmament and Arms Control Act)，禁止核装备和核动力军舰进入其港口，并用法律形式确定了新西兰为一个无核国家。

这一系列反核举动引起美国强烈不满。1986 年 8 月，美国正式中止了《澳新美安全条约》中对新西兰的安全保障义务以及两国间一切防务合作和高层往来，并将新西兰从盟国降至“友好国家”。1983 年，美国中断了对新西兰南极项目的后勤支持。此前，美国、新西兰在南极有着长期、紧密的合作关系。美国为新西兰的南极项目提供后勤和人员的支援。1954~1983 年，美国的破冰船每年在前往南极时都会停靠在新西兰的港口，召集新方去斯考特站的工作人员。新西兰的皇家海军舰艇“奋进”号依靠美国的破冰船才能顺利穿越冰层区域，到达罗斯属地；新西兰则在南岛的基督城为美国提供补给站。美国可以使用基督城机场运送执行罗斯海南极研究计划的人员和后勤保障物资。

在此形势下，新西兰开始奉行更加独立自主和以和平为宗旨的对外政策，不再唯美国和北约马首是瞻，转而和南太平洋周边邻国建立良好关系。1985 年 8 月，“南太平洋论坛”13 国首脑在库克群岛举行的拉罗汤加会议上缔结了《南太平洋无核区条约》，即《拉罗汤加条约》(The Treaty of Ratotonga)。条约正式宣布南太平洋为无核区，其范围西起澳大利亚靠印度洋的海岸，东至东太平洋与拉美无核区相接，北起赤道以北的基里巴斯，南至南纬 60° 与南极洲无核区相接；在该区域内禁止使用、拥有、试验或部署核武器或核爆炸装置，禁止堆积、倾倒核废料。条约于 1986 年 12

① 史密斯 F M. 新西兰史 . 傅有强译 . 北京：商务印书馆，2009：241.

月 11 日正式生效，无限期有效。南太平洋无核区的建立维护了南大洋和南太平洋的安全，保障了新西兰本土和近海免受核武器的威胁，同时也是对南极洲无核区的补充和扩大。

4. 经济利益

新西兰在南极的商业利益主要体现在南大洋渔业、南极旅游、南极服务、南极教育四方面。据 2007 年的统计，新西兰每年从南极获得 1.33 亿新西兰元的经济收益[①]。以“南极门户城市”基督城与其所在的坎特伯雷地区为例，2005 年，基督城从南极商业活动中的全年经济收益为 6 000 万 ~8 000 万新西兰元[②]；2007 年，坎特伯雷地区从南极相关的经济活动中获利将近 8 800 万新西兰元。

20 世纪 70 年代起，远洋捕鱼船只开始在南极水域捕捞磷虾和长须鲸，直到 70 年代后期起，真正意义上的现代渔业才开始兴起。从 90 年代中期开始，渔业和旅游业为代表的商业活动逐渐扩大并迅速发展。1996 年，罗斯海出现了第一艘捕捞南极犬牙鱼的新西兰渔船。此后，新西兰政府每年从罗斯海渔业中获利 2 000 万 ~3 000 万新西兰元。

新西兰的南极旅游项目分两部分：一是次南极岛屿和罗斯属地的海上旅游，体验南极的自然环境和极端气候，参观游览早期探险家们的临时营房；二是本土的南极体验，参观与南极相关的景点、博物馆或早期南极探险的遗址，如位于基督城的国际南极中心、坎特伯雷博物馆、因沃卡吉尔市的南极展览等。南极旅游从 20 世纪 50 年代开始有零星的发展，此后直至 80、90 年代才开始加速发展。

新西兰的南极服务主要是指以南岛基督城为代表的“南极门户城市”为科学项目、渔业、旅游业、生物勘探或其他产业在南极作业提供后勤、供应、运营承包或其他支持性的服务。据估计，南极服务可以为基督城当地经济贡献数百万美元的收益，因此官方相当重视并大力支持和推广这一项经济活动[③]。

南极教育主要指为专业人士或学生提供专门的南极研究课程、开设研修班、讲习班等。目前，南极教育虽然在新西兰整个教育市场所占份额不大，但呈现上升势头，因此也可以称之为商业活动。新西兰最具代表性的“南极教育”是坎特伯雷大学南极研究中心（Gateway Antarctica）与新西兰南极局合作开设的全世界唯一的南极学研究生文凭（The Postgraduate Certificate in Antarctic Studies）。该课程每年从世界范围内招收 16 名学生，开课时间从 11 月中旬至翌年 2 月下旬共 15 周。学习内容由两部分组成：一是在坎特伯雷大学通过讲授、研讨等方式学习当代南极与南大洋的科学、环境、社会、政治等方面问题；二是赴南极进行为期 2 周的实地考察，亲

① Brady A M.The Emerging Politics of Antarctica.Oxon：Routledge，2013：156.

② Peat N.Antarctic partners：50 years of New Zealand and United States cooperation in Antarctica，1957-2007. Ministry of Foreign Affairs and Trade in Association with Phantom House Books，2007：59.

③ Kriwoken L K，Jabour J，Hemmings A D.Looking South：Australia's Antarctic Agenda.Sydney：Federation Press，2007：181.

身体验新西兰斯科特科考站和罗斯冰架露营地的生活和工作[①]。南极学研究生文凭的学费，国际学生人均 28 480 新西兰元（合人民币 147 235 元）、本国学生人均 8 216 新西兰元（合人民币 42 475 元）[②]。

(二)新西兰在实现南极国家利益方面的优势与劣势

1. 优势

1）“门户国家”的地理位置和悠久的历史联系

从地理学的角度看，古新西兰和南极大陆同属南方大古陆“冈瓦纳”的一部分。在 1 亿年以前，朗伊塔塔（Rangitata）板块从冈瓦纳古陆中分离出来，并向东漂移到太平洋中，古新西兰便独立出来[③]。2009 年，科学家们在南极发现的树种化石和新西兰现今存活的榉树比较接近[④]，这也从古生物角度进一步证实了新西兰与南极在地理上的联系。

就地理位置而言，除南美大陆最南端接近南极半岛的部分以外，新西兰是距离南极大陆最近的地方，也是进出罗斯海地区的“门户”，而从罗斯海这一片深海湾出发则是从南大洋到达南极大陆和南极点最近便的航行路线。因此，地理临近性决定了新西兰在南极探险活动和科学考察方面的战略重要性。

新西兰与南极的历史渊源最早可以追溯到英国探险家罗斯的南极探险时期。1840 年，詹姆斯·克拉克·罗斯带领一支英国探险队在前往罗斯海、罗斯冰架和罗斯岛的途中造访过新西兰次南极岛屿。除此之外，由于地理上的近便，早期各国的南极探险家都是从新西兰出发经由罗斯海地区前往南极大陆，又在成功到达南极之后再返回新西兰。新西兰在南极探险史上扮演了名副其实的“门户”角色。从 19 世纪中叶开始，新西兰人就参加了美国、挪威等国的南极探险队。进入 20 世纪以后，以俄罗斯的别林斯高晋（Fabian Gottlieb von Bellingshausen）、英国的斯考特（Robert Falcon Scott）和沙克尔顿（Ernest Shackleton）、澳大利亚的莫森（Douglas Mawson）等为代表的探险家组成的探险队也都聘请新西兰队员[⑤]。历史渊源与历史联系形塑了新西兰人强烈的南极意识和南极亲近感，并且很自然而然地认为南极是新西兰历史和文化遗产的一部分。

---

① University of Canterbury.Gateway Antarctica.http://www.anta.canterbury.ac.nz/courses/gcas/index.shtml.

② University of Canterbury.http://www.canterbury.ac.nz/courseinfo/Getcourses.aspx?cousecodeprefixes=ANTA&semesters=SU2&levels=400plus.

③ 史密斯 F M. 新西兰史 . 傅有强译 . 北京：商务印书馆，2009：3.

④ British Antarctic Survey，Frozen in Time：Fossils from the Antarctica.http://www.antarctica.ac.uk/about_antarctica/geography/rock/fossil-collection.php.

⑤ Ministry for Culture and Heritage.Antarctica and New Zealand.http://www.nzhistory.net.nz/politics/antarctica-and-nz，2014-07-22.

2）南极事务管理与研究机制

新西兰国内形成了一套完整的、多层次的“南极共同体”，涵盖多个产、学、研和政策制定部门以及民间社会组织。新西兰的南极政策和南极活动就是由这些机构、组织和部门相互合作、协调执行的。

政府层面设有跨部门的南极委员会，以外交与外贸部下属的南极政策司为主管部门，履行的职责有：协调新西兰政府包括罗斯属地在内的南极和南大洋政策建议；在南极条约体系内追求新西兰的利益；从事新西兰与其他国家的南极外交；建议外交部长履行 1994 年《关于环境保护的南极条约议定书》，包括针对赴南极旅游者、旅游业从业者以及非政府组织的游客制定明确的规程；向主要的产业部门提供 1981 年《南极海洋生物资源养护公约》的执行建议[①]。

新西兰南极局在制定、管理、执行新西兰政府在南极和南大洋，特别是在罗斯属地范围内的各项南极活动方面发挥至关重要的作用。该机构总部位于“南极门户城市”基督城国际南极中心内的一座两层建筑内，毗邻基督城国际机场，其拥有 6 名董事会成员、27 名固定编制人员和包括从新西兰国防军借调到斯考特站工作在内的一组 10~15 人的临时雇员[②]。该机构负责为新西兰南极科考队员和参观访问者安排直升机、提供服装等后勤设备，还负责为新西兰南极研究计划协调、批复和提供资金以及聘用每个季度在斯考特站工作和管理基地的工作人员。此外，新西兰南极局还通过艺术、媒体和组织青少年极地体验等形式的活动，树立一种强烈的南极遗产意识，形塑国民对于南极重要性以及本国与南极之间重要关联的公众认知[②]。

此外，与新西兰南极利益相关的其他主要部门还包括科学与创新部（The Ministry of Science & Innovation）、总理内阁部、渔业部（The Ministry of Fisheries）、环保部、新西兰土地信息局（Land Information New Zealand）、新西兰救援协调中心（The Rescue Coordination Centre New Zealand）、新西兰国防军等多个部门。其中，科学与创新部负责资助新西兰的南极科学研究；渔业部负责领导新西兰对罗斯海地区可持续渔业和海洋保护的研究、管理以及遵守《南极海洋生物资源养护公约》的相关规定；环保部负责监督 1987 年《保护法案》在罗斯属地的落实；新西兰土地信息局承担罗斯海海道测量以及罗斯属地地理位置的命名；新西兰救援协调中心负责罗斯海地区的救援协调工作；新西兰国防军的任务主要是负责向南极运输人员及货物、为斯考特站和麦克默多站提供工程技术人员、调动海洋观测飞机监测罗斯海地区的非法捕鱼活动等，国防军在南极的活动极大地增强了新西兰的南极存在。

在研究机构层面，新西兰的 8 所大学都有专门的南极研究中心（所）或专人从事南极研究。坎特伯雷大学的南极中心是一个具备自然科学与人文社会科学等多学科研究力量的研究机构，其在极端环境下的工程、南极与气候变化之间的相

① New Zealand Ministry of Foreign Affairs & Trade.New Zealand，Antarctica and the Southern Ocean.http://www.mfat.govt.nz/Foreign-Relations/Antarctica/index.php，2012-10-12.

② Antarctica New Zealand.http://antarcticanz.govt.nz/about-us/structure.

互影响、新西兰与南极的关系、人类对南极的影响等研究领域处于领先水平[①]。该中心还专门开设了一个全世界唯一的南极学研究生文凭，每年面向全球招收 16 名学生，学习时间为三个半月。南极学项目的教学方式包括讲座、研讨会、学生个人陈述、南极实地考察等，教学目标包括：使学生理解南极与南大洋主要的科学、环境、社会、历史、法律和政治问题及其解决之道；对南极环境和当代南极与南大洋的研究活动有所了解[②]。惠灵顿维多利亚大学的南极研究中心侧重南极自然科学方面的研究，目前已在南极古气候研究、全球气候变化影响以及极地科学钻探和操作技术方面处于世界领先水平[③]。怀卡托大学科学与工程学院的南极研究则长于陆地保护和人类活动对南极环境的影响等方面的研究[④]。除了上述 3 所大学外，奥克兰大学、梅西大学、林肯大学、奥塔哥大学和奥克兰科技大学都有专人从事南极研究，研究领域非常广泛。此外，新西兰土地保护局研究所（Landcare Research）、地质研究所、国家水域和大气研究院（National Institute of Water and Atmosphere）3 个皇家研究中心也分别从事南极阿德利企鹅及南极海洋生态系统[⑤]、南极地质分析和绘图[⑥]、南极海洋生态和大气科学[⑦]等方面的研究。

除了政府部门和研究机构以外，非政府组织也参与协助、从事新西兰的南极活动或参与南极政策制定的过程。新西兰绿色和平组织（Greenpeace）、森林和鸟类协会（Forest and Bird Society）、南极海洋联盟（Antarctic Ocean Alliance）等非政府组织都非常关注环境问题，还参与反对日本在南大洋的捕鲸活动。2011 年至今，非政府组织也积极参与并推动了正在南极海洋生物资源养护委员会热烈讨论的南极海洋保护区议题。新西兰政府与美国政府共同提出了建立罗斯海海洋保护区（Ross Sea Marine Protected Area）的提案。这一涉及南大洋 230 万平方千米海域面积，包括全面保护区、产卵保护区和特殊研究区三个部分的海洋保护区提案由新西兰绿色和平组织、森林和鸟类协会、南极海洋联盟、世界自然基金会等非政府组织首先于 2011 年正式向南极海洋生物资源养护委员会提议建立南大洋海洋保护区和禁捕区网络，进而展开游说工作推动新西兰外交与外贸部、南极局、渔业部等政府部门制定并向

① University of Canterbury.Gateway Antarctica.http://www.anta.canterbury.ac.nz/.

② University of Canterbury.Programme Structure and Assignments-Postgraduate Certificate in Antarctic Studies（PCAS）.http://www.anta.canterbury.ac.nz/courses/gcas/structure.shtml.

③ Victoria University of Wellington.http://www.victoria.ac.nz/antarctic/research，2011-12-22.

④ The University of Waikato.http://sci.waikato.ac.nz/about-us/school-of-science/earth-and-ocean-sciences/our-research.

⑤ Landcare Research.http://www.landcareresearch.co.nz/science/plants-animals-fungi/animals/birds/penguins/adelie-research.

⑥ GNS Science.http://www.gns.cri.nz/Home/Our-Science/Earth-Science/Regional-Geology.

⑦ NIWA.http://www.niwa.co.nz/search/node/Antarctica.

南极海洋生物资源养护委员会提交正式议案[①]。非政府组织也作为代表出席了南极海洋生物资源养护委员会就南极海洋保护区问题的谈判。考虑到新西兰也是对南极罗斯属地提出领土主张的国家，因此一旦海洋保护区的提案在南极海洋生物资源养护委员会获得通过，那么新西兰在南极地区的“软存在”和主权权益将进一步得到加强。总之，非政府组织的上述活动都有助于强调新西兰的南极主张，因此也得到官方的支持。

2. 劣势

1）罗斯属地创建的历史依据与法律基础

早期英国在南极的利益集中在南大西洋的马尔维纳斯群岛。鉴于其重要的战略价值，1843 年英皇制诰对马尔维纳斯群岛及其属地提出了主权声索。自 1892 年起该地区正式成为英属殖民地。英国对南极半岛和次南极岛屿的发现及声索从 17 世纪下半叶开始直到 19 世纪初期。在这一个多世纪的时间里，英国人分别发现了南乔治亚岛、南设得兰群岛、南奥克尼群岛、南桑威奇群岛和南极半岛。这些发现及随后英国海员们的航行共同建立了英国对南极半岛和次南极岛屿的发现权[②]。

20 世纪初，英国对南极大陆的声索则是在经济利益的驱使下对捕鲸业的管制和养护。19 世纪捕鲸炮等新的捕鲸技术的发展和运用使得北大西洋区域的鲸鱼几近灭绝，北半球的捕鲸船只开始远赴南大西洋从事捕鲸活动。由于南极水域拥有丰富的须鲸资源，捕鲸公司从鲸油和鲸须制品中迅速获取了高额利润。越来越多的捕鲸公司受利益的驱使意欲前往南大西洋作业。20 世纪初，英国在南大洋拥有占绝对优势的制海权，于是 1905 年，挪威政府在国内捕鲸业者的施压下，向英国政府问及次南极和南大西洋的南极地区的地位问题。英国对此的答复是：这些地区是由早期英国探险家们发现的，因此应是英国的属地。随后，英国认为有必要通过一些管制捕鲸的举措来展示国家权力，并以此来支持其尚在酝酿当中的领土主张。1906 年，马尔维纳斯群岛总督颁布了一项法令，无许可证禁止捕鲸，并对捕获的每一只鲸都征收使用费[③]。为使其对捕鲸业的管理合法化，同时巩固和明确早期英国对于南大西洋和南极部分领土的声索，1908 年的英皇制诰正式宣布对位于南大西洋的南乔治亚岛、南设得兰群岛、南奥克尼群岛、南桑威奇群岛以及格拉汉姆地（Graham’s Land）拥有主权，并将其命名为马尔维纳斯群岛属地[④]。

① 根据笔者于 2013 年 8 月 6 日在新西兰坎特伯雷大学对南极海洋联盟新西兰联络人 Geoff Keey 的访问内容整理而成。

② 对南极大陆的发现并非英国独有，也很有可能是美国人在捕猎海豹的过程中最早发现了南极半岛。美国、苏格兰、英格兰和法国的船只至少从 1819 年起就开始在南极半岛地区捕猎海豹和鲸鱼。一种推测认为美国捕鲸船长纳撒尼尔·帕尔默（Nathaniel Palmer）早于英国皇家海军的布兰斯菲尔德（Edward Bransfield）发现了南极大陆。

③ Logan H.Cold Commitment：the development of New Zealand’s territorial role in Antarctica，1920-1960.A Thesis Presented for the Degree in History in the University of Canterbury，1979：9.

④ Templeton M.A Wise Adventure：New Zealand in Antarctica，1920-60.Victoria University Press in Association with the New Zealand Institute of International Affairs，2000：16.

随着越来越多的捕鲸公司涌入南大西洋作业，被猎杀的鲸鱼数量不断攀升。为避免重蹈北大西洋地区鲸鱼濒临灭绝的覆辙，马尔维纳斯群岛属地在 1908 年颁布了新的管制措施，除了颁发许可证、征收使用费之外，还通过限制允许捕获的鲸鱼数量和保护幼鲸来养护捕鲸产业可持续的发展。然而上述措施收效甚微，所以为了捕鲸业更长远的发展，英国于 1917 年颁布了新的英皇制诰，声索更大范围的南极海岸线，包括西经 20° ~ 西经 50°，南纬 50° 以南和西经 50° ~ 西经 80°，南纬 58° 以南的所有领土[①]。这次提出的领土要求不但包含有更多由其他国家发现的海岸线，还包括了延伸至南极点的一大片尚未发现的南极内陆[②]。1917 年的英皇制诰是英国的领土主张从南大西洋和马尔维纳斯群岛延伸至南极大陆的重要举措，也是英国对南极大陆声索的开始。

第一次世界大战结束之后，英国开始对南极地区普遍地介入，主要表现为：一是殖民地部于 1919 年成立了一个顾问机构"探索委员会"，其实体构成包括三艘游弋于南极水域的船舰和一个建在南乔治亚岛的实验室，其职责是协调各方面的调查，研究南极和次南极地区的经济资源，监督往来于南极水域的调查游轮；二是殖民地部国务大臣米尔勒勋爵（Lord Milner）及次长埃默里（Leopold Amery）对南极的经济和战略价值异常关切，二者都是怀有大英帝国愿景的帝国主义者，都认识到南极大陆周围丰富的生物资源和矿产资源，同时也意识到南大洋是连接澳大利亚、新西兰、南美和南非的贸易通道，对南大洋南部边界的控制可以护卫英帝国内部的联系，因此积极支持采取措施加强和扩展大英帝国的版图。1920 年，英国制定出未来的南极政策，即最终控制整个南极。

在历史上，新西兰与南极之间唯一的联系仅在于早期的探险家们利用其地理位置之便，将其作为前往南极的中转站；殖民地政府出于对帝国探险事业的支持，给予到访的探险家们一定的财政支持。1920 年 2 月 6 日，英国殖民地部致电新西兰政府，英国出于捕鲸和战略目的的需要，意欲控制整个南极罗斯海。作为英联邦自治领，新西兰需要协助控制罗斯海海岸附近地区[③]。虽然英国的政策与新西兰的对外责任是相抵触的，但在第二次世界大战以前新西兰并不寻求独立自主的对外政策，保持帝国内部的从属地位并服从于英国的政策更有利于实现新西兰的利益。因此，新西兰政府同意取得对罗斯海地区的控制权。

1921 年 2 月，新西兰、澳大利亚的代表和埃默里在伦敦商定：澳大利亚和新西兰各自的控制范围应以东经 160° 为界，以西为澳大利亚的扇形，以东则为新西兰扇形。未占领地区的所有权一般由永久占领而产生，但这个先决条件在南极显然不可能实现。所以，殖民地部在 1921 年 3 月的《控制南极备忘录》中制定的南极主权的

① Logan H.Cold Commitment：the development of New Zealand's territorial role in Antarctica，1920–1960.A Thesis Presented for the Degree in the University of Canterbury，1979：14.

② 此处英国出于方便运用了"扇形原则"，然而此原则是否适用于南极是存疑的。

③ Logan H.Cold Commitment：the development of New Zealand's territorial role in Antarctica，1920–1960.A Thesis Presented for the Degree of Master in the University of Canterbury，1979：5.

法律依据是：主权是可以在发现的基础上进一步由控制手段的实施来确立。英国向新西兰提供了两种确立主权的方式：一种是依据《1895 年殖民边界法令》颁布一道枢密令，但需经过自治领议会冗长的审批程序；另一种是使用君主特权颁布英皇制诰[①]。新西兰政府可以自行决定采用哪种方案来宣布罗斯海地区是英国的领地和新西兰的属地，但此后新西兰迟迟未颁布任何法令来确认对罗斯海地区的领土主权要求，直到捕鲸问题再度出现。

1922 年 6 月，挪威人拉森（C. A. Larsen）向英国提交了一项专营许可证申请，计划前往罗斯海捕鲸[②]。这份申请相当于默认并支持英国在罗斯海地区的主权和领土主张。殖民地部将拉森的请求移交给新西兰政府，建议给予捕鲸许可证。新西兰政府于 1922 年 12 月 21 日颁布了许可证，其措辞清楚界定了英国的所有权存在于东经 160° 与西经 150° 的区域，同时规定挪威公司将在罗斯海或其附近的英属领海作业。通过颁布这一许可证，英国展示了其在这一地区的领土利益以及管理南极捕鲸业的决心。

拉森的申请让主权问题更为紧迫，因为捕鲸许可证的颁发具有一个假定的前提，即罗斯海岸地区是未经宣布的英属领地。所以，当务之急是需要颁发英皇制诰来正式确立英国对该地区的控制。但是在 1922 年 7 月，殖民地部内部的法律意见书开始质疑这一程序。假如这一地区是未经宣布的英属领地的话，它似乎适合《1887 年英国殖民地法案》第 6 款的定义：任何由非割让或非攻克而获得的或不在英国议会管辖之下的英国领土被定义为“英国殖民地”。该法案第 3 款将立法权委托给该领地内的 3 个或 3 个以上的人民，对此殖民地部想将立法权授予新西兰总督。上述这些问题被移交英国皇家法律官员们来解决，他们的答复是简短而模糊的：发现本身只能产生不完全的或者“尚未生效”的所有权，尽管如此，殖民地部宣称该地区是英属领地也是正确的。因此，最后的结论依然是这一地区是英国的“殖民地”。根据法案第 2 款，皇家特权可以将枢密院的职权委托给新西兰总督，通过这一做法可以使第 3 款无效。因此，正确的程序是依据《1887 年英国殖民地法案》颁布一道枢密令。1923 年 7 月 30 日，殖民地部颁布枢密令，宣布罗斯海海岸和南纬 60° 以南，东经 160° 到西经 150° 之间毗连的岛屿和领土作为英国的领地，由新西兰总督代为行使管辖权。后继的法律意见书认为，因为规避了第 3 款，所以“英国殖民地”这一定义是有问题的，因此声索的法律基础也是不牢靠的[③]。

---

① Logan H.Cold Commitment：the development of New Zealand's territorial role in Antarctica，1920–1960.A Thesis Presented for the Degree of Master in the University of Canterbury，1979：24.

② 虽然罗斯海有种类及数量繁多的须鲸，但该地区气候十分恶劣，又缺少合适的锚地，捕鲸船只无法停泊，新西兰的海事处也不提倡在其次南极岛屿附近从事捕鲸活动，所以此前挪威和英国的捕鲸公司很少在罗斯海地区作业。但是，拉森计划使用两艘装备有加工设备的捕鲸船、一艘支援船和十艘蒸汽捕鲸船，以巴雷尼群岛（Balleny Islands）或南极大陆为泊地前往罗斯海捕鲸。

③ Logan H.Cold Commitment：the development of New Zealand's territorial role in Antarctica，1920–1960.A Thesis Presented for the Degree of Master in the University of Canterbury. 1979：31–32.

2）依赖国际合作

新西兰是一个只有 400 多万人口的小国，综合国力十分有限，仅凭其一国之力无法维护其南极国家利益以及为实现此目标而从事的各项南极活动。因此，新西兰需要借助其他国家的资金、人员、后勤等方面的支持，以国际合作的方式组织专业团队和足够的物力财力资源，保证其南极科研项目、后勤运输和考察站维护等活动的顺利进行。

在后勤保障方面，新西兰尤其重视和依靠与美国的合作。新、美两国在南极的合作始于 1957 年的国际地球物理年。在此期间，新、美两国政府签署了一个谅解备忘录，就两国合作达成协议：新西兰同意将南岛最大港口城市基督城作为美国南极考察活动（Operation Deep Freeze）的基地，同时为其提供设备和服务；美国在此设有一个南极活动指挥部，负责向南极转运人员、安排并派遣船只和飞机，作为交换，美国则为新西兰的南极活动提供交通运输等后勤支援①。

半个多世纪以来，两国的海、陆、空三军通力合作，为两国南极项目提供交通运输和后勤支援。每年 10 月至翌年 2 月，美国和新西兰的空军都从基督城向两国在罗斯属地的科考站运送人员和物资。另外，美国每年 1 月还派遣一艘破冰船和一艘货轮向南极运输一批飞机无法运送的燃料和后勤保障物资，而在过境新西兰时会停靠在基督城港口，顺道运载新方工作人员前往斯考特站。可以说，如果没有美国的帮助和支持，新西兰现行常规的南极考察活动很难顺利开展；反之，新西兰也为美国的南极活动提供了后方辅助基地。双方都依赖与对方的合作关系来维护各自的南极国家利益。

新西兰南极局主要负责本国南极项目的后勤工作，如为前往南极的科考队员提供直升机和服装设备等。另外，还有一项重要工作就是与美国南极规划办公室联络沟通。而实际上，这两个机构都位于基督城国际南极中心内的同一栋二层建筑中。

除了交通运输之外，两国在科考站的建设、维护等方面也保持着密切的合作关系。美国的麦克默多站距离新西兰的斯考特站只有几千米的距离，从 20 世纪 60 年代早期开始，两站就相互接待对方到访人员。两站的负责人每周都会举行一次例会，讨论能源保护、废物循环、提高通信技术和安排使用直升机与船只等问题。两站的通信设备也是可以互换使用的，一旦麦克默多站的设备发生故障，即可使用斯考特站的设备；反之亦然②。

在科学研究方面，新西兰主要依靠国际合作，特别是与美国合作开展南极科研活动，因此，其科学战略的核心规划与国际南极研究科学委员会的核心科学规划紧密联系。新、美两国在南极科研方面拥有一致的目标：重视南极气候、地

① Peat N.Antarctic partners：50 years of New Zealand and United States cooperation in Antarctica，1957-2007. Ministry of Foreign Affairs and Trade in Association with Phantom House Books，2007：95.

② Peat N.Antarctic partners：50 years of New Zealand and United States cooperation in Antarctica，1957-2007. Ministry of Foreign Affairs and Trade in Association with Phantom House Books，2007：37.

质、生态系统的研究；致力于维护南极条约体系的稳定并促使环境保护成为体系内部优先考虑的议题；促进南极在全球气候和生物多样性方面的重要角色逐渐彰显等。两国共同参与了一些大型科研合作项目。例如，对罗斯冰架以下的海床进行深海钻探，旨在研究罗斯冰架地区气候、海洋和地壳构造历史[①]的“南极地质钻探项目”、在罗斯海地区研究气候变化和地质反应的合作项目“纬度梯度项目”（Latitudinal Gradient Project，LGP）、“长期地质研究项目”等。

（三）新西兰实现南极国家利益的途径

1. 维护南极条约体系的稳定，争取领导地位

新西兰自身实力有限，仅凭一国之力无法实现其南极国家利益，因此需要依靠南极条约体系，借助多国联盟的力量来维护和拓展自身利益；现行的条约体系框架能够有效保障新西兰的南极国家利益，因此新西兰积极维护条约体系的稳定、参与南极国际治理，并致力于在其中争取领导性地位。

目前，新西兰在南极条约体系内担任领导席位的机构包括环境保护委员会的主席国、国家南极局局长理事会的首席行政秘书、国家南极局局长理事会委员会的副主席、南极研究科学委员会生物进化和生物多样性小组秘书。

在南极国际治理方面，新西兰在如下几个议题方面处于领导地位。

第一，《南极条约》虽然“冻结”了领土主权，但悬而未决的资源开发问题及矿产资源体系的磋商会再次涉及主权问题，进而会危及条约体系的稳定。因此，新西兰积极推动矿物体系的建立，并在1970年南极条约协商国会议东京会议上首次提出南极矿产资源管理问题，提倡各方就未来允许或永久禁止开发的问题达成一项决议，从而开启了长达18年的《南极矿产资源活动管理公约》的谈判与形成。虽然由于澳大利亚、法国以及以马来西亚为首的发展中国家的反对而使该公约最终未能生效，但新西兰在这一进程中发挥了导向作用，并推动着条约体系的演化。

第二，新西兰还在环境保护的议题方面处于领先地位：它是第一个提交南极环境审计报告的成员国；2008年在南极条约协商国会议和环境保护委员会会议上提出“南极环境地理信息系统”的提案，建议根据不同地域的环境状况，将南极划分成若干不同类型的区域，建立环境数据库，有针对性地监测、保护和管理。

第三，新西兰在南极条约体系内部首倡“限制区”“海洋保护区”的设立。新西兰与美国联合在南极建立了“限制区”，为以后南极条约体系建立“特别保护区”和“有特殊科学价值的地区”（Sites of Special Scientific Interest，SSSI）提供了经验和范例。2012年10月，在南极海洋生物资源养护委员会第31届年会上，新、美两国又共同提交了一份联合提案，提议建立一个涉及230万平方千米海域面积，包括全面保护区、产卵保护区和特殊研究区三个部分的罗斯海海洋保护区（the Ross Sea

① Peat N.Antarctic partners：50 years of New Zealand and United States cooperation in Antarctica，1957–2007. Ministry of Foreign Affairs and Trade in Association with Phantom House Books，2007：67.

Marine Protected Area）。虽然提案尚未获得通过，但新西兰所倡导的南极海洋保护区问题已在南极海洋生物资源养护委员会内引起热烈讨论，并已成为极地研究中出现的新议题。

2. 高质量的南极科学

自 1959 年《南极条约》规定南极用于“和平和科学”的目的之后，科学研究就被各缔约国视为南极活动的“通行证”。一个国家只有在南极科研方面处于领先地位，才能在国际南极事务中获取“话语权”，才能达到维护自身国家利益的政治目标。

新西兰是南极科学研究强国，其南极科研实力居于世界领先地位，雄厚的科研实力保证了新西兰在南极条约体系内部的话语权和重要影响力。新西兰的南极科学研究在其整体南极战略中占据突出的地位，主要体现在以下三个方面。

第一，政府统筹规划、统一安排南极科研项目和科研议程。具体的程序是：内阁先确定新西兰南极科学战略，然后再由新西兰南极研究院（New Zealand Antarctic Research Institute）[①]制订具体的科学研究计划，同时根据每项科研项目的预算金额提供资金支持；而新西兰南极局则为每项科研项目提供后勤方面的支持，包括安排运输物资和人员的直升机使用、为赴南极的研究人员提供全套装备[②]。政府每五年发布一份《新西兰南极和南大洋科学》的科学战略，规定南极科学研究的方向和优先发展的科学领域，以便最有效地利用资源，优先开展与新西兰南极国家利益最相关的科学项目。此外，该文件也会不断更新、相继补充在其设定年限内出现的新议题和新领域。例如，南极研究科学委员会制定的相关方向或在国际极地年期间提出的新的研究倡议都将被补充到核心研究议程中[③]。

第二，政府对南极科学研究项目给予特别的资金支持，科研资金投入力度大。2008 年全球经济危机、2010 年和 2011 年两次大地震对新西兰经济造成了严重影响，政府削减了各项活动的财政预算，相应地也减少了新西兰南极局的预算，但并没有因此而取消其南极规划的预算。2009 年，新西兰所有南极活动的总预算大约为 2 100 万新西兰元，其中新西兰南极局的预算金额为 1 300 万新西兰元，依然占据总预算的一半以上[④]。另外，南极局、科学与创新部[⑤]等政府部门还对南极科研项目进行特别资助，一旦某位科学家的科研项目被纳入南极局的年度南极科学计划，南极局将承担其衣、食、住、行的费用；科学与创新部专门设立了南极科学和 / 或后勤保障的基金，

① 新西兰南极研究院是一个由新西兰南极局成立并受其管理的慈善信托机构。其成立初衷是弥补新西兰国内南极科学资金的不足，引进国际资金从事新西兰政府的南极科学项目研究。

② 由 2013 年 8 月 23 日在新西兰南极局采访环境官员 Neil Gilbert 的内容整理而成。

③ New Zealand Government.New Zealand Antarctic & Southern Ocean science，directions and priorities 2010–2020，2012：4.

④ Brady A M.The Emerging Politics of Antarctica.Oxon：Routledge，2013：154.

⑤ 2012 年 7 月 1 日起更名为商业、创新与就业部（the Ministry of Business，Innovation and Employment）。

为科学家的科研项目所需的实验设备提供资金资助。

第三，新西兰的南极科学在地质、物理、生物学等方面居于领先地位。早在1957年横越南极远征和国际地球物理年时期，新西兰就开始启动其南极科学项目，迄今为止已在干谷的生态系统研究、太阳与地球的关系、从动植物化石和钻探考察南极气候变化情况等研究项目上取得了重大发现①。新西兰的南极研究成果在国际同行评议的期刊中有很高的引用率。2003~2009年，由新西兰南极局资助的科研人员的成果被引用高达817次。根据向南极条约协商国会议提交政策论文的数量而言，新西兰是仅次于澳大利亚的国家。

3. 实质性的南极存在

从20世纪90年代中期以后，新西兰在领土主权问题上开始出现强硬立场，主要表现为在南极事务上采取一系列维护主权和加强实质性南极存在的举措。

1）南极战略利益声明

从20世纪90年代中期发布第一个战略目标之后，新西兰历届政府都公开宣称并强硬地维护其在罗斯属地的战略利益，并通过科学考察和商业活动监管等议题，行使及合法化其领土主张。

1995年和2002年国家党和工党政府分别发布的两份战略利益声明继续承认和宣示新西兰在罗斯海地区的利益。1995年，国家党政府通过的新西兰在南极的《战略目标声明》（1995 Statement of Strategic Objective）中第一点就声明“维护新西兰在罗斯属地的长期利益及承诺”②；2002年工党政府修订并发布了新的《新西兰南极战略利益声明》（2002 Revised New Zealand Statement of Strategic Interest），这一份纲领性文件一直沿用至今。它所声明的7点内容集中体现了新西兰在南极，尤其是在罗斯海地区的战略利益。其中第二点内容是“维护其在罗斯属地的长期利益、承诺和可靠的存在”③。

虽然上述两份文件分别是由两个不同政党制定通过的，但都非常明显地强调维护新西兰在罗斯属地的存在。

新西兰外交与外贸部是最重要的南极政策制定和决策机构之一，其官方网站上开宗明义地宣称：“自1923年以来，新西兰一直保持对罗斯属地（即南纬60°以南，东经160°到西经150°之间所有的岛屿和领土）的主权。罗斯属地在宪法上是新西兰的一部分。”④在行政管理方面，新西兰每年任命罗斯属地的政府官员来代表政府行

① Harrowfield D L.Call of the ice：fifty years of New Zealand in Antarctica.Auckland：David Bateman，2007：201.

② Martin D. “We run the ice”：a critical geopolitical gaze on New Zealand's relationship with the Ross Sea Region，Antarctica. A Thesis for the Degree of Master in the University of Canterbury，2003：212.

③ New Zealand's strategic interests in Antarctica.http://www.mfat.govt.nz/Foreign-Relations/Antarctica/1-New-Zealand-and-Antarctica/1-NZ-Strategy-in-Antarctic.php.

④ New Zealand and Antarctica.http://www.mfat.govt.nz/Foreign-Relations/Antarctica/1-New-Zealand-and-Antarctica/index.php.

政机关执行管理工作。罗斯属地的官员也是斯考特站的高级职员。“他们有权在罗斯属地采取所有必要或权宜的措施，来执行法律和现行的法规”①。在法律体系方面，新西兰本土法律的适用范围延伸至罗斯属地。例如，新西兰的民法也适用于罗斯属地的民事行为；根据 1977 年新西兰公民法，任何出生在罗斯属地的公民都是新西兰公民。在新西兰法律中具体规定了罗斯属地领海之外建立专属经济区的事宜①。

从上述官方对罗斯属地主权、管理以及法律系统的规定都可以看出来新西兰的领土主张和签订《南极条约》之前是一样的。官方也明确宣称，在《南极条约》签订之后，新西兰没有义务放弃自己的权利或主张。新西兰对罗斯属地的主张虽然是被冻结的，却是不可置疑的。但在实际从事南极活动时，官方使用“罗斯海地区”来代替“罗斯属地”这个措辞，用以模糊并避免主权争议②。

2）南极科学活动

自从 1996 年成立以来，新西兰南极局一共制定和发布了三份名为《新西兰南极和南大洋科学》的科学战略。2012 年 4 月发布的最新的科学战略中规定了 2010~2020 年新西兰南极科学研究的方向和优先发展的三大领域——气候、生态系统、海洋系统。其中明确规定，新西兰的南极研究虽然不排除其他地区的研究，但主要集中在罗斯海地区的陆地、海岸和海洋，并再次重申“新西兰在罗斯海地区有重要的利益”③。2008 年，与南极活动相关的主要政府机构总结了新西兰在南极的核心战略科学利益，包括调查研究全球气候变化进程、调查南极生物安全及南极生物资源勘探等问题、探索海洋环境中生物多样性的问题、管理南极海洋资源、处理好人类对南极的影响关系。但其中最重要的战略科学利益是关注罗斯海地区④。因此，新西兰的南极科学战略利益和南极科学活动集中在罗斯海地区。

新西兰的南极活动包括后勤、教育、旅游项目等，但大多数还是新西兰南极局科学战略中制定的野外工作和科学活动。支持和领导高品质（high quality）的南极与南大洋科学可以保护和理解生物多样性、养护和可持续管理海洋生物资源、倡导环境整治。最重要的是，可以维护新西兰在南极的“可靠的存在”（credible presence）：通过从事高品质的科学，使新西兰取得南极科学方面的领先地位，成为南极条约体系内和全球范围内在科学领域重要的角色，进而又通过“可靠的存在”来维护其在罗斯属地的利益。正如新西兰官方所说的，自从 1957 年斯考特科考站建立以后，新西兰就开始在南极从事科学活动，此后的 50 多年来，新西兰南极研究项

① The Ross Dependency.http://www.mfat.govt.nz/Foreign-Relations/Antarctica/1-New-Zealand-and-Antarctica/2-The-Ross-Dependency.php.

② 新西兰南极局首席执行官 Lou Sanson 于 2003 年 2 月接受访问时说：“我总是提到罗斯海地区，我不提罗斯属地。新西兰对罗斯属地是有领土要求的，但是依然是被冻结的。我想如果我一直到处谈论罗斯属地，会令在该地区工作的其他国家感到不安。”

③ New Zealand Government.New Zealand Antarctic & Southern Ocean science，directions and priorities 2010-2020，2012：8.

④ Brady A M.The Emerging Politics of Antarctica.Oxon：Routledge，2013：155.

目通过提供在罗斯属地的“可靠的存在”来巩固、支撑新西兰的南极利益[①]。

3）历史文化活动

在南极探险的“英雄时代”，斯科特（Robert Falcon Scott）和沙克尔顿（Sir Ernest Shackleton）等早期的探险家们都以新西兰作为进出南极的“门户”[②]，确切地说，是从新西兰前往浮冰较少且最容易接近南极大陆的罗斯海，再从罗斯海开始探索南极的征程，最后又返回新西兰。这些探险的历史自然也成为新西兰历史和文化遗产的一部分。新西兰通过文物修复和维护、南极旅游、媒体和艺术家项目、邮政服务等历史文化活动来增强与罗斯海地区的联系，加强新西兰人的南极意识，通过使他们认识到南极是新西兰历史和文化遗产的一部分来加强主权意识，维护领土利益。

新西兰政府非常积极地维护和修复早期探险家们在罗斯海地区留下的文物遗产，这项工作主要由南极遗产托管机构（Antarctic Heritage Trust）来负责。2011~2012 年，该机构的“罗斯海恢复工程”（Ross Sea Heritage Restoration Project）维修了 4 个遗址和大量与最早的探险家们有关系的手工艺品[③]。

新西兰的南极旅游项目分两部分，一是罗斯属地的海上旅游，体验南极的自然环境和极端气候，参观游览早期探险家们的临时营房；二是本土的南极体验，如基督城的国际南极中心和坎特伯雷博物馆的南极展览等。

新西兰南极局设立了一系列长期的艺术与媒体项目，资助记者和艺术家到访南极[④]。例如，媒体计划方案（Media Initiatives Programme），每年夏季遴选一批媒体记者前往南极报道新西兰的科学与环境新闻；国际极地年媒体学者（IPY Media Scholar），每年从坎特伯雷大学新闻学研究生中挑选一名学生在斯考特站进行为期六周以内的实地体验，采访报道科学、环境和其他一些情况；邀请的艺术家们（Invited Artists）项目是每季遴选最多三位杰出和资深的艺术家去斯考特站旅游，通过他们的艺术作品宣传南极的历史、科学和环境。媒体人士和艺术家们的新闻报道和艺术作品在宣传南极的科学、环境和历史的同时，也将南极的概念植入新西兰的文化当中[⑤]。

此外，新西兰还通过发行罗斯属地的邮票来表达领土主权。早在 20 世纪初期斯考特和沙克尔顿南极探险的年代，新西兰就开始发行纪念邮票，并于 1957 年、1994 年、2012 年、2013 年以罗斯属地地图，海豹、帝企鹅、蓝鲸、南极磷虾等动物和冰架、火山等景观为主题，迄今共 4 次发行罗斯属地的邮票。

---

① New Zealand Government.New Zealand Antarctic & Southern Ocean science，directions and priorities 2010–2020，2012：2.

② New Zealand and Antarctica.http://www.mfat.govt.nz/Foreign-Relations/Antarctica/1-New-Zealand-and-Antarctica/index.php.

③ Antarctica New Zealand.Annual Report 2011–2012，2012：13.

④ 艺术与媒体项目始于 1956 年横越南极远征活动期间，一直延续至今。

⑤ New Zealand Government.Antarctica New Zealand Profile.

4）军队的使用

新西兰的国防军在罗斯海地区主要用于两个方面：一是使用军用飞机提供通信、空中支援等后勤保障，以帮助新西兰南极局南极作业的日常运转；二是调度海军、空军来监控罗斯海的非法捕鱼。

新西兰南极局与新西兰国防军有长期、成功的合作关系，新西兰国防军对南极的科考工作做出了重大贡献。2011 年夏季，新西兰皇家空军派遣了 4 架 B757 军用飞机到麦克默多海峡（McMurdo Sound），这 4 架飞机主要用于运载游客和支持后勤保障[①]。

1999 年，新西兰首次使用皇家舰队旗下的巡防舰（Te Kaha）、皇家空军（Orians），巡视监控南纬 60° ~南纬 74° 区域的非法捕鱼活动[②]。此后继续调度军队来监控渔业。

使用军队提供后勤保障一方面是出于民用的目的和经济成本的选择；另一方面，军队作为一个主权国家的标识，其在罗斯属地的存在与作业也具有宣示主权的意思。

5）斯考特站

斯考特站建成于 1957 年 1 月 20 日，是南极大陆最早运营的站点之一，其后又在 1976~1977 年和 2005~2007 年分别进行过重建和维修。其建立的初衷是支持英联邦横越南极远征活动，1959 年成为科学研究的永久站则是为了加强新西兰的南极存在进而加强对罗斯属地的领土主张。

斯考特站拥有 8 个由钢板建造并衬有聚氨酯泡沫的现代化建筑。所有建筑物的外观都被漆成绿色，其寓意为“绿色斯考特”，即环境保护的理念。近年来，为减少人类活动对于南极环境的影响，新西兰将斯考特站所有的垃圾都进行了细致的分类整理。金属、塑料和电池等可以回收再利用的废弃物都会被运回新西兰；食物垃圾、纸类和未处理的废木料都用高温焚化炉烧毁[③]。

斯考特站最多可容纳 85 人以及与南极生存至关重要的住房安全、后勤设备，同时也具备专门的实验场所、电脑网络和卫星通信链路、工程和机械车间，并设有一个停放物资、运载工具和野外设备的中心[④]。其 8 个建筑物之间都由走廊或者通道连接，方便不同部门的科考人员们可以在内部自由活动；然而，若发生火灾，各建筑之间可以及时、完全地封闭，避免火势蔓延。这些建筑物都是腾空而建，以便积雪可以从底部被风带走。此外，斯考特站内部装饰均选用白色和绿色，与外部环境相配合，其整体氛围和生活环境既温暖、舒适又轻松、环保。实际上，斯考特站已成为一个初具规模的小城镇。从这个角度看，除了从事科学研究，建立科考站的用意

---

① Antarctica New Zealand.Annual Report 2011-2012，2012：7.

② Martin D. “We run the ice”：a critical geopolitical gaze on New Zealand’s relationship with the Ross Sea Region，Antarctica. A Thesis for the Degree in University of Canterbury，2003：53.

③ Brady A M.The Emerging Politics of Antarctica.Oxon：Routledge，2013：154.

④ New Zealand Government.Antarctica New Zealand Profile.

还在于增强本国在南极的实质性存在。

二、澳大利亚的南极国家利益及其实现途径

（一）澳大利亚的南极国家利益

澳大利亚官方对其南极的国家利益表述为：保护澳大利亚对其南极领土及毗邻近海海域的主权；充分利用南极所提供的科学研究机会；保护南极环境，同时顾及南极环境的特殊性质及对澳大利亚所在地区的影响；维护南极地区和平，使其免受战略或/和政治对抗；了解并有能力影响澳大利亚邻近地区的发展；除采矿和探油之外，从南极生物与非生物资源中获取任何合理的经济收益①。简言之，澳大利亚在南极和南大洋拥有至关重要的国家利益，体现在领土和海洋主权权益、环境利益、安全利益和经济利益等几大方面。

1. 主权权益

1）南极大陆领土主权要求

澳大利亚的南极活动始于1911年道格拉斯•莫森（Douglas Mawson）领导的首次澳大利亚南极探险。这次探险发现了乔治五世地和玛丽皇后地，并分别于1912年3月和1912年12月在上述两个地区以"插旗"的形式宣布此为英国领土。此后，澳大利亚继续资助和支持南极探险和航行活动，这些早期的南极活动兼具科学和政治的意义，其目的在于发现并控制南极大陆最有价值的地区②。

1933年，英国颁布枢密令，对南纬60°以南、东经160°~东经45°除阿德利地以外的所有岛屿领土宣布主权，并同时颁布了《澳大利亚南极国土接收法》（Australian Antarctic Territory Acceptance Act 1933），将行政管理权移交澳大利亚联邦。澳大利亚由此获得590万平方千米南极领土的主权，并成为南极领土要求国中面积最大的国家。

1933年澳大利亚南极领地（Australian Antarctie Territory，AAT）形成至1959年《南极条约》签订之前，澳大利亚采取了多种措施来支持其对AAT的主权主张，主要表现在如下两方面。

第一，颁布南极法律，加强南极立法。1935年出台《捕鲸法案》（Whaling Act 1935），该法案适用于澳大利亚领土（包括AAT）的毗邻水域；1954年颁布《澳大利亚南极国土法案》（Australian Antarctic Territory Act 1954），将除刑事法律外的澳

① Australian Government.Department of the Environment.http://www.antarctica.gov.au/about-us/statement-of-purpose-and-values.

② Kriwoken L K，Jabour J，Hemmings A D.Looking South：Australia's Antarctic Agenda.Sydney：Federation Press，2007：8.

大利亚首都区法律（laws of the Australian Capital Territory）和杰维斯湾地区（the Jervis Bay Territory）的刑事法律适用于 AAT。

第二，发展南极科研，增强南极存在。1947 年，澳大利亚开始启动“澳大利亚国家南极研究探险”（Australian National Antarctic Research Expedition，ANARE）活动，进一步发展南极研究项目，并陆续在次南极岛屿和南极大陆建立了科考站，如赫德岛的 ANARE 考察站（1947~1955 年）、麦夸里岛的 ANARE 考察站（1948 年）、莫森站（1954 年）、戴维斯站（1957 年）。

在此期间，澳大利亚和英国、法国、新西兰、挪威五国之间相互承认各自的领土要求，而另两个领土要求国阿根廷和智利则拒不承认 AAT。

从 1908 年开始直到 20 世纪 40 年代，英国、澳大利亚、新西兰、阿根廷、智利、挪威七国分别根据“发现”“先占”“扇形原则”先后对 83％的南极大陆提出了领土主权要求，但是上述七国的声索在国际法中的法律地位是有争议的，并未得到国际社会大多数国家的承认。美国和苏联两个超级大国虽然没有明确提出主权要求，但都宣布保留在未来对南极领土和资源提出声索的权利。而在英国、阿根廷、智利这三个主权要求国之间还有领土互相重叠的争端无法调和，并直接导致了 1952 年的英国、阿根廷在霍普湾的小规模军事冲突。在 20 世纪 30~50 年代，南极领土争端日趋紧张和复杂，以探险和科考为名目的各种实质性对抗争夺行为不断出现。因此，上述 7 个领土要求国和美国、苏联、比利时、日本、南非于 1959 年齐聚华盛顿商讨解决“南极问题”，并于 12 月 1 日签订了《南极条约》，“冻结”各国的领土主权要求，并禁止提出新的主权要求。

作为领土要求国，《南极条约》核心条款第 4 条的“冻结原则”有效保障了澳大利亚的领土主权要求。具体而言，《南极条约》第 4 条第 1 部分第 1 款规定“本条约的任何规定不得解释为：缔约任何一方放弃在南极原来所主张的领土主权权利或领土的要求”。此外，该部分第 3 款规定“本条约的任何规定不得解释为：损害缔约任何一方关于它承认或否认任何其他国家在南极的领土主权的要求或要求的根据的立场”。这也意味着，一旦其他国家提出或从事不符合澳大利亚主权权益的领土要求或南极活动，那么澳大利亚可以保留其否认他国南极领土主权要求或要求根据的立场。

《南极条约》第 4 条第 2 部分规定：“在本条约有效期间所发生的一切行为或活动，不得构成主张、支持或否定对南极的领土主权的要求的基础，也不得创立在南极的任何主权权利。在本条约有效期间，对在南极的领土主权不得提出新的要求或扩大现有的要求。”根据该条款，条约期限内的任何直接加强其领土要求的行为都是无效的；那么，美国、印度、俄罗斯等其他南极条约成员国在 AAT 区域内建立科考站、加强南极存在的行为都不能构成该国潜在的领土主权要求的依据。

在《南极条约》的规定下，只要条约尚在有效期内，澳大利亚原来所主张的领土主权权利或领土的要求将不会有任何的改变[①]。因此，除了维护《南极条约》，澳大

① Haward M G，Griffiths T.Australia and the Antarctic Treaty System：50 Years of Influence.Kensington：University of New South Wales Press，2011：55.

利亚并不需要采取额外的措施来维护其主权权益。《南极条约》签订之后，澳大利亚规避了一些具有挑衅意味的行为，仅保留了一些发行 AAT 邮票等例行的、象征性的活动来宣示主权的存在。

在目前构成南极条约体系的所有法律文件中，1964 年的《保护南极动植物议定措施》、1972 年的《南极海豹保护公约》和 1991 年《关于环境保护的南极条约议定书》都在主权问题上与 1959 年《南极条约》第 4 条保持一致，管辖范围也都是南纬 60° 以南《南极条约》规定的适用范围①。但 1980 年《南极海洋生物资源养护公约》的管辖范围从南纬 60° 向北扩展到南极辐合带。对澳大利亚而言，《南极海洋生物资源养护公约》的适用范围直接关系到其南大洋的赫德岛和麦克唐纳群岛的法律地位问题。但根据《南极海洋生物资源养护公约》第 4 条的规定，南纬 60° 以南仍然受到《南极条约》第 4 条的法律约束，但《南极海洋生物资源养护公约》并没有将《南极条约》第 4 条的适用范围扩展至南极辐合带，因此在《南极海洋生物资源养护公约》界限以内的南纬 60° 以北地区的领土主权则不受影响。这就意味着澳大利亚对其次南极岛屿赫德岛和麦克唐纳群岛的主权是毫无争议的。

2）南极海域海洋主权要求

随着国际海洋法的发展，尤其是 1982 年《联合国海洋法公约》赋予沿海国更宽泛的海洋主权权利，澳大利亚陆续对一系列南极近海海域提出了主权要求。1973 年，澳大利亚宣布围绕其包括 AAT 在内领土的 3 海里领海，1990 年 11 月将 3 海里领海扩展至 12 海里；1994 年 8 月 1 日宣布 AAT 的专属经济区②；此后又声索了 200 海里大陆架；在 1999 年《环境保护和生物多样性法案》（Environment Protection and Biological Diversity Act 1999）的基础上，对位于 AAT 近海、毗邻专属经济区的 200 海里“澳大利亚鲸鱼保护区”（Australian Whale Sanctuary）提出主权要求。

2004 年 11 月，澳大利亚依据《联合国海洋法公约》第 76 条，向联合国大陆架界限委员会提交了次南极岛屿赫德岛、麦克唐纳群岛和 AAT 的 200 海里外大陆架申请。一旦批准通过，澳大利亚所有大陆架面积将达到约 340 万平方千米，连同其土地面积一起将使澳大利亚成为全世界面积最大的国家之一。如果获得联合国大陆架界限委员会的支持，那么对赫德岛和麦克唐纳群岛延伸大陆架的声索将会延伸至南纬 60° 以南、《南极条约》的法律管辖范围内。而《南极条约》第 4 条规定“在本条约有效期间，对在南极的领土主权不得提出新的要求或扩大现有的要求”。澳大利亚对延伸大陆架的主权要求将与《南极条约》发生直接碰撞，在延伸大陆架区域潜在的采矿活动也将与《关于环境保护的南极条约议定书》在条约体系区域内禁止任何形式的开采活动的规定互相矛盾。此外，联合国大陆架界限委员会是南极条约体系之外并且不受其法律约束的机构，向其提交涉及南极主权要求的申请是成

① 《南极海豹保护公约》适用于包括了南纬 60° 以南的所有地区，包括公海在内，比《南极条约》的管辖范围有所扩大。

② Kriwoken L K，Jabour J，Hemmings A D.Looking South：Australia's Antarctic Agenda.Sydney：Federation Press，2007：12.

问题的。因此，出于维护南极条约体系稳定的考虑，澳大利亚请求联合国大陆架界限委员会暂时不受理 AAT 近海部分的主权要求。这一举动不仅维护了澳大利亚享有的《联合国海洋法公约》所赋予的权利，而且保证了南极条约体系内部的稳定。最终联合国大陆架界限委员会在 2008 年对澳大利亚的建议中仅仅支持了赫德岛和麦克唐纳群岛近海的外大陆架申请①。

2. 环境利益

南极地区作为全球气候系统的冷源，通过与赤道地区热气流的相互交替，调节和影响着全球气候变化。与北极地区相比，南极对全球气候变化的影响更为显著。全球气候变化，尤其是温室效应所导致的气候变暖也对南极环境与气候变化产生着巨大的影响。南极冰层、冰架和冰川的面积为 1 400 万平方千米，一旦因气候变暖而断裂融化，那么全世界的海平面将会上升 60 米②，众多的城市将被淹没。环绕南极大陆周围的南大洋通过冷热洋流交换，在维护和平衡全球海洋生态系统和气候变化方面发挥着重要作用。

澳大利亚是距离南极最近的国家之一，地理位置的邻近决定了南极的环境与气候变化对澳大利亚本土影响甚剧。南极的臭氧空洞有可能在未来从南极大陆向外扩展，进而覆盖整个澳大利亚；加速的全球气候变暖会导致南极冰层断裂融化，从而引起海平面抬高上升，那么澳大利亚将会首先受到影响；南极气候与环境变化也会对南大洋的生态系统产生直接、迅速的影响，从而影响澳大利亚的农业、渔业等经济利益。因此，澳大利亚从战略和安全的高度上关注和重视南极环境及保护问题。

澳大利亚国内的南极环境立法紧跟并响应条约体系对环境保护的倡议。1970 年，第 6 届东京南极条约协商国会议上，协约国向南极研究科学委员会征询环境保护措施的建议。作为回应，南极研究科学委员会提出了《南极科考和考察站活动的行为准则》（the Code of Conduct for Antarctic Expeditions and Station Activities），其中清楚地表达了环境影响评估的重要性并提供了废弃物处理指南。1975 年奥斯陆南极条约协商国会议正式通过了南极研究科学委员会提出的这一行为准则。1974 年，澳大利亚通过了《环境保护（方案的影响）法》[Environmental Protection（Impact of Proposals）Act 1974]，该法将广泛的评估要求延伸适用于澳大利亚及其海外领地③。1980 年，澳大利亚通过《南极条约（环境保护）法案》[the Antarctic Treaty（Environmental Protection）Act 1980] 将 1964 年《保护南极动植物议定措施》引进澳大利亚国内法律。80 年代，在《南极矿产资源活动管理公约》的谈判过程中，澳

① Haward M G，Griffiths T.Australia and the Antarctic Treaty System：50 Years of Influence.Kensington：University of New South Wales Press，2011：61.

② Peat N.Antarctic partners：50 years of New Zealand and United States cooperation in Antarctica，1957–2007.Ministry of Foreign Affairs and Trade in association with Phantom House Books，2007：22.

③ Haward M G，Griffiths T.Australia and the Antarctic Treaty System：50 Years of Influence.Kensington：University of New South Wales Press，2011：324.

大利亚和法国等国家发起的全面保护南极环境的运动最终使该公约搁浅。1989 年在第 15 届巴黎南极条约协商国会议上，澳大利亚与法国联合提出“综合保护南极环境以及其特有和相关的生态系统”的建议，直接促成了 1991 年《关于环境保护的南极条约议定书》的签订，成功地推动了条约体系朝向综合保护的方向发展。与此同时，澳大利亚也在国内通过一系列立法和行政活动来执行议定书的措施。1992 年 12 月，澳大利亚议会通过了《南极条约（环境保护）法案》，该法案包含了议定书的所有要求。随后的两年里，澳大利亚又陆续引进了环境影响评估和废弃物管理规定。1993 年，澳大利亚南极局专门为其南极项目制定出一个废弃物管理战略，包括将废物产生降到最小限度、废物的再使用、回收利用、处理、污染场地、清除、监控等具体步骤[①]。澳大利亚从 2000 年开始执行一套通过国际标准 ISO 14000 认证的环境管理系统。该系统的使用有效地减少了南极活动对环境的影响，提高了环保成效。

3. 安全利益

尽管 1959 年的《南极条约》禁止一切军事活动和核试验，规定了“南极应只用于和平目的。一切具有军事性质的措施，例如建立军事基地，建筑要塞，进行军事演习以及任何类型武器的试验等等，均予禁止”。但在现实实践当中，《南极条约》本身的法律漏洞和一些国家出于主权、资源和军事目的在南极地区的活动却对南极非军事化构成了挑战，同时也对澳大利亚的国家安全及南大洋的地区和平构成了潜在威胁。

第一，《南极条约》的法律漏洞。《南极条约》开篇就指明“南极应永远专为和平目的而使用，不应成为国际纷争的场所和对象”，并在第 1 条中更进一步地禁止一切具有军事性质的措施。然而，第 1 条第 2 款却又规定“不禁止为了科学研究或任何其他和平目的而使用军事人员或军事设备”。这一条款为各国在南极地区的军事存在和一些带有军事意义的科学研究项目提供了依据。例如，智利目前在南极拥有三个位于南极大陆边缘南设得兰群岛的军事基地——爱德华多·弗雷空军基地、奥希金斯陆军基地和普拉特海军基地。2012 年 1 月，智利总统皮涅拉和国防部长安德烈斯视察了普拉特海军基地，并为新的军事基地物色最佳地点[②]。这些军事基地都是由武装部队建设并管理的，目的在于强化智利在南极的军事存在和领土主权的要求。但当事国却依据《南极条约》第 1 条第 2 款内容声称，军事基地的建立和存在是为和平目的服务的，有助于“更好地控制海上运输、确保南极海域旅游人员的安全，监控环境污染状况”。

《南极条约》对适用范围的模糊规定为军事活动提供了可辩解的空间。第 6 条规定“本条约的规定应适用于南纬 60° 以南的地区，包括一切冰架；但本条约的

① Haward M G，Griffiths T.Australia and the Antarctic Treaty System：50 Years of Influence.Kensington：University of New South Wales Press，2011：326.

② 智利国防部正为在南极建立军事基地物色最佳地点 . 新华网，http://news.xinhuanet.com/mil/2012-01/20/c_122611825.htm，2012-01-20.

规定不应损害或在任何方面影响任何一个国家在该地区内根据国际法所享有的对公海的权利或行使这些权利”。这样的规定实际上相当于认可南纬 60° 以南的公海可以不受非军事化的约束，从而为一些国家在南极水域从事军事活动提供了法律依据。例如，据俄新网报道，从 2014 年起，俄北方舰队将扩大在全球公海的战略核潜艇巡逻区域，不仅将持续在北极、大西洋和太平洋巡逻，还将重返南极水域，甚至连南极也纳入巡航范围，如有必要的话，俄核潜艇将从南极冰层下发射导弹①。

第二，主权和资源问题引发的军事活动。由于《南极条约》只是“冻结”了领土主权要求，并没有从根本上解决主权纷争的问题；与此同时，随着南极大陆及其附近海域大量矿产资源的发现和勘探，资源问题又重新凸显，成为全世界瞩目的焦点。因此，悬而未决的主权问题和资源开发的隐患及其引发的军事活动和军事存在对南极地区构成了潜在的军事威胁。

以美国为例，美国自 1924 年以来就拒绝承认其他国家对南极的领土主权要求，并保留了未来提出主权主张的权利。事实上，美国在南极拥有最为强大而现实的军事存在，能够在必要时做出快速的军事反应，有力地保障国家利益。驻南极的美军力量由海岸警卫队来承担，其指挥权归于美国国家科学基金会的科考项目极地办公室。在南极大陆的美军军事存在十分强大，空中力量主要由纽约州空中海岸警卫队第 109 空运联队和太平洋空军第 13 航空队南极支援特遣队组成。第 109 空运联队飞行员驾驶至少 7 架 LC-130 雪地军用运输机，若干架 C-141 和 C-5 军用运输机定时往返美国本土、新西兰和南极大陆。2005 年，美国国防部特批太平洋空军专门组建了隶属第 13 航空队的南极支援特遣队，该部队常驻新西兰，专门负责空军战机飞往南极行动。除空军外，美国军事海运司令部从 1955 年起就一直派遣货轮和侦察舰负责支援南极行动的任务②。

在资源争夺方面，英国外交部于 2007 年 10 月宣布，英国准备向联合国提交对南极南大洋沿岸 350 英里（约 560 千米）海域内海床拥有主权的动议，此举意在享有该区域开采石油、天然气等自然资源的权利③。英国提出主权要求的海床，正是与智利、阿根廷有领土争议的地区，因此遭到两国强烈反对。同年 11 月，阿根廷海军“卡斯蒂略士官”号军舰从布宜诺斯艾利斯港启程前往南极，与智利军舰进行海上联合巡逻，并向阿根廷设在南极的各个考察站提供补给物资。智利国防部随后也宣布将重启南极海军基地，以此彰显智利的存在和主权。此外，其他国家纷纷加强了各自在南极的军事存在。俄罗斯和美国的科考队先后奔赴南极，加强对南极资源的勘探。美国更是使用驻扎在华盛顿州麦科德空军基地的第 304 远征空运中队，向南极

① 俄媒曝美潜艇潜入俄领海窃听险些被击沉 . 东方网，http://mil.eastday.com/m/20130603/u1a7432790.html，2013-06-03.

② 美军常驻南极大陆，拒绝承认他国对南极主权 . 搜狐新闻，http://news.sohu.com/20071119/n253342488.shtml，2007-11-19.

③ 英国率先打响南极之争，利用法律漏洞提主权要求 . 新华网，http://news.xinhuanet.com/newscenter/2007-10/22/content_6921802.htm，2007-10-22.

的麦克默多站提供人员和物资补给。挪威和法国也分别公开表示在南极拥有主权，并且不排除未来效仿英国向联合国递交主权申请报告。

另外，一些国家也借助南极独特的气候条件和地理环境从事军事活动。南极地区严寒、干燥、大风的恶劣气候可以训练军队在极端天气条件下的作战能力，检验飞机发动机的性能和空乘人员的驾驶技术，并且从中获取有用的军事知识和数据。南极也具备影响地球气候和特殊的地球磁场的条件，因此，近年来成为美军观察和研制气象武器和电磁武器的极佳实验场所。

4. 经济利益

南大洋是地球上海洋生物资源储量最丰富的地区，其中磷虾资源高达 15 亿吨。澳大利亚从 1981 年开始就在南大洋进行磷虾商业捕捞，当年的捕捞量就达到 15.5 万吨①。20 世纪 90 年代中期以后，商业捕捞活动逐渐扩大，澳大利亚每年都定期在其南极领土附近海域捕捞金枪鱼、冰鱼和磷虾。此外，南极的矿产资源和油气资源储量也异常丰富，共有 220 多种矿产资源，其中的横断山脉有世界最大的煤田，东南极查尔斯王子山脉有储量居世界第一位的“世界铁山”。南极的石油储量为 500 亿 ~1 000 亿桶，天然气资源储量约 3 万亿 ~5 万亿立方米。虽然 1991 年《关于环境保护的南极条约议定书》规定，自条约生效起 50 年内全面禁止矿产资源开发活动，但在全球资源日益紧缺的背景下，前期性的勘探行为和矿产研究是不可能完全禁止的，也未被该议定书禁止。因此，商业的勘探活动实际上也是存在的。

澳大利亚的“南极门户城市”为本国和其他国家提供“南极服务”也可以产生一定的经济效益。具体而言，以霍巴特为代表的门户城市为科学项目、渔业、旅游业、生物勘探或其他产业在南极作业提供后勤、供应、运营承包或其他支持性的服务。仅南极和南大洋科考活动这一项每年就可以为塔斯马尼亚州贡献 1.8 亿美元的财政收入，创造 1 185 个就业岗位②。

南极教育主要指为专业人士或学生提供专门的南极研究课程，开设研修班、讲习班等。较具代表性的塔斯马尼亚大学海洋与南极研究院开设有本科、硕士、博士学位教育以及研究生文凭教育，学习方向涵盖海洋生物学、物理学、治理和政策等多个学科。目前，南极教育虽然在整个教育市场所占份额不大，但呈现上升势头，因此也可以称为商业活动。

从 1959 年签订《南极条约》至今，澳大利亚在南极的核心利益始终围绕着主权、安全、环境、商业等几个方面，但不同时期的优先性和重要性有所不同。20 世纪 70 年代中后期以前，领土主权一直都是澳大利亚优先考虑的议题。2004 年，澳大利亚向联合国大陆架界限委员会提交南极数据一事再度让主权问题凸显出来，南极

① 徐敬森，孙立广，王希华 . 澳大利亚南极政治浅析 . 极地研究，2010，（22）：307.

② 澳大利亚发布南极新战略 . 中国海洋报，http://epaper.oceanol.com/shtml/zghyb/20141021/74711.shtml，2014-10-21.

主权权益的争夺从南极大陆领土主权转向了南极海域。此后，澳大利亚在南极海域非法捕鱼、捕鲸和延伸大陆架等一系列问题上的举措都显示出其在维护南极主权方面是最强势的领土要求国。安全利益的重要性则因《南极条约》“非军事化”“和平利用”等承诺的有效执行而有所下降。70、80 年代，澳大利亚逐渐开始关注南极环境保护问题。在《南极矿物资源活动管理公约》谈判进程中，澳大利亚旗帜鲜明地反对该公约，并提议以一个全面禁止开采矿物资源活动和综合性的环境保护条约来替代《南极矿产资源活动管理公约》。为了支持这一目标，澳大利亚加强了其南极考察站的基础设施，并重新调整了南极科学项目中的优先议题，以便强调对非矿产资源的研究和对南极环境的保护。随着《关于环境保护的南极条约议定书》的签订及生效，环境保护在澳大利亚南极国家利益中的优先性逐渐显现。90 年代后期，以渔业、旅游业为主的商业利益开始显现，其重要性也在逐渐上升①。

（二）澳大利亚在实现南极国家利益方面的优势与劣势

1. 优势

1）“门户国家”的地理位置和历史的联系

从地理位置来看，澳大利亚是南大洋边缘国家（Southern Oceanic Rim），同新西兰一样也是进入南极的“门户国家”。英文“Australia”（澳大利亚）一词是从拉丁文“terraaustralis”（南方的土地）变化而来，即“南方大陆”。17 世纪初期，欧洲人发现澳大利亚大陆时误以为这是一块直通南极的陆地，故取名为“澳大利亚”。澳大利亚最南部的塔斯马尼亚岛距离南极大陆只有 2 720 千米的距离，是除新西兰之外距离南极大陆最近的地方。从地质学上看，今天的澳洲大陆与南极大陆在亿万年以前同属刚瓦纳（Gondwana）超级大陆块②。大约 10 800 万年以前，刚瓦纳大陆块开始分裂漂移，澳洲大陆约在 9 600 万年前分裂出来，南极大陆约在 4 500 万年前分裂并漂流到南极点附近成型。近年来，科学家们在南极大陆的纵贯山脉发现了与澳洲相同的动植物化石，在南极大陆恩德比地（Enderby Land）的海岸一带发现了与澳洲塔斯马尼亚岛同样的榉树林。这些古生物学的新发现也进一步证实了澳大利亚与南极之间紧密的地理联系。

因为特殊的地理位置，在 19 世纪 80 年代以前的南极探险史上，澳大利亚曾是探险家、航海家、捕鲸船前往南极的“垫脚石”和归途中的“安全港”。80 年代以后，殖民地政府才开始关注、探索南极。这期间较具代表性的事件是“澳大利亚南极探险委员会”于 1886 年在墨尔本成立，该机构致力于南极地理科学的研究，其成立动机一是由于澳大利亚的气候受到南极的影响，因此有必要从事南极科学研究；二是澳大利亚有意成为南方水域的首要大国，并逐渐在区域内建立自己的“门罗主义”，

① Kriwoken L K，Jabour J，Hemmings A D.Looking South：Australia's Antarctic Agenda.Sydney：Federation Press，2007：194-195.

② 除了澳洲大陆、南极大陆，刚瓦纳超级大陆块的组成部分还包括今日的新西兰、非洲、南美洲和印度。

所以探索南极地区是澳大利亚的义务[①]。

19 世纪 90 年代至 20 世纪前 10 年被称为南极探险的“英雄时代”，这一时期来自英国、法国、德国、澳大利亚、挪威、苏格兰、比利时、日本八个国家的 16 支探险队纷纷前往南极，更为深入地探索南极大陆。这些探险家们不仅在科学发现上取得了非凡的成就，留下了众多值得称颂的传奇故事，而且各国探险队之间通过竞争竞相在世界舞台上树立民族自豪感和个人荣誉感。澳大利亚人在“英雄时代”共参加了三次英国的南极探险，分别是博尔奇格列温克（Carsten Egeberg Borchgrevink）带领的 1898~1900 年的探险，斯科特带领的 1901~1904 年和 1010~1913 的年探险，沙克尔顿带领的 1907~1909 年的探险[②]。

2）澳大利亚南极领土创建的历史依据与法律基础

道格拉斯•莫森带领的南极探险活动及其本人在推动澳大利亚南极领土创建过程中发挥了至关重要的作用。澳大利亚本国第一次南极探险是 1911~1914 年由莫森率领的“澳大拉西亚南极探险”（Australasian Antarctic Expedition）。在赴南极探险之前，莫森建议澳大利亚政府应该率先对澳大利亚以南的南极扇形宣称控制权，并希望英国殖民地部准许他以澳大利亚和帝国的名义占领其发现的领土，但没有获得官方授权。“澳大拉西亚南极探险”最终发现并勘测了东经 160° 到东经 90° 之间的大部分澳大利亚扇形，并命名了新的土地——乔治五世国王领地和玛丽皇后地；除了土地的新发现之外，还在麦夸里岛上建立了一个气象站，向澳大利亚和新西兰播送每日天气信息；此外，这次探险还首次使用了无线电通信，并在英联邦湾建立了一个主站，在威尔克斯地建立了一个西站。

第一次世界大战期间，莫森开始游说澳大利亚和英国政府，希望官方正式宣布他所提出的领土声索。1916 年，莫森敦促澳大利亚首相休斯将南极放在解决战后领土问题的国际议程上，认为“南极大陆应被分割成扇形，然后分配给已经从事过重要勘探和研究的国家。如果澳大利亚可以控制其以南的南极扇形，那么联邦的版图将从极点延伸至赤道”[③]。

除了莫森个人的积极推动，第一次世界大战以后的澳大利亚政府也开始对英国施加强大的压力，要求获得澳大利亚以南大片南极地区的主权。但由于英国认为罗斯属地是除南极半岛以外最具资源潜力的地区；此外，由于法国提出声索的阿德利地与澳大利亚扇形的边界尚未明确。因此 1920 年英国的南极政策仅决定支持新西兰协助控制罗斯海海岸地区，尚未考虑赋予澳大利亚的南极领土责任，也没有将南极领土分配给澳大利亚管理。1921 年 2 月，新西兰、澳大利亚的代表和埃默里在伦敦

① Haward M G，Griffiths T.Australia and the Antarctic Treaty System：50 Years of Influence.Kensington：University of New South Wales Press，2011：12.

② Haward M G，Griffiths T.Australia and the Antarctic Treaty System：50 Years of Influence.Kensington：University of New South Wales Press，2011：15.

③ Haward M G，Griffiths T.Australia and the Antarctic Treaty System：50 Years of Influence.Kensington：University of New South Wales Press，2011：22.

商定，澳大利亚和新西兰各自的控制范围应以东经 160° 为界，以西为澳大利亚的扇形，以东则为新西兰扇形。1923 年澳大利亚新任首相兼外相斯坦利 • 布鲁斯（Stanley Melbourne Bruce）刚一上台就开始与澳大利亚国家研究委员会（Australian National Research Council）一道展开密集游说，向英国政府强力施压，试图挫败任何国家在澳大利亚南部边界地区建立一块飞地的企图。

1923~1928 年，英国与挪威和法国就其在南极和附属水域的主权要求问题进行了冗长的谈判，逐步承认法国和挪威分别对阿德利地和南大西洋布韦岛的主权要求，进一步为澳大利亚南极领土的创建扫清了道路。1924 年 3 月 29 日，法国宣布对东经 142° ~东经 136° 的南极领土“阿德利地”宣布拥有主权。获悉这一消息后，澳大利亚国家研究委员会立即通过媒体呼吁政府质疑法国的声索，同时寻求国际社会对其管理东经 90° ~东经 160° （包括阿德利地在内）澳大利亚扇形的支持。澳大利亚首相布鲁斯也向英国殖民地部求助，希望英国在该区域建立主权并将控制权交给澳大利亚。

1929~1931 年，道格拉斯 • 莫森又率领英国、澳大利亚和新西兰的南极研究探险队两次到达南极，在阿德利地和玛丽皇后地之间进行勘测、调查。这是一次政治意图非常明显的南极考察。在这两次南极考察以及 1911~1914 年考察的基础上，澳大利亚政府对从东经 45° ~东经 160° 的南极大陆（除阿德利地以外）提出了领土主权要求，但具体在 1931 年和 1932 年创建澳大利亚南极领地时，并没有参照罗斯属地的创建方法，以《1887 年英国殖民地法案》为基础，将 AAT 定义为“英国殖民地”[①]，通过颁布枢密令的方式建立南极领地；而是抛开殖民地法案，重新运用了一项新的法律程序：先颁布了一道枢密令，随后由澳大利亚联邦议会于 1933 年通过了《澳大利亚南极领地领受法令》（Australian Antarctic Territory Acceptance Act）正式授予澳大利亚政府对澳大利亚南极领土的控制权。因此，澳大利亚南极领土比新西兰罗斯属地的法律基础更为牢靠。

3）南极事务管理与研究机制

澳大利亚产、官、学、研多方形成了一套完整的、多层次的南极政策共同体，澳大利亚的南极政策和南极活动由参与其中的机构、组织和部门之间相互协调、合作制定和执行。

在政府层面，负责南极政策的部长级及以上高层官员在南极政策共同体中发挥行政核心作用，他们的态度和立场决定着澳大利亚在国际南极事务中的态度和立场。例如，20 世纪 50 年代，澳大利亚外交部长凯西对于 ANARE 的发展和建立澳大利亚南极存在的支持和推动作用；80 年代，总理霍克和高层部长们对于《南极矿产资源活动管理公约》的反对；近年来，澳大利亚在维护自身南极利益方面显示出的强硬立场也与国内一些议员及部长们的鼎力支持不无关系。

澳大利亚南极局在该政策共同体当中是制定南极政策的领导机构，发挥协调性

① 澳大利亚自治领政府认为，AAT 是冰封区，甚至比罗斯属地更不适合人类居住，那么将其定义为“英国殖民地”其实是牵强的。

作用，隶属于环境水资源部，其主要职能包括负责为澳大利亚南极项目提供科学和后勤方面的支持、负责维护澳大利亚南极科考站、协调澳大利亚在南极和南大洋的科学研究、管理澳大利亚南极国土和次南极的赫德岛和麦克唐纳群岛、就如何通过南极条约体系增进澳大利亚的利益提供关键的建议。

此外，外交外贸部、环境与水资源部等政府机构也参与南极政策的制定或南极事务的管理，相关部门涉及南极事务的具体分工为：外交外贸部负责在条约体系内部支持澳大利亚的外交活动，在南极条约协商国会议中提升澳大利亚代表的领导力；环境与水资源部在南极条约体系和国际捕鲸委员会等国际环境条约和论坛中代表并维护澳大利亚南极利益；农业、渔业、林业部和澳大利亚渔业管理局负责南大洋，尤其是赫德岛和麦克唐纳群岛附属海域商业捕鱼活动的政策制定和管理；国防力量的职责在于保护赫德岛和麦克唐纳群岛、麦夸里岛专属经济区渔业资源，监管专属经济区区域内的非法捕鱼活动；塔斯马尼亚州政府拥有澳大利亚次南极岛屿麦夸里岛的管辖权，并负责支持位于该州霍巴特市的南极海洋生物资源养护委员会秘书处。

在研究层面，澳大利亚国内从事南极研究的高校和科研院所有 33 所，这些研究机构与 28 个国家的 200 多所高校和科研院所进行国际合作，共同开展的研究项目多达 100 多项。

在社会组织层面，南极与南大洋联盟、绿色和平、世界自然基金会等非政府组织也为澳大利亚南极利益提供了重要的支持，如在《南极矿产资源活动管理公约》谈判后期促成了《关于环境保护的南极条约议定书》的形成和签订；澳大利亚在南极海洋生物资源养护委员会内倡议推动打击非法捕猎犬牙鱼也与非政府组织的努力有很大关系。

2. 劣势：财政困境的制约

近年来，澳大利亚政府对南极科学研究和考察的资金支持和重视程度不足，导致澳大利亚在南极的存在逐渐落后于其他国家。保守党未把环境保护和科学当做重要议题，其在竞选过程中或刚执政时就明确表示政府将不再认命科学部长。2013 年 9 月执政以后先是裁撤了独立的气候委员会，目前正在起草废除气候变化管理局的法案。

此外，财政赤字是澳大利亚南极科学研究及考察的最大掣肘。2013 年 12 月，政府报告预计，由于经济疲软等，2013~2014 财年澳大利亚财政赤字将达到 470 亿澳元（约合 420.6 亿美元），未来 10 年内都将维持财政赤字状态，总债务预计将增至 6 670 亿澳元（约合 5 969 亿美元）①。在财政困难的情况下，2014 年澳大利亚环境部计划在未来四年将其预算从 4.6 亿澳元大笔削减至 3.61 亿澳元，同时裁撤 670 个工作岗位，解雇近四分之一的员工②。相应地，澳大利亚环境部也将削减其所属南极局的研究经费预算。由

① 澳大利亚政府报告显示未来财政状况不乐观 . 网易新闻，http://news.163.com/13/1217/19/9GAPHEJM00014JB5.html，2013-12-17.

② 澳南极研究经费遭官方削减，科研发展岌岌可危 . 中国科学报，http://scitech.people.com.cn/n/2014/0415/c1007-24897250.html，2014-04-15.

于政府是极地科考活动的主要投资者，在资金援助上发挥主要作用，因此政府撤资将对南极科学研究造成很大负面影响。同时，财政紧缩也使澳大利亚在南极的科考活动降至历史最低位[①]：极地起降机等一些极地科考的基本设备短缺，“南极光”号破冰船面临退役。因此，澳大利亚科研人员无法到其南极领土的大部分区域进行科学考察[②]。

（三）澳大利亚实现南极国家利益的途径

1. 科技实力：南极科学考察和南极科学研究

《南极条约》签订以后，开展南极科学考察和科学研究成为条约协商国、成员国，扩大、提升自身在条约体系内影响力和地位的最主要方式，也是实现南极国家利益的最主要途径。

澳大利亚在南极科学研究方面具有悠久的历史，最早可以回溯到 100 年前道格拉斯•莫森率领的澳大拉西亚南极探险。与同一时期阿蒙森、斯考特甚至沙克尔顿等的考察活动形成鲜明对比，1911~1914 年的澳大利亚南极探险始终把科学研究放在考察活动的首位。此次考察对阿代尔角（Cape Adare）至高斯山（Gaussberg）之间地区进行了全面的地理和地磁调查，最终建立了两个无线电基站和一个气象站，发现并勘测了东经 160° 到东经 90° 的大部分澳大利亚扇形。

1947 年，澳大利亚政府出资成立了 ANARE，招募了来自国家开发和能源部、国家测绘局、矿物资源局、气象局、南极局等政府部门和大学的成员。在 1947~1948 年南极夏季期，澳大利亚在赫德岛和麦夸里岛建立了两个科学考察站。1954 年建立了澳大利亚第一个南极永久站莫森站，1957 年建立戴维斯站，1959 年接管的美国威尔克斯站，后于 1969 年重建并改名为凯西站。澳大利亚在南极大陆及次南极岛屿共拥有三个常年站和五个夏季站，这些站点是开展科考活动时搜集科学数据的基地。

1957~1958 年国际地球物理年期间，澳大利亚参与了多国科学家在南极的大规模南极科学国际合作研究。国际地球物理年以来的 50 多年间，澳大利亚长期持续地开展南极科学研究，其研究迄今已居于世界领先地位。其国内有 33 所高校和科研机构从事 100 多项南极科学研究项目，并与 28 个国家的 240 多所高校和科研院所开展国际合作[③]。澳大利亚是南极条约协商国中向南极条约协商国会议提交政策论文数量最多的国家，是名副其实的南极政策“出口国”，其南极研究成果的质量和影响程度也都居于前列，在南极条约体系内具有较高的政策影响力。

为了合理利用研究资源，给予研究人员明确的研究方向，优先开展与国家利益最相关的科研项目，澳大利亚从 1999 年开始编制五年一个周期的南极科学研究计

---

① 澳大利亚发布南极新战略 . 中国海洋报，http://epaper.oceanol.com/shtml/zghyb/20141021/74711.shtml，2014-10-21.

② 澳智库警惕南极“军事化”，吁澳扮演“领导角色”. 环球时报，http://world.huanqiu.com/exclusive/2013-10/4472170，2013-10-22.

③ 吴依林 . 论澳大利亚南极科学战略及研究主题 . 中国海洋大学学报（社会科学版），2012，（1）：1.

划，研究主题包括冰雪、海洋、大气与气候变化四大类。南大洋生态系统、对环境变化的调适、人类活动对南极产生的影响，在上述每个研究主题下再分解出三四个更为细致的研究问题。2009 年，科学界广泛听取了环保、资源、外交、安全等政府部门为适应全球变化、自然资源的可持续性、生物多样性的保护以及人类活动对南极影响等政策需求，开始编制新的国家南极科学研究计划。2011 年正式推出为期十年的《澳大利亚南极科学战略计划 2011/12-2020/21》（Australia Antarctic science strategic plan 2011/12-2020/21），其中规定了 4 项研究主题：气候过程与变化，内陆与沿岸生态系统——环境变化与保护，南大洋生态系统——环境变化与保护，前沿科学。前 3 项研究主题详细、明确地规定了分解题目、发展前沿、设计依据、拟达到的研究结果、关键问题、研究方法和能力要求等内容。第 4 项前沿科学则规定可以研究符合国家优先发展的、具有战略意义的新兴学科和研究领域。

澳大利亚南极科学研究具有以下几方面的特点：①目标性和导向性。研究主题由政府统一规划，显示出明确的国家南极意志和目标；同时，政府设定的研究主题也为研究人员指明了与国家利益最相关和最需解决的重大科学问题。南极科研是为了“传达满足政府特定政策需要的科学研究成果”[①]。②长期性。澳大利亚自 1957~1958 年国际地球物理年以来，长期持续地开展南极科学研究，力图通过长期的研究积累对研究主题作全面深入的探讨和创新。③国际性。澳大利亚是南极科学研究国际合作的倡导者、推动者，更是积极的参与者。借助和利用国际资源，参与国际计划，不仅可以共享数据资料，还可以及时得到其他项目进展信息和阶段性成果，从而在实现本国研究目标的同时还能够影响对南极研究科学委员会国际计划的设置。

2. 法律制度：澳大利亚南极和南大洋法律

1933 年 2 月 7 日，英王乔治五世（King George Ⅴ）颁布枢密令（order-in-council），宣布东经 45° 至东经 160°，除法国阿德利地以外的南极大陆为 AAT；英国将该地区主权移交给澳大利亚联邦。同年，澳大利亚议会通过了《澳大利亚南极国土接收法》，该法案于三年后正式生效。澳大利亚的南极立法正是始于《澳大利亚南极国土接收法》，但该法案只是相当于澳大利亚议会对英国领土主权移交的承认，并没有对 AAT 的管理进行立法，也没有明确哪些法律可以适用于 AAT[②]。因此，1933 年《澳大利亚南极国土接收法》没有建立真正意义上的南极法律框架。

AAT 建立后在相当长的一段时期内，澳大利亚没有采取任何措施加强对 AAT 的管理和控制。第二次世界大战结束后，在民族独立运动高涨的背景下，随着独立国家意识的觉醒，澳大利亚日益关注本国的南极利益。就南极的国际形势而言，第二次世界大战后初期“南极问题”的矛盾日渐尖锐。20 世纪 50 年代初，英国、阿根廷

① Australian Government：Strategic Plan 2012-2016.http://www.environment.gov.au/about/publications/pubs/strategic-plan-2012-2016.pdf.

② Haward M G，Griffiths T.Australia and the Antarctic Treaty System：50 Years of Influence.Kensington：University of New South Wales Press，2011：106.

由于相互重叠的领土争端问题在霍普湾发生了军事冲突，这反映出相关国家在南极大陆的对抗、争夺行为呈加剧趋势。另外，随着国际地球物理年的临近，大批外国科学家和相关人员都将前往南极大陆从事科学考察活动，这也可能再度引发南极的归属问题。在国内外形势的推动下，澳大利亚迫切需要更新及加强南极法律来维护其主权要求。因此，议会于 1954 年通过了《澳大利亚南极领土法》，将除刑事法律外的澳大利亚首都区法律和杰维斯湾地区的刑事法律延伸适用于其南极领土。该法为此后 AAT 的其他法律提供了立法基础，也是澳大利亚南极法律体系的基本框架。

目前，澳大利亚对 AAT 已经建立了一套系统的法律体系，其内容比较全面地涵盖了领土主权、环境保护和生物资源、设立保护区和保护遗产遗迹、武器管理和刑事犯罪问题等几个主要方面。澳大利亚南极法律的优先法源分为三个层级：第一，总督授权专为 AAT 制定的联邦法律。这些法规、条例优于 AAT 所接收的除了联邦法律之外的其他法律。理论上，这类法令可以被用以提供 AAT 的所有法律，但在实践中极少被用到[①]。20 世纪 90 年代以来，此类法令只通过了三部，包括 1993 年《刑事程序法规》（Criminal Procedure Ordinance 1993）和 2001 年《武器条例》（Weapons Ordinance 2001）。第二，AAT 法律的基本结构，即除刑事法律外的运用于 AAT 的澳大利亚首都区法律和杰维斯湾地区的刑事法律。澳大利亚宪法第 122 条限制联邦影响州法律的权利，但不限制联邦对未列为州的领区（territory）进行立法的权利。因此，选择首都区和杰维斯湾地区的法律而不是州法律作为法源便于联邦通过法令机制和地区立法掌控 AAT 法律的内容。第三，可以继续适用于 AAT 的联邦法律，这包括了除 1995 年《刑事法规法令》（Criminal Code Act 1995）第二章以外范围广泛、不断扩展的一系列法律。这类法律构成了 AAT 法律的基础。

除了南极大陆的 AAT 以外，澳大利亚在次南极地区的领土包括麦夸里岛和赫德岛、麦克唐纳群岛。前者在法律上属于塔斯马尼亚州的一部分，因此塔斯马尼亚州法律完全适用于该岛，澳大利亚南极法律体系并不运用于麦夸里岛。而赫德岛和麦克唐纳群岛的法律组成结构则与 AAT 的法律构成类似，基本上都来源于澳大利亚首都区民事法律和杰维斯湾地区的刑事法律。

自 1959 年签订《南极条约》以后，作为条约签订国和协商国，澳大利亚逐渐修改、完善其南极法律，响应南极条约体系所赋予的责任与义务。1980 年澳大利亚将南极条约协商国会议上提倡的物种保护、遗址保护等与澳大利亚法律机制相融合，颁布了《南极条约（环境保护）法案》，并于 1992 年大规模修改该法案以符合 1991 年《关于环境保护的南极条约议定书》对环境影响评估体系的要求。澳大利亚通过南极立法这种成本较低但意义深远的方式，建立起一套完整、系统的南极法律制度。澳大利亚南极法律对于加强南极实质性存在、管理南极事务和南极活动、实现和巩固南极国家利益具有重要意义。

---

① Haward M G，Griffiths T.Australia and the Antarctic Treaty System：50 Years of Influence.Kensington：University of New South Wales Press，2011：108.

3. 支持和维护南极条约体系，在体系内部提升影响力

现行的南极条约体系能够有效保障澳大利亚南极国家利益的实现，支持南极条约体系是实现澳大利亚利益的最有效途径。因此，澳大利亚积极维护南极条约体系的稳定，并致力于争取在体系内部担当领导地位。2003~2006 年，澳大利亚是南极条约环境保护委员会的主席国。目前，澳大利亚在南极条约体系内部的南极条约协商国会议、南极研究科学委员会、环境保护委员会、南极海洋生物资源养护委员会中担任领导地位，通过在上述机构中发挥领导性作用来保障和实现澳大利亚的南极国家利益。

澳大利亚在南极条约体系内部提升自身影响力的表现有如下七个方面。

（1）在《南极条约》形成与缔结过程中发挥了关键作用，对敏感的主权问题提出了缔约各方都能接受的解决方案。作为回报，首次南极条约协商国会议于《南极条约》生效后两个月在澳大利亚堪培拉举行。

（2）以南极条约协商国会议为主要平台，在南极条约体系内寻求影响南极治理及提升自身影响力。南极条约协商国会议是各协商国为了互通信息、共同协商南极事务，拟定、审议并向各国政府推荐促进实现该条约的原则及目标的措施而定期召开的会议。根据向南极条约协商国会议提交的政策论文数量统计，澳大利亚是南极条约协商国中“出口”论文数量最多的国家，具有较高的政策影响力和话语权。

（3）在《关于环境保护的南极条约议定书》形成过程中发挥了关键作用。1989 年第 15 届协商会议上，澳大利亚与法国联合提出“综合保护南极环境以及其特有和相关的生态系统”的建议，倡导对南极实施全面环境保护，从而改变了南极条约体系发展方向，使得《南极矿产资源活动管理公约》搁浅，并最终促成《关于环境保护的南极条约议定书》的签署，为综合保护南极奠定了基础。

（4）南极海洋生物资源养护委员会的总部和秘书处设在塔斯马尼亚州霍巴特市也是澳大利亚在体系内部争当领导地位的表现。澳大利亚在打击《南极海洋生物资源养护公约》区域内的非法捕鱼问题上始终发挥着领导作用。20 世纪 90 年代中期开始，在高额经济利益的驱动下，《南极海洋生物资源养护公约》区域内逐渐增多的非法捕鱼活动不但危及南大洋生态系统，而且严重影响按照《南极海洋生物资源养护公约》的要求合法捕鱼者的正当利益。在此背景下，澳大利亚积极督促委员会采取措施限制非法捕鱼，同时提出了诸如“统一的船舶监控系统”（centralised vessel monitoring system）、“检查程序的加强使用”（enhanced use of inspection procedures）等解决方案。

（5）在外大陆架申请案问题上，澳大利亚最终维护并遵守了南极条约体系的规定。《联合国海洋法公约》第 76 条建立了大陆架划界规则，并要求沿海国应在批准《联合国海洋法公约》生效 10 年以内完成 200 海里外大陆架外部界限的划定。澳大利亚于 2004 年 11 月 15 日首先向联合国大陆架界限委员会提交了 AAT 及所属赫德岛和麦克唐纳群岛的 200 海里外大陆架划界申请案，其中赫德岛和麦克唐纳群岛延伸大陆架的声索延伸至南纬 60° 以南的《南极条约》法律管辖范围内。但是考虑到主权冻结的现状以及南极条约体系与《联合国海洋法公约》在南极条约区域内的协

调适用，也为了维护南极条约体系的稳定，澳大利亚最终请求联合国大陆架界限委员会暂不审议 AAT 的大陆架主张，仅审议其所要求的将凯尔盖朗深海高原地区和麦夸里海岭地区中的赫德岛、麦克唐纳群岛、麦夸里岛的扩展大陆架向南延伸至南纬 60° 以南地区的大陆架请求①。

（6）澳大利亚是设立南极条约永久秘书处的主要推手。2005 年以前，历届南极条约协商国会议都由举办国独立举行，南极条约体系内没有组织、协调机构专门负责南极条约协商国会议的召开及其档案文件和会议资料的收集、存档等工作。澳大利亚长期支持建立一个独立秘书处，同时愿意做东道主，但是该提议未能在协商国内部达成共识。经过多年的谈判和澳大利亚的一系列努力，2001 年 7 月，在俄罗斯圣彼得堡举行的第 24 届南极条约协商国会议最终决定设立南极条约常务秘书处，总部设在阿根廷布宜诺斯艾利斯。南极条约秘书处将负责组织召开一年一度的南极条约协商国会议及环境保护委员会会议；根据《南极条约》及《关于环境保护的南极条约议定书》的要求，促进各成员国的信息交流；收集、存档、安排和出版南极条约协商国会议档案文件；向公众提供及宣传关于《南极条约》和南极相关活动的信息。

（7）澳大利亚根据《南极条约》中规定的观察员制度，通过现场视察其他缔约国对条约的执行情况体现领导作用。

三、新、澳实现南极国家利益的经验借鉴

在建设海洋强国和极地强国的时代背景下，积极推进我国极地事业发展，制定极地长远战略和具体政策是实现我国极地权益的重要举措，也是维护海洋权益、实现海洋强国梦的重要组成部分。因此，澳大利亚和新西兰维护其南极国家利益的成功经验值得关注和借鉴。

我国在南极的国家利益存在于科学、政治、安全、环境、经济五个方面。科学考察是我国在南极最主要的活动，科学研究利益是我国在南极最为普遍的利益，也是确保实现政治、安全、环境、经济等其他利益的物质基础和必要条件。南极独特的自然环境、地理特征和丰富的资源使其成为具备特殊价值的科学研究平台。在气候变化、地壳运动、动植物研究等方面，南极具有无可比拟和无法替代的重要地位。南极科学的研究不仅关系我国的科学进步，而且也是提高我国在南极事务中的参与权和话语权，维护和实现国家利益的现实手段。

政治利益体现为在南极事务和治理中的影响力和地位，即话语权。话语权直接关系到南极事务及治理的议程设置及解决方式，话语权的大小则取决于南极科学研究水平。因此，开展高质量的南极科学研究活动，提高科学研究和科学认识水平，才能提升我国在南极事务中的影响力和地位，维护我国的国家利益。

① 澳大利亚外大陆架申请案 .http://www.un.org/Dept/los/clcs_new/submissions_files/aus04/Documents/aus_2004_c. pdf.

南极地区的冲突将不可避免地危及我国的传统安全，甚至迫使我国在外交倾向和国家战略上做出艰难选择[①]。南极地区的和平与稳定有助于为我国国内建设营造一个有利的外部环境，有助于避免在外交政策和国家战略上做出艰难选择。

南极环境的变化也会影响全球生态环境变化，将使我国面临更加严峻的环境挑战。因此，保护南极地区的生态平衡及自然环境符合我国的国家利益。经济利益体现为南极旅游、南大洋生物资源的开发以及未来有可能利用南极矿产资源和油气资源解决我国资源短缺的问题。

尽管与澳大利亚和新西兰相比，在地理上我国不是南极“门户国家”，不具备地缘优势；在历史上，我国在南极的活动始于20世纪80年代初的科学考察，南极科考与研究起步较晚；此外，在南极主权问题上，我国不是一个领土主张国，我国的南极国家利益也有所不同，但新、澳成为南极强国的经验依然可以为我国提供一些有益的借鉴。

第一，加大对南极科学研究的支持与投入，提高南极科学研究质量。新、澳两国的南极研究是高质量和国际性的，都为南极条约协商国会议贡献了相当多的政策论文。科学研究的领先地位决定了新西兰和澳大利亚在南极治理方面发挥主导作用。

虽然30多年来我国在南极科考、自然科学和社会科学研究以及参与国际南极事务等领域都取得了一系列重要的成果：从1984年首次南极科考以来，我国已开展了13次南极内陆考察，其中7次为到达南极冰穹A的考察；开展了6次东南极格罗夫山考察和26次南大洋考察[②]；在极地地质、冰川、生物、生态环境、海洋、大气、空间物理、天文、人体医学等领域的科学研究取得了重要进展；建立起以“雪龙”号，南极长城站、中山站、昆仑站、泰山站和极地考察国内基地为主体的南北极考察战略格局和基础平台；在南极建立及合作建立了2个南极特别保护区和1个南极特别管理区；陆续成为南极条约协商国会议、国际南极研究科学委员会、国家南极局局长理事会三大国际南极组织的正式成员国。但是，与澳大利亚、新西兰两国相比，我国向南极条约协商国会议提交的科学工作论文和信息论文数量相对落后，这直接影响到我国在南极治理问题上的参与权和话语权。

因此，做好基础性科学研究工作，提高南极科学研究质量，及时将研究成果转化为政策性建议，对内可以为我国的南极政策制定和决策提供智力支持与决策参考，对外可以在南极事务上提出方案、阐明立场，积极争夺国际优先话语权，争取南极治理的议程设置，才能在事关南极治理的诸多问题上改变在一些议题上被动应对、只有选择赞成或反对的局面，做出更加及时有效的反应，并在形势的判断方面更具前瞻性。

第二，在明确我国的南极角色定位基础上，对我国南极战略和南极政策作总体的规划。新西兰明确将南极称为“国家资产”，新西兰以南极为纽带和桥梁与很多国

① 丁煌．极地国家政策研究报告（2012—2013）．北京：科学出版社，2013：82.

② 秦为稼．我国极地考察事业进展与展望．2014中国极地科学学术年会暨中国南极考察30周年纪念特邀报告，2014.

家达成共识并建立了密切的合作关系。南极活动赋予了新西兰一定的国际地位和威望。对我国来说，南极问题目前不是紧迫的问题，也不是我国外交政策的优先议题，但随着我国综合国力和国际地位的不断上升，两极在整体外交战略中的地位会逐渐提升。在设定角色定位时，我们在南极事务上不应太过强调本国利益，不应让国际社会认为我国在南极的活动是以利益为主，受利益驱使，而应有大国担当和世界情怀，将南极也包括北极视为展示我国作为一个负责任、有担当的大国对世界做出贡献的平台。进一步以南极作为外交平台在国际社会塑造我国良好的国际形象。另外，在明确角色定位的基础上，对我国南极政策的战略目标、总体布局、基本方针等作总体的规划，发布全面阐述我国南极战略的官方文件，强调我国与其他国家在南极共同的利益与共享的价值观。对于国际社会来说，我国的国际行为随国家实力的上升变得日益强势，我国的一举一动都会引来国际关注。因此，发布南极战略符合国际关切，并有助于国际社会正面理解我国的战略思维与意图。

第三，高度重视人才培养与人才储备。新、澳实现南极国家利益的途径之一是在体系内多个机构担任领导席位。相比之下，在条约体系内的多个南极治理机构中，我国尚未获取更多的领导席位。这个问题的原因之一是我国缺少具备高水平英语能力和南极科学研究及政策制定能力的专业人才。我国已经提前走进了世界舞台的中央，而各方面的准备，特别是人才的储备还远远不能满足需要。因此，培养一批具有国际视野、战略思维的高素质专门人才，加大外语能力方面的培训与投资，才能够使南极研究人员和代表们更多地参与到南极治理的各个委员会的讨论中，发出我国的声音，表达我国的主张，才能维护我国的利益，提升我国在南极治理中的地位和影响力。

第四，加强与澳大利亚和新西兰的南极合作，开展、扩大南极外交。我国与新、澳两国有良好的合作基础。20 世纪 80 年代我国南极研究刚起步阶段，在新西兰、澳大利亚等南极研究水平较高的国家的帮助下，通过考察、合作研究和培训等方式，为南极科学研究和建科考站做了大量前期准备工作。

近年来，我国与澳大利亚、新西兰两国的政治、经济关系日益紧密。目前，我国是澳大利亚和新西兰的第一大贸易伙伴、第一大进口来源地和第一大出口市场。2008 年 4 月，我国与新西兰签订双边自由贸易协定，这是我国与发达国家签署的第一个自由贸易协定，也是我国与其他国家签署的第一个涵盖货物贸易、服务贸易、投资等多个领域的自由贸易协定。2011 年 4 月，中国人民银行与新西兰央行在北京签署金额为 250 亿元人民币的双边本币互换协议，以加强双边金融合作，促进两国贸易和投资。2012 年 3 月，中国人民银行与澳大利亚央行签署规模为 300 亿澳元的双边本币互换协议①。在政治关系方面，中澳、中新双边关系不断巩固，战略互信与合作加强。中、澳分别于 2008 年、2013 年启动了“首轮战略对话”和“首轮外交与战略对话”，这标志着两国从地区关系大局出发，共同谋求以长远的眼光开展合作，努

① 祁怀高．中国崛起背景下的周边安全与周边外交．北京：中华书局，2014：344.

力构筑互信合作的战略伙伴关系。中、新两国的高层交往频繁，政治关系稳固发展。2000~2013 年，中国党和国家领导人 22 次访问新西兰；新西兰国家领导人 11 次访华，在此期间前任总理克拉克 4 次访华，现任总理约翰 • 基 3 次访华[①]。中国将新西兰视为南太平洋地区互尊互信、互利合作的好伙伴，新西兰政府同样高度重视与中国的双边关系，并于 2012 年推出了《中国战略报告》，提出 2015 年双边关系将要达到的五大目标，努力推动两国关系向前发展。

因此，可以在政经关系稳步推进的基础上加强南极合作交流，开展、扩大南极外交。中国可以与澳大利亚、新西兰建立或增加合作科研项目、加强人才交流培养，学习对方的组织架构、研究内容、研究方法、研究成果形成与转化、人才培养；也可以在后勤保障、气候变化等方面实现优势互补和互利合作，同时拓展南极旅游和教育等领域的合作。以南极合作为纽带开展和深化与澳大利亚、新西兰的南极外交有利于进一步建立联系和互信，增进了解；也将有利于中澳、中新“全面战略伙伴关系”的建设，其重要性不言自明。

第五，新西兰和澳大利亚都形成了一套权责明晰，分工明确、协调有序的南极事务管理和研究机制，由政策制定部门、研究机构及民间社会组织相互合作、协调执行南极政策和南极活动。中国现有的极地事务管理和研究体制存在横向松散、纵向边缘化的不足，尚未形成一支固定的专业化队伍，协调整合能力较弱[②]。因此，需要参考澳、新的经验，加强极地行政主管部门的管理职能和权限，健全与政府相关部委之间的协调合作机制，理顺南极研究和管理体制。在研究层面，以国内的研究机构和高等院校为阵地，扩大极地自然、社会科学的研究网络，同时在社会层面进一步提高极地事务的社会开放性和公众参与度，力争使全社会都关注南极事务，树立起维护中国南极权益的意识。

参考文献

丁煌 .2013. 极地国家政策研究报告（2012—2013）. 北京：科学出版社 .

丁煌 .2014. 极地国家政策研究报告（2013—2014）. 北京：科学出版社 .

Brady A M.2013.The Emerging Politics of Antarctica.Oxon：Routledge.

Harrowfield D L.2007.Call of the Ice：Fifty Years of New Zealand in Antarctica.Auckland：David Bateman.

Haward M G，Griffiths T.2011.Australia and the Antarctic Treaty System：50 Years of Influence. Kensington：University of New South Wales Press.

Historical Office.1960.Bureau of Public Affairs.The Conference on Antarctica.Washington D.C.：U.S. Government Printing Office.

Kriwoken L K，Jabour J，Hemmings A D.2007.Looking South：Australia's Antarctic Agenda.

① 祁怀高 . 中国崛起背景下的周边安全与周边外交 . 北京：中华书局，2014：345.

② 秦为稼 . 我国极地考察事业进展与展望 . 2014 中国极地科学学术年会暨中国南极考察 30 周年纪念特邀报告，2014.

Sydney：Federation Press.

Logan H.1979.Cold commitment：the development of New Zealand's territorial role in Antarctica，1920-1960.A Thesis Presented for the Degree of Master in the University of Canterbury.

Martin D.2003. "We run the ice"：a critical geopolitical gaze on New Zealand's relationship with the Ross Sea Region，Antarctica.A Thesis for the Degree of Master in the University of Canterbury.

Ministry of Foreign Affairs and Trade. 1996. New Zealand and Antarctica.

New Zealand Government.2012.New Zealand Antarctic & Southern Ocean science，directions and priorities 2010-2020.

Peat N.2007.Antarctic partners：50 years of New Zealand and United States cooperation in Antarctica，1957-2007.Ministry of Foreign Affairs and Trade in Association with Phantom House Books.

Templeton M.2000.A Wise Adventure：New Zealand in Antarctica，1920-60.Wellington：Victoria University Press in Association with the New Zealand Institute of International Affairs.